U0790119

高等农林院校动物科学系列教材

# 动物繁殖学

周　虚　主编

科学出版社
北　京

## 内 容 简 介

动物繁殖学是动物科学专业的核心课程之一。本教材是对动物繁殖学理论的全面论述，内容涵盖动物生殖生理、繁殖技术、繁殖管理等方面，既结合当前教学生产实际，又兼顾学科的最新研究进展，旨在推动学生在掌握扎实理论知识的基础上，具备解决生产一线问题的能力和探究及解决新问题的学术视野。

本书可作为动物生产相关专业的教材，也可作为从事该领域教学的教师、科研人员、生产领域工作人员和对生命科学感兴趣读者的参考用书。

**图书在版编目(CIP)数据**

动物繁殖学/周虚主编．—北京：科学出版社，2015.6
高等农林院校动物科学系列教材
ISBN 978-7-03-044924-5

Ⅰ.①动…　Ⅱ.①周…　Ⅲ.①家畜繁殖-高等学校-教材 ②家禽育种-高等学校-教材　Ⅳ.①S814

中国版本图书馆 CIP 数据核字(2015)第 126927 号

责任编辑：刘　丹 / 责任校对：郑金红
责任印制：张　伟 / 封面设计：铭轩堂

科 学 出 版 社 出版
北京东黄城根北街 16 号
邮政编码：100717
http://www.sciencep.com
北京凌奇印刷有限责任公司 印刷
科学出版社发行　各地新华书店经销
*
2015 年 6 月第 一 版　开本：787×1092　1/16
2023 年 3 月第八次印刷　印张：21 3/4
字数：515 000
**定价：78.00 元**
（如有印装质量问题，我社负责调换）

# 《动物繁殖学》编委名单


**主　编**　周　虛

**副主编**　李纯锦
　　　　　陈　璐

**编委名单**（按姓氏汉语拼音排序）

陈　璐　（吉林大学）
方南洙　（延边大学）
高庆华　（塔里木大学）
江中良　（西北农林科技大学）
李纯锦　（吉林大学）
罗明久　（山东农业大学）
潘庆杰　（青岛农业大学）
张　明　（四川农业大学）
周　虛　（吉林大学）

# 前　　言

2013 年,《动物繁殖学》被列为吉林大学“十二五”规划教材。于是,我们组织国内相关高等院校的动物繁殖学专家们编写了这本书。

本书的编写特点如下:(1)根据每位编者的研究专长安排编写章节,不仅反映了各领域最新成果和最新进展,同时融进了编者们自身的研究成果和心得,许多资料(包括图片)是编者本人的科研成果,第一次出现在书中;(2)注重理论联系实际,先进性和实用性并举;(3)传统的生殖激素一章改为繁殖调节物质,不仅论述了传统的生殖激素,而且还论述了生长因子、神经递质及代谢激素对繁殖的影响;(4)以扩展阅读的方式将一些新发现、新理论或新技术穿插在相关的正文中,以便激发学生探究新问题的兴趣,这是本书最大的特色。

需要指出的是,在编写过程中,编者们认真负责,几易其稿。最后,在原稿基础上,由主编和副主编进行了综合整理,其中有的章节作了增补或删节;为了整体效果,对有的章节进行了整合。如有不妥之处,敬请编者们原谅。

本书的出版得益于全体编写人员的合作和献身精神。科学出版社的编辑、吉林大学西区教学办公室的丁洪浩和常晓宏先生为本教材的出版给予了大量帮助。主编十分感谢他们。并感谢吉林省世行贷款农产品质量安全大学课程开发项目(University Curriculum Development Project under the Jilin Province Agricultural Product Quality and Safety Project funded by the World Bank)对本书的资助。

学术界需要百花齐放。我们真诚地希望本书与已有的教材一道,共同为我国的动物繁殖学教学和科研做出贡献。也希望本书以其特色赢得使用者喜爱。

由于时间仓促,加上编者知识范围的局限性,书中难免存在一些疏漏或错误。诚请同行专家和广大师生提出宝贵意见,以便再版时改正和提高。

主编

2015 年 1 月

# 目　录

# 绪　论

繁殖是保证生物物种延续的最基本的生命活动之一。动物繁殖是动物生产中的关键环节。动物数量的增加和品质的提高,都需要繁殖过程才能实现。动物繁殖学就是研究动物繁殖的自然现象、本质和规律,并在此基础上开发相应的技术,调整和控制动物繁殖的过程,以充分挖掘动物繁殖潜力,提高繁殖力的一门科学。

动物繁殖是动物生产中的关键环节,发展畜牧业的中心任务是增加家畜的数量和提高其质量。数量的增长有赖于繁殖,质量的提高除改进培育和饲养条件外,主要也是通过繁殖才能实现,因为提高质量的根本途径在于按照遗传规律,选择优良种用动物繁殖后代,进行品种改良和培育新品种。因此,动物繁殖是实现动物育种目标的有力手段。

动物繁殖学是动物科学的重要组成部分,是适应动物生产的要求而发生、发展的一门独立学科。动物繁殖学以动物解剖学、动物细胞学、动物组织学和胚胎学、动物遗传学、动物生理学、动物生物化学、动物营养学、动物生态学和动物行为学为基础,并与动物饲养学、动物育种学、动物产科学、动物卫生学、动物传染病学、动物分子生物学、动物免疫学等有密切联系。动物繁殖的主要内容可分为以下 3 个基本部分。

(1)生殖生理。讨论包括性别分化、配子的发生、性成熟、发情、受精、妊娠、分娩、泌乳和性行为等各种生殖活动的生理基础、调节机制和影响因素。

(2)繁殖技术。讨论人为掌握和控制动物繁殖过程的技术,包括繁殖管理技术如发情鉴定、人工授精、妊娠诊断等,繁殖控制技术如发情和排卵控制、妊娠控制、分娩控制等,以及配子和胚胎生物技术如体外受精、配子和胚胎冷冻保存、性别控制、胚胎细胞和体细胞核移植等。

(3)繁殖管理。讨论繁殖力的评价和影响因素、繁殖障碍的诊治及提高繁殖力的方法和措施等。

生殖生理的内容是研究阐明全部生殖过程的现象、规律和机理。对动物生殖生理的研究与其他生物科学的发展一样,经历了从低级到高级的 4 个阶段。从最初的现象观察和性行为描述,发展到从解剖学和细胞学的深度去认识繁殖的各种内在规律,进而提高到从细胞生物学、生物化学的角度来揭示生殖系统的微观现象、变化及其机理。例如,用生殖细胞的超微结构变化、激素和酶以及其他生物活性物质的生理效能来阐明生殖的机理。现在又发展到从分子生物学、生物信息学角度阐明生殖过程中的现象和机理。例如,配子发生、胚胎发育中的基因表达和调控。

繁殖技术是在认识生殖规律的基础上,在畜牧生产中,为提高动物繁殖力所采用的一些技术手段。这是实践中产生理论、理论又服务于实践的典型体现。

随着科学技术的发展,动物繁殖学的内涵与外延也不断拓展,派生出了很多分支,如生殖内分泌学、受精生物学、繁殖免疫学、配子与胚胎生物技术、生殖病理学、精子和精液生物化学等,使动物繁殖学的理论与应用不断向深度和广度延伸。

繁殖学的研究手段也有了迅速的发展，电子显微镜的使用能洞察细胞之间和细胞内部的超微结构；放射免疫和酶免疫方法的应用，能测定生殖生理过程中各种激素、生长因子和其他生物活性物质浓度的变化；用分子生物学技术揭示生殖过程中的分子机制；用电子计算机进行繁殖管理。

动物繁殖学的发展与动物生产学的发展密切关联，而且随着研究手段和技术的进步，对动物生殖规律的认识也在不断深入。对生殖细胞的特性和受精的环境条件、受精过程及营养对繁殖的影响等问题，比过去有了更深刻的认识。随着现代畜牧业的发展，要求最大限度地提高动物的繁殖力，与此相适应动物繁殖技术的研究也发展到一个新的阶段，即繁殖控制技术阶段，也就是人们要有意识地去控制、干扰动物的繁殖过程，发挥繁殖潜力，这些繁殖技术可概括称为“繁殖生物工程”。

自 20 世纪 60 年代开始，放射免疫测定技术的兴起促进了生殖内分泌学的发展，使人们了解到雄性动物和雌性动物在各个不同的生理阶段内分泌的特性，并且促成了以后许多生殖生理的重要发现，在 20 世纪 70 年代生殖生理的研究更是取得了进一步的发展。繁殖技术的研究也发展到一个新的阶段，冷冻精液人工授精、发情控制、胚胎移植、诱发分娩、早期断奶等技术在生产中得到不同程度的应用。20 世纪 80 年代，配子和胚胎生物技术的进展引人注目，如卵母细胞的体外成熟和体外受精、胚胎的冷冻保存、胚胎的分割和卵裂球的培养、胚胎性别鉴定、转基因动物等。20 世纪 90 年代，新的理论和技术都迅猛发展，如性别决定基因的发现、精子分离新方法的诞生、体细胞核移植（克隆）的成功等。

进入 21 世纪以后，新的突破不断涌现。以遗传修饰克隆动物为代表的生物技术突飞猛进，距离产业化应用越来越近；生物信息学、表观遗传学、基因组学、转录组学、蛋白组学等新兴学科的发展，使动物繁殖学研究进入一个崭新的时代。

# 第一章 生殖器官的解剖、组织和机能

繁殖是生物体产生后代的方式。雄性和雌性动物的生殖器官具有不同的解剖结构。虽然每种动物的生殖器官都有适应其繁殖活动的独特特性，但所有动物的生殖器官均在解剖结构和功能上具有一定的共同点。

生殖系统的主要功能是产生生殖细胞（精子或卵子），繁殖新个体，使种族得以延续。此外其还能够分泌性激素，影响生殖器官的生理活动，对维持动物第二性征具有重要作用。

## 第一节 雄性生殖器官的解剖组织与机能

雄性生殖器官由睾丸、附睾、输精管、精索、副性腺、尿生殖道、阴囊、阴茎和包皮组成（图 1-1）。

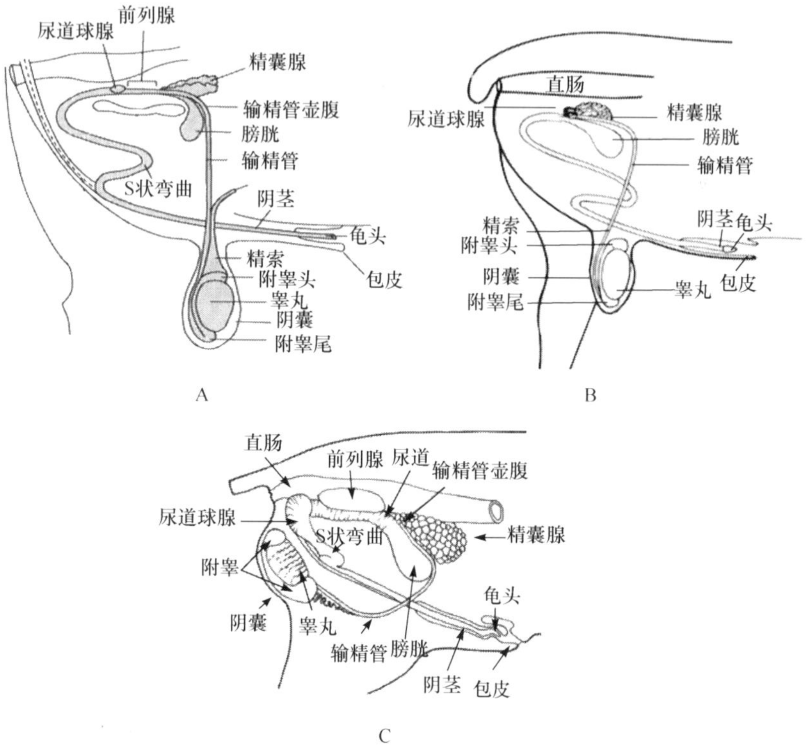


图 1-1 公畜生殖器官剖面示意图

A. 公牛的生殖器官；B. 公羊的生殖器官；C. 公猪的生殖器官

## 一、睾　　丸

正常公畜的睾丸(testis)位于阴囊内，左右各一，其有两个重要的功能：产生精子与分泌雄性激素。公牛的睾丸呈长椭圆形(水牛为椭圆形)，其长轴与躯体长轴垂直，左右略压扁。睾丸后缘称附睾缘，有附睾体附着；前缘为游离缘。睾丸上端有血管和神经出入，为睾丸头，有附睾头附着；下端为睾丸尾，连于附睾尾。睾丸表面光滑，大部分覆以浆膜，即固有鞘膜(tunica vaginalis propria)，其深层为致密结缔组织构成的白膜(tunica albuginea)。白膜从睾丸头端呈索状深入睾丸内，沿睾丸长轴向尾端延伸，形成睾丸纵隔(mediastinum testis)。从睾丸纵隔分出许多睾丸小隔(septula testis)，将睾丸实质分成许多睾丸小叶(lobuli testis)。每一小叶内含有 2～3 条盘曲的曲精细管，精子即在此产生。位于曲精细管之间的间质细胞能够分泌雄性激素。曲精细管互相汇合成直精细小管，并进入睾丸纵隔内，互相吻合形成睾丸网(rete testis)。由睾丸网发出睾丸输出小管(ductuli efferentes testis)(图 1-2)。

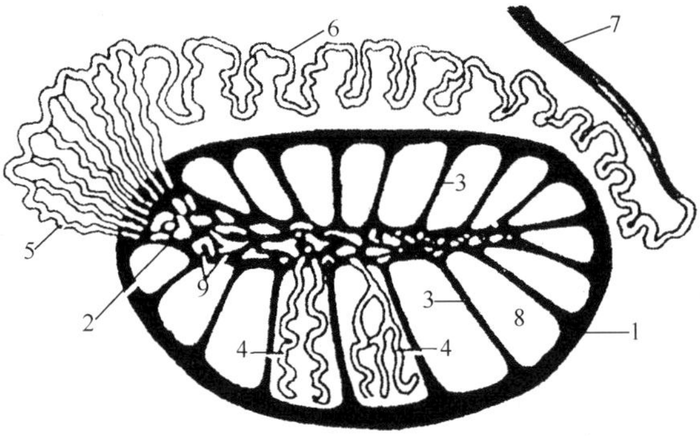


图 1-2　睾丸和附睾结构模式图

1. 白膜；2. 睾丸纵隔；3. 睾丸小隔；4. 曲精细管；5. 睾丸输出小管；6. 附睾管；7. 输精管；8. 睾丸小叶；9. 睾丸网

白膜下的小动脉发出小支，深入实质沿睾丸小隔到纵隔，再返折入小叶。血管的这种分布特点可缓解动脉搏动时对曲精细管生成精子的影响。

牛的睾丸每枚重 250～300g，水牛的重约 100g，其长度分别为 12cm 和 8cm。绵羊的睾丸呈圆形，每枚重为 200～300g，山羊的重为 145～150g，长度分别为 14cm 和 10cm。猪的睾丸呈椭圆形，纵轴斜向后上方，尾端朝向前下方。在成年猪每枚重为 400g，长度为 13cm。

## 二、附　　睾

附睾(epididymis)紧密附着在睾丸的一侧，是储存精子和促进精子成熟的场所，由附睾头、附睾体和附睾尾三部分组成。附睾头紧贴睾丸头端和睾丸游离缘的上 1/3 部，由睾丸输出小管弯曲盘绕而成。输出小管最终汇集成一条盘曲的附睾管(ductus epididymidis)。附睾管长33～35m(羊为47～48m,猪为17～18m),构成附睾体和附睾尾,管的末端急转向上,移行成输精管。附睾体沿睾丸的附睾缘下行。附睾尾非常发达,并与睾丸尾端紧密相连且略向后突出。

附睾尾以睾丸固有韧带(lig. testis proprium)与睾丸尾端相连接;借阴囊韧带与鞘膜壁层相连。鞘膜脏层从睾丸延续包于附睾上,移行处称为附睾系膜;在外侧于附睾体和睾丸之间形成浆膜隐窝,称睾丸囊(bursa testicularis),也称附睾窦(sinus epididymidis)。

精子的成熟是在附睾内完成的,此外附睾还能吸收睾丸液使精液的浓度升高(主要在附睾头部),并存储有活动能力的精子(主要在附睾尾部)。在精液排出过慢的情况下,部分精子还能够被附睾尾吸收。

在睾丸和附睾发生的任何堵塞都会导致雄性不育。一些损伤或感染(如附睾炎)会引起小管肿胀和堵塞,导致短期的不育。如果肿胀或感染致使小管形成疤痕组织,也可能永久阻止精子的通过造成终生不育。如果两个附睾均发生堵塞,则此公畜不再适合作为种公畜使用。利用手术切除附睾尾的方法,可以得到试情公牛,作为发情检测的一种手段。

## 三、阴　囊

阴囊(scrotum)是位于两股部之间,呈袋状的皮肤囊,容纳睾丸、附睾及部分精索。阴囊上部狭窄称阴囊颈,下面游离称阴囊底。阴囊壁的结构与腹壁相似,由外向内依次为阴囊皮肤、肉膜、精索外筋膜、提睾肌和鞘膜。在生理状况下,阴囊内的温度比体腔内的温度低3～5℃,有利于睾丸生成精子。阴囊内肉膜和提睾肌通过收缩和舒张调节其与腹壁的距离从而获得精子生成的最佳温度。

## 四、输精管和精索

### (一) 输精管(ductus deferens)

输精管是附睾管的延续,为运送精子的管道,管壁厚、硬而呈圆索状。由附睾尾进入精索后缘内侧的输精管褶中,经腹股沟管上行进入腹腔,随即向后上方进入盆腔,末端与精囊腺导管汇合成射精管开口于精阜。

### (二) 精索(funiculus spermaticus)

精索是包有睾丸血管、淋巴管、神经、提睾内肌以及输精管的浆膜褶,呈扁圆锥形,其基部附着于睾丸和附睾,入腹股沟管向腹腔行走,上端达鞘膜管内口。精索的睾丸动脉长而盘曲,伴行静脉细而密,形成精索的蔓丛(plexus pampiniformis),它们构成精索的大部分,具有延缓血流和降低血液温度的作用。

## 五、副　性　腺

副性腺(accessory sexual gland)包括精囊腺、前列腺和尿道球腺(图1-3)。其发育程

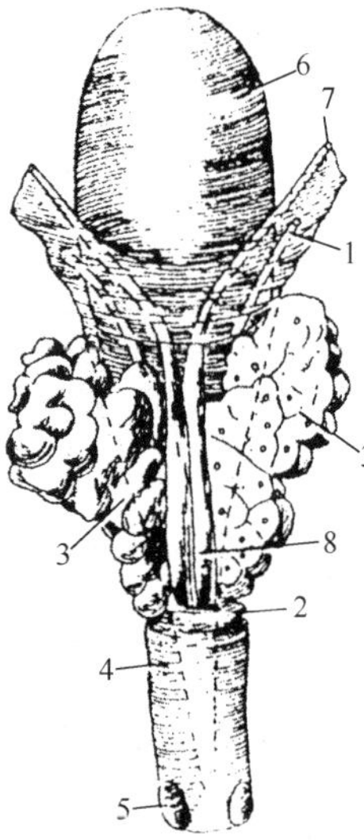


图 1-3 公牛的内生殖器官

1. 输尿管；2. 前列腺体；3. 精囊腺；4. 尿道肌；5. 尿道球腺；6. 膀胱；7. 输精管；8. 输精管壶腹

度受性激素的直接影响，幼龄去势的动物，腺体发育不充分，性成熟后摘去睾丸，则腺体逐步萎缩。副性腺的分泌物有稀释精子、营养精子以及改善阴道环境等作用，有利于精子的生存和运动。

### （一）精囊腺(vesicularis gland)

精囊腺位于膀胱颈背侧的生殖褶中，输精管壶腹部外侧，贴于直肠腹侧面。其形态为不规则长卵圆形（牛）或圆形（羊），表面不平，分叶清楚，左、右精囊腺大小和形状常不对称。表面有结缔组织膜，含平滑肌纤维。外观呈粉红色，其实质是由一条壁很厚，具有泡状扩大部的管道扭曲而成，并常分出一些短的分支。每侧精囊腺有一导管穿过前列腺，与输精管一同开口于精阜腹侧前方或后方。猪的精囊腺特别发达，分叶明显。排泄管单独或与输精管一同开口于精阜上。

### （二）前列腺(prostate)

由前列腺体和扩散部构成，呈淡黄色。前列腺体较小，横位于膀胱颈和尿生殖道起始部的背侧。扩散部发达，分布在几乎整个尿生殖道盆部的尿道肌和海绵层之间，其背侧部厚，腹侧部薄。前列腺管多，成行开口于尿生殖道盆部的黏膜。有两列位于精阜后方的两黏膜褶之间，另外两列在褶的外侧。羊前列腺只有扩散部，位于尿生殖道的背侧壁中（绵羊）或海绵体中（山羊）。猪的前列腺扩散部十分发达。

### （三）尿道球腺(bulbourethral gland)

位于尿生殖道盆部后端的背外侧。外面包有厚的被膜，并部分地被球海绵体肌覆盖。每个腺体发出一条导管，开口于尿生殖道峡部背侧的半月状黏膜褶内。猪的为一对圆形的实质性腺体，体积较小，牛的为 2.8cm×1.8cm，羊的稍大。

## 六、尿生殖道与外生殖器

### （一）阴茎(penis)与包皮(preputium)

阴茎为雄性动物的交配器官，平时柔软，隐藏于包皮内，交配时勃起，伸长并变得粗硬。阴茎由阴茎海绵体和尿生殖道阴茎部构成。可分为阴茎根、阴茎体和阴茎头。牛羊的阴茎体在阴囊的后方形成乙状弯曲，勃起时伸直。猪的阴茎与反刍动物相似，但乙状弯曲位于阴囊的前方。包皮为一末端垂于腹壁的双层皮肤套，形成包皮腔，包藏阴茎头。

### （二）尿生殖道

雄性动物的尿道兼有排精作用，故称尿生殖道(canalis urogenitlis)。可分为盆部和阴茎部(海绵体部)。盆部位于盆腔底壁上,起自膀胱颈,至骨盆后缘绕过坐骨弓,移行为阴茎部。尿生殖道管壁包括黏膜、海绵体层、肌层和外膜。黏膜有许多皱褶,海绵体层主要为静脉血管迷路膨大而形成的海绵腔,当海绵腔内骤然充满血液时,整个海绵体膨大,尿生殖道的管腔张开,给精液造成自由的通路。尿道肌具有协助射精和排出余尿的作用。

## 第二节　雌性生殖器官的解剖组织与机能

雌性生殖器官由卵巢、输卵管、子宫、阴道、尿生殖前庭和阴门所组成(图 1-4)。

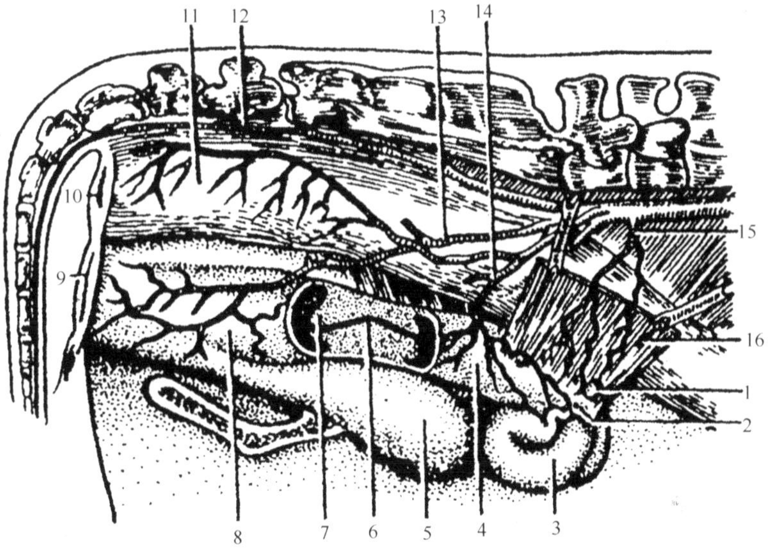


图 1-4　母牛生殖器官位置关系(右侧观)

1. 卵巢;2. 输卵管;3. 子宫角;4. 子宫体;5. 膀胱;6. 子宫颈管;7. 子宫颈阴道部;8. 阴道;9. 阴门;10. 肛门;11. 直肠;12. 荐中动脉;13. 尿生殖动脉;14. 子宫动脉;15. 卵巢动脉;16. 子宫阔韧带

### 一、卵　巢

卵巢(ovary)是产生卵细胞的器官,同时能分泌雌性激素,以促进其生殖器官及乳腺的发育。

#### (一) 卵巢的形态和位置

卵巢成对存在,以较厚的卵巢系膜(mesovarium)悬吊于盆腔前口的两侧,在子宫角末端的上方,经产母牛的卵巢常稍坠于前下方。

成年牛的卵巢呈扁卵圆形,平均长 4cm,宽 2cm,厚 1cm,重 15～20g,通常右侧稍大于左侧。羊的卵巢呈卵圆形或圆形,长约 1.5cm。每侧卵巢的前端为输卵管端(extremitas tubaria);后端为子宫端(extremitas uterina);两缘为游离缘(margo liber)和卵巢系膜缘(margo mesovarium)。在卵巢系膜缘有血管、淋巴管和神经从卵巢系膜进入卵巢内,此处称为卵巢门(hilus ovarii)。卵巢的子宫端借卵巢固有韧带(ovarii proprium ligament)与子宫角相连;输卵管端有一浆膜延至子宫,并包着输卵管,称输卵管系膜(mesosalpinx)。在输卵管系膜与卵巢固有韧带之间,形成一个卵巢囊(bursa ovarica)。卵巢囊宽大,牛的卵巢通常位于囊内。卵巢囊是保证卵细胞进入输卵管的有利结构。

猪的卵巢的形态大小、内部结构以及位置,由于年龄和性发育情况不同而有差异。4月龄以前的小母猪,卵巢呈椭圆形,表面平滑,为粉红色或鲜红色,大小约为0.4cm×0.5cm。位于荐骨岬两侧后方,在腰小肌腱和髂内、外动脉腹侧,膀胱的前上方。卵巢系膜长约3.5cm,卵巢的位置变动不大。5～6月龄小母猪,卵巢表面有突出的小卵泡,故称桑葚形,大小约为2cm×1.5cm,卵巢系膜长6～10cm,卵巢位于髋结节前缘横断面处的腰下部。性成熟后及经产母猪,卵巢呈葡萄状,长达5cm,包藏于卵巢囊内。卵巢系膜长10～20cm。卵巢位于髋结节前缘横断面前方约4cm,在髋结节到膝关节连线的中点,靠近体正中线。两卵巢的右侧有空肠,左侧有盲肠,均不与腹壁相邻。左侧卵巢比右侧卵巢靠前1～2cm,并常受盲肠压挤而变动位置。

### (二) 卵巢的构造

卵巢表面在其卵巢系膜附近被覆腹膜,其余大部分被覆生殖上皮。生殖上皮在胚胎期为立方上皮,是卵细胞的发源处,成年后变为扁平上皮。上皮深层有一层致密结缔组织构成的白膜,白膜内为卵巢实质。

卵巢实质分为浅层的皮质和深层的髓质。皮质内含数以万计的卵泡,成熟的卵泡以破溃的方式将卵细胞从卵巢表面排入腹膜腔。髓质无卵泡,由血管、淋巴管、神经和平滑肌纤维的结缔组织构成。

在卵巢断面上可见有的卵泡在发育过程中退化,这种卵泡称为闭锁卵泡。卵细胞成熟后,突出于卵巢表面,在神经和体液的影响下,卵泡破裂,从卵巢中排出后,卵巢壁塌陷,壁内细胞增大,并在细胞质出现黄色素颗粒,这些细胞称为黄体。如果排卵后没有受精,黄体则很快退化,称周期黄体。如果卵细胞受精,黄体继续发育,直到妊娠末期,这种黄体称真黄体或妊娠黄体。黄体退化后为结缔组织所代替,称为白体。

## 二、输 卵 管

输卵管(tuba uterina)是位于卵巢和子宫角之间的一对弯曲管道,长20～28cm,是输送卵子和卵子进行受精的场所。

输卵管的前端扩大成漏斗状,称为输卵管漏斗(infundibulum tubae uterinae)。漏斗中央的深处有一口为输卵管腹腔口(ostuum abdominale tubea uterinae),与腹膜腔相通,卵子由此进入输卵管。输卵管前段管径最粗,也是最长的一段,称输卵管壶腹(ampulla tubae uterinae)。卵细胞常在此处受精,受精卵进入子宫腔着床;后段较狭而直,称输卵管峡部(isthmus tubae uterinae),以输卵管子宫口开口于子宫腔。牛输卵管与子宫角的交界处无明显界限。

输卵管管壁由黏膜、肌层和浆膜构成。黏膜形成纵的输卵管褶,其上皮具有纤毛;肌层主要是环行平滑肌;浆膜包裹在输卵管的外面,并形成输卵管系膜。

## 三、子　　宫

子宫(uterus)是有腔的肌质器官,壁较厚,胎儿在此发育成长。各种哺乳动物子宫的形态不一致,可分为双子宫(啮齿类和翼手类以及象)、双分子宫(牛、羊和鹿)、双角子宫(马、猪、狗)和单子宫(灵长类)。

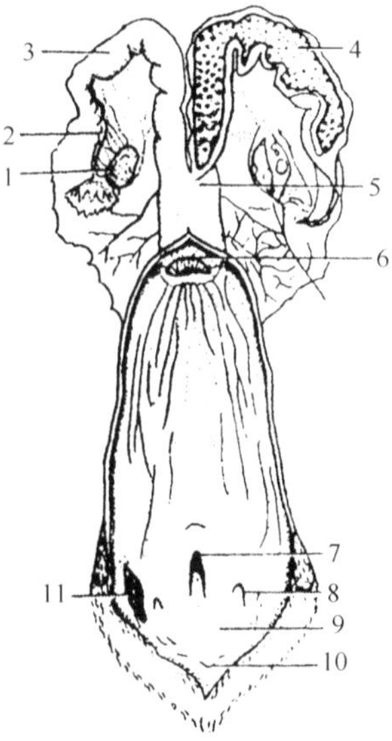

图 1-5　母牛生殖器官模式图
1. 卵巢;2. 输卵管;3. 子宫角;4. 子宫阜;5. 子宫体;6. 子宫颈;7. 尿道外口;8. 前庭大腺开口;9. 阴道前庭;10. 阴蒂;11. 前庭大腺

### (一) 子宫的形态和位置

牛的子宫几乎完全位于腹腔内,以子宫阔韧带附着于盆腔前部的侧壁上(图 1-5)。子宫的背侧邻直肠,腹侧为膀胱,与瘤胃背囊和肠管等相接触。在妊娠时根据妊娠期的不同,子宫的位置也有显著变化。

子宫分为子宫角、子宫体和子宫颈三部分。

**1. 子宫角(cornu uteri)**

子宫角左、右各一,全长 35～40cm。牛两子宫角的后部以结缔组织和肌组织相连,并共同被覆浆膜,仅在背侧面有一浅沟为界,此部常称伪体;前部游离,呈弯曲的羊角状,先向下,继而向外向后,再翻转向上,并逐渐变细,末端形成乙状曲,与输卵管相移行。在两子宫角分叉处,有背侧和腹侧角间韧带(lig intercornuale)相连,两韧带间形成浅窝,开口朝前,临床直肠检查时,可触摸出角间韧带和浅窝。两子宫角后端相合,移行为子宫体。

**2. 子宫体(corpus uteri)**

子宫体呈圆筒状,背、腹侧略压扁。由于牛有伪体,故子宫体从外部看似有 10 余厘米,其实子宫体仅有 3～4cm 长。

**3. 子宫颈(cervix)**

子宫颈是子宫体向后的延续部分,长 6～10cm,后接阴道。子宫颈壁厚,其中央有一窄细的管道,称子宫颈管(canalis cervicis uteri)。子宫颈黏膜苍白,形成 4 个环行褶,有的呈螺旋形或镰形,突入子宫颈管;褶上的黏膜又集拢成许多纵褶。这种结构使子宫颈管略呈螺旋状紧密闭合,平时不易扩张。管的前端开口于子宫体,称子宫颈管内口;后端开口于阴道,称子宫颈管外口。子宫颈后部突入阴道,形成子宫颈阴道部(portio vaginalis uteri)。子宫颈阴道部的黏膜是环形褶,而子宫颈外口则位于其中央。猪子宫也分为子宫角、子宫体和子宫颈。小母猪的子宫角细而弯曲,色泽鲜红。阉割时注意与管径较粗、管壁较薄、色泽深暗的小肠加以区别。大母猪子宫角长达 150～200cm,壁厚而硬,色较白,与小肠容易区分。子宫体较短,而子宫颈长,约为子宫体长度的 3 倍。子宫颈的肌层发达,黏膜形成半状隆起,称子宫枕,有 14～20 个交错相嵌,使子宫颈管呈螺旋状。子宫颈与阴道无明显分界，不形成子宫颈阴道部。羊的子宫与牛相似。

### （二）子宫壁的结构

子宫壁由黏膜、肌层和浆膜构成。黏膜又称为子宫内膜，膜内有子宫腺，分泌物对早期胚胎有营养作用。在子宫角和子宫体的黏膜呈灰红色或蓝红色，除形成纵褶和横褶外，牛、羊还具有特殊隆起，称为子宫阜（carunculac utcri）。子宫阜在子宫角常排成 4 列，约 100 个。羊的子宫阜顶端有凹窝。妊娠时，子宫阜特别大，是胎膜与子宫壁相结合的部位。肌层又称子宫肌，由两层平滑肌构成，内层为较厚的环肌，外层为较薄的纵肌。在两肌层之间有发达的血管层，内含丰富的血管和神经。肌层在怀孕时增生，在分娩过程中其收缩起着重要作用。子宫颈的环肌特别发达，有如括约肌，分娩时开张。浆膜又称子宫外膜，被覆于子宫的表面。在子宫角的背侧和子宫体两侧形成的浆膜褶，称子宫阔韧带（lig. latum uteri）或子宫系膜，前连卵巢系膜，将子宫悬吊于腰下和盆腔前部，支持子宫并使之有可能在腹腔内移动。怀孕时了宫阔韧带也随着了宫增大而加长变厚。在子宫阔韧带的外侧面有一发达的浆膜褶，称子宫圆韧带（lig. teres uteri）。子宫阔韧带内有走向卵巢和子宫的血管，其中动脉有卵巢子宫动脉、子宫中动脉和子宫后动脉。这些动脉在怀孕时增粗，常用直肠检查其粗细和脉搏的变化以进行妊娠诊断。

## 四、阴　道

阴道（vagina）是母畜的交配器官，同时也是胎儿娩出的通道。牛的阴道长约 30cm，位于盆腔内，背侧为直肠，腹侧为膀胱和尿道，前接子宫，后连尿生殖前庭。阴道壁的外层，在前部被覆有腹膜，后部为结缔组织的外膜，中层为肌层，由平滑肌和弹性纤维构成，内层为黏膜。

阴道黏膜呈粉红色，较厚，并形成许多纵褶，没有腺体。在阴道前端，子宫颈阴道部的周围，形成一个环状隐窝，称为阴道穹窿（fornix vaginae）。羊的阴道长 8cm，阴道穹窿仅见于子宫颈阴道部的背侧。猪的阴道较狭，前端不形成阴道穹窿。

## 五、外生殖器

### （一）尿生殖前庭（vestibulum vaginae）

尿生殖前庭是交配器官和产道，也是排尿必经之路。它是左右压扁的短管，前接阴道，后连阴门。阴道前庭的黏膜常形成纵褶，呈淡红色至黄褐色，在与阴道交界处的腹侧，有一个横行的黏膜褶，称为阴瓣（hymen）。在前庭的腹侧壁，阴瓣的紧后方，有尿道外口。在黏膜的深部有前庭小腺和前庭大腺。前庭小腺分布于前庭侧壁和底壁，导管多，成行开口于黏膜上；前庭大腺位于前庭的侧壁内，导管有 2～3 条开口于黏膜。前庭腺能分泌黏液，交配和分娩时增多，有润滑作用，此外还含有吸引异性的气味物质。尿生殖前庭的肌层除平滑肌外，并有环形的横纹肌，称前庭缩肌（m. constrictor vestibuli）。

### （二）阴门（vulva）

阴门又称外阴，为雌性动物的外生殖器，位于肛门下方，以短的会阴与肛门隔开。阴门由左阴唇、右阴唇（labium pudendi，s. vulvae）构成，在背侧和腹侧互相联合，形成阴唇背侧联合和腹侧联合。在两阴唇间的裂隙，称为阴门裂（rima pudendi，s. vulvae）。牛的阴唇厚，略有皱纹，腹侧联合锐。在腹侧联合之内，有一小而略凸的阴蒂（clitoris），它与雄性动物的阴茎是同源器官，由海绵体构成。

（陈 璐）

# 第二章 繁殖调节物质

## 第一节 概 述

### 一、内分泌学与动物繁殖

内分泌学是研究激素及其受体的生化、生理、药理和分子生物学的一门学科。生殖内分泌学是内分泌学的一个分支，其研究内容包括与繁殖有关的激素及其受体的结构和功能、繁殖机能的内分泌调节规律及其人工调控等。内分泌腺合成和分泌的激素通过血液循环运输到特异性的靶器官，刺激或抑制某些功能活性，产生广泛的生理效应。动物的繁殖活动是一个复杂的过程：雄性动物的精子发生及性行为；雌性动物的卵子发生、卵泡发育、排卵和周期性的发情变化、受精、妊娠、分娩及泌乳等。这些生理机能必须相互协调并按严格的顺序进行，使有关的器官和组织产生相应的变化。所有这些机能，都受内分泌激素的调控。

随着研究的不断深入，一些新概念的提出极大地丰富了内分泌学的内容。研究发现，许多生理机能的调节方式与内分泌调节有明显的差异。有些器官或组织内一种类型的细胞分泌的活性因子不进入血液循环，只在器官或组织内调节另一类型细胞的功能，这种现象被称为旁分泌(paracrine)。它至少还包括两种表现形式，即隐分泌和邻分泌。隐分泌(cryptocrine)是指一个细胞分泌的因子对围绕在其周围的不同类型细胞的功能起调节作用，如雄性动物睾丸曲精细管中足细胞对生殖细胞的调节作用。邻分泌(juxtacrine)是指某些因子以膜结合蛋白形式存在于细胞膜表面，这些因子与邻近细胞膜上特异性受体结合而形成细胞间的联系，它们也可以从膜上脱离，起到旁分泌的作用，如表皮生长因子、肿瘤坏死因子等就有这种作用。另一种调节方式是自分泌调节。由一个细胞分泌的调节因子可再与这个细胞(或同类细胞)自身的膜受体结合，并影响该细胞的功能，这种现象称为自分泌(autocrine)，如睾丸间质细胞分泌的胰岛素样生长因子可通过自分泌作用调节自身细胞的功能。最近还提出了胞内分泌(intracrine)的概念，最初是用于描述去睾丸大鼠模型中，某些外周组织将肾上腺来源的雄激素前体物质转化为睾酮或脱氢睾酮的现象。这些局部合成的雄激素(或雌激素)在合成的细胞内发挥作用，而没有被释放到细胞间隙，故称为胞内分泌。后来发现，一些生长因子在细胞内合成后也可与细胞内受体结合而影响自身细胞的功能。

从这些新概念，我们至少可以得到两点启示：一是有的激素既具有传统的内分泌调节作用，又具有旁分泌、自分泌或胞内分泌的作用；二是包括繁殖机能在内的生理机能，不仅仅受内分泌调节，还有其他调节方式，而且起调节作用的物质也不是只有激素，还有其他活性物质。这将在后面详细讨论。

# 二、调节繁殖机能的器官和组织

动物的繁殖以性腺的活动为基础，即两性的性腺产生雌配子、雄配子，配子受精形成合子继而发育成新的个体。同时，性腺还产生性激素，引起一系列有关的形态、行为、生理生化变化。性腺的活动受垂体、下丘脑以及更高级神经中枢的调节，从而构成大脑-下丘脑-垂体-性腺相互调节的复杂系统。此外，繁殖过程还涉及其他外周器官的活动。

## （一）大脑边缘系统

动物繁殖机能的发育和建立、繁殖过程和繁殖行为等，都受外界环境因素，如光照、温度等的影响，中枢神经系统感受这些外界刺激并作出反应，从而调节动物体的内分泌机能和行为变化。

大脑边缘系统包括大边缘叶的皮质及皮质下核、边缘中脑区和边缘丘脑核等部分。其中大边缘叶皮质主要包括海马和齿状回等组成的古皮层，前梨状区和内嗅区等组成的旧皮层，扣带回和海马回等组成的中皮层，以及新皮层。皮质下核有杏仁复合体、隔核、下后脑诸核、丘脑上部缰核、丘脑前核及部分基底神经节。

边缘系统具有多方面的功能，与行为、内分泌、血压、体温和内脏活动等均有关。对于繁殖机能而言，边缘系统也是高级控制中枢，与性成熟、性行为、促性腺激素释放等都有密切关系。

## （二）丘脑下部

丘脑下部又称下丘脑，也可算作边缘系统的组成部分。下丘脑包括第三脑室底部和部分侧壁。在解剖学上，下丘脑由视交叉、乳头体、灰白结节和正中隆起组成，底部突出以漏斗柄和垂体相连。

下丘脑的组织构造可分为两侧的外侧区和中间的内侧区，均含有许多神经核。外侧区的神经核群统称为下丘脑外侧核；内侧区的神经核群包括前组的视前核、前下丘脑核、视交叉上核、视上核和室旁核等，结节组的背内侧核、腹内侧核和弓状核等，以及后组的乳头体核等（图 2-1）。结节组又称促垂体区，是神经内分泌的主要区域。下丘脑是调节繁殖活动的直接中枢。

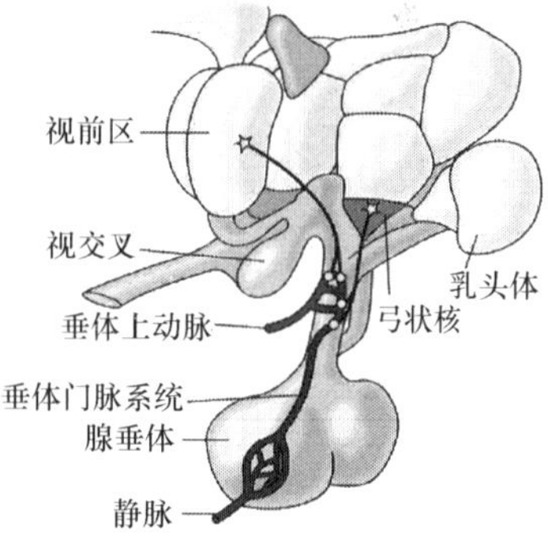


图 2-1　下丘脑神经核和垂体
（仿自 Johnson MH 等，2000）

### （三）垂体

**1. 垂体的解剖特点**

垂体是内分泌的主要腺体，它分泌的多种激素对繁殖活动发挥重要的调节作用。

垂体位于大脑基部称为蝶鞍的骨质凹内，故又称为脑下垂体。垂体主要由前叶和后叶及两者之间的中叶组成。不同动物垂体中叶发育程度不一，如牛、马垂体发育良好，猪则不很发达。垂体前叶主要是腺体组织，又称腺垂体，包括远侧部和结节部；垂体后叶主要为神经部，称为神经垂体。

**2. 垂体与下丘脑的解剖学关系**

垂体通过垂体柄与下丘脑相连。垂体后叶为漏斗柄的延续部分，来自下丘脑神经核（神经内分泌细胞）的神经纤维终止于神经后叶，并和血管接触，下丘脑合成的垂体后叶素在此释放进入血液循环。

垂体前叶与下丘脑的关系要比后叶复杂得多。过去一直认为，下丘脑对垂体前叶内分泌活动的调控只有体液途径，即进入垂体的血管-垂体（前）上动脉和垂体（后）下动脉在下丘脑漏斗部形成毛细血管网，然后组成垂体门脉，经垂体柄进入垂体前叶组织内。下丘脑各种神经核及其他神经核发出的神经纤维分布到漏斗部的毛细血管网，形成血管神经突触，下丘脑合成的神经激素借助于垂体门脉系统到达垂体前叶，调控前叶的激素合成和释放（图 2-2）。

然而，后来发现，在垂体前叶也存在一些肽能神经纤维，其中有的来自下丘脑，其他来源尚待进一步研究。这些神经纤维与垂体前叶腺细胞关系密切，并有突触联系。因此，有学者提出了哺乳动物垂体前叶受神经-体液双重调节的假说，使长期以来认为下丘脑仅能通过门脉调节垂体前叶分泌的观点受到冲击。

此外，垂体前叶还存在少量来自交感神经系统的神经纤维，它们控制腺体的血管收缩。

### （四）性腺

雄性动物的睾丸和雌性的卵巢是重要的内分泌、旁分泌和自分泌器官，其组织结构详见第一章。

### （五）其他器官和组织

子宫、胎盘、松果腺、甲状腺、肾上腺、胰岛、免疫器官等器官和组织所分泌的激素或生长因子不同程度、不同范围地参与动物繁殖机能的调节。

## 三、调节繁殖机能的物质种类

### （一）神经递质和神经调质

由神经末梢释放并在突触内起作用（如引起膜电位或离子通透性变化）的物质称为神经递质（neurotransmitter）。另有一些物质由突触或末梢释放出来，虽不直接改变神经细

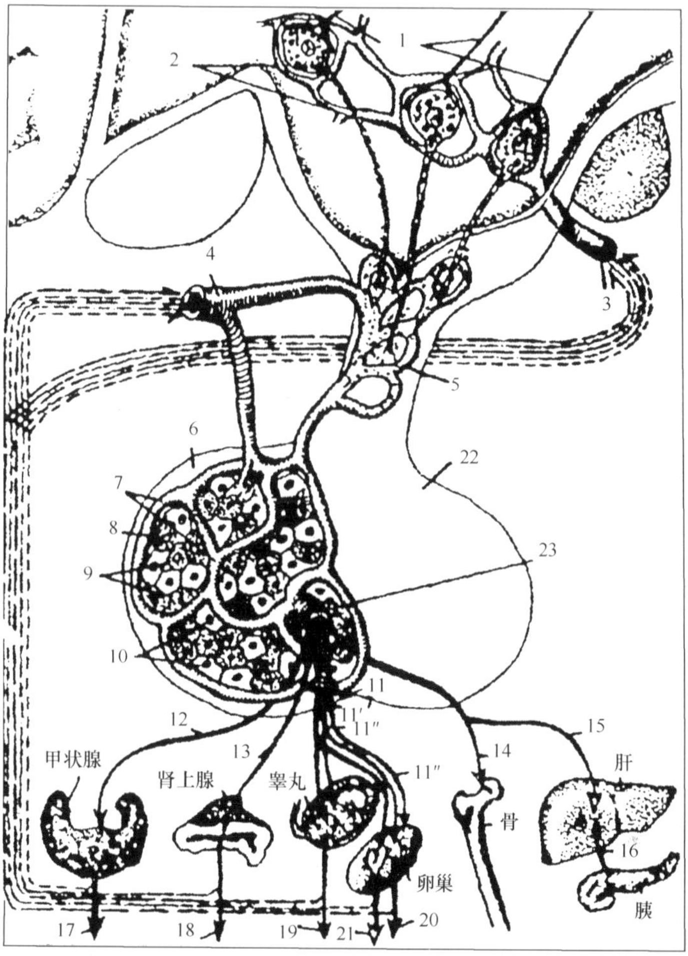


图 2-2　下丘脑与垂体前叶的关系

注意由下丘脑神经分泌细胞来的激素，通过门脉系统进入前叶。

1. 传入神经纤维；2. 下丘脑分泌细胞周围的毛细血管；3. 下丘脑动脉；4. 垂体上动脉；5. 垂体门脉系统；6. 垂体前叶；7. 血管窦；8. 嗜酸细胞；9. 嗜碱细胞；10. 嫌色细胞；11. 促性腺激素；11′. FSH；11″. LH；11‴. LTH；12. TSH；13. ACTH；14. GH；15. 糖尿因子；16. 胰岛素；17. 甲状腺素；18. 肾上腺皮质素；19. 睾酮；20. 雌激素；21. 孕酮；22. 垂体后叶；23. 垂体侧静脉

胞膜电位或离子通透性，但可影响神经递质的释放或其效应，这种物质称为神经调质(neuromodulator)。有些物质既可作为神经递质，又可作为神经调质。主要的神经递质有如下几类。

(1) 乙酰胆碱。

(2) 氨基酸类　L-谷氨酸、L-天冬氨酸、甘氨酸、γ-氨基丁酸等。

(3) 胺类　5-羟色胺、组胺、儿茶酚胺(肾上腺素、去甲肾上腺素和多巴胺)等。

(4) 多肽类　类阿片肽(内啡肽、脑啡肽、强啡肽)、神经肽 Y、P 物质、降钙素基因相关肽、血管活性肽等。

(5) 无机分子　NO、CO 等。

### （二）激素

根据来源和功能可将激素分为以下几类。

(1) 神经激素　下丘脑激素，如促性腺激素释放激素、垂体后叶激素（催产素、血管加压素）、松果腺激素等。

(2) 促性腺激素　促黄体素、促卵泡素、孕马血清促性腺激素、绒毛膜促性腺激素、催乳素等。

(3) 性腺类固醇激素　雌激素、孕激素、雄激素等。

(4) 性腺肽类激素　松弛素、抑制素、激活素等。

(5) 前列腺素。

(6) 外激素。

(7) 其他激素　代谢激素，如胰岛素、生长激素、甲状腺素、肾上腺皮质激素、瘦素等。

### （三）肽类生长因子

肽类生长因子有胰岛素样生长因子、表皮生长因子、转化生长因子、成纤维生长因子、血小板衍生生长因子等。

## 第二节　神经激素

中枢神经系统内有些细胞能合成并分泌一些肽类物质，通过血液循环到达距离较远的靶器官发挥作用。这些细胞称为神经内分泌细胞，所分泌的神经肽称为神经激素。有的神经内分泌细胞（如下丘脑某些细胞）既具有神经元的特征，又具有内分泌特征。但也有的神经内分泌细胞早已不具备神经细胞的特征，而且它们所分泌的神经激素中还包括一些小分子的氨基酸衍生物。

值得指出的是，有些神经分泌物既有神经激素功能，又具有神经递质功能。

## 一、下丘脑激素

### （一）下丘脑激素的种类

下丘脑的神经内分泌细胞可分为两类：一类是大型神经内分泌细胞，位于视上核和室旁核，可分泌加压素和催产素等肽类激素，此类激素沿神经垂体束的长轴索下行，储存于垂体后叶，需要时释放入血液；另一类是小型内分泌细胞，主要位于下丘脑结节组（促垂体区），至少分泌 9 种肽类激素，通过垂体门脉系统调节腺垂体的功能。这些激素是促性腺激素释放激素（gonadotrophin releasing hormone，GnRH）、促甲状腺素释放激素（thyrotrophin releasing hormone，TRH）、生长激素释放激素（growth hormone releasing hormone，GHRH）、促肾上腺皮质激素释放激素（corticotropin releasing hormone，CRH）、促乳素释放因子（prolaetin releasing hormone facyor，PRF）、黑素细胞刺激素释放因子（melanocyte-stimulating hormone releasing facyor，MRF）6 种释放激素（因子）和生长激素释放抑制激素(growth hormone-releasing inhibiting hormone，GHIH)、促乳素抑制因子(prolactin inhibiting factor，PIF)和黑素细胞刺激素抑制因子(melanocyte-stimulating hormone inhibiting factor，MIF)3 种抑制激素(因子)。在此只讨论 GnRH。

### (二) 促性腺激素释放激素

#### 1. 合成和分布

GnRH 主要由下丘脑的特异性神经核合成。GnRH 神经元的细胞体位于下丘脑的视前区、前区和弓状核，其轴突集中于正中隆起，合成的 GnRH 在此处以脉冲方式释放到垂体门脉系统。此外，在脑干、杏仁核等下丘脑以外的神经组织中也存在 GnRH 神经纤维。实际上，GnRH 在整个脑区均有分布。

研究还发现，松果腺、视网膜、性腺、胎盘、肝脏、消化道及领下腺等多种器官组织存在 GnRH 或 GnRH 样肽。说明这种激素的来源和分布十分广泛。

#### 2. GnRH 的化学结构

自 20 世纪 70 年代分离哺乳动物的 GnRH 并确定其分子结构以来，至今已在脊椎动物确定了 9 种 GnRH 分子结构的变异型，其中哺乳动物 1 种，鸡 2 种，鱼类 4 种和七鳃鳗 2 种(图 2-3)。所有 GnRH 分子均为 10 肽，其中第 1～4 位氨基酸(N 端)和第 9、第 10 位氨基酸(C 端)高度保守，而第 8 位氨基酸变动最大，其次是第 5、第 7 和第 6 位氨基酸。在 GnRH 分子中，N 端的焦谷氨酸含有内酰胺键，因而没有游离的氨基；C 端的甘氨酸形成酰胺结构，因而没有游离的羟基。

| | | |
|---|---|---|
| m-GnRH | 哺乳类(mammal) | pGlu-His-Trp-Ser-Tyr-Gly-Leu-Arg-Pro-Gly-$NH_2$ |
| c-GnRH-Ⅰ | 鸡(chicken) | pGlu-His-Trp-Ser-Tyr-Gly-Leu-Gln-Pro-Gly-$NH_2$ |
| c-GnRH-Ⅱ | 鸡(chicken) | pGlu-His-Trp-Ser-His-Gly-Trp-Tyr-Pro-Gly-$NH_2$ |
| sb-GnRH | 鲷鱼(sea bream) | pGlu-His-Trp-Ser-Tyr-Gly-Leu-Ser-Pro-Gly-$NH_2$ |
| s-GnRH | 鲑鱼(salmon) | pGlu-His-Trp-Ser-Tyr-Gly-Trp-Leu-Pro-Gly-$NH_2$ |
| cf-GnRH | 鲶鱼(catfish) | pGlu-His-Trp-Ser-His-Gly-Leu-Asn-Pro-Gly-$NH_2$ |
| df-GnRH | 鲨鱼(sogfish) | pGlu-His-Trp-Ser-His-Gly-Trp-Leu-Pro-Gly-$NH_2$ |
| 1-GnRH-I | 七鳃鳗(lamprey) | pGlu-His-Tyr-Ser-Leu-Glu-Trp-Lys-Pro-Gly-$NH_2$ |
| 1-GnRH-Ⅲ | 七鳃鳗(lamprey) | pGlu-His-Tyr-Ser-His-Asp-Trp-Lys-Pro-Gly-$NH_2$ |

图 2-3　已确定 GnRH 分子结构的 9 种脊椎动物

GnRH 在体内极易失活，因为肽链中第 6 和第 7 位、第 9 和第 10 位氨基酸之间的肽键极易被裂解酶分解。此外，第 5 和第 6 位氨基酸之间的肽键也不稳定。

用 D-氨基酸(如赖氨酸)置换第 6 位的甘氨酸，或去掉第 10 位的甘氨酸后于第 9 位的脯氨酸后接上乙酰胺，即合成各种 GnRH 高活性类似物(激动剂)，如国产的 LRH-A3 和国外的 Buserelin(又名 Receptal 或 HOE766)等，其生物活性比天然 GnRH 高数十倍甚至数百倍。相反，用 D-氨基酸取代第 6 位以外的 L-氨基酸，则合成 GnRH 拮抗类似物或拮抗剂。

#### 3. GnRH 的生物学作用及其机理

(1) GnRH 的生物学作用　已知 GnRH 分布广泛，且除垂体外还在多种组织，如交感神经系统、视网膜、肾上腺、性腺、胎盘、乳腺、胰脏、心肌、肺和某些肿瘤细胞，说明 Gn-

RH 的功能具有多样性。

GnRH 的主要作用是促进垂体前叶促性腺激素合成和释放，其中以促 LH 释放为主，也有促 FSH 释放的作用，但 FSH 分泌还有不同于 LH 分泌的调节机制。然而，长时间或大剂量应用 GnRH 及其高活性类似物，会出现所谓抗生育作用，即抑制排卵、延缓胚胎附植、阻碍妊娠甚至引起性腺萎缩。这种作用与 GnRH 本来的生理作用相反，故称为 GnRH 的“异相作用”。

已知分布在不同器官的 GnRH，其作用也不同。例如，人胎盘绒毛膜的 GnRH 调节绒毛膜促性腺激素等多种绒毛激素的释放；乳腺癌可自分泌 GnRH，对癌细胞生长起抑制性调节作用；视网膜 GnRH 作为神经递质能增强节细胞对颜色刺激的敏感性；消化道和颌下腺产生 GnRH 可能对消化生理起调节作用。GnRH 对性腺也有直接的调节作用，如 GnRH 抑制体外培养的黄体细胞分泌孕酮。以上这些作用可称为 GnRH 的垂体外作用。

(2) GnRH 作用于靶细胞的机理　肽类激素的受体存在于靶细胞的细胞膜上。在垂体促性腺激素分泌细胞的细胞膜上存在着相对分子质量约 100 000 的 GnRH 受体。当 GnRH 与受体结合后，通过微聚作用激活 2 条途径(图 2-4)：一方面促进细胞外 $Ca^{2+}$ 内流；另一方面激活与受体偶联的鸟嘌呤核苷酸结合蛋白(G 蛋白)，G 蛋白激活磷脂酶 C。磷脂酶 C 使肌醇磷脂水解为甘油二酯(DAG)和三磷酸肌醇($IP_3$)。$IP_3$ 可促使动物动用细胞内 $Ca^{2+}$ 库中的 $Ca^{2+}$。胞外 $Ca^{2+}$ 的内流和胞内 $Ca^{2+}$ 的动用，使胞内 $Ca^{2+}$ 浓度上升，激活钙调蛋白(calmodulin)。DAG 可激活蛋白激酶 C(PKC)。PKC 和钙调蛋白活化激发一系列的蛋白质磷酸化作用，改变细胞功能，引起促性腺激素的合成和释放。总之，GnRH 作用机制十分复杂，但可肯定的是，$Ca^{2+}$ 是其作用的第二信使；DAG 起到 $Ca^{2+}$ 信息增强剂的作用；钙调蛋白和 PKC 在 $Ca^{2+}$ 和 DAG 促性腺激素释放中起介导作用。

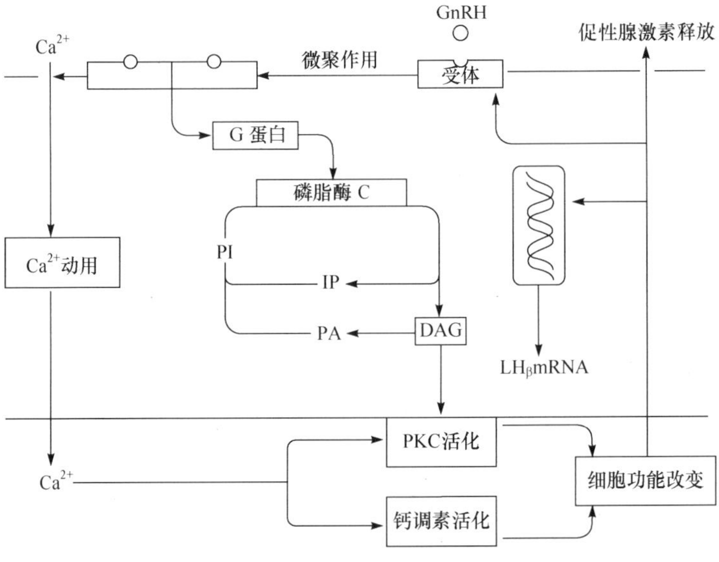


图 2-4　GnRH 作用机理模式图

**4. GnRH 分泌的调节**

下丘脑 GnRH 分泌细胞(肽能神经元)活动的调节可分为两类：一类属于神经调节；另一类属于体液(激素)调节。

内外环境的变化反映到高级神经中枢，其神经末梢与 GnRH 神经元的胞体或树突形成突触联系，通过释放胺类、肽类神经递质(见第二章第七节)，调节 GnRH 的分泌活动。松果腺褪黑素影响 GnRH 分泌。

GnRH 分泌的激素调节包括 3 种反馈机制。性腺类固醇通过体液途径作用于下丘脑，调节 GnRH 的分泌，此为长反馈调节；垂体促性腺激素通过体液途径对下丘脑 GnRH 分泌的调节称为短反馈调节；血液中 GnRH 浓度对下丘脑的分泌活动也有自身引发效应，称为超短反馈调节。

在下丘脑发现有两个调节 GnRH 分泌的中枢(图 2-1)：一个为持续中枢(tonic center)，位于下丘脑弓状核和腹内侧核，控制 GnRH 的基础分泌，雌激素对该中枢有负反馈调节作用；另一个为周期中枢(cyclic center)或称排卵前中枢，位于视上束交叉及内侧视前区，高浓度雌激素对该中枢有正反馈调节作用，控制排卵前中枢，位于视上束交叉及内侧视前区，高浓度雌激素对该中枢有正反馈调节作用，控制排卵前的 GnRH 和 LH 峰释放。高浓度孕酮则抑制周期中枢。近年来的研究表明，下丘脑 GnRH 神经元并没有雌激素受体，表明雌激素的反馈作用不是直接作用于 GnRH 神经元，而是通过影响其他神经元的活动间接调节 GnRH 分泌。例如，下丘脑弓状核 β-内啡肽神经元存在雌激素、孕激素受体，又和 GnRH 神经元有突触联系。

此外，近年来提出了 GnRH 脉冲发生器的概念。GnRH 脉冲发生器位于下丘脑内侧基底部，包括腹内侧核、弓状核和正中隆起等，相当于持续中枢的部位。这些部位的 GnRH神经元自身具有脉冲式释放 GnRH 的能力，并受来自其他神经元的多种神经递质调控，从而引起垂体促性腺激素的脉冲式释放。

**5. GnRH 的应用**

由于 GnRH 及其类似物的大量合成，目前在动物繁殖上得到广泛应用。

(1) 诱导母畜发情排卵　初情期前、产后乏情母畜用 GnRH 激动剂处理可促进发情并排卵。母猪发情期注射可增加排卵数和窝产仔数。母牛用 GnRH 和 $PGF_{2\alpha}$联合处理可提高超数排卵效果。在黄体期内大剂量或持续使用 GnRH，具有溶解黄体的作用，从而可控制同期发情效果。

(2) 提高受胎率。有报道，在母牛输精的同时注射 LRH-A3 可提高受胎率。

(3) 治疗母畜不孕症　如卵巢机能障碍引起的内分泌紊乱，患胎盘滞留母牛产后 10～18d 注射 GnRH 可提高受胎率，缩短产后首次配种受胎的间隔时间。

(4) 用于鱼类的催情和促排卵。

## 二、催　产　素

催产素(oxytocin)是由下丘脑合成经神经垂体释放进入血液循环的一种神经激素，是第一个被测定出分子结构的神经肽。

### (一) 催产素的合成部位及转运

在下丘脑视上核和室旁核含有两种较大的神经元:一种合成催产素;另一种合成加压素,这些神经元被称为大型神经内分泌细胞或大细胞神经元。此外,在视上核和室旁核以外还存在一些附属的神经元群,其中也含有合成催产素和加压素的大细胞神经元,由视上核、室旁核以及附属神经元群发出的神经纤维共同组成下丘脑-神经垂体束,又因其中来自视上核的纤维较多而被称为视上-垂体束,其末梢终止于垂体后叶。催产素和加压素即在下丘脑的这些大细胞神经元胞体中合成,以轴浆流动的形式经视上-垂体束转运到垂体后叶。在合成催产素和加压素的同时,视上核和室旁核的大细胞神经元也合成此两种激素的运载蛋白。催产素运载蛋白专一性地运载催产素,加压素运载蛋白也具有激素专一性。而且,这两种运载蛋白均存在种属特异性。

研究发现,在下丘脑以外的许多脑区、脑脊液以及脊髓中也存在催产素、加压素及其相关的运载蛋白。在卵巢、子宫等部位也产生少量局部催产素。

### (二) 催产素的化学结构特性

催产素和加压素都是含有一个二硫键的 9 肽化合物,它们的结构有共同特点,即在第 1～6 位氨基酸之间以二硫键相连形成一个闭合的 20 元环,在 C 端有一个三肽尾巴。这两种激素结构的区别在于第 3 位和第 8 位氨基酸残基:催产素分别为异亮氨酸和亮氨酸,而加压素分别为苯丙氨酸和精(或赖)氨酸(图 2-5)。

催产素

S — S

Cys-Tyr-Ile-Gln-Asn-Cys-Pro-Leu-Gly-$NH_2$

精加压素(人)

S — S

Cys-Tyr-Phe-Gln-Asn-Cys-Pro-Arg-Gly-$NH_2$

赖加压素(猪)

S — S

Cys-Tyr-Phe-Gln-Asn-Cys-Pro-Lys-Gly-$NH_2$

图 2-5 催产素和加压素的分子结构

### (三) 催产素的生物学作用

催产素和加压素虽然结构相似,但作用有很多的不同。加压素主要对血管平滑肌起收缩作用(加压作用)和抗利尿作用(又称抗利尿素)。催产素有如下功能。

(1) 对子宫的作用　在分娩过程中,催产素刺激子宫平滑肌收缩,促进完成分娩。雌激素增加子宫对催产素的敏感性。

(2) 对乳腺的作用　在生理条件下,催产素的释放是引起排乳反射的重要环节,在哺乳(或挤乳)过程中起重要作用。催产素能强烈地刺激乳腺导管肌上皮细胞收缩,引起排乳。

(3) 对卵巢的作用 卵巢黄体局部产生的催产素可能有自分泌和旁分泌调节作用，促进黄体溶解(与子宫前列腺素相互促进)。

(4) 对中枢神经系统的作用 在中枢神经系统内，催产素起着神经递质的作用，参与调节机体的多种功能。例如，促进动物觉醒，抑制动物的学习和记忆功能，兴奋运动神经元而增强全身运动，抑制摄食，抑制胃运动和胃分泌，诱发镇痛作用、升高体温，促进性行为和母性行为以及调节心血管活动等。

(5) 大剂量催产素也有一定抗利尿作用。

### (四) 催产素分泌的调节

催产素分泌一般是神经反射性的。在分娩时，由于子宫颈受牵引或压迫，反射性地引起催产素释放。在哺乳期间，幼畜吮乳对乳头刺激也能反射性引起垂体尽快释放催产素。此外，雌激素能促进催产素及其运载蛋白释放，也可促进血液中催产素的分解代谢。

### (五) 催产素的应用

催产素可用于促进动物分娩、治疗胎衣不下和产后子宫出血、子宫积脓等。催产素其他功能的利用需进一步确定。

## 三、松果腺激素

松果腺(pineal gland)又名松果体，因形似松果而得名，位于下丘脑的下方。低等脊椎动物，如古爬行类的松果体是由能感受光刺激、类似视网膜的细胞构成，因此这些动物的松果体有“第三只眼睛”之称。而哺乳动物的松果体已进化为腺体组织，是一个神经内分泌换能器。眼睛把光照周期的信息通过一系列神经元传递给松果腺，影响其分泌活动，其神经通路如下：光→视网膜→视束→视交叉→中脑→桥脑→延脑→脊髓→颈上神经节→交感神经节后纤维。交感神经末梢释放的神经递质是去甲肾上腺素。

### (一) 松果腺分泌的激素及其他物质

松果腺可以分泌吲哚类激素、肽类激素及其他一些物质。

**1. 吲哚类激素**

松果腺分泌的主要激素是退黑素(melatonin)。退黑素是由色氨酸转化而来，其过程大致如下：色氨酸→5-羟色胺→*N*-乙酰-5 甲氧基色胺(即退黑素)。退黑素结构如图 2-6 所示。

5-羟色胺是一系列同族化合物的共同前体，除退黑素外，松果腺分泌的吲哚类化合物还有 5-甲氧基色醇、5-羟氧基色醇、5-甲氧基色胺等，均为 5-羟色胺衍生物。生物活性最强的是退黑素。除松果腺外，视网膜、副泪腺及肠道也能分泌少量退黑素。

**2. 松果腺肽类激素**

松果腺能分泌一些短肽激素，主要有 8-精(赖)加催素、GnRH、TRH(促甲状腺素释放激素)和内皮素等。

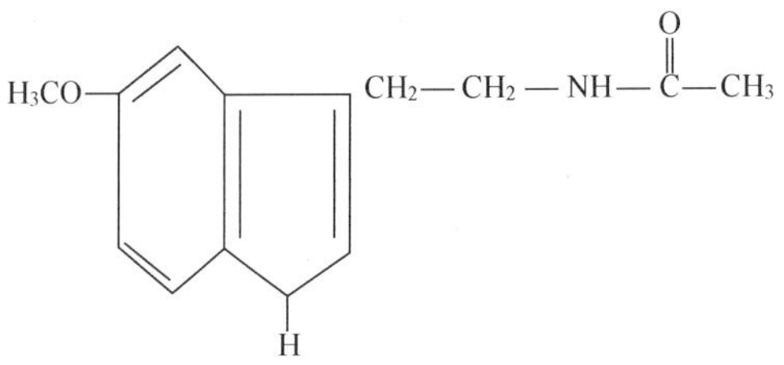

图 2-6　退黑素化学结构

（1）8-精加催素（AVT）和 8-赖加催素（LVT）　从牛松果腺提取的 8-精加催素和猪松果腺提取的 8-赖加催素是松果腺特有的肽类激素，其结构特征为在催产素的五肽环上加上加压素的三肽侧链。两者的区别在于第 8 位氨基酸残基，一为精氨酸，一为赖氨酸（图 2-7）。

8-精加催素(AVT)

S — S

Cys-Tyr-Ile-Gln-Asn-Cys-Pro-Arg-Gly-$NH_2$

8-赖加催素(LVT)

S — S

Cys-Tyr-Ile-Gln-Asn-Cys-Pro-Lys-Gly-$NH_2$

图 2-7　2 种松果腺肽类激素的结构

（2）GnRH 和 TRH　松果体是 GnRH 和 TRH 的补充来源。

（3）松果腺其他物质　除分泌神经激素外，松果腺还能分泌组胺、儿茶酚胺、氨基酸等化合物。

## （二）松果腺激素的功能

松果腺的分泌活动受光照周期的调节，昼夜交替和每年中日照时间的变换周期均影响松果腺激素的分泌，退黑素的浓度在夜间升高，白天降低；在长日照季节，退黑素浓度较低，短日照季节浓度较高。因而松果腺是调节动物季节性繁殖的主要器官。

**1. 退黑素的作用**

（1）对繁殖系统的作用　退黑素是对生殖机能作用最强的松果腺吲哚类激素。对于长日照繁殖动物，退黑素对生殖系统表现明显的抑制作用，经典的资料来自叙利亚仓鼠。这种冬眠动物在夏至后白昼变短期间松果腺分泌活性加强，生殖系统则进入不活跃期；在整个冬季，白昼很短，生殖系统持续处于休止期。这是由于短白昼期间退黑素为主的松果腺激素浓度高，使血中促乳素浓度上升而抑制下丘脑 GnRH、垂体促性腺激素释放，并使性腺萎缩。而在春天以后白昼延长，性腺开始恢复，在整个长白昼期间处于生殖活跃期，这是由于退黑素浓度降低，使促乳素浓度也降低，而 GnRH 和促性腺激素浓度则上升，刺激性腺活动。所以在长日照动物，退黑素表现抗生殖作用。在一些非季节性动物，如大鼠、牛等，退黑素对生殖也有抑制作用。

在短日照动物，如绵羊、山羊、红鹿，在短白昼期间高浓度的退黑素抑制促乳素释放，刺激 GnRH 和促性腺激素释放增加，性腺活动增强，进入季节性繁殖期；而长白昼期间，退黑素浓度降低，促乳素浓度升高，性腺活动受抑制，进入季节乏情期。可见，对于短日照动物，退黑素具有促进繁殖的作用。实验表明，用外源退黑素处理可促使绵羊、山羊、红鹿性成熟提前、排卵率和产羔数增加。

（2）对毛纤维生长的作用　貂、狐、绒山羊等毛皮动物的换毛具有明显的季节性，也与光照周期有密切关系。毛（绒）的季节性生长与退黑素的分泌有关。用外源退黑素诱导毛皮动物在非生产季节产毛皮（绒）已获得成功。

（3）退黑素使鱼类和蛙等动物皮肤颜色变浅，这是退黑素得名的缘由。

（4）其他作用　最新研究表明，除下丘脑、垂体、视网膜、性腺等为退黑素的主要作用部位外，脾脏、胸腺、腔上囊（禽）、肠道、肾脏等多种组织也有特异性的退黑素作用点，暗示这种激素可能有着广泛的作用。有人认为，各种有昼夜节律变化的生理机能均与松果腺和退黑素相关联。

**2. 8-精（赖）加催素的作用**

许多研究结果表明，分别来自牛和猪松果腺的这两种松果腺肽类激素具有抗生殖的作用。

## 第三节　促性腺激素

促性腺激素主要包括垂体前叶分泌的促黄体素和促卵泡素、胎盘分泌的孕马血清促性腺激素和绒毛膜促性腺激素，以及垂体前叶和胎盘都能分泌的促乳素。

### 一、垂体促性腺激素

垂体前叶（腺垂体）可分泌 7 种激素，即嗜酸性细胞分泌的生长激素（GH）和促乳素（PRL），嗜碱性细胞分泌的促黄体素（luteinizing hormone，LH）、促卵泡素（follicle-stimulating hormone，FSH）、促甲状腺素（TSH）、促肾上腺皮质激素（ACTH）以及黑素细胞刺激素（MSH）。其中 LH 和 FSH 主要以性腺为靶器官，被称为促性腺激素。PRL 因与黄体分泌孕酮有关也列为促性腺激素。

#### （一）促卵泡素和促黄体素的化学特性

**1. FSH 的化学特性**

FSH 是一种糖蛋白激素，相对分子质量约 30 000。FSH 分子是由非共价键结合的 α 和 β 两个亚单位组成的异质二聚体。

FSH 的 α 和 β 亚单位上存在 N-连接的寡糖，即寡糖是与天冬酰胺的酰胺氮共价结合的。还有一种不与 β 亚单位结合的游离 α 亚单位，在其 43 位苏氨酸上有一个 O-连接的寡糖，即寡糖与苏氨酸的羟基氧共价结合，这种寡糖不存在于 αβ 二聚体的 α 亚单位。另外，有的寡糖是硫基化的，有的则是唾液酸化的。

同一种动物各种糖蛋白激素(如 FSH、LH、TSH、PMSG、hCG 等)的 α 亚单位的氨基酸顺序均相同。不同动物的促性腺激素 α 亚单位氨基酸顺序也有很大同源性,如牛和绵羊的 α 亚单位是同质的,牛和马的约 82%相同,牛和人的约 75%相同。各畜种 α 亚单位中均有 10 个半胱氨酸残基,其位置是高度稳定的,因而不同畜种 α 亚单位的二硫键也是相同的。

β 亚单位决定激素的生物学特异性,但只有与 α 亚单位结合才有生物学活性。β 亚单位包含 12 个半胱氨酸残基,形成 6 个分子内二硫键,这在不同动物种间是高度稳定的。但不同动物的同种激素或同种动物不同激素,β 亚单位的 N 端长短不一。因而,FSH 的种属差异较大。

对于同一种动物来说,体内存在着同一种激素的几种异构型(同功激素),这是由于寡糖的含量或类型不同所致。有人报道,初情期以前母羊或大鼠血清中强酸性的 FSH 形式的比例较大,而到达初情期,则朝弱酸性形式转变。FSH 酸性越弱,生物学活性越强。寡糖基因还与激素在血液中的清除率(半衰期)有关。

**2. LH 的化学特性**

LH 是一种糖蛋白激素,相对分子质量约为 30 000,由 α 和 β 两个亚单位组成。同一种动物 α 亚单位与 FSH 亚单位氨基酸顺序相同。β 亚单位则决定激素的特异性。与其他糖蛋白激素比较,人和马属动物绒毛膜促性腺激素(CG)及马属动物 LH 的 β 亚单位最长,其羧基端多出若干个氨基酸(伸展肽)。

LHα 亚单位的寡糖连接与 FSH 一样。人和马的 CG 和马的 LHβ 亚单位上存在 N-连接和 O-连接两种寡糖类型。O-连接存在于这种激素的伸展肽上。其他动物的 LHβ 亚单位由于没有这段伸展肽,故只有 N-连接寡糖。糖基化的类型也有硫基化和唾液酸化或者两者的混合。LH 以硫基化寡糖为主,FSH 则以唾液酸化寡糖占优。

### (二) FSH 和 LH 的合成、储存和释放

多数促性腺激素细胞 FSH、LH 均可染色,但有 20%左右细胞只染 FSH 或 LH。促性腺激素是在有节律的下丘脑促性腺激素释放激素(GnRH)刺激下合成和释放的。

促性腺激素最初以较大的前体形式合成,然后酶解去掉不必要的氨基酸序列,合成后再加上寡糖,最后寡糖本身又被修饰。α 和 β 亚单位组装成最终的激素产物。有趣的是,当 α 亚单位过量产生时,最有利于 α 和 β 亚单位的组装,机理尚不清楚,但某些疾病情况下(如人的滋养层细胞病)和异常妊娠(异位妊娠)时,α 亚单位产量异常的高。

一般说来,垂体和胎盘促性腺激素一旦进入血液循环就不再被修饰,而是保持与合成和分泌时同样的分子形式。促性腺激素清除的代谢途径不清楚,但 80%～90%在体内降解,只有少量从尿中排出。

### (三) 促性腺激素作用的机理

与类固醇相同的是,促性腺激素也是通过活化独特的受体对靶组织发挥特异性的生物学效应。与类固醇受体不同的是,促性腺激素受体结合在靶细胞的膜上。膜受体与促性腺激素结合后,刺激可溶性的细胞内第二信使产生。第二信使刺激细胞内反应。

糖蛋白激素的细胞表面受体都是细胞膜的内在蛋白，水溶液中不能溶解。被 FSH、LH 或 hCG 激活后，这些膜结合受体诱导产生第二信使 cAMP。激素介导的 cAMP 产生需要 3 种质膜内在蛋白(图 2-8)，它们是激素受体、腺苷酸环化酶调节组分(G，即鸟嘌呤核苷酸调节蛋白)、催化组分(C)，后者催化 ATP 转化成 cAMP。受体在细胞质膜与激素结合。激素与高亲和力的受体结合，伴随着 G 蛋白的活化和 G 蛋白与 GTP 的结合。活化的 G-GTP 蛋白再刺激催化蛋白 C。C 与其生理底物 ATP 的亲和力很低，但与活化的 G-GTP 蛋白结合后，亲和力增加。C 最后将 ATP 转化成 cAMP，cAMP 发动一系列细胞内蛋白质磷酸化，引起生理效应。

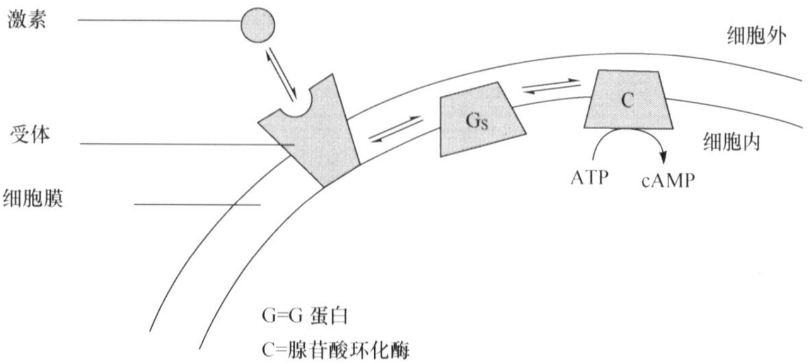


图 2-8　腺苷酸环化酶依赖性膜结合激素受体系统

与上述刺激性过程类似，也存在独特的降低 cAMP 产量的膜蛋白。在抑制性级联反应中(图 2-9)，与刺激性反应的区别在于 3 种信号蛋白组分中的 G 蛋白。刺激性 G 蛋白(Gs)与抑制性 G 蛋白(Gi)是不同的分子。细胞内反应取决于特异性受体所结合的配体是刺激性激素还是抑制性激素。

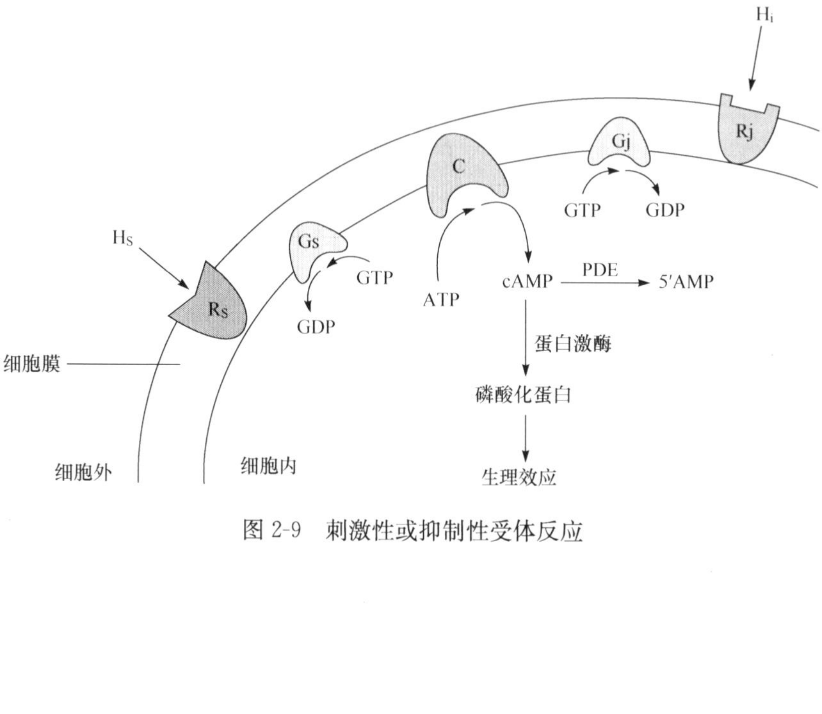


图 2-9　刺激性或抑制性受体反应

### （四）FSH 和 LH 的生物学作用

**1. FSH 的生物学作用**

FSH 促进卵巢卵泡的生长；促进卵泡颗粒细胞的增生和雌激素的合成和分泌，刺激卵泡细胞上 LH 受体产生；促进睾丸足细胞合成和分泌雌激素，刺激生精上皮的发育和精子发生（在次级精母细胞及其以前阶段，FSH 起重要作用，此后由睾酮起主要作用）。

**2. LH 的生物学作用**

在雌性动物，LH 促进卵泡的成熟和排卵；刺激卵泡内膜细胞产生雄激素（为颗粒细胞合成雌激素提供前体物质）；促进排卵后的颗粒细胞黄体化，维持黄体细胞分泌孕酮。在雄性动物，LH 刺激睾丸间质细胞合成和分泌睾酮，促进副性腺的发育和精子最后成熟。

### （五）FSH 和 LH 分泌的调节

**1. FSH 分泌的调节**

FSH 分泌是脉冲式的。FSH 的合成和分泌受下丘脑 GnRH 和性腺激素的调节。来自下丘脑的 GnRH 脉冲式释放经垂体门脉系统进入垂体前叶，促进 FSH 的合成和分泌。而来自性腺的类固醇激素则通过下丘脑对 FSH 的释放呈负反馈抑制作用。FSH 基础分泌对于性腺类固醇负反馈的反应性比 LH 更强。性腺抑制素则是抑制 FSH 分泌的另一因素。许多哺乳动物，在排卵后 FSH 分泌突然上升，在黄体期也有 FSH 小高峰出现，这是由于雌激素和抑制素下降造成的。在雄性动物，睾酮和抑制素是主要的抑制性因素。

此外，激活素、卵泡抑素、转化生长因子 β 等性腺肽对 FSH 分泌也有调节作用（见本章第四、第八节）。

**2. LH 分泌的调节**

LH 的基础分泌呈脉冲式。脉冲的频率和振幅增多有其生理意义，且因动物种类和生理状态而异。

LH 的脉冲式分泌首先受 GnRH 的调节。GnRH 作用于腺垂体细胞引起 LH 的合成和释放。下丘脑持续中枢控制 LH 的基础分泌。在多数生理条件下，LH 脉冲与 GnRH脉冲是一致的。然而，当 GnRH 脉冲频率极高时，如去势后、绝经期、排卵前GnRH 峰或药理性刺激，LH 脉冲将由于基础浓度的增加而钝化。当垂体对 GnRH 的反应性低时，LH 脉冲与 GnRH 脉冲的关系也不明显。大剂量或连续注射 GnRH 导致垂体的反应性进行性下降，这种现象称为去敏作用。自然生理条件下，不存在这种作用。

另一种调节 LH 分泌的机制是反馈调节。$E_2$、孕酮和睾酮可降低下丘脑 GnRH 脉冲释放频率，从而降低 LH 脉冲频率，形成负反馈。然而，在发情周期中，经过最初的抑制阶段后，在卵泡期的后期，雌激素作用于下丘脑周期中枢发挥正反馈作用，引起 GnRH 大量分泌，产生排卵前 LH 峰。

此外，其他一些因素也可影响 GnRH 和 LH 脉冲。例如，在应激条件下，促皮质激素轴系活化，导致生殖方面的功能下降；营养不足，身体的生长不良，LH 脉冲频率下降，初情期延迟。来自外界环境的信息也会影响 GnRH/LH 脉冲频率，季节性繁殖即是环境因素影响的例子。中枢神经系统通过调节 GnRH 分泌而影响 LH 的分泌。

### (六) FSH 和 LH 的应用

**1. FSH 的应用**

畜牧业上，FSH 通常用于胚胎移植程序中的超数排卵。此外，在诱发排卵、治疗性欲缺乏和卵巢囊肿等方面也有应用。

在妇女绝经期后，由于缺乏足够的类固醇激素，垂体 FSH 产量大大增加，血中 FSH 含量极高，以致直接通过肾而进入尿中，称为人绝经期促性腺激素(hMG)，其生物学活性超过 FSH。hMG 已有商品，在人类生殖和动物繁殖上广泛应用。

**2. LH 的应用**

LH 常用于诱导排卵、治疗卵巢囊肿等。一般先用 PMSG 或 FSH 促进卵泡发育，然后注射 LH 或 hCG 促进排卵。

## 二、促　乳　素

促乳素(prolactin，PRL)是垂体前叶腺特化的细胞——促乳素细胞合成和分泌的多肽激素。最初发现，牛垂体腺抽提物可引起鸽子嗉囊生长、刺激嗉囊乳分泌，及促进兔泌乳，因而得名。现在知道，促乳素有 300 种以上的生物学活性，因此，其名称已代表不了其功能。由于其来源和功能的多样性，Bern 和 Nicoll 提出重新命名它为“全能素”(omnipotin)或“多能素”(versatilin)。不过，目前人们还是习惯性地称其为促乳素。

### (一) PRL 的化学和分子生物学

根据基因、结构、结合和功能特性，促乳素属于促乳素/生长激素/胎盘促乳素家族，它们由共同的祖先基因进化而来。人促乳素 cDNA 长度为 914 个核苷酸，其中含 681 个核苷酸的可读框，编码 227 个氨基酸的促乳素前体，其中 28 个氨基酸信号肽，成熟的人促乳素由 199 个氨基酸组成。绵羊、猪和牛促乳素也含 199 个氨基酸，相对分子质量 23 000。大鼠、小鼠垂体促乳素含 197 个氨基酸。促乳素是单链分子，6 个半胱氨酸残基之间形成 3 个分子内二硫键。灵长类之间促乳素分子有 97%的同源性，灵长类与啮齿动物之间有 56%的同源性。

已经发现了促乳素分子还有许多变体，如垂体前叶有一种 137 个氨基酸的促乳素变体。这些变体是由于促乳素基因转录物(mRNA)替换剪切，或翻译后进行蛋白酶裂解或二聚化、多聚化、磷酸化、糖基化、硫化、脱氨化等修饰形成的。这些翻译后的修饰一般降低促乳素的活性。

### (二) PRL 合成和分泌部位

**1. 垂体前叶腺**

垂体前叶细胞中 20%～50%为促乳素细胞，因细胞和生理状态而异，与生长激素细胞和促甲状腺素细胞来自共同的祖先细胞。此外，有一种中间型细胞称为促乳生长激素细胞(mammosomatotrophs),可分泌促乳素和生长激素。在雌激素作用下,或在早期泌乳期间母亲信号作用下,这种细胞分化为促乳素细胞。

促乳素细胞除上述形态异质性外,也有功能异质性:垂体前叶中不同区域的促乳素细胞对促泌乳的反应不同。总之,促乳素细胞的形态、激素表型、分布或功能都是异质的。

**2. 中枢神经系统**

首先在下丘脑轴突出末端发现免疫活性促乳素,之后在脑皮质的终脑、海马、扁桃核、中隔、尾壳核、脑干、小脑、脊髓、脉络丛、脑室周围组织等均发现了免疫活性促乳素。

**3. 胎盘、羊膜、蜕膜、子宫**

大鼠、小鼠、仓鼠、牛、猪和人胎盘分泌一组催乳素(lactogens),称为胎盘催乳素(placental lactogen, PL)或促乳素样蛋白(prolactin-like protein, PLP)。在大鼠分别鉴定出PL-Ⅰ、PL-Ⅱ、PL-Ⅰm(镶嵌型)、PL-Ⅰv(变体),或PLP-A、PLP-B、PLP-C、PLP-D、PLP-E、PLP-F、PLP-G。此外,胎盘还含有一种称为增殖蛋白(proliferin,PLF)或增殖蛋白相关蛋白(proliferin-related protein,PRP)的催乳素。

人蜕膜产生与垂体促乳素相似的促乳素样分子,但大鼠的有些不同。该家族还有一个新的成员是促乳素样蛋白J,这是早期妊娠期间蜕膜产生的。这些促乳素样分子都可与促乳素受体结合,其分泌受蜕膜局部调节,而不受下丘脑促乳素释放因子(PRF)调节。蜕膜促乳素可扩散到羊膜。

未孕子宫也是促乳素来源。未孕子宫肌层产生与脱膜促乳素一样的、与垂体促乳素无区别的促乳素。孕酮对蜕膜促乳素的产生有刺激作用,但对子宫肌层促乳素的产生都是潜在的抑制剂。

**4. 乳腺和乳汁**

泌乳的乳腺上皮和乳汁本身可检测到促乳素。乳汁中的促乳素相当一部分是垂体产生的,通过血液循环被乳腺吸收而来。血液中的促乳素首先通过乳腺上皮细胞基底膜,与上皮细胞上特异性促乳素结合蛋白结合,然后通过胞吐作用从顶端膜运输到腺泡腔。

泌乳乳腺上皮细胞也能合成促乳素。乳腺也可能是促乳素翻译后加工的部位,因为在乳汁中的促乳素变体比血清中多。

**5. 免疫系统**

淋巴细胞也是促乳素来源。胸腺、脾、外周淋巴细胞均含有促乳素 mRNA,并释放生物活性促乳素。

### (三) PRL 的生物学作用

如前所述,PRL 具有十分广泛的作用,在此只讨论其主要与繁殖有关的作用。最清楚的是 PRL 对乳腺的多种效应。有的哺乳动物尤其是啮齿类,PRL 对黄体的维持和分泌活性有重要作用。交配、母性行为等生殖活动也有 PRL 的作用。

**1. 泌乳**

PRL 对乳腺的生长和发育、乳的合成、乳分泌的维持都有作用。乳生成显然需要垂体 PRL。产乳(泌乳维持)也绝对需要 PRL。乳腺小叶泡生长和发育需要 PRL、雌激素、孕激素和糖皮质激素。妊娠期,导管的分支和腺泡的发育是孕酮和 PRL 或胎盘催乳素的作用。PRL 对乳生成的作用是刺激氨基酸摄取、乳糖及乳脂合成。

**2. 黄体功能**

PRL 对黄体功能的影响随动物种类和周期阶段而异。在啮齿动物，交配刺激后 PRL 有促黄体作用，缺乏交配刺激时则起溶黄作用。在犬、灵长类(包括人)，PRL 也是促黄体因子队伍中的一员。除此之外，PRL 受体还介导卵泡颗粒细胞和卵母细胞的许多功能。

**3. 繁殖行为**

PRL 对雌性动物性行为的作用还不是很确定。相反，在大鼠和绵羊，PRL 对雄性性行为却明显的有抑制作用。PRL 诱导和维持双亲行为，在哺乳动物，母性行为研究最多，包括筑巢、聚堆、成群、清洁、蹲伏(抱窝)、哺育幼仔等；父亲行为也需要 PRL，这在鱼和鸟类更有说服力，而在进化地位高的动物(包括哺乳动物)这一作用可能有所消退。

**4. 稳态**

PRL 通过调节免疫系统、渗透压平衡和血管生成而维持体内环境的稳定。PRL 是免疫神经内分泌网络的共同媒介，在这个网络中，神经、内分泌、免疫系统相互交流。在生理和病理(如自体免疫疾病)状态下，PRL 对体液免疫和细胞免疫有显著作用。PRL 可能是渗透压调节激素。例如，PRL 刺激豚鼠和绵羊的羊膜运输水分，但在人羊膜则起抑制作用。小肠上皮细胞液体、钠、氯和钙的运输有 PRL 作用。天然 PRL 的蛋白酶裂解片段抑制血管生成。相反，完整的人 PRL、胎盘催乳素具有促血管生成作用。

### (四) 垂体 PRL 释放的形式

就单个细胞而论，PRL 分泌形式有性别差异。在雌性大鼠一半以上的促乳素细胞以连续方式分泌 PRL，而在雄性大鼠，则以间歇性方式分泌。

**1. 昼夜节律**

在动物整体，PRL 分泌因不同生理条件而异。人睡眠时 PRL 最高，清醒时最低，女性比男性高。PRL 释放节律反映了由下丘脑交叉上核产生的昼夜节律。实验表明，高浓度的 PRL 可能是睡眠形式变化的原因而非结果。眼球快速运动睡眠的持续时间和频率与高浓度 PRL 有关。下丘脑多巴胺能神经元的活性也呈昼夜节律变化，它对促乳素分泌呈抑制作用。下丘脑催产素是潜在的促乳素释放因子(PRF)，在内源性的 PRL 刺激节律中有作用。还有其他一些中枢来源的因子调节垂体 PRL 昼夜节律变化。

**2. 不同繁殖状态 PRL 分泌形式**

(1) 泌乳期间　众所周知，幼仔吮乳刺激 PRL 分泌。吸吮开始后 1～3min 内，PRL 上升，10min 达高峰并随吸吮继续而保持稳定水平，终止吸乳后下降。停止吸乳刺激导致 PRL 分泌终止。

(2) 发情周期　大鼠发情周期中 PRL 分泌研究得最多。发情周期中大部分时间内 PRL 稳定在低水平，从发情的当天晚上到下一个发情前期的上午保持不变。在发情前期的下午，出现排卵前 PRL 峰，与 LH 峰时间相似。但 LH 峰是对称的，而 PRL 峰是快速的、陡峭的，接下来是一个延长的平台期和延伸的终止期。在灵长类，月经中期(卵泡期晚期)有一个小的 PRL 峰。血液雌二醇的浓度上升为发情前期下丘脑-垂体释放 PRL 峰提供信号。

(3) 交配和妊娠　如前所述，PRL 在大鼠是促黄体因子。未交配大鼠黄体期极短，因为缺乏足够的 PRL 来维持黄体。交配引起每天 2 次 PRL 峰。如果交配受孕，这些峰重复出现 10 天；如果是不育性交配或模拟交配形成假孕，则这些峰持续 12 天。

### （五）垂体 PRL 的分泌调节

促乳素分泌受体内和体外环境多种因素影响。最重要的生理刺激是吮乳、应激和卵巢类固醇（主要是雌激素）水平上升。这些刺激由下丘脑一系列促乳素释放因子（PRF）和促乳素抑制因子（PIF）信号转导。在哺乳动物，下丘脑对垂体 PRL 分泌发挥的控制作用主要是抑制性的，但也通过去除抑制或超强输入短暂的刺激信号而参与 PRL 分泌的急性刺激作用。此外，PRL 分泌也受许多促乳素细胞本身分泌的各因子（自分泌）或垂体其他细胞分泌的因子（旁分泌）调控。多巴胺是主要的 PIF，去甲肾上腺素（NE）、乙酰胆碱、神经降压肽、γ-氨基丁酸（GABA）、生长激素抑制素（SST）等也是 PIF；5-羟色胺、组胺、促甲状腺素释放激素（TRH）、催产素、血管紧张素Ⅱ（ANGⅡ）、P 物质、神经肽 Y（NPY）等是 PRF。

### （六）PRL 释放对外界刺激的反应

**1. 光照**

光照是调节 PRL 分泌的重要因素。反映光照变化的 PRL 峰值，除有昼夜节律外，还有季节模式的变化。在季节性哺乳动物，PRL 分泌受白天长度变化的影响。成年雄性仓鼠，暴露于短光照期（5h 光照，19h 黑暗）2 个月，引起睾丸萎缩及 PRL 释放的骤降。在母绵羊，白天缩短导致 PRL 分泌减少。公羊缩短光照 1 周内就出现这种效应。光照的效应由松果腺分泌的褪黑素介导。绵羊和仓鼠调节 PRL 分泌的光照信息可以从母亲传递到胎儿，使之出生后拥有这些信息，其中包括褪黑素。

**2. 听觉**

在控制 PRL 分泌的环境因素中，特异性的声音是反应最强烈而研究得最少的因素之一。饥饿幼仔的超声波录音刺激雌性大鼠 PRL 释放，但成年鼠超声波或录音带背景噪声都不影响 PRL 释放。

**3. 嗅觉**

嗅觉刺激在 PRL 分泌中有强烈的作用。在小鼠，妊娠鼠不熟悉的雄鼠所产外激素可导致妊娠早期失败。这种现象称为 Bruce 效应。外激素信号通过犁鼻神经传递到副嗅球。这暗示，妊娠的失败是由于多巴胺抑制 PRL 分泌及其促黄体效应。幼仔的气味刺激泌乳大鼠 PRL 分泌。

**4. 应激**

应激显著影响 PRL 分泌。研究者对乙醚应激、束缚应激、热应激、出血、群体冲突，甚至人的学术应激均进行过研究。大鼠不同繁殖状态下乙醚应激引起的 PRL 分泌反应不同。在间情期，乙醚应激增加 PRL 分泌，发情前期的反应报道不一。在发情前期 PRL 峰之前束缚应激增强峰值，但在峰值发生期间施加束缚应激则降低峰值。也有报道在假孕和妊娠期间，束缚应激抑制 PRL 夜间峰值。考虑到 PRL 在体液和细胞免疫中的作用，PRL 分泌对应激的反应可能作为一种免疫调节功能，保护机体免受应激的严重后果。

## 三、胎盘促性腺激素

胎盘是保证胎儿正常发育的重要器官。它具有极为复杂的功能，其中重要的功能之一就是它可以分泌多种激素，包括 GnRH、促性腺激素、雌激素、孕激素、松弛素、抑制素和激活素、促肾上腺皮质激素、肾上腺皮质激素、肾上腺皮质素、生长激素、促乳素等。事实上，胎盘存在着一个内分泌-旁分泌-自分泌的复杂调节体系。马属动物胎盘分泌的孕马血清促性腺激素（pregnant mare serum gonadotrophin，PMSG）和灵长类胎盘分泌的（人）绒毛膜促性腺激素（human chorionic gonadotrophin，hCG）是两种特殊的胎盘激素，本节作重点介绍，其他胎盘激素在有关内容中介绍。

### （一）孕马血清促性腺激素

**1. PMSG 的产生部位及其浓度变化**

经典学说认为 PMSG 是由妊娠母马子宫内膜杯组织（母体胎盘）产生，其理由是该组织的形成和退化恰好与 PMSG 在血液中的出现和消失时间一致。然而，有人证明 PMSG 是由尿膜绒毛膜（胎儿胎盘）细胞产生的。

PMSG 主要存在于血清中，妊娠 38～40d 即可测出，60～120d 浓度最高（高峰浓度可达 250IU/mL），此后逐渐下降，到 170d 时至检测不出的水平。血清中 PMSG 浓度与孕马体格大小有关，轻型马中浓度较高，重型马较低。此外，其他马属动物妊娠期间也有 PMSG 产生，且不同的杂交类型，血清中浓度不同。一般地，母驴配公马时浓度最高，其次是母马怀马胎，再次是母驴怀驴胎，最低是母马配公驴。

**2. PMSG 的化学和生物学特性**

PMSG 是一种糖蛋白激素，相对分子质量约 53 000，由 α 亚基和 β 亚基组成。α 亚基与其他糖蛋白激素（FSH、LH、TSH、hCG）相似，而 β 亚基兼有 FSH 和 LH 两种作用，但只有与 α 亚基结合才表现生物学活性。PMSG 分子的特点是含糖量很高（41%～45%），远远高于马的垂体 LH 和 FSH 的糖基部分的含量（25%左右）。这种含糖量的差异主要表现在 β 亚基上。在 PMSG 的糖基组成中，包括中性己糖、氨基己糖和大量的唾液酸。唾液酸含量高使得 PMSG 表现酸性特点（pH 1.8～24），也使得 PMSG 半衰期长（40～125h）。PMSG 的多肽部分由 20 种氨基酸组成，氨基酸序列更接近于 LH。

PMSG 制剂具有 FSH 和 LH 两种激素的生物学作用，以 FSH 活性占优，但所含 FSH∶LH 活性比例在不同个体、不同采血时间存在差异。

**3. PMSG 的应用**

由于 PMSG 具有 FSH 和 LH 双重活性，在畜牧生产和兽医临床上被广泛应用。

（1）用于超数排卵　用 PMSG 代替价格较贵的 FSH 进行超排，取得一定效果。但由于 PMSG 半衰期长，在体内不易被清除，一次注射后可在体内存留数天甚至 1 周以上，残存的 PMSG 影响卵泡的最后成熟和排卵，使胚胎回收率下降。所以，近年来在用 PMSG 进行超排处理时，补用 PMSG 抗体(或抗血清)，中和体内残存的 PMSG，明显改善了超排反应。

(2) 治疗雌性动物乏情、安静发情或不排卵。

(3) 提高母羊的双羔率。

(4) 对治疗雄性动物睾丸机能衰退或死精有 ·定效果。

### (二) 人绒毛膜促性腺激素

**1. hCG 的产生部位和分布**

hCG 由人类胎盘绒毛膜的合胞体滋层细胞合成和分泌，大量存在于孕妇尿中，血液中也有。采用灵敏的放射免疫测定法，在受孕后 8d 的孕妇尿中即可检出 hCG。妊娠 60d 左右尿中 hCG 浓度达高峰，妊娠 150d 前后降至低浓度。其他灵长类胎盘也有类似于 hCG 的促性腺激素产生。

**2. hCG 的生化特性**

hCG 也是一种糖蛋白激素，相对分子质量约 36 700，由 α 亚基和 β 亚基组成。其中 α 亚基含 92 个氨基酸残基，β 亚基含 145 个氨基酸残基。在 hCG 分子中，糖的含量较高(29%～31%)。α 亚基含有两个体积较大的糖链，通过 N-糖苷键分别结合在 52 位和 78 位的天冬酰胺上；β 亚基除了在 13 位和 30 位的天冬酰胺上有 N-糖苷键结合糖链外，还在 C 端附近含有 4 个与丝氨酸(分别在 121 位、127 位、132 位和 138 位)结合的 O-糖链。

α 亚基在 hCG 与受体结合中起主要作用，但 α 亚基和 β 亚基形成完整的 hCG 分子是其与受体专一性结合的重要前提。β 亚基决定激素的特异性。

糖链对于血液循环中的 hCG 分子有保护作用，而且对于激素生物学功能的表达是必需的。另外 α 亚基和 β 亚基中各有 2 个 N-糖链，但 α 亚基上的糖链对于 hCG 功能的表达比 β 亚基上的糖链更重要，其中糖链末端的唾液酸是影响激素活性的重要糖基。

**3. hCG 的生物学作用及应用**

hCG 的生物学作用与 LH 相似。在孕妇体内，其主要功能可能是维持妊娠黄体。而处理动物时，它可促进卵泡成熟和排卵并形成黄体；在雄性动物则刺激睾丸间质细胞分泌睾酮。

hCG 制剂从孕妇尿或刮宫液中提取，以 LH 活性为主，也含有少量 FSH 活性，在临床上，多应用于促进排卵和黄体机能。通常 PMSG 或 FSH 配合使用，即先用 PMSG 或 FSH 促进卵泡发育，在动物发情时注射 hCG 促进排卵。此外，hCG 可用于治疗卵巢静止、卵巢囊肿、排卵障碍等繁殖障碍；在雄性动物，可用 hCG 促进生精机能。

## 第四节 性 腺 激 素

动物的性腺除产生配子(精子或卵子)以外，另一重要的功能就是作为内分泌腺合成和分泌性腺激素。性腺激素包括两大类，即性腺类固醇激素和性腺多肽类激素。

# 一、性腺类固醇激素

## （一）类固醇激素概述

类固醇(steroid)激素又称甾体激素，是具有甾核基本结构的一类物质，主要包括三大类：①由肾上腺皮质分泌的肾上腺皮质激素，包括糖皮质激素和盐皮质激素；②由性腺分泌的性腺类固醇激素，简称性激素，包括孕激素、雌激素和雄激素；③由维生素 $D_3$ 经肝脏和肾脏 2 次羟化而成的 1,25(OH)2D3。1987 年，科学家们又提出了“神经类固醇”这一概念，是指在脑等神经组织内合成的具有特异功能的类固醇，包括孕烯醇酮、别孕烯醇酮、20α-羟孕烯醇酮、脱氢表雄甾酮硫酸盐、孕酮和雌激素等。此外，外周内分泌组织，如性腺等产生的类固醇激素也能进入中枢神经系统起作用，因而称之为神经活性类固醇。神经类固醇和神经活性类固醇广泛存在于神经组织和神经内分泌组织，包括大脑皮质、小脑、中脑、丘脑、下丘脑、垂体前叶和脊髓。

类固醇激素对细胞的生长、分化以及机体的发育、代谢、免疫、生殖和行为等生理过程具有重要的调节作用。

**1. 类固醇激素的化学结构**

为命名类固醇，人为设计了一个“环戊烯菲”代表“类固醇框架”。该结构含 4 个环，A、B、C、D，互相邻接。其中 A 环、B 环、C 环组成“菲”的化学结构并与 5 碳(环戊烷)的 D 环紧密连接。21 个碳原子按图 2-10 胆固醇中描述的顺序在 C 环与 D 环之间的谷底加入第 18 个碳，A 环、B 环之间的谷底(鞍部)加入第 19 个碳，20 碳和 21 碳接在 D 环的 17 位置。类固醇取代主要发生在 3 位、11 位、17 位的碳上。额外的“异聚化作用”发生在 4-5 碳位置，酶去掉 C19 后完成芳香化作用。

该类固醇核形成一个几何平面，如此可为许多位置的取代基团提供所需要的空间构象。在平面下方的基团称为 α，绘图时用黑线或点线表示；平面上方的取代基团称为 β，用实线表示。这样的注解在化学上和生物学上均很重要。例如，天然的 17β-雌二醇具有雌激素活性，而 17-羟基取代使该分子失去生物学活性。胆固醇及几种主要的性腺激素的化学结构模式图如图 2-10 所示。

不同类固醇激素之间的差异包括 C17 位和 C10 位的 R 和 R′基团性质、附着在核环的羟基数和位置、核环的立体结构及双键的数目和位置等的不同。

**2. 类固醇激素的生物合成**

类固醇激素结构相似，来自于共同前体和代谢途径(图 2-11)。胆固醇是一个 27 碳的类固醇，进行侧链裂解产生 21 碳的前体化合物孕烯醇酮。一般盐皮质激素、糖皮质激素和孕激素含 21 碳，雄激素含 19 碳，雌激素则失去 A 环、B 环之间的第 19 碳形成充分饱和的(芳香化的)18 碳结构。产生醛固酮的类固醇生物合成途径称为盐皮质激素途径，而在孕烯醇酮 17-羟化后产生皮质醇称为糖皮质激素途径。去除碳 20 和碳 21($P450_{C17}$)使前体转变为雄激素/雌激素途径。从胆固醇到脱氢表雄酮(DHEA)的途径称为 Δ5 途径，因为这些前体的双键将 5-6 碳连接。右侧 3β-羟类固醇脱氢酶(HSD)/异聚酶的类固醇生物合成途径称为 Δ4 途径，在该构象中，所有类固醇均有双链连接 4-5 碳。一般来说，Δ4 构象的类固醇有生物活性，Δ5 类固醇被认为是前体，只有很弱的终端器官生物活性。

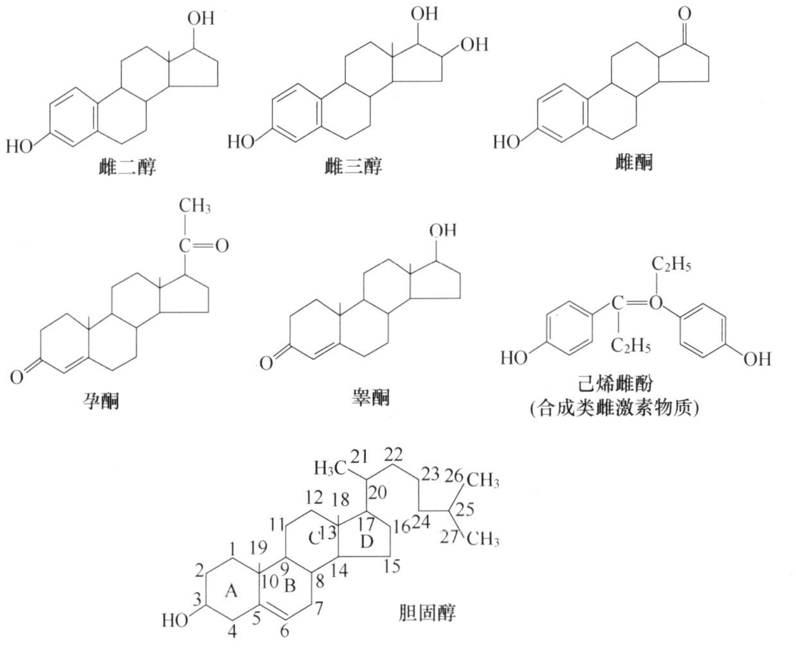


图 2-10　几种主要性腺类固醇激素的化学结构

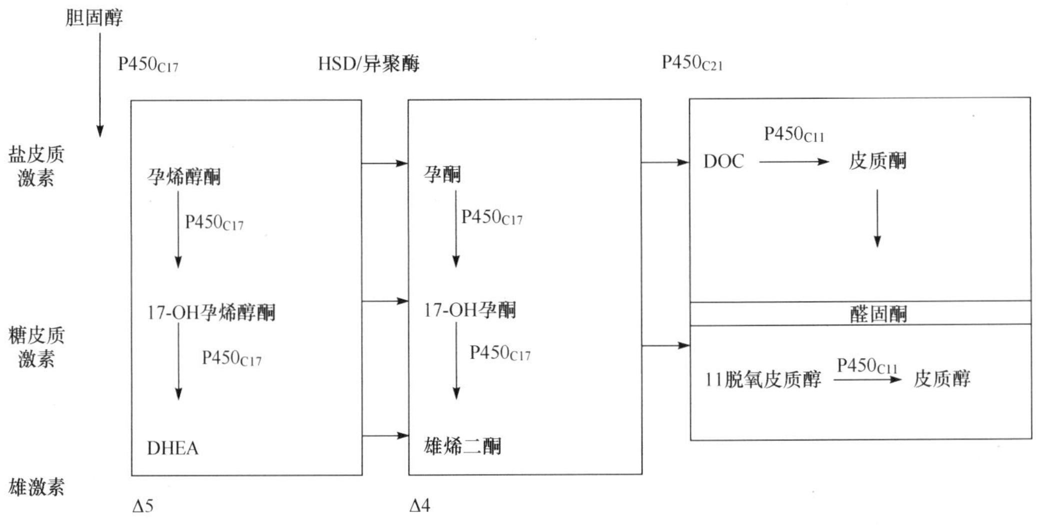


图 2-11　肾上腺和性腺类固醇生物合成的主要过程和酶

(1) 孕酮的生物合成　孕酮是产生盐皮质激素、糖皮质激素和雄激素必需的代谢前体。作为一种激素，只有排卵后卵巢黄体细胞和妊娠期间胎盘的滋养层细胞能够产生孕酮。卵巢产生孕酮需要促性腺激素介导的卵泡成熟、颗粒细胞转化成黄体细胞，以及持续的 LH 或 hCG 刺激。在卵巢或胎盘，孕酮不会发生 21-羟化（产生盐皮质激素、糖皮质激素和雄激素），因为这些内分泌组织缺乏 $P450_{C21}$ 酶。

(2) 雄激素的生物合成　雄激素的生物合成在肾上腺和性腺（卵巢、睾丸）进行。DHEA 及其硫化代谢产物 DHEA-S，还有雄烯二酮是肾上腺分泌的主要雄激素，而睾酮和雄烯二酮是性腺的主要雄激素。性腺的雄激素产量取决于个体的性别。睾丸的雄激素分泌量大约比卵巢的多5倍。睾丸的雄激素以睾酮为主，卵巢的雄激素以雄烯二酮为主。

(3) 雌激素的生物合成　雌激素来自于雄激素。$P450_{AROM}$(芳香化酶)的一次反应将雄烯二酮转化成雌酮，或将睾酮转化成17β-雌二醇。

**3. 类固醇的清除**

A环的还原、氧化，含氧残基的还原，羟基的偶联，或者这些过程的组合都可完成类固醇的清除。在清除之前类固醇的所有修饰都降低其生物活性，增强其亲水性从而增加肾排出量。肝主要负责代谢和偶联，失活的、可溶性的产物由肾排出。只有少量的糖皮质激素、雄激素和雌激素经由胆囊系统分泌出去。在肝代谢之后，类固醇大部分(85%)由肾清除。肾清除类固醇代谢物有主动(肾小管运输)和被动(肾小球过滤)2种方式，取决于类固醇种类。

皮质类固醇、雄激素、孕激素通常在A环发生显著代谢，双键被还原，3-酮基被还原成羟基。然后，羟基与硫或葡糖苷酸分子偶联。雌激素代谢很独特，有2条羟基化途径修饰它，降低其活性、增加其可溶性和肾清除率。一条途径是，在A环的2位羟基化(称为儿茶酚雌激素代谢，catecholestrogen metabolism)；另一条途径，在碳16羟基化产生雌三醇。然后羟基被偶联，激素被排出。

**4. 类固醇激素作用机理**

类固醇激素在内分泌组织中合成后不储存，而是立即释放进入血液循环，并以游离、与血清白蛋白结合以及与特异性结合球蛋白相结合3种形式运输到靶组织。类固醇激素通过扩散进入靶细胞，然后穿过细胞质，进入细胞核，被核内特异性受体结合。在类固醇与受体结合后，类固醇-受体复合物被活化，活化的复合物与另一个被称为接纳体(acceptor)、存在于DNA上的核蛋白结合，这种结合改变基因表达(图2-12)。一般来说，类固醇

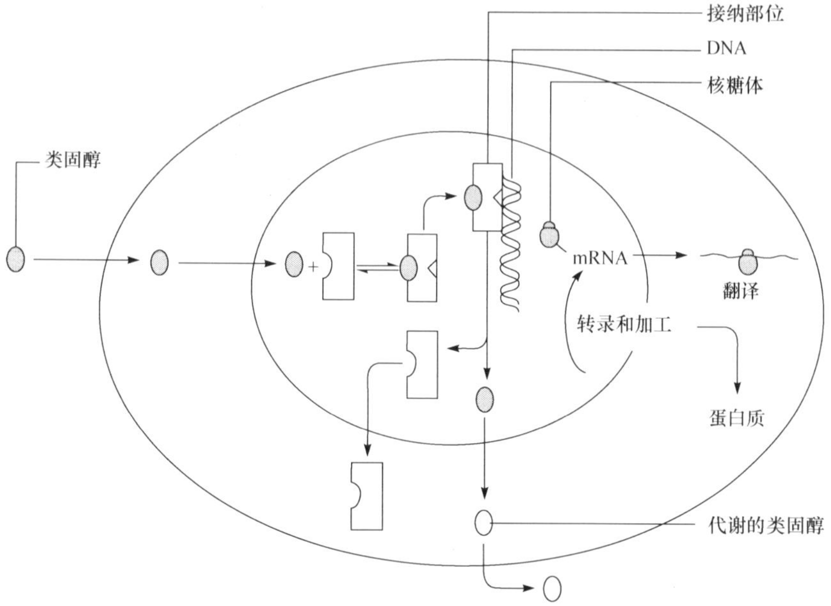


图2-12　类固醇激素对靶细胞作用的机理模式图

刺激后细胞活化导致转录形成新的 mRNA，最后 mRNA 翻译成特异性蛋白质，改变细胞的功能、生长或分化。

### （二）雄激素

雄激素的主要作用形式是睾酮和双氢睾酮。在分泌雄激素的细胞中，雄烯二酮在17β-羟脱氢酶催化下转化成睾酮，该反应是可逆的。5α-还原酶催化睾酮转化为双氢睾酮。雄激素在组织内不存留，很快被利用或被降解而通过尿液或粪便排出体外。

双氢睾酮与睾酮共有同一种受体，且双氢睾酮与受体的亲和力远大于睾酮，所以认为双氢睾酮是体内活性最强的雄激素。实际上，双氢睾酮是睾酮在靶细胞内的活性产物。但更高浓度的睾酮与双氢睾酮一样可与受体结合形成激素-受体复合物。虽然它们能与同一种受体相结合，但发挥的生物学作用不完全相同，双氢睾酮一方面可扩大或强化睾酮的生物学效应，另一方面调节某些特殊靶基因（对睾酮-受体复合物无反应）的特异性功能。

**1. 雄激素的生物学作用**

（1）在雄性胎儿性分化过程中，睾酮刺激沃尔夫氏（Wolfian）管发育成雄性内生殖器官（附睾、输精管等）；双氢睾酮刺激雄性外生殖器官（阴茎、阴囊等）发育。

（2）睾酮启动和维持精子发生，并延长附睾中精子寿命；双氢睾酮在促进雄性第二性征和性成熟中起不可替代的作用。

（3）雄激素刺激副性腺的发育（双氢睾酮对前列腺的分化形成起主要作用）。

（4）睾酮作用于中枢神经系统与雄性性行为有关。

（5）睾酮对下丘脑或垂体有反馈调节作用，影响 GnRH、LH 和 FSH 分泌。

（6）睾酮对外激素的产生有控制作用。

（7）睾酮对生殖系统以外的作用，如增加骨质生成和抑制骨吸收；激活肝酯酶，加快高密度脂蛋白的分解，脂质沉积加快。

**2. 雄激素的应用**

（1）睾酮在临床上主要用于治疗雄性动物性欲低下或性机能减退，但单独使用不如睾酮与雌二醇联合处理效果好。

（2）合成雄激素制剂，注射给母牛或阉牛，使之作为试情牛。

### （三）雌激素

**1. 雌激素的来源**

卵巢胎盘、肾上腺、睾丸以及某些中枢神经元是雌激素的来源。其中卵巢的雌激素产量最高。卵巢内雌激素是卵泡颗粒细胞产生的（但已证实，猪卵泡膜细胞也可直接产生雌激素）。在 LH 作用下，卵泡内膜细胞产生睾酮，睾酮转移到颗粒细胞中；FSH 刺激颗粒细胞芳香化酶活性，在该酶的催化下睾酮转化成雌二醇。在睾丸中，LH 刺激间质细胞产生睾酮，部分睾酮进入精细管中的足细胞内，在 FSH 刺激下足细胞内的睾酮转化成雌二醇。在卵巢和睾丸中产生雌激素的这种模式称为“双细胞-双促性腺激素模式”。

卵巢中产生的雌激素包括雌二醇和雌酮，两者可以互相转化（17β-羟类固醇脱氢酶催化)。雌酮又可以转化成雌三醇。在母马的尿中,有马烯雌酮和马萘雌酮这 2 种特殊的雌激素降解产物。除天然雌激素外,已人工合成了许多雌激素制剂,如己烯雌酚(diethylstibestrol 乙底酚)、己雌酚(hexoestrol)、苯甲酸雌二醇等。

**2. 雌激素的生物学作用**

雌激素是促使雌性动物性器官发育和维持正常雌性性机能的主要激素。雌二醇是主要的功能形式,有以下主要生物学效应。

(1) 促进雌性动物的发情表现和生殖道生理变化。例如,促使阴道上皮增生和角质化;促使子宫颈管道松弛并使其黏液变稀薄;促使子宫内膜及肌层增长,刺激子宫肌层收缩;促进输卵管的增长并刺激其肌层收缩。这些变化有利于交配、配子运行、受精。刺激子宫内膜 $PGF_{2\alpha}$的合成和分泌,使黄体溶解,发情期到来。诱导输卵管上皮的分泌活性。

(2) 有的动物,如猪,胚泡产生雌激素作为妊娠信号,有利于妊娠的建立。

(3) 雌二醇与促乳素协同作用,促进乳腺导管系统发育。

(4) 通过对下丘脑的反馈作用调节 GnRH 和促性腺激素分泌:雌二醇的负反馈作用部位在下丘脑的持续中枢,正反馈作用部位在下丘脑的周期中枢(引起排卵前 LH 峰)。因此,雌激素在促进卵泡发育、调节发情周期中起重要作用。

(5) 少量雌二醇促进雄性动物性行为　在雄性动物的性中枢神经细胞中,睾酮转化成雌二醇,是引起性行为的机制之一。但大量的雌激素使雄性动物睾丸萎缩、副性器官退化,造成不育。

(6) 对骨代谢的影响　肠、肾、骨等组织有雌激素受体。雌激素作用于这些组织,促进钙的吸收、减少钙的排泄、抑制骨吸收,强化骨形成。促使长骨骺部软骨成熟,抑制长骨增长。

(7) 刺激胰岛素分泌,提高胰岛素在靶组织的作用。增加细胞对胆固醇的利用和清除,抑制脂质沉积。

此外,现已证实雌三醇也有生物活性,可调节子宫肌运动;抑制 $PGF_{2\alpha}$合成;对子宫颈、阴道和外阴增生活性的刺激作用比雌二醇和雌酮明显;可降低血液促性腺激素含量;有抗着床作用。

**3. 雌激素制剂的应用**

有多种雌激素制剂在畜牧生产和兽医临床上应用,其中最常用的是己烯雌酚和苯甲酸雌二醇。

(1) 治疗母畜不发情　注射己烯雌酚或雌二醇可使雌性动物表现发情,但不一定引起排卵,故受孕率很低。

(2) 治疗母牛持久黄体　通过 $PGF_{2\alpha}$的合成引起黄体退化、母牛发情。

(3) 在牛和羊可用雌激素引产。但在猪可用雌激素进行同期发情。因为雌激素在母猪具有促黄体作用(帮助维持黄体),故先用雌激素处理保持黄体期,然后统一停用雌激素并注射 $PGF_{2\alpha}$,即可引起黄体退化,母猪同期发情。

(4) 雌激素与催产素配合可治疗母牛子宫疾病(如慢性子宫内膜炎、子宫积脓或积水),这是利用雌激素和催产素能够促进子宫收缩,增加子宫内膜血液循环,从而增强子宫内膜的防御机能。

(5) 利用雌激素制剂进行人工诱导泌乳有一定作用。

## (四) 孕激素

**1. 孕激素的来源**

孕激素主要来源于卵巢的黄体细胞,此外,肾上腺、卵泡颗粒细胞、胎盘、中枢神经元等也是孕激素的来源。睾丸中也曾分离出孕酮,这主要是雄激素合成过程中的中间产物。孕酮是活性最高的孕激素。孕酮是雌激素和雄激素的共同前体。

**2. 孕激素的生物学作用**

孕激素和雌激素作为雌性动物的主要性激素,共同作用于雌性生殖活动,两者的作用既相互抗衡,又相互协同。两者在血液中的浓度是此消彼长。孕酮的主要靶组织是生殖道和下丘脑-垂体轴。总体说来,孕酮对生殖道的作用是使之为开始和维持妊娠做准备。孕酮对生殖道的作用需要雌激素的预作用,雌激素诱导孕酮受体产生。相反,孕酮降调节雌二醇受体,阻抗雌激素作为促有丝分裂因子的许多作用。孕激素的主要生物学效应有如下几个。

(1) 在黄体期早期或妊娠初期,促进子宫内膜增生,使腺体发育、功能增强。这些变化有利于胚泡附植。

(2) 在妊娠期间,抑制子宫的自发活动,降低子宫肌层的兴奋作用,还可促进胎盘发育,维持正常妊娠。孕酮阻抗雌二醇诱导的输卵管分泌蛋白产生,使输卵管上皮分泌活性退化和停止。

(3) 大量孕酮抑制性中枢使动物无发情表现,但少量孕酮与雌激素协同作用可促进发情表现。动物的第一个情期(初情期)有时表现安静排卵,可能与孕酮的缺乏有关。

(4) 生殖周期的长度部分地由孕酮控制。在卵泡期,血中孕酮浓度低。在此期间,上升的雌二醇作用于下丘脑和垂体,刺激低幅度、高频率 LH 脉冲释放,导致血中 LH 浓度上升,驱动卵泡发育至排卵。排卵后,随着黄体发育,血中高浓度的孕酮限制着 LH 以高幅度、低频率释放,使 LH 平均浓度降低。孕酮的这一效应在下丘脑和垂体 2 个水平起作用。在下丘脑,孕酮阻止 GnRH 峰;在垂体,高浓度的孕酮通过降调节 GnRH 受体 mRNA 使 GnRH 受体数量减少,也导致编码 LH、FSH 的 β 亚单位和 α 亚单位的基因表达降低,因而,使 GnRH 引起的 LH 释放量降低。

(5) 与促乳素协同作用促进乳腺腺泡发育。

(6) 调节中枢 γ-氨基丁酸(GABA,抑制性神经递质)受体的功能,具有催眠和麻醉作用。

(7) 通过抑制糖皮质激素的作用、加强雌激素的作用而抑制骨吸收,促进骨形成,是一种骨营养激素。

**3. 孕激素制剂的应用**

已有许多种合成孕激素制剂用于医学和畜牧、兽医领域。主要制剂有甲孕酮(MAP)、甲地孕酮(MA)、16-次甲基甲地孕酮(MGA)、炔诺酮、氯地孕酮(CAP)、氟孕酮(FGA)等。这些合成的孕激素制剂并不都属于类固醇。在人类医学上,孕激素主要用于避孕。在畜牧兽医上有如下用途。

(1) 作为同期发情的药物　一般先用孕激素制剂处理造成人为黄体期，然后统一停用孕激素，再用其他激素（如促性腺激素、$PGF_{2\alpha}$等）促进母畜同期发情（详见“发情控制”）。

(2) 与其他激素，如 hCG 合用治疗母畜不发情或卵巢囊肿。

(3) 与雌激素和皮质类固醇联用可诱导母羊的母性行为。

(4) 是一种潜在的麻醉剂。

## 二、性腺肽类激素

### （一）松弛素

松弛素(relaxin，RLX)被发现已有半个世纪，直到最近 20 年，对 RLX 的研究有了质的飞跃。不仅从许多种动物提取了松弛素，而且弄清了其分子结构、基因结构并且人工合成取得成功。

**1. RLX 的组织来源**

体内许多组织分泌 RLX，有的进入血液循环作为全身性激素，有的不进入血液循环只作为局部激素起自分泌或旁分泌作用。黄体是松弛素的主要产生部位，血液中的 RLX 即来自黄体。此外卵泡内膜、子宫内膜(蜕膜)、胎盘、乳腺、前列腺都可产生松弛素。最新证据表明还可能有其他产生部位(如消化道、呼吸道等)。

**2. RLX 的分子结构**

RLX 是一个由二硫键连接而成的二聚体肽链分子。二硫键包括 A 链、B 链的链内和链间二硫键，其位置与胰岛分子的二硫键相似。实际上，RLX 在结构上与胰岛素和胰岛素样生长因子有很大同源性(与胰岛素氨基酸序列有 70%的同源性)，据此认为在分子进化上它们可能来自同一祖先基因，更有人把 RLX 看成是胰岛素样生长因子家庭的一个成员。猪 RLX 分子由含有 22 个氨基酸残基的 A 链和含有 29(28～32)个氨基酸残基的 B 链组成(图 2-13)。

A链：Arg-Met-Thr-Leu-Ser-Glu-Lys-Cys-Cys-Gln-Val-Gly-Cys-Ile-Arg-Lys-Asp-Ile-Ala-Arg-Leu-Cys

1　5　10　15　20

B链：Pca-Ser-Thr-Asn-Asp-Phe-Ile-Lys-Ala-Cys-Gly-Arg-Glu-Leu-Val-Arg-Leu-Trp-Val-Glu-Ile-Cys-Gly-Ser-Val-Ser-Trp-Giy-Arg

1　5　10　15　20　25

图 2-13　猪松弛素分子结构

天然 RLX 的氨基酸序列种间差异很大，生物学活性也有差异。大鼠与猪 RLX 有 54%的同源性，但猪的比大鼠的更具活力：鲨鱼 RLX 生物活性很低，其初级结构与猪 RLX 有 48%～50%不同。迄今已弄清灵长类(含人)、啮齿类、大家畜及鱼类等近 20 种动物的 RLX 分子结构(包括已测氨基酸序列的和根据 DNA 推知的)。半胱氨酸是 A 链中的共同结构。A 链 N 端的长度在不同动物变化很大。就二级结构而言，A 链 N 端形成 α

螺旋，这对于 RLX 分子结构完整性和活性很重要。猪 RLX 的 A 链 N 端选择性除去氨基酸导致进行性失活，从去除第 3 残基开始，直至去除第 5 残基完全失活。当去掉第 1 个半胱氨酸前所有 7 个残基后，不仅失去生物学活性，而且 CD 光谱也显著改变；若用戊-丙氨酸或精-蛋-戊-丙氨酸换这些残基，又恢复 RLX 活性，CD 光谱又恢复正常。该实验说明只要不是螺旋结构断裂者（脯氨酸和甘氨酸），此区域为何种氨基酸并不重要。A 链可能不参与受体结合，其作用是使整个分子保持活性构象。

与 A 链不同，B 链在 N 端和 C 端长度上均有变化。B 链 C 端的长短不同可形成不同的异构型。B 链中有些位置的氨基酸残基似乎是固定的，具有很重要的作用，如猪 RLX 的 B12 和 B16（人 RLX2 为 B13 和 B17）两位的精氨酸是 RLX 分子受体识别位点的重要部分。还有一些次级部位对于与受体相互作用也是重要的，但迄今尚未鉴明哪些是次级部位。

**3. RLX 的生物学作用**

经典学说认为 RLX 主要有两个方面的作用：一是抑制妊娠期间子宫肌的收缩，以利妊娠维持；二是作用于靶器官的结缔组织，使骨盆韧带扩张、子宫颈变松软，以利于分娩。然而，最新研究表明，RLX 不仅仅是一种妊娠激素，它在卵泡发育和排卵、妊娠期间乳腺生长、胎儿附植以及发动分娩时间等方面都有作用；而且，为了发现重组 RLX 产品的药理作用的需要，人们不断研究寻找 RLX 新的作用靶组织。

（1）对胶原的作用　不仅循环系统 RLX，而且生殖道局部产生的 RLX 都对胶原的改变有作用。假说认为，生殖道局部 RLX 以自分泌和（或）旁分泌方式参与胶原的重构（remodeling）。而且，RLX 也改变这些细胞的胶原分泌类型。RLX 对胶原的作用也表现在卵泡，RLX 可能作为调节胶原溶酶局部产量的诸激素之一，胶原溶酶的作用是在卵泡破裂之前破坏卵泡壁的胶原，因而参与排卵。RLX 对胶原的作用还表现在子宫颈和胎膜，这与分娩时子宫颈扩张直接相关。

（2）对卵泡发育的作用　卵泡 RLX 的另一个作用是作为生长因子，促进颗粒细胞增生。

（3）对子宫和子宫颈平滑肌的收缩有抑制作用。

（4）对子宫内膜、蜕膜的作用　RLX 可能对子宫内膜细胞向蜕膜细胞转化有重要作用。

（5）在乳房的作用　不论在妊娠期间乳房的正常发育中还是在乳房病理中 RLX 都起着一种生长因子的作用。

（6）前列腺和精液中的 RLX　前列腺分泌的 RLX 不进入循环系统，而是进入精浆，对精子活力有影响。有人认为 RLX 对精子穿过子宫颈黏膜有影响，但有争议。

（7）新的作用部位　近年来有些证据表明，脑垂体前叶、心房以及脂肪细胞等也是 RLX 作用的靶组织。

### （二）抑制素及其相关肽

在 20 世纪 30 年代以前，人们以为脂溶性的类固醇激素是唯一调节垂体前叶腺体分泌的性腺激素。直到 1932 年，McCullagh 在牛睾丸提取物中发现一种水溶性物质对垂体

RLX 的分泌具有反馈性抑制作用,从而提出了"抑制素"的概念。1976 年从卵巢卵泡液中分离出了与睾丸液抑制素类似的物质。为了区别,曾称为"卵泡抑制素"(folliculostatin),后来统称为抑制素(inhibin)。1986 年和 1987 年从卵泡液或睾丸网液中又先后发现了 2 种抑制素相关肽,即激活素(activin)和卵泡抑素(follistatin)。

**1. 抑制素**

(1) 抑制素的产生部位 性腺是抑制素的主要来源。卵泡液中的抑制素主要由卵泡颗粒细胞产生,睾丸内的抑制素主要由足细胞产生,间质细胞也可少量产生抑制素。在黄体组织中也检测到了抑制素活性及其亚单位 mRNA,提示黄体细胞可分泌抑制素(主要是灵长类)。

此外,前列腺、胎盘、脑、垂体、骨髓、脊髓、肾和肾上腺等多种组织内存在抑制素的 α 亚单位和 β 亚单位 mRNA,证明这些组织可能是抑制素的性腺外来源。

(2) 抑制素的分子结构和特性 抑制素是一种糖蛋白激素,由 α 和 β 两个不同的亚单位通过二硫键联结而成(图 2-14)。从不同动物卵泡中分离出的抑制素相对分子质量均为 32 000,包括 18 000 的 α 亚单位和 14 000 的 β 亚单位。其中 β 亚单位有两种,分别称为 βA 和 βB,相应地抑制素也有抑制素 A 和抑制素 B 两种。已经弄清了 2 个亚单位 N 端的 10 个氨基酸序列:

α 链 N 端 丝-苏-丙-脯-亮-脯-色-脯-色-丝-
βA 链 N 端 甘-亮-谷-Xaa-天冬-甘-精-苏-天冬-亮-
βB 链 N 端 甘-亮-谷-Xaa-天冬-甘-赖-缬-天冬酰胺-异亮-

图 2-14 抑制素 α 亚单位和 β 亚单位 N 氨基酸序列

在抑制素 A 和 B 分子中,除异亮氨酸、组氨酸和赖氨酸的含量有明显差别外,其他氨基酸的含量基本相同。不同动物来源的抑制素缺乏种属特性。

(3) 抑制素分泌的调节 抑制素的分泌主要受 FSH 调节。体内和体外实验均表明,FSH 刺激抑制素的分泌,这种作用是通过 cAMP 来实现的。LH 对抑制素的分泌是否有影响,尚存在争议,有人认为 LH 不影响抑制素分泌,也有实验表明 LH 刺激抑制素分泌,还有人报道 LH 促进 FSH 引起的抑制素分泌,而对抑制素基础分泌无影响。在人,hCG 可刺激胎盘抑制素的分泌。

GnRH 通过调节 FSH 和 LH 的分泌而间接影响抑制素的分泌,但也可能直接作用于卵泡颗粒细胞。外源性 GnRH 可使特异性促性腺激素低下性性功能减退患者血清抑制素水平明显增加。但离体培养颗粒细胞时,GnRH 抑制 FSH 引起的抑制素分泌。所以 GnRH 对抑制素分泌的调节作用是复杂的。

性腺类固醇激素也影响抑制素的分泌,雄激素和雌二醇起促进作用,而孕酮则有抑制作用。

除上述激素外,已发现前列腺素、胰岛素、某些生长因子以及神经机制也参与抑制素的分泌调节。

(4) 抑制素的生物学作用 对促性腺激素分泌作用为抑制素对基础的和 GnRH 刺激的 FSH 分泌都有抑制作用,且呈剂量依赖关系。抑制素对 FSH 分泌的抑制作用有两种可能的途径:一种是直接作用于腺垂体,对抗下丘脑释放的 GnRH 对垂体的作用;另一种是直接作用于下丘脑抑制 GnRH 合成和释放。

雌二醇和抑制素都能抑制 FSH 的分泌，但在生理条件下哪个因素起主要作用，目前还有争议。通过观察猪发情周期内雌二醇、抑制素和 FSH 的变化，发现无论在黄体期还是卵泡期，抑制素和 FSH 都表现明显的负相关，而且，在卵泡期抑制素维持较高水平的时间远比雌二醇维持较高水平的时间长，因而认为抑制素是 FSH 分泌的主要抑制因素。但另有学者持不同观点，假设抑制素和雌二醇协同作用调节 FSH 浓度，而 FSH 分泌的方式主要由雌二醇调节。

抑制素对 LH 分泌的影响尚无统一看法。有的报道表明抑制素促进 LH 分泌，有的报道则认为抑制素对 LH 分泌也有一定抑制作用，还有的报道无作用。

对性腺类固醇激素分泌的作用：抑制素增加 LH 刺激的培养卵泡膜细胞的雄烯二酮产量，但降低颗粒细胞芳香化酶活性，从而抑制 FSH 刺激的雌激素产生。此外，抑制素能增强颗粒细胞中 3β-羟脱氢酶（3β-HSD）的活性，使孕烯醇酮加速转化为孕酮。

在配子发生中的作用：抑制素除作为内分泌激素，抑制 FSH 分泌而间接影响配子发生外，在睾丸或卵泡中还通过自分泌或旁分泌作用，直接影响配子发生。据报道，抑制素抑制大鼠卵母细胞的成熟分裂，抑制卵泡生长和排卵。用抑制素处理成年雄性大鼠使其精原细胞数量减少，可能是由于抑制素抑制了精原细胞中 DNA 合成的结果。给未成年雄性大鼠注射睾丸或卵巢提取物减少睾丸足细胞增殖。

在妊娠中的作用：在啮齿类动物证实，抑制素可抑制胚泡附植。在人类，内源性抑制素对 hCG 分泌有抑制作用，这种作用部分需要胎盘 GnRH 的存在。说明抑制素和GnRH在调节胎盘 hCG 生成中有旁分泌作用。从胎盘水平看，抑制素和 hCG 之间存在着一个反馈环，可能在妊娠中具有重要的生理意义。

其他作用：抑制素具有生长因子的作用（与 TGF-β 结构类似），能调节特异性类型细胞的生长和分化。

（5）抑制素的应用　通过抑制素主动或被动免疫可使动物性成熟提前并增加排卵率。

**2. 活化素（activin，又称激活素）**

1986 年由两个独立的研究小组分别从猪卵泡液中纯化抑制素时，几乎同时发现了由抑制素的 2 个 β 亚单位组成的二聚体，βAβA、βBβB 和 βAβB，1987 年分别命名为活化素 A、活化素 B 和活化素 AB。相对分子质量为 24 000。

除卵巢和睾丸外，还有多种组织是激活素和抑制素的共同来源，也是它们共同的靶组织。活化素对 FSH 的合成和释放具有明显的促进作用，而对 LH 分泌无影响。此外，活化素在卵巢内还有自分泌和旁分泌功能。在卵泡颗粒细胞上有特异性活化素受体，活化素可引起颗粒细胞 FSH 受体表达，在 FSH 存在下还可促进 LH 受体表达。激活素能增加颗粒细胞产生抑制素的能力。

激活素对 LH 刺激的培养卵泡膜细胞雄烯二酮的产生起抑制作用。在 FSH 存在下，激活素可增加颗粒细胞 cAMP 的产量。激活素 A 可刺激 GnRH 受体的形成。还有证据表明，活化素促进卵母细胞成熟。激活素还具有促进红细胞分化、诱导胰岛素分泌、维持神经细胞存活、诱导中胚层形成等生物学功能。

### 3. 卵泡抑素(follistatin)

(1) 卵泡抑素的分子结构和特性　卵泡抑素是 1987 年由 2 个实验室分别从牛和猪的卵泡液中分离出来的富含半胱氨酸的单链糖基化多肽，又称为 FSH 抑制蛋白(FSH-suppressing protein)。至少有 3 种相对分子质量形式:32 000、35 000 及 39 000。单一的卵泡抑素基因在表达中由于剪切不同而形成 2 种 mRNA，编码 2 种 C 端长度不同的蛋白质(分别为 315 个和 288 个氨基酸残基)。翻译后糖基化程度不同导致不同形式卵泡抑素的产生。

(2) 卵泡抑素的组织分布　卵泡抑素具有广泛的组织分布，它的 mRNA 已在 10 多种不同组织中检测到，如卵巢、睾丸、垂体、肾上腺、脑皮质、骨髓、心脏、肺、胸腺、肠、子宫、肾及胰等。但是，卵泡抑素的蛋白质仅在卵巢和垂体前叶有显示。其他表达卵泡抑素基因的组织是否也存在卵泡抑素蛋白尚需进一步研究。

(3) 卵泡抑素的生物学作用，FSH 抑制蛋白　卵泡抑素选择性地抑制 FSH 释放，但其效力只有抑制素的 1/3 左右。激活素结合蛋白:卵泡抑素通过结合激活素、调节激活素的效应而在垂体和卵巢发挥自分泌或旁分泌作用。因此卵泡抑素的生物学作用就与激活素的生物学作用连在了一起，可以中和或抵消激活素的作用，表现为抑制芳香化酶活性，抑制 FSH 引起的抑制素产生，阻止激活素刺激的 FSH 受体增加。此外卵泡抑素可影响孕酮的合成与代谢，但这一点与其激活素结合活性无关。

卵泡抑素除上述主要作用外，还参与许多其他生理功能的调节，如调节胚胎发育和分化、调节神经细胞分化，并与激活素相互作用调节成骨细胞功能和红细胞生成等。

### (三) 促性腺激素峰抑制(减弱)因子

在 1983 年和 1984 年间，研究者们用 FSH 或人类绝经期促性腺激素(hMG)刺激猴卵巢多卵泡发育时，发现虽然血液雌激素水平正常或上升，但通常不表现自发的排卵前 LH 峰。在单用 FSH 处理的妇女也观察到类似结果。另外，正常妇女注射雌激素拮抗物克罗米酚(Clomifene)后再行 hMG 或 FSH 注射，虽然 LH 峰出现，但与未处理者相比，峰值明显减弱。这些实验结果显示，被刺激的卵巢产生一种能对下丘脑-垂体轴起反馈作用，从而减弱或完全抑制排卵前 LH 峰的物质。在猴，这种因子被称为促性腺激素峰抑制因子(gonadotrohpin surge inhibiting factor，GnSIF)，而在妇女表现出的这种因子被称为促性腺激素峰减弱因子(gonadotrophin surge attenuating factor，GnSAF)。后来在猪和大鼠卵泡液中也证明存在一种既不是雌激素，也不是抑制素，对 LH 分泌有选择性抑制作用的物质。其作用部位在垂体，能使垂体腺保持在对 GnRH 低反应性状态。

在不同动物(或人类)观察到的这种因子到底是同一种分子，还是存在种间差异，尚不清楚。至于其化学结构，一般认为是一种肽，推测的相对分子质量为<12 000 至 70 000~100 000。关于 GnSIF/GnSAF 的纯化鉴定、理化性质等，还需要做大量工作。

## 第五节　前 列 腺 素

1930 年，科学家首先从人和动物精液中发现了一种能引起平滑肌强烈收缩的类脂物质并以为来源于前列腺，故名前列腺素（prostaglandins，PG）。后研究证明，PG 广泛存在于体内多种组织，如子宫内膜、胎盘、卵巢、下丘脑、肾、消化道等，并具有广泛的生物学作用。PG 属类花生烯酸家族的成员，花生四烯酸是哺乳动物细胞中最主要的类花生烯酸前体。20 世纪 80 年代，类花生烯酸领域的有关学者们获得诺贝尔生理学或医学奖。

## 一、前列腺素的化学结构和种类

前列腺素在体内多数细胞均有合成，起自分泌和旁分泌脂类介质作用。它们不储存，而是当细胞受到机械创伤，或特异性细胞因子、生长因子及其他刺激[如血小板中的胶原、二磷酸腺苷（ADP）、内皮细胞的缓激肽和凝血酶]时由细胞膜释放的花生四烯酸从头合成。一组酶精确地调节细胞内花生四烯酸水平，使其在被磷脂酶（$PLA_2$）动用前保持酯化。近年来，关于花生四烯酸自细胞膜释放的控制理论几经变迁，因为不断有新的 $PLA_2$ 成员被鉴定出来。尽管如此，Ⅳ型胞液 $PLA_2$（$cPLA_2$）始终是生产类花生烯酸的关键成员，因为缺乏 $cPLA_2$ 的细胞一般不能合成类花生烯酸。细胞特异性和激动剂依赖性事件协调 $cPLA_2$ 在核膜、内质网（ER）和高尔基体的翻译。在内质网和核膜，$cPLA_2$ 释放的花生四烯酸受到前列腺素 H 合成酶（PGHS，俗称 COX，即环氧化酶 cyclooxygenase）作用，代谢成中间前列腺素 $PGH_2$。PGHS 以 2 种同工酶形式存在，PGHS-1（COX-1）和 PGHS-2（COX-2）。简言之，COX-1 负责基础的、构成性的前列腺素合成，而 COX-2 对各种炎性及“诱导的”前列腺素合成是重要的。$PGH_2$ 代谢酶家族是异质的，随细胞类型不同形成 $PGE_2$、$PGD_2$、$PGF_2$、$PGI_2$（前列环素）和 $TxA_2$（血栓烷）等。血栓烷合成酶发现于血小板和巨噬细胞，前列环素合成酶发现于内皮细胞，PGF 合成酶发现于子宫，PGD 合成酶发现于脑和肥大细胞；微粒体 PGE 合成酶（mPGES）负责 $PGE_{2\alpha}$ 的合成。

## 二、前列腺素作用机理

前列腺素从细胞中释放，主要是通过有机阴离子转运蛋白多肽家族中的前列腺素转运蛋白（PGT）加速转运而实现，也可能通过其他未知的转运蛋白。

由于血栓烷和前列环素迅速消失（半衰期为数秒至数分钟），这些化合物在其合成部位附近发挥作用。前列腺素有进入细胞核的潜力，与核内受体结合发挥生物学作用。在小鼠和人类，至少有 9 种已知的前列腺素受体形式，以及几种带不同碳末端的剪切变异体（图 2-15）。4 种受体亚型结合 $PGE_2$（$EP_1$-$EP_4$），2 种受体结合 $PGD_2$（$DP_1$ 和 $DP_2$），而结合 $PGF_{2\alpha}$、$PGI_2$ 和 $TxA_2$ 的各有一个单一受体（分别为 FP、IP 和 TP）。

根据同源性和信号转导属性，前列腺素受体属于 G 蛋白偶联受体（GPCR）超家族中一个有不同成员的亚家族内的 3 个组，唯一例外的是 $DP_2$，它是化学趋化物受体亚组的成员。“松弛型”受体 IP、$DP_1$、$EP_2$ 和 $EP_4$ 组成一组，通过 $G_s$ 介导的胞内 cAMP 上升进行信号转导；“收缩型”受体 $EP_1$、FP 和 TP 组成第二组，通过 $G_q$ 介导的胞内钙上升进行信号转导。而 $EP_3$ 受体被认为是“抑制型”受体，与 $G_i$ 偶联，减少 cAMP 形成。尽管多数前列腺素受体 GPCR 位于质膜，但也有一些位于核膜。

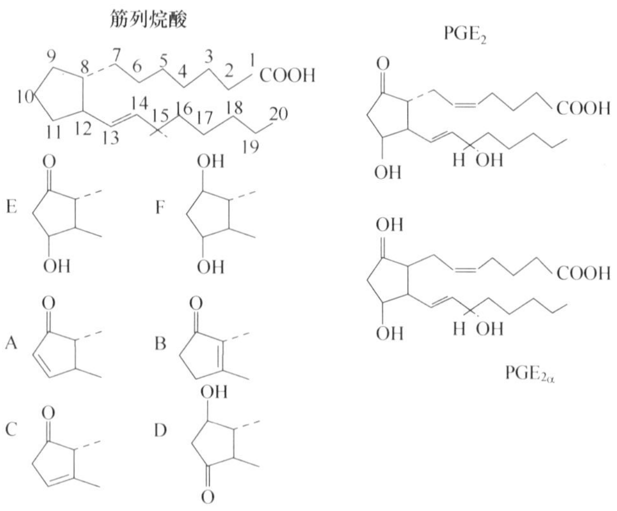


图 2-15　前列腺素的基本结构式及几种 PG 结构特点示意图

## 三、前列腺素的生物学作用

不同来源、不同类型的 PG 具有不同的生物学作用。在动物繁殖过程中有调节作用的主要是 PGF 和 PGE。

### （一）溶解黄体的作用

**1. $PGF_{2\alpha}$溶解黄体的机理**

子宫内膜产生的 $PGF_{2\alpha}$引起黄体溶解，这一观点被普遍接受并为大量研究结果所证实。在黄体开始发生退化之前，子宫静脉血中的 $PGF_{2\alpha}$或循环血中 $PGF_{2\alpha}$的代谢物(PGFM)浓度明显增加；在黄体溶解发生时，$PGF_{2\alpha}$的分泌呈现出逐渐明显而增强的分泌波；在黄体期从子宫静脉或卵巢灌注 $PGF_{2\alpha}$可诱导同侧卵巢黄体提前溶解；在黄体发生溶解时，从子宫内膜组织分离出的 $PGF_{2\alpha}$含量最高。

经典的研究来自绵羊。在解剖构造上，卵巢动脉十分弯曲而紧密地贴附在子宫-卵巢静脉，从而形成子宫-卵巢静脉与卵巢动脉之间的对流系统，使得子宫内膜产生的 $PGF_{2\alpha}$不经全身循环而就近转移到卵巢引起黄体溶解(图 2-16)。$PGF_{2\alpha}$在外周血中很快就转化成代谢产物 PGFM。

近年来发现，由卵泡颗粒细胞黄体化而来的大黄体细胞上存在 $PGF_{2\alpha}$受体，而由卵泡内膜细胞黄体化形成的小黄体细胞上不存在 $PGF_{2\alpha}$受体。因此，$PGF_{2\alpha}$可直接作用于大黄体细胞使之变性、自溶，并产生细胞毒素而间接引起大黄体细胞变性。$PGF_{2\alpha}$引起大黄体细胞变性的机制，可能是由于 $PGF_{2\alpha}$抑制 LH 的促 cAMP 增加和孕酮产生的作用。另一种解释是 $PGF_{2\alpha}$促进血管收缩，使流进黄体组织的血流量减少，进而毛细血管变性，出现动静脉吻合枝，导致黄体组织功能和结构发生改变。但学术界对此观点有分歧。

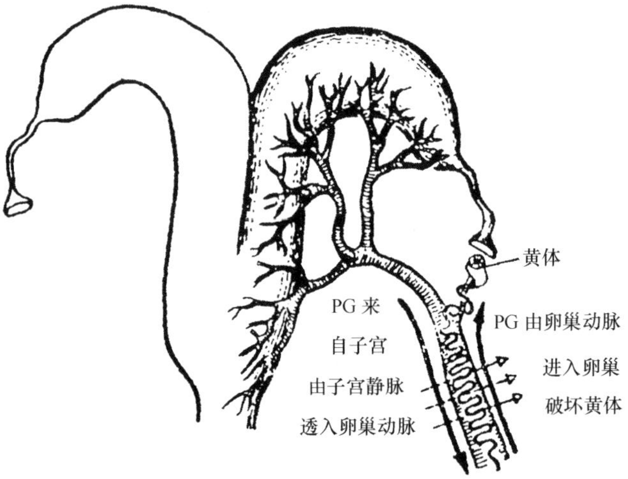


图 2-16 绵羊子宫前列腺素进入卵巢的途径

**2. 影响子宫内膜分泌 $PGF_{2\alpha}$的因素**

子宫 $PGF_{2\alpha}$的分泌受雌激素、孕激素和催产素及其受体的影响。黄体期末，卵泡雌激素产量增加。雌激素促进 $PGF_{2\alpha}$的合成和释放。而黄体期孕酮的先期作用对于雌激素诱导的 $PGF_{2\alpha}$释放是必需的。近年来的一个重要发现是大黄体细胞能够分泌催产素和催产素结合蛋白。催产素对子宫内膜 $PGF_{2\alpha}$的分泌有促进作用。$PGF_{2\alpha}$又可刺激催产素从大黄体细胞释放。这种正反馈回路有助于 $PGF_{2\alpha}$的渐增阵发性释放，以致引起黄体溶解。

子宫内膜催产素受体数量在黄体期中期最低，在黄体期末迅速增加，在发情时达高峰，在排卵后降低。催产素受体浓度的变化也是影响 $PGF_{2\alpha}$释放的重要原因之一。

### （二）对下丘脑-垂体-卵巢轴的影响

下丘脑产生的 PG 参与 GnRH 分泌的调节，PGF 和 PGE 能刺激垂体释放 LH。同时 PG 对卵泡发育和排卵也有直接作用。

### （三）对子宫和输卵管的作用

$PGF_{2\alpha}$促进子宫平滑肌收缩，有利于分娩活动。分娩后，$PGF_{2\alpha}$对子宫功能恢复有作用。PG 对输卵管的作用较复杂，与生理状态有关。PGF 主要使输卵管口收缩，使受精卵在管内停留；PGE 使输卵管松弛，有利于受精卵运行。

### （四）其他作用

PG 对生殖系统以外的生理功能具有广泛的调节作用。例如，$PGE_2$ 和 $PGA_2$ 具有扩张血管的作用，PGF 有收缩血管的作用，因而参与调节血压。PG 可影响血小板的凝集，调节肾小管水和电解质的吸收从而具有利尿作用。此外，对呼吸、消化、神经系统及炎症反应均有作用，这取决于 PG 的种类。

## 四、前列腺素的应用

在动物繁殖上应用的前列腺素主要是 $PGF_{2\alpha}$及其类似物。国内外已有许多种 PG 类似物，如氯前列烯醇、氟前列烯醇、15 甲基 $PGF_{2\alpha}$、$PGF_{1\alpha}$甲酯等。目前国内应用最广的是氯前列烯醇(有人认为应该称为氯前列醇)。$PGF_{2\alpha}$及其类似物主要用于以下几个方面。

### (一) 诱发流产和分娩

在奶牛上，有时需要进行选择性地流产或诱发分娩，用 $PGF_{2\alpha}$及其类似物一次注射即可。在母猪，用于统一分娩，有利于分娩监控。

### (二) 同期发情和人工控制配种

在奶牛，最普遍的同期发情与人工控制配种的方案是间隔 11d 或 12d 两次注射 PG，第二次注射后的一定时间范围内授精。有时还结合孕酮的埋植或 GnRH 的处理。

### (三) 治疗生殖机能紊乱

对子宫病理变化导致的持久黄体及伴随子宫积脓，用 PG 治疗效果良好。用 PG 治疗黄体囊肿，可有效地消除囊肿，恢复发情周期。

### (四) 排除木乃伊干胎

患木乃伊干胎的奶牛，常伴有不消退的黄体。用 PG 结合人工从阴道辅助，有利于排出木乃伊干胎。

### (五) 治疗乏情

对乏情(包括没有发情和发情不明显而未被观察到)的母牛，经检查有黄体存在，用 PG 治疗可取得满意效果。

# 第六节 其他激素

前面所描述的激素均以调节动物繁殖机能为主要功能，因而通常被称为生殖激素。但有的激素，其主要功能是调节新陈代谢，但对繁殖机能有次要的或间接的调节作用，因而可称为次级生殖激素。

## 一、生长激素

垂体前叶分泌的生长激素(growth hormone，GH)是一种具有种属特异性的蛋白质激素，无论在化学结构、免疫特性和生物活性上都存在很大的种属差异。GH 分子结构是一条单肽链，有的动物，如牛和羊的 GH 有侧链，各种动物的 GH 氨基酸顺序不同，分子质量为 22～48kDa。

GH 的主要生物学效应是调节蛋白质、糖和脂肪的代谢以及促进生长。而近年来发现 GH 与繁殖机能有着密切的关系。已在卵巢(黄体)、子宫、睾丸、精囊腺、前列腺等生殖系统组织上发现了 GH 受体。大量证据证明，GH 与性激素之间相互影响、相互作用。一方面，性激素调节 GH 的合成、释放及其促生长和代谢效应，调节生长激素结合蛋白(GHBP)的浓度和 GH 受体的浓度。另一方面，GH 对性激素的功能也有调节作用，如对于睾酮刺激第二性征发育的作用，GH 是重要的。此外，GH 与乳腺的发育和泌乳有很大关系。

## 二、促肾上腺皮质激素和肾上腺皮质激素

### (一) 促肾上腺皮质激素(ACTH)及其释放激素(CRH)

ACTH(adrenocorticotropic hormone，ACTH)也是垂体前叶分泌的多肽激素，由 39 个氨基酸组成。不同动物的 ACTH 的生理作用相同，但氨基酸序列稍有差异。ACTH 的生物学作用较广泛，除促进肾上腺皮质激素分泌以外，还具有调节代谢和免疫的功能，在中枢有多种功能，包括学习记忆、行为、体温调节、心血管功能调节等。由于 ACTH 与黑素细胞刺激素(melanocyte stimulating hormone，MSH)起源于共同前体——阿黑皮素原(pro-opiomelanocortin，POMC)，而且与 MSH 结合于共同的受体，因此这 2 种激素有着密切的关系。

已经发现，胎盘、睾丸和卵巢上可产生 ACTH。ACTH 在精子发生和卵泡发育中可能有作用。胎盘产生的 ACTH 对于分娩和泌乳活动有重要作用。

ACTH 的分泌受促肾上腺皮质激素释放激素(corticotropin releasing hormone，CRH)调控。近年来发现，不仅下丘脑可分泌 CRH，而且胎盘也可产生 CRH。特别是妊娠中期、晚期的胎盘分泌大量 CRH 进入母体和血液循环，与下丘脑 CRH 一起调节垂体 ACTH 的分泌。而且，胎盘 CRH 还以旁分泌或自分泌方式影响胎盘 ACTH 和其他激素(如 $PGF_{2\alpha}$)，这些激素共同作用参与分娩过程。CRH 与糖皮质激素协同作用，可抑制妊娠母体免疫系统的功能，有人认为这与防止胎儿排斥反应有关。

### (二) 肾上腺皮质激素(adrenocortical hormone)

肾上腺分泌 3 类皮质激素，即 21 碳、19 碳和 18 碳皮质类固醇。其中 19 碳皮质类固醇包括脱氢表雄酮、睾酮和雄烯二酮等；18 碳皮质类固醇包括雌酮、雌二醇等。这 2 类皮质类固醇已在性腺激素论及。

21 碳皮质类固醇可分为以影响糖代谢为主的糖皮质激素和以影响 $Na^+$、$K^+$ 代谢为主的盐皮质激素。前者有皮质酮、皮质醇、可的松和 11-脱氢皮质酮 4 种；后者有 11-脱氧皮质酮、17-羟-11-脱氧皮质酮和醛固酮 3 种。

皮质激素的主要作用是调节代谢。但在繁殖机能调节上也有作用。正常分娩有赖于胎儿完好的垂体-肾上腺皮质功能(详见发动分娩的机理)。

## 三、胰　岛　素

胰岛素(insulin)是胰岛β细胞合成和分泌的一种可溶性蛋白质激素,由A、B两条多肽链经二硫键联结组成,A链内还有一条链内二硫键。胰岛素是调节机体各种营养物质代谢的重要激素之一,主要促进糖和脂肪的储存及蛋白质和核酸的合成。因此,对于维持正常代谢和生长,胰岛素是不可缺少的。近年来发现胰岛素与正常卵巢功能的维持有关。

研究证明,卵巢上和睾丸上存在特异性胰岛素受体。体外培养试验发现,胰岛素对于FSH诱导的猪颗粒细胞上LH/hCG受体是必不可少的;颗粒细胞培养液中加入胰岛素能显著增加FSH和hCG促进的孕酮分泌。在人卵泡颗粒细胞的离体培养环境中加入FSH可以明显地提高芳香化酶活性;若再加入胰岛素,则进一步加强FSH对芳香化酶活性的促进作用。睾丸细胞体外培养时加入胰岛素,也可明显加强由hCG诱导的睾酮生成。在人类,胰岛素分泌不足引起的胰岛素依赖性糖尿病,临床上即伴有卵巢功能低下,如原发闭经、初潮延迟、无排卵、妊娠率低及早绝经。高胰岛素血症则伴有卵巢功能过度,表现为高雄激素血症。这些体内外证据均表明胰岛素具有促性腺功能。已经证明,胰岛素是介导营养对繁殖功能影响的媒介。

## 四、甲状腺素

甲状腺素(thyroxine)是一种含碘激素,是重要的代谢激素。但近年来也有证据表明,甲状腺素与繁殖机能有关。特别在炎热时期,甲状腺的分泌对繁殖的影响几乎与摘除甲状腺或甲状腺机能减退症相似,血液中促性腺激素浓度趋于降低,性腺活动减弱。甲状腺机能异常时,发情周期紊乱,有的甚至完全停止发情。甲状腺素对繁殖机能的调节机制还需进一步研究。

## 五、瘦　　素

瘦素(leptin)是白色脂肪细胞特异性的肥胖基因(*ob*基因)表达的产物,最初表达的是167个氨基酸残基组成的分泌蛋白,去掉N端21个氨基酸残基的信号成为成熟蛋白(146个氨基酸残基),相对分子质量16 000,单链分子,链内由2个半胱氨酸组成二硫键。由于该蛋白质调节体内脂肪含量,使动物和人变瘦,故被命名为leptin(来自于希腊语leptos,瘦的意思),也有人译为瘦蛋白、瘦因子、消瘦激素;由于是*ob*基因表达产物,又称OB蛋白。研究发现,*ob*基因突变导致肥胖和不育。近年来证实瘦素与繁殖有着密切的关系(图2-17)。在下丘脑、垂体、性腺、子宫均发现有瘦素受体。瘦素可能是连接营养状态与生殖过程的代谢信号,在启动初情期和维持生殖功能方面起重要作用。瘦素能刺激GnRH、LH、FSH、$E_2$分泌,影响性腺功能。在人,胎盘滋养层可分泌瘦素,被认为是一种胎盘局部激素,促进胚胎发育和着床,促进胎儿的发育,对妊娠的维持有重要作用。

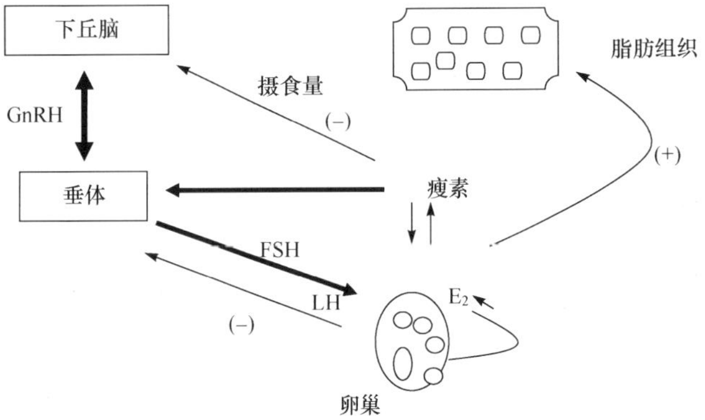


图 2-17　瘦素与下丘脑-垂体-卵巢轴相互关系的假设模式

来自脂肪组织的瘦素是通过神经肽 Y 调节摄食量的分子信号。瘦素作用于下丘脑，神经肽 Y 合成减少，降低食欲，增加体能消耗，体重降低。因此，瘦素将体脂储存的信息传给下丘脑。卵巢也产生瘦素，与下丘脑-垂体-卵巢轴功能相关。GnRH 和 LH 脉冲与瘦素功能有关。瘦素可能直接调节生殖器官功能，也通过旁分泌作用调节雌二醇合成。雌二醇浓度也可影响瘦素合成。瘦素可能是向生殖系统反映代谢状态的信号

## 六、外　激　素

外激素(pheromone，ectohormone)是动物不同个体间进行化学通信的信使，即动物体向外界释放有特殊气味的化学物质，同类动物通过嗅觉或味觉接受其刺激，可引起行为或生理上的反应。动物进行化学通信的外激素可以是单一的化学物质，也可以是几种化学物质的混合物；可以由专门的腺体所分泌，也可以是一种排泄物。外激素可诱导动物多种行为，诸如识别、聚集、攻击、性活动等。其中诱导性活动的外激素称为性外激素。

性外激素可引诱配偶或刺激配偶进行性交配，加速青年动物到达初情期，对动物的繁殖起着非常重要的作用。

公猪的睾丸中可以合成有特殊气味的化学物质 5α-雄留-16-烯-3-酮(5α-androst-16-en-3-one)，这种物质可储存在公猪的脂肪组织中，并可由包皮腺和唾液腺排出体外。公猪的颌下腺可合成一种具有麝香气味的物质，即 3α-羟-5-雄留-16-烯(3α-hydrory-5α-androst-16-ene)，经由唾液排出体外。公猪释放出的这些特殊气味物质可以刺激母猪表现强烈的发情行为。因此，公猪尿液或包皮分泌物可用于母猪试情，人工合成的公猪外激素类似物被用于进行母猪催情、试情、增加产仔数。此外，公猪外激素对初情期的影响非常明显。将成年公猪放入青年母猪群，5～7d 后即出现发情高峰，比未接触公猪的青年母猪提早初情期 30～40d。

所谓“公羊效应”在畜牧生产中引起广泛注意。其实，在牛、马等也存在类似的公畜效应。公牛的尿液中存在一种能加速青年母牛初情期的外激素。公骆驼在交配季节枕腺肿大并流出异臭的分泌物；鹿尾腺也是外激素分泌腺；灵猫会阴腺分泌灵猫酮(顺式-9-酮-环17 烯)；麝分泌麝香酮(3-甲基环-15-烷酮)。以上物质均起外激素作用。雄性鼠类的尿中含有一种雄激素依赖性蛋白质，起外激素作用。

母性行为和母-仔联系的建立也有外激素的作用。

外激素的作用越来越受到重视，但许多外激素的性质和结构尚不清楚，仍需要做大量的工作。

# 第七节 神经递质

下丘脑-垂体-性腺轴系内各种激素的相互作用是动物繁殖周期的主要调节者。其中，下丘脑的作用极为重要，它能将中枢神经系统内的信号转变为内分泌信号，并接受性腺激素的反馈调节。此外，在性腺或其他生殖器官上均有外周神经分布，这些神经末梢也通过递质影响生殖器官的功能。神经递质的作用是复杂的，有的神经细胞内，两种或两种以上神经递质共存，有的神经递质又可作为神经激素或神经调质起作用。本节介绍几种调节繁殖机能的主要的神经递质。

## 一、胺类神经递质

### （一）儿茶酚胺

去甲肾上腺素、肾上腺素和多巴胺统称为儿茶酚胺（catacholamine）（单胺类）神经递质。它们对 GnRH 分泌具有重要的调节作用。

**1. 去甲肾上腺素（norepinephrine）**

来自中枢神经系统的去甲肾上腺素能神经纤维不仅在下丘脑弓状核和正中隆起区域与 GnRH 轴突末梢发生密切的联系，而且与下丘脑的肽能神经元（如 β-内啡肽神经元）形成突触联系，这些肽能神经元是调节 GnRH 分泌的中间神经元。因此，去甲肾上腺素通过 2 条途径影响 GnRH 分泌：通过直接突触联系控制 GnRH 神经元的活动，或者改变中间神经元的活动而间接影响 GnRH 分泌。实验证明，去甲肾上腺素对下丘脑 GnRH 分泌具有刺激作用，而这种调节作用与体内性腺类固醇激素水平有关。性激素水平正常时，去甲肾上腺素促进 GnRH 分泌，排卵前 GnRH 和 LH 峰与去甲肾上腺素有密切关系。而性激素水平低下时，则起抑制作用。兴奋作用通过 α 受体实现，抑制作用通过 β 受体实现。

此外，外周神经末梢释放的去甲肾上腺素对性腺功能也有调节作用。例如，卵泡发育和自发性排卵需要儿茶酚胺，卵巢发育期间获得儿茶酚胺受体是儿茶酚胺、类固醇激素和促性腺激素相互作用的结果。

**2. 肾上腺素（epinephrine，adrenaline，adrenine）**

肾上腺素能纤维分布在下丘脑内侧前区、弓状核、室管膜和正中隆起。在间情期和发情前期，肾上腺素是唯一刺激 LH 释放的单胺类递质。有人推测，去甲肾上腺素和肾上腺素在调节 GnRH 分泌中有不同的作用，即去甲肾上腺素可能与正中隆起神经末梢 GnRH 积累有关，而肾上腺素只与正中隆起末梢 GnRH 释放到垂体门脉血管有关。肾上腺素的作用也受体内性激素水平调节。

**3. 多巴胺(dopamine)**

多巴胺纤维投射到下丘脑前区、视前区、隔核和室旁核。多巴胺可能通过突触联系直接影响 GnRH 神经元活动,并在正中隆起影响 GnRH 释放;这种影响也与性腺激素浓度有关。有的试验表明,多巴胺抑制 GnRH 释放;另一些人认为多巴胺刺激 GnRH 释放。这与剂量有关,小剂量时引起释放。大剂量时抑制释放。此外,与受体类型(α 或 β)也有关系。多巴胺还能起促乳素释放抑制因子的作用。脑内多巴胺可引起性行为。

### (二) 5-羟色胺(5-HT)

5-HT(5-hydroxytryptamine)神经纤维在下丘脑的分布以视交叉上核、弓状核及乳头体前核较丰富,在正中隆起也有。5-HT 对下丘脑-垂体多种激素的分泌具有调节作用。5-HT 可增加下丘脑促肾上腺皮质激素释放激素(CRH)及垂体前叶 ACTH、PRL 及垂体后叶加压素和催产素的分泌。多数实验表明,5-HT 对 GnRH 和 LH 的释放有抑制作用。但也有人报道 5-HT 对排卵前 LH 释放是必要的。在卵巢水平,5-HT 可抑制卵泡肾上腺素能神经递质的释放。5-HT 可促进绵羊黄体细胞孕酮的生成。

### (三) 组胺

组胺(histamine)神经元在下丘脑的分布以正中隆起为最多。中枢和全身灌注组胺能刺激 PRL、ACTH、α-促黑激素的释放。这种作用可能由儿茶酚胺、β-内啡肽所介导。组胺促 PRL 释放的作用可能通过增加 5-HT 和精氨酸加压素(AVP)等而间接实现。中枢灌注组胺,可促进去卵巢、雌激素和孕激素预处理的大鼠以及发情前期的大鼠 LH 释放,但不影响 FSH 分泌。组胺还间接抑制 GH 的分泌。组胺在垂体后叶激素的释放中也有调节作用。在性腺水平,组胺参与卵泡的收缩。

## 二、胆碱类神经递质

乙酰胆碱(acetylcholine)是最古老的神经递质之一,不论在中枢系统还是在外周神经,均有胆碱能纤维。中枢胆碱能纤维与下丘脑弓状核多巴胺神经元形成突触,通过乙酰胆碱刺激多巴胺神经元兴奋,释放多巴胺,刺激 GnRH 释放继而导致 LH 释放。乙酰胆碱还通过激活多巴胺系统而抑制 PRL 分泌。胆碱能系统还参与调节卵巢功能。

## 三、氨基酸类神经递质

研究最多的是 γ-氨基丁酸(GABA)对繁殖机能的影响。它是一种广泛分布于脑内的抑制性神经递质。在中枢系统中,GABA 抑制 ACTH 分泌。GABA 对 PRL 的分泌有双重效应,小剂量时抑制,可能是直接作用于垂体;大剂量时促进 PRL 分泌,可能通过抑制多巴胺系统而间接实现。第三脑室灌注 GABA,可引起下丘脑 GnRH 释放增加,继而导致 LH 释放增加。但 GABA 对垂体无直接作用。GABA 对 GnRH 的促进作用是在雌激素和去甲肾上腺素的中介下完成的。此外,CRH 可抑制 GnRH 释放,GABA 则抑制

CRH 释放，因而间接促进 GnRH 释放。然而，有人根据在妇女的研究推测，在黄体期中期，GABA 可能参与卵巢激素对下丘脑的负反馈抑制作用，从而降低 GnRH 和 LH 的释放。

## 四、肽类神经递质

### （一）类阿片肽

类阿片肽（opioid peptide，OP）或称阿片样肽（opiate-like peptide，OLP）是一类作用与阿片类物质相似的神经递质。自 1975 年首次从猪的脑组织中分离出 2 种具有阿片样活性的多肽——甲硫氨酸-脑啡肽和亮氨酸-脑啡肽以来，已先后发现 20 多种这类物质。它们共分为内啡肽、脑啡肽和强啡肽三大家族。它们不仅广泛存在于脑组织中，而且也存在于许多外周组织，如生殖系统的睾丸间质、卵巢的颗粒细胞、黄体细胞和间质细胞、胎盘，以及肾上腺髓质、肾脏、肺脏、消化道等。在中枢神经系统，β-内啡肽神经元主要集中在下丘脑弓状核及其周围区域，轴突较长，终止于正中隆起等部位。脑啡肽神经元分布较广，在端脑、边缘系统、下丘脑、脑干、脊髓均有分布，轴突很短。部分脑啡肽神经纤维延伸到正中隆起外带中央区。强啡肽神经元轴突集中在正中隆起内带，其纤维穿过正中隆起到达垂体后叶。在正中隆起偶尔也能观察到前阿黑皮素（POMC）衍生物 ACTH 的轴突。POMC 是 β-内啡肽、ACTH、促黑素细胞素的共同前体。这些解剖构造提示，类阿片肽可能与下丘脑正中隆起 GnRH 神经元末梢调节有关。

早在 20 世纪 50 年代，就已发现吗啡有抑制垂体促性腺激素分泌的作用。近年来大量实验表明，类阿片肽通过抑制下丘脑 GnRH 脉冲发生器和正中隆起 GnRH 的释放来抑制垂体促性腺激素的释放。有的作者认为类阿片肽对 GnRH 分泌的抑制作用是直接的，但有的作者认为这种抑制作用是间接的，胺类神经递质可能在其中起了中间调节作用。类阿片肽能否在垂体水平上直接调节促性腺激素分泌尚需进一步研究。

脑内类阿片肽神经元的活动受类固醇激素，如雌激素、孕酮和睾酮的调节。这种调节不仅包括类阿片肽的合成、分泌，又包括类阿片肽受体的数量及其与类阿片肽的结合。例如，垂体门脉血液中 β-内啡肽的水平随发情周期的不同阶段而变化，在黄体期最高，卵泡期最低。怀孕大鼠的下丘脑 β-内啡肽的含量和阿片肽受体的密度最大，泌乳大鼠最低，去卵巢大鼠居中，去卵巢后经 $E_2$ 和 $P_4$ 处理的大鼠与怀孕大鼠相似。这说明性激素的周期性变化可通过对丘脑下部的 GnRH 和 β-内啡肽的含量及其与受体的结合而影响垂体前叶功能。另外，类阿片肽参与性腺激素对下丘脑 GnRH 的负反馈机制。在性腺中也有类阿片肽存在，有些证据已经表明它们与卵泡发育和精子发生有关。

### （二）神经肽 Y

神经肽 Y（neuropeptide Y，NPY）是 36 个氨基酸组成的多肽类神经递质，1982 年首先从猪脑分离出来。NPY 属于胰多肽（PP）族的结构相关肽，其氨基酸序列与 PP 和 YY 肽（PYY，主要存在于胃肠道）具有很高的同源性，并具有 PP 类共有的二级结构。NPY 广泛存在于中枢和外周神经组织。下丘脑弓状核含有丰富的 NPY 细胞体。NPY 可与去甲肾上腺素共存于同一神经元中。正中隆起部位 NPY 的释放与 GnRH 的脉冲释放密切相关。实验表明，NPY 可加强雌激素引起的排卵前 LH 峰。NPY 增加 GnRH 刺激的 LH 分泌，但在缺乏 GnRH 时，NPY 对 LH 分泌无影响。还有实验证明，NPY 对垂体有直接作用，NPY 使 GnRH 刺激的发情前期的大鼠垂体 LH 和 FSH 分泌增加，但对发情后期大鼠垂体没有同样的效应。说明发情前期孕酮的作用对于垂体对 NPY 的反应很重要。换言之，NPY 促进 LH 和 FSH 分泌的作用受此前内分泌环境尤其是 $P_4$ 的调节，发情后期似乎对 NPY 的作用有抑制性。在雄性动物，睾酮浓度对正中隆起 NPY 的释放有调节作用。

NPY 还参与卵巢功能的调节。分布于卵巢的交感神经末梢，与去甲肾上腺素共存。局部生成的 NPY 可调节卵巢血流，抑制黄体细胞和经促性腺激素刺激的颗粒细胞孕酮分泌。

### （三）P 物质

P 物质（P substance，SP）是最早（1931 年）发现的神经肽，为 11 肽。在脊髓、脑干、间脑及端脑水平均可见到含 P 物质的神经细胞体，含 P 物质的神经末梢分布更为广泛。最近研究表明，在垂体前叶也有含 P 物质的神经纤维存在，并与垂体腺细胞有突触接触，暗示垂体前叶的激素分泌除了受传统的体液途径调节之外，还可能受包括 P 物质纤维在内的直接神经调节。

P 物质作为递质或中枢调质，在繁殖机能调节中的作用近来受到重视并取得很大进展。P 物质纤维在下丘脑与 GnRH 神经元形成突触联系，P 物质可以促进 GnRH 释放，继而导致 LH 和 FSH 的释放增加。下丘脑-垂体轴内 P 物质的组织水平与性周期是协调的，并可受血液循环内雌激素水平影响。P 物质含量随发情周期而变，尤其在发情后期变化显著。雌激素能使垂体 P 物质含量降低。P 物质在垂体水平上对 LH 和 FSH 的作用却与下丘脑水平上不同；有实验报道，P 物质抑制了离体培养的垂体前叶细胞经 GnRH 刺激的 LH 释放（但不抑制 FSH），而另一研究报道 P 物质对垂体前叶在离体或在体时都无作用。看来，P 物质对下丘脑和垂体的调节存在复杂的机制。

P 物质促进 GH、PRL 和促甲状腺素（TSH）释放，而抑制 ACTH 释放。P 物质对 PRL 的调节可能在垂体前叶有直接效应，而 GH、TSH 和 ACTH 的调节除经中枢途径外是否对垂体前叶有直接作用，尚未确定。

在垂体后叶，P 物质与儿茶酚胺递质在神经细胞共存。P 物质可促进后叶激素，如精氨酸加压素（AVP）和催产素释放。

P 物质对性腺功能也有调节作用。例如，P 物质与 NPY 都能抑制猪黄体细胞和经促性腺激素处理的颗粒细胞分泌孕酮。在卵巢基质、卵泡膜存在 P 物质。卵巢受到过度刺激会增加血液中 P 物质浓度。

### （四）其他神经肽

除上述神经递质外，还有许多神经肽以神经递质或神经调质或神经激素的角色对繁殖机能起调节作用。例如，降钙素基因相关肽（CGRP）、血管活性肠肽（VIP）、精氨酸加压素(AVP)、心钠素(ANP)、生长抑素(SOM)、促甲状腺素释放激素(TRH)、神经降压肽(NT)等,在此不详细描述,仅列于简表 2-1。

**表 2-1 部分肽与繁殖机能调节**

| 名称 | 缩写 | 在繁殖调节中的主要作用 |
|---|---|---|
| 精氨酸加压素 | AVP | 促进 PRL 和 ACTH 释放;调节睾丸 LH 受体及类固醇合成 |
| 血管活性肠肽 | VIP | 调节性腺和性器官血流;促进卵巢类固醇合成、卵母细胞成熟和排卵 |
| 肾素-血管紧张素系统 | RAS | 调节 GnRH 和 LH 分泌;性腺和子宫局部的 RAS 以旁分泌和自分泌方式调节性腺激素合成、卵泡发育和排卵及血管生成 |
| 神经降压肽 | NTN | 促进 LH 和 FSH 释放 |
| 心钠素 | ANP | 与儿茶酚胺系统相互作用,控制 GnRH 分泌,继而抑制 LH 释放;抑制 PRL 分泌 |
| 促甲状腺释放激素 | TRH | 促进 PRL 释放降钙素基因相关肽 CGRP,抑制 GH 和催产素释放 |
| 甘丙肽 | Gal | 促进下丘脑正中隆起神经末梢 GnRH 释放,促进垂体细胞 GH 和 PRL 释放 |
| 垂体腺苷酸环化酶激活肽 | PACAP | 促垂体激素作用,自分泌调节生精细胞发育和精子形成 |

# 第八节 生长因子

近年来的研究清楚地表明,动物的繁殖机能不仅受激素的调节,而且受在体内广泛存在的生长因子的调节。

多肽类生长因子,在内分泌学上可以认为是不同于经典激素的亚组,它们通过自分泌、旁分泌或内分泌的方式作用于靶组织或靶细胞,促进细胞增殖和(或)分化。已经研究的生长因子达数十种,根据其作用,可分为广谱性和特异性生长因子两大类。前者作用于种类广泛的细胞,主要包括类胰岛素生长因子(IGF)、表皮生长因子(EGF)、转化生长因子(TGF)、血小板衍生生长因子(PDGF)和成纤维生长因子(FGF)等。后者是指专一性地作用于某些特异类型的细胞,如神经生长因子(NGF)、集落刺激因子(CSF)和白细胞介素(IL)等。生殖系统的睾丸、卵巢、输卵管、子宫、胎盘以及胚胎等组织可产生多种生长因子或有生长因子的受体。本节重点阐述几种主要的调节繁殖机能的生长因子。

## 一、类胰岛素生长因子

类胰岛素生长因子(insulin-like growth factor,IGF)包括 IGF-Ⅰ和 IGF-Ⅱ,两者的结构和功能与胰岛素相似,相对分子质量为 7500。IGF-Ⅰ由 70 个氨基酸组成,IGF-Ⅱ由 67 个氨基酸组成。IGF 在血液中与 6 种 IGF 结合蛋白(IGFBP1~IGFBP6)相结合,IGFBP负责将 IGF 运送到靶组织,因而血液中的 IGF 受结合蛋白的结构和功能调节,使 IGF 能够表现内分泌的作用方式。在靶组织,IGF-Ⅰ、IGF-Ⅱ分别与各自受体 IGF-ⅠR、

IGF-ⅡR 结合。IGF-Ⅰ的产生及作用受生长激素(GH)调节。GH 的分泌和血液的 IGF-Ⅰ浓度密切相关,使 IGF-Ⅰ浓度在新生畜处于低水平,以后渐增,性成熟时达高峰,随后便下降。除内分泌作用方式外,自分泌和旁分泌也是 IGF 的重要作用方式。IGF 的主要作用与胰岛素一样,均促进细胞生长和调节细胞对葡萄糖的摄入。对生殖系统有如下广泛的作用。

### (一) IGF 对卵巢的作用

除外周血 IGF 作用于卵巢外,卵巢内部产生的 IGF 也对卵巢卵泡发育起作用。卵泡颗粒细胞能够产生 IGF,同时,颗粒细胞上又有 IGF 受体。IGF-Ⅰ可促进颗粒细胞代谢、增生和分化,加强促性腺激素对颗粒细胞的作用。颗粒细胞产生的 IGF-Ⅰ可对卵泡内膜和间质细胞起旁分泌作用,影响雄激素的分泌。卵巢卵泡产生 IGF 的种类(IGF-Ⅰ或 IGF-Ⅱ)及存在的受体种类(IGF-IR 或 IGF-ⅡR)有种间差异。

### (二) IGF 对睾丸的作用

睾丸组织中存有 IGF-Ⅰ,而且在睾丸间质细胞、足细胞、生殖细胞及精细管周肌细胞上发现有 IGF-Ⅰ受体。睾丸局部产生的 IGF-Ⅰ可以增加间质细胞上 LH 受体数,促进 LH 刺激的睾酮产生。IGF-Ⅰ除调节自身功能外,还可刺激未成熟足细胞分化、增加足细胞的 DNA 合成、血纤维蛋白酶原(PA)和转铁蛋白的产生。增加精细管周细胞 DNA 合成和细胞总蛋白质量。足细胞分泌的 IGF-Ⅰ除发挥自分泌作用外,还对生殖上皮发生旁分泌作用,促进生殖细胞的有丝分裂。

睾丸组织上 IGF-Ⅱ基因的表达没有达到可以检测的水平,说明对睾丸发生作用的 IGF-Ⅱ主要来自于血液循环。IGF-Ⅱ受体主要存在于足细胞和生殖细胞。IGF-Ⅱ促进足细胞合成转铁蛋白及产生乳酸盐,影响生殖细胞的糖代谢和有丝分裂。

### (三) IGF 对胚胎发育的作用

输卵管、子宫及胚胎产生的 IGF-Ⅰ和 IGF-Ⅱ对胚胎的早期发育起重要作用。附植前的小鼠胚胎中存在 IGF-Ⅰ、IGF-Ⅱ和胰岛素的特异性受体,IGF-Ⅰ和胰岛素促进早期卵裂、刺激内细胞团和滋养层细胞合成蛋白质。猪胚胎 IGF-Ⅰ的产生不仅对胚胎自身的代谢、雌二醇的产生有自分泌调节作用,而且刺激子宫细胞的生长和分化(子宫内膜和子宫肌层均有 IGF-Ⅰ受体)。IGF-Ⅰ和 IGF-Ⅱ刺激体外培养的小鼠胚胎形成囊胚,促进内细胞团增殖。IGF-Ⅰ刺激胎盘合成蛋白质,可能与母体妊娠识别和免疫抑制有关。IGF-Ⅱ对胎儿的生长发育具有重要作用。

## 二、表皮生长因子和转化生长因子

表皮生长因子(epidermal growth factor,EGF)存在于几乎所有体液及分泌物中,其中唾液和尿中含量高,前列腺液和精液中也有较高含量。血液中 EGF 含量不高,主要存在于血小板中。颌下腺是 EGF 的主要产生部位,雄性小鼠颌下腺 EGF 及其前体的

mRNA明显高于雌性小鼠，说明性激素对EGF合成有调节作用。小肠和肾也有较多EGF合成。卵巢间质细胞可合成EGF样物质，而卵泡颗粒细胞却不能产生EGF。睾丸组织中似乎没有EGF的基因表达。但卵泡颗粒细胞和睾丸细胞上有EGF受体。EGF是一条由53个氨基酸组成的肽链，相对分子质量约为6000。EGF与相应的结合蛋白结合以二聚体的形式存在。

转化生长因子α（transforming growth factor-α，TGFα）是EGF家族的一个成员，由50个氨基酸组成，相对分子质量为5600。

### （一）EGF对下丘脑-垂体激素分泌的作用

垂体前叶有EGF特异性受体。EGF可以促进垂体前叶LH、PRL、GH的合成和分泌。EGF对FSH是否有直接影响尚无定论。EGF对下丘脑GnRH分泌的影响也存在相反的报道。

### （二）对性腺激素分泌的作用

卵巢间质组织产生的EGF可能以旁分泌方式影响卵泡颗粒细胞的生长和分化。但体外培养的颗粒细胞，EGF单独使用对雌激素的基础分泌无明显作用，而是抑制hCG、cAMP和FSH等引起的雌二醇分泌，这可能与EGF抑制诱导的LH受体形成有关。EGF和FSH对卵泡颗粒细胞功能的调节具有相互作用，FSH抑制EGF与颗粒细胞膜上受体的结合及EGF诱导的细胞增殖，而EGF则增加颗粒细胞FSH的结合位点数量，但降低其亲和力。

一般认为EGF对卵巢孕酮分泌具有促进作用。但也有人认为，EGF不影响孕酮的基础分泌，却抑制hCG、cAMP等诱导的孕酮的分泌。

EGF可以刺激hCG诱导的睾丸细胞睾酮的分泌。对大鼠曲精细管的培养表明，EGF增加曲精细管内抑制素的合成和释放，适当浓度的FSH可加强这种作用。

### （三）EGF对精子发生的调节

切除雄性小鼠涎腺，血浆EGF水平迅速下降，精子数目减少；每天给这些小鼠注射EGF，可阻止精子数下降。进一步研究表明切除涎腺后，初级精母细胞积聚，而次级精母细胞和精细胞减少，EGF处理后恢复。说明EGF与初级精母细胞减数分裂有很大关系。

### （四）EGF对妊娠子宫和胎盘的作用

妊娠早期，子宫蜕膜上有EGF受体，EGF可刺激蜕膜的细胞增生。胎盘绒毛滋养层尤其是合胞体滋养层富含EGF受体，且随妊娠进展而增加，EGF与受体结合后可影响胎盘激素的分泌。EGF可促进绒毛膜孕酮、hCG、胎盘促乳素等的分泌。但是，EGF如何影响胎儿发育尚不清楚。

TGF-α与EGF结合于相同的受体，产生相同的效应。TGF-α可促进卵泡颗粒细胞增生，促进子宫蜕膜化、胚胎附植及胚胎发育，促进精细管周肌细胞及足细胞增殖。

## 三、转化生长因子β

转化生长因子β(transforming growth factor-β,TGF-β)与抑制素、活化素等属于同一个家族。由$\beta_1$、$\beta_2$和$\beta_3$ 3种β亚单位以不同的组合方式构成,即$\beta_1\beta_1$、$\beta_2\beta_2$、$\beta_3\beta_3$,相对分子质量均为25 000。

在胎盘、胚胎、卵巢、输卵管、子宫、睾丸等组织有TGF产生,也存在TGF受体。

### (一) TGF-β对卵泡发育的作用

TGF-β主要促使细胞分化,起着抗生长调节作用。不同发育阶段的卵泡,表现出对TGF-β不同的敏感性,较小的腔前卵泡比大的腔前卵泡对TGF-β的反应性高。因为TGF-β的作用就是促使小腔前卵泡的细胞分化,TGF-β影响FSH对卵泡功能的调节。TGF-β能加强垂体FSH分泌。

### (二) TGF-β对睾丸的作用

足细胞分泌的TGF-β抑制间质细胞分化、降低LH受体数量及睾丸酮产量,促进生殖细胞分裂。由于TGF-β与抑制素和活化素属同一家族,因而TGF-β也可通过这两种激素的作用以及通过影响FSH分泌而影响睾丸功能。

### (三) TGF-β对胚胎发育的作用

胚胎本身表达的TGF-β与胚胎组织发生的形态变化有关,诱导中胚层相关组织形成。蜕膜组织及胎盘组织能合成大量TGF-β,可起到免疫调节的作用,对于妊娠的维持起重要作用。

## 四、成纤维生长因子

成纤维生长因子(fibroblast growth factor,FGF)有酸性(aFGF)和碱性(bFGF)两种,相对分子质量为16 000~17 000,两者有55%的氨基酸相同。bFGF由146个氨基酸组成单肽链,也可在N缺失15个氨基酸而生物学活性不变。aFGF由140个氨基酸组成单肽链,N缺失6个氨基酸也不改变生物活性。aFGF结构种间差异较大,bFGF则种间差异较小。

FGF首先从牛的垂体和大脑中分离。已知bFGF存在于中胚层和神经外胚层衍生的正常组织或癌组织,aFGF一般只在大脑、视网膜、骨基质和骨肉瘤中发现。在与繁殖有关的组织中,除垂体和大脑外,从睾丸和胎盘中分离到了bFGF。

FGF的生物学效应主要是促进成纤维细胞和内皮细胞有丝分裂、增殖。bFGF在性腺发育期间促进间质细胞生长和新血管形成。bFGF促进垂体细胞生长、分化,促进PRL合成和释放。bFGF还能促使睾丸足细胞增殖,增加FSH与足细胞结合、cAMP产量和纤溶酶原激活因子(PA)活性,增加间质细胞睾酮分泌。bFGF促使卵泡颗粒细胞增殖而抑制其分化,参与排卵(促进卵泡周围毛细血管网迅速形成),诱发黄体化和刺激孕酮分泌。附植前后的胚胎上有 FGF 受体,bFGF 能提高体外培养的早期胚胎发育率。子宫内膜 bFGF 对胚胎的附植也有自分泌和旁分泌调节作用。

## 五、血小板衍生生长因子

血小板衍生生长因子(plalet-derived growth factor,PDGF),是由 2 条多肽链组成的糖蛋白,相对分子质量 30 000。PDGF 刺激许多种类型的细胞增殖,包括成纤维细胞、平滑肌细胞、神经胶原细胞、卵巢颗粒细胞等。在生殖道、卵巢、胎盘及囊胚等均有 PDGF 及其受体表达,PDGF 通过旁分泌或自分泌作用调节卵巢功能、促进囊胚孵化、生长及胚泡附植。

## 六、其他生长因子

除上述 5 种生长因子外,还有其他许多种生长因子通过旁分泌和(或)自分泌方式调节繁殖机能,以简表形式列举如下(表 2-2)。

**表 2-2　部分生长因子与动物繁殖**

| 名称 | 缩写 | 主要功能 |
|---|---|---|
| 血小板活化因子 | PAF | 子宫、胚泡等分泌的乙酰化甘油磷酸酯,参与胚泡附植 |
| 精细管生长因子 | SGF | 足细胞分泌的肽类生长因子,促进睾丸细胞有丝分裂 |
| 足细胞分泌生长因子 | SCSGF | 促进细胞增殖,调节精子发生 |
| 黄体抽提物 | CLE | 刺激黄体细胞生长、增殖,激活卵巢内有丝分裂原 |
| 类 EGF 肽 | EGF-like | 刺激新生子宫生长发育 |
| 粒细胞-巨噬细胞集落刺激因子 | GM-CSF | 输卵管和子宫上皮细胞、胎盘分泌,在胎儿胎盘内起自分泌作用,促进胚胎发育和囊胚孵化,与母体子宫免疫系统相互作用的主要细胞因子之一 |
| 集落刺激因子 | CSF | 妊娠期间滋养层、蜕膜、羊水中这种单核吞噬细胞生长因子急剧增加,与胚胎发育和细胞分化有关 |
| 干扰素 | IFN | 牛、羊附植前胚胎的主要分泌物。对免疫系统多种细胞有效应,母体妊娠识别的重要因素 |
| 神经生长因子 | NGF | 精母细胞、精细胞和精浆中存在。对精子的成熟和运动可能有重要作用 |
| 肿瘤坏死因子 | TNF | 增加卵泡膜孕酮产量,抑制基础的和 FSH 刺激的颗粒细胞孕酮产量。与早期胚胎发育和细胞分化有关 |
| 白介素 | IL | 不同 IL 对下丘脑-垂体-性腺轴激素有不同影响,与胚胎发育和细胞分化有关 |

续表

| 名称 | 缩写 | 主要功能 |
| --- | --- | --- |
| 乳铁蛋白 | LF | 在雌激素影响下的子宫蛋白中占 20%，乳腺分泌的 LF 对乳腺生长和分化有调节作用 |
| 内皮素 | ET | 促进垂体前叶和后叶激素释放，调节妊娠和分娩等过程 |
| 促红细胞生成 | EPO | 与睾丸间质细胞雄激素合成有关 |
| 白血病抑制因子 | LIF | 与早期胚胎发育和着床有关 |

（周　虚）

# 第三章　雄性动物生殖生理

## 第一节　雄性动物生殖机能的发育

动物出生后一定时期内，其性机能尚处于发育期，还不能繁殖后代。繁殖能力的获得是一个渐进的过程。雄性动物需要经历胎儿期、幼年期、初情期和性成熟等几个重要阶段。每个阶段生殖器官的变化，是神经-内分泌状态及环境因素等方面复杂的相互作用的结果。

### 一、初情期前睾丸的发育调节

胎儿期的睾丸位于腹腔内，大多数雄性家畜或动物在出生前或出生后不久，睾丸才由腹腔通过腹股沟管进入位于腹壁的阴囊内，这一过程叫做睾丸下降（descent of testicle）。根据动物的种属不同，雄性动物睾丸下降的时间有所差别，如公猪睾丸下降出现于胎儿期的后 1/4 阶段，牛和羊在胎儿发育的中期，而马和鼠类在出生后才完成。在性分化前，性腺由背侧韧带（颅悬韧带）和腹侧韧带固定于肾周围。颅悬韧带连接睾丸的颅侧至背侧腹壁。腹侧韧带则发育为引带。在雄鼠的胚胎为 17～18d，颅悬韧带在雄激素的作用下退化消失，解除了睾丸下降的反作用力，有利于睾丸下降。除此之外，还有连接睾丸尾侧至背侧腹壁的引带，同样在睾丸下降过程中起重要的作用。

如果雄性动物出生前后睾丸下降出现异常，就会造成一侧或双侧睾丸未能降入阴囊，仍滞留于腹腔或腹股沟内的现象，称为隐睾（retained testis），包括单侧隐睾和双侧隐睾。睾丸引带发育异常（引带缺失、发育不良或异位附着）是导致腹腔内隐睾的主要原因之一。由于腹腔内温度高于阴囊内睾丸的温度，睾丸内正常产生精子的环境被破坏，睾丸生殖细胞结构异常，甚至恶变或扭曲，因此不能产生精子。对于隐睾公畜要尽早通过检查，确诊为隐睾后，则立即淘汰。

目前认为，睾丸下降主要受一些激素的调节。苗勒氏管抑制物质（Müllerian inhibiting substance，MIS），又称为抗苗勒激素（anti-Müllerian hormone，AMH）。MIS 由胚胎未成熟的支持细胞分泌，以促进苗勒氏管退化。在一些腹腔内隐睾的动物模型中，都存在苗勒氏管残留；性分化不良的男子同时存在睾丸下降不良和苗勒氏管残留，同时，MIS 基因或其受体基因缺陷的患者，其睾丸位于腹腔高位，并且引带细长。但是，关于 MIS 参与睾丸下降的调节在不同动物中有所不同。例如，在鼠等动物中，MIS 对引带发育及睾丸下降无重要作用；在人类，MIS 可能参与了引带的膨胀反应，MIS 或其受体基因缺陷导致腹腔内隐睾。

胰岛素样激素 3（insulin-like 3，INSL 3）属于胰岛素样激素家族，又称胰岛素样因子 3、Leydig 胰岛素样因子，由 *INSL3* 基因编码。INSL3 由睾丸间质细胞分泌，是另一种调节睾丸下降的重要激素。利用基因敲除小鼠模型发现，*INSL3* 基因纯合突变胚胎小鼠(INSL3－/－)的双侧睾丸都位于腹腔高位，其外形与野生型无差异，睾丸在腹腔内活动度较大。它们中有的出现睾丸扭转致睾丸动脉和输精管扭转，有的睾丸位于对侧腹腔高位；附睾、输精管和其他附属性腺解剖位置和外形正常。INSL3 杂合子小鼠(INSL3－/＋)出生时约 75%表现出双侧或单侧睾丸未降，而成年后都完全下降。体外培养胚胎大鼠的引带，也发现 INSL3 能明显促进其细胞增殖。

从胎儿出生后到初情期，睾丸的基本结构，包括精细管索(精细管的初级阶段，呈索状)和间质组织都没有明显的变化。但是，睾丸中的两类体细胞(支持细胞、间质细胞)的形态和分泌活动发生了变化。对大多数哺乳动物而言，出生前睾丸中的间质细胞称为胎儿间质细胞(foetal leydig cell)，主要负责雄性动物的性腺分化和少量雄激素的分泌，胎儿出生后，胎儿间质细胞被成年间质细胞(adult leydig cell)取代。出生后睾丸支持细胞的分泌功能发生了转变。胎儿期间，支持细胞主要分泌 AMH 来抑制雌性生殖管的发育，出生后，AMH 的分泌逐渐减少，支持细胞主要分泌一些细胞因子协助精子发生。与此同时，出生后，睾丸中的支持细胞逐渐完成增殖，数量不会继续增加。支持细胞增殖停止的时间与动物种类有一定的关系，如公猪睾丸支持细胞的增殖主要发生在出生后 2 个月，然后逐渐停止(图 3-1)。

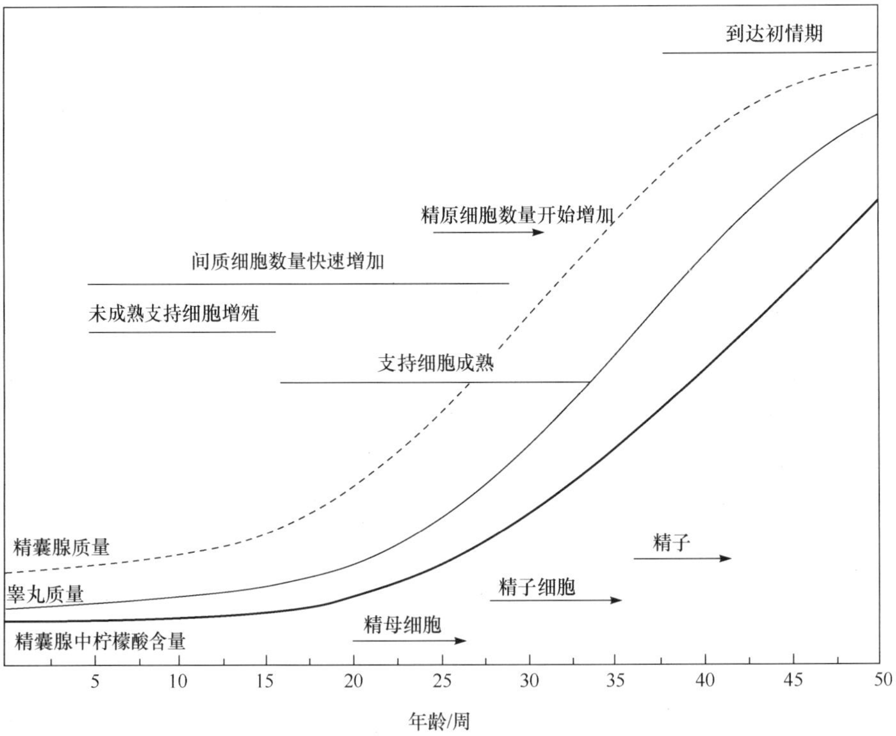


图 3-1　公牛出生后到初情期阶段睾丸内细胞数量的变化(仿自 Rawlings et al. ,2008)

**延伸阅读：抗苗勒氏管激素（anti-Müllerian hormone，AMH）**

1947 年，Jost 试验证实：在雄性胎儿发育过程中有一种不同于睾酮的因子引起苗勒氏管（Müllerian ducts）的退化。该物质即为抗苗勒氏管激素（anti-Müllerian hormone，AMH），又称为苗勒管抑制物质。人类 *AMH* 基因位于第 19 号染色体短臂上，长 2.4～2.8kb，含有 5 个外显子，编码 560 个氨基酸的蛋白质前体，其羧基端为活性作用端，由二硫键连接而成，分子质量为 140kDa 的二聚糖蛋白，属于转化生长因子（TGF）超家族。AMH 主要有Ⅰ型和Ⅱ型两种类型的受体，此类受体是跨膜丝氨酸-苏氨酸激酶受体，在苗勒氏管周围间质细胞和两性性腺中均有表达。两性性腺细胞均可分泌 AMH，但分泌期的量均不同。目前，AMH 的调节机制并不完全明确，可能与 GnRH、FSH、LH、hCG、抑制素和雌激素、雄激素等有关。

AMH 在雄性性分化中主要是使苗勒氏管退化，并通过阻断睾丸 Leydig 细胞的分化减少类固醇激素酶，影响睾丸的发育和功能；出生后在性腺发育、生殖细胞的调控和诱导睾丸下降方面也起了一定的作用。AMH 对早期精子的形成和成熟也有调节作用。在雌性，AMH 由出生后生长卵泡的卵巢颗粒细胞分泌，其抑制卵巢颗粒细胞上 LH 受体及孕酮的生物合成，调节卵子的发生及细胞的减数分裂，抑制颗粒细胞增殖和卵泡成熟，对成熟卵泡的选择有重要作用。

## 二、初情期、性成熟和适配年龄

### （一）初情期

在公畜整个机体进一步发育的同时，促性腺激素的分泌和活动不断加强，促使公畜的性腺逐渐发育成熟。初情期（puberty）是指第一次能够释放出精子的时期。但这一时期在实践上不易判定。有的动物往往在能够产生精子以前，就有初步的性行为，如有爬跨欲望，阴茎部分勃起。公畜初情期的到来是激素、营养、环境等多种因素共同调节的结果。

公畜初情期略迟于母畜。雌性大鼠 35～37 日龄阴道开口伴随排卵，是初情期的标志；雄性大鼠 42～45 日龄可生育，定为初情期。雌性猕猴 25～28 月龄乳头稍长大，性皮肤发育；公猴 30 月龄后，睾丸下降，然后体积增大，直到 48 月龄可见完全精子发生。初情期标志着公畜开始具有生殖能力，但其繁殖力很低。根据公畜初情期的开始时间，在生产实践中应在此之前进行公母畜的分群饲养，防止幼畜随意交配。此外，要特别注意青年公畜的营养需求，充分满足其迅速发育对能量、蛋白质及其他营养元素的需要，为公畜的提早利用和生殖机能的充分发挥奠定良好的基础。

在生产实践中，公畜的初情期一般根据动物体重、睾丸大小和精液品质的评定来做估测。例如，奶牛初情期的体重是成年体重的 30%～40%，肉牛则为 45%～55%；不同品种的绵羊差异较大，罗姆尼羊为 40%，萨福克羊为 50%，而苏格兰黑绵羊为 63%，在牛、羊等家畜中，根据睾丸大小来判断初情期的到来也是常用的方法（表 3-1）。

表 3-1 公牛年龄与睾丸阴囊周径之间的关系

| 年龄/月 | ≤15 | >15 ≤18 | >18≤21 | >21≤24 | ≤24 |
|---|---|---|---|---|---|
| 阴囊周径/cm | 30 | 31 | 32 | 33 | 34 |

初情期受遗传、生理、光照、父母的年龄、品种、杂种优势、环境温度、群体环境、营养水平、体重和断奶前后的生长速率等因素的影响。营养水平可调节初情期，合理饲喂可使公畜的初情期早日到来；而营养不足，则生长缓慢，初情期延迟。营养对公畜性成熟的影响主要是通过调节体内生殖激素水平来发挥作用的。如果对公牛在断奶前进行限饲喂养，体内 LH 分泌会显著降低，睾丸质量降低，导致初情期延迟。

### （二）初情期的调节机理

动物初情期的发动是激素、营养、遗传、环境等多种因素协同调节的结果。初情期以前，下丘脑对于雄激素的负反馈调节敏感性高，GnRH 脉冲发生器的活动频率低。到达初情期时，下丘脑 GnRH 脉冲式释放增加，刺激垂体前叶促性腺激素分泌增加，后者进而促进性腺类固醇激素的分泌上升和精子成熟。这些级联反应的开始时间取决于大脑中控制 GnRH 的信号通路。GnRH 信号通路的调控因素一部分来自体内，与生长有关，另一些来自外部的环境刺激。

**1. 代谢信号**

研究发现，初情期与体格大小的关系比与年龄的关系更密切。一旦达到合适的体重，初情期就开始。

最近几年，逐渐将达到初情期的“合适体重”的概念延伸到了“代谢信号”。因为生长、体重、营养水平的变化体现为内部信号，即代谢信号的变化。低营养水平饲养的羔羊，生长缓慢，其 GnRH 释放频率显著低于自由饮食的羔羊，而增加其营养水平，可迅速而显著地增加 GnRH 释放频率。对鼠、牛、猴、猪等许多动物的研究都证实，能量摄取量的改变可改变 GnRH 和 LH 脉冲释放频率和(或)浓度。因此，在生长的特定时期发生初情期的GnRH升高，是由于生长和体重的改变引起能量代谢和能量储存改变，这种改变通过血液中的代谢信号被大脑感知。

体内细胞对葡萄糖的摄取及葡萄糖的代谢是一个重要的代谢信号。此外，胰岛素、IGF-Ⅰ、瘦素和氨基酸也是反映能量代谢变化的血液信号。因此，可认为，当动物发育到一定阶段，体内的代谢信号促进 GnRH 高水平分泌时，就会启动初情期。

**2. 神经递质**

下丘脑 GnRH 的释放受多种刺激性或抑制性神经递质的调节，分泌这些神经递质的神经元或神经纤维数量随着动物的发育而变化，它们在发动初情期的过程中有重要作用。抑制 GnRH 分泌的主要神经递质有 GABA、VIP、CRH、褪黑素等。刺激性神经递质有 L-谷氨酸、儿茶酚胺(去甲肾上腺素、多巴胺)、5-羟色胺、NPY 等。对于灵长类动物抑制性神经递质作用的去除和兴奋性神经递质作用的加强，是确定初情期 GnRH 上升时间的关键。

**3. 环境信号**

在自然环境下，与季节有关的外部信号对初情期时间的确定非常重要。对于季节性繁殖动物，光照和季节因素对启动初情期进程作用尤为重要。春季出生的绵羊，自然光照条件下户外饲养时，在最佳营养条件下，光照线索确定初情期时间；而在最佳的光照期条件下，生长线索确定初情期时间。

在多种因素的协同调节作用下，下丘脑促性腺激素释放激素（GnRH）释放的脉冲幅度和频率的增加，促进了垂体促性腺激素的合成和释放，外周血液中促黄体素（LH）的浓度上升。睾酮的浓度由原来的低水平逐渐达到成年公畜的初情期阶段水平，睾酮的分泌量增加，并维持一个较高的水平（图 3-2）。当外周血液中睾酮水平达到一定的浓度时，又会通过负反馈的方式调节下丘脑和垂体的分泌功能，导致促性腺激素水平的降低。这种自上而下调控和自下而上反馈机制的建立和稳定是公畜初情期内分泌的主要变化，和初情期公畜生殖机能的发育是一致的。

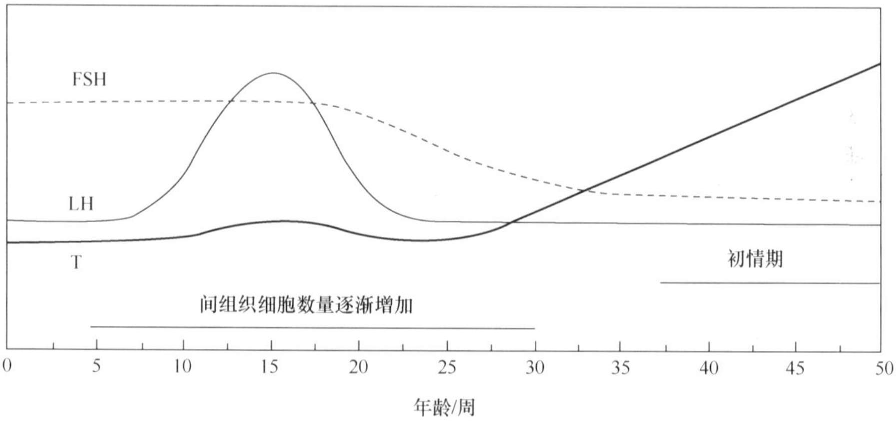


图 3-2 公牛出生后到初情期时体内激素的变化（仿自 Rawlings et al.，2008）

## （三）影响初情期的因素

**1. 遗传因素**

不仅不同种类动物初情期不同，就是同种动物，也因品种不同而有很大差异。例如，我国地方猪种多为早熟品种，有的初情期不足 2 月龄，而国外品种初情期较晚，初情期很多在 8～10 月龄。

**2. 体重**

如前所述，只有到达适当的体重才能启动初情期。但在实践中，尤其是集约化饲养条件下的猪，初情期延迟是一个严重 的问题，即使体重和自然年龄均已达到，但仍不能启动初情期，其生理机制十分复杂，尚待进一步研究。

**3. 季节**

季节因素尤其是光照，在季节性繁殖动物对于初情期启动是决定因素，对非季节性繁殖动物也有影响。例如，补充光照可使母猪初情期提前。环境温度也有一定影响。

**4. 营养水平**

营养不良，影响性机能发育，初情期延迟。

## 三、性成熟和适配年龄

### （一）性成熟

性的成熟是一个连续的过程，在概念上也有不同的理解。广义上讲，出生后性机能发育的整个过程都是性成熟的过程，即“性在成熟”，是一个动态的概念。但一般把性成熟理解为生殖机能发育的一个特定时期，即性成熟期，是指动物生殖器官已发育完全，具备了正常繁殖能力的时期。性成熟期在初情期之后一定时间。动物到达初情期，虽然可以产生精子，但性腺仍在继续发育，雄性动物精子产量还很低，没有达到正常的繁殖力。所以，在初情期以后，需要进一步发育才能达到完全的性成熟。性成熟时，身体的生长发育尚未完成，即未达到体成熟。牛的性成熟期为 18～24 月龄，羊为 6～10 月龄，猪为 5～10 月龄，马为 12～18 月龄。

### （二）适配适龄

初情期和性成熟期都是生理上的概念，但动物到达性成熟期后，身体仍在生长发育，过早的配种既不利于公畜本身的发育，又影响其以后的繁殖机能，而且还会影响后代的生长发育。所以，在实践上，提出初配适龄的概念，即适合开始配种的年龄。这要根据个体的发育情况而定，一般说来，在性成熟期稍后一些，体重达到其成年体重的 70%左右开始配种。

## 四、繁 殖 行 为

### （一）性行为和性行为序列

为了确保受精、妊娠和物种的延续，两性动物表现出一系列的行为活动而相互吸引，最后完成两性结合。这些行为称为性行为，包括一系列性刺激引起的反应，每一种反应又作为一种刺激引起下一种反应，这种现象称为行为链。动物的性行为一般都是定型的，并按一定顺序表现出来，雄性动物性行为包括求偶、阴茎勃起、爬跨、插入、射精及下爬等部分。

### （二）性行为的生理基础

性激素为性行为的启动提供了生理信号，这些信号必须经过中枢神经系统的处理才能引起性行为。来自外界的性刺激也是通过神经机制引发性行为。

**1. 下丘脑**

下丘脑释放的 GnRH 促进垂体前叶 FSH 和 LH 合成与释放。在雄性动物，FSH 刺激精子发生，LH 刺激睾酮产生。睾酮作用于下丘脑前部——视前区，与来自发情雌性动物的适当刺激共同作用，引起雄性性行为。一种观点认为，作用于中枢神经系统产生雄性性行为的不是睾酮本身，而是睾酮的代谢产物雌二醇。雌激素与睾酮在刺激去势动物雄性行为上有相似的作用，但不能代谢成雌二醇的雄激素——双氢睾酮就无效。另一种观点认为，雌二醇是通过促进雄激素与其受体结合和减少雄激素代谢而影响性行为。季节性繁殖行为是由于中枢神经对性腺激素反应性改变的结果。

**2. 大脑皮质和中脑**

大脑皮质和中脑也参与控制性行为，有的区域是兴奋性的，有的区域是抑制性的。在雄性动物，新皮质的感觉运动协调区损伤则抑制交配行为；杏仁核或梨形皮质损伤或切除，雄猫表现性行为过度，狗则不表现性行为过度。刺激海马，通过乙酰胆碱的中枢传递，可增加下丘脑前区神经元的活动，动物表现阴茎勃起、舔外生殖器等性行为。刺激隔区可引起阴茎勃起、连续刺激一段时间有精液排出。

**3. 自主神经系统**

自主神经系统对雄性动物的阴茎勃起和射精起着控制作用。阴茎勃起受副交感神经影响，射精则受交感神经的控制。

**4. 感官刺激**

动物的性吸引力、配偶识别以至交配都离不开感官刺激。雌性动物的出现刺激雄性的性行为。在感官刺激中，最重要的是嗅觉刺激，其次是视觉、触觉和听觉。但不同种的动物感觉能力有很大差异，几种感觉在引起性行为中的重要性各不相同。如果某种感觉被去除或被抑制，另一种平时较少利用的感觉就会代偿性增强。

触觉刺激对于阴茎勃起、射精等性行为也很重要。去除视觉、嗅觉或听觉的动物，只要允许配偶之间接触，仍可交配。在雌性动物交配姿势反应中包含着触觉刺激，如背部触压引起发情母猪的静立反应和发情大鼠的脊椎下弯反应。

### （三）影响性行为的因素

**1. 遗传因素**

性欲的强弱和性行为的表现在不同种、品种甚至个体间均有很大差异。例如，奶用品种公牛比肉用品种公牛性行为活跃，瘤牛则更迟钝。约克夏公猪采精训练比杜洛克容易。骑乘品种马性反应比重型马敏感，但性行为强度不如重型马。

**2. 环境因素**

（1）生态环境　季节和气候因素对动物尤其是雄性动物的性行为有明显影响。极端炎热和寒冷都抑制性行为。光照、营养等因素也影响性行为。

（2）群体环境　缺乏群体生活经验影响性行为。幼龄动物玩耍时互相爬跨很重要。3 周龄起单独饲养的公猪很少有性行为，可能是由于缺乏爬跨经验造成的。在放牧情况下，同一畜群中有多头公畜时，它们往往因性刺激而发生争斗直至分出胜负，处于优势的公畜占有更多的发情母畜，劣势公畜往往得不到交配。但争斗中优势的公畜其生殖力不一定高，所以往往影响畜群的繁殖力。还有一种现象，在全是公畜的群内，优势的公畜爬跨其他公畜，而劣势的公畜很少或不能得到性经验。

当动物群中新出现发情的雌性个体时，雄性个体的性活动增加，这种现象称为库里吉氏效应（Coolidge effect）。这种效应在畜牧生产中可以利用。例如，可变换试情母牛来提高反应较差的公牛的性欲。另外,当公畜采精或交配时,另一头公畜存在会使其性欲提高。

**3. 管理**

异性接触对公畜性行为发展和表现起着重要作用。初情期前同群饲养,有促进性行为表现的作用;而某些长期隔离饲养的公畜,初次配种时,往往会出现胆怯、犹豫、性行为链不完整而难以完成交配的现象。需经训练才能有完整的性行为序列,完成交配。对于断奶后同性饲养的公畜,并不影响其后的性行为表现。这与幼年期异性或同性间的性行为实践和性经验有关。

对公畜在交配或采精过程中的错误操作和粗暴管理会引起公畜拒绝交配或性行为的缺乏,出现性抑制或阳痿。应及时纠正和调整,防止不良条件反射的建立和巩固。

公畜在交配和采精前,通过嗅觉、触觉和视觉等感官引起的刺激,统称性刺激。性刺激可加强公畜的性行为表现,缩短采精的时间,提高射精量,增加精子密度。公牛在采精前,观察其他公牛采精 10min,再进行采精就可得到理想的效果。

采精时,长期使用同一头台畜,有时会造成个别公畜的性抑制,甚至无法完成采精,应随时调换台畜。对于公牛有时用其他公牛作台畜也可顺利完成采精。

## 第二节 精子发生

精子(spermatozoa,sperm)是雄性动物性腺分化出来的生殖细胞。在早期胚胎发育过程中,大量来自外胚层的胚胎细胞进入生殖细胞系,成为原始生殖细胞(primordial germ cell,PGC),即配子发生的干细胞。在胚胎(胎儿)发育的一个较晚阶段,原始生殖细胞迁移到尚未分化的性腺原基。PGC 经过几次有丝分裂形成所谓生殖母细胞或称性原细胞(gonocytes)。当胚胎性别分化后,在雄性胎儿,性原细胞分化为精原细胞。在雄性动物接近初情期时,精原细胞开始增殖和分化,进入了精子发生的过程。从精原细胞分裂到变成精子的全过程称为精子发生(spermatogenesis)。

精子发生是在睾丸的曲精细管内进行的,包括精原干细胞的增殖和分化、精母细胞的减数分裂、精子形成和精子释放等过程。在哺乳动物,精子还必须要在附睾中进一步成熟。

### (一) 曲精细管上皮的细胞组成

精子发生的部位是曲精细管。精细管外层为含有肌样细胞层的固有膜(基膜),内层为精细管上皮。精细管上皮由 2 种基础细胞组成,即足细胞(sertoli cells,又称支持细胞)和不同发育阶段的生殖细胞(germ cells)(图 3-3)。

足细胞是一种外形极不规则的高柱状细胞,其基底面位于曲精细管的基膜上,顶端可达管腔,侧面和管腔面有很多凹窝,凹窝里埋着各级生殖细胞。相邻的足细胞之间形成足细胞-足细胞间隙连接(gap junction),这种紧密的连接将精细管分隔为 2 个明显的室:基底室(basal compartment),内含精原细胞和前细线期的初级精母细胞;近腔室(adluminal

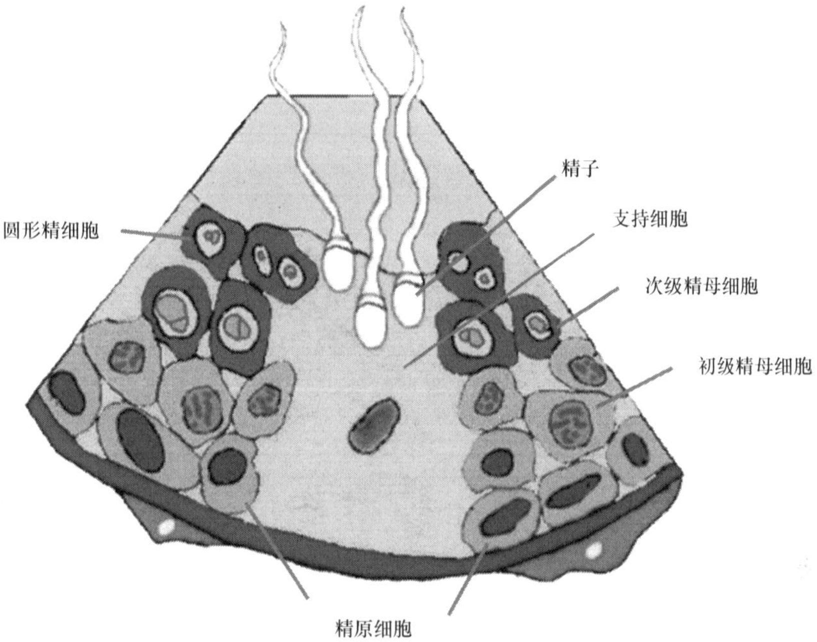


图 3-3 精细管上皮结构、生精细胞的演变及其与支持细胞的关系

compartment)，内有更高级别的精母细胞和精细胞，可与精细管腔自由相通。足细胞对精子发生具有重要的生理功能：为分化的生精细胞提供营养、支持作用和向精细管腔释放精子、吞噬退化的生精细胞；产生雄激素结合蛋白(androgen-binding protein，ABP)及许多生长因子，调节精子发生。

血-睾屏障(blood-testis barrier)：精细管外周的肌样细胞层，构成不完全的血-睾屏障，而足细胞间的紧密连接构成主要的血-睾屏障。这种屏障可选择性地允许某些物质通透，而拒绝另一些物质渗透，以便保证精子发生所需的最佳微环境。同时具有免疫隔离作用，防止精细胞所含有的某些特殊抗原进入血液循环，避免机体产生抗精子抗体。

## (二) 精子发生的过程

### 1. 精原干细胞的增殖和分化

在灵长类动物(包括人)，精原细胞可分为 3 种类型：深色 A 型(Ad 型)、浅色 A 型(Ap 型)和 B 型精原细胞。Ad 型精原细胞被认为是“储存的干细胞”，在一般情况下它们不分裂，或只分裂为相同的 Ad 型细胞。在需要产生精子或其他类型精原细胞被有害因素破坏时，Ad 型则进行有丝分裂，产生 Ad 型和 Ap 型精原细胞。Ad 型精原细胞成为储备，Ap 型精原细胞则发育为 B 型精原细胞，所以把 Ap 精原细胞称为“更新的干细胞”。

在非灵长类动物，精子发生的干细胞是单个的 A 型精原细胞(A-single spermatogonia)($A_s$型)。$A_s$型精原细胞可自我更新。进入精子发生过程时，一部分 $A_s$ 细胞分化为配对的 A 型精原细胞(A-paired spermatogonia，$A_{pr}$ 型)。$A_{pr}$ 进一步发育，分裂成链状排列的 A 型精原细胞(A-aligned spermatogonia，$A_{al}$ 型)。$A_{al}$ 型精原细胞分化成 $A_1$ 型精原细胞，$A_1$型再分裂成$A_2$型，然后再进行5次分裂，分别成为$A_3$型、$A_4$型、中间型和B型精原细胞及初级精母细胞(primary spermatocytes)。总体上讲，在精原细胞发育期间有9～11次有丝分裂。

**2. 精母细胞的减数分裂**

B型精原细胞的最后一次有丝分裂，形成前细线期的初级精母细胞。刚形成的初级精母细胞经过一段休止期，然后进入生长期，直径逐渐增大。初级精母细胞进入第一次减数分裂(减数分裂Ⅰ)，减数分裂Ⅰ包括前期(prophase)、中期(metaphase)、后期(anaphase)和末期(telophase)4个时期。其中前期Ⅰ所需时间很长，变化复杂，要经过细线期(leptotene)、偶线期(zygotene)、粗线期(pachytene)、双线期(diplotene)和终变期(diakinesis)5个时期。经过减数分裂Ⅰ，染色体数减半，每个初级精母细胞分裂成2个单倍体的次级精母细胞(secondary spermatocytes)。

次级精母细胞的间期很短，它们很快进入第二次减数分裂(减数分裂Ⅱ)，这是一次染色体数目不减少的均等分裂，结果每个次级精母细胞形成2个精子细胞(spermitids)(图3-4)。

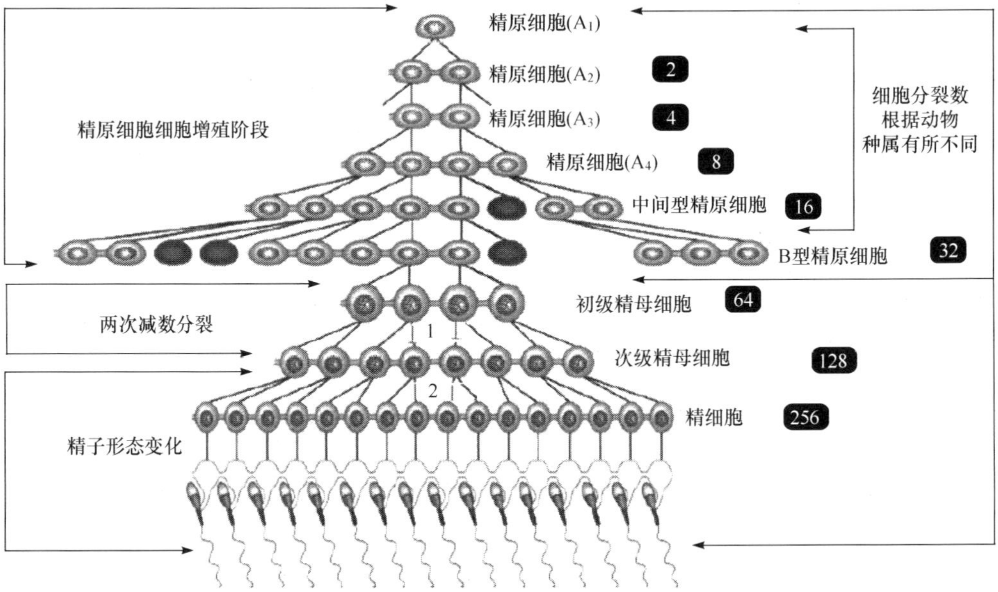


图3-4 精子发生期间依次出现的各种细胞类型示意图

(仿自Amin Ahmadzadeh. Male endocrinology and spermatogenesis)

**3. 精子形成(spermiogenesis)**

精子细胞形成后，需经过一系列分化变化才最终成为精子。这种分化包括形态和体积的变化、核的变化、细胞质的变化、顶体的形成、线粒体鞘的形成、中心粒的发育和尾部的形成等(图3-5)。

(1) 细胞核的变化　精子细胞在变形为精子的过程中，其细胞核体积变小，形状由圆形变为流线形，同时，核内染色质高度浓缩、致密化，核蛋白由鱼精蛋白取代组蛋白与

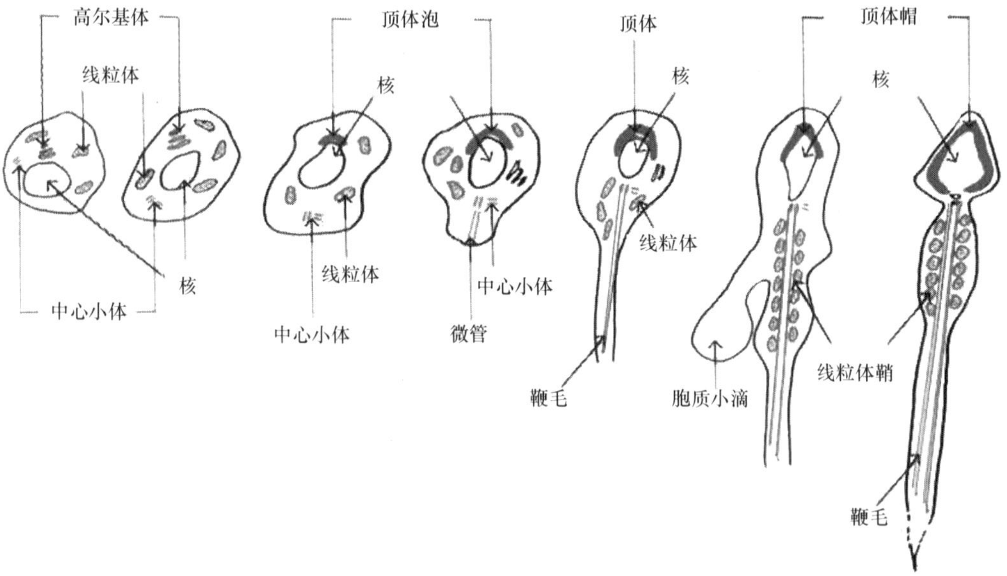


图 3-5 精子细胞变成精子示意图

[仿自 Maria Rosaria Faraone menella. Mammalian Spermatogenesis, DNA Repair, Poly(ADP-ribose) Turnover: the State of the Art. 2011]

DNA 结合。

(2) 细胞质和细胞器的变化 精子形成过程中,在核发生变化的同时,核前端形成顶体,大部分细胞质变得多余而被抛弃,仅留下一薄层细胞质被质膜覆盖在顶体和核上。

精子顶体是由高尔基复合体形成的。精子细胞的高尔基复合体由一系列的膜组成,以后产生许多小液泡,它们组成一个集合体。在精子形成的开始阶段,一个或几个液泡扩大,其中出现一个小的致密小体,称为前顶体颗粒(proacrosomal granule)。有时也发现数个液泡和数个颗粒,但最终形成一个大的液泡,称为顶体囊(acrosomal vesicle)。许多前顶体颗粒合并形成一个大的颗粒,称为顶体颗粒(acrosomal granule)。

随着前顶体颗粒的不断并入,顶体颗粒不断增大,扩展于核的前半部,形成一个双层膜结构,称为顶体帽(acrosomal cap)。以后顶体颗粒中的物质分散到整个顶体帽中,顶体帽发育成熟,成为顶体(acrosome)。剩余的高尔基体逐渐退化为残留物,在精子形成后与多余的细胞质一起被足细胞清除。

精子细胞的中心体是由 2 个中心粒组成的。在精子形成的早期,2 个中心粒移向核的正后方,与顶体的位置恰好相对,其中一个中心粒位于核后的凹窝中,称为近端中心粒(proximal centriole)。在近端中心粒的后方是远端中心粒(distal centriole),它与精子的主轴平行。远端中心粒形成精子尾部的轴丝。近端中心粒将来参与受精卵内纺锤体的形成,以促使卵裂。

随着顶体囊的形成,精子细胞的细胞质膜变厚且不规则。线粒体向细胞质皮层迁移,以后线粒体向尾部的中段集中,并且伸长、体积变小,绕着尾部轴丝形成螺旋状的线粒体鞘。

从尾部中段开始，除了轴丝以外，还形成外周致密纤维和螺旋形的纤维鞘，前者起源于顶体形成期精子细胞的内质网，后者起源于顶体帽后缘的微管束。

**4. 精子释放(spermiation)**

精子细胞埋于足细胞表面凹窝及足细胞-足细胞连接所形成的近腔室中，在足细胞微管、微丝的作用下，随着精子发生的进程，更高级别的生精细胞逐渐移向管腔。精子形成后，精子从足细胞之间被释放到管腔中，这个过程称为精子的释放。

### (三) 精细管上皮周期和精子发生波

**1. 精子发生周期**

从 $A_1$型精原细胞开始，经过增殖、生长、成熟分裂及变形等阶段最后形成精子的整个过程所需要的时间，称为精子发生周期。不同动物的精子发生周期不同，猪为 44～45d，牛为 54～60d，绵羊为 49～50d，山羊为 60d，兔为 44～50d，马为 50d，大鼠为 48d，小鼠为 35d。精子发生周期中有两个特点，即连续性和同步性。

连续性　在一个精子生成序列完成之前，隔一定时间，精细管的同一部位连续出现数个新的精子发生序列，而不是先生成一批再发生一批。

同步性　精子生成过程中，除早期的几次精原细胞分裂是完全分裂外，其余的多次分裂均属不完全分裂，细胞间未完全分开而形成胞质桥。胞质桥把来源于精原细胞的同族细胞联成一个整体细胞群，同族细胞之间可以通过胞质桥传递信息而同步发育。

**2. 精细管上皮周期**

在精细管上皮所进行的精子发生序列，即从精原细胞到最后形成精子，是有规律的，由于精原细胞的增殖是从精细管上皮靠近基膜一侧开始的，随着生殖细胞逐渐发育，其位置也逐渐向管腔方向移动。当一群同族细胞发育并向管腔移动时，另一群同族细胞开始进行同步发育，其发育阶段晚于上批同族细胞群，如此一批批同族细胞群依次连续。因此在精细管任何一个横断面都可见世代相叠的生殖细胞。某个特定时间有一个特定的细胞组合，而间隔一段时间后，在同一横断面又会出现相同的细胞组合。这一时间间隔就称为一个精细管上皮周期。在一个精细管上皮周期中，会有规律地出现不同的生殖细胞组合图像，据此划分为不同阶段。例如，小鼠、牛、羊、猪、马等动物一个精细管上皮周期分为 12 个阶段，分别称为Ⅰ、Ⅱ、…、Ⅻ；大白鼠分为 14 个阶段；人分为 6 个阶段。每个精子发生周期往往包含 4～5 个精细管上皮周期。常见动物的精细管上皮周期一般为：牛 13.5d，马 12.2d，猪 8.6d，绵羊 10.3d，兔 10.3d，大鼠 12d，小鼠 8.6d，狗 8d(图 3-6)。

**3. 精细管上皮波**

从精细管纵切面上看，细胞组合也是有规律地出现，即沿着纵切面每间隔一定距离，会观察到相同的细胞组合，这种现象被称为精细管上皮波，也称为精子发生波(图 3-7)。

睾丸产生精子的速率，因畜种而异，通常用每克睾丸组织每日产生的精子数来表示，公猪为 2400 万～3100 万，公牛为 1300 万～1900 万，公绵羊为 2400 万～2700 万。

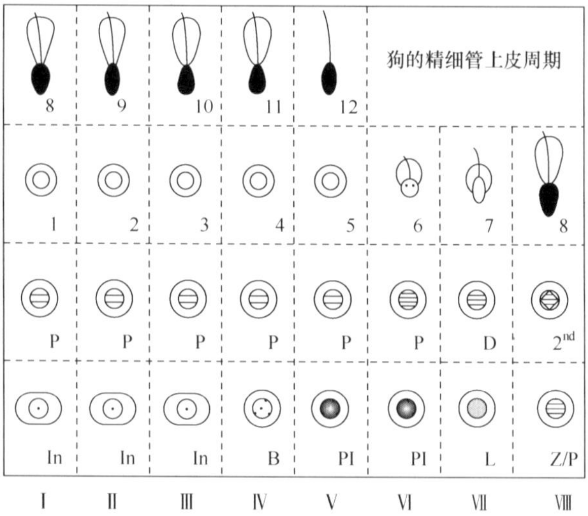


图 3-6　狗精子发生精细管上皮类型和周期的分期(仿自 Ewart et al.，2010)

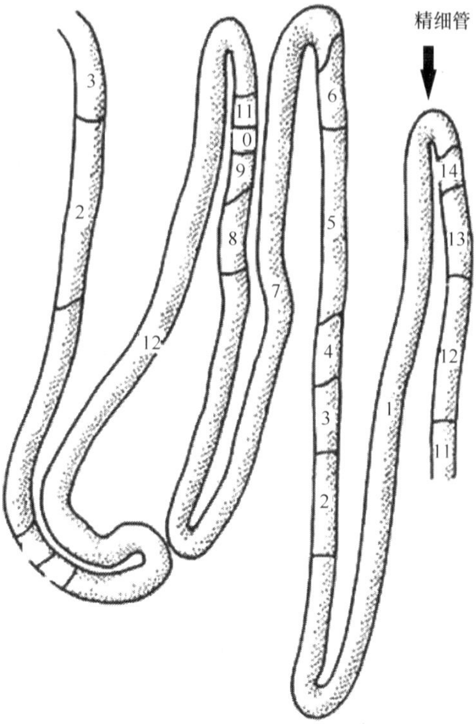


图 3-7　精子发生中的精细管上皮波示意图

### （四）精子发生的调节

**1. 睾丸间质细胞在精子发生中的重要作用**

精子发生是多细胞参与的复杂过程，其中间质细胞(leydig cells)在这个过程中发挥着重要作用。Leydig 细胞产生的睾酮对雄性表型、生殖管道的形成及维持正常的精子发生和性欲具有重要作用。睾酮可以通过旁分泌作用刺激睾丸支持细胞(sertoli cells)分泌各种细胞因子、生长因子，营造微环境促进精子发生和睾丸发育。抑制睾丸内睾酮分泌会导致精子细胞减数分裂停止，并且促进生殖细胞凋亡。

睾丸间质细胞睾酮合成主要受下丘脑-垂体-性腺轴调控。其中胆固醇分子转运到线粒体内膜被认为是睾酮合成的关键步骤。到目前为止，关于胆固醇的转运机制尚不清楚，但 StAR 在这个过程中发挥着重要作用，研究证明 90%以上的睾酮是由 StAR 蛋白介导合成的。研究表明，StAR 除了受激素调节外，一些生长因子也可以通过旁分泌和自分泌的方式调节 StAR 表达，进而促进睾酮合成。最新研究表明，表皮生长因子(EGF)、胰岛素生长因子-1(IGF-1)可以通过激活 MAPK/ERK 信号通路促进 StAR 表达，进而调节睾酮合成。同时发现，当抑制蛋白激酶 C PKC 通路后，IGF-1 促进睾酮合成的能力显著降低，并且 IGF-1 可以通过激活 cAMP 反应核转录因子与 StAR 启动子区域结合直接调节 *StAR* 基因表达。

**2. 睾丸支持细胞在精子发生中的重要作用**

睾丸支持细胞位于曲精小管中，是构成生精上皮的重要细胞，在成年大鼠中，17%～18%的生精上皮由支持细胞构成。在生精上皮中，支持细胞是唯一不具有规则形态的细胞群，这使它们具有更大的表面积与生殖细胞接触，进而更好地维持精子发生顺利进行。根据目前的研究，支持细胞在精子发生中的功能主要表现在 4 个方面：①通过细胞外基质(extracellular matrix)为不同阶段的生殖细胞在生精上皮内提供合适的位置；②形成血-睾屏障；③参与生殖细胞迁移和精子排出；④通过分泌细胞因子以旁分泌形式促进生殖细胞的成熟。

支持细胞成熟主要受激素和睾丸内细胞因子的调节。FSH 刺激支持细胞表达抑制素 β(Inhibin β)，它是支持细胞成熟的重要标志。体外实验表明，FSH 和甲状腺激素可以协同促进未成熟支持细胞分化，并且诱导雄激素受体表达。敲除小鼠 *FSH* 或 *FSHR* 基因后，睾丸支持细胞和生殖细胞的数量明显减少。虽然支持细胞不直接受 LH 调节，但是，由 LH 调节间质细胞分泌的雄激素是调节支持细胞的重要激素。在小鼠模型中，阻断雄激素与其受体的结合后，精子发生过程完全被破坏。同时，雄激素可以促进支持细胞表达 Dmrt1、Serz、Gata-1、Gata-4 和 transferrin 来调节细胞的分化。血-睾屏障是睾丸中保证精子发生的重要结构，雄激素可以通过与其受体结合调节 claudin 3 表达，进而影响支持细胞之间的紧密连接(tight junctions)和“血-睾”屏障的形成。

**3. 下丘脑-垂体-性腺轴对精子发生的调节**

下丘脑释放的促性腺激素释放激素(GnRH)经垂体门脉送入垂体，促进垂体促黄体系(LH)和卵泡素(FSH)的合成和释放，并进入血液循环运送到睾丸。其中，促黄体素刺激睾丸间质细胞产生雄激素，主要是睾酮。睾酮可直接进入血液循环促进雄性第二性征、副性腺、生殖管道和性行为的维持和发育；睾酮还进入精细管维持精子的发生。促卵泡素作用于支持细胞可产生雄激素结合蛋白(androgen binding protein,ABP)。并分泌抑制素。雄激素结合蛋白能和睾酮形成一种复合物与精子共同进入附睾，满足精子成熟对高浓度睾酮的需要；同时，精子细胞的成熟及精子释放也需要相当水平的睾酮。与此同时，睾酮可通过负反馈抑制下丘脑 GnRH 和垂体 FSH、LH 的分泌；抑制素可通过外周血液以负反馈抑制垂体 FSH 的分泌，但对 LH 无抑制作用(图 3-8)。这种正反馈和负反馈的调节方式可以使下丘脑-垂体-性腺轴的激素分泌处于平衡状态，保证精子发生的顺利进行。

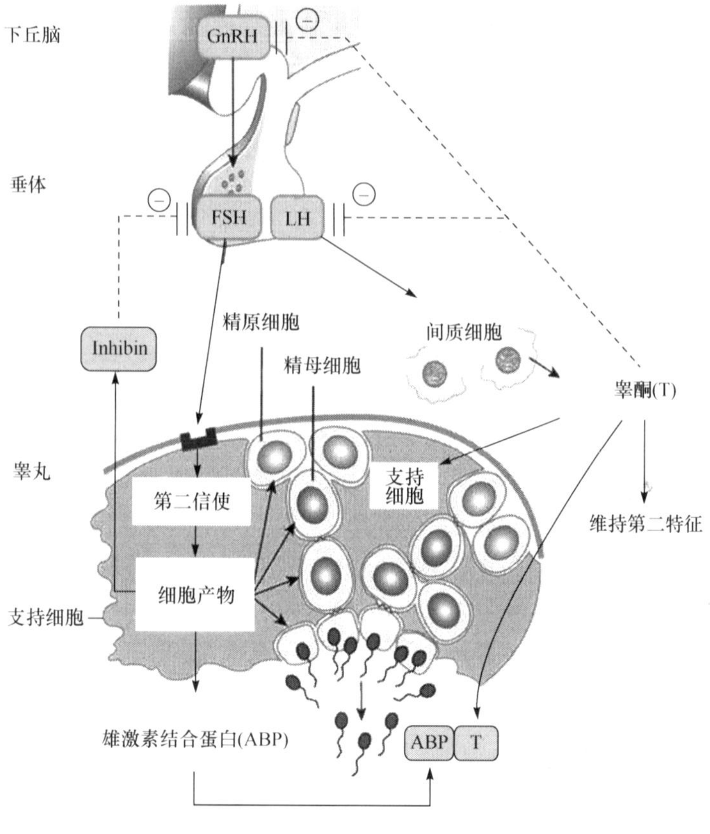


图 3-8 睾丸机能的内分泌调节(仿自 Hafez，1993)

**4. 精子发生过程中的关键基因**

精子发生(spermatogenesis)经历了有丝分裂、减数分裂和精子形成 3 个阶段。细胞分化过程受许多因素的严格调节，雄性哺乳动物从内在因素、相互性和外在因素三个层次对精子发生过程中基因的表达进行调控。①内在因素。生精细胞内源性机制调控不同基因严格按照时间和空间特定表达，以保证精子发生活动正常进行。②相互性。以 Sertoli 细胞为中心，Sertoli 细胞与不同发育阶段的生精细胞紧密接触，同时还与 Leydig 细胞相互作用，用于整合和协调各种信号，调节生精细胞同步发育。③外在因素。促黄体激素和促卵泡激素等通过影响 Sertoli 细胞的基因表达来调节相互性作用，影响精子发生过程。精子发生伴随许多睾丸基因的阶段特异性表达，其表达严格受时间、空间调节，在精子发生过程中发挥着决定性的作用。目前发现，周期蛋白基因（Cyclin A、Cyclin B、Cyclin H）、生殖细胞特异性连锁和常染色体基因（meiotic sex-chromosome inactivation, MSCI）、原癌基因（c-kit、c-abl、c-raf、c-mos、prim-1 等）、无精子因子基因（azoospermia factor, AZF）、细胞骨架基因（actin、tubulin）、热休克基因（heat shock protein, HSP）、中心体蛋白基因（Centrin）、核蛋白转型基因（Hlt、TP 等）和细胞凋亡相关基因（Bcl-2 家族、Fas/FasL、p53、SCF 等）等。

**5. 精子发生过程中的其他调节小分子**

近年来研究发现，小 RNA（small RNA）可作为转录后及翻译水平上基因表达调节的重要调节因子。根据小 RNA 表达、发生、作用机制和功能等特点，可将小 RNA 分为 3 类，分别是：小干扰 RNA（small interfering RNA, siRNA）、微小 RNA（microRNA, miRNA）以及与 piwi 蛋白相互作用的 RNA（piwi-interacting RNA, piRNA）。利用小 RNA 来阐明调节精子发生的分子机制取得了显著进展。例如，缺乏合成 siRNA 及 miRNA 的 Dicer 小鼠，会产生异常伸长精子，导致雄性不育；果蝇 Dicer1 突变研究表明，生殖干细胞的分裂及干细胞通过 G1/S 关卡需要 miRNA 的参与；小 RNA 异常表达会导致雄性不育及睾丸癌症。同样，piRNA 在精子发生中也有重要的作用。piRNA 与 Piwi 亚家族蛋白结合形成 piRNA 复合物（piRC），piRC 通过对基因转录后的调节抑制与精子发生异常的相关基因表达，实现对精子发生的调控。piwi 亚家族蛋白 MIWI、MIWI2、MILI 等是无脊椎动物干细胞自我更新及雄性生殖细胞发育所必需的。哺乳动物 MIWI、MIWI2、MILI 蛋白表达于生殖细胞中期、后期，而且为小鼠精子发生所必需。在敲除 MILI 小鼠中，精子发生停留在粗线期精母细胞阶段；在 MIWI 缺失小鼠中，精子发生停留在圆形精子阶段，不能形成长形精子；MIWI2 缺失的小鼠则表现为减数分裂 Ⅰ 期早期缺陷以及随年龄增长的生殖细胞缺失。这些研究都表明了 MIWI 在精子形成过程中的重要作用，由于 piRNA 主要表达于粗线期精母细胞和圆形精子，因此 piRNA 主要是参与调节雄性生殖细胞减数分裂的过程，在精子发生中起抑制反转录转座子（retrotransposons）的作用。

**延伸阅读：piRNA 在雄性生殖中的作用**

piRNA（Piwi-interacting RNA）是从哺乳动物生殖细胞中分离得到的一类特殊的小 RNA 分子，它们长度为 25～31nt，但是 29～31nt 的 RNA 分子占绝大部分。这些小 RNA 与 Piwi 蛋白家族的成员 MILI 相互作用，从而被命名为 Piwi-interacting RNA，即 piRNA。

目前，人们对 piRNA 的生物学功能认识尚处于初级阶段，但是对 piRNA 部分特性已有一定的了解，充分认识 piRNA 将使人类更好地开发和利用其潜在的价值。①编码 piRNA 的基因序列在染色体上的分布具有不均匀性：在小鼠中发现，piRNA 基因组丛集中在第 17 号、第 5 号、第 4 号和第 2 号染色体上，而在第 1 号、第 3 号、第 6 号、第 9 号及性染色体上几乎没有 piRNA 基因分布。②编码 piRNA 的基因序列趋向于簇状分布：在 Grivna 等所观察的 407 个 piRNA 中，89%的基因组构成 35 个基因簇。每个簇包含数量不等的 piRNA，且这些簇在染色体上分布也很不均匀。③piRNA在基因内和基因间分布特征：90%的 piRNA 分布于基因间序列，9.3%的 piRNA 分布于已被鉴定的基因内含子中，仅有 1.3%分布于外显子，这种分布比例与基因间序列（占全基因组序列的 68.1%）、内含子（占全基因组序列的 29.9%）、外显子（占全基因组序列的 2.1%）在整个基因组中的分布比例非常相似。

关于 piRNA 在哺乳动物中的生物学作用研究主要集中在小鼠上。小鼠有三种 Piwi 蛋白：MIWI、MIWI2 和 MILI（也被称作 Piwil1、Piwil4 和 Piwil2）。这三个蛋白质全部在小鼠的睾丸中高表达，并且都和生殖相关。MILI 和 MIWI 都和 piRNA 结合，敲除这两个基因可以阻滞 piRNA 的产生。仅仅这一个突变就可以导致小鼠不育。MILI 和 MIWI2 的突变对精子发生过程中减数分裂有影响，而 MIWI 的突变则影响成熟。MIWI 的表达贯穿生殖细胞发育的整个过程，而 MILI 和 MIWI2 只在精子发生过程中的一定时间段表达。Piwi 蛋白中，任何一个蛋白质突变都会影响生殖细胞，但对于睾丸间质细胞和支持细胞的影响较小。关于 piRNA 在动物生殖中的作用还需要进一步深入研究。

# 第三节 精子在附睾内的成熟

## 一、精子在附睾内的成熟过程

精子成熟过程包括：前进运动能力的获得、固着于透明带的能力及受精能力的获得，同时还在精子表面覆盖包被蛋白。

### （一）前进运动能力的获得

精子的运动能力是在附睾成熟过程中获得并得到发展的。精子运动能力包括超激活运动和前向运动（精子在附睾中是不活动的，此处是指精子在体外稀释介质中的运动）。精子活力（运动速率）和运动方式的发展是不平行的，如家兔，从附睾头部到附睾体部，精子运动的直线性增加，而从附睾体部至附睾尾部主要是运动速率的增加。大鼠附睾头部和附睾体部精子运动情况基本相似，但到了附睾尾部，精子运动速率和运动的直线性均有明显增加。小鼠从附睾头、体、尾移行过程中运动速率逐渐增加，而直线性的增加仅出现在从体部移向尾部的过程中。人精子运动速率和直线性在附睾体尾部明显增加。

与附睾精子运动能力获得和发育的相关因素很多，也很复杂。目前概括起来可以归结为以下 4 个方面：①精子在附睾运行过程中其鞭毛中巯基的变化；②附睾精子的能量系统发育，如精子线粒体功能、精子的糖代谢、肉毒碱以及 ATP 等；③精子细胞信使系统，如钙离子、钙调蛋白以及 cAMP 等；④精子向前运动蛋白以及附睾液中的某些离子成分的改变。

### （二）精子与透明带糖蛋白结合能力的获得

在附睾内，精子膜上具有了黏附性，可能与精子黏附素（spermadhesin）有关，从而有了与透明带糖蛋白结合的能力。

### （三）精子受精能力的获得

精子除了获得上述两种能力外，还发生一些其他的变化，最终使精子具备了受精的能力。这时精子的受精能力只是一种潜能，因为在其进入卵子之前，还必须在雌性生殖道内发生获能作用。

## 二、精子成熟过程中的变化

精子在附睾内成熟，必须经历一系列的复杂变化，如外形及大小的变化、膜通透性的改变、运动能力与方式的变化、代谢方式改变、精子结构改变、精子膜抗原性变化，特别重要的变化是获得了受精能力。

### （一）精子成熟过程的结构变化

（1）细胞质小滴由颈部移向远端，最后脱离；

（2）顶体面积减少，带有一个锥形尖质，与核的长轴呈 40°角；

（3）DNA 与核蛋白结合越来越紧密，精子核的 Feulgen 染色不断减弱；

（4）精子体内的硫氢键逐步氧化成二硫键（HS→SS），使精子核及精子尾部结构更加稳定。

### （二）精子膜的变化

精子成熟时膜蛋白变化很复杂，这些变化包括：①原有蛋白质消失，膜通透性改变。某些阴离子透过精子膜进入精子的能力高于阳离子。其中膜上巯基对膜的这种变化具有促进作用。②增加了新的蛋白质成分，并且精子膜表面电荷有逐步增加的趋势。③原有膜蛋白分子的改变（大分子转变成小分子）或原有膜蛋白分子的遮盖或暴露。④原有膜蛋白分子的糖基化修饰或磷酸化修饰。精子膜表面蛋白的丢失、变构与移位主要归因于蛋白质的水解作用，其中附睾液中的蛋白质水解酶起决定性作用。精子膜表面新蛋白的出现可能是附睾分泌蛋白附着到精子表面所致，附睾液内低钠和高肌醇浓度促进了蛋白质与精子的结合。近年来运用分子生物学技术，证实上述许多蛋白质在附睾上皮中进行特异表达，其中还有一些是参与精子表面修饰的酶及蛋白酶抑制剂。这些蛋白质与精子成熟的关系仍有待进一步研究。此外，精子在附睾内成熟的过程中，膜的凝集素受体以及精子表面的附睾分泌物都会发生相应的变化。

### （三）代谢改变

代谢过程中糖酵解增强，由于对磷脂的利用，使磷脂含量下降，合成活性下降，蛋白质含量下降。

### （四）运动方式的变化

精子伴随着其成分与代谢方式的改变，运动方式也发生了变化，精子获得直线前进运动的能力，这种运动方式是精子受精能力的重要指标。

精子的成熟受雄激素控制。雄激素通过调节附睾上皮细胞分泌甘油磷酰胆碱、肉毒碱及唾液酸等影响精子的成熟与储存。

## 三、精子在附睾内的储存

附睾内温度低于体温（4～7℃），呈弱酸性（pH6.2～6.8），并且含有某些制动因子。这一特殊内环境对精子运动有抑制作用。附睾可储存大量精子，特别是尾部容量大，可储存总精子数的 70%，输精管仅占 2%。在附睾的储存时间一般为 30～60d，如兔可储存 45d，大鼠可储存 25d。

在附睾尾的精子能生活很久，若把牛的附睾结扎，其中的精子能保持受精力达 60d，它在其中不活动或微动，处于休眠状态。其代谢基质，主要是利用其本身的磷脂质，而不是糖类。精子在此储存过久，最后变性或被吸收，也可能不经交配而流失。

# 第四节　精子的形态结构和生理特性

## 一、精子的形态结构

哺乳动物的精子具有基本相同的形态和结构特征，分为头、颈、尾三部分（图 3-9）。在电镜下，尾部又可区分为中段、主段和末段三部分。精子的长度因动物种类而有差异，而且并不与动物体的大小成正比。一般长为 50～70$\mu$m，尾部占总长的 80%（表 3-2）。

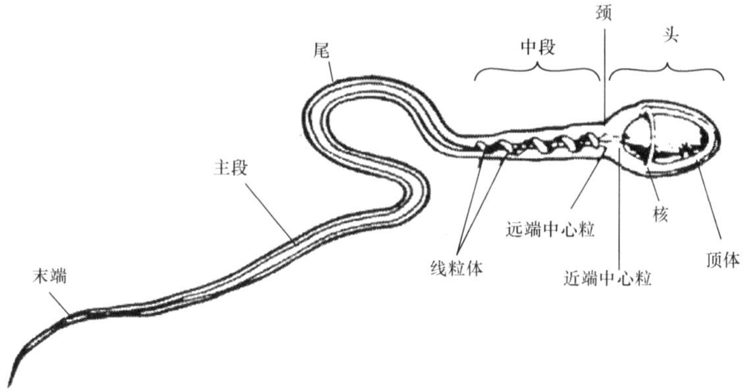


图 3-9　哺乳动物精子的形态与结构

**表 3-2　几种动物精子各段长度**　（单位：$\mu$m）

| 畜种 | 头部 | 中段 | 主段 | 末端 |
|---|---|---|---|---|
| 牛 | 9.5 | 14.2 | 47.5 | 2～5 |
| 水牛 | 7.4 | 12.4 | 46.6 | 2～5 |

续表

| 畜种 | 头部 | 中段 | 主段 | 末端 |
|---|---|---|---|---|
| 马 | 5～7 | 8～9.8 | 30～43 | 2～5 |
| 猪 | 8.5 | 10 | 30 | 2～5 |
| 绵羊 | 8.2 | 14 | 40～45 | 2～5 |
| 家禽 | 8.4 | 8 | 38 | 2～5 |

## （一）正常精子的形态和结构

### 1. 头部

精子的头部主要由细胞核、顶体、核后帽、赤道段等组成(图 3-10)，一般长 8μm、宽 4μm、厚 1μm。因此，精子正面图像似蝌蚪，侧面似刮勺。家禽的精子比较特殊，头呈长圆锥形。啮齿类动物的精子头呈镰刀状。精子的头部主要由细胞核构成，内含遗传物质 DNA，除此之外，精子头部还含有一些基因的 mRNA 和非编码 RNA。核的前面覆盖有顶体，后面有核后帽，两者交叠处为赤道节。顶体为双层膜囊，内含的中性蛋白酶、透明质酸酶、穿透酶等都与受精有关。顶体是头部不稳定的部分，易变性脱落。精子头部一般呈扁圆形，鼠的呈钩形，鸡的呈略弯曲的圆锥形。

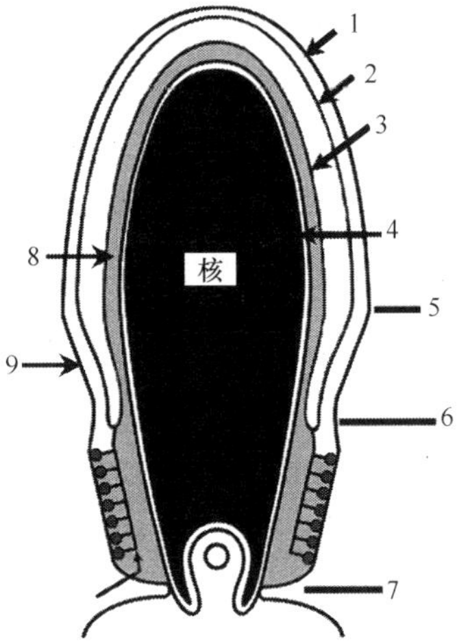


图 3-10 精子的头部结构

1、9. 质膜；2. 顶体外膜；3. 顶体内膜；4. 核膜；5. 赤道段；6. 顶体后区；7. 后环；8. 核周泡膜

### 2. 颈部

颈部位于头与尾之间，起连接作用。精子头部后极上有一浅窝称植入窝。颈部前端有一凸起称基板，与植入窝相吻合连接。基板后为中心小体发生而来的近端中心粒，由环状排列的 9 根微管所构成，长轴垂直于尾部。纵列的远端中心粒大部分退化，近端中心粒在鞭毛发生时使轴丝微管集合，是鞭毛运动的启动处。颈部的中轴可见一对微管，是轴丝中央微管的直接延续，头端与近端中心粒相连，尾端延伸至精子尾的最末端。精子颈部长约 0.5μm，脆弱易断。

### 3. 尾部

精子尾部位于精子颈部之后，是精子的运动器官，长 40～50μm，分为中段、主段及末段三部分，由精细胞中心小体发生的轴丝及纤丝组成(图 3-11)。

(1) 中段　前接颈部后达终环，长 8～15μm，是尾部较粗部分。中段结构为 2+9+9 结构，即中心为两条中心轴丝，中心轴丝被 9 条二联体丝包围，外围有 9 条粗大的纵行纤维束(外周致密纤维)包围。在纤维束的外围有大量由线粒体呈螺旋状排列而成的线粒体鞘，各个线粒体端端相连。螺旋的圈数因物种不同而有差异，牛为 70 圈，猪为 65 圈，兔为 47 圈，人为 10～12 圈。

线粒体鞘内含有与精子代谢有关的各种酶与能源，是精子能量代谢的中心。紧接线粒体鞘最后一圈的尾侧，有一致密环形板状结构，称为终环，是由局部细胞膜反转而成，主要是纤维物质，类似于纤维鞘，细胞膜牢固地附在此环上，防止精子运动时线粒体鞘向尾部移动，也是中段与主段的分界标志。

（2）主段　精子尾部的主要组成部分，上起终环，下接末段，长 30～40μm。其结构为 2+9 结构，中心为两条中心轴丝，9 条外围纤丝与内圈相应的纤丝合并而消失。中段的线粒体鞘在主段上消失，最外层为高度特化的纤维鞘。

（3）末段　纤维鞘及致密纤维终止以后的精子尾部称末段，长 3～5μm，只由两条中央的中心轴丝及外周的细胞膜构成，其余的轴丝呈退行性变化，逐渐消失。

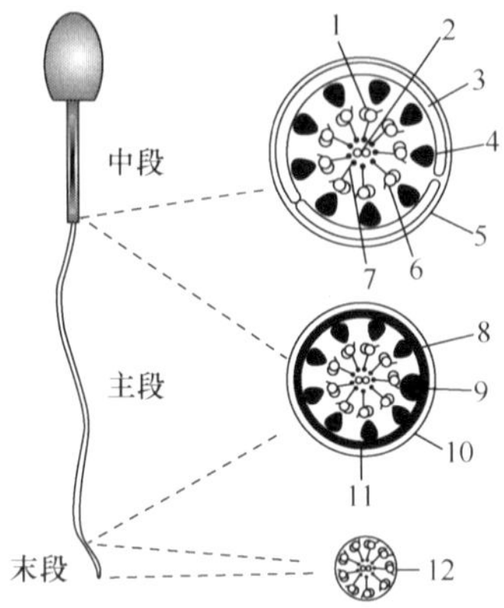

图 3-11　精子尾部结构示意图

1. 微管；2. 中心纤丝；3. 线粒体；4、8. 外周纤丝；5、10、12. 质膜；6. 轴丝臂；7. 放射茎；9、11. 纤维鞘

## （二）畸形精子及其分类

根据出现畸形的部位可把精子畸形分为头部、中段和尾部 3 类畸形(图 3-12)。

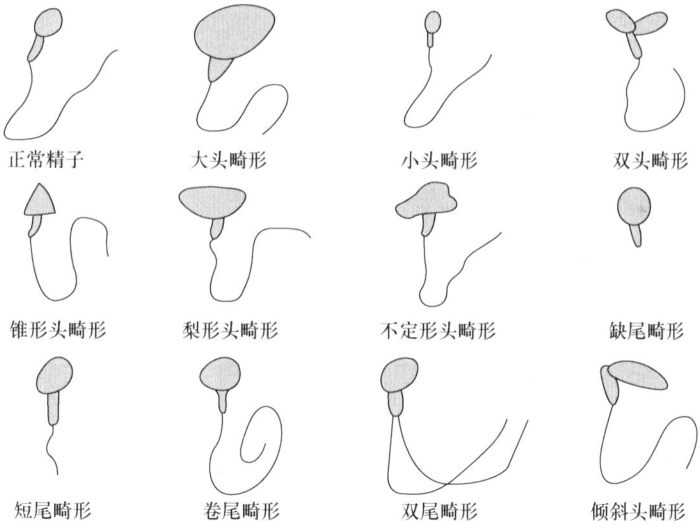

图 3-12　常见畸形精子形态

### 1. 头部畸形

常见的头部畸形有窄头、头基部狭窄、梨形头、圆头、巨头、小头、头基部过宽和发育不全等。头部畸形的精子多数是在精子发生过程中，细胞分裂和精子细胞变形时受某些不良环境影响引起的，对精子的受精能力和运动方式都有显著的影响。

### 2. 中段畸形

中段畸形包括中段肿胀、纤丝裸露和中段呈螺旋状扭曲等。试验证明，中段畸形多数在睾丸或附睾中发生。中段畸形直接影响精子运动方式和运动能力。

**3. 尾部畸形**

尾部畸形包括尾部各种形式的卷曲、头尾分离、带有近端和远端原生质滴的不成熟精子，大部分尾部畸形是精子通过附睾、尿生殖道或体外处理过程中出现的。尾部畸形对精子运动能力和运动方式影响最为明显。

睾丸和附睾的机能障碍，无论是暂时的，还是永久的，都可在精子形态上得到反应。因此，利用精子形态的分析结果，不但可以评价精液的品质，也可以判断睾丸、附睾及尿生殖道的机能状态。

## 二、精子的生理特性

### （一）精子的代谢

精子为了维持其生命，在体内、体外都要进行复杂的代谢活动，精子代谢的主要形式是糖酵解和呼吸作用。此外也能分解蛋白质和脂质。

**1. 精子的糖酵解作用**

糖类是维持精子生命力的必要能源，精子本身含能量很少，必须依靠精清中的外源糖为原料，通过糖酵解为精子提供能量。精子在无氧及有氧条件下都可利用精清中的果糖、葡萄糖及甘露醇。在无氧时，果糖进行糖酵解产生丙酮酸或乳酸，最终分解为 $CO_2$ 及 $H_2O$，并放出能量。其中以果糖为主，分解果糖的能力与精子密度及活力有关，通过测定“果糖酵解指数”可评定精液质量。果糖酵解指数是指 $10^9$ 个精子在 37℃条件下 1h 利用果糖的量。正常牛、羊精液的果糖酵解指数为 1.74mg。

**2. 精子的呼吸作用**

精子的呼吸与糖酵解密切相关，但呼吸作用比糖酵解作用获得的能量大得多，同时也会消耗大量的代谢基质，因此在短时间内衰竭死亡。精子的呼吸作用受多种因素的影响，如降低温度、隔绝空气及充入 $CO_2$ 等都可抑制呼吸作用，减少能量的消耗，以延长生存时间。精子呼吸的耗氧量通常按 $10^9$ 个精子在 37℃条件下 1h 所消耗的氧量计算。一般活力强的精子耗氧量高，并且耗氧量与受精能力有关。正常牛、鸡、兔及绵羊精子的耗氧量分别为 21μL、7μL、11μL 及 22μL。

**3. 精子对脂类的代谢**

精子为了维持其较长的生活力，还能对卵磷脂进行氧化，使脂类分解，放出脂肪酸，经氧化而取得能量。

精子在呼吸过程中使精清中的磷脂氧化而产生卵磷脂。但精清中的缩醛磷脂，在有果糖存在时不能分解。在精清中，由脂类分解产生的甘油能促进精子消耗氧和生产乳酸。

甘油不仅是冷冻精液的防冻剂，而且可作为精子的能量来源，因甘油进入精子内被代谢分解产生的乳酸能再形成果糖，而且甘油在精子中可能通过磷酸三糖的阶段参加糖酵解的过程。

**4. 精子对蛋白质的代谢**

精子在有氧的条件下能利用某些氨基酸，在氨基酸氧化酶的作用下，引起氧化脱氨作用，结果产生氨和 $H_2O_2$。但这对精子有毒害作用，因为 $H_2O_2$ 使精子的耗氧率降低。所以精子一般不从蛋白质成分中获取所需要的能量。

精子获取能量所氧化的代谢基质的种类及性质可以由呼吸商(respiratory quoti-ent，R Q)来反映。呼吸商是指精子代谢产生的 $CO_2$ 除以消耗 $O_2$ 的量，即两者之比值($CO_2/O_2$)。1g 分子的六碳糖完全氧化成 $CO_2$ 及 $H_2O$，呼吸商为 1.0；脂质为 0.7。经过冲洗的牛精子，在生理盐水内第 1h 末呼吸商为 0.74，而在 4h 末为 0.83，表明已有蛋白质被分解；如精液中加入果糖，呼吸商可提高为 0.95。

### (二) 精子的活动力

#### 1. 精子活动的方式

在光学显微镜下可以观察到有以下一些活动方式。

(1) 直线运动　精子在适宜的条件下，以直线前进。在 40℃以内的温度下，温度越高直线前进运动越快。

(2) 摆动　头部左右摆动，没有推进力量。

(3) 转圈运动　精子围绕一处做圆周运动，不能直线向前行进。

以上精子的活动方式，只有直线运动才是正常的活动方式。当精子在前进运动时，由尾部的弯曲传出有节奏的横波，这些横波自精子的头端或中段开始向后达到尾端，横波对精子周围的液体产生压力，使精子向前泳进。

#### 2. 精子的运动机制

精子中段是精子的能量代谢中心，线粒体能够利用果糖等单糖产生精子运动所需的 ATP，精子纤丝中含有精球蛋白，与肌球蛋白在分子结构及生化性质上很相似，并具有 ATP 酶活性，能够利用 ATP；精子纤丝还有一种毡动素与肌动素相似，这两种蛋白质的相互作用引起纤丝收缩，导致尾部摇摆而使精子运动。

#### 3. 精子运动的特性

精子在等渗溶液中或雌性动物的生殖道内运动时有其独特的形式。

(1) 向流性　在流动的液体中，精子表现为向逆流方向游动，并随液体流速运动加快，在雌性生殖道管腔中的精子能沿管壁逆流而上。

(2) 向触性　在精液或稀释液中有异物，如上皮细胞、空气泡、卵黄颗粒等存在时，精子有向异物边缘运动的趋向，表现其头部钉住异物做摆动运动。

(3) 向化性　精子有趋向某些化学物质的特性，在雌性生殖道内的卵细胞可能分泌某些化学物质，能吸引精子向其方向运动。

#### 4. 精子运动的速率

哺乳动物的精子在 37～38℃的温度条件下运动速率快，温度低于 10℃就基本停止活动。精子运动的速率，因动物种类而有差异，山羊、绵羊、鸡的精子密度大，应适当稀释后观察。通过显微摄影装置连续摄影分析，牛精子的运动速率为 97～113μm/s，尾部颤动 20 次左右，人、马和绵羊分别为 75～100μm/s、87μm/s 和 200～250μm/s。

### (三) 外界因素对精子的影响

精液射出体外后，精子的生活环境改变，各种理化因素能直接影响精子的代谢和生活力。有些因素能刺激精子,促进其活动力和代谢增强,但其生存时间或寿命则缩短;反之,有些因素能抑制精子,从而延长其生存时间,但对代谢和活动力的抑制有一定的限度,超过其范围势必危害精子的生活力。

**1. 温度的影响**

精子在体外保存,一般较适应于低温环境,因在低温时,精子的代谢活动受抑制,当温度恢复时,仍能保持活动力,继续进行代谢,这正是精液冷冻和低温保存的主要理论根据。但在低温下保存精液时,必须对精液进行处理和缓慢降温,使精子逐渐适应冷的环境。反之,如将新鲜精液由 30℃以上温度急剧降温到 10℃以下时,精子因冷打击而丧失不可逆的生活力,称冷休克。

精子对高温的耐受能力较差,体外保存时应避免高温。高温下的精子代谢和活动力增强,消耗能量很快,能在短时间内导致死亡。绵羊精子对高温特别敏感,公羊精子处于高温环境中(如 36℃以上),易使精液中的精子数稀少,而且大多数死亡和变性。对其他动物也有类似结果。

**2. 光照和辐射的影响**

日光对精液短时间的照射,能刺激精子的氧摄取量和活动力,但毕竟是有害的,尤其是直射日光,因日光中的红外线能直接使精液温度升高,而紫外线对精子的影响尚取决于它的剂量强度。试验证明,波长 366nm 的紫外线比波长 254nm 的紫外线更能抑制精子的活动力,而以波长 440nm 的光所产生的影响最大。荧光灯的光照虽不及日光对精子的损害大,但在白色荧光灯下和在暗处保存牛精液作比较,结果死精子数随光照强度而大为增加,精子活动力和代谢率则降低,这是因为荧光灯是利用紫外线的荧光作用所制成的,所以在实验室内常见到的日光灯,对精子也有不良影响。

**3. pH 的影响**

精液的 pH 可因精子的代谢和其他因素的影响而有变化。当精液的 pH 降低时,精子的代谢和活动力都减弱;反之,因 pH 偏高,精子代谢和呼吸增强,运动活泼,以至于容易耗费能量,存活时间不能持久。因此,保存精液以 pH 偏低为有利。例如,牛的精子甚至在 pH 5.65 时,耗氧等代谢虽降低,但尚能进行。为使精液能在室温环境保存多日,精液可用 $CO_2$饱和,或使 pH 降到 6.35,这相当于使精子处于附睾内状态,这与低温抑制其活动相似。对精子适宜的 pH 范围,人精子是 7.4～7.8,牛精子是 6.9～7.0,绵羊精子是 7.2～7.5,猪精子为 7.2～7.5,家兔精子是 6.8,鸡精子是 7.3。

**4. 渗透压的影响**

渗透压对精子的影响与 pH 有相等的重要性。精子与其周围的精液基本上是等渗的,如果精清部分的盐类浓度较高,渗透压也高,易使精子本身的水分脱出出现皱缩;反之,低渗透压易使精子膨胀。但精子对不同的渗透压有逐渐适应的性能,这是通过细胞膜使精子内外的渗透压缓缓地趋于相等的结果,但这种改变有其一定的限度,而且又和液体中的电解质有很大关系。

**5. 辐射**

近年来,随着工业生产的污染,大气臭氧层破坏,紫外线等非电离辐射对动物机体的影响日趋明显。非电离辐射的生物效应主要表现在热效应和非热效应,使机体内大分子和亚细胞结构的生物学功能改变，造成生殖腺组织损伤，从而引起生精功能障碍。临床观察发现长期接触低水平辐射能够造成睾丸生精上皮损伤，睾丸间质细胞出现可逆性损害，精子生成减少；大剂量照射则导致睾丸萎缩，生精细胞严重损害，甚至丧失生精功能，染色体畸变。外界辐射对睾丸机体的损伤存在剂量效应关系，剂量越大，精子数量减少越明显，恢复所需的时间越长。在精液处理和运输时，应尽量避免阳光的直射，通常采用棕色玻璃容器收集和储运精液。某些短光波，特别是紫外线对精子有较大的危害，经其照射的精子，运动和受精能力降低，还会影响受精卵的发育。

**6. 金属元素和常用化学药物**

目前全世界每天排放到空气、水、土壤中的化学物质已超过 10 万种，并且每年以约 1000 种的种类持续增加，动物饲料中的营养物质很容易被这些物质污染。据报道中国西北地区由于铅、锌生产基地的发展，铅污染发生率增高。表明铅影响性激素的合成及下丘脑、垂体、性腺轴的正常生理调节功能，对男性睾丸具有直接的毒性作用，使睾丸生精系统出现代谢障碍。正常情况下血睾屏障是维持管腔液酸性环境的基础，对精子的生成起重要作用。文献显示，铅能够通过血-睾屏障，导致部分睾丸组织出血性坏死，损害睾丸曲细精管生精上皮，从而影响精子的发生。

除此之外，常用的消毒药物，即使浓度很低也足以杀死精子，应避免其与精液接触。但某些抗菌类药物，如抗生素和磺胺等，在适当的浓度下，不但无毒害作用，而且还可以抑制精液中细菌的繁殖，对精液的保存和延长精子的生存时间十分有利，已成为精液稀释液中不可缺少的添加剂。吸烟所产生的烟雾，对精子有很强的毒害作用，在精液处理的场所要严禁吸烟。

**7. 免疫学作用**

大量研究表明，抗精子抗体是导致免疫不育的主要原因之一，存在于不孕雌雄动物的血清、精液、宫颈黏液、阴道分泌液及卵泡液中。除了精子本身具有一定的抗原性外，精清或稀释液中的某些成分都可能具有一定的抗原性，如某些副性腺的分泌物、稀释液中常用的卵黄等。在配种和输精的过程中，就有可能在母畜生殖道内产生相应的抗体。精子作为外来的同种异体抗原，每次输精或交配就相当于一次免疫接种，但一般不产生抗精子免疫。抗体是否产生和浓度的高低，存在种间和个体差异，也与反复配种和输精的次数有关。其抗精子抗体的产生多继发于雌性生殖道黏膜（如阴道黏膜和宫颈黏膜）的破损或炎症。一旦这种免疫反应发生，母畜的受胎率就会引起不同程度的降低，甚至会造成免疫性不孕。

**延伸阅读：精子中的 RNA 及生物学功能**

精子是一种高度分化的特殊细胞，目前认为它仅仅是将父系基因组携带到卵子中的一种细胞。然而，最新的研究表明，精子中的其他元件在哺乳动物有性生殖中也起重要的作用，包括卵子激活因子（属于水解酶中的一种磷酸酶）和受精卵微管组织中心的重要元件。过去的研究发现，在雄性生殖细胞中存在各种 RNA。这些报道使人们开始对雄性生殖细胞有了新的认识。

研究显示，啮齿动物每个精子中总 RNA 的含量为 100fg，人单精子中的 RNA 含量为 10～20fg。利用 RT-PCR 和 ISH 已经从各种哺乳动物的成熟精子中检测到各种基因的转录产物，如在人成熟精子中已经检测到 NFkB、HOX2A、ICSBP、蛋白激酶 JNK2、生长因子 HBEGF 和受体 RXBβ、ErbB3。利用芯片方法已经在成熟精子中鉴定出许多 mRNA，这些 mRNA 同时也能在精子细胞中被鉴定出来。ISH 研究表明，有些 RNA 主要分布在整个精子的头部，提示这些 RNA 可能组成核基质的结构元件。然而，一些 RNA 也位于精子的中段，电子显微镜研究显示，这个位置是精子的线粒体部位，会优先储存 RNA。

目前，精子中 RNA 的功能主要表现在以下方面。①精子 RNA 与染色质结构：关于精子 RNA、基因增强作用和不同染色质的组装已经表明，精子 RNA 和组蛋白结合 DNA 核膜紧密相连。在转录停止后，精原细胞 RNA 可能会立即有一个结构性的作用来协助新产生的组蛋白结合序列被鱼精蛋白组装。IGF-2 是一个对胚胎生长具有重要作用的调节基因，它主要位于精子核周围的组蛋白富集区域，这一发现提示，精子 RNA 在精子染色质表观重组中的重要作用。②精子 RNA 对早期胚胎的影响：研究发现，一些存在于精子中的 RNA 对胚胎的发生具有重要作用，如在人成熟精子中检测到编码 PLC 的 mRNA，当将 PLC mRNA 注射到小鼠卵子中时，会引起卵子中钙离子流的变化，从而激活卵子。AKAP4 是调节精子活力的一个蛋白质，同样参与胚胎发生的信号通路。FOXG1B 作用于胚胎形态的形成，WNT5A 参与与细胞形态相关的细胞分化。STAT4 能参与调节雄原核的转录，细胞周期蛋白 B1 能调节细胞从 $G_2$ 期向有丝分裂的跃迁，这些基因的转录物均已经在精子中检测到。

# 第五节 精　　液

精液由精子和精清组成，即活的精子悬浮在液态和半胶状的精清中。

## 一、精液的理化性状

精液的外观、气味、精液量、精子密度、相对密度、渗透压及 pH 等为精液的一般理化性状。

### （一）外观

精液的外观因动物种类、个体、饲料的性质等而有差异，一般为不透明的灰白色或乳白色，精子密度大的混浊度大、黏度及白色度强。

绵羊和山羊的精子密度大，因此浓稠而黏厚呈奶油样。牛的精液一般为乳白色或灰白色，密度越大乳白色越深；密度越稀，颜色越淡。但也有少数公牛的精液呈淡黄色，这与所用的饲料及公牛的遗传性有关。牛、羊精液量少，密度大，刚采出的精液呈现云雾状运动，这是精子强烈运动的结果，是精液质量良好的表现。

马精液中含有较多的黏稠胶状物，颜色为乳白色半透明，黏性强，pH 在 7.6 左右。胶状物是精囊腺分泌物，分泌量与个体性兴奋的程度有关。胶状物在母马的子宫内，可形成类似子宫栓的物质，起防止精液倒流及抑制细菌繁殖的作用，在体温状况下，还可以有保护精子的作用。

猪精液中含有淀粉状的固态胶状物，白色或灰白色半透明，能凝固，富有黏着性。胶状物在自然配种时形成子宫栓，可防止精液倒流。人工授精中，应在采精时用纱布将其过滤除去。

### （二）气味

精液一般为无味或略带腥味，如若发生异味，说明精液已变坏。生殖器官炎症、精液存放时间太长，其中的蛋白质等有机成分变性，可使精液发生异味。

### （三）精液量

由于动物种类不同、生殖器官特别是副性腺的形态和构造差异，射精量相差很多。牛、羊、鸡等动物射精量小，而猪、马等动物射精量多。同一品种或同一个体也因遗传、营养、气候、采精频率等而有差异。

### （四）精子密度

精子密度又称精子浓度，是指每毫升精液中所含的精子数量。精液量多的动物每毫升精液中所含的精子数少；精液量少的动物每毫升精液中所含的精子数多。精子密度也因年龄、动物种类等有差异。

### （五）pH

决定精液 pH 的主要是副性腺分泌液，精子生存的最低 pH 为 5.5，最高为 10。pH 超过正常范围对精子有一定影响。绵羊精液的 pH 在 6.8 左右时受胎率高，pH 超过 8.2 以上就没有受胎力。各种动物精液的 pH 都有一定的范围。

### （六）渗透压

精液的渗透压以冰点下降度（△）表示，它的正常范围为－0.61～－0.55℃，一般为－0.6℃。

渗透压也可以用渗压克分子浓度表示（osmolarity，Osm）。1L 水中含有 1Osm 溶质的溶液能使水的冰点下降 1.86℃，如果精液的△为－0.61℃时，则它所含的溶质总浓度为 0.61/1.86＝0.382Osm，也可以 382mOsm（渗压毫克分子浓度）表示。

### （七）相对密度

精子的相对密度取决于精子的密度，精子密度大的，相对密度大；密度小的，相对密度小。若将采出的精液静放一段时间，精子及某些化学物质就会沉降在下面，这说明精液的相对密度比水大。

(八) 黏度

精液的黏度也与密度有关,同时黏度还与精清中所含的黏蛋白唾液酸的多少有关。黏度以蒸馏水在20℃作为一个单位标准,用厘泊(centipoise)表示。

(九) 导电性

精液中含有各种盐类或离子,如其量大,导电性也就强,因而可通过测定导电性的高低,了解精液中所含电解质的多少及其性质。

(十) 光学特性

精液中有精子和各种化学物质,对光线的吸收和透过性不同。精子密度大透光性就差,精子密度小透光性就强。因此,可以利用这一光学特性,采用分光光度计进行光电比色,测其精液中的精子密度。

## 二、精清的来源、主要化学成分与作用

(一) 精清的来源与组成

**1. 睾丸液**

睾丸液是最早容纳精子的液体成分。尽管睾丸液分泌量很大,但射出的精液中睾丸液所占的成分却很少,这是因为附睾有很强的浓缩能力。

睾丸液由足细胞分泌。足细胞可以从精细管周围组织中主动运送液体到精细管腔。由于血-睾丸屏障,使得睾丸液的成分不同于流向睾丸的血液和淋巴液。正常的睾丸液不含葡萄糖,而含大量肌醇。肌醇被附睾吸收与磷酯结合可成为精子的一种能源。

睾丸液的总蛋白含量少于血浆,而其性质也不相同。绵羊睾丸液的蛋白质或多肽成分包括:①由足细胞所产生的ABP,与雄激素运送到附睾有关;②抑制素,如能被附睾头吸收,则抑制垂体前叶产生FSH以调节精子发生;③一种精子顶体蛋白的多肽抑制剂,可使顶体中渗出的任何蛋白酶失去活性。

睾丸液中的氨基酸,如谷氨酸、丙氨酸、甘氨酸、天冬氨酸,可能是在精细管中合成,因为绵羊和猪睾丸液中的浓度比血浆中的高,这些氨基酸没有被精子利用。但天冬氨酸、甘氨酸及谷氨酰胺参与嘌呤和嘧啶的合成,并且这些氨基酸在睾丸液中所保持的高浓度,对在精细管内合成核酸特别有利。

绵羊、牛及猪的睾丸网液中睾酮、脱氢表雄酮、5,2-二氢睾酮以及雌激素,其浓度至少像外周血浆一样高。间质细胞分泌类固醇,精细管显然容易受到睾酮的影响,睾酮部分用于维持精子的发生,或者在附睾中直接影响精子。

**2. 附睾液**

附睾液在精子成熟和储存中起重要作用。附睾的前半部分有强烈的吸收水分的作用,而本身的分泌量又很小,所以精子在附睾尾部的浓度非常大。

甘油磷酰胆碱和肉毒碱是附睾液中浓度很高的成分,这两种成分均受激素的控制,对

精子成熟起重要作用。

附睾中的糖蛋白不但有润滑剂的作用，而且与唾液酸一起改变精子表面的活性结构。

附睾液中的乳酸浓度很高，而果糖、葡萄糖和乙酸盐则很少。精子在附睾中利用的基质只能是乳酸。

**3. 前列腺分泌物**

前列腺的分泌形式是顶浆分泌，即部分细胞质随分泌物被分泌细胞排出，这种类型分泌出的前列腺液含有丰富的酶，如酵解酶、核酸酶、核苷酸酶及溶酶体酶(包括蛋白酶、磷酸酯酶、糖苷酶)等。

**4. 精囊腺分泌物**

与前列腺分泌物比较，精囊腺分泌物常呈碱性，含干物质较多，并有较多的钾、碳酸氢盐、酸性可溶性的磷酸盐和蛋白质。精囊腺分泌物的一个特点是具有含量很高的还原物质，包括糖和抗坏血酸。正常的精囊腺分泌物常呈淡黄色，但有时(如公牛)由于核黄素存在而颜色加深。在紫外线下精囊腺分泌物和精清呈强烈的荧光。

很多动物(如牛、绵羊、山羊和猪)精液中的大量糖由精囊腺所分泌，果糖的化学测定可以作为一种指示剂，表示精囊腺供应给精液的相应部分。精液除有大量果糖外，某些动物还含有较少量的葡萄糖和山梨醇。

在人、牛、猪和马中，柠檬酸和果糖虽有程度上的不同，但均由精囊腺产生。猪的精囊腺分泌物是以山梨醇含量甚高为其特征(2%～3%)，分泌物中还有麦硫因。

虽然前列腺素(PG)是因来源于前列腺而得名，但绵羊精清中的大量前列腺素来自精囊腺。

**5. 尿道球腺和壶腹**

公猪的尿道球腺非常大，几乎呈圆柱状，充满黏滞胶状乳白色分泌物，它是射出精液中形成胶质的必需成分。公牛爬跨前，从包皮“流滴”出来的液体就是尿道球腺的分泌物，其功能是冲洗尿道。狗无此腺体。

某些动物的输精管末段管壁中有腺体，使管壁变厚形成输精管的壶腹。有些动物(如牛)在求偶和交配前刺激时，由于输精管的蠕动，将精子从附睾尾输送到壶腹。

公猪缺少壶腹，而公马的壶腹非常发达，并且分泌麦硫因。公马壶腹腺不分泌果糖，而其他动物(如公牛)壶腹分泌果糖。

### (二) 精清的主要化学成分

**1. 果糖和其他糖类**

已证实大多数哺乳动物的精液和副性腺中有各种糖类。各种糖的浓度在各种动物、甚至个体间有很大的差异。人、羊、牛精液的果糖浓度较高，糖对精子是一种营养物，精子能分解果糖。果糖被精子以糖酵解途径进行代谢。磷酸糖、磷酸丙糖和丙酮酸是导致形成乳酸的暂时中间体，虽然乳酸在有氧的条件下，经过三羧循环可以进一步被氧化成二氧化碳和水，但是乳酸容易积累。在副性器官中，果糖由血液中的葡萄糖形成；在某些动物的精清中，少量葡萄糖和中间体化合物山梨醇与果糖一起存在。例如，与果糖、葡萄糖能够被精子经过糖酵解利用一样，山梨醇也可被氧化至果糖，因此也是一种有用的营养物。

**2. 各种有机成分**

由附睾所产生的甘油磷酰胆碱(GPC)存在于迄今研究过的所有动物的精清中。精子本身不能分解 GPC,但某些动物(如绵羊)的雌性生殖道内有一种酶能将 GPC 分解为磷酸甘油。精子经糖酵解途经而利用磷酸甘油。GPC 在雌性生殖道内,可视为精子的一种能源。

柠檬酸存在于实验动物和家畜的精清中,通常浓度很高。但是,它不易被精子利用。在很多动物的精液中,还有一些山梨醇,据推测是来自睾丸液。猪的精液含有来自精囊腺的高浓度的山梨醇。猪和马精液中麦硫因的浓度较高,它由猪的精囊腺及马的输精管壶腹所产生。它可能阻止精子中硫氢基团被氧化。

精清含有抗坏血酸,在某些公牛射出的精液中含有相当高的核黄素使精液呈深黄色。

**3. 脂类和前列腺素**

牛、猪和马精液中的磷脂是脂类的主要部分,脂类还包括胆固醇、甘油二磷酯、甘油三磷酯及蜡酯。绵羊、牛和猪精清的磷酯成分包括在精子中发现的所有成分,即磷脂酰胆碱、乙醇胺和神经鞘磷酯,而后者的数量对猪最为重要。精清中的磷酯及其分解产物被精子利用的程度还不清楚,但至少对绵羊来说,它们显然代表一种潜在的能源。

大多数哺乳动物精清的 PG 浓度少于 100ng/mL(如牛、马、猪及兔),而绵羊和山羊至少有 40μg/mL PGE,此外还有一定量的 PGF。由于 PGs 对平滑肌的作用,研究者认为有可能促进精子在雌性生殖道中的运送。

**4. 蛋白质和酶**

哺乳动物精清的蛋白质含量为 3%～7%,因动物种类而异。在精清中已发现多种酶。虽然大部分的酶来自副性腺,但至少某些是精子渗漏出的结果,如绵羊及牛精子中的乳酸脱氢酶(LDH)浓度远比精清的要高。通常,如果精子中的酶浓度高于精清,精子在冷休克或深度低温冷冻时,酶就会从细胞中“渗漏出来”;精子损失 LDH 这种重要的酶,可能是精子在冷休克或深度低温冷冻时代谢降低的一个原因。

绵羊精清中的大部分 GOT 的活性来自附睾液及精囊腺。牛精清中的 GOT 及 GPT 的来源之一是附睾,但也可能由精子渗漏出来。绵羊附睾尾部显然是产生酸性及碱性磷酸酶的重要部位。但是,精囊腺也似乎可以供给精清相当多的酸性磷酸酶。

**5. 无机离子**

哺乳动物的精清中,$Na^+$ 和 $K^+$ 是主要的阳离子。尤其是 $K^+$ 可以影响精子的生活力,精清主要的阴离子是 $Cl^-$。

### (三)精清的生理作用

(1) 精清　作为精子的天然稀释液,扩大精液量,有助于精液射出体外及在雌性生殖道内的运行。猪、马等动物精清中的胶状物能在雌性生殖道内形成子宫颈栓,防止精液倒流。

(2) 尿道球腺分泌液　雄性射精之前有冲洗尿生殖道的作用。

(3) 前列腺分泌物　含有大量的酶,如糖酵解酶、核酸酶、核苷酸酶及溶酶体酶等,对精子的代谢起一定的作用。

(4) 精囊腺分泌物 常呈弱碱性,具有很高含量的还原物质,如果糖及维生素 C 等。猪、马精液中的大量胶状物质也是由精囊腺分泌的。精囊腺分泌物中的糖蛋白是去能因子,能抑制顶体活动,延长精子的受精能力。

(5) 附睾分泌物 分泌出的甘油磷酰胆碱(GPC)、肉毒碱与糖蛋白等,与精子成熟过程有关。

(李纯锦)

# 第四章　雌性动物发情生理

## 第一节　雌性动物性发育

雌性动物从出生开始，性机能就开始发育，一般要经过发生、发展至衰老的过程。根据性发育过程中身体的变化，可以将雌性动物的一生分为初情期、性成熟期、繁殖周期和繁殖机能停止期4个时期。雌性动物性机能的发育与机体的生长发育同步。雌性动物进入初情期即开始具有生殖能力，性成熟时生殖能力达到基本正常状态，当体重达到成年平均体重的65%～70%时进入完全正常的繁殖周期，到一定年龄之后，随着身体各器官的衰老，生殖能力下降导致繁殖机能停止。雌性动物性发育阶段因动物品种、饲养管理及自然环境条件等因素的不同而有差异，即使是同一品种，也会因个体生长发育及健康状况的影响而不同。

### 一、初　情　期

初情期(puberty)是雌性动物成功获得繁殖能力的时期，是性成熟的初级阶段，这是一个过程而不是单一的事件。初情期主要依赖于下丘脑分泌足够数量的促性腺激素释放激素(GnRH)以促进卵泡发育和卵子成熟，同时，在引起排卵之前，下丘脑还必须具有对雌激素产生正反馈作用的能力。

雌性动物生长发育至初情期，虽已具有繁殖能力，但生殖器官尚未发育完善，功能也不完全，繁殖率很低，表现为“初情期不育”。雌性动物第一次发情时，卵巢上虽有卵泡发育和排卵，但因体内缺乏孕酮，一般不表现发情症状，或者虽有发情表现且有卵泡发育，但不排卵，或者能够排卵，但不受孕。一般产双胎或多胎的雌性动物，排卵数减少。

雌性动物初情期受不同因素的影响而发生变化，主要表现为品种(遗传)、营养水平、环境因素、出生季节等。

#### (一) 品种(遗传)

动物品种是影响初情期的重要因素。如表4-1所示，奶牛通常在7～9月龄达到初情期，而肉牛则需要在12～13月龄。另外，个体小的品种，其初情期较个体大的早，如在奶牛品种中，娟姗牛平均初情期为8月龄，黑白花牛为11月龄。

**表4-1　雌性动物的性发育时期**

| 动物种类 | 初情期/月 | 性成熟/月 | 繁殖周期/年 | 繁殖年限/年 |
|---|---|---|---|---|
| 黄牛 | 8～13 | 10～14 | 1.5～2.0 | 13～15 |
| 奶牛 | 6～12 | 12～14 | 1.3～1.5 | 13～15 |

续表

| 动物种类 | 初情期/月 | 性成熟/月 | 繁殖周期/年 | 繁殖年限/年 |
|---|---|---|---|---|
| 水牛 | 10～15 | 12～14 | 1.3～1.5 | 13～15 |
| 驼 | 24～36 | 48～60 | 4.5～5.5 | 18～20 |
| 马 | 12 | 15～18 | 2.5～3.0 | 18～20 |
| 驴 | 8～12 | 18～30 | 2～2.5 | 12～16 |
| 猪 | 3～7 | 5～8 | 0.7～1 | 6～8 |
| 绵羊 | 4～8 | 6～10 | 1～1.5 | 8～11 |
| 山羊 | 4～7 | 6～10 | 1～1.5 | 7～8 |
| 家兔 | 4～5 | 5～6 | 0.5～0.6 | 3～4 |
| 小鼠 | 1～1.5 | 1.5 | 0.2～0.3 | 1～2 |
| 大鼠 | 1.5～2 | 2～2.5 | 0.3 | 1～2 |
| 犬 | 6～18 | 8～14 | 1～1.5 | — |
| 猫 | 6～8 | 8～12 | 1 | — |

资料来源:引自朱士恩等,2009

—表示无数据,下同

### (二) 营养水平

饲养管理优良且健康状况良好的动物,初情期来临较早;相反,饲养管理不好或日粮营养因子,如蛋白质、维生素及矿物质缺乏,则可造成生长发育缓慢、垂体促性腺激素分泌不足,而使发情延迟。高营养水平可以使动物初情期提前,而低营养水平则推迟动物初情期,但是,太高的营养水平会导致动物过度肥胖而延迟其初情期,日粮中能量水平是影响动物初情期的主要营养因素。

### (三) 环境因素

外界环境对动物初情期有明显影响,温度、湿度和光照是其中主要的因素。高寒地区冬末及春初所产的羔羊,一般在生后第一个发情季节(秋季)发情;但在产羔季节出生过迟且营养不良的羔羊,则可因发育不足而不发情,初情期年龄可推迟到第二个发情季节。总体上说,雌性动物下丘脑的光学与气味神经元系统感知环境的变化,从而导致初情期的改变。

### (四) 出生季节

出生季节影响雌性动物的初情期,在季节性繁殖动物尤为明显。以绵羊为例,春天(1～3月)出生的羔羊,其初情期一般在 5～6 月龄,而秋季(9～10 月)出生的羔羊受日照改变的影响,其初情期在 10～12 月龄,是春羔的 2 倍。我国北方春季后期出生的小猪,可因生后不久气候温暖、发育良好,而初情期年龄要比同一季节早期出生的小猪相对较早。

## 二、性 成 熟 期

雌性动物生长到一定年龄，生殖器官已经发育完全，可以产生功能和形态正常的卵子，具备了基本正常的繁殖功能，称为性成熟(sexual maturity)。处于性成熟期的雌性动物同时伴随着身体其他器官的快速生长，第二性征明显，但此时雌性动物个体的生长发育尚未完成，生殖器官与身体其他器官之间的相互协调作用还不完全，一旦受孕不仅妨碍雌性动物继续生长发育，而且还可能造成难产，同时也影响胎儿的生长发育，故不宜配种。动物的性成熟期受动物种类、饲养管理水平、出生季节和环境条件等因素的影响而发生改变。

## 三、繁 殖 周 期

繁殖周期(reproductive cyclicity)是雌性动物已达到性成熟，身体发育达到成年平均体重的 65%～70%，可以进行周期性配种繁殖的时期。在繁殖周期内，雌性动物重复发情、排卵、受精与妊娠。每个繁殖期，雌激素的大量产生引起雌性动物生殖系统发生明显的变化，有明显的发情症状，如生殖道充血与黏液产生，然后受 LH 和排卵的影响，卵巢上黄体逐渐形成，产生大量孕激素，雌性动物进入发情间期(卵子未受精)或妊娠期(卵子受精)。繁殖周期会占用雌性动物生命周期中的绝大部分时间。

对处于繁殖期的雌性动物，初次配种年龄可用年龄、体况等作出综合判定。例如，中国荷斯坦奶牛在配种时体重应达 350～400kg，我国品种猪体重应达 50kg 以上，引进品种猪体重应达 80kg 等。

## 四、繁殖机能停止期

雌性动物达到一定的年龄时，发情表现逐渐减弱，发情周期延长，繁殖功能逐渐衰退，继而停止发情，称为繁殖机能停止期(menopause)。雌性动物的繁殖力有一定的年限，因品种、饲养管理以及健康状况等不同而有差异。在生产实践中因雌性动物年老丧失繁殖功能才淘汰的情况并不多见，一般在繁殖功能逐渐降低，雌性动物已无利用价值时而被淘汰。野生大熊猫 16～18 岁即失去繁殖能力，但其寿命可维持到 20～25 岁(表 4-1)。

# 第二节　卵泡发生、卵子成熟与排卵

发育成熟的卵巢具有两个主要功能：一是周期性产生可以受精的卵子；二是分泌类固醇激素以维持雌性动物第二性征、雌性动物生殖道发育、促进胚胎迁移和在子宫内附植与发育。卵泡是保证卵巢完成其双重功能的基本单位。雌性动物在发情周期中，卵巢经历着卵泡的生长发育、成熟、排卵、黄体的形成和退化等一系列变化过程。初情期前，卵泡虽能发育，但不能成熟排卵，当发育到一定程度时，便闭锁退化。初情期后，在生殖激素的调节作用下，卵巢上的原始卵泡逐步发育而成熟排卵。

## 一、卵泡发生

在卵巢皮质上可以看见不同类型的卵泡，表示卵泡处在不同的发育阶段，这种未成熟卵泡发育为成熟卵泡并排卵的过程称为卵泡发生。胚胎发育时，原始生殖细胞(primordial germ cell，PGC)从卵黄囊中迁移到生殖嵴形成卵原细胞，然后经过减数分裂后形成卵母细胞。卵巢由覆盖在卵巢表皮的生殖上皮、卵巢皮质和髓质组成。在卵巢皮质中包含大量由单层细胞环绕的卵母细胞即形成原始卵泡，随着发情周期的变化，这些原始卵泡经过不同发育阶段成熟并排卵。动物在出生后随着年龄的增长，在发育过程中大多数卵泡中途闭锁而死亡，因此数量在不断减少，只有少数卵泡才能发育成熟排卵。哺乳动物在发情周期中，实际发育的卵泡数多于能达到成熟和排卵的卵泡数，如猪在卵泡期存在的卵泡数比排卵的卵泡数多2～3倍。

初情期前，卵泡虽能发育，但不能成熟排卵，当发育到一定程度时，便退化萎缩，到达初情期时，卵巢上的原始卵泡才通过一系列复杂的发育阶段，而达到成熟排卵。在卵巢上存在原始卵泡(primordial follicle)、初级卵泡(primary follicle)、次级卵泡(secondary follicle)、三级卵泡(tertiary follicle)和成熟卵泡(mature follicle)，如图4-1所示。根据卵泡是否出现泡腔，将其分为无腔卵泡(或腔前卵泡)和有腔卵泡，三级卵泡和成熟卵泡都具有卵泡腔，也被称为有腔卵泡(antral follicle)，其余卵泡则称为腔前卵泡(preantral follicle)或无腔卵泡。初级卵泡、次级卵泡和三级卵泡具有细胞分裂速率快、生长发育迅速和体积增大明显的特点，都处于卵泡的生长期，所以通常将这三种卵泡称为生长卵泡。在卵泡生长发育的各个阶段，都有大量的卵泡发生不可逆的降解或退还，这个过程称为卵泡闭锁。

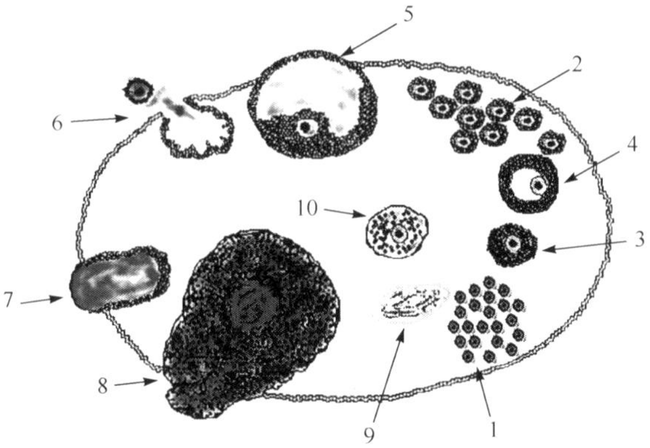


图4-1　卵巢上卵泡与黄体

1. 原始卵泡；2. 初级卵泡；3. 次级卵泡；4. 三级卵泡；5. 成熟卵泡；
6. 卵泡排卵；7. 红体；8. 黄体；9. 白体；10. 闭锁卵泡

### （一）原始卵泡

原始卵泡是最小的卵泡，位于卵巢皮质，由单层扁平的细胞包裹初级卵母细胞构成，没有卵泡膜和卵泡腔，在胎儿期或出生后不久形成。随着雌性动物的生长，部分原始卵泡也开始生长，但只有极少数能发育到更高类别的卵泡，大部分卵泡都闭锁退化了。原始卵泡的数量恒定，在出生时母牛原始卵泡的数量约为 10 万个，性成熟期约为 7.5 万个，到 5 岁时约为 2 万个，老龄母牛卵巢原始卵泡数量约为 2000 个，母猴出生时约有 68 000 个，初情期之前又有很多发生退化，4 岁后，原始卵泡明显开始减少，10～14 岁时平均有 25 000个，20 岁时平均仅 3000 个左右。

### （二）初级卵泡

从原始卵泡中募集（recruitment）而来，位于卵巢皮质外部。由卵母细胞和其周围的单层立方形卵泡细胞构成，卵泡细胞数量逐渐增加，卵母细胞的直径增大，卵泡开始变大，但卵泡膜尚未形成，没有卵泡腔，只有少数初级卵泡能继续发育卵泡，其余的初级卵泡闭锁退化了。此发育阶段前的卵泡发育并不依赖于促性腺激素。

### （三）次级卵泡

由初级卵泡经过选择（selection）发育形成，位于卵巢皮质内部。此时期的卵泡与卵母细胞体积均有明显增大，卵泡细胞层数增至多层，靠近卵母细胞的几层细胞体积变小，称为颗粒细胞，开始分泌黏多糖，并围绕在卵母细胞外形成相对较厚呈半透明的透明带（zona pellucida）。次级卵泡还没有形成卵泡腔，但其生长发育依赖于促性腺激素。

### （四）三级卵泡

由次级卵泡发育而来。在促性腺激素的作用下，卵泡发育加快，体积变大。颗粒细胞的分泌活动增加，产生大量的液体称为卵泡液（follicular fluid），卵泡液填充颗粒细胞间的空隙后聚集在一起，在颗粒细胞间形成空腔，称为卵泡腔（follicular antrum）。在透明带周围的颗粒细胞形态呈放射状分布，形成放射冠（corona radiata），放射冠细胞有微绒毛伸入透明带内，放射冠、透明带和卵母细胞合称为卵丘（cumulus oophorus）。

### （五）成熟卵泡

随着三级卵泡中卵泡液的持续增加，卵泡腔持续增大，少数三级卵泡生长至优势卵泡（dominant follicle），突出于卵巢表面，形成水泡样结构，称为排卵卵泡（preovlatory follicle）或成熟卵泡，其大小为小于 1mm 至数厘米，卵泡大小的变化因卵泡发育阶段、闭锁状况和物种的不同而不同。牛的成熟卵泡直径可达 10～14cm，猪的成熟卵泡直径通常不到 1cm。

随着液体的增多，卵泡内多层颗粒细胞出现分离，形成卵泡膜细胞和颗粒细胞层。卵泡膜层又分为卵泡外膜（theca externa）和卵泡内膜（theca interna）。卵泡外膜由一些较为松散的连接组织构成，起到完全包裹和支持卵泡的作用。在卵泡外膜的内部就是卵泡内膜，卵泡内膜细胞在 LH 的影响下产生雄激素。颗粒细胞层在卵泡内膜层内，由基膜与卵泡内膜层之间相隔开，在颗粒细胞上有 FSH 受体存在，最重要的是颗粒细胞可以产生雌激素和抑制素，同时颗粒细胞也对卵母细胞的成熟起决定作用。

从初级卵泡开始，经各阶段发育至排卵，大鼠需要 21d，绵羊需要 6 个月，在后者，从初级卵泡至出现卵泡腔，需要 130d，从出现卵泡腔至排卵需 45d。在人出现卵泡腔至排卵的时间需要 60d。各种动物在发情时，能够发育成熟的卵泡数，牛和马一般只有 1 个，猪 10～25 个，绵羊 1～3 个，兔约为 5 个，大鼠约为 10 个，小鼠约为 8 个，仓鼠约为 6 个。成熟卵泡的大小，各种动物差异很大，牛为 12～19mm，猪为 8～12mm，马为 25～70mm，绵羊为 5～10mm，山羊为 7～10mm，犬为 2～4mm。

## 二、卵泡动力学与卵泡波

### （一）卵泡动力学

卵泡动力学是卵泡在卵巢中生长与闭锁的过程，主要涉及卵泡募集（recruitment）、卵泡选择（selection）、优势卵泡（dominance）和卵泡闭锁（artresia）4 个阶段（图 4-2）。卵泡募集是卵巢上一批原始卵泡开始生长并产生少量雌激素的过程，在这个过程中，部分卵泡闭锁，而没有闭锁的卵泡被选择成为生长卵泡。在猪、犬和猫上，每个发情周期中有一批卵泡被选择，而在牛、马和人类，每次发情只有少数几个卵泡被选择。被选择的卵泡逐渐发育成为优势卵泡并产生大量的雌激素和抑制素，然后进一步发育成为成熟卵泡，并不是每个成熟卵泡都能排卵。在雌性动物卵巢上，有超过 90％的卵泡都闭锁退化，特别是在有腔卵泡期，卵泡闭锁比例更高。

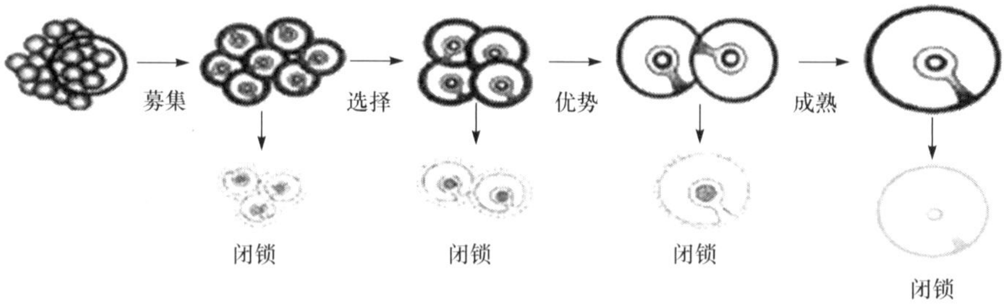


图 4-2　卵泡发育过程中的成熟与闭锁（改自 Senger et al.，2010）

尽管只有 20％的卵泡能够进入发情周期，但是在雌性动物的一生中都有卵泡的生长和闭锁。垂体产生的大剂量 FSH 和 LH 作用于卵巢上不同直径的有腔卵泡使其发育，但并不是所有的有腔卵泡都能发育到成熟卵泡阶段。如果对卵巢上所有的有腔卵泡按直径大小分类，在卵巢上就存在着小卵泡（＜3mm）、中卵泡（3～6mm）和大卵泡（＞6mm）。然而在母马卵巢上，小卵泡直径小于 10mm，中卵泡直径为 10～20mm，大卵泡的直径则大于 20mm。在猪卵巢上，有腔卵泡的数量总是超过 100 个。虽然在牛和马上，只有一个大卵泡能成熟排卵，但是在卵巢上总能看到许多大卵泡，表明在激素作用下，这些卵泡已经发育到最大。

### （二）卵泡波

当雌性动物发育成熟后，卵巢上有成千上万的卵泡处于不同的发育状态，即在初情期后的任意时间检查雌性动物的卵巢，均可发现处于两种以上不同发育阶段的卵泡。这种反映从原始卵泡发育到初级卵泡、次级卵泡、三级卵泡和成熟卵泡动态变化过程所组成的虚拟图像，称为卵泡波。卵泡波是卵巢上原始卵泡发育到优势卵泡后并不能成熟排卵，而是闭锁退化，新的卵泡又经过募集、选择开始发育的现象。

卵巢上卵泡数量很多，每个卵泡都有同等发育潜力，表现在体积增大，雌激素分泌量增多。但在每个发情周期，卵泡都要通过募集、选择和优势化三个阶段。通常把那些相对于其他卵泡具有发育优势的卵泡称为优势卵泡（dominant follicle，DF），其他卵泡称为劣势卵泡（subordinate follicle，SF）。优势卵泡不一定破裂排卵，但它必须是所有卵泡中直径最大的，这种趋势可能会持续 3d 以上。另外，优势卵泡中卵母细胞与卵丘细胞一样，比劣势卵泡中的卵母细胞和卵丘细胞发育要好，因此，优势卵泡有抑制劣势卵泡的作用。

利用超声波技术揭示了牛、羊等动物的每次发情，卵巢卵泡都有不同数量的卵泡波，牛卵巢卵泡发育要经历 1～4 个卵泡波，以 2～3 个最为常见（图 4-3），羊卵巢卵泡发育有 2～6 个卵泡波，以 3～5 个常见。

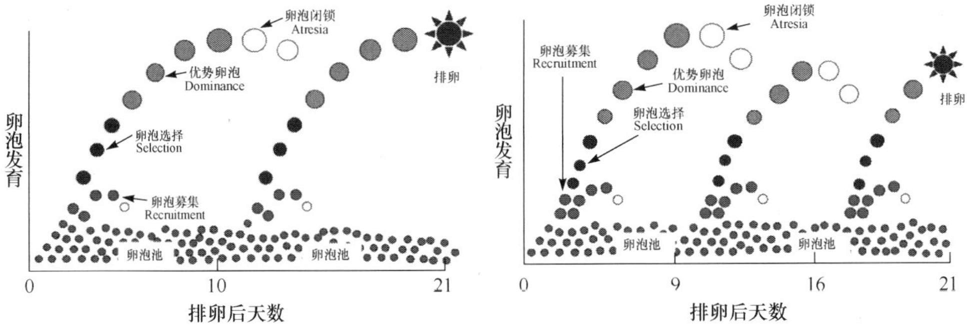


图 4-3　牛发情周期中的卵泡波（左图为 2 个卵泡波，右图为 3 个卵泡波）

在牛的发情周期中，当处于发情后期时，卵巢上有一批卵泡开始生长发育，但是，由于缺乏足够的激素支持，这批卵泡不能发育到成熟卵泡而闭锁。在发情间期（牛的黄体期），第二个卵泡波开始形成，但仍然不能排卵而闭锁。这两个卵泡波的开始和闭锁时血液中都含有较高的孕激素，由于孕激素含量较高，负反馈抑制下丘脑 GnRH 的释放，导致垂体 FSH 和 LH 的分泌降低，然而，尽管这两个卵泡波都不能排卵，但是卵泡发育能产生少量的雌激素，使母体血液中雌激素始终处于较低水平。当黄体受到 $PGF_{2\alpha}$ 作用开始溶解，血液中孕激素含量持续下降，导致孕激素对下丘脑的负反馈作用消失，血液中孕激素和雌激素含量水平发生变化，第三个卵泡波开始发育，卵巢上至少有一个卵泡能发育到优势卵泡然后成为成熟卵泡并排卵。

实际上，卵泡波并不完全发生在发情周期中，在初情期以前、妊娠期甚至不发情期都有相同的现象，然而，在这些时间段产生的卵泡波不能形成成熟卵泡，也不能产生数倍于孕酮含量的雌激素因而不能排卵。但是，需要注意的是，如果黄体受前列腺素的影响而退化，第一个或第二个卵泡波中的优势卵泡可以发育成熟并排卵。

## 三、卵 子 成 熟

动物在胚胎期性别发生分化后，雌性动物的原始生殖细胞分化形成卵原细胞（oogonium），并通过有丝分裂不断增加卵原细胞的数量。卵原细胞中含有完整的细胞成分，染色体为二倍体。出生后，卵原细胞经过有丝分裂后形成初级卵母细胞（primary oocyte），然后被一层扁平的卵泡细胞包围，形成原始卵泡。当胎儿出生后，卵巢上卵原细胞数量增加过程停止，原始卵泡的数量就相对固定下来。母牛犊在出生时，卵巢上约有 10 万个卵母细胞，1 岁后大约有 7.5 万个，4～6 岁时大约有 2.1 万个，老龄牛卵巢上仅有约 2000 个卵母细胞。出生后，卵巢上的初级卵母细胞进入第一次减数分裂（成熟分裂）前期，DNA 复制完成，形成 4 倍体的初级卵母细胞而停留在第一次减数分裂中期，但此时卵泡发育并没有停止。随着动物发育到初情期后，垂体分泌大量的 FSH 和 LH，形成 LH 峰，引起成熟卵泡排卵，排卵时，第一次减数分裂完成，染色体分半，形成两个 2 倍体细胞，体积小的细胞称为第一极体（first polar body），体积大的细胞称为次级卵母细胞（secondary oocyte），都包含在透明带内，随着卵泡液一起被排出（马排出的是初级卵母细胞）。排出的次级卵母细胞经过受精，完成第二次减数分裂形成两个单倍体细胞，体积较大的称为成熟卵子（egg），较小的称为第二极体。成熟卵子的单倍染色体与精子染色体配对成功后，受精卵开始发育（图 4-4）。

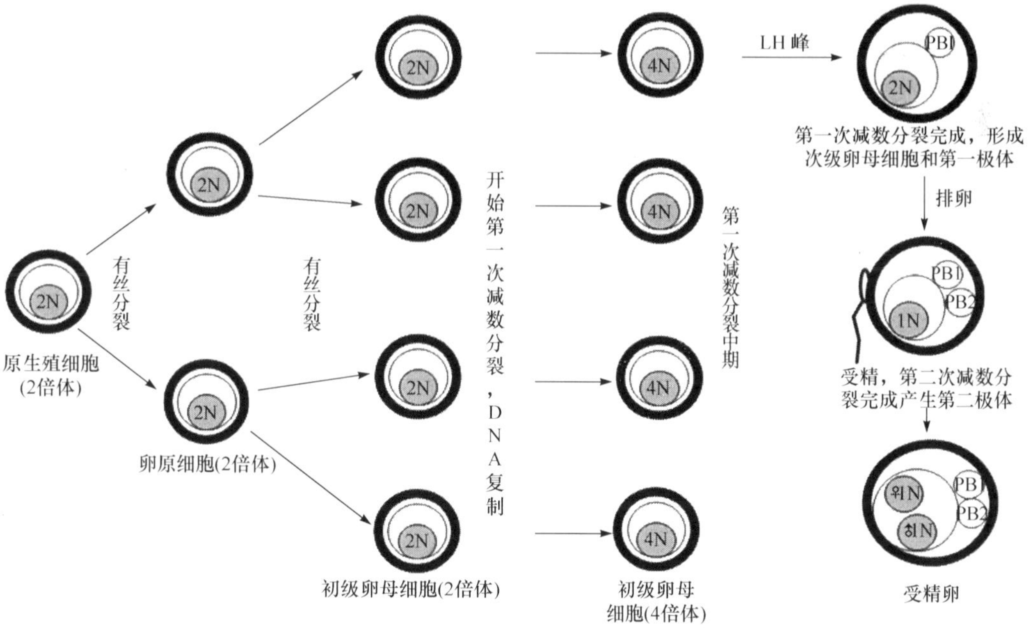


图 4-4　卵母细胞的成熟

N，染色体倍数；PB1，第一极体；PB2，第二极体

## （一）卵子结构

### 1. 卵子的结构

哺乳动物的卵子为圆球形，中心是含有细胞核的原生质，即卵黄，外面由固有的卵黄膜包裹，在卵黄膜的外侧由透明带包围刚排卵的卵子，透明带由放射冠细胞围绕（图 4-5）。

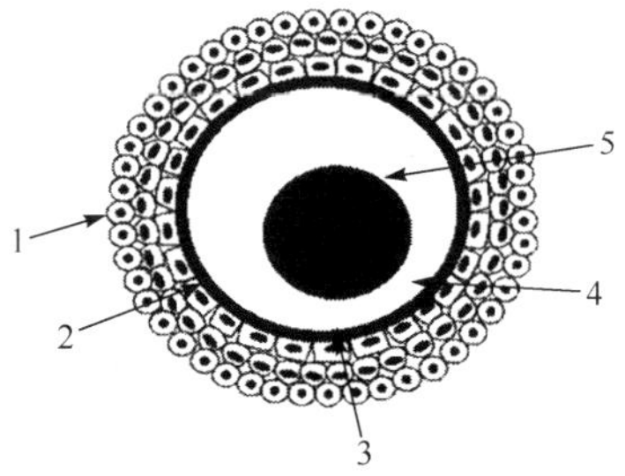


图 4-5　哺乳动物卵子模式图
1. 放射冠；2. 透明带；3. 卵黄膜；4. 卵黄；5. 细胞核

1）放射冠（corona radiate）

紧贴卵母细胞透明带的卵丘细胞呈放射状排列，称为放射冠。放射冠细胞的原生质形成突起伸进透明带，与卵母细胞本身的微绒毛相互交织。排卵后数小时，输卵管黏膜分泌纤维分解酶使放射冠细胞剥落，引起卵子裸露，称为裸卵。这种情况在猪和兔比牛和羊的卵子发生得较慢。马在排卵时，卵子表面没有放射冠细胞，被一层不整齐的胶状物包裹着，这种胶状物在两天内被分解掉。放射冠细胞能分泌糖蛋白，形成一种黏性物质，将卵母细胞及其放射冠包围起来，在排卵时这种黏稠物质散布于卵巢表面，有利于输卵管接收卵母细胞。在卵子发生过程中起到保护作用，也有助于卵子在输卵管伞中运行。

2）透明带（zona pellucida）

位于放射冠和卵黄膜之间的透明带是一均质而明显的半透膜。透明带是由中性至弱碱性的糖蛋白形成的，表面有丰富的糖残基，受精时成为精子受体，具有多精子入卵阻滞的作用。透明带富有弹性，以适应受精卵分裂时，从桑葚胚向囊胚阶段发育所产生的压力。

在电镜下观察可见卵母细胞的微绒毛和放射冠细胞的突起伸入透明带，特别是后者，有一部分可贯穿整个透明带，以供给卵母细胞营养物质。随着卵母细胞的成熟，透明带内的小突起退化，排卵后微绒毛缩回，卵母细胞和卵丘细胞分离。

3）卵质膜（vitelline membrane）

卵质膜是卵母细胞的细胞膜，它是卵母细胞的皮质分化物，具有与体细胞的原生质膜基本相同的结构和性质。卵质膜为典型的双层膜结构，在卵质膜上有微绒毛，它在排卵后减少或全部消失。具有保护卵母细胞完成正常的受精过程、有选择性地吸收无机离子和代谢产物、对精子具有选择作用等功能。

4）卵细胞质（vitellus）

与普通细胞一样，细胞质中含有线粒体、高尔基体，同时还含有色素等内容物，线粒体呈颗粒状或棒状并集中于高尔基体附近。哺乳动物的卵子是含有少量卵黄的均黄卵，由于卵黄颗粒和脂肪小滴的含量不同，卵子显示不同的颜色。马、猪、狗的卵子含有较多的脂肪小滴和少量的多糖，牛、绵羊、山羊和兔的卵子脂肪含量较少，而大鼠、小鼠和仓鼠的卵子几乎不含脂滴。排卵时卵黄（图 4-5 中的卵细胞质）占据透明带内大部分容积。受精后，卵黄收缩，并在透明带和卵质膜之间形成一个卵黄周隙（perivitelline space）。成熟分裂过程中卵母细胞排出的极体就存在于此。

5）细胞核

据观察，兔和人的初级卵母细胞具有大而圆的核，染色质分散在核质中。还有1～2个高密度纽扣状核仁，核膜上有许多核孔。次级卵母细胞的核仁较小，为圆形，核质为细小颗粒均匀分布，核孔比初级卵母细胞明显，呈有规则的排列。

**2. 卵子形态和大小**

卵子较一般细胞含有多量的细胞质，细胞质中含有卵黄，所以卵子比一般的细胞大得多。哺乳动物的卵子比精子大1万倍以上。禽类胚胎发育的全过程都依靠卵中的卵黄作为营养物质，卵细胞就更大。高等哺乳动物仅在胚胎发育的早期依赖卵中的卵黄作为营养，所以卵黄的含量很少。不含透明带的卵子直径为70～140μm。哺乳动物卵子的大小见表4-2。

**表4-2　哺乳动物卵子的大小**

| 动物种类 | 卵子直径(不含透明带)/μm | 动物种类 | 卵子直径(不含透明带)/μm |
|---|---|---|---|
| 小鼠 | 75～88 | 猪 | 120～140 |
| 大鼠 | 70～80 | 绵羊 | 147 |
| 豚鼠 | 75～85 | 牛 | 138～143 |
| 兔 | 120～130 | 马 | 105～141 |
| 狗 | 135～145 | 鲸 | 140 |
| 猫 | 120～130 | 人 | 130～140 |

资料来源：改自李青旺等，2000

## （二）卵子成熟过程

卵子的成熟过程并不局限于卵泡期，而是在雌性胎儿在母体妊娠时就开始，包含原始生殖细胞分裂期(mitotic division of primordial germ cells)、核成熟抑制期(nuclear arrest)、细胞质生长期(cytoplasmic growth)和减数分裂恢复期(resumption of meiosis)。

**1. 原始生殖细胞分裂期**

卵子的生长并不是从原始卵泡开始发育而生长，而是早于这个时期。雌性胎儿性别决定后，原始生殖细胞就分裂形成卵原细胞，这种分裂是有丝分裂的过程，在胎儿出生前分裂开始，在出生后停止，可以获得大量的卵原细胞，能保证雌性胎儿从出生到繁殖机能停止的一生中，为卵泡发育提供足够的卵原细胞。卵原细胞在雌性胎儿出生前后发育为初级卵母细胞，并开始第一次减数分裂，并停留在第一次减数分裂前期。从卵原细胞到初级卵母细胞的最后一次有丝分裂是初级卵母细胞进入第一次减数分裂前期的重要步骤(图4-4)。

**2. 核成熟抑制期**

第一次减数分裂停止后，卵母细胞核的成熟过程受到抑制而停止，并持续到初情期后在促性腺激素刺激下才开始发育。同时，当核成熟受到抑制后，初级卵母细胞的发育也停止，直到初情期后。在雌性配子中，核成熟抑制期的目的是阻止DNA的活动，以保证初级卵母细胞从出生到初情期前的很长时间内不受损伤。而对DNA的任何刺激或损伤都可能会导致受精后胚胎的死亡，从而降低雌性动物的繁殖力。

**3. 细胞质生长期**

雌性胎儿出生后进入体细胞急剧生长分化和发育阶段，但是性腺的生长发育保持相对静止状态。但是，位于卵巢上的部分初级卵母细胞的细胞质开始增多，各种细胞器的功能开始被激活，在卵母细胞周围逐渐形成透明带。同时，卵母细胞与相邻的卵泡细胞连接复合物，即缝隙连接（gap junction）形成，允许卵母细胞与颗粒细胞之间的离子和电子交换。

**4. 减数分裂恢复期**

当卵泡发育到优势卵泡期，受垂体促性腺激素分泌峰的影响，卵母细胞的减数分裂过程得到恢复。在 LH 峰形成的较短时间内，卵母细胞和颗粒细胞之间的缝隙连接逐渐退化消失。在减数分裂之前形成的缝隙连接退化过程，中断了颗粒细胞与卵母细胞质之间的联系，使减数分裂过程得以完成。由于品种的不同，缝隙连接的退化时间也不相同，因此，这种细胞之间交流中断并不能完全用于解释卵母细胞减数分裂的恢复。在卵母细胞成熟的最后阶段，环一磷酸腺苷（cAMP）和卵母细胞减数分裂抑制剂（oocyte meiotic inhibitor，OMI）被破坏，受其影响，受到抑制的细胞核成熟过程也得到恢复。

### （三）卵母细胞成熟机理

卵母细胞的成熟是为受精及胚胎发育做准备的过程，是完成正常受精及早期胚胎发育的必需条件，这个过程包括细胞核成熟和细胞质成熟。

**1. 细胞核成熟**

体外具有成熟能力的卵母细胞，其体积必须达到完全成熟卵母细胞的 80%，相当于体内有腔卵泡期的卵母细胞。在体内，该阶段卵母细胞在 LH 峰前并不发生减数分裂。然而，如果将该阶段的卵母细胞体外培养，就能自发地恢复减数分裂，这表明有腔卵泡中的卵泡细胞参与了减数分裂的休止和启动。

1）cAMP 与核成熟

处于静止期或未成熟的卵母细胞有较大的核生发泡（nucleus germinal vesicle），处于第一次减数分裂前期。在核成熟过程中，减数分裂过程从生殖泡进行到第二次减数分裂中期并在此处停留下来，核生发泡破裂（germinal vesicle breakdown，GVBD），排出第一极体。卵母细胞成熟过程中，cAMP 含量降低与减数分裂的启动密切相关。近年来的研究表明，C 型钠肽及其受体 $NPR_2$ 缺失将导致卵泡中卵母细胞的提前成熟，卵泡中的颗粒细胞分泌 C 型钠肽，该物质通过其受体 $NPR_2$ 产生 cGMP 阻止卵母细胞内 cAMP 的降解，从而抑制了卵母细胞的成熟。只有当周期性促性腺激素峰出现下调了 C 型钠肽的分泌，才能解除其对卵母细胞成熟的抑制，进而引起卵母细胞的成熟和排卵。一般情况下，卵母细胞在体外培养 1～2h，cAMP 含量迅速降到低水平；2.5～3h 内发生 GVBD；培养 10～11h 达到减数分裂Ⅱ期（MⅡ）。而绵羊则具有不同的变化模式，当 FSH 和 LH 存在时，卵母细胞在体外培养 2～6h，卵内 cAMP 水平上升；在 8～11h，cAMP 降至最低水平，与此同时发生 GVBD；于体外培养的 22～24h 达到 MⅡ期。

2）OMI 与核成熟

OMI 是一种小分子质量的多肽，来自颗粒细胞和卵丘细胞。OMI 可以通过控制卵母细胞减数分裂恢复来影响核成熟，但是由于对 OMI 的提取与纯化过程较难，因此 OMI 的作用机理还不清楚。有试验证明，如果将 OMI 去除，卵母细胞的减数分裂就得到恢复。OMI 抑制卵母细胞成熟信号的传递，似乎是通过卵丘细胞和卵母细胞之间的缝隙连接实现的。LH 具有解除 OMI 抑制信号的作用，LH 可能抑制 OMI 的产生，或阻断卵丘细胞和卵母细胞间的信号联系。在体外培养猪卵母细胞时，添加 10％的 3mm 以上卵泡的卵泡液能有效提高卵母细胞成熟率。

**2. 细胞质成熟**

卵母细胞减数分裂的恢复使卵泡细胞对卵母细胞的抑制作用降低，使围绕在卵母细胞的颗粒细胞和卵丘细胞的生长分化加速，卵母细胞体积变大，细胞质中各细胞器功能趋于完善。

1）蛋白质合成

卵母细胞的成熟需要新蛋白质的参与。新蛋白质合成对小鼠卵母细胞 GVBD 并不是必要的，但对后期卵母细胞成熟是必不可少的。在猪、牛、马、绵羊、山羊等卵母细胞体外培养时，如果加入蛋白质合成抑制剂亚胺环己酮（cycloheximide，CHX），将抑制卵母细胞发生 GVBD，使其仍处于 GV 状态。但如果去除亚胺环己酮，转入正常培养液中进行培养，则又能发生 GVBD，而且在羊和猪卵中 GVBD 发生的速率比未经亚胺环己酮处理组快 2 倍和 3 倍。说明由亚胺环己酮引起的发育抑制是完全可逆的。在培养后 24h 加入亚胺环己酮，大部分卵母细胞被抑制在 MⅠ期，而不能成熟至 MⅡ期。因此，在成熟期间的特定阶段需要有蛋白质合成，以获得发生 GVBD 及发育到 MⅡ期的能力。这些蛋白质可能属于细胞周期蛋白家族。利用免疫化学及电泳分析证明，在 GV 期的牛卵中含有 p34、cdc2、cdc25 及 MAP 激酶，但缺乏细胞周期蛋白 B（cyclin B）。而细胞周期蛋白 B 就在 GVBD 之前合成，细胞周期蛋白 B 的出现引起 p34 激酶激活。因而认为细胞周期蛋白 B 的合成和积累是导致牛卵母细胞减数分裂恢复的关键所在。当细胞周期蛋白 B 达到一定水平后，激活卵母细胞成熟促进因子（mature promotion factor，MPF）的同时也激活 c-mos原癌基因产物 $p39^{mos}$。$p39^{mos}$控制微管组织中心（MTOC）的变化，影响纺锤体形成。

同蛋白质合成一样，蛋白质水解作用可能也参与卵细胞质中 MPF 的激活。在含有蛋白质水解酶抑制剂 p-aminobenzamidine（P-AB）的培养液中培养猪卵母细胞可阻止染色质凝集，也抑制核膜破裂。小鼠卵母细胞对 P-AB 非常敏感，但只在培养后的前 30min 起作用。而且，如果存在蛋白质水解酶抑制剂，可使细胞中 MPF 保持在高水平状态，使细胞保持在 M 期。猪卵母细胞在解除亚胺环己酮对其的抑制后，已合成的蛋白质也需要蛋白质水解作用对其的进行翻译后修饰。因此，蛋白质合成和蛋白质水解被认为是诱使卵母细胞核膜破裂的两个必要且连续的步骤。

2）颗粒细胞与卵丘细胞

卵母细胞的卵丘细胞群完整度、紧密度直接影响体外成熟效果。早期的研究指出，颗粒细胞和卵丘细胞参与胞质成熟过程，颗粒细胞在兔卵母细胞胞质成熟中起重要作用。体外成熟的兔卵（不带颗粒细胞）受精后，精子虽能发生去致密化，但受精卵不能进一步发育。用猪、牛和羊做实验也得出类似结论。但是，这两种细胞的各自作用目前尚不明确。选用卵丘细胞较多的卵母细胞进行培养，可明显提高成熟率与后期发育能力。卵丘细胞还参与透明带化学特性的形成。但卵丘细胞对成熟后的卵母细胞是否还有意义尚不清楚。

3）核成熟和胞质成熟的时限

核成熟与胞质成熟存在着明显的时间差。绵羊卵母细胞体外培养 22h 即可达到核成熟（至 MⅡ期），延长培养时间并不能明显提高成熟率，但体外培养 24～26h 的卵母细胞受精率却明显高于培养 22h 者。猪卵母细胞体外培养 36h 可达到核成熟，但超微结构研究发现细胞质成熟需要在体外培养 48h，在胞质不成熟时多精入卵比例很高。

## 四、卵母细胞体外成熟

成熟卵母细胞的获取主要有两种途径：一是通过体内成熟，即雌性动物经超排处理后，从成熟卵泡内收集卵母细胞或从输卵管内回收刚刚排出的卵母细胞；二是体外成熟（*in vitro* maturation，IVM），即通过收集有腔卵泡中未成熟的卵母细胞，经体外培养使之成熟。后一种方法可以充分利用雌性动物的卵巢，是解决卵子来源的最有效途径，具有更大的实用价值。体外受精（*in vitro* fertilization，IVF）技术是继人工授精和胚胎移植之后，动物繁殖领域的第三次革命，卵母细胞体外成熟是体外受精技术的重要组成部分，是成功获得人工胚胎或后代的重要步骤之一。尽管卵母细胞体外成熟技术已被广泛应用于科学研究、畜牧生产和医学生殖工程，成为拯救闭锁卵母细胞，增加卵源的一种有力手段。然而，体外成熟的卵母细胞，其质量和发育潜能与体内成熟的卵母细胞相比还有较大差距，因此，如何提高卵母细胞的体外成熟质量仍有大量工作要做。

**延伸阅读**

1935 年，Pincus 和 Enzman 首次观察到，离开卵泡的兔卵母细胞可在没有促性腺激素的培养条件下自动恢复和完成成熟分裂。直到 20 年后，Pincus 和 Enzman 的这一发现才被美籍华人张明觉进一步证实。1965 年，Edwards 通过研究小鼠、绵羊、牛、猪、猕猴和人卵母细胞的体外成熟发现，卵母细胞离开卵泡环境后自发核成熟是哺乳动物卵母细胞成熟的一种普遍现象。此后，各国学者对哺乳动物卵母细胞体外成熟时形态、生物化学和染色体等变化进行了系统研究，但普遍认为体外成熟的卵母细胞，其受精和胚胎发育能力很低。未成熟卵母细胞的体外成熟培养在小鼠研究得较多，在家畜也取得较大进展，牛、猪等均有 IVM/IVF 仔畜产生。1978 年，Newcomb 等获得了首例体外成熟的牛卵母细胞经体内受精出生的后代，体外成熟卵母细胞的受精和发育潜能才逐步得到人们的认可。Veek 等在 1983 年获得了世界首例人卵母细胞经体外成熟和体外受精后的试管婴儿，Cheng 和 Polge 在 1986 年获得世界上首例试管猪，Critser 等也于 1986 年获得了牛卵母细胞经体外成熟和体外受精后的试管牛，进一步证实了体外成熟的卵母细胞具有正常的受精和胚胎发育能力。秦鹏春等（1995）使体外成熟的猪卵巢卵母细胞体外受精，完全在体外培养达到桑葚胚，然后通过胚胎移植获得 5 头试管猪。

## 五、排卵(ovulation)

在垂体LH峰的影响下，成熟卵泡破裂，卵丘-卵母细胞复合体随着卵泡液一起被排出的过程称为排卵。不同的动物之间排卵数差异较大，牛、马和驴通常只排出一个卵子，母猪的排卵数为10～25个，少数母猪(如太湖猪)的排卵数能超过30个。排卵是一个复杂的过程，涉及的步骤如下。

### (一) 排卵类型

雌性动物在初情期后，卵巢上出现周期性的排卵现象，但是不同的动物其排卵方式不同，哺乳动物有两种类型，分别是自发性排卵(spontaneous ovulation)和诱发性排卵(induced ovulation)。

**1. 自发性排卵**

卵泡发育成熟后自动破裂排卵即自发性排卵。排卵后会在排卵的地方形成两种黄体：一种是雌性动物发情周期正常，排卵后不需要通过交配形成的黄体，这类黄体具有分泌孕激素的功能，在发情周期中会维持一段时间，如各种家畜与人类；二是雌性动物在排卵后需要通过交配才能形成功能性黄体，否则形成的黄体不能分泌雌激素，如小鼠、大鼠等。

**2. 诱发性排卵**

通过交配或其他方式对阴道或子宫颈刺激后，发育成熟的卵泡才能排卵并形成功能性黄体的现象称为诱发性排卵或反射性排卵(reflex ovulation)，如骆驼、兔、猫科动物和水貂等。一般来说，诱发性排卵的动物都有相对较长的交配时间(如兔)或在一个发情周期内能接受多达上百次的交配(如狮子)。较长的交配时间或多次交配保证了对雌性动物足够的神经刺激以导致排卵发生。

人为刺激方式，如用低电压或机械刺激雌性动物的阴道也可以诱发这类动物排卵。无论是自发性排卵还是诱发性排卵都与LH作用有关，但其作用途径有所不同。自发性排卵的动物，LH排卵峰是发情周期中自然产生的；而诱发性排卵必须经过对阴道或子宫颈的刺激，引起神经-内分泌反射而产生LH排卵峰，促进卵泡成熟和排卵。受到人为刺激后，在阴道或子宫颈内的神经元诱发下丘脑上GnRH释放，GnRH沿垂体门脉系统到达前叶，引起垂体LH峰的释放，导致排卵。在猫上，多次交配引起的LH峰值要远远高于单次交配，因此多次交配下雌性动物的排卵数量与卵子质量都要好于单次交配。由于在交配刺激与排卵的时间上对应准确，因此在诱发排卵上，兔子是非常好的实验动物模型。

利用外源性激素注射也可以诱发雌性动物排卵，如超数排卵。使未成熟的黄体发生溶解是激素诱导排卵的关键要素。要实现这个目的，可以通过外源性注射前列腺素($PGF_{2\alpha}$)溶解黄体，降低血液中的孕酮含量，使孕酮对下丘脑GnRH释放的抑制作用降低，从而引起垂体释放大量的FSH和LH，导致LH峰值出现和排卵。

### （二）排卵时间和排卵数

排卵是成熟卵泡在 LH 峰作用下产生的，从 LH 排卵峰至排卵的时间，因动物种类不同而有差异，但同种动物的排卵时间与排卵数几乎是一定的(表 4-3)。

**表 4-3 LH 峰形成至排卵时间(h)与排卵数(个)**

| 物种 | 牛 | 猪 | 绵羊 | 马 | 兔 | 小鼠 | 大鼠 | 仓鼠 | 犬 | 猫 |
|---|---|---|---|---|---|---|---|---|---|---|
| 排卵时间 | 28～32 | 40～42 | 24～26 | 40～56 | 9～11 | 12～15 | 12～15 | 9～11 | 48～72 | 30～40 |
| 排卵数 | 1 | 10 | 1～3 | 1 | 5 | 8 | 10 | 6 | 3～12 | 2～10 |

### （三）排卵部位

哺乳动物除了卵巢门以外的卵巢表面任何部位都可以排卵，但马属动物仅限于卵巢的排卵窝部位排卵。初生幼驹的卵巢组织与其他动物一样，也是生殖上皮覆盖整个卵巢，但随年龄增大生殖上皮逐渐向内集中，卵巢髓质部则向外发展，与牛、羊、猪等动物相反。牛、马等动物在两个卵巢都可随机发生排卵，且本次排卵与前次无关；但有些动物往往是两个卵巢交替排卵，在绵羊上，排卵部位通常位于上一次排卵后形成黄体的对侧卵巢上。另外，卵巢排卵活性随动物年龄增加而逐渐降低，母马在 15 岁以后，其排卵能力逐渐消失。

### （四）排卵过程

排卵前，由于颗粒细胞与卵泡内膜细胞逐渐分开，卵泡弹性也增强，在垂体 LH 分泌量达到一定峰值时，卵泡表面的组织层(卵巢表皮、富含胶原的白膜、卵泡外膜和内膜等)破裂，卵母细胞排出。排卵时卵泡发生的变化如下。

**1. 形态结构变化**

随着卵泡的发育和成熟，卵泡液不断增加，卵泡体积变大并凸出于卵巢表面，但卵泡内压并没有明显的增高。突出的卵泡壁扩张，细胞间质分解，卵泡膜血管分布增加，充血，毛细血管通透性增强。随着卵泡液的增加，卵泡外膜的胶原纤维分解，卵泡壁变柔软，富有弹性。突出卵巢表面的卵泡壁中心呈透明的无血管区就是将要排卵的部位。排卵前卵泡外膜分离，内膜通过裂口而突出，形成一个乳头状的小突起，称作排卵点(stigma)。排卵点膨胀破裂后，卵泡液把卵母细胞及其周围的放射冠细胞冲出，被输卵管伞接纳。随着输卵管伞部纤毛上皮细胞的摆动，将卵母细胞送入输卵管壶腹部等待受精。

**2. 各种细胞变化**

(1) 卵母细胞　在激素的刺激下，成熟卵泡的卵丘细胞团出现空隙并逐渐松动，卵丘细胞逐渐与颗粒细胞分离，使卵母细胞从颗粒细胞层释放出来，并在 LH 排卵峰之后 3h 重新开始减数分裂，只有靠近透明带的卵泡细胞得以保留，围绕卵母细胞而形成放射冠。此时第一极体已经排出，卵丘细胞分泌较多的糖蛋白，形成一种黏性物质，将卵母细胞及其放射冠包围起来，卵泡破裂后，这种黏稠物质散布于卵巢表面，有利于输卵管伞接纳卵母细胞。

(2) 颗粒细胞　排卵前，靠近卵丘的颗粒细胞之间开始变性，卵泡液渗入卵丘细胞之间，使卵丘细胞聚合力减弱，并与颗粒细胞层逐渐分离，靠近排卵点的颗粒细胞层完全分离并逐渐消失。约在排卵前2h颗粒细胞长出突起，穿过基底层，为排卵后黄体发育时卵泡膜细胞和血管侵入颗粒细胞层作准备。这个过程与早期妊娠因子的产生有关。

(3) 卵泡膜细胞　排卵前数小时卵泡液迅速增多，卵泡体积迅速增大，由于卵泡的弹性增加，所以卵泡内压力并没有增加，随后卵泡膜发生侵入性水肿，卵泡壁变薄，在卵泡外膜层形成水泡状结构，在接近排卵时，卵泡膜的上皮细胞发生退行性变化，并释放出纤维蛋白分解酶，对卵泡膜有分解作用，可使卵泡壁变薄而破裂。

(4) 卵巢表皮细胞　排卵前，卵泡壁内层细胞与卵巢表皮会产生相互作用。覆盖卵泡的卵巢上皮细胞溶酶体分化，释放出水解酶，首先破坏其下面的白膜细胞，然后破坏卵泡膜细胞。溶酶体破裂后上皮细胞脱落，卵泡顶端局部突出变薄，形成前述的排卵点，排卵时突出的排卵点顶端破裂。

### （五）排卵机制

排卵是一个多因素作用的复杂过程，既有激素作用下的酶性溶解，又有神经肌肉系统的活动，但目前较多的认为是酶性溶解对排卵起重要作用。同时，排卵是卵巢卵泡发育到一定时期后对物理、生物化学及生物物理等因素产生反应的结果，主要涉及内分泌、生物化学以及神经肌肉机制等。

#### 1. 生物化学机制

排卵前数小时，促性腺激素分泌峰值引起血液中类固醇激素含量快速上升和前列腺素(PG)的合成，现已知LH是卵泡内卵母细胞释放的直接因素。促性腺激素通过一系列生物化学变化引起排卵。

(1) 排卵前的LH峰　进入卵泡期，雌二醇水平出现波峰，对丘脑下部和垂体产生正反馈，引起GnRH释放增加，导致排卵前血浆中LH出现突发性的峰值。同时也引起FSH和PRL的波峰，因此，LH被认为是一种排卵激素。

(2) 类固醇激素的变化　抑制孕酮的合成阻止了排卵，而孕酮含量增加刺激卵泡壁中胶原纤维酶的活性，起到溶解卵泡壁的作用。LH峰后，在卵泡液中雌二醇与孕酮含量的比例发生急剧下降。例如，在猪的卵泡中，雌二醇与孕酮的比率由2降到0.15。

(3) 前列腺素　LH峰并不能引起$PGE_2$和$PGF_{2\alpha}$的含量迅速增加。例如，母猪体内的前列腺素的含量开始增加是在雌激素与孕酮比例改变后的30h后，在40h后才达到最高水平。当前列腺素的合成受到抑制时，卵母细胞只能留在卵泡内，或可能在卵巢内部排卵。$PGF_{2\alpha}$在卵泡破裂中起重要作用，同时可以刺激排卵前卵巢和卵泡的收缩强度，使上皮细胞脱落，顶端形成排卵点。而PGE可以促进血纤维蛋白溶酶原激活物产生，增加其活性，使卵泡各类别细胞层发生重组和终止黄体形成。

#### 2. 神经肌肉机制

研究发现，在卵泡壁上存在富含自主神经末梢的平滑肌细胞，主要分布在成熟卵泡的外膜细胞上。在排卵前2～3h，卵巢平滑肌细胞自发性收缩频率开始增加，在排卵前达到高峰。$PGF_{2\alpha}$具有刺激卵巢收缩和使卵巢收缩频率增加的作用。卵巢的收缩导致顶端变薄的卵泡破裂。同时 $PGF_{2\alpha}$ 刺激卵泡膜的神经肌肉系统，促进卵母细胞的排出。

## 六、黄体形成与退化

卵泡破裂后，卵泡壁上的毛细血管也随之破裂，血液流出并汇集形成血凝块样的结构，刚排卵时较小，从卵巢表面看呈现血红色，称为红体(corpus hemorrhagicum)。红体可以持续 1～3 天，具有分泌孕酮的功能。随着时间的推移，排卵时残留在卵泡腔内的颗粒细胞通过吸收类脂质物质而使红体内部颜色逐渐变浅，体积增大，形成黄体(corpus luteum)(图 4-6)。至发情间期，黄体体积达到最大，同时产生的孕酮也达到最高值。在发情间期快结束时，在 $PGF_{2\alpha}$ 的作用下，黄体降解，体积逐渐缩小，孕酮分泌功能降低，在卵巢表面形成较小的白斑，称为白体(corpus albicans)。白体在卵巢表面可以存在几个发情周期，然后才逐渐消失。

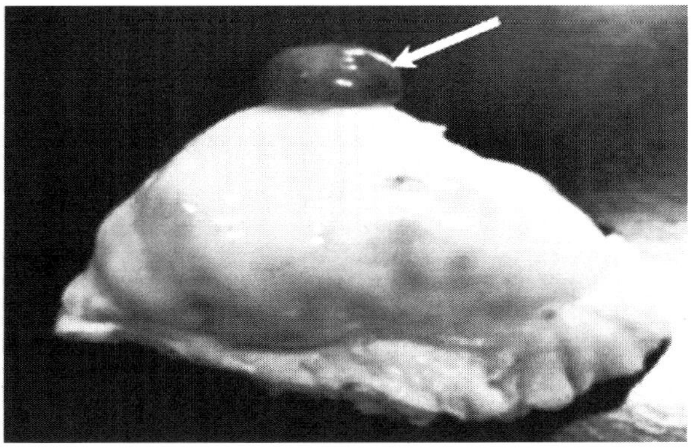

图 4-6　牛卵巢上的黄体(白色箭头所指)

**1. 黄体形成**

排卵后，卵泡膜细胞和颗粒细胞迅速转化形成黄体细胞，称为黄体化，黄体化过程受 LH 控制。即将排卵时，卵泡基膜开始蜕变，与卵泡膜细胞和颗粒细胞分离。排卵后，卵丘与卵泡液流出，卵泡壁塌陷，颗粒细胞在卵泡腔内形成皱襞，并逐渐形成腺体，颗粒细胞与卵泡膜细胞相互混合，转化成黄体细胞。在显微镜下，黄体细胞主要由体积不同的两类细胞组成，体积较大的细胞(直径为 20～40μm)来源于颗粒细胞，体积较小的细胞(直径为 20μm)来源于卵泡膜细胞，卵泡基膜逐渐转化形成黄体的连接组织。血液中基础孕酮的分泌主要来自小黄体细胞，主要用于维持发情周期中孕酮的基础水平，同时受 $PGF_{2\alpha}$ 调节。在绵羊上，小黄体细胞上 $PGF_{2\alpha}$、PGE 和雌二醇受体数量较多，而 LH 受体主要存在于大黄体细胞上。在 LH 和腺苷酸环化酶的作用下，大黄体细胞可以产生大量孕酮，用于维持妊娠。大黄体细胞的另一项重要功能是产生催产素，对子宫前列腺素和卵巢孕酮的分泌起到调节作用。在牛上，利用直肠检查的方法可以发现黄体的存在，但是这种方法并不能准确地预测黄体的功能性状态。同时，利用实时超声波图像检测证明母牛血液中的孕酮含量与黄体直径大小相关。母马的黄体并不突出于卵巢表面，所以利用直肠检查不能发现黄体是否存在。

**2. 黄体的分类**

黄体具有分泌孕酮的功能。产生的孕酮通过抑制下丘脑 GnRH 的分泌以抑制垂体 FSH 的分泌，同时也能抑制雌性动物的发情。排卵后 7～14d，黄体发育至最大程度。此后，如果受精，它存在的时间较长，体积也增大，称为真黄体或妊娠黄体（corpus luteum verum），是维持妊娠期必需孕酮的主要来源。然而，通过检测血液中孕酮的含量发现，有 25%～39%的妊娠黄体并不能产生大量孕酮。如未受精，至排卵后 12～17d，在 $PGF_{2\alpha}$的作用下，黄体开始萎缩，产生孕酮也迅速减少，作用消退，这种黄体称为周期黄体（corpus luteum spurium）或假黄体（false yellow body），一般比妊娠黄体小，产生的孕酮含量也低于妊娠黄体，但是也有 15%～21%的周期黄体能产生大量的孕酮。在未妊娠的情况下，卵泡和黄体就是这样彼此衔接，交替循环发生的。

**3. 黄体的退化与溶解**

在不能发生精卵受精的前提下，黄体开始退化，而卵巢上其他大卵泡又开始逐渐成熟。随着黄体细胞的降解，黄体的体积逐渐减小，颜色变淡而形成白体，2～3 个发情周期后，只能在卵巢表皮上看见白斑。牛的黄体在发情后 14～15d 就开始退化，大约在 36h 退化到原来体积的一半。

黄体溶解是黄体细胞的崩解或腐烂，引起血液中孕酮浓度的急剧下降。黄体细胞经历不可逆的崩解或腐烂过程，一般发生在黄体末期的 1～3d。控制黄体溶解的激素是子宫内膜产生的 $PGF_{2\alpha}$和由黄体分泌的催产素以及孕酮，其中 $PGF_{2\alpha}$是导致黄体发生溶解的主要因素。$PGF_{2\alpha}$经子宫静脉，通过弥散作用转移至子宫-卵巢动脉，使 $PGF_{2\alpha}$能聚集于卵巢上的黄体组织而发挥作用（图 4-7）。如果黄体溶解不能发生，由于孕酮会抑制促性腺激素的分泌，雌性动物将始终停留在黄体期。

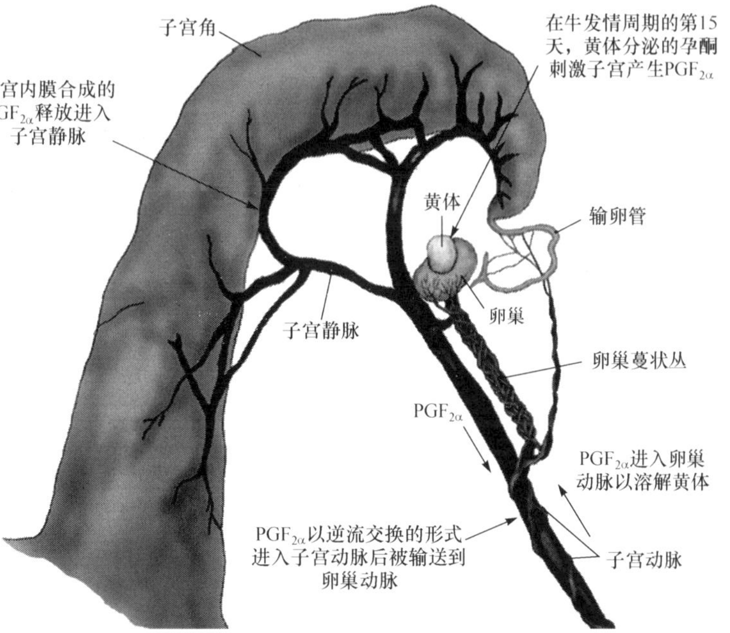


图 4-7　$PGF_{2\alpha}$溶解卵巢黄体途径

**4. 家畜的黄体形态**

各种家畜的黄体形态具有以下特点。

牛黄体的形状大致呈圆形，有一部分突出于卵巢表面，与卵巢本身之间有明显的界限。排卵后 3～5d 其直径约 1cm，质地柔软，10d 发育至最大，可达 2～2.5cm，比成熟卵泡大，质地变硬。14～15d 开始萎缩，18d 后迅速缩小。未妊娠母牛一般在摘除有功能黄体之后 2～9d 即出现发情。

绵羊黄体呈圆形，排卵后 6～9d 发育最大，直径约 9mm。排卵后 12～14d 开始萎缩。山羊周期黄体的最大直径约为 1.3cm。

猪的黄体也呈圆形，突出于卵巢表面，大小很不一致，排卵后 8d 发育至最大，直径可达 1～1.5cm，较成熟卵泡大。排卵后约 15d 开始萎缩，40d 左右消失。

马的黄体初期为稍扁圆形，排卵后 14d 发育至最大，直径为 3～4cm。排卵后 17d 开始退化，缩小为圆锥形，2～3 个发情周期后仅为一端稍圆的梭形遗迹。

## 七、卵原干细胞(oogonial stem cell，OSC)

动物卵巢上是否存在 OSC、卵原细胞(oogonia)是否能进行自我复制等问题一直是科学家争论的焦点。众所周知，哺乳动物的配子前体细胞 PGC 来源于性别决定前的胚胎后部，在小鼠与人类胚胎上存在于尿膜和卵黄囊之间，然后通过迁移形成性腺嵴。在性别决定后，PGC 向卵原细胞分化，然后形成卵母细胞。在迁移过程中，PGC 经历复杂的表观遗传学变化，与一些被激活的多能性基因(*Oct4*、*Nanog*、*Sox2* 等)一起，通过表观遗传学变化以保持和重新获得独一无二的性细胞特征，从而保护细胞的全能性。在睾丸上，*Oct4* 是判断干细胞存在与否的特异性标记基因，也在人类恶性生殖细胞肿瘤上特异性表达。同时，在配子发生早期，PGC 还会删除根植于性细胞上性别决定的基因组印记。

由于卵原细胞在胎儿出生后的早期全部转变成初级卵母细胞，因此卵巢上再没有新卵原细胞形成。相反，在雄性哺乳动物或其他物种的雌性(如果蝇、线虫和海胆)上，原始生殖细胞会转化为性原干细胞(germ stem cell，GSC)，最后分化形成精子。所以目前普遍的看法是只要雄性动物活着，就会产生具有受精能力的精子，而雌性动物的卵子则随着年龄的增加而急剧减少。在精原干细胞发现以后，人们就试图在卵巢上寻找卵原干细胞并对哺乳动物卵巢上是否存在卵原干细胞，以及在胎儿出生后能否形成新的卵原细胞，即新卵子发生(neo-oogenesis)进行过激烈的辩论。直到 20 世纪初，对 OSC 的研究才取得突破性进展，目前的研究证明，在成年人、绵羊、猴、兔和小鼠的卵巢上，通过对卵巢表皮进行特殊处理后，在培养液中就会有干细胞存在，这些细胞经干细胞特异表达的基因表达与标记后被证明是卵原干细胞。

卵原干细胞非常稀少，在 1 万个卵巢细胞中可能只有一个卵原干细胞。采用特殊方法提取卵原干细胞后进行培养，其生长速率很快。在显微镜下可以看到，卵原干细胞体外发育后自动形成的细胞，在分子水平上与未成熟的卵母细胞相似。为了找到卵原干细胞在卵巢上的分化证据，科学家从人类志愿者身上获取了卵巢组织，将带有绿色荧光蛋白(GFP)的卵原干细胞注入卵巢组织，并移植到小鼠的皮肤下。2 周以后，在手术部位，研究人员在一个未成熟的卵泡里发现了带有绿色荧光的卵母细胞(图 4-8)。但是,从人类卵巢上获取的卵原干细胞经过体外培养后获得卵母细胞,因为发育不成熟而不能受精,同时,由于这样的实验也受伦理道德与法制体系的监督,直接在人体上进行实验的可能性几乎为零。

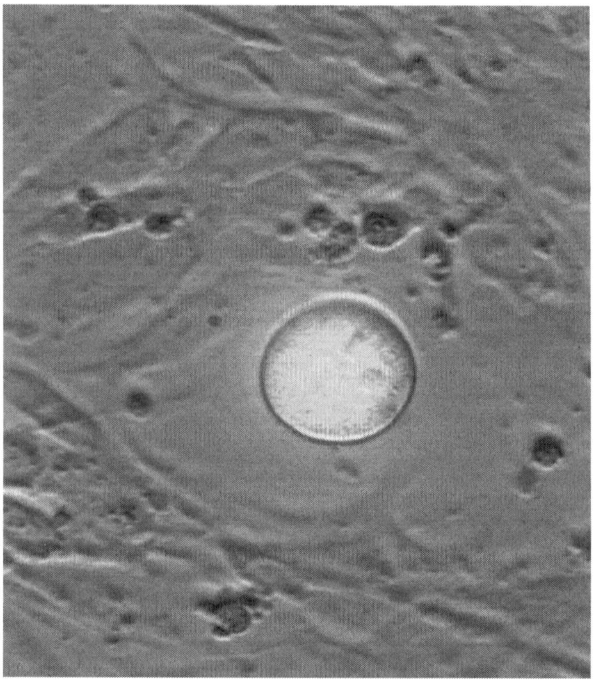

图 4-8　卵原干细胞分化形成的表达 GFP 的卵母细胞(引自 Vogel et al.,2012)

卵原干细胞可能来源于未分化的原始生殖细胞或其前体细胞。处于生长期的卵巢上,在一些极小的缝隙中存留极少数原始生殖细胞,在这些缝隙中,原始生殖细胞获得与卵原干细胞相同的特征,如细胞周期静止和具有自我更新能力等。因此,阐明原始生殖细胞摆脱原有信号控制,转向具有自我更新的卵原干细胞特性,以诱导其向具有特定基因型的成体细胞发育的分子机制就显得相当重要。一种可能的方法是采用相同的培养体系同时培养原始生殖细胞和分离的卵原干细胞,以此研究卵原干细胞的来源和分化的分子机制,但是目前的进展还不大。总之,关于卵原干细胞的研究才刚刚起步。

**延伸阅读:卵原干细胞的未来**

传统的观念认为,雌性动物出生后卵巢上的卵母细胞数量已经确定,这些卵母细胞能够发育而不能增殖。直到 2004 年,科学家才从小鼠卵巢上第一次分离出雌性性细胞,相对于精原干细胞来说,这项工作已经晚了 40 余年。然而,即便在 White 等于 2012 年分离出卵原干细胞(OSC)后,一些科学家仍然不以为然,他们仍对一些挑剔的问题,如 OSC 的来源与功能等嗤之以鼻。

受传统观念的影响,尽管近几年纯化小鼠和人类卵巢 OSC 的工作已取得跨越式的进步,科学家也利用鉴定精原干细胞的方法证明了 OSC 的存在,但是关于哺乳动物中 OSC 的争论还在继续。事实上，目前相关领域的工作只是在证明 OSC 的存在，而一些持怀疑态度的人却要求立刻证明其产生卵母细胞的能力，其他诸如 OSC 在成年哺乳动物卵巢内的生理作用、控制 OSC 自我更新并诱导其分化为卵母细胞的信号调控网络、OSC 在卵巢衰老过程中的作用、如何维持雌性动物长期的生育年龄等问题，都需要较长的时间和充沛的精力来研究并证明。

尽管一直都有一些负面的声音，但是 2004 年以后，当越来越多的文章证明 OSC 的存在并证明其支持成年小鼠体内卵母细胞的自我更新后，情况就有了巨大的改变。但是，一些被看做是繁殖或干细胞方面的专家依旧在科学杂志上发表批评性的和完全负面性的文章。我们认为，对新提出的大胆的科学主张看做缺乏证据是很必要的，也还有许多工作要做，但是不能忽视在这方面投入了巨大时间与精力的人们，不能忽视从各个实验室做出的如此庞大的数据。我们应该倾听对该工作有更"恰当的热情"的科学家的意见，跟随 White 等的脚步，用更积极、更建设性的意见和建议去支持并推进这个新颖却基础的研究。

## 第三节　发情与发情周期

当发育到初情期后，雌性动物就进入了周而复始的繁殖期，每个繁殖期包括发情、排卵、黄体形成与退化，或发情、排卵、受精、妊娠、分娩及分娩后性行为等一系列事件，即进入了发情周期。发情周期是从发情开始，到下一次发情开始结束，能够为雌性动物提供多次交配与妊娠机会的现象。总的来说，交配发生在发情周期中的较早时间，一般在排卵之前，如果此次交配没有妊娠，则下一次发情就重新开始，雌性动物又有新的交配与妊娠的机会，如果受精，雌性动物就会进入发情停止期，直到分娩结束，子宫恢复正常，因此，发情周期贯穿于成年雌性动物的一生。

发情周期受环境、遗传、生理、激素、人类行为等因素的影响而改变。如果营养条件不能满足雌性动物的需求，发情周期可能延长或停止；另外，生殖道病理状况，如子宫感染、持久黄体或木乃伊胎儿也可能引起不发情。对于长期不发情的动物，可以通过改善营养、环境等因素进行调控，但是在生产上，通常是在受精与妊娠能力下降之前就被出售或屠宰。

### 一、发　　情

#### （一）发情(estrus)

初情期后的雌性动物，在垂体促性腺激素的作用下，卵巢上的卵泡发育并分泌雌激素，随着卵泡发育增大，雌激素分泌增多，作用于输卵管、子宫、阴道等，并改变其原有的细胞排列与黏液分泌等一系列变化；雌激素作用于大脑皮质，使雌性动物产生性欲并允许雄性爬跨、交配等外部行为的变化，这种生理状态称为发情。

发情起源于希腊语寄生虫家族"oestridae"，用于描述母牛遭寄生虫叮咬后，引起母牛竖尾乱跑的现象。当其他雌性动物发情时也出现类似现象，因此被用于描述雌性动物的发情。

### （二）发情期

发情期是雌性动物具有明显发情现象的持续时间。在这段时间内，雌性动物具有明显的性欲、接受异性爬跨等性行为以及生殖器官的形态与机能变化。卵巢上卵泡的发育、成熟和雌激素的产生是发情的本质，而性行为等外部变化只是发情的外部表现。另一个用于描述发情期的单词是"season"，是在一年中特定的季节具有明显发情现象的时期。

### （三）发情表现

雌性动物发情时，不仅在行为上表现明显的特征，而且其生殖系统也会发生一系列变化。雌性动物在发情时表现的行为变化称为性欲(libido)。在生理或非妊娠条件下，雌性动物每间隔一定时期就会出现一次发情，具有周期性。

**1. 求偶**

在发情期，雌性动物主动接近雄性，两后肢分开、举尾，接受爬跨与交配；有的动物频频排尿，作阴门开闭等动作，当雄性动物爬跨时表现静立不动。

**2. 生殖道**

由于雌激素的作用，子宫和输卵管平滑肌的蠕动加强；外阴部、阴蒂和阴道上皮充血肿胀，黏膜潮红；子宫颈松弛；子宫颈和阴道前庭的分泌机能增强，分泌的黏液增多并流出阴门外。随着发情时间的延长，卵巢排卵后雌激素含量急剧下降，生殖道黏液分泌由多变少，由稀薄变得黏稠，牵缕性增强，常见于母牛发情后期悬挂在阴门下角的棒状黏液。

**3. 行为**

雌性动物在发情时往往表现兴奋不安，对外界的变化十分敏感，频繁走动，食欲下降，泌乳量减少，哞叫或发出特殊的叫声等。

## 二、发情周期

### （一）发情周期(estrous cycle)概念

雌性动物达到初情期以后，受激素分泌控制，生殖器官及性行为在未妊娠前提下发生周而复始的变化，直到性机能停止为止，这种周期性的性活动称为发情周期。但当雌性动物妊娠或非繁殖季节内，这种变化会暂时停止，分娩后经过一定时期，又重新开始。发情周期的计算通常是从上一次发情开始起，到下一次发情开始止或上一次发情结束起到下一次发情结束止的间隔时间。各种动物及相同品种不同品系或个体的发情周期都各有不同。

发情周期是一系列可以预测的繁殖事件，在成年雌性动物的一生中都会持续不断的发生，可能被受精、妊娠、分泌或季节等因素中断，也可能由于营养、环境等因素的影响导致发情周期停止。另外，病理状况，如子宫感染、持久黄体或卵巢囊肿等会引起发情停止。

发情周期为雌性动物提供了多次交配和妊娠的机会，性接受与交配过程是发情期中的首要事件。交配一般是在发情周期中的早期，在排卵之前发生。如果不能妊娠，雌性动物就开始下一次发情周期，准备下一次的交配与妊娠；如果妊娠，雌性动物就进入妊娠期，不表现发情期直到分娩，子宫恢复后才进入下一次发情周期。

## （二）发情周期分类

雌性动物的发情周期除受丘脑下部-垂体-卵巢轴的内分泌控制外，也与外界环境的影响有关，有的动物在特定的季节才能发情，有的则不受季节的影响。根据一年内动物发情的频率将发情周期分为以下 3 种类型(图 4-9)。

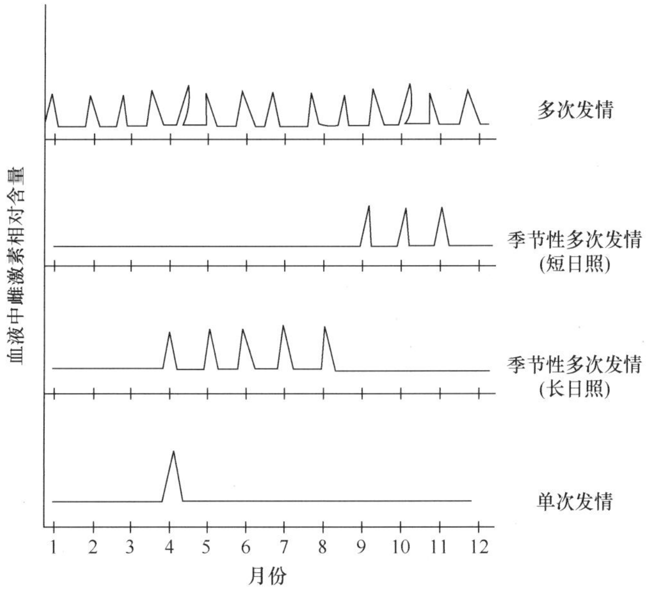


图 4-9　雌性动物不同的发情周期

### 1. 多次发情

多次发情的动物，在全年的任何时间均可发情，无发情季节之分，如猪、牛、啮齿类动物等。多次发情的动物对时间没有选择，因为在一年中的任何时间发情、妊娠并分娩后，胎儿都不会受季节的影响。

### 2. 季节性多次发情

这一类型的雌性动物，只有在一年中的特定季节有多次发情和排卵的现象。在非发情季节期间，卵巢机能处于静止状态，不会发情排卵，称为乏情期。母马通常在春季有多次发情现象，由于春季日照时间逐渐增加，因此称为长日照发情；而绵羊、山羊、麋鹿等在日照时间逐渐缩短时，即秋季有多次发情现象，是短日照发情动物。雌性动物发情周期的季节性，是长期自然选择的结果。在未驯养前，处在原始的自然条件下，只有在全年中比较良好的环境条件下产仔，才能保证所生的幼仔能够存活。例如，马的发情季节为春季，妊娠期为 11 个月，则分娩季节为春季，这时有利于幼驹成活；绵羊的发情季节是秋季，妊娠期为 5 个月，则分娩季节也为春季，有利于羔羊成活。

**3. 单次发情**

雌性动物在一年中只有一次发情现象,属于单次发情,如狼、狐狸和熊等在一年中只有一次发情。犬在两年中有三次发情现象,但通常被认为是单次发情动物。一般来说,单次发情动物的发情期相对较长,会持续数天,以获得更多的交配和妊娠的机会。

雌性动物的发情季节并不是一成不变的,随着驯化程度的加深,饲养管理的改善,其季节性的限制也会变得不太明显,甚至可以变成没有季节性。例如,高度驯化的纯种马或在温暖地区进行舍饲的母马,发情的季节性不太明显,甚至不受季节限制。又如,一般绵羊的发情季节为秋季,但地中海绵羊就无季节性。反之,那些没有发情季节性,多次发情的动物,如牛、猪等,如果饲养管理条件长期非常粗放,则其发情周期也有比较集中在某一季节的趋势。例如,我国北方牧区的黄牛,仅在夏季、秋季发情,南方水牛在上半年发情很少,而大多集中在下半年发情,尤以 8～10 月发情牛最多。

### (三) 发情周期的划分

雌性动物的发情周期是周而复始、连续不断的过程。为了更加容易辨别发情周期,掌握合适的配种时间,科学家根据雌性动物卵巢、生殖道及性行为的一系列生理变化,人为地将发情周期分为互相衔接的几个阶段。实践中通常采用四分法和二分法,前者侧重于将雌性动物发情的外部表现和内部生理变化相结合进行划分,后者则以卵巢状态,即卵巢上是黄体还是卵泡为前提进行划分。

**1. 四分法**

根据雌性动物在发情周期中精神状态、性行为表现、生殖道的变化分为发情前期、发情期、发情后期及间情期(图 4-10)。

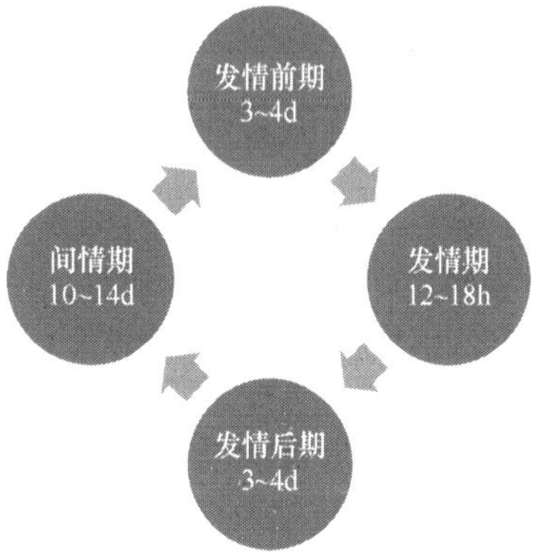


图 4-10　牛发情周期的四分法

1) 发情前期(proestrus)

发情前期是雌性动物发情的准备时期。在这个时期,卵巢中前一次发情周期产生的黄体开始退化,孕激素含量下降并在发情开始时完全停止,卵泡开始重新募集,雌激素分泌随卵泡增大而增加,刺激生殖道,使子宫内膜增生,阴道开始充血,为发情开始和接受交配做准备,但此时雌性动物尚无性欲表现。由于动物种类的不同和体内主要激素分泌的转换,发情前期从动物体内孕激素为主转换到雌激素为主,需要 3～4d,但动物种类不同,持续时间也有差异。

2) 发情期(estrus)

发情期是雌性动物接受交配的时期。雌性动物进入发情期后,卵泡发育迅速增大,雌激素分泌量达到最高,孕激素含量最低,生殖道充血肿胀、黏膜肥厚、腺体分泌增多、子宫颈开张并排出大量黏液。

在发情期的初期,雌性动物并不接受交配,表现为不停运动,叫唤,精神紧张,爬跨其他动物等。随着时间的推移,表现为精神逐渐兴奋,食欲减退,接受雄性爬跨,多数成熟卵泡在发情期末破裂排卵。随后,雌性动物进入站立发情期(standing estrus),有弓背排尿姿势并接受雄性交配，因此，可以通过观察这种姿势来判断发情配种的最佳时间。

3）发情后期(metestrus)

发情后期是排卵后黄体逐渐形成，发情症状逐渐消失的时期。此时，在刚排卵的位置要经历细胞与结构的重组，形成卵巢内的内分泌腺体，即黄体，这个过程也称为黄体化。此时雌激素分泌急剧下降，黄体分泌的孕酮上升，作用于生殖道，使其充血状态逐渐消退。雌性动物表现为精神状态逐渐转为抑制，拒绝爬跨，食欲逐渐恢复，多数动物的卵泡破裂排卵，功能性黄体开始产生作用；子宫收缩与腺体分泌活动减弱，黏液分泌量减少且变得浓稠，阴道黏膜增生的上皮细胞脱落，子宫颈关闭。此期因动物种类不同，持续时间也有差异，一般都要经历 3～4d。

4）间情期(diestrus)

间情期又称为休情期，是发情后期与下一个发情前期之间的间隔时期，也是发情周期中时间最长、黄体功能最完善、孕酮分泌量最高的时期。在这段时间内，黄体继续发育增大，孕酮对子宫的作用显著增强，使子宫黏膜增厚，子宫腺体增生肥大、子宫内的弯曲增多、分泌功能加强，雌性动物拒绝接受爬跨与交配。如果卵子受精，血液中较高的孕酮浓度促使子宫为早期胚胎准备合适的生存环境并最终形成胎盘；如果卵子未受精，黄体功能持续存在一定时间后逐渐停止并开始萎缩，孕激素分泌量减少，生殖道内腺体变小，分泌活动降低。

间情期的结束以黄体溶解(luteolysis)为标志，对于多次发情的动物，在未妊娠的前提下，间情期的长短与黄体保持其功能性的时间直接相关，通常会持续 10～14d。发情周期各阶段时间的划分如表 4-4 所示。

**表 4-4　动物发情周期划分与排卵时间**

| 品种 | 类型 | 发情周期 | | 发情期 | | 从发情开始到排卵的时间 |
|---|---|---|---|---|---|---|
| | | 平均 | 范围 | 平均 | 范围 | |
| 牛 | 多次发情 | 21d | 17～24d | 18h | 6～24h | 24～32h |
| 猪 | 多次发情 | 21d | 17～25d | 50h | 12～96h | 36～44h |
| 马 | 季节性多次发情(长日照) | 21d | 15～26d | 7d | 2～12d | 5d |
| 羊 | 季节性多次发情(短日照) | 17d | 13～19d | 30h | 18～48h | 24～30h |
| 犬 | 单次发情 | 6m | 3～9m | 9d | 4～21d | 4～24d |
| 羊驼 | 多次发情 | 15d | 11～18d | 5d | 4～5d | 诱导排卵 |
| 猫 | 多次发情 | 17d | 4～30d | 9d | 2～19d | 诱导排卵 |
| 骆驼 | 多次发情 | 10d | 8～12d | 5d | 4～5d | 诱导排卵 |

注：m 表示月；d 表示天

**2. 二分法**

根据卵巢上卵泡发育与黄体的形成和退化，将发情周期分为卵泡期(follicular phase)和黄体期(luteal phase)。

1）卵泡期

卵泡期是指卵泡开始发育、成熟至排卵的时期，包含四分法中的发情前期与发情期。

在卵泡期内，卵泡逐渐发育、增大，雌激素分泌逐渐增多至最高水平，孕激素含量下降至最低。由于雌激素的作用，子宫内膜增厚，子宫肌肉活动增加，子宫颈上皮生长、增高并呈柱状，生殖道各种腺体活动增强，黏液分泌量增多；雌性动物外阴部逐渐充血、肿胀，颜色由灰白色变成红色，有爬跨其他动物和接受爬跨与交配的现象。

卵泡期包含 4 个主要的事件：一是垂体分泌的促性腺激素含量上升；二是卵泡生长发育至排卵；三是雌性动物表现强烈的性活动；四是卵泡排卵。当卵巢上的黄体溶解后，血液中孕激素含量降低，孕激素对下丘脑的负反馈作用消失，下丘脑开始大量分泌 GnRH，引起垂体分泌大量的 FSH 和 LH，从而促进卵泡发育和雌激素大量产生，负反馈抑制 FSH 的分泌，引起血液中 LH 含量迅速上升而排卵。

2）黄体期

黄体期是卵巢上黄体形成到退化消失的时期。包含四分法中的发情后期与间情期。当卵巢上卵泡排卵后，黄体开始形成并逐渐发育，雌性动物就进入黄体期。黄体在形成后开始分泌孕激素，孕激素作用于子宫，使子宫内膜细胞生长发育并增厚，血管增生，子宫变粗，子宫肌肉收缩受到抑制，子宫颈关闭，黏液分泌量减少，动物由精神兴奋期转为静止，拒绝接受爬跨。

黄体期包含三个主要过程：一是排卵后卵泡细胞转化形成黄体细胞，即黄体化过程；二是黄体的生长发育以分泌高浓度的孕酮；三是黄体逐渐溶解，新卵泡开始发育，进入下一个卵泡期。当卵泡排卵后，卵泡内毛细血管破裂导致红体的形成，随着时间的延长，红体转化成黄体，同时体积增加，分泌大量的孕激素，在黄体期即将结束时，黄体溶解，失去分泌孕激素的功能，黄体期结束。

## 三、发情周期的内分泌调节

雌性动物发情周期是卵巢上卵泡和黄体的交替循环，而卵泡的生长、排卵以及黄体的形成和退化受神经内分泌的调节，是在一定的内分泌激素的基础上产生的。在此过程中，丘脑下部-垂体-卵巢受各自分泌激素的影响而出现相应变化，使雌性动物出现了发情表现。雌性动物的发情表现也受环境条件的影响，不同的动物对外界环境条件的反应各不相同，马、羊的发情有季节性，而牛、猪的发情则没有季节性。在初情期后，外界环境的变化以及雄性刺激（雌性动物通过嗅觉、视觉、听觉、触觉接受雄性刺激），经不同途径通过神经系统影响下丘脑 GnRH 的合成和释放，并刺激垂体前叶促性腺激素的产生和释放，作用于卵巢，产生性腺激素，从而调节雌性动物的发情。因此，雌性动物发情周期的循环，是通过下丘脑-垂体-卵巢轴所分泌的激素相互调节的结果。

雌激素对丘脑下部和垂体具有正负反馈作用，以便调节促性腺激素的释放，其正反馈是作用于丘脑下部前区的视交叉，刺激促性腺激素在排卵前释放，其负反馈是作用于丘脑下部的弓形核、腹中核和正中隆起，以降低促性腺激素的持续释放。当雌激素大量分泌时，一方面通过负反馈作用，抑制垂体前叶分泌 FSH；另一方面又通过正反馈作用，促进垂体前叶分泌 LH，LH 在排卵前浓度达最高峰，故又称排卵前 LH 峰，由于 LH 的作用，引起卵泡的成熟破裂而排卵。排卵后，卵泡颗粒层细胞在少量 LH 的作用下形成黄体并分泌孕酮。当孕酮分泌达到一定量时，对下丘脑和垂体产生负反馈作用，抑制垂体前叶FSH的分泌，以致卵巢卵泡不再发育，抑制中枢神经系统的性中枢，使雌性动物不再表现发情。同时，孕酮也作用于生殖道及子宫，使之发生有利于胚胎附植的生理变化。(图4-11)。

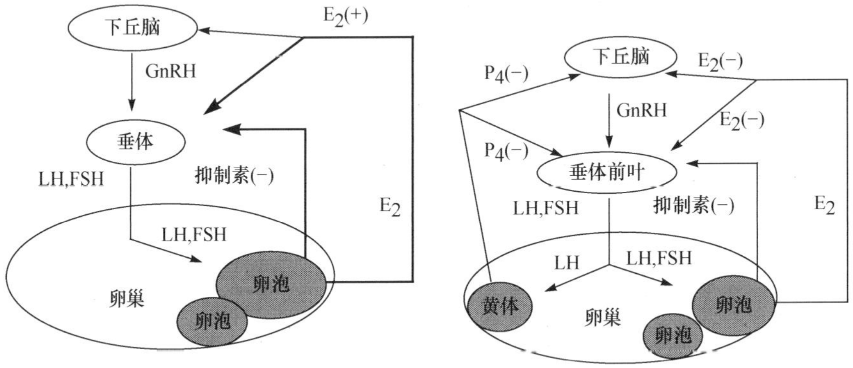


图4-11　雌性动物发情周期的调节机理示意图(+代表正反馈，−代表负反馈)

在卵泡期，孕酮含量很低，LH的释放脉冲频率增加，因而使LH不断增加以致排卵前出现LH峰，引起卵泡破裂排卵。在黄体期，由于孕酮增加，对垂体前叶起负反馈作用，LH脉冲频率就减少，当黄体退化时，LH脉冲频率又再显著增加，这是由于黄体退化、孕酮减少和雌激素不断增加的混合影响。因此发情周期中LH分泌的调节显然是受雌激素和孕酮复杂的互相作用的结果。

如果排出的卵子已受精，囊胚刺激子宫内膜形成胎盘，使子宫$PGF_{2\alpha}$的产生受到抑制，黄体不能溶解，继续存在下去成为妊娠黄体。若排出的卵子未受精，则黄体维持一段时间后，在子宫内膜产生的$PGF_{2\alpha}$的作用下，黄体逐渐萎缩退化，于是，孕酮分泌量急剧下降，下丘脑也逐渐脱离孕酮的抑制作用。垂体前叶又释放FSH，使卵巢上新的卵泡又开始生长发育。与此同时，子宫内膜的腺体开始退化，生殖道转变为发情前状态。但由于垂体前叶的FSH释放浓度不高，新的卵泡尚未充分发育；致使雌激素分泌量也较少，使雌性动物不表现明显的发情症状。随着黄体完全退化，垂体前叶释放的促性腺激素逐渐增多，卵巢上新的卵泡生长迅速，下一次发情又开始，因此，雌性动物的正常发情就这样周而复始地进行。

## 四、发情周期中机体的变化

雌性动物在发情周期中，生理、行为、精神状态以及内分泌等方面发生一系列的变化，这种变化之间是彼此紧密联系并按顺序循环发生的。

### (一) 卵巢的变化

雌性动物在发情周期中，卵巢上经历形态、内分泌、血流等一系列的变化，包含卵泡发育、成熟与排卵，黄体形成与退化等。

### (二) 生殖道的变化

发情前,卵巢上黄体逐渐萎缩,孕激素分泌减少,卵泡发育速率较快,产生雌激素。生殖道开始充血、肿胀。黏膜层增厚,黏液分泌增多,输卵管上皮细胞的纤毛增多。子宫及输卵管肌肉层的收缩及蠕动增强,子宫颈逐渐开张。在发情时,卵泡迅速增大,发育成熟,雌激素的分泌量迅速增加,对生殖道产生强烈的刺激。输卵管的分泌、蠕动及纤毛波动增强,子宫及输卵管充血肿胀,子宫黏膜水肿变厚,子宫腺体增大延长,分泌增多。触诊子宫角有硬感,在牛上表现明显。子宫颈肿大、松弛柔软,黏膜上皮杯状细胞的分泌物增多、稀薄,牛与猪常有黏液流出阴门之外,黏液涂片镜检有羊齿状结晶。阴道黏膜充血潮红,上皮细胞层次大为增多。上述变化均为交配及受精提供了有利条件。

在垂体前叶 LH 峰的影响下,发育成熟的卵泡排卵。排卵后,雌激素分泌减少,新形成的黄体开始产生孕激素,生殖道由雌激素所引起的变化逐渐消退。子宫黏膜上皮细胞在雌激素消失后先是变低,以后又在孕激素的作用下增高。子宫腺细胞于排卵后 2d(牛)或 3～4d(猪)开始肥大增生,腺体弯曲及分支增多,腺细胞中含有糖原小滴,分泌增多。子宫液主要含有血清蛋白质,但也含有少量子宫所特有的蛋白质,它供给胚胎早期发育所必需的营养物质。子宫肌蠕动减弱,子宫颈收缩,分泌物减少而黏稠。阴道上皮细胞脱落,有些细胞角质化(牛、羊),黏液少而黏稠,阴门肿胀消退。

随着黄体的发育,孕激素分泌作用加强,在孕激素的作用下,子宫黏膜上皮细胞增生,子宫腺体肥大且分泌增多。孕激素抑制子宫肌肉收缩,子宫肌蠕动减弱、子宫颈收缩减弱至停止,子宫颈口被黏稠分泌物所封闭,形成子宫颈栓塞,为胚胎的附植及发育创造了条件。卵子如果未受精,子宫内膜产生 $PGF_{2\alpha}$,黄体在 $PGF_{2\alpha}$ 的作用下开始溶解退化,血液中孕激素含量降低,卵巢中新的卵泡开始发育,雌激素含量开始增生,生殖道内增生过程逐渐减退,子宫分泌腺体退化,并在雌激素的影响下,又开始出现下一次发情前的变化。

### (三) 性行为的变化

雌性动物在发情周期中,受雌激素及孕激素相互交替作用,性行为也出现周期性的变化。发情时,雌激素分泌增多,并在少量孕激素的协同作用下,刺激雌性动物的性中枢,使之产生性欲,引起性兴奋。性欲是雌性动物愿意接受交配的一种性反射。开始表现发情时,性欲表现不甚明显,雌性动物虽然与雄性接近,但不接受爬跨。以后随着卵泡发育,雌激素分泌增多,性欲逐渐明显增强。发情时,雌性动物表现不安,常作排尿姿势,尾根抬起或摇摆,主动寻找雄性动物。当雄性接近时,站立不动以接受交配,有的雌性动物则先嗅闻或用嘴抵触雄性动物的胁下或阴囊。排卵后,性欲逐渐减弱,并逐渐消失,不允许雄性接近。随着性欲的发生、增强及消退,雌性动物表现紧张、兴奋或安静等不同的精神状态。当发情雌性动物被圈起或被拴系时,常鸣叫乱转,表现兴奋不安,对外界刺激反应敏感,甚至翻墙跳圈,放开后立即去寻找雄性动物。平时喜卧的雌性动物在发情时也坐卧不安。食欲因受性兴奋的影响而减弱,有时甚至拒食,泌乳量也下降。放牧的雌性动物发情时,常有离群现象。

## （四）生殖激素的变化

### 1. 母牛发情周期中激素的变化

母牛发情时，孕酮浓度在近发情时低于 1.0ng/mL，直到发情的第 5d 仍无明显升高，然后到发情周期的第 16 或第 17 天才明显升高，但奶牛在发情后第 7 天开始增长。黄体期的孕酮平均含量为 5.4ng/mL，黄体期平均峰值为 6～8ng/mL，在发情周期的第 16～19 天孕酮浓度突然下降，而雌激素浓度出现高峰，平均为 20ng/mL，引起母牛发情，排卵前卵泡分泌大量雌激素，对丘脑下部-垂体产生正反馈作用，引起 LH 峰，一般发生在发情开始后 12h 左右，母牛排卵。母牛在发情周期的任何时候，只要孕酮的浓度剧降，4d 之内就会有一个卵泡发育准备排卵。在发情周期的卵泡期，如果每隔 1h 采血测定 LH 一次，就会发现 LH 出现脉冲式的释放，这对卵泡的正常发育和排卵非常重要(图 4-12)。

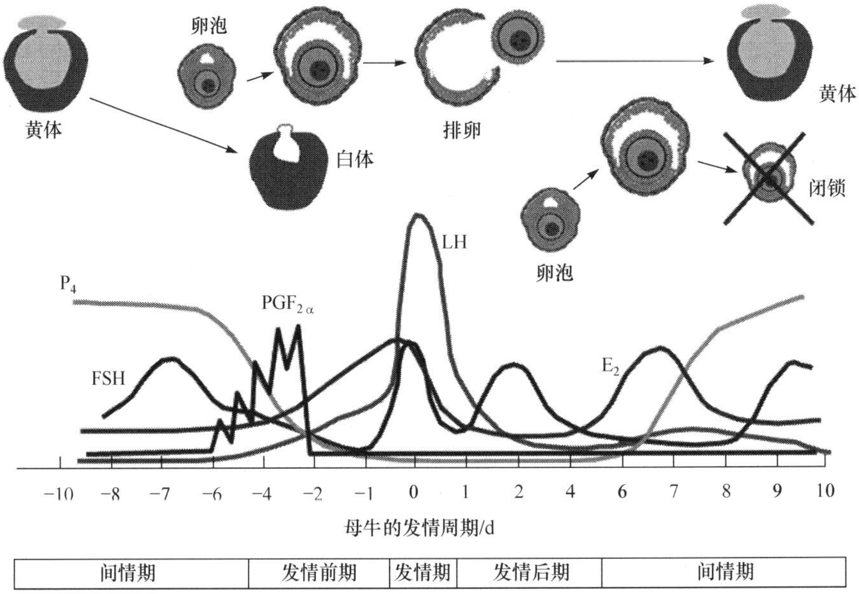


图 4-12　牛发情周期中卵巢与激素的变化

### 2. 母马发情周期中激素的变化

母马发情周期中激素变化有不同表现，大多数哺乳动物 LH 峰出现时间很短，而且是在排卵前 12～14h 出现的，而马的 LH 峰在排卵前数天开始慢慢上升，在发情期间 LH 浓度为 75～100ng/mL，逐渐形成高峰，然后降低，持续约 10d，因此马的发情较其他家畜长。马在发情周期中有两个 FSH 峰，一个是在发情末期和间情期早期，另一个是在间情期的中期。因此当一个卵泡生长并排卵后，常常其他卵泡又继续生长，有的可能在第一次排卵后 24h 又出现排卵，有的在黄体期时排卵，有的在黄体期退化。马的雌激素分泌高峰在临近发情期出现，而其他动物，如牛、羊、猪等则在发情前期出现。孕酮浓度在排卵后 24h 开始上升，排卵后 4～5d 达到峰值，并维持到排卵后 4～15d。

### 3. 绵羊发情周期中激素的变化

绵羊发情周期中激素的变化在许多方面与牛相似，不同的是在发情周期开始早期，外周血浆的孕酮浓度低，到第 3～11 天迅速上升。绵羊在黄体期最少出现两次卵泡生长峰，血液中出现两次雌激素峰便可看出，第二次峰显著与否与排卵有关，第二次峰值越明显，预示排卵率越高。绵羊一般在发情周期的第 14 天进入卵泡期，此时血液中孕酮浓度急剧下降，雌激素浓度迅速上升，并出现波峰，引起母羊发情。卵泡期雌激素对下丘脑-垂体产生正反馈作用，于是引起 LH 含量剧增，出现 LH 峰，引起卵泡破裂排卵。

**4. 猪发情周期中激素的变化**

卵泡期外周血浆雌激素浓度，在发情周期约第 17 天起开始升高，到 19～20d 达到最高水平，由 10～30pg/mL 增加到 60～90pg/mL，均较其他家畜高。由于血液中雌激素浓度升高，引起母猪发情及性行为。孕酮浓度由排卵前小于 1.0pg/mL 增加到黄体中期的 20～30pg/mL，孕酮水平在发情周期第 16 天以前达到高峰，平均含量为 30pg/mL，较其他家畜高。外周血浆排卵前 LH 峰值为 4～5ng/mL，较其他家畜低，到 LH 峰值后 40～48h 排卵。

## 五、影响发情周期的因素

自初情期开始到繁殖机能停止，雌性动物生殖器官及性行为都有规律地发生周期性变化。影响发情周期的因素很多，主要有遗传因素、内分泌、环境因素、饲养管理水平和哺乳等。

### （一）遗传因素

遗传因素即动物品种，是影响发情周期的主要因素。不同动物种类、同种动物不同品种以及同一品种不同品系之间或不同个体间的发情周期各不相同（表 4-1）。对于季节性发情的动物，在发情季节才表现发情周期。

### （二）内分泌

内分泌腺体产生高效化学物质，即生殖激素对雌性动物发情周期起直接的调节作用。主要的生殖激素包括丘脑下部产生的 GnRH，垂体前叶产生的 FSH 和 LH，性腺产生的雌激素、孕激素、催产素以及子宫产生的前列腺素等。

雌性动物在达到初情期后，卵巢上卵泡受到下丘脑和垂体产生的激素刺激，逐渐发育增大，排卵前卵泡雌激素大量分泌，在促进 FSH 和 LH 分泌的同时，也促进垂体促性腺激素分泌细胞对 GnRH 的敏感性，导致排卵前 LH 峰的出现，引起卵泡排卵。排卵后，雌激素的分泌急剧减少，雌性动物停止发情，卵泡内膜细胞和颗粒细胞开始转化为黄体细胞，并逐渐具有分泌孕酮的功能。可能是由于排卵而使促性腺激素抑制因子（GnIF）的负反馈作用受到破坏所致，在 LH 峰后 24h，FSH 会出现一小峰。黄体形成后，牛外周血中孕酮的含量至第 10 天达到高峰。如果卵子受精，囊胚刺激子宫内膜形成母体胎盘，抑制 $PGF_{2\alpha}$的产生，使周期黄体不会发生溶解而转变为妊娠黄体继续存在。如果卵子未受精，黄体维持一定时间之后，在 $PGF_{2\alpha}$的作用下，开始萎缩，孕酮分泌减少，导致丘脑下部逐渐脱离了孕酮的抑制，垂体前叶又释放出 FSH，使卵巢内新的卵泡开始迅速生长，雌性动物又进入下一个发情周期。与此同时，子宫腺开始退化，生殖道逐渐转变为发情前的状态。无明显发情季节的家畜，除妊娠时外，全年之中均有发情周期的循环。季节性发情的动物仅在特定季节内有发情周期的交替循环。当季节环境条件显著改变时，则进入乏情期，停止发情，到下一次发情季节再出现发情周期。

### （三）环境因素

动物的生理现象是与生活环境相适应的，发情周期也受环境因素的影响而发生相应变化。环境因素的刺激通过改变机体神经系统和内分泌调节功能得以实现。

光照和温度是影响动物发情周期重要的环境因素，其中光照对动物发情周期的控制在绵羊上表现最明显。在长日照向短日照或短日照向长日照变化的过程中，光照经由眼及视神经传至丘脑下部，引起 GnRH 脉冲式分泌的改变，并通过垂体门脉系统达到垂体前叶，促进 FSH 和 LH 释放，刺激母羊性腺，引起母羊周期性发情。母马也是受白昼光照渐长的刺激而表现发情，但北方马的发情季节一般在春季开始，比骆驼稍迟，而且在五六月气温较高时卵泡的发育比早春天冷时发育要快。这说明马对光照长度的敏感性与绵羊的不同，马的发情可能还同时受温度的影响。利用光照周期规律能够调节母绵羊的繁殖季节，可以使母绵羊的发情季节在一年之中出现两次或两年中出现三次；冬季给母马增加光照可使它的发情季节提前 3 个月，并能使母马妊娠。

尽管猪、牛对温度的变化不敏感，但是实践证明，牛在天气寒冷、饲养条件差时，发情表现微弱，或发生安静发情，受胎率低。奶牛在天气酷热时受胎率也低，而在高寒地区有明显的配种季节，温暖时发情，寒冷时则不发情。牦牛 7～9 月发情。水牛多在下半年发情，以 8～10 月最集中。猪一年两胎，春秋配种效果较好。因此，牛和猪的发情不同程度上也受到温度变化的影响。

### （四）饲养管理水平

饲养管理水平对发情周期的影响，主要体现在营养水平及营养因子对发情的调控。饲料供应充足，营养均衡，有利于雌性动物发情，相反，饲料不足或营养因子，如矿物质、微量元素及维生素缺乏，能量负平衡等都可以使垂体促性腺激素的释放受到抑制，使发情周期受到影响。

在绵羊发情季节来临之前，加强饲养管理并进行维生素 A、D 和 E 等的补饲，可使发情季节提前，反之，发情季节就会延迟。母马在饲养管理水平较高的情况下，可使发情季节提前开始，延期结束，猪在配种前改善饲养管理，可使怀孕仔猪数增多。牛的营养状况特别是能量负平衡会影响其发情周期。严重营养不良不仅会推迟青年母牛的初情期，还会导致成年母牛产后乏情或异常发情，如安静发情或排卵延迟等。在管理方面，对发情具有明显影响的因素是挤奶过多，使役过重，北方冬季畜舍温度过低、南方夏季酷热潮湿等，也会使发情受到抑制。

### （五）哺乳

雌性动物乳头受到哺乳刺激后，哺乳信号被神经脉冲传到丘脑下部，抑制多巴胺（dopamine)释放进入垂体门脉,使垂体前叶促乳素的分泌增多,抑制发情。不哺乳的牛,产后发情的时间比哺乳牛早很多,每天哺乳 0.5h 后与犊牛隔离的母牛的发情期比带犊哺乳牛平均早 70d。产羔早的绵羊产后如不哺乳,二三月能够再发情,否则需到八九月下一次发情季节开始才能发情。骆驼的产后发情也受哺乳的抑制,如幼驼死亡,母驼很快就表现发情,并能妊娠。

## 六、两种细胞,两种激素模式

卵巢上两种细胞,两种激素模式(2-cell,2-gonadotropin model)指的是卵泡中的卵泡内膜细胞和颗粒细胞,分别产生雄激素和雌激素的模式。在卵泡发育过程中,卵泡内膜细胞表达 LH 受体,颗粒细胞表达 FSH 受体,在 FSH 与其受体结合后,促进次级卵泡经过选择进入优势卵泡期,在 LH 的刺激下,颗粒细胞上也开始表达 LH 受体。受垂体促性腺激素的影响,LH 与卵泡内膜细胞上特异性 LH 受体结合,引起卵泡内膜细胞 cAMP 作用于蛋白激酶 A(PKA),刺激细胞中的胆固醇转化为雄激素并以扩散方式通过卵泡基膜进入颗粒细胞,在酶的催化下,颗粒细胞中的雄激素转化形成雌激素(图 4-13),当雌激素进入血液后,引起雌性动物精神、行为和身体上的变化。两种细胞类型,两种促性腺激素模式一直持续到血液中雌激素含量数倍增加引起排卵前的 LH 峰的形成。在优势卵泡准备排卵过程中,卵泡要发生包括激素、组织与细胞、化学因子等的许多重要变化,其中之一是在 LH 的刺激下,颗粒细胞内 LH 受体合成迅速增加,在 LH 受体存在下,LH 发挥作用引起卵泡排卵。

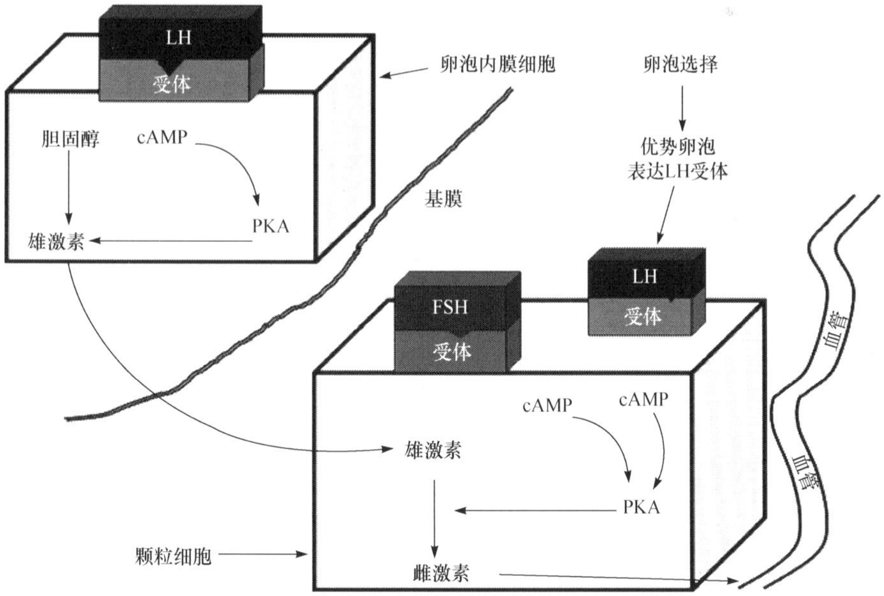


图 4-13　卵巢中卵泡细胞与激素合成途径

进入血液中的雌激素的首要目标就是雌性动物的生殖道,受雌激素的刺激,生殖道表皮发生迅速变化。在阴道后部，黏膜急剧增厚，黏液分泌量增加。根据这个特点，可以通过冲洗阴道，收集冲洗液，检测冲洗液中的细胞类别来判断犬、猫和啮齿类动物的发情周期。如果用等渗溶液冲洗阴道，阴道表皮的鳞片状细胞脱落进入冲洗液，经过处理后对细胞染色，在显微镜下观察，处于发情期的啮齿类动物其阴道表皮细胞已经角质化，就像角质化的皮肤细胞。显微镜下，角质化的细胞形状不规则，呈现硬壳状，这些细胞的存在反映了发情期中雌激素对阴道刺激后，阴道黏膜的生长。

雌激素对子宫颈和阴道前部的刺激使其产生大量黏液，其作用在于润滑阴道和子宫颈以准备交配；冲洗阴道中的细菌等有毒有害物质；在牛上，稀薄的黏液有助于精子顺利穿过阴道和子宫颈进入子宫。雌激素作用于子宫，在动物发情前刺激子宫腺体的迅速生长，输卵管的分泌量也会增加。雌激素的另外一个作用是刺激生殖道的血流速率和血流量。

## 第四节 乏情、产后发情与异常发情

### 一、乏 情

乏情即不发情，是指雌性动物无发情表现。在乏情期，卵巢处于相对静止状态，无周期性的排卵卵泡或功能性黄体存在。乏情是雌性动物下丘脑分泌的 GnRH 不足以刺激和维持垂体持续分泌 FSH 和 LH 造成的。而动物是否真正乏情，需要判断是 GnRH 分泌的不足还是发情检测不准确或者是动物正处于妊娠状态。为了排除真正的乏情，要加强雌性动物的饲养管理，与新生后代分群饲养，排除病理因素的影响，提高发情检测技术、妊娠诊断技术等。

#### （一）妊娠性乏情

在妊娠过程中，由于雌性动物卵巢上黄体或胎盘持续分泌孕激素，抑制了下丘脑的活性，从而降低 GnRH 的分泌，导致垂体 FSH 和 LH 的分泌不足，不能引起卵巢卵泡的发育与排卵，没有发情周期。有少数妊娠母牛和母羊有妊娠后再发情的现象，母牛约为3%，母羊约为5%，其具体原因还不清楚。妊娠发情多发生在妊娠的前半期，但一般不排卵。

分娩前孕激素含量会急剧降低，雌激素的含量快速上升，但是即便这样，在分娩后的一段时间里，雌性动物都不会出现发情现象。因为分娩后，下一次发情周期来临之前，子宫需要一定时间的恢复，子宫内膜细胞需要更新，即使动物发情，一般也不能交配，需要等到子宫恢复到妊娠前的状态，否则子宫不能支撑新的胚胎发育与生长。另外，子宫恢复期的长短因品种的不同而有差异。

#### （二）季节性乏情

季节性乏情是雌性动物在一年中的特定季节，胚胎发育和胎儿出生的比例较低甚至不能妊娠。在季节性发情的动物，这是一种正常现象。众所周知，夏季由于外界的温度和湿度都比较高,高温、高湿环境引起妊娠动物体温上升,导致胚胎死亡。秋季的温度与湿度适合绵羊、鹿和麋鹿的发情与妊娠。季节性发情的动物,其分娩时间一般都在春季或夏季,母体能有较多的食物以保证足够的泌乳量以维持胎儿的成活。这类动物每年都需要在发情与乏情状态之间进行转换,这种状态受光周期的控制,即日照时间由短变长转化为由长变短的周期。

母马一般春季发情,在炎热的夏季来临之前,胚胎发生附植。因此,母马的妊娠期相对较长,平均达到11个月,这样也能保证在春季出生的马驹有相对较好的环境温度和饲料条件。在绵羊上,第一次排卵时并没有明显的发情现象,这种状况也称为安静发情。要让绵羊发情表现明显,在雌激素产生之前,体内必须有孕酮存在。当第二批卵泡开始发育,在母羊大脑里已经有孕酮刺激,母羊进入到发情季节,因此有明显的发情表现。在牛上也存在这种现象,因为母牛在分娩后的第一次排卵通常是安静排卵,此时的黄体产生一定量的孕酮以引发分娩后的发情周期。

### (三) 泌乳性乏情

雌性动物在分娩后,催乳素(PRL)分泌旺盛而抑制GnRH的释放,使卵巢机能活动受到限制,不会出现周期性发情的现象。除马和羊驼外,几乎所有的雌性哺乳动物在哺乳后代时都会出现持续不同时间的泌乳性乏情现象。大部分母羊在羔羊断奶后两周后发情。在猪上,由于仔猪哺乳的影响,母猪的发情在哺乳期完全停止,在断奶后,母猪就会在4～8d内发情排卵,而对哺乳的母猪,其发情排卵时间超过60d。研究表明,犊牛哺乳次数影响母牛泌乳性乏情的持续时间,母牛每天哺乳2次以下,有助于缩短乏情时间,并能保存牛的正常发情周期,每天哺乳超过2次,泌乳性乏情的时间明显延长,而每天哺乳3～20次,泌乳性乏情的时间则没有不同,因此,哺乳对泌乳性乏情的影响不是哺乳连续性的问题,而是哺乳的强度影响产后乏情。泌乳性乏情的发生和持续时间长短与动物种类和环境条件有关。

### (四) 营养性乏情

营养不良会抑制发情,青年雌性动物的表现严重。营养性乏情表现为下丘脑GnRH脉冲数量少,垂体促性腺激素不足,卵巢活性降低。同时,对于哺乳期的雌性动物,营养不良也会延长泌乳期乏情,在初产动物上表现最明显。由于自身生长和泌乳影响,初产动物需要大量优质的能量与蛋白质。在奶牛泌乳早期,由于泌乳的原因,奶牛代谢非常迅速,以至于奶牛饲料中的能量水平并不能满足其代谢需要,这样的能量负平衡通常推迟奶牛产后发情,也称为营养性乏情。营养性乏情的动物在饲料中营养水平恢复后,其发情周期也得到恢复。

### (五) 病理性乏情

雌性动物受到疾病的影响或器官发育不全等导致其不发情的现象称为病理性乏情。卵巢发育不全、生殖道为幼稚型的雌性动物往往不表现发情。牛的卵巢囊肿可延长乏情期；由于子宫积脓、黏液蓄积、胎儿干尸化、流产等病理状态，以及马的假妊娠等都会引起持久黄体的发生，导致雌性动物不发情。

### （六）衰老性乏情

随着年龄的增加，雌性动物出现长时间不发情甚至逐渐停止发情的现象称为衰老性乏情。老龄动物由于卵巢对激素的反应性降低或激素分泌变化等原因，改变了下丘脑-垂体-卵巢轴的功能，导致 GnRH 分泌减少或使卵巢对激素的反应变化而不发情。

### （七）应激性乏情

各种应激可造成雌性动物乏情，如使役过度、环境卫生状况恶化、气温骤然变化、长途运输等刺激都可能通过神经-内分泌的机能变化使雌性动物不发情。

## 二、产后发情

产后发情是指雌性动物分娩后的第一次发情，由于产后发情时卵巢内无黄体，以及产后泌乳和哺乳幼仔等的影响，发情表现不同于正常发情。母猪一般在分娩后 3～6d 发情，但不排卵；母牛在产犊后 25～30d 排卵但发情症状不明显，一般在产后 40～50d 正常发情；绵羊在产后 20d 左右发情但发情症状不明显，大多数母羊在产后 2～3 月发情；母马产驹后 6～12d 发情，一般发情症状不太明显，甚至无发情表现，但卵巢上有卵泡发育并排卵，配种可受胎；母兔产后 1～2d 交配受胎率高。

## 三、异常发情

异常发情包括短促发情、持续发情、断续发情、安静发情及慕雄狂等。异常发情多见于初情期后至性成熟前，性机能尚未发育完全的一段时期内，性成熟以后由于环境条件的异常也会导致异常发情，如过度使役、营养不足、饲养管理不当和温度等气候条件的突变等都可引起异常发情。

### （一）安静发情

安静发情又称静默发情，虽有正常排卵但无明显发情症状，各种动物都有发生，特别是青年雌性动物或营养不良的动物更容易产生安静发情。处于初情期的动物，安静发情的发生率很高，显然是因为缺乏前一周期的黄体，导致孕酮分泌量不足，降低了中枢神经系统对雌激素的敏感性，使雌性动物缺少发情的外部表现和交配欲；而在繁殖季节结束时产生的安静发情可能与缺乏雌激素有关。

安静发情还多发生于刚分娩的动物。母牛分娩后第一个发情周期几乎都是安静发情。哺乳肉牛和绵羊以及每天挤乳 3 次的乳牛、青年母马和带驹的母马也常有安静发情。在一般情况下，由于垂体中 FSH 和 LH 的比率不同，牛、羊出现安静发情的情况多于猪和马。

### （二）短促发情

短促发情是指发情持续时间短或发情表现不明显，如果不注意观察，往往错过配种时机。短促发情多发生于青年动物，奶牛发生率较高。造成短促发情的原因可能是神经-内分泌系统的功能失调，卵泡很快排卵，缩短了发情期，也可能由于卵泡发育受阻而引起。

### （三）慕雄狂

慕雄狂的特点是发情持续时间长，卵泡迟迟不排卵，与卵泡发育过大和垂体 LH 分泌不足有关。慕雄狂的母牛表现为持续而强烈的发情行为，或经常发情、产奶量下降、阴门水肿、经常流出黏液、荐坐韧带松弛、尾根举起等症状。慕雄狂主要发生于奶牛，在肉牛、母马和猪也偶有发生。卵泡囊肿可引起母牛慕雄狂。母马患慕雄狂容易兴奋，性情暴烈而难于驾驭，不让其他马接近，也不接受交配，发情持续时间很长。母马慕雄狂多发生于早春配种季节刚开始的时期，发情可持续 10～40d。

### （四）断续发情

雌性动物发情时断时续，多见于早春及营养不良的母马，是由于卵泡交替发育所致，往往是先发育的卵泡中途停止发育，萎缩退化，新的卵泡又开始发育，因此产生了断续发情的现象。

# 第五节 雌性动物发情表现与发情鉴定

雌性动物在初情期后，受生殖激素分泌的影响，生殖器官和性行为等会发生周期性的变化。这种变化可以通过观察其外部表现和用不同方法进行检测来判断，即发情鉴定(estrus diagnosis)。发情鉴定是动物繁殖工作中一项重要的技术环节，可以判断动物的发情阶段，预测排卵时间，以便确定配种适期，及时进行自然交配或人工授精，从而达到提高受胎率的目的，还可以发现动物发情是否正常，以便及时发现问题，及时解决。

## 一、不同动物的发情特点

### （一）牛的发情特点

成年母牛发情周期平均为 21d(17～24d)，青年母牛的发情周期约短于成年母牛。母牛的发情期因季节不同而有差异，一般温暖季节发情期较寒冷季节短，营养情况好比营养情况差短。母牛发情表现比较明显，有性欲及性兴奋的时间平均约 15h(10～24h)，发情期一般为 12～18h。排卵发生在发情开始后 28～32h，或性兴奋结束后 10～14h(3～18h)。母牛发情开始后 2～5h，垂体前叶出现排卵前 LH 峰，LH 峰后 20～24h(即发情结束后 10h)排卵发生。交配或人工授精能促使排卵提前。发情现象消失后 6h 配种受胎率较高。因此，在发情现象出现后数小时和发情结束时配种两次（两次配种间隔 8～12h）可以获得较高的受胎率。

### （二）母马（驴）的发情特点

母马发情周期平均为 21d（16～25d），驴为 23d（20～28d），属于季节性发情动物，在一年中的长日照期内有 3～6 次发情周期。马的发情期约为 7d（5～10d），驴为 5～6d（4～9d）。马（驴）的发情期持续时间长，与卵巢结构、卵泡发育时间和垂体前叶 FSH 的分泌量等有关。

### （三）羊的发情特点

绵羊发情周期平均为 17d（14～19d），山羊为 21d（16～24d）。绵羊的发情期为 24～30h（16～35h），山羊约为 40h（24～48h）。初配母羊的发情期较短，老年母羊较长。卵泡发育至最大时直径约 1cm。右侧卵巢排卵功能较强，占 55%～57%。一般在发情停止时排卵。交配可使排卵提前，发情期稍有缩短。排卵数目有种属及品种的差异，绵羊每次排卵数量为 1～8 个。排多个卵子时，两个卵子间平均相隔约 2h。山羊一般排 1～2 个卵子。萨能奶山羊有时可排 5 个以上卵。配种季节前抓好膘情，可提高羊的排卵率，也可使用一些激素（如 PMSG、hCG、FSH、$PGF_{2\alpha}$等）来增加羊的排卵数目，从而提高双羔率。

### （四）猪的发情特点

猪的发情周期平均为 21d（18～22d）。母猪的发情期平均为 2～3d（1～5d）。不同品种、年龄、胎次对母猪的发情期有影响。一般是断乳后第一次发情的持续时间较长，经产母猪比青年母猪长。一般排卵出现在发情开始后的 20～36h（18～48h），排卵持续时间 4～8h。排卵的数目因品种及胎次不同而有差异，一般为 10～25 个，胎次多者排卵较多。排卵开始的时间及持续时间可以影响发情期的长度。发情初期交配，可使排卵提早 4h。适当增加配种次数，可以提高产仔数。

### （五）家兔的发情特点

家兔的发情周期不固定，一般为 7～15d。同一母兔的各个发情周期，或不同母兔的发情周期，不完全相同。家兔的发情无季节性限制，只要饲料供应充足，一年四季均可发情。家兔发情的主要表现，如精神状态、交配欲、卵巢变化、生殖道变化等并不总是在每个发情母兔身上同时出现，而只是出现一个或两个方面。家兔分娩后普遍发情，这远比其他动物早，此时配种受胎率较高。

### （六）毛皮动物的发情特点

毛皮动物的发情集中在 1～3 月，进入发情期的动物表现为走动不安，食欲减退，并时常发出求偶叫声，扒咬笼网，频频排尿，使笼网挂上的尿液冻成冰棍。处于发情时的动物听到雄性的叫声时，会趴在网底不动，并将尾翘向一边，作出接受交配的姿势。

## 二、发情鉴定常用方法

在发情鉴定前，应了解动物的繁殖历史和发情过程。发情鉴定的方法有多种，在实际应用时，要根据各种动物的特点和内外在表现来确定。

### （一）外部观察法

外部观察是各种动物发情鉴定最常用的方法，主要观察动物的外部表现和精神状态，从而判断其是否发情或发情程度。发情的动物常表现为精神不安，鸣叫，食欲减退，外阴部充血肿胀、湿润，有黏液流出，对周围的环境和雄性动物的反应敏感。不同的动物往往还有特殊的表现，如母牛爬跨、母猪闹圈、母马扬头嘶鸣，阴唇不断外翻，露出阴蒂；母驴“叭哒嘴”等。

### （二）直肠检查法

直肠检查是一种直接可靠的方法，主要在牛、马等大动物上应用。直肠检查时，将手臂伸进直肠内，隔着直肠壁用手指触摸卵巢及卵泡发育情况，如卵巢的大小、形状、质地、卵泡发育的部位、大小、弹性、卵泡壁的厚薄以及卵泡是否破裂、有无黄体等。通过直肠检查并结合发情外部症状，可以准确地判断卵泡发育程度及排卵时间，以便准确地判定配种适期。但是，利用直肠检查来判断动物发情，需要操作人员有多次检查经验，才能掌握该项技术和准确地判断。

### （三）试情法

根据雌性动物在性欲及性行为上对雄性动物的反应判断其发情程度的方法，在马和绵羊上常用。用于试情的雄性动物，一般选用体质健壮，性欲旺盛，无恶癖的非种用雄性动物。发情的动物通常愿意接近雄性，弓腰举尾，后肢开张，频频排尿，有接受交配的动作等，而不发情或发情结束后的动物则表现为远离雄性，当雄性动物被牵引靠近时，往往会出现躲避行为甚至踢、咬等抗拒行为。试情要定期进行，以便及时掌握雌性动物的性欲表现程度。

### （四）压背法

利用重物或双手按压发情动物后背，表现静立不动并用力支撑，或有向后坐的姿势，同时伴有竖耳、弓背、颤抖等动作，表明该动物已经进入发情期，这种方法常用于猪的发情检测。

### （五）阴道检查法

应用阴道开膣器或阴道扩张筒插入并扩张动物阴道，借用光源，观察阴道黏膜颜色，充血程度，子宫颈松弛状态，子宫颈外口的颜色、充血肿胀程度及开口大小，分泌物的颜色、黏稠度及量的大小，有无黏液流出等来判断发情的程度。检查时，阴道开膣器或扩张筒要洗净和消毒，以防感染，插入时要小心谨慎，以免损伤阴道黏膜。

### （六）颜色标记法

这种方法在放牧动物中常用。将颜料涂抹在放牧动物的下颚部放出圈舍，下午回圈时检查，如果有动物的尻部带有颜料，则需注意这两头动物都可能有发情现象。

## 三、家畜的发情鉴定

### （一）牛

母牛的发情期虽短，但发情表现明显，因此，可以通过外部观察来进行发情鉴定。另外，也可利用直肠检查法等作为发情鉴定的辅助方法。

**1. 外部观察**

在放牧情况下，母牛开始发情时表现不安，常有公牛跟随、爬跨，但母牛不接受，常大声哞叫。发情开始后数小时，母牛常作排尿姿势，尾根经常举起，绕着围栏跑，其他牛嗅其外阴或爬跨。轻触其外阴时，举尾不拒。公牛接近时，常舔公牛，或嗅公牛的会阴及阴囊部。公牛嗅母牛尻部或嗅触其外阴，母牛则静立不拒，有时还回顾公牛。

**2. 阴道及子宫颈的变化**

母牛阴道及子宫颈在发情时表现为充血、肿胀、颜色潮红、子宫颈口开张、并分泌大量透明黏液。发情旺期排出的黏液，牵缕性强，并吊于阴门之外，俗称“吊线”。发情后期黏液量少，黏性差，灰白色，流出的黏液常粘在阴唇下部或臂部周围。青年母牛从阴门流出的黏液常混有少量血液，呈淡红色。水牛发情时采食量减少，外阴部充血肿胀，子宫颈口开张，排出大量透明、牵缕性强的黏液。发情末期症状逐渐减退至消失。

**3. 直肠检查**

利用直肠检查来判断发情母牛的卵泡发育状况，可以将母牛发情周期中卵泡发育概括为 4 个时期。

卵泡出现期：卵泡稍增大，直径为 0.5～0.75cm，直肠触诊为一硬性隆起，波动不明显。在此时期，母牛一般已开始有发情表现。从发情开始计算，持续约 8h。

卵泡发育期：卵泡发育到 1～1.5cm，呈小球状，波动明显。卵泡发育期持续 10～12h，母牛有明显的发情表现，但在此期后半段，发情表现已开始减弱，甚至消失。卵巢功能较弱的母牛，卵泡发育期的时间较长。

卵泡成熟期：卵泡不再继续增大，卵泡壁变薄，紧张度增强，直肠触诊有一触即破的感觉，持续 6～8h。

排卵期：卵泡破裂排卵，卵泡液流失，卵泡壁变松软，成为一个小的凹陷。排卵后 6～8h，原来的卵泡已开始被黄体细胞填充，此时直肠检查可摸到质地柔软的新黄体。

### （二）马（驴）

马（驴）的发情期长，卵泡发育较大，并有规律性，所以必须掌握排卵时间，并在排卵前配种，以提高受胎率。马（驴）发情鉴定的方法有外部观察、试情、阴道检查及直肠检查法等。通常是以直肠检查卵泡发育情况为主，辅助以其他鉴定法。

**1. 直肠检查**

马（驴）的卵泡发育一般分为6个时期。

出现期：发情开始时，卵巢表面上就有一个或数个新生卵泡出现，这些卵泡虽不能完全成熟排卵，但其中有一个卵泡将获得发育优势，达到成熟并排卵。此时发情现象尚不明显。

发育期：在这一时期中，获得发育优势的卵泡体积增大，充满卵泡液，表面光滑，突出卵巢部分呈圆形，弹性增加，但波动不明显，排卵窝深。此期因环境条件不同而有差异，在早春环境不佳、气温偏低时，可持续2～3d，气温条件良好时为1～2d。

成熟期：在卵巢上可触摸到一个圆球状的突起。圆球即卵泡，触摸时能感觉内有液体，波动明显，卵泡壁由厚而有弹性变得薄而紧张，逐渐填平排卵窝，触摸卵巢时动物有疼痛感。这时卵泡发育完全成熟，持续1～3d后进入下一时期。

排卵期：卵泡成熟后，在LH峰的影响下排卵，此期时间很短，持续1～3h。在卵泡液刚排出时，触摸卵泡感到柔软波动，像软壳蛋，指压形成凹陷。

空腔期：卵泡液排出后，卵泡壁变得更软，可以捏扁，如两层皮，滑动手指可感觉到它们之间的摩擦。至卵泡液排尽，卵泡壁就成为一堆软组织，用手指可将它提起来。

黄体形成期：排卵后，卵泡壁微血管排出的血液充满卵泡腔，形成红体。卵巢形状逐渐恢复正常，一端较大而且稍扁，另一端较小。红体感觉柔软、弹性小，有时可以摸到颗粒状物；然后逐渐变得有弹性而且硬的黄体，形状和大小很像发育期和成熟期的卵泡，但没有波动和弹性，触摸时母马（驴）没有明显的疼痛反应。

**2. 外部观察**

主要根据母马的性行为和精神兴奋状态判断其发情情况。发情时表现不安，常后肢张开，拱腰抬尾，阴门频频开闭，闪露阴蒂，有时排出少量混浊尿液或黄白色黏液。发情母马常离群寻找公马。驴的性兴奋比较明显，四肢撑开站立，头颈伸直，耳朵向后；上下颌频频开闭，有时还发出臼齿相碰的声音，这种现象称为“拌嘴”，有人接近或压其后背时表现明显，在数百米外都能听到这种声音，排卵后性兴奋即停止。

马的排卵多发生在夜晚，因此直检及配种可以安排在下午进行。左右卵巢的排卵功能不同，左侧卵巢较强，约占55%。一般是单侧卵巢上有一个卵泡发育，但也有时两侧卵巢上均有卵泡发育。

由发情开始到排卵，典型的卵泡发育过程平均需6d。但外界环境条件对其影响很大。在寒冷的早春天气，群牧马的卵泡发育多不明显，至6月以后，才呈明显发育。连日阴雨初晴，发情马多，天热时骤然转凉，卵泡可能提早排卵。为了正确判断排卵时间，必须考虑这些因素。另外，个体不同，卵泡发育也有差异。例如，少数马匹有时卵泡发育至2～3cm时即排卵。因此，除了注意卵泡的体积外，还需注意卵泡液的波动和卵泡壁的厚薄和弹性。马（驴）在卵泡处于成熟期和排卵期时配种最好。配后第2天再作检查，如果未排卵，需继续每天检查至排卵，群牧马可隔日检查并输精。

### （三）羊

绵羊的发情期短，发情症状又不明显，不易发现，因此发情主要以试情法结合外部观察来判定。试情方法是将试情公羊（去势公羊、输精管结扎或腹部进行包裹的公羊）按一定比例（一般为 1∶40）放入母羊群中，每日早晚各一次。放入公羊后，注意发情母羊喜欢接近公羊，但在发情初期尚不允许公羊交配；当公羊用前蹄轻踢及爬跨时母羊静立不动或回顾公羊，表明为发情旺期。也可在试情公羊的前胸涂上颜料，公羊爬跨时将颜料印在母羊臀部，据此就可以认出发情母羊。

山羊的发情表现比较明显，发情山羊的阴唇充血肿胀、摇尾、高声咩鸣、躁动不安、食欲减退、爬跨其他母羊或爬墙。接近公羊时，嗅闻其会阴及阴囊部，或静立等待公羊爬跨，并回视公羊。一般来说，清晨发现发情，可在上午和傍晚各配一次；傍晚发现发情，可在当时和翌日清晨配种，两次配种可提高受胎率。

### （四）猪

母猪发情表现明显，可以用外部观察进行判断，结合猪的压背试验判断输精的最佳时期。母猪发情时，食欲减退、躁动不安、流涎磨牙、嘶叫、咬圈门或拱土。听到公猪的叫声或闻到公猪气味，即长时间弓背、竖耳、静立不动，表现“静立反射”（standing reaction）。圈外如有公猪经过，常破门而出，放出圈外，立即跑向公猪圈，或寻找公猪。遇到公猪，先鼻对鼻嗅闻，然后嗅闻公猪的会阴部、腹胁部。发情开始前 2d，阴唇即开始肿胀，发情时肿胀明显，阴门稍开放，黏膜充血，阴道内流出稍带红色的分泌物。发情的第 2 天，表现更加明显，此时阴门内有透明黏液流出。母猪接受交配的表现是频频排尿，爬跨其他母猪，也接受其他猪爬跨。用手按压其背部或尻部，母猪表现静立反射。发情停止后，性欲、性兴奋及外阴部的变化逐渐消退，进入间情期。

（江中良）

# 第五章　受精、妊娠与分娩

受精(fertilization)是精子和卵子结合产生一个新的个体细胞合子(zygote)的过程。受精结束便意味着妊娠的开始。妊娠是雌性哺乳动物所特有的生理现象，是从合子、早期胚胎发育到胎儿发育成熟后与其附属膜共同排出体外之前的生理过程。分娩是当胎儿在母体内发育成熟后，胎儿及其附属膜从母体子宫内排出体外的过程。

本章主要阐述精子、卵子的运行，精子和卵子受精前的准备，受精过程，早期胚胎发育、雌性动物的妊娠识别与附植、胎膜与胎盘、妊娠母体的生理变化，分娩机理、决定分娩过程的主要因素、分娩预兆和分娩过程。

## 第一节　配子运行

哺乳动物精子和卵子受精的部位在输卵管壶腹部。所谓配子的运行，是指精子由射精部位到达受精部位，卵子由卵巢排出后到达受精部位的过程。由于精子与卵子的生存期相当短，所以了解精子在雌性生殖道内运行及保持受精能力的时间和卵子的运行及保持受精能力的时间，在生产实践中具有重要意义。

### 一、精子在雌性生殖道中的运行

无论自然交配，还是人工授精，精子都必须运行到输卵管的壶腹部才能完成受精过程。但不同的动物，射精部位、精子的储存部位、精子到达受精部位的时间和到达受精部位的精子数都存在一些差异(表5-1)。

**表5-1　常见动物射精和精子运行的特性**

| 动物 | 射精量/mL | 射精部位 | 射精到输卵管出现精子的间隔时间/min | 到达受精部位的精子数/个 |
|---|---|---|---|---|
| 小鼠 | ＞0.1 | 子宫 | 15 | ＜100 |
| 仓鼠 | ＞0.1 | 子宫 | 2～60 | 很少 |
| 大鼠 | 0.1 | 子宫 | 15～30 | 5～100 |
| 豚鼠 | 0.15 | 子宫 | 15 | 25～50 |
| 兔 | 1.0 | 阴道 | 几分钟 | 250～500 |
| 猫 | 0.1～0.3 | 阴道子宫 | | 40～120 |
| 犬 | 10.0 | 子宫 | 几分钟 | 5～100 |
| 绵羊 | 1.0 | 阴道 | 6 | 600～700 |
| 牛 | 4.0 | 阴道 | 2～13 | 很少 |
| 猪 | 250 | 子宫颈和子宫 | 15～30 | 1000 |

资料来源：引自Cupps，1987

## （一）射精的部位

在自然交配时，雄性动物将精液射入雌性生殖道内。由于动物种类不同，雄性动物生殖器官的解剖及机能各有特点，其射精部位也有差异，因此将射精部位区分为：阴道射精型和子宫射精型。

**1. 阴道射精型**

牛、羊属阴道射精型。牛、羊交配时雄性动物阴茎不能插入子宫颈，只能将精液射于子宫颈阴道部。牛、羊精液精子密度大，但射精量小，所以自然交配尽管射入阴道但倒流量也较低。

**2. 子宫射精型**

马和猪属子宫射精型动物。马类动物的子宫颈管肌肉层较薄，较松软。马在发情时子宫颈管的开张程度大，交配时公马膨大的龟头推向阴道穹窿，龟头前端的尿道突起能插入子宫颈管；阴茎抽动时使子宫腔形成负压，因此很容易将精液吸入子宫颈内。母猪的子宫颈管无阴道部，发情时子宫颈管开放，公猪螺旋状的阴茎头可直接插入子宫颈内将精液射入子宫。猪、马精液的精子密度较牛、羊低，但射精量大，自然交配射入子宫有利于降低倒流。

## （二）精子在雌性生殖道内的运行

**1. 精子在雌性生殖道中的运行**

精子进入雌性生殖道，经过子宫颈、子宫体、子宫角和输卵管峡部后，仅有极少数精子能到达输卵管壶腹部，绝大多数的精子在运行过程中损失。在雌性生殖道内有的部位的环境有助于精子向生殖道深处运行，有的部位则不利于精子的运行，甚至影响精子的存活时间。

(1) 精子通过子宫颈　阴道射精型的动物，如牛、羊、猫和兔，在自然交配时精子射在阴道内，因此子宫颈是精子进入子宫的第一个生理屏障（图 5-1）。死精子和活力差的精子往往不能进入子宫，即使正常的精子也有相当一部分滞留在阴道内。例如，绵羊正常射精量约含有 $3\times10^9$ 个精子，而能通过子宫颈的不到 100 万个。子宫颈对精子的屏障作用是由其结构和分泌物的特性决定的。子宫颈黏膜上的皱褶、隐窝（crypts）和黏液共同形成了一个复杂的精子屏障和筛选体系。子宫颈分泌细胞分泌硫黏蛋白和唾液黏蛋白，从而影响黏液的黏滞性、延展性、流动弹性和可塑性，黏蛋白的分泌受激素的调节，而且具有明显的周期性变化。非发情期，黏液中的黏胶纤维分支形成网状，构成不规则的间隙，黏液很厚，精子不易通过。发情时，网状结构松散，黏胶纤维分支平行排列，间隙大，形成"允许"精子通过的通道，有利于精子通过。影响黏液结构变化的任何因素，如炎症、激素的异常分泌等都将影响精子通过。凡不能进入子宫颈的精子，或被白细胞吞噬，或随阴道黏液排出体外。而进入子宫颈的精子，大部分进入子宫颈"隐窝"，形成精子储库（图 5-1），然后在较长时间内缓慢地释放出来。少部分精子直接送入子宫。

精子储库内精子缓慢释放的作用，可维持受精部位的活精子数。牛和绵羊在配种后

1～24h，在子宫和输卵管中的精子数逐渐增加。

对于阴道内射精的动物，精子通过子宫颈主要靠精子本身的活动力。

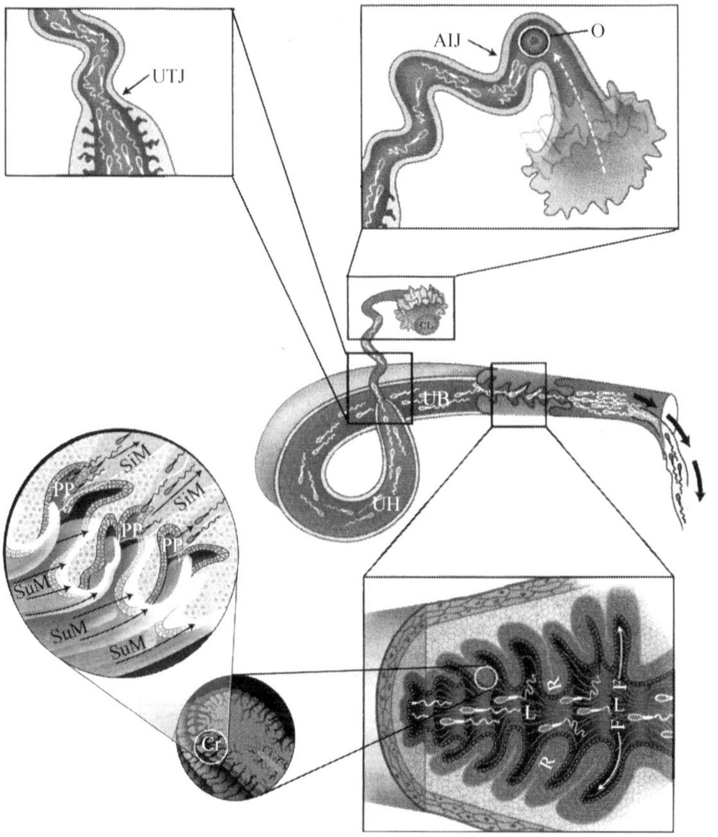


图 5-1　配子的运行(改自 Senger，2005)

O. 卵子；AIJ. 壶峡结合部；UTJ. 宫管结合部；UB. 子宫体；UH. 子宫角；L. 宫颈腔；R. 宫颈环状突起；F. 宫颈皱褶；Cr. 隐窝；SiM. 唾液黏蛋白；SuM. 硫黏蛋白；PP. 精子通道

(2) 精子通过子宫　进入子宫的精子很迅速地通过子宫体和子宫角，啮齿类、兔和犬的有些精子会进入子宫内膜腺，因此，子宫内膜是精子运行的第二个屏障或第二个精子储库。更多的精子则迅速输送到子宫和输卵管的连接处。宫管连接处成为阻碍精子输送的第三个屏障，可以控制进入输卵管的精子数。在大鼠的宫管连接处，对死的和异种动物的精子有选择和阻止作用。猪在交配时，虽然精液直接射入子宫，但在 2h 内子宫中已很少有精液残留，在宫管连接处则可找到很多精子，这些精子可在宫管连接处保留 24h，逐步流向输卵管，但 48h 后即全部消失。子宫具有清除死的、不活动的或损伤的精子的作用。兔的精子进入子宫后 6～8h，白细胞游出增多，并发生积极的吞噬作用。

精子通过子宫体、子宫角和宫管连接处主要依靠肌肉的收缩作用，交配期释放的 OXT 和精液中的 PG，可增加子宫收缩活性，从而有助于精子运行。

(3) 精子在输卵管的运行　多数动物在交配或人工授精后不久精子即进入输卵管。

牛、羊在交配后15min内(表5-1),就有精子到达输卵管壶腹部。牛精子在体外最大运行速率是126cm/h,牛生殖道长约65cm,因此到达输卵管壶腹部最快的精子也需要30min。这种迅速输送的精子,可能不参与受精。事实上,在输卵管内有受精力的精子输送相当慢,在绵羊,有受精力的精子在配种后6~8h内进入输卵管,并保留在壶峡连接处峡部一侧18h,直到排卵时才释入壶腹。据对青年母牛、小母猪和实验啮齿动物的观察表明,精子在输卵管内的运行存在类似规律。因而壶峡连接处峡部一侧被看做第三个精子储库(图5-1),雌性动物在交配后有数亿精子进入雌性生殖道,然而在4~12h后存放在峡部的精子只有1000~10 000个,而可能进入壶腹的精子数则更少,仅10~100个。输卵管中精子数少,不是由于精子输送慢,而是由于宫管连接处和峡部(猪)控制精子进入壶腹。

精子通过峡部的输送主要靠肌肉收缩完成。在两栖动物,输卵管内有两种类型且向相反方向蠕动的动纤毛,可使精子向上运行,并使卵子向下运行。哺乳动物纤毛朝向子宫方向蠕动,因此纤毛对精子输送到峡部不起作用;但猪的纤毛运用和肌肉的收缩对精子的输送起作用,朝向卵巢流动的液体也可能有作用。

**2. 精子运行动力**

精子由射精部位向受精部位的运行,主要借助以下几个方面的作用力。

(1) 射精力量　射精时尿生殖道的肌肉有节奏的收缩,将精液射出。这是精子运行的最初动力。

(2) 雌性动物生殖道的收缩　来自母体的OXT和来自精液的PG能够促使子宫和输卵管肌肉收缩,雌性生殖道收缩是精子运动的主要动力。雌性生殖道在发情期一般呈有间隔的分段蠕动波,因而有助于精子的分批运行。子宫肌肉的收缩是由子宫颈向着子宫角、输卵管方向逆蠕动。交配时这种逆蠕动力量更为强烈,促进子宫内的精子向宫管接合部运行。发情期的生殖道蠕动要比间情期强,精子运行的速率也快。

(3) 生殖上皮纤毛运动　在发情期内,雌性动物输卵管、子宫和子宫颈上皮的纤毛运动,引起其分泌的黏液流动运送精子,发情结束后上皮纤毛的运动方向相反,有利于卵子的下行运动,并将未能参与受精的精子排除。

(4) 精子本身的活力　精子的活力主要依靠精子尾部的鞭毛运动。这种活动只是在精子通过雌性生殖道的关键部位起作用,如穿透子宫颈黏液,进入子宫颈隐窝和子宫内膜腺。此外,受精时精子穿透卵母细胞也必须依靠其尾部鞭毛的运动。但精子本身的运动能力,对于促进精子到达受精部位的作用是次要的。

(5) 雌性生殖道管腔液体的液流运动　雌性动物生殖道的分段蠕动,使生殖道内液体流动,从而推送精子到达受精部位。

**3. 精子维持受精能力的时间和存活时间**

精子在雌性生殖道内对卵子具有受精能力的时间,对于确定配种间隔时间,以保证具有受精能力的精子在受精部位等待卵子的到来,达到受精至关重要。

精子的受精能力比其活动能力要丧失得早,所以精子虽能活动,但未必具有受精能力。精子的存活时间、受精能力时间与精液品质、雌性动物的发情状况及生殖道健康情况有关。牛精子进入雌性生殖道后保持受精能力的时间约为28h,绵羊为30~36h,猪不超过24h,犬大约为2d。

## 二、卵子的接纳及运行

### （一）卵子的接纳

新排出的卵子包裹在放射冠和卵丘细胞内。输卵管伞部内表面纤毛与卵子外面的卵丘细胞相互作用，促使卵子进入输卵管伞。伞部纤毛的活动受性腺内固醇激素调节。排卵时，输卵管伞充血、张开，并借助输卵管系膜肌层的收缩而贴于卵巢表面，同时卵巢借卵巢固有韧带的收缩，使卵巢延长轴前后缓慢运动，并使卵巢由卵巢囊移至输卵管伞部，便于输卵管接纳排出的卵子，尽管如此，但也不可避免有些卵子掉入腹腔。一般来说，卵子掉入腹腔后便自引退化消失。

大鼠和小鼠输卵管的喇叭口封闭在卵巢囊中，卵子进入输卵管主要靠卵巢囊分泌液的流动。兔的输卵管伞部和间质部比较发达，排卵时伞部往往接近并覆盖在卵巢表面。猪的输卵管系膜在伞部周围形成帽状薄膜，掩盖在卵巢表面，因而排出的卵子可直接进入输卵管。

### （二）卵子在输卵管内的运行规律

**1. 卵子运行**

卵子本身并没有运动能力，被伞部接纳的卵子，借助输卵管的收缩和液体的流动以及纤毛的摆动，其运行速率因输卵管各部位的解剖生理特点和生殖道内环境而存在差异。卵子沿伞部纵行皱襞，通过漏斗口进入壶腹部。由于壶腹部管径大，卵子借助平滑肌的收缩和管内纤毛向子宫方向运动，卵子比较快地通过壶腹部。卵子在输卵管内的运行并非一直向前，而是随着壶腹部管壁的收缩波呈间歇性向前移行。由于峡部的逆蠕动和环行肌的收缩，且此处纤毛细胞较少，纤毛细胞的纤毛暂时停止颤动，加上峡部局部水肿，致使峡部管颈闭合，因此卵子在壶峡接合部壶腹一侧停留 2～3d，才能进入峡部。

卵子在输卵管内的正常运行，必须有适当水平的雌激素和孕酮。卵巢激素能影响输卵管上皮的结构、超微结构、分泌物的质和量、输卵管、壶峡连接部和宫管连接部肌层的活动，从而影响配子运行的方式和速率。激素水平失常，能加速卵子向子宫运行的速率，或引起壶峡接合部管腔闭合而阻止卵子进入峡部，都会使卵子迅速变性或不能附植。

**2. 卵子运行的速率及维持受精能力的时间**

卵子在输卵管内运行的时间，除马、猫和犬较长外(6～7d)，一般不超过 100h。据估计牛约 80h，猪约 50h，绵羊约 72h。但卵子保持受精能力的时间，大多数家畜为 12～24h，牛为 8～12h，马为 6～8h，猪为 8～10h，羊为 16～24h。卵子进入峡部后即迅速失去受精能力，而进入子宫后则完全失去受精能力。

所谓卵子的受精能力，不但是指卵子受精正常，而且还要保证胚胎正常发育。在卵子即将失去受精能力之前，还有可能发生受精，但这种受精卵通常不能在子宫内附植，即使能附植，胚胎也很难正常发育，家畜中尤其是单胎动物，如牛经交配而不受孕的部分原因，往往是因卵子衰老所引起。猪配种延迟、衰老的卵子容易发生多精子受精。所以在配种实践上，最好在排卵前某一时刻授精，使受精部位能有活力旺盛的精子等待新鲜的卵子，以提高受精率。

# 第二节 受　　精

雌、雄两性配子结合形成合子，合子是新的个体发育的起点，受精过程中，使两性各具一定性状的遗传物质结合在一起，发育为一个具有亲代特性而与亲代有所不同的新个体。在有计划地进行选种和选配的情况下，使两个具有特殊优良性状个体的配子结合在一起，逐渐达到产生理想个体的目的。

## 一、精子受精前的准备

### （一）精子获能（capacitation）

**1. 概念**

刚射出的精子，或由附睾取出的精子，与卵子无受精能力，只有在雌性生殖道内度过一段时间，形态及生理生化发生某些变化之后，才获得受精能力，这种生理现象称为“精子的获能”。研究表明，几乎所有的动物精子都必须获能后才具有受精能力。

**2. 精子获能的变化**

精子获能过程中，外膜发生一系列的形态、生理和生化等方面的变化（表 5-2）。产生这些变化的原因与雌性生殖道内存在获能因子有关。在仓鼠，卵丘细胞分泌的葡萄糖苷酶可使精子获能，某些动物的血清也可使精子获能。发情母兔子宫液中的肽酶，以及子宫和输卵管液中的淀粉酶，均对精子获能有效。这些酶在兔、猪、牛、大鼠和小鼠等动物的发情前期和发情期活性升高。有人认为，雌性生殖道中的获能因子是由 α-淀粉酶和 β-淀粉酶组成。获能因子除上述物质外，可能还有丙酮酸、乳酸、葡萄糖、重碳酸盐、白蛋白等蛋白质复合物。在精子的体外受精中，通常用肝素诱导精子获能。

**表 5-2　精子获能中所发生的变化**

| 部位 | 可能发生的现象 |
|---|---|
| 质膜 | 表面吸附物质的失去或改变<br>蛋白质特性的变化<br>失去部分外源凝集素<br>表面静负电荷的减少<br>磷酯类的变化<br>流动性的变化<br>膜内粒子分布的变化<br>通透性和渗透性的变化<br>胆固醇的除去和改变<br>$Zn^{2+}$的去除<br>对异种球蛋白的敏感性加强<br>对卵泡液敏感性加强<br>对白细胞敏感性加强<br>$Ca^{2+}$吸收部位的活化 |

续表

| 部位 | 可能发生的现象 |
| --- | --- |
| 顶体膜 | 分子结构的变化 |
| 其他 | $O_2$的吸收增加<br>细胞内 cAMP 的变化<br>细胞内胆碱缩醛磷脂的变化 |

精子获能后，能释放出一系列水解酶，可将包围在卵子周围的细胞和生物大分子物质（蛋白质和黏多糖）溶解出一条通路，便于精子通过。体外研究精子获能作用发现，除以上提到的物质对精子获能有影响外，还有许多物质，如钙离子、受精素、葡萄糖醛酸酶、血清和类固醇对获能都有影响。

## （二）精子获能过程

**1. 精子获能的机理**

获能因子存在于发情期前后两天的输卵管液中。而在黄体期的输卵管液中则没有发现。由此证明获能与雌性动物体内雌激素与孕酮的比例有关，在雌激素水平上升的发情期里，精子的获能率高于孕酮水平高的黄体期。获能因子是输卵管液中的氨基多糖类。氨基多糖中的肝素可与精子结合，导致精子吸收钙离子，调节环核苷酸的代谢以及诱导细胞质的碱化，使精子获能。

**2. 获能的特性**

精子获能无严格的器官特异性，也无种属特异性。获能反应既可在同种动物雌性生殖道内，也可在异种动物雌性生殖道内完成。精子的获能过程还具有可逆性。精清中有几种去能因子（decapacitation factor，DF），它覆盖在精子质膜的表面。去掉这种 DF 精子才能获得受精能力。DF 是含在精液中、相对分子质量为 11 万～30 万的一种糖蛋白，易溶于水，生物活性很强，极少量便可使精子去能。当在雌性生殖道中已经获能的精子再次与精液接触，精子会去能（图 5-2）。精子在正常获能之后，表现尾部鞭打的频率增加，运

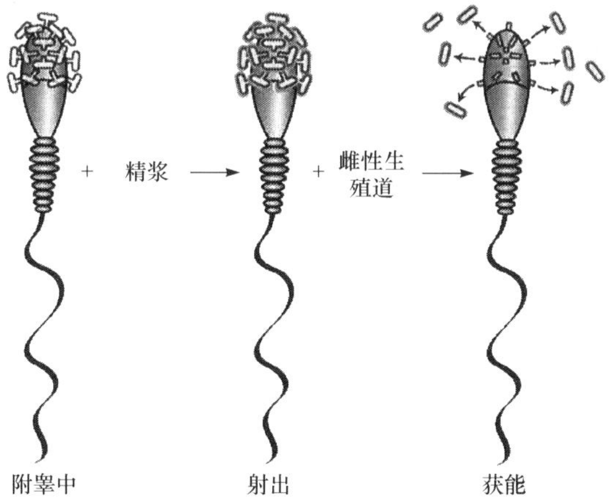


图 5-2　精子获能过程（引自 Senger，2005）

动速率加快(如大鼠、小鼠、牛、羊、兔和人等),这一现象称为超激活。

**3. 精子获能的部位和时间**

一般认为,获能过程先在子宫内进行,最后在输卵管内完成。子宫和输卵管对精子获能起协同作用,但不同的动物精子获能的部位有差异。猪、牛精子获能主要部位在输卵管,经 3～6h,绵羊约需 1.5h,啮齿类动物精子获能可在输卵管液和卵泡液中完成,需 1～6h(表 5-3)。

**表 5-3 各种动物精子获能所需的时间**

| 动物种类 | 获能时间/h | 动物种类 | 获能时间/h |
|---|---|---|---|
| 牛 | 3～4 | 兔 | 5 |
| 绵羊 | 1～5 | 豚鼠 | 4～6 |
| 猪 | 3～6 | 仓鼠 | 2～4 |
| 人 | 5～6 | 大鼠 | 2～3 |
| 猴 | 5～6 | 小鼠 | 1～2 |

资料来源:引自 Dale,1997

## (三) 顶体反应

**1. 概念**

顶体反应(acrosome reaction):包裹精子头部的质膜、顶体外膜融合和破裂,释放内含物的过程,称为顶体反应,实质上是精子以胞吐形式释放顶体内容物的过程(图 5-3)。这一反应是精子与卵子融合前必须经历的反应之一,也是精子获能后的必然结果。

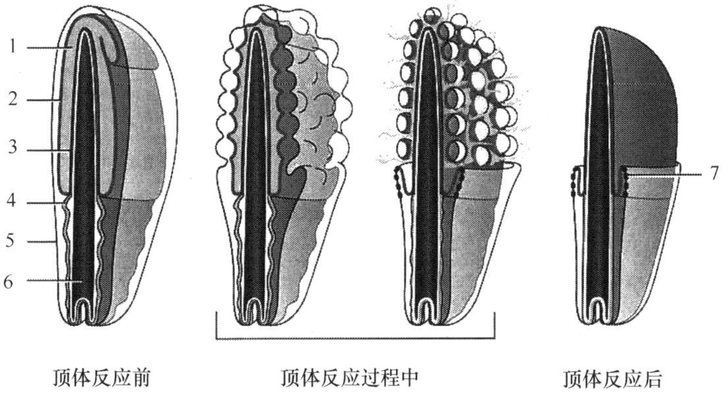


图 5-3 精子顶体反应(引自 Senger,2005)

1. 顶体内容物;2. 顶体外膜;3. 顶体内膜;4. 核后帽;5. 质膜;6. 细胞核;7. 融合蛋白

精子顶体的结构是不稳定的,精子衰老和死亡后,顶体都会自动破裂,对精子处理不当也会损坏顶体。这种退行性变化,也称为“假性”顶体反应,与受精时的顶体反应,即“真性”顶体反应本质不同。精子发生顶体反应的速率与物种以及精子周围的环境有关。$Ca^{2+}$ 的存在与否是影响顶体反应的重要因素,从无 $Ca^{2+}$ 的环境中移入含 $Ca^{2+}$ 的环境,精子在 2min 内即可完成顶体反应过程。

精子发生顶体反应时，首先是精子头部的质膜从赤道段向前变得疏松，然后质膜和顶体外膜多处发生融合，因而形成许多泡状结构，最后由顶体内膜和顶体基质释放出顶体酶系，主要是透明质酸酶和顶体素。对羊、猪、兔以及豚鼠的体外受精研究发现，顶体酶系的释放不是迅速的，而是逐渐的过程，这有利于精子在一定时间内穿透卵子的放射冠。

**2. 获能后的精子生理机能变化**

经过获能的精子，可以穿越卵子外层的颗粒细胞层，同透明带相接触，然后进入细胞质，透过卵黄膜进入卵黄。

## 二、卵子在受精前的准备

哺乳动物的卵子大都在输卵管壶腹部完成受精，而不是在输卵管起始部。而且小鼠、大鼠、田鼠等动物的卵子被精子穿入，是从排卵后 23h 才开始，因而有人推测卵子在受精前也有类似于精子获能的成熟过程或准备过程。

通常，当皮质颗粒数量达最大时，卵子的受精能力最高。透明带表面露出许多糖残基时，具有识别同源精子并与其发生特异结合的能力。卵子质膜在受精前较不稳定，这些与受精有关的变化，可能在输卵管内进一步形成。通过电镜对两栖类卵进行观察，发现体腔卵（指刚从孵育中排出的卵）和子宫卵的卵黄膜有不同的亚微结构，前者的卵黄膜由一些成束的细纤维交叉形成，其表面呈蜂窝状；后者的卵黄膜中，细纤维平行排列，因而表面光滑。经人工授精试验，体腔卵的卵黄膜不能被精子附着，而子宫卵的卵黄膜却能被精子穿入。这些形态和生化变化，都被认为是卵进入输卵管后发生的。两栖类卵外的胶膜也是在通过输卵管时形成的，已知胶膜内有许多与受精有密切关系的抗原。两栖类研究提供的线索表明，输卵管分泌物对卵子在受精前的准备是必要的。

## 三、受　　精

受精过程始于精子与卵子相遇，两性原核合并形成合子时结束。大多数哺乳动物的卵子是在第一极体排出后才开始受精的，所以当精子进入卵子时，卵子正在进行第二次成熟分裂。马和狗的精子可在卵子二次成熟分裂之前进入卵子。一般情况下，卵子由外向内包被有放射冠、透明带和卵黄膜三层，受精时精子依次穿过这三层结构，进入卵子之后，精子核形成雄原核（male pronucleus，MP），卵子核形成雌原核（female pronucleus，FP），然后配子配合，完成受精。

### （一）精子穿过放射冠

卵子从卵巢排出后，进入壶腹部，在透明带外面往往还包围着一堆颗粒细胞，即卵丘细胞，而靠近透明带的卵丘细胞呈放射状排列，故称放射冠。这是精子入卵的第一道屏障。精子通过顶体反应释放透明质酸酶和放射冠穿透酶溶解卵丘细胞和放射冠细胞间的基质，使精子穿越放射冠与透明带接触[图 5-4(1)、图 5-4(2)]。

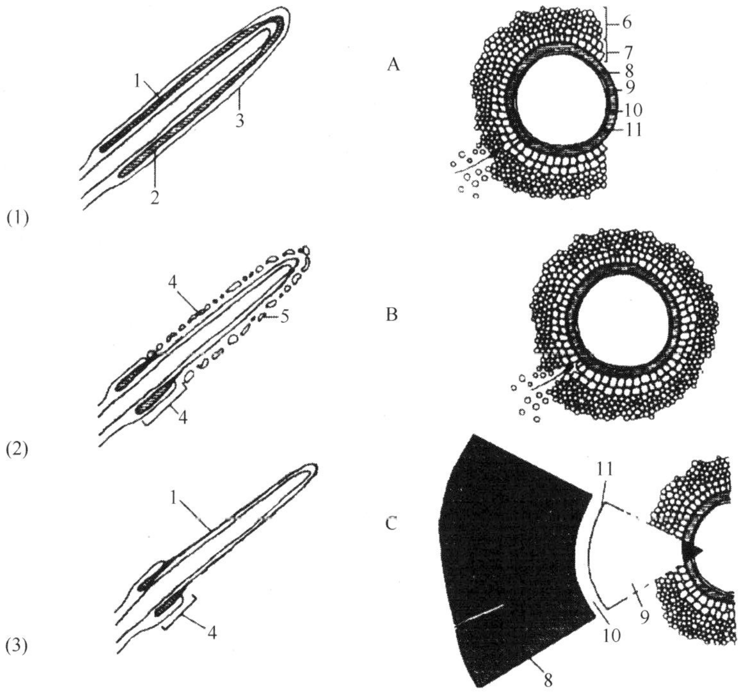


图 5-4 精子顶体反应和穿过卵膜

(1) 获能的精子(左)穿过卵丘(A)；(2) 发生顶体反应的精子(左)穿过放射冠(B)；

(3) 顶体反应后精子(左)穿入透明带(C)。

1. 顶体内膜；2. 顶体外膜；3. 质膜；4. 赤道段；5. 膜小泡；6. 卵丘细胞；

7. 放射冠；8. 透明带；9. 卵黄；10. 卵黄周隙；11. 卵黄膜

家畜中除猪外，排卵后几天脱去卵丘细胞和放射冠的“裸卵”可正常受精与发育。因此对于这些动物，精子发生顶体反应所释放出的酶，似无实际作用。兔、犬和猫等动物卵子的放射冠，则必须由精子产生的透明质酸酶才能溶解，若在其悬浮液中加大透明质酸酶抑制剂，精子则不能穿过放射冠。此外，研究发现，兔的卵丘细胞能产生一种刺激精子活动的物质，对增加精子与卵子的接触起辅助作用。

## （二）精子穿过透明带

当精子穿过放射冠与透明带接触后，有一短时的与透明带附着与结合的过程。在附着期间可能经历了前顶体素转变为顶体酶的过程，经短时间的附着后，精子就牢固地结合于透明带上。精子与透明带结合后，顶体素将透明带溶出一条通道，精子借自身的运动穿过透明带。

精子穿越放射冠后，以刚暴露的顶体内膜附着于透明带表面，这是精子穿过透明带的先决条件。这种附着只有获能和发生顶体反应的精子才能发生。用抗透明带抗体或胰蛋白溶解酶处理可阻止精子附着；用抗精子抗体处理精子，也能阻止精子附着。精子在附着透明带后 5～15min 穿过透明带。

精子与透明带的附着具有非常明显的种间特异性，异种动物的精子不能附着和穿过透明带。过去一直认为，精子与卵子的结合完全是一种随机过程，即任何一个精子与卵子都有同等的机会受精。但混合精液输精试验证明，不同的精子其受精能力是不同的。这种受精选择性现象与透明带表面特异精子受体和精子表面的卵结合蛋白存在有关。有些动物的精子受体已被鉴定并了解了部分特性，如小鼠、猪和仓鼠的精子受体是三种不同的糖蛋白，分别为透明带蛋白 1（$ZP_1$）、透明带蛋白 2（$ZP_2$）和透明带蛋白 3（$ZP_3$）。$ZP_2$和$ZP_3$的异二聚体互相连接，形成很多条蛋白质细丝，$ZP_1$把这些细丝交联在一起，构成网状结构，包围着完全成熟的卵子。$ZP_1$是小鼠透明带的主要精子受体，用实验的方法使任何一种受体失活，精子便不能和透明带结合。用放射性核素标记方法证明，$ZP_3$可与带有完整顶体的小鼠精子头部结合。小鼠的精子和透明带结合以后，并不立即钻入透明带，而是被拴在透明带的表面。有人把这种结合称之为初级结合。研究发现，猪 55kDa 糖蛋白和 90kDa 糖蛋白能阻止精子与透明带结合。

精子与透明带最初接触部位是头部赤道区和核帽后区。顶体脱落可能发生在精子的头接触透明带前后（图 5-4）。在小鼠顶体脱落过程中，精子质膜的前端部分首先排出，这正是 $ZP_3$所处的位置。精子必须保持和透明带结合，才能溶解出穿过透明带的通道。这一过程必须依赖 $ZP_2$和顶体内膜蛋白的特异性结合，也称次级结合。大多数哺乳动物的情况和小鼠相同，但猪的精子发生次级结合是由透明带蛋白 $ZP_4$ 介导的（这种糖蛋白在小鼠透明带中不存在）。

精子穿过透明带，通常在卵子表面约呈 45°正切线穿过，不过，其路径往往是弯曲的，很少发生垂直或水平穿透（图 5-4C）。

### （三）精子进入卵黄

精子进入透明带后，到达卵周隙（图 5-5A）。此时精子仍能活动，不过活动时间很短。一旦接触卵黄膜，活动即停止。精子与卵黄膜接触后 20min，即与卵黄膜融合在一起。大鼠精子总是以头的中部和后部质膜与卵黄膜相贴。卵黄膜表面的微绒毛抓住精子的头，同时卵黄发生旋转，此时精子尾部全部进入卵周隙内，接着两层质膜（精子和卵子）形成连续的膜，将精子头部包裹起来。随后，两层膜不断向精子尾部融合，将精子“拖入”卵内。除极少数动物外，整个精子尾部不进入卵子。

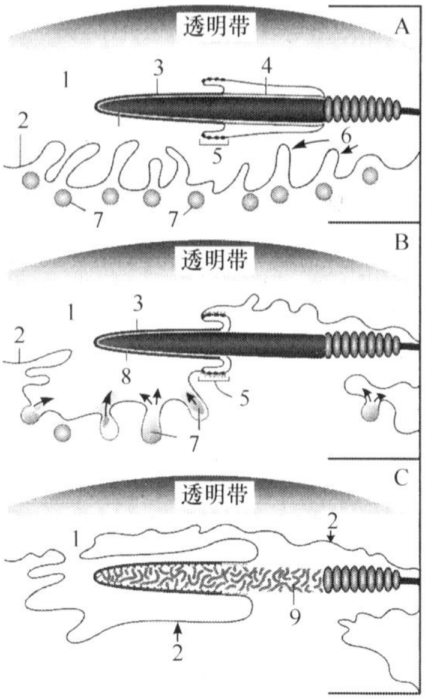


图 5-5　精子质膜与卵黄膜融合过程（引自 Senger，2005）

A. 质膜融合前；B. 质膜融合时；C. 质膜融合后。1. 卵周隙；2. 卵母细胞质膜；3. 顶体内膜；4. 核后帽；5. 赤道板；6. 微绒毛；7. 皮质颗粒；8. 精子核膜；9. 解聚的精子细胞核

在精子头与卵黄膜发生融合（图 5-5）的同时，卵子激活，产生一系列反应。

**1. 皮质反应（cortical reaction，CR）**

这是一种防止卵黄膜再被其他精子穿透的防御性反应。当精子与卵黄膜接触时，在接触点膜电荷发生改变并向周围扩大，整个膜持续去极化数分钟，在卵黄膜下的皮质颗粒（直径 0.1～0.5μm）向卵子表面移动，在 $Ca^{2+}$ 的作用下，皮质颗粒与卵黄膜融合，以胞吐方式将其内容物排入卵黄周隙(图 5-5B)。皮质反应从精子入卵处开始，迅速向卵黄膜四周和透明带扩散。已观察到仓鼠精子与卵子接触后几分钟就完成皮质反应。

皮质反应与顶体反应很相似。皮质颗粒内容物是一种有黏性的透明膜物质，内含黏多糖、类胰蛋白酶以及阻止顶体酶作用的物质。由于这些内容物的释放，从而引起卵黄膜和透明带结构的变化，即产生卵黄膜反应和透明带反应。

**2. 卵黄膜反应(vitelline reaction，VR)**

由于皮质反应的结果，大部分原来的卵黄膜加入了皮质颗粒膜而发生膜的改组，这种变化称为卵黄膜反应或卵黄膜封闭作用。此时，皮质颗粒所释放的黏多糖与卵黄膜表面紧密相连，在卵子周围又形成一保护层，称透明膜，从而改变卵子表面结构，阻止第二个精子入卵，避免产生多精子受精现象。

**3. 透明带反应(zona reaction，ZR)**

当精子钻入透明带而触及卵黄膜时，会引起卵子发生一种特殊的变化，使卵子从休眠状态苏醒过来，这种对发育的刺激称为"激活"。同时卵黄膜发生收缩，卵黄能释放某种物质，传布到全卵的表面，扩散到卵黄周隙，它能使透明带起一种变化，使后来的精子不能再进入透明带内。透明带的这种变化，称为透明带反应。透明带反应的概念最早由 Austin 和 Braden(1956)提出，他们认为皮质颗粒内容物的释放，改变了透明带的性质，从而阻止精子的穿入。此后 Yanagimachi(1975)以及 Gwatkon 等(1973)在田鼠上均证实了透明带反应的发生。这种反应相当迅速和有效，作用是阻止再有精子穿过透明带。其原因是皮质颗粒内容物中的类胰蛋白酶破坏了透明带上的特异性精子受体，从而达到阻止其他精子穿过透明带的作用。但小鼠、大鼠和猪由于透明带反应比较慢，卵黄周隙内有时会看到几个甚至几十个精子，这些精子称为补充精子。但在其他动物很少看到。

兔的卵子没有透明带反应。有效的卵黄膜反应仅允许一个精子进入卵细胞内。仓鼠透明带反应，从精子附着在卵黄膜后 2.5min 开始，20min 完成；也有报道，仓鼠透明带反应 8min 即可完成。小鼠卵子激活后 5～8min，便在透明带水平上建立起多精子受阻的机制。

### (四) 原核形成(pronucleus formation，PF)

精子入卵后不久，头部开始膨大，核疏松，核膜消失，失去固有的形态(图 5-5C)。同时卵母细胞减数分裂恢复，释放第二极体。在精核疏松的同时，核内碱性蛋白质以及与精子 DNA 密切有关的高浓度精氨酸也完全消失，最后在疏松的染色质外又形成新的核膜。它的结构很像一个体细胞核，而不像精子细胞核。这种重新形成的核称为雄原核。精核的疏松似乎由卵细胞中特殊成分，即精核扩散因子诱导。在小鼠、田鼠已观察到，在生发泡阶段卵中的精核是不能转变成雄原核的，未成熟的牛卵母细胞不能引起精核扩散，这种扩散因子称为雄原核生长因子(male pronucle growth factor，MPGF)。

进入卵子的精子尾部最终消失，线粒体解体。线粒体 DNA 在某些动物全部进入第一次卵裂所产生的子细胞中，另一些动物则均匀地分散在细胞质内。

雌原核的形成类似于雄原核。两性原核同时发育，体积不断增大，几小时可达到原来的 20 倍（大鼠）。很多畜种（包括猪和牛）雌性染色质开始疏松增大的时间比雄性早，所以雌原核比雄原核大。猪的原核形成是在排卵后 6～18h。雌原核的特点是染色质分布不对称。

（五）配子配合（syngame）

雄原核和雌原核经充分发育，逐渐相向移动。在卵子中央，核仁和核膜消失，两原核紧密接触，然后迅速收缩，染色体重新组合，并准备进行第一次有丝分裂。至此受精最后阶段“配子配合”宣告完成，形成一个称为“合子”的单细胞胚胎。在已测定的哺乳动物中，原核的整个生存期为 10～15h。接近第一次分裂时，可以看到两组染色体，它们分别是母本和父本的染色体。

关于受精过程所需的时间，仅在实验动物有些了解，在家畜缺少资料。测定多以交配时间为始点，由于交配和排卵的时间不十分固定，所以往往产生很大误差。一般认为，精子从进入卵子到第一次卵裂的间隔时间，猪为 12～24h，绵羊为 16～21h，牛为 20～24h，兔为 12h，人约为 36h，而马在排卵后 24h。

## 四、异常受精

在受精过程中，由于人为和环境因素的影响，如延迟配种，生理、物理和化学刺激等，有时会出现非正常受精现象，往往会有多个精子钻入卵膜内，受精卵出现两个以上的原核，或两个原核中的一个不发育。所有这些现象通常被视为异常受精。

（一）多精子受精

多精子受精在鸟类很常见，而哺乳动物在正常情况下的发生率为 1%～2%，用实验方法可增加多精子受精数。例如，增加壶腹的精子数，或阻止额外精子进入卵子的屏障作用，或减弱透明带反应或卵黄封闭作用，或使卵子衰老，或将卵子及动物体置于高温环境，以及延迟交配时间等都可以发生多精子受精。家畜中，猪最容易发生多精子受精，配种或输精延迟可引起 15%的卵子被一个以上精子穿透。绵羊在发情后 36～48h 输精，异常受精卵中 39%是多精子受精，即含多核卵裂球。

在发生多精子受精时，常常是一个或几个精子按正常方式形成原核。在这种情况下所有原核的体积都减小。很多动物（包括牛、绵羊、猪）受精卵中，曾看到有 3 个，偶尔有 4 个原核。有时额外的原核来自雌性（双雌核），由某一次减数分裂时未排出的极体形成。3 个原核的配子，在配合过程中产生 3 组染色体，然后合并，形成三倍体的胚胎。在三倍体的胚胎中每个细胞不是正常的 2 套染色体，而是 3 套染色体。三倍体的大鼠和家兔的胚胎可活到胚胎中期，而大部分在发育早期死亡。

（二）雌核发育或雄核发育

精子入卵后，只是其中一个精核或卵核发育，另一个不发育，即只有一个核被对方激活发生类似受精的现象。若雌核激活，称为雌核发育或雌核生殖(gynogenesis)；雄核激活，称雄核发育或雄核生殖(androgenesis)。发育的结果是胚胎的细胞核仅含有单亲的染色体，通常在胚胎发育的早期死亡。

### （三）孤雌生殖(parthenogenesis)

是指有性生殖的动物卵子不经过精子的受精作用而被激活，并开始无性生殖过程，准确的定义应为孤雌发育。在自然界中，孤雌生殖现象在无脊椎动物中较常见。某些昆虫，如蜂及蚁类并不经交配也能繁殖，雄蜂就是由未受精的卵子自然发生而成的。在脊椎动物中除哺乳类外均有孤雌生殖现象发生。哺乳动物卵自发激活也可发生。但到目前为止，尚未见到自然状况下哺乳动物孤雌生殖的报道。

孤雌生殖也可由实验方法刺激诱导而成，因而有自然的和人工的孤雌生殖。

**1. 自然孤雌生殖**

脊椎动物中家禽较为多见，尤其是火鸡卵在孵化前约有 80%能呈现卵裂现象，但比正常受精卵发育慢。在人类从诱导或自发流产的多例孕体中发现有单倍体存在。在其他许多种哺乳动物中也曾观察到排出卵子在输卵管内自发激活和卵裂。

**2. 人工孤雌生殖**

实验证明，人工孤雌卵能够着床，但只能发育到胚芽期。然而，将孤雌胚与正常胚构成嵌合体后，孤雌胚则可以参与机体的全程发育，并能形成包括生殖细胞在内的各种组织。

人工孤雌生殖卵激活的方法，可分为物理激活和化学激活。前者包括机械刺激(即卵母细胞的体外操作和穿刺处理)、温度刺激(即低温处理和高温处理)以及电刺激处理。化学激活，包括酶刺激(如采用透明质酸酶或链酶蛋白激酶处理)、渗透压(即低渗和高渗处理)、离子(如二价阳离或钙离子载体处理)、麻醉剂(如全身、局部、乙醇或硫代二苯胺镇定剂处理)、蛋白质合成抑制剂处理以及蛋白质磷酸化抑制剂处理等。

## 五、影响受精的因素

受精过程十分复杂，除精、卵必须具备其内在因素外，还必须有一定的外界条件。

### （一）精子活力和受精能力

哺乳动物一次射出的精子数量很多，但能到达受精部位的精子极有限。此外，由于精子缺乏大量的细胞质和营养物质，又是一种很活跃的细胞，所以离体后的生存时间短暂。有时虽还具有活动能力，但已经丧失了受精能力。因此在体外操作时，任何影响精子生存的因素都将影响其受精能力。

### （二）卵子成熟

卵母细胞在成熟过程中都经历一系列的核和质的变化，最后核停留在特殊的细胞阶段，即生发泡时期或第二次成热分裂中期Ⅱ。许多动物卵子生发泡的破裂是卵母细胞成熟的一个主要标志。然而细胞质的成熟与否对卵子的受精力也有重要作用。卵子排出后，若没有受精，就会发生老化，失去受精能力。

### （三）受精的外界条件

精、卵要达到受精目的，还要有一定的外界条件。例如，有的动物受精，外界溶液中必须要有一定浓度的 $Ca^{2+}$，如果 $Ca^{2+}$ 不足或缺乏，精子就不能发生顶体反应。此外，$Sr^{2+}$、$Ba^{2+}$、$Na^{+}$ 和 $K^{+}$ 对顶体反应也有十分重要的作用。受精对外界溶液的 pH 及温度也有一定的要求。

## 第三节　早期胚胎发育

受精的结束标志着合子（即早期胚胎）开始发育，起初发育的特点是：DNA 的复制非常迅速；仅限于细胞分裂而没有生长，即原生质的总量没有增加，甚至还有减少（牛减少 20%，绵羊减少 40%）。细胞分裂是在透明带内进行，所以整个体积并未增加。这种并不伴随细胞生长的细胞分裂称为卵裂（cleavage）。卵裂所产生的子细胞称为卵裂球（blastomere）。每个卵裂球都具有发育成为新个体的全能性（totipotency）。

### 一、卵　　裂

在卵裂过程中，第一次卵裂与卵子的对称面并无关系，但是由于卵子在未受精前已具有极性，即动物极和植物极，因而卵裂往往从动物极通向植物极穿过雌雄原核所在区域。第二次卵裂同第一次卵裂面呈垂直方向，但也是从动物极开始延伸到植物极。第三次卵裂呈水平方向，在动植物极之间，因此与前两个卵裂面都呈直角，由于哺乳动物除原兽类动物外均为少黄卵，所以都为全裂。卵裂都是有丝分裂，所以每个后代细胞的染色体数目也都是双倍体，在卵裂过程中，要合成大量的 DNA。早期卵裂在透明带内，卵裂产生的胚胎细胞数清晰可见，当胚胎由 16 细胞变成 32 细胞，形成像桑葚样的致密细胞团时，称桑葚胚，此后，随着卵裂，细胞数目增加，已难以数清细胞个数。

不同种类的动物，卵裂的速率不同（表 5-4）。同种动物，无论是在胚胎与胚胎之间，还是在一个胚胎内的细胞与细胞之间，卵裂的速率变化也不一样。最初几次卵裂是同期的，因此看到的 2 细胞、4 细胞期的胚胎比 3 细胞、5 细胞期的多得多。之后，8 细胞期占优势。这样经过 4～5 次成功的卵裂之后即不再同期化。由于最初几次卵裂大部分发生在输卵管内，因而输卵管的内环境对胚胎生活力有一定影响，尤其是热应激。例如，绵羊在发情后 3d 置于 32℃的环境下，受胎力下降，主要是胚胎发育异常所引起。胚胎一旦离开输卵管，对环境的敏感性即下降。牛和猪也有同样的情形。

表 5-4 各种动物受精卵发育及进入子宫的时间

| 动物 | 受精卵发育/h | | | | 进入子宫 | | |
|---|---|---|---|---|---|---|---|
| | 2 细胞 | 4 细胞 | 8 细胞 | 16 细胞 | 桑葚胚/h | 配种后天数 | 发育阶段 |
| 小鼠 | 24～38 | 38～50 | 50～60 | 60～70 | 68～80 | 3 | 桑葚胚 |
| 大鼠 | 37～61 | 57～85 | 64～87 | 84～92 | 96～120 | 4 | 桑葚胚 |
| 豚鼠 | 30～35 | 30～75 | 80 | — | 100～115 | 3.5 | 8 细胞期 |
| 兔 | 24～26 | 26～32 | 32～40 | 40～48 | 50～68 | 3 | 桑葚胚 |
| 猫 | 40～50 | 76～90 | — | 90～96 | <150 | 4～8 | 桑葚胚 |
| 犬 | 96 | — | 144 | 196 | 204～216 | 8.5～9 | 桑葚胚 |
| 山羊 | 24～48 | 48～60 | 72 | 72～96 | 96～120 | 4 | 10～16 细胞期 |
| 绵羊 | 36～38 | 42 | 48 | 67～72 | 96 | 3～4 | 16 细胞期 |
| 猪 | 21～51 | 51～66 | 66～72 | 90～110 | 110～114 | 2～2.5 | 4～6 细胞期 |
| 马 | 24 | 30～36 | 50～60 | 72 | 98～106 | 6 | 囊胚期 |
| 牛 | 27～42 | 44～65 | 46～90 | 96～120 | 120～144 | 4～5 | 8～16 细胞期 |

## 二、囊胚的形成

### （一）囊胚的形成

桑葚胚形成后，卵裂球分泌的液体在细胞间隙积聚，最后在胚胎的中央形成一充满液体的腔，即囊胚腔(blastocoele)。随着囊胚腔的扩张，细胞的分化日趋明显。小而分裂活跃、富有黏多糖和酸性磷酸酶的细胞聚集在外周，形成胚胎外层，继而成为滋养层(trophoblast)，以后将发育成为胚胎的一部分。大而分裂慢、含有 AKP 酶的细胞聚集在囊胚的一侧，称为内细胞团(inner cell mass，ICM)，以后发育成为胚体本身，此时的胚胎称为囊胚(blastocyst)。

在卵裂球分化和囊胚形成之后，滋养层细胞高度变薄，变成单层鳞片状上皮层，即滋养胚层，并不断从子宫内环境吸收有机物、无机物和水进入囊胚腔。有研究认为，在胚胎间的液体层积聚是由于 $Na^+/K^+$ 泵的作用所引起。按照这种理论，$Na^+/K^+$ 泵输送离子通过桑葚胚外层细胞间的连接进入中间，然后引起水进入桑葚胚内，从而导致囊胚腔的形成(图 5-6)。囊胚腔一旦形成便持续扩张，引起囊胚体积增加而成为扩张囊胚，其体积的大小和扩张的速率与物种有关。

灵长类、兔、犬、猫在囊胚扩张期间体积将增加许多倍，发育 4～7d 的兔囊胚要增加 4000 倍；而包括小鼠、大鼠和豚鼠在内的大多数啮齿动物仅略有增加，附着囊胚的直径与排出时的卵母细胞相似。家畜的囊胚可在几天内成为一个充满液体的薄壁囊，几乎充满子宫腔。猪囊胚可分为球形、卵形、管形，交配后 10d 囊胚为球形，16d 后为线形。

在囊胚期，所有动物的代谢速率都增加。牛囊胚在 10d 时具有三羧酸循环氧化酶，此时囊胚开始伸长，因而能进入较有效的能量代谢需氧途径。这一时期，位于胚胎外周的滋养层细胞对于胚胎与母体环境的隔离和营养物质的传递起重要作用。

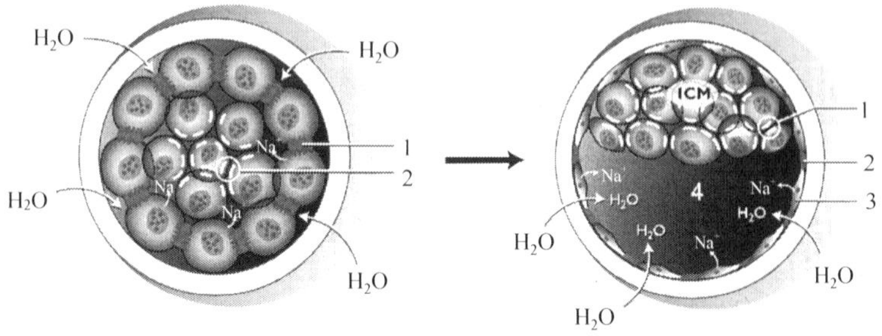


A．桑葚胚　　　　B.囊胚

图 5-6 桑葚胚向囊胚转变(引自 Senger,2005)

1. 缝隙连接;2. 紧密连接;3. 滋养层细胞

## (二) 囊胚孵出

发育的囊胚在排卵后 6～12d 从透明带中脱出(表 5-5),成为孵出囊胚(图 5-7)。兔滋养层细胞的酶溶解使囊胚脱出透明带。而小鼠透明带的溶解可能与雌激素致敏、由子宫上皮产生的透明带溶胞素所引起的囊胚节律膨胀和收缩有关。猪囊胚的脱出则和子宫或胚胎产生的酶促因子有关,由于囊胚暴露于雌激素刺激的子宫,引起透明带软化,因而导致囊胚膨胀和透明带破裂。牛囊胚脱出透明带,尽管酶也能引起透明带软化,但以囊胚膨胀和收缩起主要作用。

**表 5-5 输卵管内运行和脱出透明带的时间**

| 动物 | 排卵后时间 | | 动物 | 排卵后时间 | |
|---|---|---|---|---|---|
| | 进入子宫/h | 脱出透明带/天 | | 进入子宫/h | 脱出透明带/天 |
| 马 | 120～144 | 7～8 | 猪 | 46～48 | 6 |
| 牛 | 72～84 | 9～10 | 犬 | 132～156 | 11～12 |
| 绵羊 | 66～72 | 7～8 | 猫 | 120～160 | 11～12 |

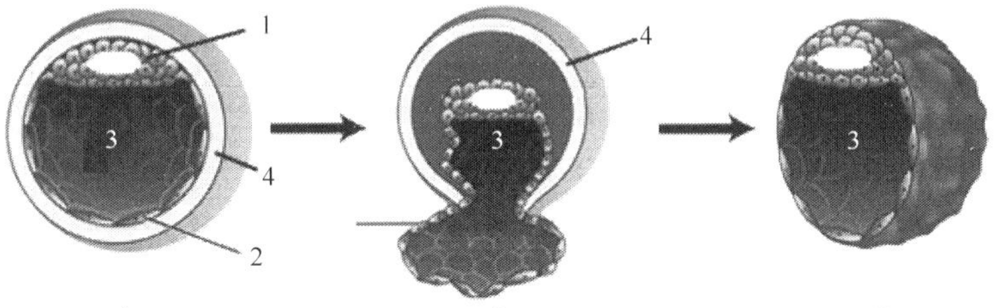


A　　　　B　　　　C

图 5-7 囊胚孵出过程(引自 Senger,2005)

A. 囊胚;B. 孵化囊胚;C. 孵出囊胚

1. 内细胞团(ICM);2. 滋养层;3. 囊胚腔;4. 透明带

此外，有充分的证据证明，PG(尤其 PGE)参与囊胚的脱出过程。用 PG 拮抗物处理，可以阻止囊胚的膨胀和脱出。但总的来说，囊胚的膨胀对脱出透明带起主要作用，子宫分泌物和囊胚的酶促因子起支持作用。

## 三、早期胚胎的细胞分化与决定

胚泡的进一步发育，出现内胚层，此时称为原肠期。家畜胚胎的内胚层，除绵羊是由内细胞团迁移分离出来的外，其他家畜都是由滋养层发育出来的。以后内细胞团插入并突出于滋养层形成胚盘，它包括胚胎外胚层在内。以后在内胚层和滋养层之间出现中胚层。中胚层又分化为体中胚层和脏中胚层。

## 四、早期胚胎的迁移

胚胎在脱出透明带之前，一直处于游离状态。不同的物种，胚胎在子宫内迁移的现象均有发生。多胎动物，如猪胚胎可在排卵一侧的子宫角游向子宫体，也可以游向另一侧子宫角。将一头黑猪的卵子移入受体的左侧子宫角，白猪的卵子移入受体右侧子宫角，当受体母猪妊娠 90d 屠宰时发现，黑猪和白猪胎儿在两侧子宫角中均有分布。单胎动物，胚胎内迁移很少，牛排一个卵子，胚胎总是在与黄体同侧的子宫角内。若一侧卵巢排两个卵子，其中一侧卵子通过子宫体的只有 10%。绵羊胚胎子宫内迁移现象略高些，胚胎位于黄体对侧子宫角的占 8%，而一侧卵巢排两个卵子发生内迁移的占 90%。马排卵侧和胚胎附着侧无关，但明显的趋势是胚胎附着在前一胚胎附着对侧。通过直肠内超声波扫描证实，15d 前马的胚胎可在整个子宫内迅速移动，11～14d 移动变化最大。马胚胎在迁移过程中在每个位置停留 5～20min，然后迁移到下一个位置(图 5-8A)，在妊娠 14d 后剖检子宫发现，胚胎迁移到子宫体正中背侧内膜表面(图 5-8B)。进一步观察表明，胚胎的这种迁移速率与子宫肌的活性有关。据观察，胚胎能从左侧子宫角的尾部迁移到顶端，再返

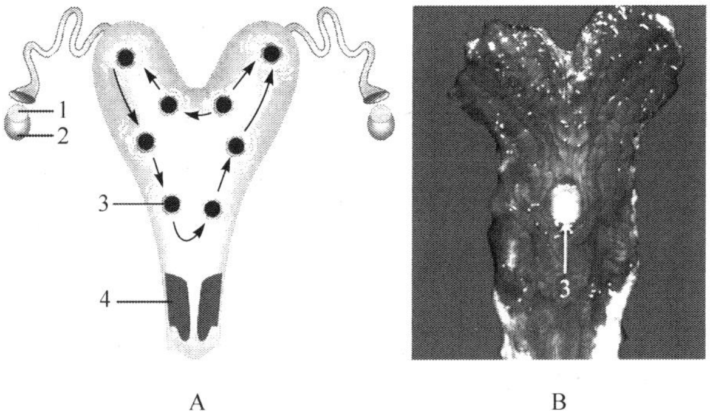


图 5-8　马早期胚胎在子宫角和子宫体的迁移(引自 Senger，2005)

1. 黄体；2. 卵巢；3. 早期胚胎(孕体)；4. 子宫颈

回到子宫体并迁移到右侧子宫角顶端，然后返回右侧子宫角的尾部。接近 16d 时，孕体通常停止迁移，并在左侧或右侧子宫角占据一定位置。

猫和犬的球形胚胎也能从一侧子宫角迁移到另一侧子宫角，以使胚胎等距离分布。不同的动物，胚胎在子宫腔内选择定位的位置不同。马的孕体总是选择在子宫角尾端下方，反刍动物往往在子宫角中部，且有特殊的定位面。猪、牛、羊的胚胎常位于子宫角子宫系膜的对侧。用外科手术将大鼠子宫的子宫系膜侧和对侧倒转，胚胎仍定位在无系膜的一边。有人将一块肌肉或肿瘤组织于适当的时间放入假孕的白鼠子宫角内，结果也像正常妊娠中的胚胎分布一样，在无子宫系膜一侧发生定位。由此证明，胚胎在子宫内的迁移和定位对于维持妊娠起重要作用。

## 第四节 妊娠的识别与附植

### 一、妊娠及妊娠建立

妊娠(pregnancy)又称“怀孕”，是哺乳动物所特有的一种生理现象，是自卵子受精结束到胎儿发育成熟后与其附属膜共同排出前，母体所发生的复杂生理过程。

哺乳动物的卵子受精后，在输卵管中的运行过程中便与母体发生极为复杂的联系，这种联系以内分泌为基础。孕体(conceptus)即胎儿、胎膜和胎液的复合体，是非常活跃的激素生产单位，在妊娠的起始、维持和终结方面，很大程度上起着主导作用。孕体不但调控自身的发育，也对母体的生理状况产生较大的影响，为胎儿发育创造良好的条件。

在妊娠的初期，孕体即能产生信号(激素)传递给母体，母体遂产生一定的反应，从而识别(或知晓)胎儿的存在。由此，母体和孕体之间建立起密切的联系，这一过程称为妊娠的识别(pregnancy recognition)。在孕体和母体之间产生了信息传递和反应后，双方的联系和相互作用便会通过激素形式或其他生理因素作为媒介而固定下来，从而确定妊娠的正常开始，这称为妊娠的建立(pregnancy establish)。

妊娠的识别和妊娠的建立是密切相关的，先由孕体产生信号，然后母体做出相应的反应，继而开始相互联系和相互作用，并将此联系固定下来。胚胎产生的激素信号作用于子宫和卵巢上的黄体，增强黄体抵抗 PGF 溶解黄体的作用力，从而维持和促进黄体在妊娠期间的形态和内分泌机能，这一现象称为妊娠的维持(pregnancy maintenance)。

各种动物妊娠识别和建立及其基本机理都基本相似，但也存在一定的差异。

**1. 绵羊**

在妊娠第 10～14 天，孕体分泌干扰素-τ(ovine interferon-tau，oIFN-τ)，抑制子宫母内膜 $PGF_{2\alpha}$的合成与分泌，oIFN-τ 是母羊最初的妊娠识别信号。oIFN-τ 曾称为羊滋养层蛋白(oTP)，可与子宫内膜上受体结合，通过 Janus 激酶(JAK)信号途径抑制雌激素受体(estrogen receptor，ER)和催产素受体(oxytocin receptor，OTR)基因的转录和表达(图 5-9)。催产素对子宫内膜腺上皮细胞的调节能力降低，PG 合成和分泌受到抑制，从而阻止黄体的溶解，以建立妊娠。

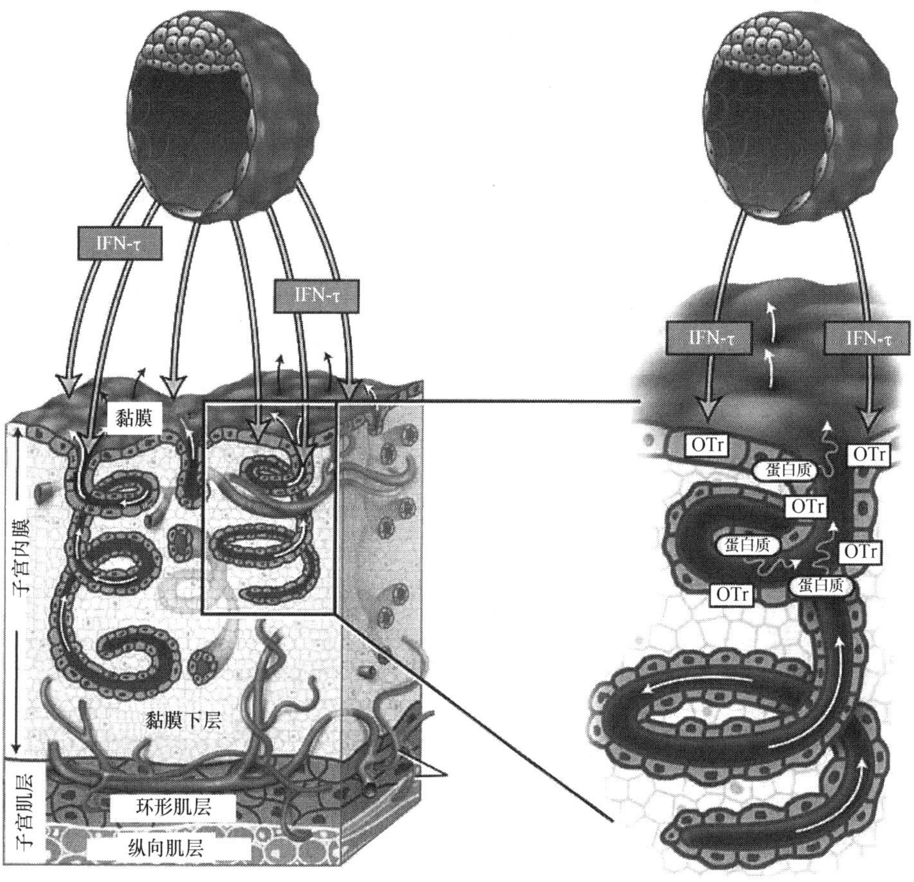


图 5-9 牛、羊妊娠识别(引自 Senger,2005)

INF-τ. 干扰素 τ;OTr. 催产素受体

**2. 牛**

妊娠识别时期为配种后 16～19d,妊娠识别的机理与羊相似,由滋养层细胞分泌产干扰素-τ(bovine interferon-tau,bIFN-τ)作为妊娠识别信号物质。bIFN-τ 最初被称为牛滋养层蛋白(bTP),能阻止子宫内膜合成与分泌 $PGF_{2\alpha}$,从而阻止溶解黄体作用来建立妊娠。此外,妊娠母牛的子宫内膜还产生前列腺素合成酶抑制物,可以降低 PGF 合成量。妊娠牛的孕体还产生 $PGE_{2\alpha}$,具有维持黄体功能的作用。

**3. 猪**

孕体在妊娠 11～13d 开始产生雌激素,主要是硫酸雌酮,是母体妊娠识别的孕体信号,具有促进黄体分泌的功能。在发情周期的第 11～15 天注射外源雌激素,可造成假孕现象,即黄体不溶解,并可以维持很长时间(相当于妊娠期或稍长于妊娠期),黄体所分泌的孕酮可被孕体代谢利用为雌激素,雌激素能作用于子宫内膜,改变 $PGF_{2\alpha}$的分泌运送方向,使黄体不被溶解。猪的孕体在妊娠识别期间还分泌一系列蛋白质因子,包括Ⅰ型干扰

素和 γ 型干扰素。但妊娠 15d 的孕体分泌的子宫浸出物对黄体的寿命无影响。母猪每侧子宫角内必须至少有 2 个孕体存在，才能建立妊娠，如果一侧子宫角没有孕体存在，则空子宫角内膜分泌的 $PGF_{2\alpha}$会导致两侧卵巢上的黄体发生溶解，导致妊娠中断。

**4. 马**

溶解周期性黄体的物质仍然是 $PGF_{2\alpha}$。孕体能够产生抑制子宫内膜 $PGF_{2\alpha}$合成与分泌的物质，但目前妊娠识别的信号还不太清楚，因此妊娠识别的机理尚不清楚，但可能与马绒毛膜促性腺激素（equine chorionic gonadotropin，eCG）有关。马可能在妊娠 15d 或在此以前，孕体就开始对黄体的机能产生作用，妊娠第 8～20 天，孕体分泌雌激素量增加，体外实验证实黄体寿命的延长与雌激素分泌的增加有关。在妊娠的第 12～14 天，孕体分泌了 3 种主要蛋白质，但这些蛋白质的作用还不清楚。由于孕体的作用，子宫内膜产生的 $PGF_{2\alpha}$有所增加，但其在子宫静脉的血流中含量较低。

**5. 灵长类动物**

灵长类动物，如人和猕猴囊胚合胞体滋养层所产生的 hCG，也有抗黄体溶解作用，使妊娠建立并维持下去。

母体开始妊娠识别的时间随动物品种差异有所不同，一般都早于通常的周期黄体消失时间，牛在配种后第 16～17 天，绵羊在配种后第 12～13 天，猪在配种后第 10～12 天（图 5-10），马在配种后第 15 天左右启动妊娠识别。

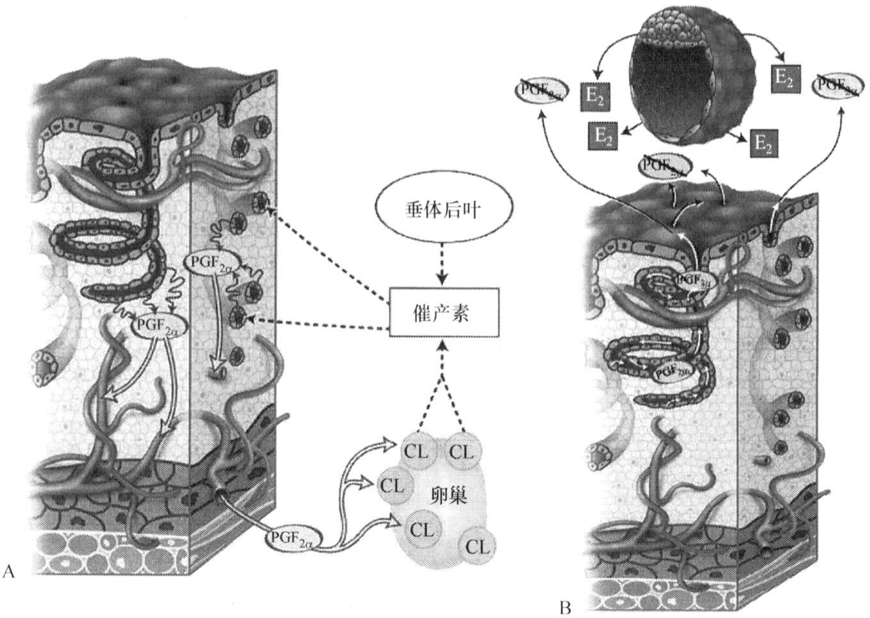


图 5-10　猪妊娠识别过程（引自 Senger，2005）

A. 未妊娠时；B. 妊娠时；$E_2$. 雌二醇；CL. 黄体

## 二、胚泡的附植

### （一）胚泡附植的概念与类型

**1. 附植的概念**

胚胎一旦在子宫中定位，便结束游离状态，开始同母体建立紧密的联系，这个过程称为附植（implantation）或着床（imbedding）。家畜胚胎在子宫内的附植比较疏松，不像高等灵长类和啮齿类动物那样埋在子宫壁内，因此称为附着（attachment）更为恰当，但习惯于称为附植。

**2. 附植的类型**

按照囊胚穿入子宫黏膜的程度可将附植分为以下几种类型（图 5-11）。

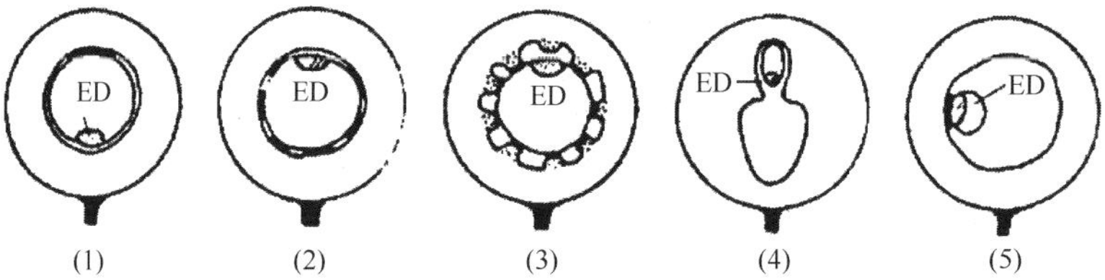


图 5-11　哺乳动物胚胎附植类型

（1）兔；（2）马；（3）牛、羊；（4）大鼠；（5）小白鼠。

图示在子宫腔内囊胚的位置（中央附植或偏心附植）、胎盘（ED）和在滋养层与子宫内膜（系膜对侧、弥散、子叶、系膜对侧、侧面）之间开始接触面（粗黑线部分）

（1）中央附植（centric implantation）　又称表面附植。在附着前囊胚略有扩张，而滋养层组织大部分暴露在子宫腔内，如兔、犬、雪貂和许多有袋类动物。

（2）偏心附植（eccentric implantation）　胚胎可在子宫上皮内形成一个附着室，胎盘表面与子宫基质相对，如小鼠、大鼠和仓鼠。

（3）部分间质附植和间质附植（partly interstitial and interstitial）　囊胚穿透子宫上皮，侵入子宫内膜与子宫基质接触，如豚鼠、黑猩猩和人。

### （二）附植过程中子宫内膜的变化

在孕激素作用下，子宫内膜充血、增厚，上皮增生，子宫腺盘曲明显，分泌能力增强，子宫肌的收缩和紧张度减弱，为胚泡附植提供有利的环境条件。子宫乳（uterine milk）成为胚泡附植过程中的主要营养来源。

雌激素的致敏和孕激素的生理作用是子宫产生上述变化的主要原因。孕激素增强子宫内膜腺分泌功能；雌激素除使子宫内膜增生外，还促进子宫释放蛋白质水解酶，使其消化子宫液中的大分子物质，为胚泡发育提供营养。同时，水解酶使透明带溶解、滋养层细胞增生、滋养层逐渐侵入子宫上皮（uterine epithelium）和基质层（stroma），引起附植现象出现。水解酶还在胚泡疏松附植和子宫内膜的蜕膜化（decidua）等过程中发挥重要作用。

### （三）附植时间和部位

**1. 附植时间**

胚泡附植是个渐进的过程，确切附植时间差异较大。游离期之后，胚泡与子宫内膜即开始疏松附植。紧密附植的时间发生在此后较长一段时间内，且有明显的种间差异（表 5-6），最终以胎盘建立结束。

**表 5-6　胚泡附植的进程（以排卵后天数计算）**　（单位：d）

| 畜种 | 疏松附植 | 紧密附植 |
| --- | --- | --- |
| 猪 | 12～13 | 25～26 |
| 牛 | 28～32 | 40～45 |
| 绵羊 | 14～16 | 28～35 |
| 马 | 35～40 | 95～105 |

资料来源：张忠诚，2004

子宫环境和胚胎发育同步程度对胚泡附植具有重要意义，不同步是导致胚泡附植失败早期死亡的原因之一，在进行胚胎移植时需特别注意。

**2. 附植部位**

胚泡大体上都是在对胚胎发育最有利的地方附植。所谓有利是指：①子宫血管稠密，因而可提供丰富的营养；②距离均等，避免拥挤，使胚胎各得其所。实际上动物胚胎附植的具体部位是固定的，即胚体位于子宫系膜的对侧，如此可使滋养层靠近血管稠密因而营养丰富的子宫系膜侧。

牛、羊只有一个卵受精时，常在同侧子宫角的下 1/3 处附植，而有两个受精卵时，则平均分布于两个子宫角中。马只有一个受精卵时常迁移至对侧子宫角基部附植，产后第一次发情配种怀孕，胚胎多在上胎子宫角的基部附植。猪多趋于平均分布于两个子宫角内，不会出现大半胎儿集中于一个子宫角内的情况，即使摘除一侧卵巢，每一侧子宫角均约有胚胎总数的一半。

### （四）附植过程

附植是一个渐进的过程，不同动物胚胎附植开始的时间不同，附植的过程也不尽一致。

**1. 猪**

猪的囊胚开始与子宫内膜发生接触大约在第 7 天透明带消失时。此时滋养层细胞迅速增殖，妊娠第 11～13 天，囊胚发生变化。在第 10 天时的囊胚长 4～5mm，呈椭圆形，至第 13 天时伸长到 1m 以上，呈线管状，但直径明显变小。在线管状胚胎的中部有一短小的膨大区，即胚盘（blastldisc）。胚盘区子宫内膜表面可见明显的“绿色荧光”。上皮细胞顶端表面变扁平，上皮下毛细血管渗透性增加。在妊娠第 15 天，在邻近孕体的子宫上皮内富含 17β-烃类固醇脱氢酶，而在其他部位和未妊娠的子宫内则没有。

随着囊胚的伸长，由于胚囊液的积聚和滋养层的扩散不相一致，因而滋养层形成皱襞，与此同时，子宫壁的皱襞加深，两层皱囊襞互相紧密贴近，一旦囊胚完成扩张，囊胚的移动便受到严格限制。冲洗妊娠第16天的子宫发现，孕体的远侧部漂浮游离，而中部四周区域牢固地黏着。此时(或略早些)子宫上皮和囊胚表面的微绒毛开始出现交叉，第18天时微绒毛间的连接完全形成，并在子宫内膜表面形成特殊的结构——乳头晕，为孕体的发育摄取营养。

**2. 绵羊**

囊胚的早期发育同猪差不多。囊胚约在第11天开始伸长，但速率较慢，第21天时只有约20cm长。绵羊的滋养层细胞和子宫上皮在第14天靠近，第15天时有部分黏着。绵羊囊胚的附着过程同猪不一样，子宫内具有“永久性的”附着器官——子宫阜(caruncle)。近第15天时子宫阜毛细管渗透性增加，第16～18天，子宫微绒毛和滋养层细胞的突起穿透性增加，从而引起有效的附着。附着时滋养层首先同子宫上皮在子宫阜上发生紧密接触，接着滋养层细胞侵入子宫上皮，并破坏上皮。以后，凡发生接触的子宫阜上皮都被侵入和破坏。这种破坏过程使绒毛膜和母体组织之间的联系比猪更为紧密。到第4～5周时完成附着过程。

**3. 牛**

胚胎附植过程和绵羊基本相同，但在开始时与子宫接触的时间比绵羊晚。透明带大约在第8天脱落，而此时正值囊胚早期，第11天后囊胚开始伸长，其速率达1cm/h。第13天时丝状孕体伸入排卵对侧子宫角，原肠胚形成。也有报道指出，在第7天时孕体占据整个子宫角，第20天时达双侧子宫角顶端，此时黄体同侧的子宫上皮和滋养层部分黏着，并在子宫阜处紧密结合。第4周母体子宫上皮和滋养层表面的微绒毛出现交叉，继而形成牢固的附着。

**4. 马**

囊胚由于本身液体压力作用，可以被压在子宫内膜上达2个月之久，但并不发生附植。马在妊娠第6天时的囊胚很大，直径达5cm，但并不长。胚胎外周有一层非细胞性膜——荚膜，由不同于透明带的糖蛋白组成，厚约4$\mu$m。第7天或第8天时透明带脱落。妊娠第2周末，这种膜已成为强而有弹性的外膜，可能有利于胚胎在子宫内迁移并产生物理性支撑作用。配种后第4周末，该膜消失。第5周的孕体基本呈圆形，之后呈椭圆形。此时在胚泡周围滋养层细胞形成特殊的绒毛带，这些细胞在第38天时侵入子宫内膜，形成产生PMSG的子宫内膜杯，可能有助于防止滋养层受到母体的免疫攻击。约在第10周时，完成附植过程。

**5. 猫**

猫的囊胚约在配种后第6天进入子宫，第12天时伸长呈椭圆形，大小约为1.5mm×2mm。此时胚胎在非胚极部分出现分离覆盖，母体和胚胎的上皮排列成直线，第13天，囊胚定向，胚极朝向子宫内膜，并在子宫上皮和胚胎之间形成连接复合物。第14天，子宫上皮出现糜烂，附着位点显著水肿。

**6. 犬**

犬在胚胎附植期间，由于排卵的时间和排出的初级卵母细胞成熟分裂的时间不同而难以确定。一般认为，犬的胚胎是在排卵后第6天进入子宫，大约在第9天定位，第11～12天囊胚覆盖物消失，局部子宫内膜基质水肿，第13天后新分化的滋养层合胞体代替子宫上皮，并浸入子宫内膜腺，犬的附着时间与猫相近。

### （五）影响胚泡附植的因素

**1. 母体激素**

母体激素特别是卵巢类固醇激素对胚泡附植具有重要作用，存在种间差异。小鼠和大鼠需在雌激素和孕激素协同作用下，才能引起子宫内膜发生相应变化，具备分泌功能。雌激素可抑制上皮细胞的吞噬作用，为胚泡存活和附植创造条件。而豚鼠则可在只有孕酮的条件下发生。对于其他动物，母体雌激素和孕激素水平及其比值变化对胚泡附植十分重要。

**2. 胚泡激素**

胚泡一旦形成，可分泌激素促进和维持黄体功能。其中孕酮对于整个子宫是一种抗炎剂，抑制子宫对胚泡的炎性反应，但是同时对于即将附植的部位又可改变其毛细血管通透性（capillary permeability），表现出炎性反应特点，为胚泡滋养层与子宫内膜的进一步接触，乃至胎盘形成奠定基础。胚泡雌激素则对附植部位的孕酮起着一定的拮抗作用，更有利于胚泡和子宫内膜相互作用。

**3. 子宫对胚泡的容受性（receptivity）**

胚泡并非完全来自母体，因此在理论上，子宫对胚泡应有一定的免疫排斥反应。但是在雌激素和孕激素的协同作用下，子宫内膜容许胚泡附植。子宫对胚泡的这种容受性，使子宫分泌特异蛋白，在附植过程中起关键作用。同时，胚泡对子宫内环境存在依附性，只有子宫内环境变化与胚泡发育同步，胚泡才可能顺利实现附植。胚泡和子宫内膜之间任何一方不协调，都可能造成附植中断。

**4. 胚激肽**

肽激素是在胚泡附植前后，子宫组织分泌产生的一种特异球蛋白。对兔的研究发现，肽激素的出现和消失与附植胚泡的生长发育有关，对胚泡发育具有刺激作用，所以又称胚激肽（uteroglobulin），它的合成和分泌受雌激素和孕酮调节。妊娠母猪子宫液也有类似的物质，除促进胚泡发育外，还对附植时子宫与滋养层细胞蛋白质溶酶的分泌有调控作用，可与孕酮结合，保护胚泡。

# 第五节　胎膜与胎盘

## 一、胎　　膜

胚胎发育的早期，在内细胞团和滋养层下形成一层内胚层，这些细胞层经过复杂的分化而形成胎膜及胎盘，通过这个胚外系统为胎儿提供营养，进行新陈代谢，保证胚胎的继续发育，因此胎膜和胎盘是胎儿在子宫内发育阶段的临时器官，分娩后便和胎儿脱离。

### （一）胎膜的概念

胎膜（fetal membrane）为胎儿的附属膜，是胎儿本体以外包被着胎儿的几层膜的总称。胎膜主要有卵黄囊、羊膜、尿膜和绒毛膜。由后三种膜分别发育完成的胎膜，其作用是与母体子宫黏膜交换养分、气体及代谢产物，对胎儿的发育极为重要，在胎儿出生后，即被摒弃，所以是一个暂时性器官。

### （二）胎膜的构成

胎膜源于三个基础胚层，即外胚层、中胚层和内胚层（图 5-12），通常按其结构部位及功能分为羊膜、尿膜、绒毛膜和卵黄囊。

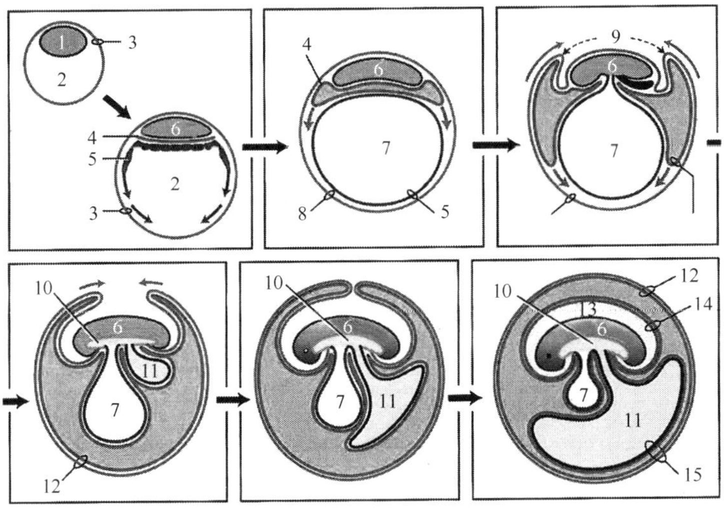


图 5-12 胎膜的形成（引自 Senger，2005）

1. 囊胚内细胞团；2. 囊胚腔；3. 滋养层细胞；4. 中胚层；5. 原始的内胚层；6. 胚胎；7. 卵黄囊；8. 滋养外胚层；9. 羊膜皱；10. 原肠；11. 尿囊；12. 绒毛膜；13. 羊膜腔；14. 羊膜；15. 尿膜绒毛膜

**1. 卵黄囊（yolk sac）**

在多数哺乳动物，卵黄囊由胚胎发育早期的囊胚腔形成。在啮齿类和鸟类，卵黄囊内含有大量卵黄，经过囊壁的血管消化、吸收，供给胚胎的发育和生长。而哺乳动物的卵只有卵黄体或很小的卵黄块。因此，卵黄囊只在胚胎发育的早期阶段起营养交换作用，一旦尿膜出现其功能即为后者替代。随着胚胎的发育，卵黄囊逐渐萎缩，最后埋藏在脐带内，成为无机能的残留组织，称为脐囊，这在马较为明显。

**2. 羊膜（amnion）**

羊膜是包裹在胎儿外的最内一层膜，由胚外外胚层和无血管的中胚层形成，在胚胎和羊膜之间有一充满液体的腔——羊膜腔。羊膜上无血管，虽在某些动物的羊膜上偶尔看到血管，但这是卵黄囊覆盖的缘故。

**3. 尿膜（allantois）**

由胚胎的后肠向外生长形成，其功能相当于胚体外的临时膀胱，并对胎儿的发育起缓冲保护作用。当卵黄囊失去功能后，尿膜上的血管分布于绒毛膜，成为胎盘的内层组织。随着尿液的增加，尿囊也增大，在奇蹄类有部分尿膜和羊膜黏合形成尿膜羊膜，而与绒毛膜黏合则成为尿膜绒毛膜。

**4. 绒毛膜（chorion）**

绒毛膜是胚胎最外层膜，其发生与羊膜相似。绒毛膜表面有绒毛，富含血管网。除马的绒毛膜不和羊膜接触外，其他家畜的绒毛膜均有部分与羊膜接触。绒毛膜表面的绒毛分布及其形状在动物种间有差异。马的绒毛膜填充整个子宫腔，因而发育成两角一体。反刍动物形成双角的盲囊，孕角子宫较为发达。猪的绒毛膜呈圆筒状，两端萎缩成为憩室。

**5. 脐带(umbilical cord, UC)**

脐带是联系胎儿和胎盘的束状组织，被覆羊膜和尿膜，其中有两支脐动脉，一支脐静脉（反刍动物有两支），有卵黄囊的残迹和脐尿管。其血管系统和肺循环相似，脐动脉含胎儿静脉血，而脐静脉来自胎盘，富含氧和其他成分，具有动脉血特征。脐带随胚胎的发育逐渐变长，使胚体可在羊膜腔中自由移动。

## （三）家畜胎膜结构特点

**1. 猪**

胎膜个体发生的最典型特征是在妊娠第6～12天，经历一个迅速伸长的时期。在这期间，胚胎由椭圆形伸长到1cm以上，呈线状。伸长的原因是由于滋养层组织的增殖。尿膜最早在第14天出现，第15～16天形成羊膜，第26天尿膜血管贴近绒毛膜。由于尿膜伸展不到绒毛膜囊两侧顶端，所以往往出现坏死端(图5-13A)。猪是多胎动物，维持正

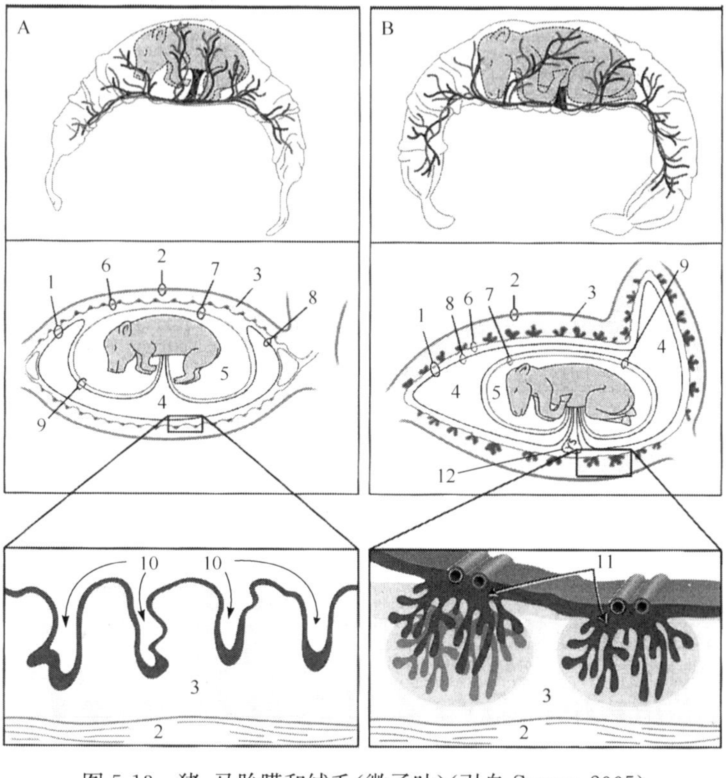


图5-13 猪、马胎膜和绒毛（微子叶）(引自Senger, 2005)

A. 猪；B. 马。

1. 尿膜绒毛膜；2. 子宫肌层；3. 子宫内膜；4. 尿囊；5. 羊膜腔；6. 绒毛膜；7. 羊膜；8. 尿膜；9. 羊膜尿膜；10. 绒毛；11. 绒毛膜绒毛；12. 卵黄囊(YS)

常妊娠须有 3 个以上胎儿正常发育，每个胎儿的胎囊都是独立的，往往是一个尿膜绒毛膜凸入另一个尿膜绒毛膜囊之中，彼此粘连，但很少融合。

**2. 马**

囊胚在附着前扩张形成一个球形囊（图 5-13B）。在第 21 天，羊膜充分形成并包囊胚胎，卵黄囊很大。卵黄囊分为有血管区和无血管区两个区域，此时尿膜还小，还没有与绒毛膜接触。第 35 天时，尿膜扩张，开始与绒毛膜融合，包裹羊膜。卵黄囊血管部分向胚外扩张，无血管区域不断缩小。据观察，这一区域最早与子宫内膜发生接触。扩张的滋养层细胞沿尿膜迁移，在绒毛膜囊周围形成明显的带，称绒毛带，妊娠第 42 天时，尿膜与绒毛膜几乎全部融合，形成尿膜绒毛膜，而靠近羊膜的尿膜融合形成尿膜羊膜。由于尿囊完全包裹羊膜囊，因而马无羊膜绒毛膜。怀双胎时，胎囊绒毛膜接触部分无绒毛，仅发生疏松的粘连。

**3. 牛和绵羊**

牛胚胎在妊娠第 16 天后形成卵黄囊，绵羊比牛可能要早 2～3d。尿膜开始发育后，卵黄囊逐渐缩小。绵羊胚胎在第 26 天时卵黄囊缩小成硬圆的细条，最后完全消失。牛在第 14 天始见羊膜褶囊，第 18 天羊膜完全形成，绵羊稍晚。有试验表明，绵羊在第 17 天才出现羊膜褶囊。牛胚胎在第 20 天时出现尿膜原基，第 22 天尿囊长达 1cm，在第 30 天迅速发育到 26cm，并逐渐与绒毛膜黏合。随着尿囊的增大，羊膜囊挤向绒毛膜处，因此一部分羊膜在胚胎的背部与绒毛膜融合，形成羊膜绒毛膜。尿膜内壁与羊膜黏合的部分，形成尿膜羊膜。尿膜外壁与绒毛膜黏合部分，形成尿膜绒毛膜（图 5-14）。

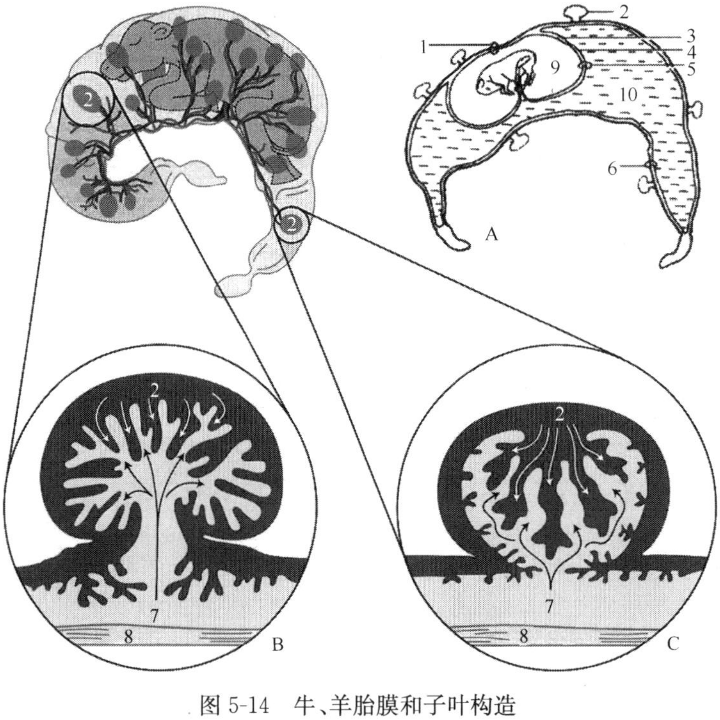


图 5-14　牛、羊胎膜和子叶构造

A. 牛、羊胎膜；B. 牛绒毛膜子叶；C. 羊绒毛膜子叶。

1. 羊膜绒毛膜；2. 子叶；3. 羊膜；4. 尿膜；5. 羊膜尿膜；6. 尿膜绒毛膜；7. 子宫内膜；8. 子宫肌层；9. 羊膜腔及羊水；10. 尿膜腔及尿水

牛产多胎时，绒毛膜和尿囊常常两者融合，因而造成邻近胚胎间血管吻合，血细胞和其他细胞产生交换，如为一公一母，母犊多不育，称为异性孪生不育母犊。绵羊也常有多胎现象，但即使绒毛膜融合，尿囊膜循环中很少发生血管吻合。

## 二、胎　液

胎液是指羊膜腔里的羊水和尿膜腔内的尿水（表 5-7）。

**表 5-7　胎儿液体的来源、成分和功能**

| 液体 | 来源 | 成分 | 功能 |
| --- | --- | --- | --- |
| 羊水 | 1. 胎儿尿液<br>2. 来自呼吸道和口腔黏膜的分泌液<br>3. 母体循环 | 1. 有浮悬颗粒的溶液<br>2. 低水平的 $K^+$、$Mg^{2+}$、葡萄糖、肌酸酐、尿酸和尿素<br>3. 高水平的 $Na^+$、$Cl^-$、$P^{3+}$ 和果糖<br>4. 酶、铁、羊膜斑，一些细胞 | 1. 保护胎儿免受外界的震动<br>2. 防止胎儿皮肤与羊膜发生粘连<br>3. 有助于子宫颈扩张以及生产时润滑产道 |
| 尿囊液 | 1. 胎儿尿液<br>2. 尿囊膜的分泌作用 | 1. 超滤物质<br>2. 低水平的 $Na^+$、$Cl^-$、$P^{3+}$、葡萄糖<br>3. 高水平的 $K^+$、$Mg^{2+}$、$Ca^{2+}$、果糖、肌酸酐、尿酸和尿素 | 1. 在开始附植时将尿膜绒毛膜与子宫内膜紧紧靠拢<br>2. 储存胎儿排泄物，使不易回到母体<br>3. 帮助维持胎儿血浆渗透压 |

资料来源：张忠诚，2000

### （一）羊水（amniotic fluid）

羊水最初可能由羊膜细胞分泌，之后则大部分来源于母体血液。发育的胎儿也排泄一部分产物至羊水中。羊水的量随妊娠的进展而变化，通常妊娠初期缓慢升高，中期迅速增加，之后保持稳定。猪在妊娠的前 3 个月，每个羊膜内羊水含量可达 200mL，以后则趋于减少。反刍类在妊娠前半期增加较快，以后也见减少。母羊在妊娠最初 45d 内，羊水只有 3～20mL，透明无色；到第 75 天，由于脐尿管封闭、尿道开放，进入羊膜的尿液增加，羊水可达 250mL 左右，呈黄色透明；4 个月后变浓而浑浊，到临产时有时多达 1～4L。

羊水内悬浮着一些脱落的上皮细胞、无机盐和蛋白质，还有糖、脂肪、酶、激素及色素，随着胎儿的成熟，唾液和肺分泌物不断进入羊膜，羊水的黏性和润滑性增加。有时在羊水中可见到不整形的块状物，即胎饼（hipomanes）。

羊水对胎儿起保护作用，可防止胎儿受周围组织的压迫，避免胎儿的皮肤与羊膜发生粘连，并可使绒毛膜与子宫内膜发生密切接触，因而有助于附植。分娩时还有助于子宫颈的扩张及产道的润滑。

### （二）尿水

来源于胎儿的尿液和尿囊上皮分泌物，其量变化相当迅速，可能与中肾有关。大约到妊娠第 40 天，尿液浓度上升。在妊娠后半期，牛尿水量增加，绵羊则不稳定。猪尿水的变化与羊水相似，妊娠前 1/3 时期增加很快，妊娠末期减少，每 1～2h 尿水即交换一次。马则相反，在临产时有时多达 8～15L，其色泽由稀薄澄清变成浓稠。尿水中的成分大致和羊水相同，呈弱碱性，相对密度则较大。

尿水也有扩张尿囊、使绒毛膜与子宫内膜紧密接触的功能，并可在分娩前储存发育胎儿的排泄物，有帮助维持胎儿血浆渗透压作用。

## 三、胎　　盘

当胎膜分化完全并完成早期附植之后，在形态和机能上的最大特点是形成多机能的胎盘。胎盘(placenta)是胎膜的尿膜绒毛膜(在猪还有羊膜绒毛膜)和妊娠子宫黏膜相结合所形成构造的总称。其中，尿膜绒毛膜部分称为胎儿胎盘，而子宫黏膜部分称为母体胎盘。哺乳动物胚胎通过胎盘从母体器官吸取营养。因此对胎儿来说，胎盘是一个具有很多功能并和母体紧密联系但又相对独立的暂时性器官。

### (一) 胎盘类型

由于绒毛是胎盘转运营养物质的主要器官，所以常根据绒毛膜表面绒毛的分布将胎盘分为弥散型、子叶型、带状和盘状 4 种类型(图 5-15)。也有按照母体和胎儿真正接触的细胞层次将胎盘分为上皮绒毛型、结缔组织型、内皮绒毛型和血绒毛型 4 种类型。

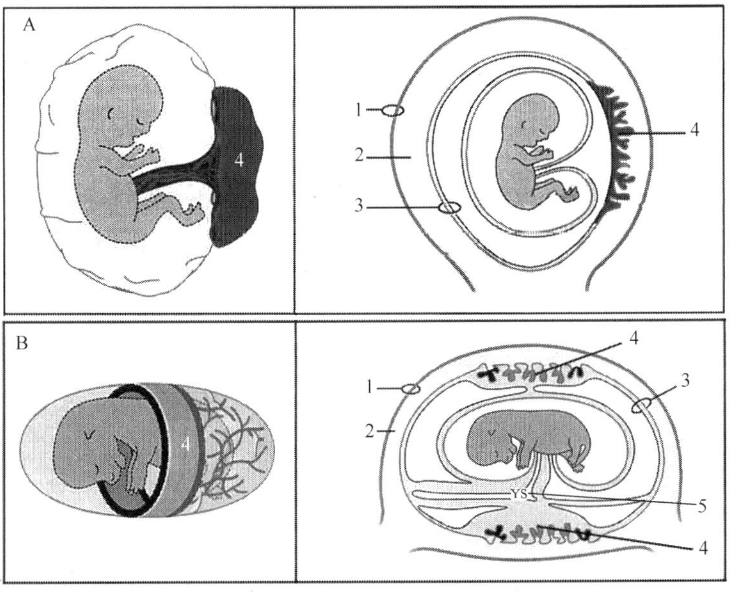


图 5-15　盘状胎盘(A)和带状胎盘(B)(仿 Senger，2005)

1. 子宫肌层；2. 子宫内膜；3. 尿膜绒毛膜；4. 胎盘；5. 卵黄囊(YS)

#### 1. 弥散型胎盘(diffuse placenta，DP)

弥散型胎盘是比较广泛的胎盘类型。胎盘的绒毛分布在整个绒毛膜表面(图 5-13A、图 5-13B)，如猪、马、骆驼。猪和骆驼的绒毛有集中现象，即少数较长绒毛聚集在小而圆的绒毛晕凹陷内。绒毛的表面有一层上皮细胞，每一绒毛都有动脉、静脉的毛细血管分布。与绒毛相对应，子宫黏膜上皮同深部凹入形成腺窝，绒毛插入此腺窝内，因此又称为上皮绒毛膜胎盘。

**2. 子叶型胎盘(cotyledonary placenta,CP)**

以反刍动物牛、羊为代表，绒毛集中在绒毛膜表面的某些部位，形成许多绒毛丛，呈盆状或杯状凸起，即胎儿子叶(图 5-14)。胎儿子叶与母体子宫内膜的特殊突出物——子宫阜(母体子叶)融合在一起形成胎盘的功能单位。牛的子宫阜是凸出的，而绵羊和山羊则是凹陷的。胎儿子叶上的许多绒毛，嵌入母体子叶的许多凹下的腺窝中。子叶之间一般无绒毛，表面光滑，故称子叶型胎盘。绵羊的子宫阜数目为 90～100 个，平均分布在妊娠和未妊娠子宫角内，牛为 70～120 个，环绕着胎儿发育。在妊娠时，子宫阜比原来的直径增加几倍。在生长期，它们从扁平徽章样结构变为圆形而有内茎的蘑菇状结构。除蒂周围外，全部被尿膜绒毛膜所包埋。尿膜绒毛膜正常伸入未孕子宫角，但子宫阜发育程度比孕角差。

**3. 盘状胎盘(discoidal placenta,DP)**

盘状胎盘呈圆形或椭圆形。绒毛膜上的绒毛在发育过程中逐渐集中，局限于一圆形区域(图 5-15A)，绒毛直接侵入子宫黏膜下方血窦内，因此又称血绒毛型胎盘。啮齿类(兔和大鼠)和灵长类(包括人)的胎盘属于此类。

**4. 带状胎盘(zonaty placenta,CP)**

带状胎盘以肉食类动物的胎盘为代表，绒毛膜上的绒毛聚集在绒毛囊中央，形成环带状(图 5-15B)，故而得名。由于绒毛膜上的绒毛直接与母体胎盘的结缔组织相接触，所以此类胎盘又称为上皮绒毛膜与结缔组织混合型胎盘。

由上可见，不同动物的胎盘，母体和胎儿部分组织之间接触的紧密程度是不同的。例如，弥散型和子叶型胎盘，胎儿胎盘绒毛膜上的绒毛伸入子宫内膜，如同手指插入手套中，虽有接触但很简单，分娩时，绒毛膜从子宫内膜中拔出，并不伤及子宫内膜，也就没有脱落损失现象，因而并不引起子宫内膜的破坏或出血。这种类型的胎盘又称为接触胎盘或非蜕膜胎盘。另一些，如带状胎盘和盘状胎盘，胎盘的绒毛膜和母体接触比较紧密，绒毛在子宫内膜中如生根状，绒毛插入子宫内膜，或悬浮于血窦内。分娩时，胎儿胎盘从子宫剥离，子宫内膜被侵入部分(蜕膜)也剥脱下来，随之出血，这种胎盘又称为蜕膜胎盘。胎盘的分类、组织结构和对分娩的影响见表 5-8。

**表 5-8　胎盘的分类、组织结构及对分娩的影响**

| 种类 | 分类 | | |
|---|---|---|---|
| | 绒毛膜绒毛类型 | 母体-胎儿屏障 | 分娩时母体组织的丢失 |
| 猪 | 弥散型 | 上皮绒毛膜型 | 无蜕膜 |
| 马 | 弥散型和微子叶型 | 上皮绒毛膜型 | 无蜕膜 |
| 绵羊、山羊、牛、水牛 | 子叶型 | 结缔组织绒毛膜型 | 少量蜕膜 |
| 猫、狗 | 带状 | 内皮绒毛膜型 | 中量蜕膜(半蜕膜) |
| 人、猴 | 盘状 | 血绒毛膜型 | 大量蜕膜(蜕膜) |

资料来源：张忠诚，2000

### （二）胎盘的功能

胎盘是一种功能复杂的器官，具有物质运输、合成及分解代谢、分泌激素及免疫等多种功能。

**1. 运输功能**

胎盘的运输功能，并不是单纯的弥散作用。根据物质的性质及胎儿的需要，胎盘采取不同的运输方式。

（1）单纯弥散　物质自高分子浓度区移向低浓度区，直到两方取得平衡，如二氧化碳、氧、水、电解质等都是以此方式运输。

（2）加速弥散　某些物质的运输率，如以分子质量计算，超过单纯弥散所能达到的速率。估计可能是细胞膜上有特异性的载体，与一定的物质结合，通过膜蛋白的变构，以极快的速率将结合物从膜的一侧带到另一侧。例如，葡萄糖、氨基酸及大部分水溶性维生素均以加速弥散方式运输。

（3）主动运输　胎儿方面的某些物质浓度较母体高，该物质仍能由母体运向胎儿方面，估计可能是胎盘细胞内酶的功能作用，才能使该物质穿越胎盘膜，如氨基酸、无机磷酸盐、血清铁、钙及维生素 $B_1$、维生素 $B_2$ 和维生素 C 等就是这样运输的。

（4）胞饮作用　极少量的大分子物质，如免疫活性物质及免疫过程中极为重要的球蛋白可能借这一作用而通过胎盘。

**2. 代谢功能**

胎盘组织内酶系统极为丰富，所有已知的酶类在胎盘中均有发现。已知人类胎盘含有 800～1000 种酶，其中氧化还原酶、转移酶、水解酶、异构酶、溶解酶及综合酶六大类，其活性极高。因此，胎盘组织具有广泛的合成及分解代谢功能，能以乙酸或丙酮酸合成脂肪酸或胆固醇，也能应用简单的基础物质合成核酸及蛋白质，并具有葡萄糖、戊糖磷酸盐、三羟酸循环及电子转移系统。所有这些功能对胎盘的物质交换及下述激素合成功能无疑都很重要。

**3. 内分泌功能**

胎盘与黄体一样，是一种暂时性的内分泌器官，既能合成蛋白质激素，如 eCG、PRL，又能合成类固醇激素。这些激素合成后释放到胎儿和母体循环中，其中一些进入羊水被母体或胎儿重吸收，在维持妊娠和胚胎发育及分娩启动中起调节作用。

胎盘合成类固醇激素的性质和母体合成的相同。然而，胎儿和胎盘都缺少生成类固醇激素的某种必不可少的酶，但在胎儿体内缺少的酶却在胎盘内存在，在胎盘内缺少的酶又在胎儿体内存在。两者的结合构成类固醇激素合成的独立酶系统，从而产生有激素功能的类固醇。马、牛、绵羊和猪，在妊娠后半期胎盘依靠胎儿合成，供给雌激素前体，能高速产生雌激素。但孕酮的合成则无需胎儿的帮助。雌激素和孕激素都是胎盘酶系统的激活剂。雌激素在这方面的主要作用是对胎盘细胞内生物反应所需的能量起调整和储备作用，而孕酮则促进能量的释放，供应胎盘细胞，以利其功能的发挥。

**4. 免疫功能**

胎盘的免疫耐受功能与以下原因有关。胎儿组织能产生大量组氨酸，可以防止血管因局部缺血所伴发的移植排除；合体细胞为单倍体，而且只含有母体染色体；也可能由于滋养层并不含有组织抗原的作用，其原因可能与滋养层表面所覆盖的涎黏蛋白组成的纤维蛋白有关。这是一种 α-球蛋白，很可能由肝脏产生，具有封闭外周血中淋巴细胞对有丝分裂原的刺激的作用，从而保护滋养层免受母体淋巴细胞的攻击。但这种解释不适合于在胎儿和母体组织之间不存在连续的类纤维蛋白层的人类胎盘。因而又有人认为滋养层细胞本身就是免疫屏障。与纤维蛋白层不同，滋养层细胞围着每个胎儿形成完整的屏障，而且各种类型的绒毛膜胎盘中都存在。

### （三）胚胎的营养来源

胚胎获取营养的途径与胚胎的发育阶段有关。

**1. 桑葚期**

胚胎的营养物质以卵黄的形式储存在细胞质中，主要靠自身的卵黄质维持营养需要。

**2. 囊胚期**

所有动物的代谢速率增加。牛囊胚在第 10 天时具有环化脱氢酶，能进入较有效的能量代谢需氧途径，所以可通过体外测定牛囊胚的葡萄糖消耗量，判断移植前胚胎的质量。透明带消失后，胚囊生长迅速，耗氧量大大增加，呼吸率突然上升，对营养物质的需要也大大增加，此时的营养主要来源于子宫腔内的腺体分泌的“子宫乳”。子宫乳中含有糖原和蛋白质，还有细胞碎屑、淋巴细胞和一些红细胞，很适于胚胎的营养，其中蛋白质的含量马为 18%，牛为 10%～11%。

**3. 附植期**

在附植和附植期间，胚胎营养的摄取有三种途径：一是吸收和吞食子宫乳；二是滋养层摄取子宫上皮的细胞碎屑；三是通过正在形成的胎盘传递营养物质。由于附植是一个渐进的过程，因此摄取营养的途径是由前两种向后一种转换的过程。不同畜种摄取营养的途径也有差别，牛、羊以前两种为主，马以第一种为主，猪以第一和第三种为主。

**4. 完成附植和胎盘形成后**

完成附植和胎盘形成后由胎盘进行养分的吸收。马和猪是上皮绒毛膜胎盘，绒毛不侵入子宫上皮层，因此子宫腺的分泌物是主要的营养来源。反刍动物，绒毛已侵入子宫上皮，而且有继续深入的趋势，不仅吸收子宫腺的分泌物，而且还消化子宫上皮及被破坏的血液成分，还可直接从母体血液循环吸收营养。

## 第六节　妊娠母体的变化和妊娠期

## 一、妊娠母体的变化

随着妊娠的发展，母体的体重、体形，母畜的行为、外生殖器以及生殖内分泌激素会发生变化，这些变化是母畜妊娠诊断的重要依据。

## (一) 体重、体形和行为的变化

### 1. 体重的变化

妊娠后，母体新陈代谢旺盛，食欲增进，消化能力提高，营养状况得到改善，表现为体重增加，毛色光润。青年母畜本身在妊娠期仍能进行正常的生长，交配过早的母畜尽管在妊娠早期能进行正常生长，但到妊娠中期、后期由于胎儿的迅速生长需要从母体获取大量营养，因而影响了母体的生长及发育。在饲养水平很低的情况下，青年母畜的生长也会因妊娠而受影响。适当营养条件能促进生长，若以同龄及同样发育的母畜试验，由于营养丰富，母畜体重显著增加。即使在饲养不足的情况下，在妊娠早期妊娠母畜也比空怀母畜的增长明显。值得注意的是如果饲养水平不高，妊娠母畜在妊娠中期、后期体重减轻明显，甚至造成胚胎死亡，尤其是妊娠后 1/3 期的饲养水平更能影响胎儿的发育。

妊娠末期，由于胎儿生长发育迅速，尽管妊娠母畜食欲依然保持旺盛或更好，如果饲养管理跟不上，母畜不能消化足够的营养物质以供给迅速发育的胎儿需要，会导致消耗妊娠前半期储存的营养物质，由于妊娠前半期所蓄积的营养物质大量消耗，母畜在分娩前常常消瘦。

在妊娠后半期，由于胎儿骨骼发育的需要，母体内钙、磷往往含量降低，如饲料中矿物质缺乏，常可见到后肢跛行，牙齿也易受到缺钙的影响而磨损较快，因此，依据牙齿来鉴定同龄公畜、母畜年龄时，母畜的牙齿所显示的年龄往往大于公畜。

### 2. 行为的变化

妊娠母体的性情一般变得温驯、安静、嗜睡，行动表现小心谨慎，易出汗。

### 3. 体形的变化

妊娠后期的母体腹围扩大，两侧腹部不对称。由于腹内压增高，使孕体由腹式呼吸变为胸式呼吸，呼吸次数也随之增加，粪、尿的排出次数增多。妊娠后期母体的乳房发育显著，临产前可挤出少许乳汁。

## (二) 生殖器官变化

母体妊娠后，生殖器官为了适应胚胎的发育，在形态学方面和生理机能方面的变化很大，这些变化往往是作为妊娠诊断的重要依据。

### 1. 卵巢变化

动物配种后如果没有妊娠，卵巢上的黄体退化，而在妊娠后黄体则会继续存在，并发育成妊娠黄体，从而中断发情周期，在妊娠后，卵巢的机能性活动是由孕酮和雌激素之间的关系所决定的，如果雌激素占优势，妊娠就有可能濒于结束。如果孕酮在整个妊娠期中均占主导地位，则黄体能维持整个妊娠期的全过程直至分娩或分娩后的若干天。

(1) 牛、羊和猪　牛、羊、猪卵巢上的黄体持续存在于整个妊娠期，并可维持到分娩后若干天才消失，但黄体机能在分娩前就已缺乏活性。猪妊娠期黄体数目往往比胎儿数目多，孕后也有再发情的。牛在妊娠期黄体不突出在卵巢表面，但保持较大的体积直至分娩前。妊娠早期黄体产生的孕酮对维持妊娠和胚胎发育至关重要，如牛在这个阶段黄体分泌的孕酮量少，达不到维持妊娠的需要量或在妊娠最末一个月以前摘除黄体，就会在 3～

8d 内发生流产。

(2) 绵羊 妊娠前期的卵巢变化与牛相似，但仅在妊娠的前 1/3 期内需有黄体存在，到妊娠第 115 天时黄体体积缩小。

(3) 马和驴 妊娠后的卵巢变化非常特殊，在妊娠第 40 天至妊娠 5 个月内，由于 eCG 的作用，仍有卵泡继续发育，并形成许多大小不等的黄体，而且这些黄体化的卵泡，也有排卵后才形成的。到妊娠第 5 个月时，黄体萎缩消退，胎盘开始产生孕酮，代替黄体的作用。因此，马在妊娠第 100 天以后摘除卵巢也不会发生流产，到妊娠第 6 个月后，黄体变得柔软而退化，有卵泡生长的现象。所以，妊娠母马在妊娠 6 个月以后，如果饲养管理不当，就有发生流产的危险。到妊娠 7 个月时仅剩下黄体的遗迹，在妊娠的最后 2 周，卵巢又开始活动，所以分娩后很快就会发情。

此外，母畜妊娠后，卵巢的位置随胎儿体积和子宫重量的增大而向腹腔前下方沉移，子宫阔韧带由于负重而紧张拉长，马妊娠 3 个月后，卵巢位置不仅向腹腔前下方移动，而且两侧卵巢都逐渐向正中矢状面靠拢。

**2. 子宫的变化**

无论是单胎动物还是多胎动物，妊娠后子宫均随着胎儿的迅速发育而发生显著变化，单胎动物的子宫变化又明显于多胎动物。子宫发生增生、生长、扩展，其具体时间因畜种的不同而异。此外，子宫体积、黏膜、血液供应和子宫颈等随着妊娠的进程也发生明显的变化。妊娠后子宫在孕激素的作用下活动受到抑制，对外界刺激的反应性降低，对 OXT、雌激素的敏感性降低，在这一阶段处于生理安静状态。

(1) 体积与位置 在妊娠后子宫的发育不仅表现在黏膜增生，子宫肌肉组织也在生长，特别是孕侧子宫角和子宫体的体积增大。此外，子宫的容积逐渐增大，单胎妊娠时，子宫增大首先从孕角和子宫体开始。在马，因为胚泡为圆形，而且多位于一侧子宫角和子宫体交界处，所以扩大首先并且主要发生在交界处。在整个妊娠期，孕角的增长比空角大很多，两者从妊娠初期出现不对称性。牛、羊、马孕角的增大主要是大弯向前扩张，小弯则伸张不大。马的子宫体也扩大(胎儿主要在子宫体内)。妊娠末期，牛、羊子宫占据腹腔的右半，并超过中线达到左侧，瘤胃被挤向前。马的子宫位于腹腔中部，但也有时偏于左侧或右侧。猪的子宫角最长可达 1.5～3m。曲折地位于腹底，并向前抵达横膈。妊娠后期，子宫肌纤维逐渐肥大增生，结缔组织基质也增加。基质的变化对妊娠子宫相应变化的进展和产后子宫的复原奠定了良好的基础，但因胎儿及胎水使子宫发生扩张，使子宫壁在妊娠过程中变得很薄，尤以妊娠后期最为显著。羊至妊娠末期子宫壁可以薄到 1mm，因而在进行手术助产时应注意防止破裂。

(2) 黏膜 受精后，子宫黏膜在雌激素和孕酮的先后作用下，血液供应增多，上皮增生，黏膜增厚，并形成大量皱襞，使面积增大。子宫腺扩张、伸长，细胞中的糖原增多，且分泌量增多，有利于囊胚的附植，并供给胚胎发育所需要的营养物质。以后，黏膜形成母体胎盘。弥散型胎盘几乎是整个子宫黏膜均形成母体胎盘，如马和猪。而牛、羊属于子叶型胎盘，其母体胎盘由子宫黏膜上的子宫阜构成，孕角中的子叶要比空角大。马在妊娠的前 5 个月内，子宫黏膜上形成子宫内膜杯，能够产生 eCG，对维持妊娠可能起平衡作用。

(3) 血液供应 妊娠子宫的血液供应量随胎儿发育所需要的营养增多而逐渐增加，

分布于子宫的血管分支逐渐增多，而且主要是血管增粗。子宫中动脉和后动脉的变化特别明显，妊娠第 80 天的母羊每分钟通过子宫的血液为 200mL，当妊娠至第 150 天时，血液流量可增加至每分钟 1000mL 以上，而未孕母羊子宫血液流量只有每分钟 25mL。

（4）子宫颈　妊娠后，子宫颈收缩很紧，而且变粗。子宫颈的黏膜层增厚，同时，由于子宫颈内膜腺管的增加，黏膜上皮的单细胞腺分泌一种黏稠的黏液，填充于子宫颈内，称为子宫颈栓。与此同时，子宫颈的括约肌收缩很紧，使子宫颈管处于完全封闭的状态，这样可以防止外物进入子宫内，起到保护胎儿免受外界刺激的作用。子宫颈栓在妊娠初期透明、淡白，妊娠中后期变淡黄色，更黏稠，且分泌量逐渐增多，并流入阴道内，使阴道黏膜也变得黏涩。牛妊娠后的子宫颈分泌物较多，也常有新分泌的黏液代替旧的黏液，子宫颈栓常常更新，旧的黏液被替代后排出，黏附于阴门外下角。马的子宫颈栓较少，子宫颈封闭较松，手指可以伸入。马的子宫颈栓受到破坏后，可在 3d 左右发生流产。此外，妊娠后子宫颈的位置也往往稍偏向一侧，质地较硬。牛子宫颈往往稍变扁，马的子宫颈细圆而硬。

在妊娠的中 1/3 期，子宫由于重量增大而下垂至腹腔，子宫颈因受子宫牵连由骨盆腔内移至耻骨前缘的前下方，直到妊娠后期至临产前数周，由于子宫扩张和胎位上移，才又回复到骨盆腔内。

（5）子宫阔韧带　妊娠后，子宫阔韧带中的平滑肌纤维及结缔组织增生，使子宫阔韧带变厚。此外，由于子宫的重量逐渐增加，子宫下垂，因而使子宫阔韧带伸长并且绷得很紧。

（6）子宫动脉　胎儿在生长发育过程中所需的营养主要通过血液循环提供。随着妊娠期的增长，维持胎儿发育所需要的营养增多，母畜血液供给虽也相应增加，表现为子宫动脉血管扩张，尤其是子宫中动脉和子宫后动脉的变化特别明显。牛、马妊娠末期的子宫中动脉可变到如食指或拇指粗细。在动脉变粗的同时由于黏膜层增生、加厚，动脉内膜的皱襞也变厚且和肌层联系变疏松，因此在血液流过时所造成的脉搏要比原来清楚而有力，继而变为间隔不明显的流水样颤动，称之为妊娠脉搏，出现于妊娠的特定时期。孕角一侧出现妊娠脉搏要比空角早，分娩后这种妊娠脉搏逐渐消失，因而在生产实践中是妊娠中后期进行妊娠诊断的重要依据。

**3. 外生殖道变化**

妊娠初期，阴唇收缩，阴门裂紧闭，随妊娠期的进展，阴唇的水肿程度增加，牛的这种变化比马明显。初次妊娠牛在妊娠 5 个月时、经产母牛在妊娠 7 个月时出现这种变化。妊娠后阴道黏膜的颜色变苍白，黏膜上覆盖有从子宫颈分泌出来的浓稠黏液，因该黏膜并不滑润，插入和拔出开张器时感到滞涩。在妊娠末期，阴唇、阴道发生水肿而变柔软。

## （三）内分泌变化

在妊娠期间，母体内分泌系统发生明显的变化。各种激素的协调平衡是维持妊娠的基本条件，如果这种必要的平衡一旦被破坏，特别是激素平衡的调节失调，妊娠就会中止。母畜妊娠期间的激素变化很复杂，几种主要的激素变化情况如下。

**1. 促性腺激素**

在妊娠期，大多数哺乳动物的FSH分泌变化不明显，LH分泌是先逐渐升高，然后逐渐降低。马的促性腺激素主要来源于绒毛膜上的巨滋养层细胞，即马绒毛膜促性腺激素（eCG）。eCG在妊娠第40天开始出现，至第70～80天达到高峰，然后下降。

**2. 性腺激素**

性腺分泌的激素有雌激素、孕激素、抑制素和松弛素。其中孕激素在整个妊娠期间对妊娠的维持具有重要作用。

（1）雌激素　动物妊娠后虽然抑制了卵泡发育，使卵巢分泌的雌激素量减少，但由于黄体和胎盘也可分泌，而且孕激素可转变为雌激素，所以雌性动物在妊娠期仍能检出雌激素。牛、羊和猪，在临近分娩前，雌激素水平显著增加。

（2）孕激素　母畜妊娠后所需的孕激素不仅可由黄体产生，胎盘组织和肾上腺也能分泌，其分泌量足以制止妊娠期的母畜再发情，并具有引起妊娠期相应生理变化的机能。临近分娩前孕激素才急剧下降或消失。各种动物在妊娠期间孕激素的变化与水平见图5-16。

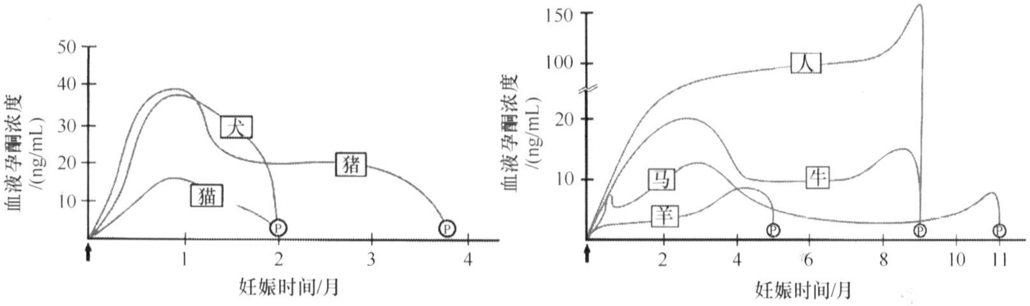


图5-16　各种动物妊娠期间血液中孕酮水平（改自Senger，2005）
Ⓟ分娩。

（3）抑制素　鼠在妊娠前1/4时期，血中抑制素水平逐渐上升至高峰，然后下降。至妊娠后期，抑制素水平又逐渐上升，直至分娩。

（4）松弛素　猪在配种、受胎后，松弛素水平逐渐缓慢升高，直至分娩时达最高水平。

## 二、妊娠期和影响妊娠期的因素

### （一）妊娠期

妊娠期是从受精开始（一般是最后一次配种日期开始计算）到分娩为止的一段时间，是新生命在母体内生活的时期。

各种动物都有其特定的妊娠期（表5-9）。但是，也有些动物，特别是野生动物的妊娠期长短不一。据推测，可能这些动物的孕体具有某种调节机制，可以根据母体所处的环境条件调节胚胎或胎儿的生长速率而影响妊娠期。

表 5-9 各种动物的妊娠期 (单位:d)

| 类别 | 平均 | 范围 | 类别 | 平均 | 范围 |
|---|---|---|---|---|---|
| 牛 | 282 | 276～290 | 猪 | 114 | 102～140 |
| 水牛 | | | 双峰驼 | 400 | 370～420 |
| 河流型 | 306 | 300～315 | 家兔 | 30 | 27～33 |
| 沼泽型 | 326 | 316～330 | 茸鹿 | — | 230～240 |
| 绵羊 | 150 | 146～157 | 狗 | 62 | 59～65 |
| 山羊 | 152 | 146～161 | 猫 | 58 | 55～60 |
| 马 | 340 | 300～412 | 猞猁 | 71 | 67～74 |
| 驴 | 360 | 340～380 | 河狸 | 106 | 105～107 |
| 花面狸 | 60 | 55～68 | 艾虎 | 42 | 40～46 |
| 貉 | 61 | 54～65 | 水獭 | 56 | 51～71 |
| 狗獾 | 220 | 210～240 | 獭兔 | 31 | 30～33 |
| 鼬獾 | 65 | 57～80 | 麝鼠 | 28 | 25～30 |
| 狐 | 52 | 50～61 | 毛丝鼠 | 111 | 105～118 |
| 狼 | 62 | 55～70 | 海狸鼠 | 133 | 120～140 |
| 水貂 | 47 | 37～91 | 麝 | 185 | 178～192 |
| 野兔 | 51 | 50～52 | 象 | 660 | |
| 大鼠 | 22 | 20～25 | 虎 | 154 | |
| 小鼠 | 22 | 20～25 | 狮 | 110 | |
| 豚鼠 | 60 | 59～62 | 鲸 | 456 | |
| 梅花鹿 | 235 | 229～241 | | | |
| 马鹿 | 250 | 241～265 | | | |
| 长颈鹿 | 420 | 402～431 | | | |

资料来源:朱士恩,2009

### (二) 影响妊娠期的因素

妊娠期的长短受遗传、年龄、胎儿数目和性别以及自然环境因素的影响。

**1. 遗传**

不同动物种类、同种动物不同品种以及同一品种的不同个体,即遗传类型间,妊娠期有差异。胎儿的遗传型决定妊娠期的长短。

(1) 品种杂交 遗传因素对妊娠期的影响究竟有多大,可从品种间的杂交得知。例如,印度的辛提红牛妊娠期比娟姗牛长,而且性成熟较晚,两者的杂种妊娠期因辛提红公牛的影响而延长。含娟姗牛血统 3/4 和 1/2 的杂种牛比纯种娟姗牛的妊娠期分别长 2～4d 和 5～8d,若杂一代母牛再和辛提红公牛交配,妊娠期又比杂一代娟姗公牛的长约 5d。因辛提红牛妊娠期达 291d,每增加 25%的辛提红牛血统,杂交牛的妊娠期延长约 3d。

(2) 远缘杂交 还可从马和驴的杂种中观察到。母马和公马交配时的妊娠期是 340d,而母马和公驴杂交时则为 355d,驴的妊娠期比马长约一个月,骡在母马子宫内的生活期应比马驹稍长。

**2. 年龄**

老龄母畜妊娠期长，而年轻母畜短，8 岁的母绵羊比正常羊的妊娠期延长 2d。早龄受胎的青年母牛，妊娠期稍短于受胎较晚的青年母牛。

**3. 胎儿**

胎儿数目和胎儿性别对妊娠期的长短有影响。除猪以外，多胎动物妊娠期与每窝仔数之间的相互关系非常明显。通常，胎儿数目较少或子宫负担较小的多胎动物妊娠期较长。反之，胎儿数目多则妊娠期较短。单胎动物怀多胎时妊娠期较短，一般怀双犊的要比怀单犊的短 3～6d。怀雄性驹、犊的妊娠期比怀雌性驹、犊的长 1～2d，这可能是由于性别不同，内分泌机能有别，影响分娩发动时间，从而影响妊娠期的长短。

**4. 自然环境**

季节与光照对母畜的生活和胚胎的生长发育影响很大，因而与妊娠期有关。从 3 个乳牛品种分析的结果，春季（3～5 月）产犊的平均妊娠期为 279.02d，比秋季（9～11 月）产犊的长 2.07d，而冬夏两季介于两者之间。据荷兰资料报道，分娩季节能影响荷斯坦奶牛的妊娠期，一般以夏季最短[(278.4±5.33)d]，冬季最长[(280.0±4.86)d]。某些证据表明，高温可能使啮齿动物的妊娠期延长。冬季配种妊娠的母马，妊娠期延长。

## 三、妊 娠 诊 断

临床上应用的妊娠诊断方法主要是指外部检查法和内部检查法。每一种方法都有它自身的优点，但也有其一定的局限。因此在临床应用时应根据畜种、妊娠期阶段及饲养管理方式等，采用多种方法准确确诊。

### （一）外部检查法

**1. 视诊**

母畜配种（授精）一个性周期后，应注意观察母畜是否再次发情。如果连续 1～2 个周期不发情，则可能已妊娠。这种方法对发情规律比较正常的母畜，其准确率一般可达 80%以上。但是当母畜饲养管理或利用不当、生殖器官不健康、激素分泌紊乱以及有其他疾病发生时，虽未怀孕，也可能不表现发情。此外，有的母畜虽已怀孕，却会出现发情，这种情况多见于马、驴，少数牛也时有发生。因此，该法只能作为辅助手段。

母畜妊娠后一般表现为：回避公畜，并拒绝公畜爬跨。群牧的母畜则有离群、行动谨慎、怕拥挤、防踢蹴等行为表现。食欲增加，毛色润泽，膘情良好，体重增加，性情温顺，到一定时期（牛、马、驴 4～5 个月，羊 3～4 个月，猪 2 个月）后，腹围增大，腹壁向一侧突出，马、驴多向左侧突出，牛、羊多向右侧突出，而母猪腹部侧向下垂。两侧腹壁不对称，随着妊娠的延续，隔着腹壁可以触诊到胎儿。

已妊娠母畜外阴部干燥收缩紧闭，有皱纹出现，前庭黏膜苍白、干燥、无分泌物。妊娠后期，母畜乳房增大，尻部下塌较深，阴户出现充血膨大松弛等症状。

视诊的缺点在于对早期妊娠难以确定，另外对少数生理异常的母畜易出现误诊，因此视诊的结果仅能作为其他方法的补充。

**2. 听诊**

利用听诊器在母畜外腹壁距子宫最近的部位，检查有无胎儿心音，这种方法只适用于妊娠中后期，胎龄越长准确率越高。

**3. 触诊**

多应用于猪、羊，有时马、牛也用。触诊母猪时先使母猪侧卧，然后用一只手或双手在最后2对乳头的上腹壁，由前向后滑动，触摸有无硬块，如母猪已孕，可摸到若干个大小相似的硬块。触诊母羊时，术者面向羊尾端，用两腿夹住母羊的颈部，使母羊不能前后移动。双手紧贴下腹部，前后滑动触摸，检查子宫内有无硬块，有时可摸到黄豆大小的子叶。对母牛触诊可用手掌压迫其右腹壁，对马、驴则压迫其左腹壁，如为妊娠中后期，当手掌压迫腹壁时可明显地感觉到有胎儿的反射性撞击。

### （二）内部检查法

内部检查法主要是指临床诊断中的直肠检查法和阴道检查法。

**1. 直肠检查法**

直肠检查法是牛、马等大家畜妊娠诊断最可靠的方法。该法简便易行，在整个妊娠期（马从配种后16d，牛从40d左右）都可使用，诊断结果较准确。此法可判断胎龄、识别假妊娠、假发情、死胎以及某些生殖疾病等不正常情况。

直肠检查法是检查人员把手伸进母畜的直肠内，隔着直肠壁触摸卵巢、子宫、胎盘（牛）、胎儿及子宫动脉等，根据它们的变化情况来判断母畜是否妊娠。母畜妊娠后，在黄体分泌的孕激素作用下，阴道、子宫以及卵巢的形态、位置和质地等都会发生一系列有规律性的变化，这些变化因妊娠的不同时期而有差异，因此在直肠检查时检查的内容因怀孕时间不同而有所侧重。例如，在妊娠早期，主要检查卵巢上黄体的状态，子宫角的形态和质地、两侧子宫角是否对称、孕体是否明显。妊娠中后期，由于胎儿已经下沉，子宫远离直肠，可以检查子宫颈的位置及子宫动脉的妊娠搏动，对牛可以检查子叶胎盘。

直肠检查前的准备工作、操作手法和注意事项与发情鉴定的直肠检查法大致相同。触诊胚泡或胎儿时，动作要轻缓，且不宜拖延时间太久，以免造成流产。

**2. 阴道检查法**

阴道检查法也是妊娠诊断的重要临床方法之一，是大家畜配合直肠检查进行的辅助诊断方法；是小家畜妊娠检查的诊断方法之一。

此法是用阴道开膣器插入母畜阴道，观察其阴道黏膜的颜色、干湿状况、黏液的浓稠度、透明度和分泌量，子宫颈的形状、位置及开口处的黏液状况等。

（1）阴道黏膜　妊娠2周后，阴道黏膜由未孕时的淡粉红色变为苍白色，干燥而无光泽，同时阴道收缩变紧，插入开膣器时感到有较大阻力。检查时动作要迅速，否则会因时间过长，阴道受刺激转为充血状态。

（2）阴道黏液　怀孕初期，阴道中的黏液量变少，黏稠度增加，颜色混浊，呈灰白色或略带黄色。怀孕中期，阴道黏液量有增加趋势，以牛最为明显，有时甚至可流出阴门外（指子宫栓的更换期），马的阴道黏液较浓稠，呈糊状，并带有特殊的芳香味，这些黏液多聚集在子宫颈外口附近及阴道穹窿部。

(3) 子宫颈　妊娠后颈管紧闭，子宫颈阴道部变为苍白，颈外口处堵有糨糊状的黏液块(子宫栓)，子宫栓以牛的较为明显，马的在怀孕3～4个月后才逐渐增多。牛在妊娠过程中子宫栓有更替现象，被更替的黏液排出时，常黏附于阴门下角，并有粪草黏着。马妊娠3周后，子宫颈即收缩紧闭，子宫颈阴道部变得细而尖。子宫颈的位置随妊娠的进展有所变化，怀孕初期一般位于阴道穹窿部的中央，以后由于子宫膨大下垂，使其受到牵引而向前下方移动，有时也偏向一侧。

阴道检查应注意某些个体的异常变化，如怀孕后出现发情、阴道或子宫颈病理性变化，这些都将影响妊娠判断。阴道检查虽有一定的准确性，但不能作为主要的方法，还必须结合其他方法，才能得出正确的结论。

### (三) 实验室检查法

妊娠的实验室诊断方法从20世纪30年代起就受到人们的重视，目前已见报告的不下10余种，常用的方法有以下几种。

**1. 超声波诊断**

超声波诊断是把超声波的物理特点和动物组织结构的声学特点密切结合的一种物理学诊断方法。超声波诊断技术目前应用越来越广泛。超声波诊断仪主要有A超、B超和多普勒超声3种。

(1) 幅度调制型超声诊断法(A型超声诊断法)　此法是利用超声的方向性好及在母体内传播过程中，当遇到腹壁、子宫壁、胎水和胎儿等，由于它们的声阻抗不同而产生反射，其反射回声信号在示波屏上以波的形式(妊娠波形)显示出来。用A型超声诊断仪对配种后20～30d的奶牛妊娠诊断准确率达90%，对配种后30～60d的母猪妊娠诊断准确率达99%。

(2) 超声多普勒探查法　利用超声多普勒检测仪探查妊娠动物，当发射的超声遇到搏动的母体子宫动脉、胎儿心脏和胎动时，就会产生各种特征性多普勒信号，从而进行妊娠诊断。用超声多普勒检测仪探查妊娠动物，对配种后20～30d各种家畜妊娠诊断准确率分别为：奶牛90%～100%，黄牛97.9%，母猪84.4%。

(3) 实时超声显像法(B超)　超声波在家畜体内传播时，穿透子宫、胚泡或胎儿等，由于脏器或组织的声阻抗不同，界面形态不同，以及脏器间密度较低的间隙，造成各脏器不同的反射规律，形成各脏器各具特点的声像图。用B超诊断配种后28～30d的奶牛妊娠诊断准确率达98.3%，对配种后25d的母猪妊娠诊断准确率达99.75%。

超声波早期诊断动物妊娠具有安全、准确、简便、快速等优点，是较为理想的早期妊娠诊断方法。

**2. 孕酮水平测定法**

母畜体内孕酮的主要来源是黄体，因此体内孕酮水平的变化可作为监测母畜生殖活动的精确“指示剂”。由于妊娠黄体的存在，在相当于下一个发情期到来的时间，其血中(血清)和奶中(乳汁或乳脂)孕酮含量要远远高于未孕母畜。因此测定母畜血浆或乳汁的孕酮浓度可以进行早期妊娠诊断。

采乳样比采血样方便，目前测定乳中孕酮含量的较多，而乳中孕酮水平受乳脂含量的影响，故测定脱脂乳孕酮水平比测定全乳更准确。对于非乳用母畜，可以采集尿液、唾液、被毛或粪便进行孕酮水平测定。因为动物的尿液、唾液、被毛和粪便中的孕酮水平与血样或乳样中的孕酮水平有很强的相关性。

测定孕酮的方法有放射免疫测定法(radioi mmuno assay，RIA)、酶免疫测定法(enzyme immunosorbent assay，EIA)、酶联免疫吸附测定法(enzyme-linked immunosorbent assay，ELISA)和乳胶凝集抑制试验(latex agglutination inhibition test，LAIT)。

**3. 免疫学诊断法**

免疫学诊断法是指根据免疫化学和免疫生物学的原理所进行的妊娠免疫学诊断。它主要依据是：怀孕后，胚胎、胎盘及母体组织分别能产生一些化学物质、激素或酶类，其中某些物质具有很好的抗原性，能刺激动物机体产生免疫反应，如果用这些物质去免疫其他家畜(如家兔或火鸡)，会在体内产生强烈的抗体，用其血液制成抗血清，血清中的特异抗体只能和其诱导的抗原相同或相近的物质进行特异结合。抗原和抗体的这种结合可以通过两种方法在体外测定出来：一种是荧光染料或同位素标记，然后在显微镜下定位；另一种是抗原和抗体结合产生某些物理性状，如凝集反应、沉淀反应，利用这些反应的有无来判断家畜是否妊娠。

**4. 其他方法**

(1) 硫酸雌酮测定法　硫酸雌酮由母畜胚泡分泌的雌酮代谢物在子宫内膜中转化而来，硫酸雌酮进入血液循环在妊娠早期达到可测水平。以母猪血浆中硫酸雌酮含量 1ng/mL 为判断是否妊娠的标准。此外硫酸雌酮的含量与母猪的产仔数呈正相关，可初步预测产仔数的高低。因此，测定血清、尿液及粪便中的硫酸雌酮浓度可进行早期妊娠诊断。测定硫酸雌酮的浓度常用 EIA 法，其灵敏度和特异性很高。

(2) 血小板计数法　1985 年，Oneill 首次报道附植前胚胎导致的血小板下降是母体对妊娠产生的最早反应，这种反应是胚源性 PAF(血小板激活因子)介导妊娠母畜对胚胎的识别，因此，根据血小板显著减少可对配种后数小时至数天内的母畜做早期或超早期妊娠诊断。

(3) PMSG(孕马血清促性腺激素)测定法　孕马血清促性腺激素于母马妊娠的第 18 天开始在血液中出现，第 60 天迅速增加到 500～1000IU/mL，这种浓度可以维持 40～65d。因此，在母马配种后 18d 即可检测到 PMSG 的存在。通过生物学方法和免疫技术测定 PMSG 进行妊娠诊断一般在配种后的 40d 左右。应用 PMSG 放射免疫测定法对配种后 40～60d 的母马进行早期妊娠诊断，确诊率达 90%。

(4) 早孕因子(EPF)测定法　家畜妊娠时，垂体释放催乳素(PRL)而作用于黄体，产生了一种特殊的糖蛋白，即早孕因子。EPF 可以由血小板激活因子(PAF)诱导产生，是一种新的妊娠特殊蛋白。它通过抑制母体的细胞免疫使胎儿免受免疫排斥得以在母体内存活。所以，EPF 被认为是与早期妊娠相关的物质。小鼠配种后 6h 即可发现多种免疫抑制性早孕因子，母牛在受精后 24～48h 可检测出血清中的 EPF，从而对母畜进行超早期妊娠诊断。EPF 的出现和持续存在能够特异性地代表受精和孕体发育，在胚胎死亡或移去的短时间内消失。

此外，妊娠诊断的方法还有很多，如外源激素探试法、子宫颈黏液抹片法、经穴皮温变化法、表面膜共振免疫感受器法等。

# 第七节　分　　娩

分娩(parturition)是指雌性动物经过一定时期的妊娠后，胎儿在母体内发育成熟，母体将胎儿及其附属物从子宫中排出体外的生理过程。

## 一、分 娩 机 理

分娩启动是指雌性动物妊娠期末开始终止妊娠的生理过程。关于分娩启动的机理，众说纷纭。其中比较重要的学说有：机械学说、激素学说、神经体液学说和胎儿发动学说等。究竟哪一种因素起原发性作用，尚未确定。现在一般认为分娩的启动并非单一因素所致，而是由机械扩张、神经反射及内分泌激素等多种因素相互联系、彼此协调所促成，这些因素可促使母体在分娩过程中发生骨盆韧带及产道的松弛、子宫肌肉强烈收缩和胎盘脱离等生理变化。另一种观点把分娩解释成母体的一种免疫学反应，视胎盘为同质接体(homograft)，到妊娠末期胎盘组织变性，造成子宫对接体的排斥现象，于是发动分娩，但其机理仍是一些推论。随着内分泌学的发展，又提出新的概念，即胎儿下丘脑-垂体-肾上腺轴对启动分娩起重要作用。

### (一) 妊娠母体的内分泌变化

激素对分娩所起的作用并非局限于神经垂体所分泌的激素。在妊娠后期孕酮水平下降，对继续维持妊娠失去了作用，同时由于胎儿肾上腺皮质素分泌的增加，致使母体产生了雌性激素和EP，使子宫肌肉增强对神经垂体激素的敏感性，与PG共同作用促使妊娠结束。

**1. 催产素**

OXT能使子宫发生强烈阵缩，对分娩起着强烈作用。分娩开始阶段，血液中OXT含量变化不大，多胎动物每产出一仔，常引起反射性的紧张活动，OXT的分泌量相对增加，当胎儿全部产出后达到高峰，随后又降低。绵羊在分娩时颈静脉血中OXT浓度很高，从分娩前2周到临产前12h从绵羊血浆内所测定的OXT得知，平均为50μg/mL，到分娩的当天为55μg/mL，但到第二个胎儿产出时OXT含量可高达400～1000μg/mL，分娩结束后3min测定血浆中OXT活性即恢复到产前水平。用机械方法刺激山羊阴道能引起反射性OXT释放。母羊在妊娠期末的孕酮含量较高时，这种反射性OXT释放会受到抑制，而当雌激素多时则又能增强。所以，母羊妊娠子宫在未达到分娩时，对大剂量释放的OXT不会发生反应，而到临分娩时敏感性则很强。这说明母羊所处生理状况不同，所释放的OXT对子宫的作用存在差异。在妊娠最后阶段，孕酮分泌下降，雌激素分泌增多，可刺激神经垂体释放OXT，以启动分娩，并促使子宫颈扩张。与此同时，胎盘和胎儿的前置部分对子宫颈和阴道产生的刺激能反射性地使神经垂体释放大量的OXT，以促进胎儿产出。如果母体在分娩过程中受到外界惊吓刺激,OXT 的释放受到 EP 的抑制,则子宫不能进行正常收缩而会发生难产。OXT 虽对阵缩发动不起直接作用,但它的分泌能引起子宫颈和阴道扩张。近期研究发现,OXT 还可通过直接与黄体细胞上的受体结合或通过刺激子宫 PG 的分泌而溶解黄体,从而启动分娩。

OXT 虽然与分娩时子宫收缩的程度有直接关系,但如果摘除神经垂体不一定会阻碍分娩,这可能与胎盘来源的 OXT 和其他激素有关。

**2. 孕酮**

孕酮与雌激素在分娩前后的变化对分娩启动有重要影响。在妊娠期间的黄体(牛、山羊和猪)及胎盘(绵羊和马)产生的孕酮对维持妊娠起主导作用。孕酮能够抑制子宫肌肉收缩,使妊娠期间子宫保持在相对安静状态。大多数动物应用孕酮可以减少子宫肌的活动和延迟分娩,但这种抑制作用一旦被解除,就会成为分娩启动的一种重要诱因。在家畜中,由于胎儿糖皮质类固醇上升刺激母体子宫合成 $PGF_{2\alpha}$,从而削弱孕酮对子宫兴奋的抑制作用,使母体在临产前血浆中孕酮含量降到最低水平,而有利于分娩(图 5-17)。但在孕妇又是另一种情况,在临产前和分娩时,孕酮浓度反而高于妊娠期其他阶段,所以孕酮的减少是不是激发分娩的重要因素,还有待于证实。

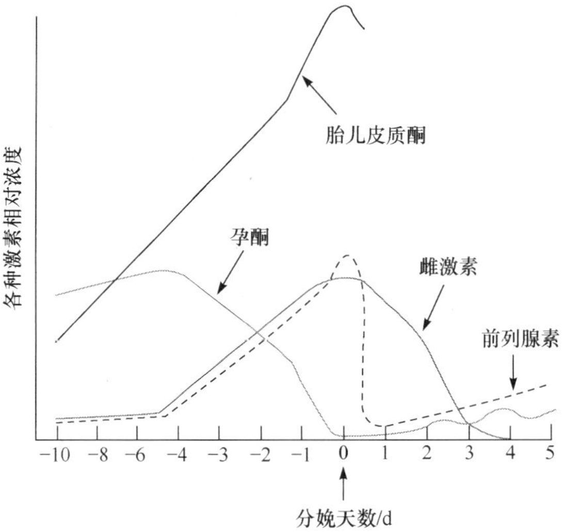


图 5-17　母牛分娩前后激素相对浓度(引自 Senger,2005)

孕酮的生理作用主要归结为对肌体的中介性调节。当孕酮显著减少时,细胞与细胞之间的偶联和对增效剂的应答可以超过数小时,因而维持着低幅度和高频率的收缩,这是由于肌细胞的兴奋性并未受到抑制。与孕酮这些作用相反的是,子宫收缩抑制剂(如松弛素等)对自然收缩具有直接抑制作用,但不能阻止对子宫紧张素(如 PG 和 OXT)刺激的应答。

一氧化碳与松弛素和前列腺素的作用相似。因此认为,妊娠期间子宫肌的安静是由于孕酮与子宫收缩素抑制剂(如松弛素、前列腺素和一氧化碳)共同发生的抑制作用。

**3. 雌激素**

在妊娠期，胎盘所产生的雌激素刺激子宫肌肉的生长及肌动球蛋白的合成，为提高子宫肌肉的收缩能力创造了条件。到妊娠末期，胎盘产生的雌激素逐渐增加，使子宫、阴道、外阴和骨盆韧带变为松弛，直至分娩前（牛）或分娩开始时（羊）达高峰（图 5-17）。在分娩时，雌激素能增强子宫肌肉的自发性收缩，这可能是由于雌激素克服孕酮的抑制作用，或者促使子宫平滑肌增强 OXT 敏感性所致，或者是刺激 $PGF_{2\alpha}$合成和释放的结果，这些问题都有待于做进一步研究。

目前，尚未确定在妊娠末期孕酮的减少或雌激素的升高是否是增加子宫收缩性的原发作用，这些相对立因子之间的平衡或比值可能更为重要。雌激素与孕酮的比值的升高不仅说明分娩时子宫肌活动的增加，而且表明子宫收缩素的合成与释放增多。子宫收缩素通过对受体作用的调节路径增加细胞内的钙离子，从而激活子宫的收缩成分。

**4. $PGF_{2\alpha}$**

来源于母体胎盘的 $PGF_{2\alpha}$是溶解黄体、刺激子宫肌收缩的重要物质。$PGF_{2\alpha}$在绵羊和山羊临产前 24h 内子宫静脉血中的含量急剧增加，与雌激素的增加规律相似，其他家畜也发生同样明显的变化。近年来研究表明：用大量孕酮来抑制分娩时的子宫活动，并不能阻止子宫肌层和母体胎盘内 PG 的增加。这一试验证明子宫肌层和母体胎盘中所产生的 PG 是由于雌激素诱发的结果，提高雌激素水平可刺激 PG 的释放。因而证实，子宫-卵巢静脉中的雌激素和 PG 呈平行性增长。

PG 在分娩过程中至少具有三种作用：一是对妊娠黄体有强烈的溶解作用，以消除孕酮对雌激素的抑制；二是对子宫肌肉有直接的刺激作用，可引起肌肉收缩；三是刺激神经垂体释放 OXT。PG 对子宫平滑肌所产生的收缩作用机理目前尚未完全研究清楚，可能是 PG 与子宫平滑肌的腺苷酸环化酶系统发生作用，从而降低 cAMP 的水平，活化鸟苷酸环化酶而增加 GMT 的浓度，与此同时，细胞膜对 $Ca^{2+}$ 的通透性发生改变，促使细胞外的 $Ca^{2+}$ 向内流动。而且 PG 对 ATP 有水解作用，迫使 $Ca^{2+}$ 库内已被结合的 $Ca^{2+}$ 获得游离，从而使细胞内游离的 $Ca^{2+}$ 大为增加，导致肌细胞发生收缩。

**5. 松弛素**

由卵巢和胎盘分泌的松弛素，可使妊娠末期的骨盆结构及子宫颈发生松弛，以利胎儿顺利产出。据测定，血液中的松弛素远不及卵巢组织内多，从产前 2 个月的绵羊外周血中测定，松弛素的浓度不足 0.2IU/mL，但妊娠母猪的卵巢组织中含松弛素可达10 000IU/mL。

松弛素可促使子宫颈发生显著性变化，如用松弛素处理临产绵羊，可使子宫由硬变软，从而免除由此引起的难产。

### （二）胎儿在分娩发动中的作用

胎儿的下丘脑-垂体-肾上腺轴，特别是在牛和羊，对于启动分娩起着决定性的作用。其依据是：如果胚胎垂体没有发育，或者对子宫内胚胎进行垂体或肾上腺切除，妊娠就可能无限期延长；另外，将合成的肾上腺皮质激素或地塞米松滴注羊胚体后则能诱发分娩。若给妊娠末期母羊的正常胎羔滴注合成的肾上腺皮质素或地塞米松诱发早产，早产往往发生在孕酮下降和雌激素上升之前。这些事实证明，临近分娩时，胎儿下丘脑负责ACTH分泌功能的部位被激活，肾上腺皮质激素与分娩启动有密切关系。例如，给妊娠后期的母牛肌肉注射合成的肾上腺皮质素和地塞米松20mg，在72h内母牛子宫开始阵缩，血浆中皮质素水平降低，在注射后第2天垂体释放的ACTH和EP量减少。至于在分娩前3～5d血浆中皮质素突然增加，可能是由于胎儿肾上腺合成机能提高的原因。相关的试验结果表明：山羊在分娩启动时的黄体退化和孕酮浓度减少，因胎儿肾上腺皮质素浓度的上升而加剧，随之可以促进体组织分泌PG，由此又引起了黄体的退化。肾上腺皮质激素还能使产前乳腺发育，以利发动泌乳。

此外，胎儿在子宫内与母体相比是处在甲状腺功能相对亢进状态，而胎儿的脑组织温度要比母体血液的温度高0.4～0.8℃。在下丘脑成熟前，胎儿对这种温度没有感受能力，等到下丘脑内的温度感受器在妊娠期满前7～10d内达到成熟时，温度的差别就会对胎儿造成窘迫状态，于是下丘脑内TRF释放受到抑制，从而减少甲状腺素的释放，同时兴奋CRT的产生，增加腺垂体ACTH的分泌，导致胎儿体内血浆皮质素浓度的提高，从而启动分娩，最终引起分娩活动。

综上所述，可以认为胎儿发育成熟后，中枢神经系统通过下丘脑使腺垂体分泌ACTH，作用于胎儿的肾上腺皮质，使之分泌皮质激素。在分娩前胎儿皮质激素分泌突然增加，通过胎儿血液循环到达胎盘，改变胎盘内相应的酶活性，使胎盘合成的孕酮进一步转化为雌激素，引起母畜在分娩前2～3d胎盘和血液中的孕酮水平急剧下降，雌激素水平急剧上升，这两种变化则诱发胎盘与子宫大量合成PG，并在OXT的协同下启动分娩（图5-18）。

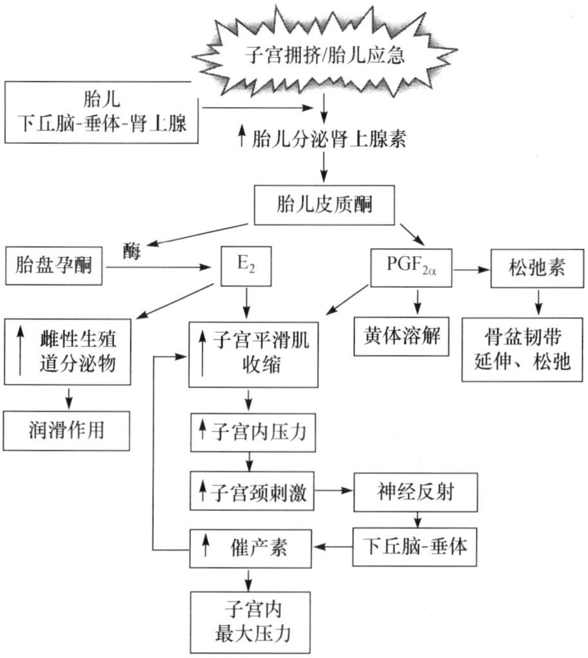

图5-18 分娩发动的机理

### （三）分娩发动中的物理因素

物理因素是指子宫内部的物理作用，如牵引和压迫等。随着胎儿的增大和子宫内容物的增加，可使子宫肌兴奋性与紧张性提高。单胎动物双胎妊娠时妊娠期缩短，也以此为依据。妊娠末期，胎液渐趋减少，容积缩小，胎儿本身则在急剧增大。因此，胎儿和胎盘之间的缓冲作用减弱，以致对胎盘和子宫产生机械性刺激，或增加对子宫壁的压力。

### （四）分娩发动中的化学因素

母体在分娩时血液化学成分发生变化。例如，母牛正常分娩时，血液中丙酮酸和糖显著增加，但钙和磷却减少；分娩时虽然白细胞和血浆的相对容量有所升高，但产后却呈逐渐下降趋势。正常分娩时白细胞总数增加，尤以中性白细胞增加最为显著，而嗜伊红白细胞数则减少，母牛在产后 1d 白细胞总数显著减少。母牛在产前 1 个月血清蛋白含量达到最高水平，接近临产时下降 10%～30%。在临产前的数日乳腺开始泌乳，钙、磷和镁的含量在血液中降低，但在初乳中却增加。据报道，分娩时由于一种压制血钙水平或抑制动用骨钙的因素存在，致使母牛在临产前几周和产后 12h 内血浆中钙含量降低，每 100mL 血中平均含 9.2mg 和 8.0mg，而泌乳母牛却有 10.3mg。

### （五）分娩发动中的免疫因素

有人认为，分娩是由免疫学原因引起的，即分娩是免疫排异的具体表现。在正常妊娠期间，胎儿免疫器官发育不完善，所产生的抗原物质免疫原性较弱，同时母体和胎儿产生一些与妊娠有关的特异性物质（如 EPF、干扰素、甲胎蛋白等），从而使母体与胎儿免疫反应达到平衡状态，即产生免疫耐受。相反，一旦平衡状态被破坏，便会发生早产或延期分娩。到胎儿发育成熟时才能发生分娩的主要免疫学原因有如下几个方面：一是胚胎抗原在早期的免疫原性较弱，母体往往视其为自我物质，从而产生免疫耐受；二是胎盘的滋养层细胞无抗原性，或免疫原性不强，或有抗原掩体，母体对其不易产生免疫反应；三是妊娠时子宫内膜的蜕膜组织可能具有局部的免疫抑制作用；四是母体与胚胎之间可进行免疫交换，而在胚胎的发育过程中又不断产生新的抗原，它们之间的免疫关系，在一定时间内可以互相耐受；五是在胎儿生长发育期间不断产生某些免疫抑制物质，可以抑制母体的免疫反应；六是妊娠期间母体产生的某些不相容性物质可被胎水、胎膜囊调节所清除，故胎水和胎膜囊可看做是免疫保护的屏障。该屏障一旦受到破坏，便会引起胎儿的死亡。

## 二、决定分娩过程的要素

分娩时，排出胎儿的动力是依靠子宫肌和腹肌的强烈收缩，但分娩过程是否顺利，主要取决于产力、产道和胎儿。

### （一）产力

将胎儿从子宫中排出的力量，统称为产力。产力是由子宫肌和腹肌有节律的收缩共同形成的。阵缩是指子宫肌有节律的收缩，尤以子宫环形肌收缩最为有力，是分娩的主要动力。努责由腹壁肌和横膈肌的收缩而引起，作为娩出胎儿的辅助动力。

在分娩时，最初阵缩不是很强，而且不规律，维持时间也较短，之后逐渐变为有规律，且持久力加强。每次阵缩均是由弱到强，持续与间歇交替进行，强弱也相互交替。在分娩过程中，血液中的 Ach 和 OXT 是促使子宫肌收缩的主要因素。子宫肌收缩时，血管受到压迫，胎盘血液循环和氧气供给发生障碍，收缩间歇时，子宫肌松弛，解除了血管的压迫，胎盘的血液循环和氧供给得到恢复。如果子宫持续收缩，不出现间歇，就会出现因缺氧而发生胎儿窒息的现象。在分娩时母体所发生的努责与阵缩密切配合，共同协作产生强大的收缩力才能将胎儿顺利排出。产后虽然腹壁肌不再收缩，而子宫肌仍然收缩，但收缩的次数和收缩力远小于分娩时的强度，以促使胎衣排出。

### （二）产道

产道是分娩时胎儿由子宫内排出的必经之道，其大小、形状和松弛度影响分晚过程。产道包括软产道和硬产道两大部分。

**1. 软产道**

软产道是指子宫颈、阴道、前庭及阴门这些软组织构成的通道。子宫颈是子宫的门户，在妊娠时紧闭，分娩前开始逐渐变为柔软、松弛，分娩时完全张开，以适应胎儿通过。分娩前及分娩时，阴道、前庭与阴门也相应地变柔软、松弛，并富有弹性，能伸缩扩张。

**2. 硬产道**

硬产道是指骨盆，由荐骨及前三个尾椎、髂骨和荐坐韧带组成。与雄性动物的骨盆相比，雌性动物骨盆的特点是入口大而圆，倾斜度大，耻骨前缘薄，坐骨上棘低，荐坐韧带宽，骨盆腔横径大，骨盆底前凹，后部平坦宽敞，坐骨弓宽、圆而出口大。

骨盆可分为以下 4 部分。

(1) 入口　是腹腔通往骨盆腔的通道，由存骨基部(顶部)、两侧的髂骨干、耻骨前缘底所围成。入口大小由荐耻径、横径和倾斜度的大小决定。入口的大小、形状、倾斜度和能否扩张，与胎儿能否顺利通过有很大关系[图 5-19(1)]。

(2) 出口　上方由前三个尾椎，两侧由荐坐韧带和半膜肌，下方由坐骨弓构成。出口的上径、下径是第三尾椎和坐骨联合后端连线长度，分娩时上下径容易扩大。出口的横径是指两端坐骨结节之间连线，坐骨结节构成出口侧壁的一部分。

(3)骨盆腔　是骨盆入口与出口之间的腔体。骨盆腔的大小取决于骨盆腔的垂直径和横径。垂直径是骨盆联合前端向骨盆顶所做的垂直线长度。横径是两侧坐骨上棘之间的距离。

母体分娩姿势对骨盆腔有影响，对胎儿能否顺利通过产道关系极大。分娩通常以侧卧姿势为多。母畜侧卧、后肢伸直，利于胎儿排出[图 5-19(2)]。

(4) 骨盆轴　骨盆轴是一条假想线，是指通过入口荐耻径、骨盆垂直径和出口上下径三条线的中点的曲线，线上任何一点距骨盆壁内面各对称点的距离都相等，是代表胎儿通过骨盆时所经过的路线。骨盆轴越直越短，胎儿通过就越容易[图 5-19(4)]。

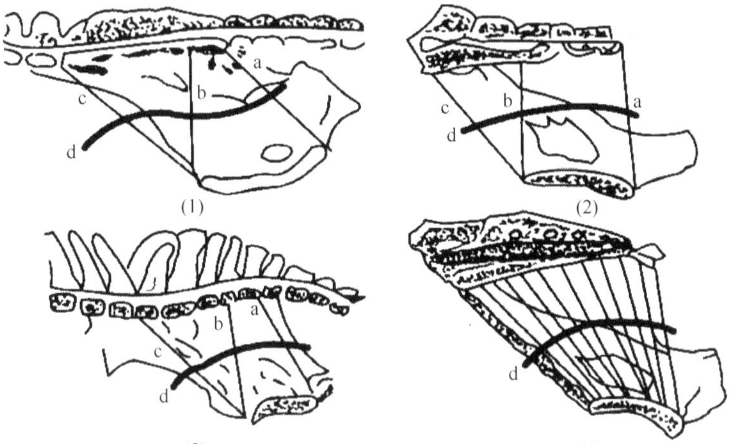


图 5-19　几种动物的骨盆轴位置与形状

(1) 牛；(2) 猪；(3) 马；(4) 羊。

a. 出口上下径；b. 骨盆垂直径；c. 入口荐耻径；d. 骨盆轴

**3. 各种动物骨盆特点**

由于家畜种类不同，骨盆构造存在一定差异，了解各种家畜骨盆的特点，将有助于接产工作。

(1) 牛　骨盆入口的横径比荐耻径小，呈竖的长圆形，倾斜度比较小，骨盆侧壁的坐骨上棘较高，并向内倾斜。所以，骨盆横径小，荐坐韧带也较窄，骨盆底后部由于向上倾斜，致使骨盆轴成为曲折的弧线，即骨盆轴先向上向后，再水平向后，再向上向后。胎儿在被排出过程中需随着这一弧形曲线多次改变方向。因此，母牛在分娩时排出胎儿所需时间要比其他家畜长，也较难[图 5-19(1)]。

(2) 水牛　骨盆入口横径比荐耻径要小，呈椭圆形，倾斜度也比黄牛大，坐骨上棘较低，骨盆腔横径及荐坐韧带比较宽，而且骨盆底部较平坦。坐骨结节较大，所以骨盆出口比黄牛大。骨盆轴也比黄牛直。因此，水牛分娩时，胎儿的排出比较容易。

(3) 猪　骨盆入口为椭圆形，倾斜度很大，坐骨上棘和坐骨结节很发达，骨盆底宽而平坦，因而，骨盆的纵径达到最后一块荐骨或第一尾椎的椎体下方。骨盆轴向下倾斜，且近乎直线。因此，胎儿通过比较容易[图 5-19(2)]。

(4) 马和驴　分娩时，胎儿排出很快，主要是因为胎儿的头及躯干相对较细，母体的骨盆构造也有利于胎儿排出。

马和驴的骨盆很相似，近乎圆形，且倾斜度大，骨盆底宽而平，骨盆侧壁的坐骨上棘较小，荐坐韧带宽，骨盆腔的横径较大。出口的坐骨结节较低，因而参与出口的结构骨质部分较少，出口容易扩大。骨盆轴为一向上稍凸的短而直的弧形。所以，分娩时胎儿排出速率要比其他家畜快[图 5-19(3)]。

(5) 羊　骨盆构造与牛很相似，骨盆入口为椭圆形，入口的倾斜度很大，骨盆顶最后两块荐椎及尾椎活动性大。坐骨上棘低，并向外翻，坐骨结节扁平外翻。髂骨向前倾斜与骨盆底呈 35°～40°角。骨盆轴大致与马相同，为一弧线形，利于骨盆腔扩张。因此，胎儿通过比较容易[图 5-19(4)]。

各种家畜骨盆特点见表 5-10。

**表 5-10 各种家畜骨盆特点**

| 项目 | 牛 | 马 | 猪 | 羊 |
|---|---|---|---|---|
| 骨盆入口 | 竖长圆形 | 圆形 | 近似圆形 | 椭圆形 |
| 骨盆出口 | 较小 | 大 | 很大 | 大 |
| 倾斜度 | 较小 | 大 | 很大 | 很大 |
| 骨盆轴 | 曲折形 | 浅弧形 | 较直 | 弧形 |
| 分娩难易 | 较难 | 易 | 易 | 易 |

### （三）胎儿在子宫中的姿势

雌性动物能否正常分娩，胎儿是否顺利排出，除上述因素外，与胎儿在母体子宫内的位置关系有着密切的关系。

**1. 胎向**

胎向是指胎儿在母体子宫内的方向，即胎儿纵轴与母体纵轴之间的关系。通常，胎向有三种情况。

(1) 纵向　是指胎儿纵轴与母体纵轴互相平行的分娩方式。纵向分娩有两种可能，即正生：胎儿方向与母体方向相反，头和前肢先进入骨盆腔；倒生：胎儿方向与母体方向相同，胎儿的后肢和臀部先进入骨盆腔。

(2) 横向　是指胎儿横卧在母体子宫内，胎儿的纵轴与母体的纵轴呈水平交叉的分娩方式。横向分娩有背横向和腹横向两种情况。背横向：又称为背部前置横向，是指分娩时，胎儿背部向着产道出口；腹横向：又称为腹部前置横向，是指分娩时，胎儿腹部向着产道出口。

(3) 竖向　是指胎儿的纵轴与母体的纵轴呈上下垂直状态的分娩方式，有两种情况。

背竖向：分娩时，胎儿的背部向着产道出口；腹竖向：分娩时，胎儿的腹部向着产道出口。

纵向是正常胎向，横向和竖向都属反常胎向，易发生难产，生产实践中严格的横向和竖向一般很少发生。

**2. 胎位**

胎位即胎儿在母体子宫内的位置，也就是胎儿的背部与母体背部或腹部的关系。通常有如下三种情况。

(1) 上位(背荐位)　胎儿伏卧在母体子宫内，胎儿的背部在上，向着母体的背部和荐部。

(2) 下位(背耻位)　胎儿仰卧在母体子宫内，胎儿的背部在下，向着母体的腹部和耻骨。

(3) 侧位(背髂位)　胎儿侧卧在母体子宫内，胎儿的背部偏于一侧，朝向母体左侧或右侧腹壁或髂骨，因此，有左侧位和右侧位之分。

上位是正常的,下位和侧位是反常的。侧位如果倾斜不大,仍可视为正常。

**3. 胎势**

胎势是指胎儿在母体子宫内的姿势,是指胎儿各部分屈伸的程度。通常,胎儿在子宫内体躯微弯,四肢屈曲,头部向着腹部俯缩。在分娩前牛的胎向是纵向,近似侧位,全身弯曲呈长椭圆形。山羊、绵羊和牛相似,怀双胎时两子宫角各一胎儿,马的胎儿多数是纵头向,但也有极个别是纵尾向,下胎位胎势如同牛。猪是多胎动物,胎位、胎向稍有变动,但胎势与其他家畜相似,多为上位。母畜分娩时胎向不变,但胎位和胎势必须改变后才能产出。由于子宫收缩或因胎儿窒息所引起的反射性挣扎,可使胎儿由下位或侧位转变为上位,胎势也由弯曲转变为伸展。

**4. 前置**

前置又称先露,是指胎儿先进入产道的部分,胎儿哪一部分先进入产道就称为哪部分前置,如正生时称头前置或前躯前置,倒生时称后躯前置。难产时,常用"前置"这一术语来说明胎儿的反常情况,如头颈部弯曲,由于头颈没伸直,头部未出来,颈部先向着产道,称为颈部前置。

### (四) 分娩时胎向、胎位、胎势及其变化时对分娩的影响

分娩前,胎儿在母体子宫内的方向总的来说是纵向的,而且大多数是头前置,少数是后躯前置。

胎位则视动物种类不同而有差异,并与子宫构造特点有关。牛、羊的子宫角大弯向上,胎位则以侧位为主,有的是上位,猪的胎位同样以侧位为主。马的子宫角大弯是向下的,胎位一般是下位。

胎势因妊娠期长短、胎水多少及子宫的松紧程度不同而有差别。在妊娠前期,胎儿小,羊水多,胎儿在子宫内有较大的活动空间。因此,胎势容易改变。到妊娠末期,胎儿的头颈和四肢屈曲在一起,但仍能活动。

在分娩时,子宫内容物不允许胎向有所变化,但胎位和胎势则必须发生改变,使胎儿的纵轴更为细长,以适应骨盆腔的状况,才能顺利排出胎儿,否则就会造成难产。引起这种改变的原因,主要是子宫阵缩压迫胎盘上的血管,使胎儿处于缺氧状态,胎儿发生反射性挣扎,其结果是胎儿由侧位或上位变为上位或轻度侧位,头腿的姿势由屈曲变为伸直。当胎儿通过骨盆入口时,因其侧壁向上向外倾斜,使入口变小,对胎儿产生限制作用,从而使侧位胎儿的背部沿入口侧壁向上移动,变成上位(图 5-20)。

牛、羊和马等母畜在分娩时,通常是纵向的,头呈前置,即为正生状态,否则会引起难产。牛的正生率约占 95%,羊约占 70%,马和驴可高达 98%～99%。牛、羊分娩双胎时,两胎儿可能一个正生,另一个倒生。多胎动物的猪正生略多于倒生。正生和倒生都是正常的。在大家畜倒生虽也属于正常,但倒生时难产发生率较高。

正常的胎势是,在正生时两前肢和头颈伸直,头颈放在两前肢上面。倒生时,两后腿伸直,这种胎势容易通过骨盆,不会发生难产。如果胎儿过大,并伴有胎势反常,则易造成难产。

猪在分娩时,胎儿通过骨盆不存在困难,因仔猪的体重仅为母猪体重的 1/80 左右,胎

儿的最宽处也小于母体骨盆腔，所以不易发生难产。

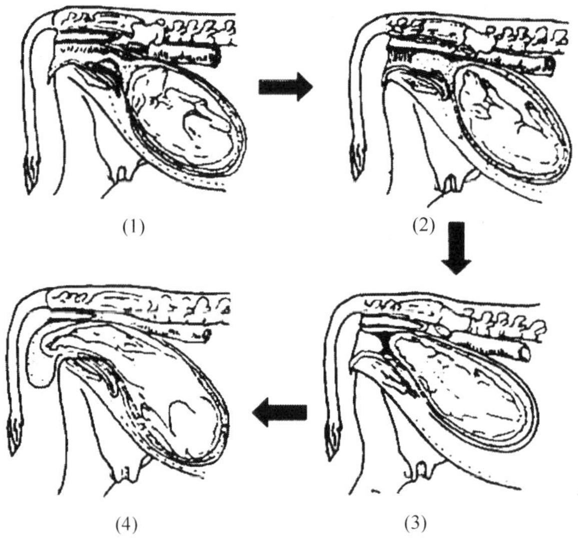


图 5-20　正常分娩时胎位、胎势变化示意图

(1) 纵向下位；(2) 头、前肢后伸；(3) 纵向侧位；(4) 纵向上位

## 三、分 娩 预 兆

随着胎儿的发育成熟和分娩期的接近，母畜的生殖器官与骨盆部都要发生一系列生理变化，以适应排出胎儿和哺乳幼仔的需要。母畜的行为及全身状况也发生相应的变化，通常将这些变化称为分娩预兆。根据这些变化，可预测母畜分娩的时间，以便做好产前准备，确保母仔平安。

### （一）分娩前的一般预兆

**1. 乳房变化**

乳房在分娩前迅速发育，膨胀增大，腺体充实，有时还出现水肿。临近分娩时，可从乳头中挤出少量清亮胶状液体或挤出少量初乳，有的出现漏乳现象。乳头的变化对估计分娩时间也比较可靠，分娩前数天，乳头增大变粗，但在营养状况不良的母畜乳头变化不明显。因此，不能单纯依靠乳房变化做出判断。

**2. 阴部变化**

在分娩前数天至一周左右，阴唇逐渐变松软、肿胀、体积增大，阴唇皮肤上的皱褶展平，并充血稍变红。从阴道流出的黏液由浓稠变稀薄。某些畜种由于封闭子宫颈管的黏液栓软化，流入阴道面排出阴门外，呈透明、能够拉长的条状黏液。子宫颈在分娩前数天开始松软、肿胀。

**3. 骨盆变化**

骨盆韧带在临产前数天开始变松软，这是由于妊娠末期，骨盆血管内的血量增多，静脉淤血，促使毛细血管壁扩张，血液的液体部分渗出管壁，浸润周围的组织。位于尾根两侧的荐坐韧带后缘由硬变得松软。荐髂韧带同样也变柔软，使荐骨后端的活动性增大，用手握羊和驴的尾根时可上下活动，而牛和马因臀部肌肉肥厚，手握尾根时活动性不很明显。

**4. 行为变化**

在分娩前都有较明显的精神状态变化，均出现食欲缺乏、精神抑郁、徘徊不安和离群寻找安静地点（散养情况下）等现象。

综上所述，所有动物在分娩前都出现各种预兆，但在实践中不可单独依据其中某一个分娩预兆来判断分娩时间，要全面观察，综合分析才能做出正确判断。

### （二）常见动物的分娩预兆

**1. 牛**

初产牛在妊娠 4 个月时乳房就开始发育，后期乳房发育更为迅速；经产牛到分娩前乳房变化明显。分娩前数天奶头可挤出清亮胶样液体；产前 2d 可挤出初乳。产前 1 个月到产前 7～8d 体温逐渐上升，可达 39℃；分娩前 12h，体温下降 0.4～0.8℃。

**2. 马**

马在分娩前 2 个月乳房发育迅速，乳房基部出现水肿；在分娩前数小时，乳头变粗，出现漏乳；马和驴在临产前数小时，出现肘后和腹侧出汗、表现不安、频繁举尾、蹄踢下腹部、时常起卧及回顾腹部等情况。在放牧条件下，临近分娩时，母马离群，缓行，寻找僻静的地方分娩。

**3. 猪**

猪在临产前腹部饱满、下垂，卧下时可见胎动。分娩前 3～5d 阴唇出现肿胀、松弛，尾根两侧下陷。产前 3d，母猪中部乳头可挤出清亮液体；产前 1d，可挤出初乳或出现漏乳。

**4. 羊**

分娩前子宫颈和骨盆韧带松弛，胎羔活动和子宫敏感性增强。分娩前 12h 子宫内压增高，子宫颈逐渐扩张。分娩前数小时，精神不安，出现刨地、转动和不停起卧等现象。

**5. 犬**

在分娩前 2 周内母犬的乳房开始膨大，分娩前数天乳房分泌乳汁，阴道内流出黏液。临产前，母犬不安、喘息并寻找僻静处筑窝分娩。

**6. 兔**

临产前数天，乳房肿胀，并可挤出乳汁；外阴部肿胀、充血，黏膜潮红湿润；食欲减退，甚至绝食；在临产前 2～3d 或数小时，母兔常衔胸部被毛和衔草铺入产箱。

**7. 猫**

临产前拒食、不安。乳头开始渗出乳汁，体温也比平时降低 1℃左右。阴道流出粉红色或混杂血样的液体，开始出现阵缩。

**8. 骆驼**

在产前 1 天，有轻度不安表现，放牧时常在群边走动。回圈后也不静卧，经常走动或站在门口，企图外逃，临产前离群疾行，初产母骆更为明显。

**9. 绒鹿**

分娩前半个月乳房膨大，行动谨慎；产前 1～2d，腹部下垂，肷部下陷。临产时，出现腹痛并伴有摆尾、呻吟、起卧、回顾、沿围栏走动和尿频等反应。

## 四、分娩和助产

### （一）分娩过程

分娩是母畜借助子宫和腹肌的收缩，将胎儿及胎膜（胎衣）排出体外的过程。大体上可分为子宫颈口开张期、胎儿娩出期和胎衣排出期 3 个阶段。实际上，子宫颈口开张期和胎儿娩出期是一个连续的过程，没有明显界限。母畜分娩过程的 3 个阶段有明显的种间差异（表 5-11）。

**表 5-11　各种母畜分娩各阶段所需时间**

| 畜种 | 子宫颈口开口期 | 胎儿产出期 | 胎衣排出期 |
|---|---|---|---|
| 牛 | 6h(1～12h) | 0.5～4h | 2～8h |
| 水牛 | 1h(0.5～2h) | 20min | 3～5h |
| 马 | 12h(1～24h) | 10～30min | 20～60min |
| 猪 | 3～4h(2～6h) | 2～6h | 10～60min |
| 羊 | 4～5h(3～7h) | 0.5～2h | 2～4h |
| 骆驼 | 11h(7～16h) | 25～30min | 70min |
| 鹿 | 1h(0.5～2h) | | 50～60min |
| 犬 | 3～6h | | |
| 兔 | 20～30min | | |

**1. 子宫颈开口期**

子宫颈开口期是指子宫出现阵缩开始到子宫颈口完全开张（牛、羊）或能充分开张，与引道界限消失为止持续的时间。这一期仅有阵缩，即子宫的间歇性收缩。

开始阵缩时，收缩频率低，间歇期较长，持续收缩的时间短，力度轻；随后收缩加强，间歇期缩短。阵缩是由子宫角端向子宫颈发生的收缩，使胎水和胎儿向子宫颈方向移动，并逐渐使胎儿的前置部分进入子宫颈管和阴道。初产母畜表现不安、起卧频繁、食欲减退等；经产母畜表现不明显。

子宫颈的开张，一方面是松弛素和雌激素的作用使子宫颈变得松软；另一方面是因为子宫颈作为子宫肌肉的附着点，子宫肌的收缩必然会压迫子宫颈的开张。分娩时子宫内压力的升高也是促使子宫颈开张的原因之一。

**2. 胎儿娩出期**

胎儿娩出期是指由子宫颈口完全开张至胎儿全部排出为止持续的时间。在这一时期，子宫的阵缩和母畜的努责共同发生作用，其中努责是排出胎儿的主要力量。在产出期到来之前，胎儿的前置部分已楔入产道，由于阵缩的加剧和母体的强烈努责，最终将胎儿排出。在这时期，母体的行为变化是表现极度不安、起卧频繁、呼吸和脉搏加快，最后侧卧，四肢伸直，强烈努责。

**3. 胎衣排出期**

胎衣排出期是指从胎儿被排出开始至胎衣完全排出的持续时间。胎儿被排出之后，母体就开始安静下来，几分钟之后，子宫再次出现轻微的阵缩，但收缩频率和强度都比较弱；伴有轻微的努责将胎衣排出。猫、狗等动物的胎衣常随胎儿排出。

胎衣的排出，主要是由于子宫的强烈收缩，使胎盘中大量血液排出，减轻了绒毛和子宫黏液腺窝（母体胎盘）的张力。当胎儿绒毛（胎儿胎盘）体积缩小、间隙加大时，绒毛容易从腺窝中脱落。

（二）助产

为了使母畜能够顺利生产，必须做好必要的准备工作。

**1. 母畜产前准备**

根据配种记录，计算出母畜分娩预定时间，在预定产期前 1～2 周转入产房饲养。对于母猪应根据预产期提前 5～7d 进入产房。母羊在分娩前 10d，单独饲养。

对临产母畜要做好外阴消毒，换上清洁柔软的垫草。组织好人员值夜班。

在助产时要注意自身消毒和防御，防止人身伤害和人畜共患病的感染。

**2. 正常分娩的助产**

原则上，对正常分娩的母畜无需助产。助产人员的主要职责是监视母畜产程，发现情况给母畜必要的辅助和对仔畜的及时护理。正常分娩助产时，重点需注意以下几个问题。

(1) 当胎儿头露出阴门之外，而羊膜尚未破裂时应立即撕破羊膜，使胎儿鼻端露出，防止窒息。

(2) 羊水流失，胎儿仍未排出时，可抓住胎儿头和前肢，随母畜努责，沿骨盆轴方向拉出胎儿，在牵拉过程中注意保护阴门。

(3) 胎儿产出后，要立即擦干口腔和鼻腔的黏液，防止吸入肺内引起异物性肺炎。

(4) 注意出生仔畜的断脐和对脐带的消毒，防止感染化脓。

**3. 难产的救助原则和预防**

当遇到母畜难产时，应立即请兽医助产，并遵守一定的助产原则。助产时，除注意挽救母畜和胎儿外，应尽量保持母畜的繁殖力，防止产道损伤、破裂和感染。为便于矫正和拉出胎儿，特别是当产道干燥时，应向产道内灌注大量润滑剂。矫正异常胎势时，要力求在母畜阵缩间歇期将胎儿推回子宫，以利矫正胎势。

难产极易引起仔畜的死亡并严重危害母畜生命和以后的繁殖力。因此，难产的预防是十分重要的。首先在配种管理上要避免母畜的过早配种，由于青年母畜仍在发育，分娩时常因骨盆狭窄导致难产。其次要注意妊娠期间母畜的合理饲养，防止母畜过肥、胎儿过大。对妊娠母畜要安排适当运动，这对胎儿在子宫内位置的调整、减少难产和胎衣不下等都有积极的作用。此外，临产前及时对孕畜进行检查、矫正胎位也是减少难产发生的有效措施。

（张　明）

# 第六章　家畜人工授精技术

## 第一节　概　　述

### 一、人工授精的概念

在家畜繁殖过程中，母畜是否受胎关键在于配种，家畜的配种分为本交和人工授精。人工授精（artificial insemination，AI）就是利用器械采集公畜的精液，再利用器械把经过检查和处理的精液适时输送到母畜生殖道的适当部位，使之妊娠，以此来代替公母畜本交的一种科学配种方法。人工授精技术包括发情鉴定、精液采集、精液处理、精液输入4大步骤。

### 二、人工授精的意义

人工授精是家畜繁殖技术的重大突破和革新，对提高家畜的繁殖效率和畜种改良效果起到了巨大的作用，人工授精技术已在世界范围内推广使用，近些年来在经济动物和渔业中也得以扩展，充分显示出其发展潜力和前景。

(1) 人工授精能充分发挥优良种公畜的种用价值和配种效能　采用人工授精技术可使最优秀种牛的基因得以固定和充分利用。一头优秀种公牛采用人工授精技术每年能使万头以上母牛受孕，如新西兰280万头奶牛仅使用28头种公牛。与本交相比，猪、马、羊人工授精可以提高公畜利用效率数十倍至数百倍。

(2) 提高母畜的受胎率　人工授精使用经严格选择和处理的优质精液，每次输精的时间经过科学的判断，输精部位准确，受胎率高。

(3) 防止性接触造成的疾病传播　人工授精选择健康无病的种公畜精液，公、母畜不直接接触，可防止疾病特别是生殖道传染病的传播。

(4) 克服公母畜体重差异悬殊造成的配种困难　人工授精技术为杂交改良时公、母畜体重差异悬殊造成的配种困难提供了解决途径。

(5) 降低饲养管理费用　由于每头种公畜可配的母畜数增多，相应减少了饲养公畜的头数，降低了饲养管理费用。

(6) 冷冻精液技术使人工授精不受时间和空间的限制　采取冷冻精液技术，精液可以长期保存和运输，母畜配种不受地域限制，使人工授精可以不受国家和地区的限制，便于开展优秀种公畜种质资源的国际交流和贸易，大大加快了育种工作步伐。

(7) 人工授精技术是繁殖新技术的基础措施　几乎所有的家畜繁殖控制技术、胚胎移植等都需要借助人工授精技术。

## 三、人工授精技术发展概况

人工授精技术的发展大体分以下 3 个时期。

(1) 试验阶段　人工授精最初报道成功是意大利生理学家 Spallanzani 在 1780 年用犬进行的试验。此后,俄国的伊万诺夫在 1899 年把人工授精技术应用于马和牛,他也是把人工授精技术用于羊和家禽的第一人。

(2) 实用阶段　20 世纪 40～60 年代,在美国、加拿大、日本等畜牧业发达国家,人工授精技术已相当普及,其中以奶牛水平最高,已形成一套完整的操作规程。人工授精技术成为家畜品种改良的重要手段。

(3) 冷冻精液阶段　随着英国的 Smith 和 Polge 等对牛精液冷冻保存方法的研究成功,人工授精进入一个崭新的发展阶段。世界各国人工授精的普及率进一步提高。美国、英国、澳大利亚等一些国家牛的冷冻精液人工授精率已达到 80%以上,后裔测定的优秀种公牛冻精通过人工授精使其遗传进展达到每年 20%。20 世纪 70 年代后,猪的人工授精也受到很多国家的重视,有较大规模的专业育种公司提供精液,这一技术得到迅速推广和普及。其他家畜,如马、羊、家禽、野生动物冷冻精液研究进展也较快。

从人工授精技术的应用、推广到普及,我国取得了巨大成绩,但发展还不平衡,一些畜种的人工授精水平还不高,特别是猪的冷冻精液效果还不理想。提高我国人工授精技术整体水平,促进我国传统畜牧业的现代化,仍是一项艰巨的任务。

## 四、人工授精技术的基本程序

人工授精技术的基本程序包括采精、精液品质检查、精液的稀释、分装、保存(液态精液保存和冷冻精液保存)、运输、冻精的解冻与检查、输精等基本环节。

# 第二节　采　　精

采精是人工授精工作的首要环节,目的是得到量大、质优的精液。

## 一、采精前的准备

### (一) 采精场的准备

采精应有专门的场地,以便公畜建立稳固的性条件反射。采精最好在室内进行,采精场要紧靠精液处理室,需宽敞明亮、平坦、清洁、安静、有较好的环境调控设施。如无采精室,室外采精场地要求地势平坦干燥、避风、安静,须设有保定台畜的采精架,或设立假台畜,采精场要与精液处理室相连。

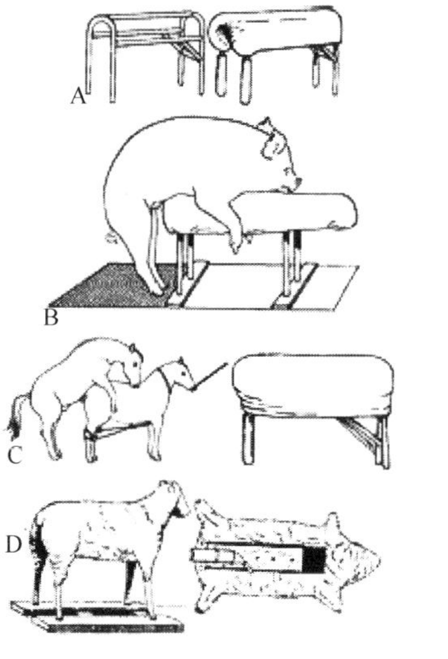


图 6-1 家畜采精用的假台畜和活台畜（引自周虚等，2003）

A. 左为钢管构成的假台牛支架，右为有软垫的假台牛；B. 公猪爬跨假台畜；C. 左是公马爬跨拴系保定的台马，右为有软垫的假台马；D. 左为轻便的假母羊，右为采精用的假阴道

### （二）台畜的准备

**1. 台畜**

台畜是供公畜爬跨用的台架，有真台畜和假台畜之分。使用发情良好的母畜效果较好，调教的公畜或母畜也可以做台畜。台畜要求性情温和、体壮、大小适中、健康无病，采精前台畜要对后躯特别是尾根、外阴、肛门部位清洗、擦干，保持清洁。

**2. 假台畜**

使用假台畜采精既简单方便，且又安全，各种家畜均可采用。假台畜是用钢筋、木料等材料模仿家畜的外形制成的，固定在地面上，其大小与真畜相似。假台畜的外层覆以棉絮、泡沫等柔软之物，也可用畜皮包裹，以假乱真（图 6-1）。假台畜可设计固定假阴道的装置，可调节假阴道的高低（图 6-2）。

**3. 采精公畜利用假台畜采精的调教**

利用假台畜采精需对公畜进行调教，其方法是：①在假台畜的后躯涂抹发情母畜阴道分泌物或外源激素，以引起公畜的性兴奋，并诱导其爬跨假台畜，

图 6-2 公猪爬跨可调节假台猪

多数公畜经几次即可成功；②在假台畜的旁边拴系一发情母畜，让待调教公畜爬跨发情母畜，然后拉下，反复几次，当公畜的性兴奋达到高峰时将其牵向假台畜，成功率较高；③可让待调教公畜观摩已调教好的公畜利用假台畜采精过程或在场内播放有关录像，进而诱导公畜爬跨假台畜。在调教过程中，一定要反复训练，耐心诱导，避免打骂、恐吓等不良刺激，以免引起调教困难。在第一次采精成功后，须重复几次，巩固公畜建立的条件反射。

被调教公畜还需要良好的营养和适度运动，以保证旺盛的性欲。

### （三）假阴道的准备

假阴道是模仿母畜阴道的生理条件而设计的一种采精工具。假阴道由外壳、内胎、集精杯（瓶、管）、活塞（气嘴）、固定胶圈等部件构成。假阴道经正确安装后，通过注水、消毒、涂抹润滑剂、调压、测温等调试，具有适宜的温度（38～40℃）、适当的压力和一定的润滑度（图 6-3、图 6-4）。

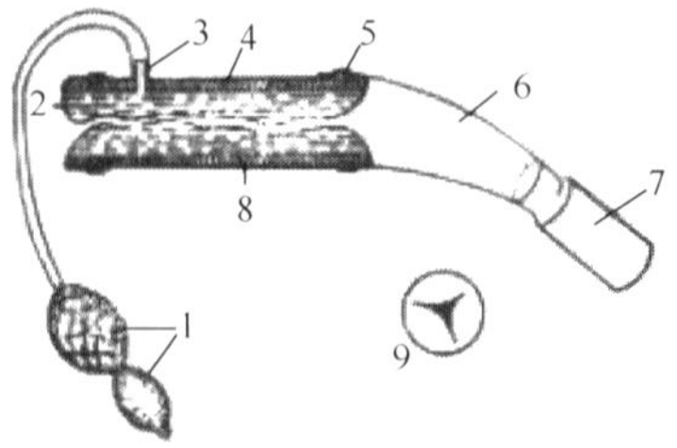


图 6-3　猪假阴道

1. 双链球；2、9 假阴道口；3. 水气阀管；4. 外壳；5. 内胎；6. 胶漏斗；7. 集精瓶；8. 热水

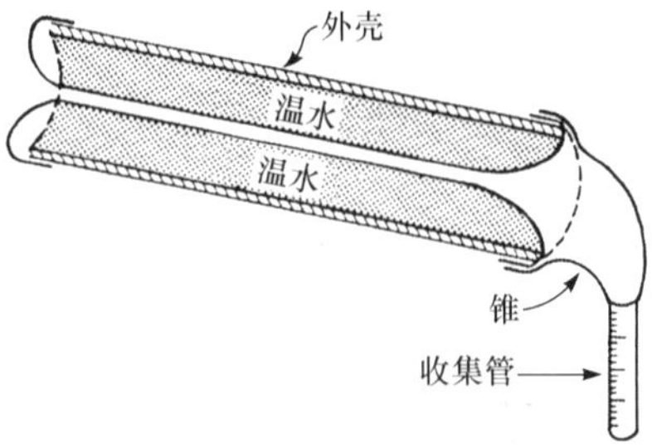


图 6-4　猪假阴道图

### （四）公畜的准备

公畜采精前的性准备与采精量和精液品质有着密切关系，应采取有效方法进行诱导，使公畜保持充分的性兴奋和性欲。例如，让公畜反复多次爬跨台畜、更换公畜、在待采栏内观察等。

### （五）采精员的准备

采精员应具有熟练的技术，动作敏捷，操作时要注意人畜安全，对每一头公畜的采精条件和特点了如指掌。操作前，要求脚穿长筒胶靴，身着紧身利落的工作服，避免与公畜及周围物体勾挂，影响操作。指甲剪短磨光，手臂要清洗消毒。

## 二、采 精 技 术

对动物采精的基本要求是：采精的器械要简单，便于装拆、洗涤、消毒和操作；要收集公畜一次射出的全部精液或采集富含精子的部分；不影响精液品质；利于人畜安全。常用的采精方法有假阴道法、按摩法、手握法等。

### （一）假阴道法

采精时，采精员多站在台畜的右后方。当公畜爬跨台畜的瞬间，迅速将假阴道靠在台畜尻部，使假阴道的长轴与公畜阴茎伸入方向一致，用左手托起阴茎中后部，使其自然进入假阴道。操作时要注意动作的协调性（图 6-5）。当公畜射精完毕从台畜上跳下时，持假阴道跟进，收集最后一滴精液。当公畜阴茎自然脱离假阴道后，取下集精杯(管)，把精液送到处理室备检。

图 6-5 公牛爬跨台牛假阴道采精
(引自 jpkc. njau. edu. cn)

假阴道外壳的长度及直径要与待采公畜阴茎长度和直径相适应，使射精时公畜阴茎头前端充分伸入集精乳胶漏斗内；通过及时测量和补充假阴道外壳和内胎间的热水，保持假阴道温度在38℃，在北方寒冷季节采精时，集精管外需要有保护套避光和保温，避免精子冷休克造成精液品质下降；涂抹润滑剂应用洁净的玻璃棒，深入假阴道前 1/3 部分即可，由于常用润滑剂凡士林涂抹过多进入精液可以使精子凝集，实际生产中也可使用蛋黄作为替代。

采精过程要特别注意无菌洁净操作，每次采精都需要更换假阴道，假阴道每次使用完毕都需要完全拆卸清洗消毒，保持环境清洁，修剪采精公畜阴茎包皮的被毛并清洗，减少污染。

## (二) 手握法

手握法(图 6-6)是目前采取公猪精液普遍采用的一种方法，具有操作简单，能采集猪的浓份精液等优点。

采精时术者戴好乳胶手套，涂抹少量润滑剂，蹲在台猪的右侧，当公猪爬跨台猪后，用消毒液洗涤公猪包皮及其附近被毛，再用生理盐水冲刷。将手握成空拳，待公猪阴茎伸出后将其导入空拳，让阴茎自由转动片刻，再握紧阴茎的螺旋部不让龟头转动。当阴茎充分勃起后顺势向前牵拉，手指有弹性并具有节奏地松压，即可引起公猪射精。另一手持有过滤纱布的保温集精杯收集富含精子的精液。公猪排精时间可持续 5～7min，分 3～4 次射出。第一次射出的精液，精子较少，可不收集。每次射精停止后，应按此法再次操作，直至射精完全结束。

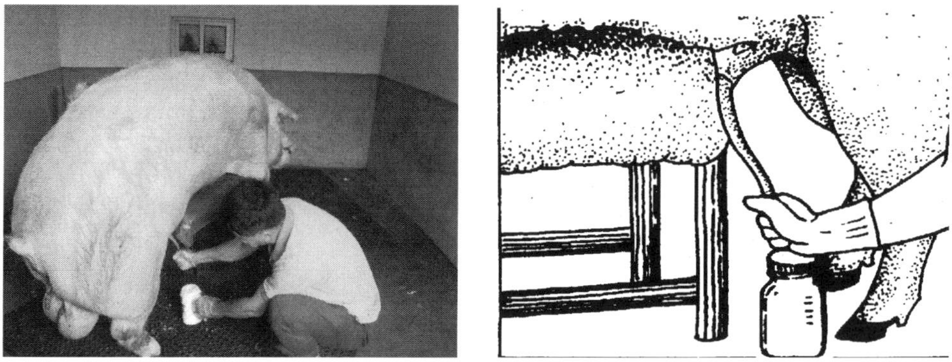

图 6-6 公猪爬跨假台猪手握法采精

## （三）按摩法

此法适用于牛、犬和家禽。对牛的按摩采精操作，是先排除直肠内的宿粪，再将手伸入直肠膀胱背侧稍后，轻柔按摩精囊腺，刺激精囊腺分泌部分精清，可排出包皮之外，再将食指伸入两输精管末端的壶腹部之间，而壶腹部一侧为中指和无名指，另一侧为拇指。按摩时手指由前向后滑动并有适当压力，这样反复进行按摩，即可引起公牛精液流出，由助手接入集精瓶内。

## （四）电刺激法

本方法是利用电刺激采精器，通过电流刺激公畜引起射精而进行采精。此法适用于各种动物，尤其适用于种用价值高而失去爬跨能力的优良个体或不宜采用其他方法采精的驯养和野生的动物。驯养梅花公鹿电刺激采精见图 6-7。

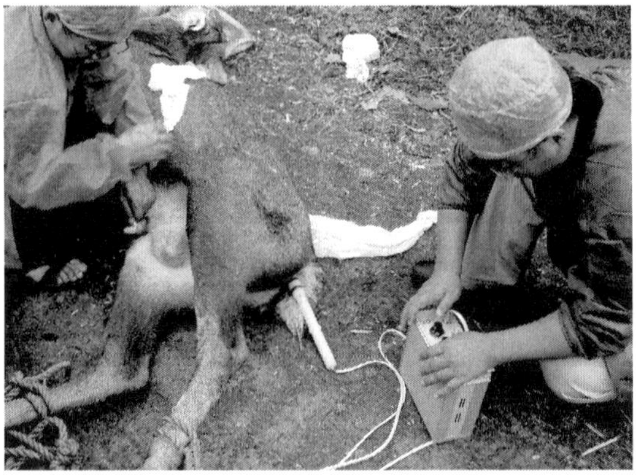

图 6-7　梅花公鹿电刺激采精

电刺激采精器，是由电子控制器和电极探棒两部分组成的。采精时，依动物种类、个体特性，适当调节好频率、刺激电压、电流及时间，各种动物电刺激采精的刺激参数见表 6-1。调节时，一般由低向高渐次进行。

**表 6-1　各种动物电刺激采精的刺激参数**

| 动物种类 | 频率/Hz | 刺激电压/V | 刺激电流/mA | 通电时间/s | |
|---|---|---|---|---|---|
| | | | | 持续时间 | 间隔时间 |
| 牛 | 20～30 | 3～6～9～12～16 | 150～250 | 3～5 | 5～10 |
| 绵羊、山羊 | 40～50 | 3～6～9～12 | 40～100 | 5 | 10 |
| 猪 | 30～40 | 3～6～9～12～16 | 50～150 | 5～10 | 5～10 |
| 梅花鹿、马鹿 | 40 | 3～6～9～12～16 | 100～250 | 10 | 10 |
| 大熊猫 | 30～40 | 3～6～9～12～16 | 40～100 | 3～5 | 5～10 |
| 家兔 | 15～20 | 3～6～9～12 | 100 | 3～5 | 5～10 |

资料来源：张忠诚等，2004

### （五）其他采精法

（1）阴道内采精　在交配前的雌性动物阴道内放置薄胶囊或交配后用灭菌泡沫海绵收集精液。

（2）附睾内采精　利用灭菌注射器，在附睾尾或输精管部位采集精液。

## 三、采 精 频 率

合理安排采精频率既能最大限度地发挥公畜的利用率也能维持公畜健康，增加公畜的使用年限。采精频率根据公畜的生精能力、精子在附睾的储存量、每次射出精液中的精子数及公畜体况等来确定，一般一克睾丸组织每周大约产生 5000 万个精子，科学饲养的壮龄公畜可以适当增加采精频率，但过度利用也会导致精液品质下降、生殖机能降低和体质衰弱等不良后果。

在生产中，成年公牛每周 2 个采精日，每个采精日可采两次，也可以每周采精 3 次，隔日进行，青年公牛采精频率为成年公牛的 1/2～2/3 为宜；公羊配种季节较短，射精量少且附睾储存量大，每天可采 2～3 次，连续数周；马 2～3 次/周；猪 2～5 次/周。在采精过程中如果发现公畜性欲下降，射精量减少，或镜检观察到精液密度下降，精子尾部有未脱落的原生质小滴，说明采精频率过高，此时应减少或停止采精。

# 第三节　精液品质检查

精液品质检查的目的是鉴定精液品质的优劣，以便确定配种负荷。检查精液品质时，要对精液进行编号，将采得的精液迅速置于 30℃的温水中，防止低温打击。检查要迅速、准确，取样有代表性。

## 一、精液外观性状检查

（1）采精量　采精后即可测出精液量的多少。猪、马的精液应使用 4～6 层的消毒纱布过滤或离心处理，除去胶状物质后再读数。各种家畜的采精都有一定范围，采精量见表 6-2。

**表 6-2　各种家畜的射精量**　　（单位：mL）

| 畜别 | 一般射精量 | 范围 |
|---|---|---|
| 牛 | 5～10 | 0.5～14 |
| 羊 | 0.8～1.2 | 0.5～2.5 |
| 猪 | 150～300 | 100～500 |
| 马 | 40～70 | 30～300 |
| 驴 | 50～80 | 20～200 |

资料来源：周虚等，2003

(2) 颜色　精液一般为乳白色或灰白色，精子密度越大，精液的颜色越深。牛、羊的精液呈乳白色，有时呈淡黄色；马、猪的精液为淡乳白或灰白色。如果精液颜色异常属不正常现象。若精液呈红色说明混有鲜血，精液呈褐色很可能混有陈血，精液呈淡黄色则是混有脓汁或尿液。颜色异常的精液应废弃，立即停止采精，查明原因及时治疗。

(3) 气味　正常精液略带有腥味，牛、羊精液除具有腥味外，另有微汗脂味。气味异常常伴有颜色的变化。

(4) 云雾状　牛、羊的精液精子密度大，放在玻璃容器中观察，精液呈云雾状上下翻滚状态，这是精子运动活跃的表现。云雾状明显可用“＋＋＋”表示，“＋＋”较为明显，“＋”表示不明显。

(5) 杂质　指在精液内混有异物，如家畜的被毛、脱落上皮、生殖道的炎性分泌物等。如发现有杂质应及时处理或废弃。

## 二、精子活率检查

精子活率(sperm motility)是指精液中做直线前进运动的精子占精子总数的百分比，也有人称为“活力”。精子活率是精液品质评定的重要指标之一，在采精后、稀释前后、保存和运输前后、输精前都要进行检查。

### (一) 检查方法

检查精子活率一般需借助显微镜，放大 400 倍进行观察。对于牛、羊精液和猪的浓份精液需要先用生理盐水稀释后再检测。显微镜应设置恒温载物台，保持 37℃效果最好，一般降温会影响精子的活力。

(1) 平板压片　取一滴精液于载玻片上，盖上盖玻片，放在镜下观察。此法简单、操作方便，但精液易干燥，检查应从速。

(2) 悬滴法　取一滴精液于盖玻片上，迅速翻转使精液形成悬滴，置于有凹玻片的凹窝内，即制成悬滴玻片。此法精液较厚，检查结果可能偏高。

### (二) 评定

评定精子活率多采用“十级一分制”，如果精液中有 80%的精子做直线运动，精子活力计为 0.8；如有 50%的精子做直线前进运动，活力计为 0.5，以此类推。观察时要将原地旋转、摆动或倒退的精子与做直线前进运动的精子区分开，这些精子在活率评定时不计数。评定精子活率的准确度与经验有关，具有主观性，检查时要多看几个视野，取平均值。一般新鲜精液活率为 0.7～0.8，新鲜精液人工授精的精子活率要求不得低于 0.5，冷冻精液冻前活率不得低于 0.6，解冻后要求高于 0.3。

除此之外，目前很多实验室和生产单位还采用生物电视显微镜或监视器屏幕来观测和评定精子活率，这套系统主要由显微镜、摄像头、电视机或监视器三大部分组成，可成套选购或进行组装。

## 三、精子的密度检查

精子密度(sperm concentration)是指单位体积(1mL)精液内所含有精子的数目。精子密度越大,稀释倍数可越高,可配母畜数也越多。这也是评定精液品质的重要指标。

### (一) 估测法

估测法通常结合精子活力检查来进行。根据显微镜下精子的密集程度,把精子的密度大至分为稠密、中等、稀薄三个等级(图 6-8)。稠密精子密度大,精子之间看不到间隙,也看不清单个精子的运动状态,每毫升精子 5 亿个以上;中等精子之间清晰可见,每毫升精子 2 亿～5 亿个;稀薄精子间空隙较大,每毫升精子 2 亿个以下。这种方法能大致估计精子的密度,但主观性强,误差较大。

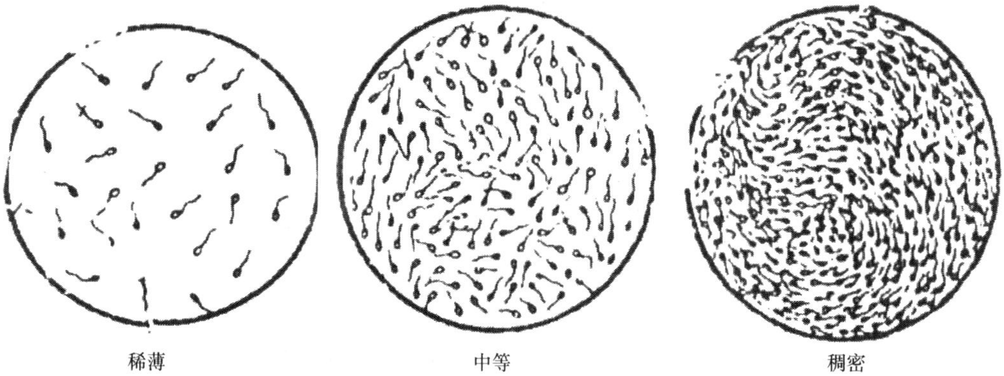


图 6-8　牛精液浓度示意图(引自周虚等,2003)

### (二) 血细胞计数法

用血细胞计数法定期对公畜的精液进行检查,可较准确地测定精子密度。基本操作步骤如图 6-9 所示。

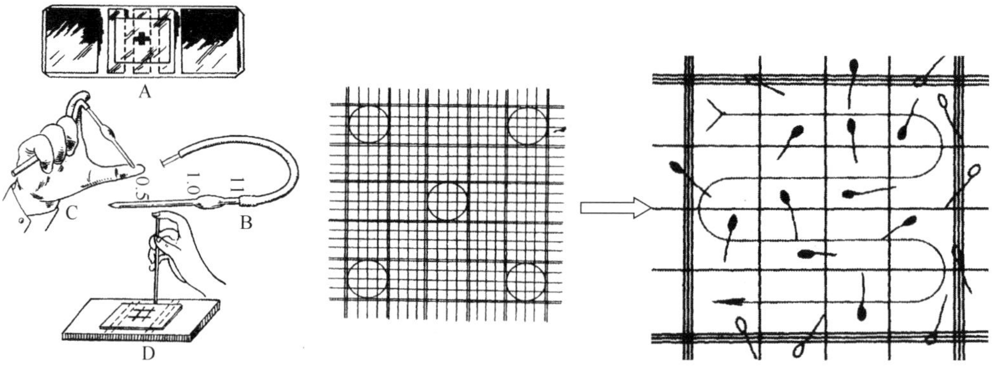


图 6-9　血细胞计数法检查精子(引自张嘉保和田见晖,2011)

(1) 在显微镜下找到红细胞计算板上的计算室　计算室的高度为 0.1mL，为一正方形，边长 1mL，由 25 个大方格组成，每一个方格分为 16 个小方格。寻找方格时，先用低倍镜看到整个格(25 个中方格)的全貌，然后转换高倍镜，视野中可以看到一个中方格全貌，开始进行计数。

(2) 稀释精液　用 3%的 NaCl 液对精液进行稀释，同时杀死精子，便于精子数目的观察。牛、羊的精液用红细胞吸管(100 倍或 200 倍)，马、猪的精液用白细胞吸管(10 倍或 20 倍)稀释，抽吸后充分混合均匀，弃去管尖端的精液 2～3 滴，把一小滴精液充入计算室。

(3) 镜检　把计算室置于 400×镜下对精子进行计数。在 25 个中方格中选取有代表性的 5 个(四角和中央)计数，按如下公式进行计算：

1mL 原精液中的有效精子数＝5 个中方格的精子数×5(等于 25 个中方格的精子数)×10(等于 $1mm^3$ 内的精子数)×1000(1mL 稀释后精液的精子数)×稀释倍数。

为保证检查结果的准确性，在操作时要注意：滴入计算室的精液不能过多，否则会使计算室高度增加；检查中方格时，要以精子头部为准，为避免重复和漏掉，对于头部压线的精子采取“上计下不计，右不计”的办法；为了减少误差，应连续检查两次，求其平均值。如两次差异较大，要求作第三次。

血细胞计数法的原理也可以用于间接计算精液中精子活率，在测算精液样本的精子密度方法基础上改进，即先用生理盐水处理精液样本测算死精子数，然后加热杀死精子，计算总精子数，两者相减，间接计算出精液中精子的活率。

### (三) 光电比色法

光电比色法现普遍应用于牛、羊的精液密度测定。此法快速、准确、操作简便。其根据精液透光性原理，即精子密度越大，透光性就越差。检测时将原精液稀释成不同倍数，用血细胞计数法计算精子密度，制成精液密度标准管，然后用光电比色计测定其透光度，根据透光度求每相差 1%透光度的级差精子数，编制成精子密度对照表备用。测定精液样品时，将精液稀释 80～100 倍，用光电比色计测定其透光值，查表即可得知精子密度，现在市场上已有光电比色原理的多种类型的读数式精子密度仪产品，能迅速显示精液精子密度，从而准确、便捷、高效地配制稀释精液(图 6-10)。精子密度仪已成为人工授精实验室必备仪器。

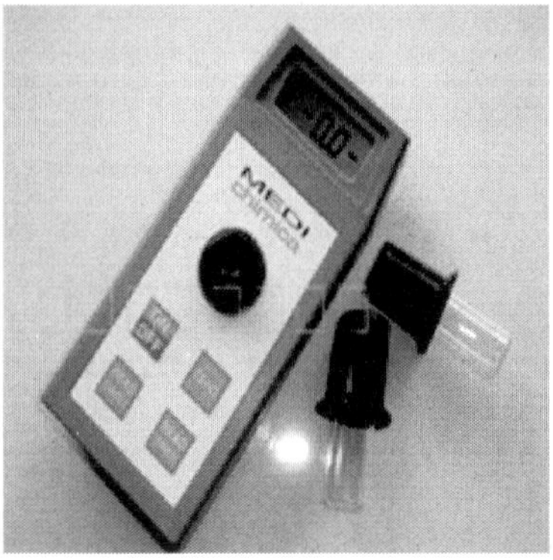


图 6-10　读数式精子密度仪

## 四、精子的形态检查

### (一) 精子的畸形率检查

凡形态和结构不正常的精子都属畸形精子。精子畸形率牛、猪不超过 18%，羊不超过 14%，马不超过 12%，如果畸形精子超过 20%，则视为精液品质不良，不能用做输精。

精子畸形一般分为 4 类。①头部畸形：如头部巨大、瘦小、细长、缺损、双头等。②颈部畸形：如颈部膨大、纤细、屈折、双颈等。③中段畸形：如膨大、纤细、带有原生质滴等。④主段畸形：如弯曲、屈折、回旋、双尾等(图 6-11)。

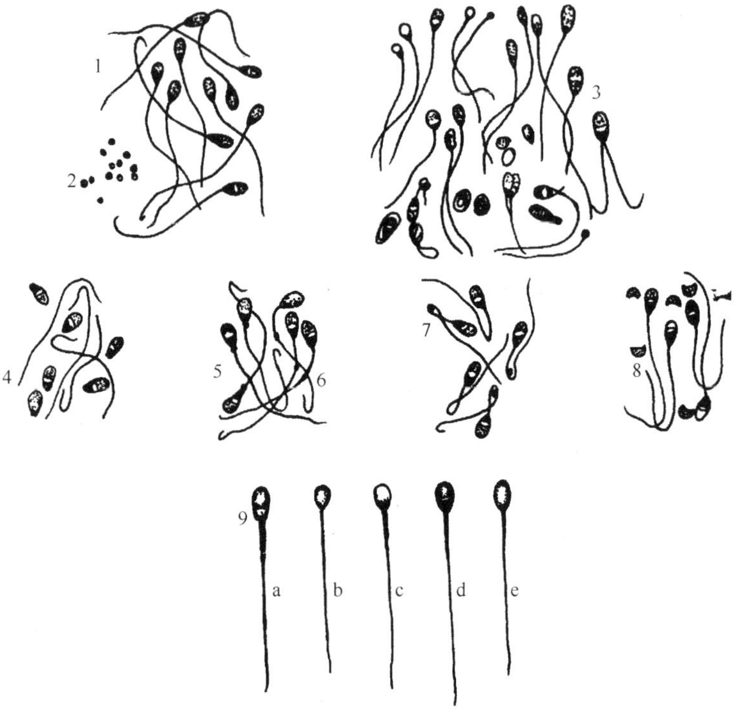


图 6-11　畸形精子类型(引自周虚等，2003)

1. 正常精子；2. 游离原生质滴；3. 各种畸形精子；4. 头部脱落；5. 附有原生质滴；6. 附有远侧原生质滴；7. 尾部扭曲；8. 顶体脱落；9. 各种家畜的正常精子：a. 猪，b. 绵羊，c. 水牛，d. 牛，e. 马

检查时将精液制成抹片，用红、蓝墨水染色，水洗干燥后镜检。检查精子 200～500 个，计算畸形精子的百分率。

## (二) 精子顶体异常率检查

精子顶体异常会导致受精障碍。顶体异常有膨胀、缺损、脱落等(图 6-12)。正常精液精子的顶体异常率不高，牛平均为 5.9%，猪为 2.3%，如果精子顶体异常率超过 14%，受精能力就会明显下降。

检查精子顶体异常率的方法是先把精液制成抹片，干燥后用 95%的乙醇固定，水洗后用姬姆萨液染色 1.5～2h，再水洗干燥，用树脂封装放在镜下 1000 倍观察，随机观察 500 个精子，计算顶体异常率。

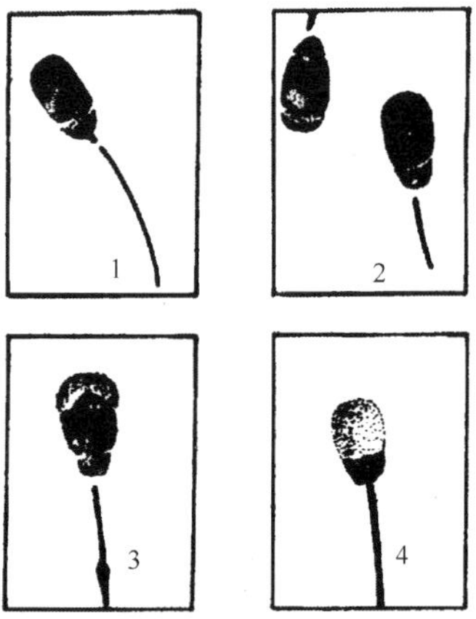


图 6-12　精子顶体异常率(引自周虚等，2003)

1. 正常顶体；2. 顶体膨胀；3. 顶体部分脱落；4. 顶体全部脱落

## 五、精液代谢能力检查

### （一）精子生存时间和生存指数检查

精子的生存时间和生存指数与受精能力有关，也是鉴定精液处理效果的一种方法。

精子生存时间是指精子总的存活时间，检查时将精液置于一定的温度下，每隔 8～12h 检查精子活力，直至无活动精子为止。所有间隔时间累加后减去最后两次间隔时间的一半即为精子的生存时间。生存指数是指相邻两次检查的间隔时间与平均活力的积之和。精子生存时间越长，生存的指数越大，说明精子活力就强，精液品质好。

### （二）美蓝褪色试验

美蓝是一种氧化还原剂，氧化时呈蓝色，还原时无色。精子在美蓝溶液中呼吸时氧化脱氢，美蓝被还原而褪色。因此，根据美蓝溶液褐色时间的快慢可估测出精子的密度和活力。

### （三）精液果糖分解测定

测定果糖的利用率，可反映精子的密度和精子的代谢情况。通常用 1 亿精子在 37℃ 厌氧条件下每小时消耗果糖的毫克数表示。其方法是在厌氧情况下把一定量的精液（如 0.5mL）在 37℃的恒温箱中停放 3h，每隔 1h 取出 0.1mL 进行果糖量测定，将结果与放入恒温箱前比较，最后计算出果糖酵解指数。牛、羊精液一般果糖利用率为 1.4～2mL，猪、马由于精子密度小，指数很低。

## 六、其他检查方法

### （一）流式细胞检索仪分析精子染色质结构

精子染色质结构分析（sperm chromatin structure assay，SCSA）是测定精子对原位 DNA 变性的敏感性，即精子在酸中处理 30s，然后用特异性染料吖啶橙染色，通过流式细胞计数仪进行分析。此法可作为精液品质检查的辅助手段。另有利用臭氧尿苷（BrbU）末端氧核苷转移酶和荧光素标记和抗 BrbU 单克隆抗体进行切口 DNA（nicked DNA）测定，可以检测精子 DNA（染色质）变性和核完整性及凋亡情况。其结果与精子浓度、活率和形态有明显关系。

### （二）流式细胞计数仪分析精子质膜变化

通过膜联蛋白（annexin）与精子质膜的结合快速检测冷冻后精子膜的变化。细胞破坏时，丝氨酸（PS）从膜内层转移到外层，这是细胞凋亡的最早迹象。用膜联蛋白 V（annexin V）碘化丙锭 2 种荧光染料染色，通过流式细胞计数仪进行分析。

### （三）荧光极化各向异性(fluorescence polarizaion anisotropy)测定精子质膜流动性

各向异性(anisotropy)值与膜流动性成反比，冷冻/解冻后精子活率和活力与各向异性值成强相关，因而可以预测冷冻保存效果。冻前膜流动性越高，精子对冷冻的反应越好。

### （四）荧光染色检查顶体状态

利用 PSA-FITC/Hoechst 33258 染色，可以评定精子状态和活力。

### （五）细菌培养和 PCR 法检测精液中微生物

微生物含量在牛冷冻精液的质量检查中是一项极为重要的指标，被微生物严重污染的冷冻精液，精子活力会降低，生存时间将缩短，而且输精后极易造成早期胚胎的死亡，从而降低受胎率。新拟定的《牛冷冻精液国家标准》(GB4143—XX)规定：牛冷冻精液解冻后的精液，无病原微生物，每剂冻精细菌数不超过 800 个。在生产实践中，采精、稀释、冷冻等每一过程都要进行微生物检查试验，控制细菌数和淘汰不合格精液。

微生物检查试验一般方法是：对精液稀释后，琼脂板 37℃恒温培养 48h，统计菌落数后计算细菌总数。也有许多报道利用 PCR 法或巢式 PCR 法检测精液中的病原微生物，如猪精液中的环状病毒检测。

## 七、精子受精能力(fertility ability of sperm)

精子形态、活率及前面所述各项指标不能准确反映精子受精能力，目前公认较准确判定精子受精能力的方法是金黄仓鼠卵穿透试验，这一技术已广泛用于人、牛、羊、猪等动物精子受精能力的判定。

### （一）金黄仓鼠卵穿透试验(hamster test，eana-free hamster ova test)

金黄仓鼠卵穿透试验主要包括下列步骤：所检测精液体外获能；金黄仓鼠超数排卵；用胰蛋白酶除去透明带；除透明带仓鼠卵与获能精子培养；观察精子穿透卵子能力。

**1. 器皿、培养液、激素准备**

(1) 消毒　玻璃用品用 150℃，1h；塑料用品高压消毒；液体用微孔滤膜(0.22μm)过滤除菌。消毒后液体放冰箱保存。

(2) BWW 液配备　按成分配制 BWW 液，用微孔滤膜过滤除菌，调整 pH7.2～7.4。

**2. 精子样品准备**

(1) 用 BWW 液离心洗涤精子。

(2) 游浮技术(swim up technique)　取 0.5mL 洗涤后精液，上层加 2mL BWW，使试管与地面呈 30°角，在 37℃培养 1h。取上清液，离心，获得活力较强的精子。

(3) 精子获能　可用肝素或无钙离子载体，或高渗盐溶液等使精子获能。

**3. 金黄仓鼠卵的获得**

8～10 周成年金黄仓鼠(雌)，金黄仓鼠发情周期为 4d。

(1) 于周期第一天注射 30IU 的 PMSG，56h 后，注射 30IU 的 hCG。

(2) hCG 18h 后，杀鼠取卵，冲卵液用 BWW，可用透明质酸酶消化卵丘细胞团。

(3) 用 BWW 冲洗卵子，0.1%胰蛋白酶消化卵子透明带，然后再用 BWW 冲洗。

**4. 授精和卵子染色**

(1) 调整获能后活精子密度为 $10\times10^6$ 个/mL。

(2) 去透明带仓鼠卵放入以上精液，然后放入无菌石蜡油，放入 37℃、5% $CO_2$、95%空气培养 3～6h。

(3) 检出卵子放至载玻片上，在 400 倍显微镜下观察穿透情况，计卵数、被穿透卵数、卵内精子数、卵内雄原核数等。

$$卵子穿透率 = 被穿透卵子数 \div 培养卵子数 \times 100\%$$

### (二) 低渗透压膨胀试验(HOS)

低渗透压膨胀试验是较为简单和经济的估测人精子受精能力的一种方法，主要是通过检查精子膜的完整性来实现的。

方法：取 0.1mL 没有稀释的精液加入到果糖和柠檬酸钠各占一半的 150mOsm 的溶液中，然后在 37℃条件下培养 30～60min，在相差显微镜下观察精子尾部表现膨胀的比例(精液渗透压为 328mOsm)。HOS 与人精子受精穿透去透明带仓鼠卵有高度相关。通过 HOS 试验，可以排除假阴性结果，也减少假阳性。

## 八、精液品质分析仪

人们一直在研究客观、准确地评定精液品质的技术和设备，就是精液品质电脑自动分析仪。精液品质分析仪(computer assisted sperm analysis system，CASAS)通过计算机图像处理功能对显微镜下放大的精子图像进行识别和跟踪计算，以准确计算和记录精子的运动轨迹，从而得出精子动静态各项参数。

精液品质分析仪近年来发展很快，第一代和第二代的分析仪不能区分样品中的杂物碎片和死精子，因此要在分析前用孔径为 0.2μm 的滤膜对精液样品进行过滤。第三代分析仪增加了对精子尾部的识别和分析，从而无需过滤。在研发的历程中，计算机辅助精子检测经历了黑白图像机、彩色图像检测后，清华大学的研发人员又成功地推出荧光图像检测系统，目前最先进的技术是荧光精子图像检测。

# 第四节　精液的稀释

精液稀释，是在精液中添加适合精子体外存活，并保持精子受精能力的一定量稀释保护液。只有经过稀释的精液，才适于保存、运输及输精。所以，精液的稀释处理是动物人工授精中的一个重要技术环节。

## 一、精液稀释的目的

(1) 扩大精液量,增加一次采精量的可配母畜数。

(2) 通过向精液中添加营养物质和保护剂延长精子在体外的存活时间。

(3) 便于精子保存和运输。

## 二、稀释液的成分及作用

### (一) 稀释剂

稀释剂主要用以扩大精液容量,要求所选用的药液必须与精液具有相同的渗透压。一般用来扩大精液量的物质有等渗的氯化钠、葡萄糖、蔗糖等。

### (二) 营养剂

主要为精子体外代谢提供养分,补充精子消耗的能量,如糖类、奶类、卵黄等。

### (三) 保护剂

(1) 缓冲物质　精子在体外不断进行代谢,随着代谢产物(乳酸和 $CO_2$ 等)的累积,精液的 pH 会逐渐下降,甚至使精子发生酸中毒,从而不可逆地失去活力。因此,有必要向精液中加入一定量缓冲物质,以平衡酸碱度。常用的缓冲剂有柠檬酸钠、三羟甲基氨基甲烷(Tris)、磷酸二氢钾等。

(2) 降低电解质浓度　副性腺中 $Ca^{2+}$、$Mg^{2+}$ 等离子(强电解质)含量较高,刺激精子代谢和运动加快,在自然繁殖中无疑有助于受精,但这些强电解质又能使精子早衰,使精液保存时间缩短。为此,需向精液中加入非电解质或弱电解质,以降低精液电解质的浓度。常用的非电解质和弱电解质有各种糖类、氨基乙酸等。

(3) 抗冷物质　精液的保存过程常涉及降温处理,如果温度发生急剧变化,就会使精子遭受冷休克而失去活力。因此需要在稀释液中加入抗冷物质,使精子免于伤害。常用的抗冷物质有卵黄、奶类等。

(4) 抗冻物质　在精液冷冻保存过程中,精液由液态向固态转化,对精子的危害较大,不使用抗冻剂精子冷冻后的复苏率很低。一般常用甘油和二甲基亚砜(DMSO)作为抗冻剂。

(5) 抗菌物质　常用的抗菌物质有青霉素、链霉素、氯霉素、林肯霉素、卡那霉素、多黏霉素等。

### (四) 其他添加剂

除上述三种成分以外,另向精液中添加的,起某种特殊作用的微量成分都属其他添加剂的范畴。

(1) 激素类　向精液中添加催产素、PGE 等，能促进母畜子宫和输卵管的蠕动，有利于精子运行，提高受胎率。

(2) 维生素类　某些维生素，如 $B_1$、$B_2$、$B_{12}$、C、E 等具有改进精子活力、提高受胎率的作用。

(3) 酶类　过氧化氢酶能分解精液中的过氧化氢，提高精子活力；β-淀粉酶能促进精子获能等。

另外，根据需要，还可向精液中添加有机酸、无机酸类、抗氧化剂、精氨酸、咖啡因和区分精液种类的染料等。

## 三、稀释液的种类和配制

### (一) 稀释液的种类

配制稀释液之前，应根据不同用途的精液选择配方。

(1) 现用稀释液　采精后经稀释处理马上输精用。此类稀释液配方简单，只有一种或两种等渗液，如蔗糖或奶类，不能进行保存。

(2) 低温保存稀释液　用于精液低温保存的稀释液，必须加入卵黄等抗冷休克的一类物质。

(3) 常温保存稀释液　是用于精液常温保存的稀释液，以糖类和弱酸盐为主体，pH 偏低。

(4) 冷冻保存稀释液　适于精液的冷冻保存。该精液以卵、甘油为主体，具有抗冻的特点。

生产中选用何种稀释液，应根据不同用途、不同家畜进行综合判定。家畜种类不同，所用稀释液不同；精液的保存方式不同，稀释液也不同。应选择来源广、成本低、效果好、配制易的稀释液。

### (二) 稀释液的配制

配制稀释液时应注意以下几个问题。

(1) 稀释液应现用现配制，如配制后确需促存的，经消毒、密封后放入冰箱中最多能保存 2～3d。

(2) 配制稀释液的器具，用前必须洗净并严格消毒，用稀释液冲洗后才能使用。

(3) 配制稀释液的蒸馏水要新鲜，最好现用现制。

(4) 所用药品要纯净，一般使用化学纯制剂。药品称量要准确，经溶解、过滤、消毒后方能使用。

(5) 卵黄要取自新鲜鸡蛋，抽取时尽量不要混入蛋清，待稀释液消毒冷却后加入。

(6) 奶粉的颗粒比较大，溶解时先用等量蒸馏水调成糨糊状，然后加蒸馏水至需要量，用脱脂棉过滤后放入 90～95℃的水浴中消毒 10min。

(7) 鲜奶作稀释液要加热煮沸冷却后除去奶皮方可使用。

## 四、精液稀释方法与稀释倍数

### （一）精液的稀释方法

精液稀释应在采精后立即进行。采精后把精液迅速置于30℃的保温瓶中，以防温度的变化。稀释时一般把精液和稀释液同时放在30℃的水浴锅内，将稀释液和精液都调整到30℃，并在30℃的环境中进行稀释。稀释时把稀释液沿着精液容器的壁慢慢加入精液中，边加入边搅拌。如需高倍稀释，应先做3～5倍的低倍稀释，然后再高倍稀释，以防稀释打击。

### （二）精液的稀释倍数

精液的稀释倍数过大，对精子存活不利且严重影响受胎率；稀释倍数过小，不能充分发挥精液的利用率，所以，应准确计算精液的稀释倍数（表6-3）。

**表6-3 主要家畜精液的稀释倍数和授精剂量**

| 家畜种类 | 稀释倍数 | 授精剂量/mL | 有效精子数/（亿/剂） |
|---|---|---|---|
| 牛 | 5～40 | 0.2～1 | 0.1～0.5 |
| 马、驴 | 2～3 | 15～30 | 2.5～5 |
| 绵羊、山羊 | 2～4 | 0.2～0.5 | 0.3～0.5 |
| 猪 | 2～4 | 20～50 | 20～50 |
| 茸鹿 | 5～20 | 0.2～1 | 0.1～0.5 |
| 兔 | 3～5 | 0.2～0.5 | 0.2～0.3 |

鲜精授精的精液稀释倍数应根据每个输精剂量生产中实际要求的精液容量和有效精子数确定，如绵羊鲜精人工授精，精液稀释到终浓度5亿个/mL即可达到基本要求的0.2mL、0.5亿个有效精子数（精液活率0.5）。冷冻精液生产应根据国家或行业标准规定的精液容量和有效精子数确定最终的稀释比例，如奶牛细管冷冻精液稀释的终浓度达到0.3亿个/mL，即可达到国家标准的0.25mL、0.1亿个有效精子数（精液活率0.3）。

## 第五节 精液保存

现行的精液保存方式有三种，即常温（15～25℃）保存、低温（0～5℃）保存和冷冻（－79℃或－196℃）保存。常温保存和低温保存精液为液态保存，冷冻保存精液为固态保存。根据实际需要，公畜精液可以选择其中的一种或几种方式保存，无论何种保存方法都是通过抑制精子代谢，补充精子能量来达到延长精子存活时间的目的。通常采用隔绝空气、弱酸环境、降温、增加糖类营养物质等方法。

# 一、常温保存

常温保存的温度为15～25℃，温度允许有一定变动。所以又称为变温保存或室温保存。常温保存所需设备简单，适合猪的精液保存。

常温保存是通过增加酸度降低精液的pH来抑制精子的代谢活动，以减少其能量消耗，酸性在一定范围内是可逆抑制，通常把pH调整到6.35左右。为使稀释液的pH达到所需范围，通常采取三种方法。

(1) 向稀释液中充入二氧化碳，如伊利尼变温稀释液(IVT)。

(2) 利用精子本身在代谢中产酸，自行调节pH，如康奈尔大学稀释液(CUE)。

(3) 向稀释液中加入有机酸，如己酸稀释液(CME)。

常温保存的稀释液除降低pH使精子代谢减慢外，还依靠给精子补充足够的养分，同时加入抗菌物质以抑制细菌的孳生。有的还在稀释液中加入缓冲物质；有的加入明胶以阻碍精子运动(表6-4～表6-6)。

**表6-4　猪精液常温保存稀释液**

| 成分 | 葡萄糖液 | 葡萄糖柠檬酸钠液 | 氨基乙酸卵黄液 | 葡萄糖、柠檬酸钠、乙二胺四乙酸液 | 蔗糖、奶粉液 | 英国变温稀释液 | 葡萄糖、碳酸氢钠卵黄液 | 葡-柠-乙-卵黄液 |
|---|---|---|---|---|---|---|---|---|
| 基础液： | | | | | | | | |
| 二水柠檬酸钠/g | — | 0.5 | — | 0.3 | — | 2 | — | 0.18 |
| 碳酸氢钠/g | — | — | — | — | — | 0.21 | 0.21 | 0.05 |
| 氯化钾/g | — | — | — | — | — | 0.04 | — | — |
| 葡萄糖/g | 6 | 5 | 5 | — | — | 0.3 | 4.29 | 5.1 |
| 蔗糖/g | — | — | — | — | 6 | — | — | — |
| 氨基乙酸/g | — | — | 3 | — | — | — | — | — |
| 乙二氨四乙酸/g | — | — | — | 0.1 | — | — | — | 0.16 |
| 奶粉/g | — | — | — | — | 5 | — | — | — |
| 氨苯磺胺/g | — | — | — | — | — | 0.3 | — | — |
| 蒸馏水/mL | 100 | 100 | 100 | 100 | 100 | 100 | 100 | 100 |
| 稀释液： | | | | | | | | |
| 基础液(容量%) | 100 | 100 | 70 | 95 | 96 | 100 | 80 | 97 |
| 卵黄(容量%) | — | — | 30 | 5 | — | — | 20 | 3 |
| 10%安那加(容量%) | — | — | — | — | 4 | — | — | — |
| 青霉素/(IU/mL) | 1000 | 1000 | 1000 | 1000 | 1000 | 1000 | 1000 | |
| 链霉素/(μg/mL) | 1000 | 1000 | 1000 | 1000 | 1000 | 1000 | 1000 | |

资料来源：周虚等，2003

注：通入$CO_2$使pH达到6.35

**表 6-5　马、绵羊精液常温保存稀释液**

| 成分 | 绵羊 | | 马 | | |
|---|---|---|---|---|---|
| | RH 明胶 | 明胶、羊奶液 | 明胶、蔗糖液 | 葡萄糖、甘油卵黄液 | 马奶液 |
| 基础液： | | | | | |
| 二水柠檬酸钠/g | 3 | — | — | — | — |
| 蔗糖/g | — | | 8 | 7 | — |
| 葡萄糖/g | — | — | — | 7 | — |
| 磺胺甲基嘧啶钠/g | 0.15 | — | — | — | — |
| 后莫氨磺酰/g | 0.1 | — | — | | |
| 明胶/g | 10 | 10 | 7 | — | — |
| 羊奶/mL | — | 100 | — | — | — |
| 马奶/mL | — | — | — | — | 100 |
| 蒸馏水/mL | 100 | — | 100 | 100 | — |
| 稀释液： | | | | | |
| 基础液(容量%) | 100 | 100 | 90 | 97 | 99.2 |
| 甘油(容量%) | — | — | 5 | 2.5 | — |
| 卵黄/mL | — | — | 5 | 0.5 | 0.8 |
| 青霉素/(IU/mL) | 1000 | 1000 | 1000 | 1000 | 1000 |
| 双氢链霉素/(μg/mL) | 1000 | 1000 | 1000 | 1000 | 1000 |

资料来源：周虚等，2003

**表 6-6　其他家畜精液常温保存稀释液**

| 成分 | 水牛 | 驴 | 山羊 | 兔 |
|---|---|---|---|---|
| 基础液： | | | | |
| 葡萄糖/g | 0.97 | 7 | — | 5 |
| 乳糖/g | — | — | — | — |
| 奶粉/g | — | — | — | — |
| 羊奶粉/g | — | — | 100 | — |
| 二水柠檬酸钠/g | 1.6 | — | — | 0.5 |
| 碳酸氢钠/g | 0.15 | — | — | — |
| 柠檬酸钾/g | 0.11 | — | — | — |
| 蒸馏水/mL | 100 | 100 | — | 100 |
| 稀释液： | | | | |
| 基础液(容量%) | 75 | 99.2 | 100 | 100 |
| 卵黄(容量%) | 25 | 0.8 | — | — |
| 青霉素/(IU/mL) | 1000 | 1000 | 1000 | 1000 |
| 双氢链霉素/(IU/mL) | 1000 | 250 | 1000 | 1000 |
| 氨苯磺胺/g | — | 0.2 | — | — |

资料来源：　周虚等，2003

马、绵羊精液常温保存效果较好。如果采用明胶稀释液，在 10～14℃下呈凝固状态保存，绵羊的精液可保存 48h 以上，马的精液可保存 120h 以上，精子活力接近 0.5。

猪的精液常温保存效果好。在精液稀释后，按一个输精量分装到特定的瓶(管)中，封口，贴好标签后放入保温瓶、水井或地窖内保存。保存时虽然允许温度在 15～25℃有一定变动，但应尽量相对地降低温度并维持恒定。

## 二、精液低温保存

低温保存是将精液稀释后，置于 0～5℃环境保存，保存时间较常温保存方式长。

### (一) 原理

低温保存是通过降低温度，使精子的代谢活动减慢，当温度降至 0～5℃时，精子的代谢较弱，几乎处于休眠状态。此时精子的物质代谢和能量代谢均降到较低水平，废物累积减少，且此温度不利于微生物的繁殖，可达到保存精液的目的。

### (二) 稀释液

在低温保存处理时，精子由于冷刺激易发生冷休克，故需使用含有卵黄的稀释液。牛精液最初采用柠檬酸钠和卵黄等组成的稀释液，进行低温保存，这种稀释液制作简单方便，保存时间可达 1 周左右。后来又陆续出现了许多不同种类的奶、糖类稀释液，保存时间也在 7d 左右，并且可以高倍稀释(表 6-7～表 6-9)。

**表 6-7　马、绵羊精液低温保存稀释液**

| 成分 | 绵羊 | | | 马 | | |
|---|---|---|---|---|---|---|
| | 葡萄糖、柠檬酸钠、卵黄液 | 柠檬酸钠、氨基乙酸液 | 奶粉、卵黄液 | 奶粉、葡萄糖、卵黄液 | 葡萄糖、酒石酸钾钠、卵黄液 | 马奶、卵黄液 |
| 基础液： | | | | | | |
| 二水柠檬酸钠/g | 2.8 | 2.7 | — | — | — | — |
| 葡萄糖/g | 0.8 | — | — | 7 | 5.76 | 7 |
| 氨基乙酸/g | — | 0.36 | — | — | — | — |
| 酒石酸钾钠/g | — | — | — | — | 0.67 | — |
| 马奶/mL | — | — | — | — | — | — |
| 奶粉/g | — | — | 10 | 10 | — | — |
| 蒸馏水/mL | 100 | 100 | 100 | 100 | 100 | — |
| 稀释液： | | | | | | |
| 基础液(容量%) | 80 | 100 | 90 | 92 | 95 | 95 |
| 卵黄(容量%) | 20 | — | 10 | 8 | 5 | 5 |
| 青霉素/(IU/mL) | 1000 | 1000 | 1000 | 1000 | 1000 | 1000 |
| 链霉素/(μg/mL) | 1000 | 1000 | 1000 | 1000 | 1000 | 1000 |

资料来源：周虚等，2003

表 6-8 猪精液低温保存稀释液

| 成分 | 葡萄糖、柠檬酸钠、卵黄液 | 葡萄糖、卵黄液 | 牛奶液 | 葡萄糖、柠檬酸钠、牛奶液 | 密糖、牛奶、卵黄液 |
|---|---|---|---|---|---|
| 基础液： | | | | | |
| 二水柠檬酸钠/g | 0.5 | — | — | 0.39 | — |
| 葡萄糖/g | 5 | 5 | — | 0.5 | — |
| 牛奶/mL | — | — | 100 | 75 | 72 |
| 蜜糖/mL | — | — | — | — | 8 |
| 氨苯磺胺/g | — | — | — | 0.1 | — |
| 蒸馏水/mL | 100 | 100 | — | 25 | — |
| 稀释液： | | | | | |
| 基础液(容量%) | 97 | 80 | 100 | 100 | 80 |
| 卵黄(容量%) | 3 | 20 | | — | 20 |
| 青霉素/(IU/mL) | 1000 | 1000 | 1000 | 1000 | 1000 |
| 双氢链霉素/(μg/mL) | 1000 | 1000 | 1000 | 1000 | 1000 |

资料来源：周虚等，2003

表 6-9 牛精液低温保存稀释液

| 成分 | 柠檬酸钠、卵黄液 | 葡萄糖、柠檬酸钠、卵黄液 | 葡萄糖、氨基乙酸、卵黄液 | 牛奶液 | 葡、柠、奶粉、卵黄液 |
|---|---|---|---|---|---|
| 基础液： | | | | | |
| 二水柠檬酸钠/g | 2.9 | 1.4 | — | — | 1 |
| 碳酸氢钠/g | — | — | — | — | — |
| 氯化钾/g | — | — | — | — | — |
| 牛奶/mL | — | — | — | 100 | — |
| 奶粉/g | — | — | — | — | 3 |
| 葡萄糖/g | — | 3 | 5 | — | 2 |
| 氨基乙酸/g | — | — | 4 | — | — |
| 柠檬酸/g | — | — | — | — | — |
| 氨苯黄胺/g | — | — | — | 0.3 | — |
| 蒸馏水/mL | 100 | 100 | 100 | — | 100 |
| 稀释液： | | | | | |
| 基础液(容量%) | 75 | 80 | 70 | 80 | 80 |
| 卵黄(容量%) | 25 | 20 | 30 | 20 | 20 |
| 青霉素/(IU/mL) | 1000 | 1000 | 1000 | 1000 | 1000 |
| 双氢金霉素/(IU/mL) | 1000 | 1000 | 1000 | 1000 | 1000 |

资料来源：周虚等，2003

### （三）方法

精液进行低温保存时，应采取逐步降温的方法，以防精子突然降温发生冷休克。首先把稀释后的精液按着一个输精量（羊 10～20 个输精量）分装到一个小试管或玻璃瓶中，封口，包以数层棉花或纱布，最外层用塑料袋扎好，防止水分渗入。把包装好的精液放到 0～5℃的低温环境（冰箱）中，经 1～2h，精液即降至 0～5℃。在保存过程中，要维持温度的恒定，防止升温。如遇特殊情况或运输，可用广口保温瓶进行，在保温瓶中加 7～8 成满的冰块，把包装好的精液放在冰块上，盖好，注意定期添加冰源。

## 三、冷冻保存

精液冷冻保存是用液氮（－196℃）或干冰（－79℃）作冷源，将精液处理后冷冻起来，达到长期保存的目的。精液冷冻保存是人工授精工作的一大进步，由于保存时间的延长，使精液的使用不受地区的限制，从而加快了家畜品种的育成和改良速率。

### （一）精液冷冻保存的原理

精子在超低温下，其代谢几乎停止，以生命相对静止状态保存下来，当温度回升后，又能复苏且具有受精能力。关于精液在冷冻过程中为什么没有死亡，复苏后仍具有活力的原因，科学工作者作过许多探索和解释，其中比较公认的是玻璃化假说。

玻璃化假说认为，物质的存在形式有气态、液态和固态，其中固态又分为结晶态和玻璃态。在不同的温度条件下，这两种形式可以相互转化。当气体的温度逐渐下降时，越过沸点即转变为液体；当温度进一步下降而越过熔点时，液态又转变为固态。固态的形式有两种类型：当温度逐渐下降时，所形成的固体为结晶态（分子有序排列，颗粒大而均匀）；如果液体的温度迅速下降并越过某一区域，所形成的固体为玻璃态（分子无序排列，颗粒细小而均匀）。反之，当温度缓慢升高时，玻璃态先变成结晶态，再成为液体；如果快速升温，则玻璃态可跨越结晶态直接变为液体。冰晶化是造成精子死亡的主要原因有两个。其一，当精液冷冻时，精子外的水分先冻结。这种冻结并非同时，局部水分冻结后，把溶质排斥到没有冻结的那部分精液中，形成高渗液，由于精子内外渗透压差及冰和水表面蒸汽压差的关系，使精子脱水，原生质变干而死亡。其二，由于水分冻结，产生冰晶，其体积增大且形状不规则，加之冰晶的扩展和移动，对精子产生机械压力，破坏精子原生质表层和内部结构，引起精子死亡。玻璃化是精子在超低温下，水分子保持原来无次序排列，呈现纯粹的超微颗粒结晶。精子在玻璃化冻结状态下，不会出现原生质脱水，结构不发生变化，解冻后仍可恢复活力。

试验证明，60～0℃是冰晶形成的温度区域，而且在逐渐降温的条件下才能形成。降温越慢，冰晶形成越大，尤以－25～－15℃为甚。玻璃化必须在－250～－60℃的低温区域内，经快速降温，迅速越过冰晶化而进入玻璃化阶段。

基于以上原理，冷冻精液制作和使用中，无论是升温还是降温，都必须采取快速越过对精子危害的冰晶化温区。尽管冷冻精液已制作成功并在生产中得以广泛应用，但仍达不到完全的玻璃化程度，在冷冻中有30%～50%的活精子死去。因此，向稀释液中添加抗冻物质，如甘油，以增强精子的抗冻能力，对防止冰晶化有重要作用。甘油浓度高时，对精子有危害作用，如伤害精子的顶体和颈部、使尾部弯曲，破坏某些酶类等，影响受胎，所以，应掌握甘油的用量。一般牛冷冻精液中甘油通常加入5%～7%。除甘油外，其他多羟化合物，如二甲基亚砜(DMSO)、三羟甲基氨基甲烷(Tris)、糖类等都具有抗冻作用。

### （二）精液冷冻技术

**1. 采精及精液品质检查**

精液冷冻效果与精液品质密切相关。需做好采精的准备和操作，以获得优质的精液。

**2. 稀释精液**

冻精的种类、分装剂型、稀释倍数不同，精液的稀释方法也不尽一致。生产中多采用一次或两次稀释法。

（1）一次稀释法　将含有甘油、卵黄等的稀释液按一定比例加入精液中，适合于低倍稀释。

（2）两次稀释法　为避免甘油与精子接触时间过长而造成的危害，采用两次稀释法较为合理。首先用不含甘油的稀释液(第一液)对精子进行最后稀释倍数的半倍稀释，然后把该精液连同第二液(含2×甘油终浓度的稀释液)一起降温至0～5℃(全程1.5h左右)，并在此温下作第二次稀释，平衡2h。

**3. 降温平衡**

采用一次稀释法，稀释时温度为30℃，需经1.5～2h缓慢降温至0～5℃，以防稀释打击。

平衡即降温后，把稀释后的精液放置于0～5℃的环境中停留2～4h，使甘油充分渗入精子内部，起到抗冻作用。

**4. 精液的分装**

采用颗粒、细管、安瓿和袋装等分装方法。

（1）颗粒冻精　将精液滴冻在经液氮致冷的金属网或塑料板上，直接冷冻后制成半球状0.1mL左右的颗粒。颗粒冻精曾在牛中广泛应用，现多用于马、绵羊及野生动物的冻精剂型，具有成本低、制作方便，不需复杂设备，占用储存空间很小的特点，冷冻后精子的存活很好，是一种最经济的保存方法。但不易标记、解冻麻烦、易受污染。目前，颗粒型冻精仍在部分地区生产和使用，但最终会被细管型冻精替代。

（2）细管冻精　把平衡后的精液分装到塑料细管中，采用一种聚氯乙烯塑料细管来容纳精液。历史上曾用过多种规格的塑料细管，但现在只有容量为0.25mL(微型细管)和0.5mL(中型细管)两种，长度都是133mm，外径分别为2.0mm和2.8mm。细管的一端是开口的，另一端由塞柱结构封口。塞柱的总长度约20mm，有两截面线塞中间夹封口粉(化学成分是聚乙烯醇)组成。塞柱遇到水(精液)之后封口粉立即凝固成凝胶状，使该端管腔堵塞，起到“封口”作用。细管冻精的优点是标识、分装、冻结都可采用机械设备进行，且解冻后效果好于其他剂型，运输使用方便，易识别，不易污染，而且输精时精子损伤小。目前，生产上普遍采用细管精液分装机来分装。细管被等距离的水平排列在橡胶传送带上，传送到某一固定位置时，负责抽吸真空的一组针头(3支)和通过乳胶管抽吸精液的另一组针头(3支)分别同时地插入3支细管的棉塞端和另一端(开口端)，使精液抽吸到这一组细管中，由于棉塞端内的封口粉凝固，此端即被封口。完成此动作后，这一组细管又被传送到下一位置，在该位置细管的开口端被封口仪的封口部件产生的超声波作瞬间封口并压扁。至此，细管两端均被封口。细管冻精具有不受污染、容易标记、易储存、适于机械化生产等特点，是最理想的剂型。

(3) 安瓿冻精　用硅酸盐硬质玻璃制成的安瓿盛装精液，用酒精灯封口，剂量为0.5mL或1.0mL。安瓿冻精虽剂量准确、不污染、易标记，但体积大、储存不便、易爆破，所以生产中现已多不采用。

**5. 冻结**

(1) 干冰埋植法　适合于小规模生产及液氮缺乏地区。

颗粒冷冻：把干冰置于木盒中，铺平压实，用预先做好的模板在干冰上压出直径0.5cm、深2～3cm的小孔，用滴管将平衡后的精液0.1mL左右滴入孔内，覆以干冰，2～4min后，收集冻精保存。

细管冻精冷冻：将分装的冻精平铺于压实的干冰上，并迅速用干冰覆盖，2～4min取出储存于干冰或液氮中。

(2) 液氮法。

颗粒冻精：其主要依据是通过调节距液氮面的距离和时间来掌握降温速率。在装有液氮的广口保温容器上置一铜纱网或铝饭盒盖，距液氮面1～2cm处预冷数分钟，使网面温度保持在－120～－80℃。或用聚四氟乙烯凹版(氟板)代替铜纱网，现将其浸入液氮几分钟后，置于距液氮面2cm处。然后将平衡后的精液用滴管定量而均匀地滴冻，每粒0.1mL，停留2～4min后颗粒颜色变白时，将颗粒置入液氮中，取1～2粒解冻，检查精子活率，活率达到0.3以上者每50～100粒装入纱布袋中收口，并做好标记，储存于液氮中保存。滴冻时要注意滴管事先预冷，与平衡温度一致；操作要准确迅速，防止精液温度回升，颗粒大小要均匀；每滴完一头公畜精液后，必须更换滴管、氟板等用具。

细管冻精：根据冷冻时液氮蒸气的状态分为静止的液氮蒸汽熏蒸法和流动的液氮蒸气熏蒸法两种。静止的液氮蒸汽熏蒸法的原理是利用细管精液和其承载系统(金属架、框、网等)与液氮及液氮蒸气间的温差，间接地使用液氮气化吸热而使精液降温冻结。又根据冷冻时细管的排列方式可以把熏蒸法分为两种类型：一种是水平排列式；另一种是竖直排列式。无论哪种排列方式，现有技术都要求细管间必修保持适当的距离，进行分散排列。保持距离的方法是把细管水平地平行地排列于锯齿状的冷冻架上或竖直地插入圆形冷冻筐分隔网的网格方孔之中。

采用静止的液氮蒸气熏蒸法进行冷冻精液生产是在低温容器内进行的。盛有液氮的低温容器在液氮面和容器口平面之间会自然的形成温度梯度，距离液氮面越近，温度就越低，与冻前细管的温差就越大。这种方法的基本操作步骤是：首先向低温容器内加入一定量液氮，把精液细管水平地平行排列于锯齿状的冷冻架上，细管间距约为6mm，然后一并水平地放入低温容器内液氮面的上方，使精液细管在液氮面之上静止的液氮蒸气中降温冻结。这种方法对降温速率的调节是粗略的，仅仅依靠冷冻架及细管平面距液氮面的高低距离来控制降温速率。

流动的液氮蒸气熏蒸法的原理是在静止液氮蒸气传热的基础上，加快热交换的速率，使降温冻结的速率加快。这种方法的实现需要精密的机械装置、电子装置或计算机自动控制装置的配合，以便精确控制降温速率。流动蒸气的产生方法有以下 4 种：①从冷冻室顶部以一定速率吸入液氮蒸气；②冷冻室底部装风扇来驱动液氮蒸气循环；③金属网格加热液氮产生流动的液氮蒸气；④向液氮中充入室温压缩氮气来获得流动的液氮蒸气。这些方法的共同特点是通过控制液氮蒸气产生量的多少来间接控制细管精液的冷冻速率。

生产上采用的熏蒸法冷冻细管精液的设备大致有 3 种。第一种是简易冷冻槽，结构类似一个长方形的箱子，槽的内外壁是金属薄板（常采用不锈钢材料），夹层是绝热效果较好的材料（苯板）。使用时加入一定量的液氮预冷，然后把冷冻架连同水平排列于其上的细管放入槽内降温冻结。第二种是大口径液氮罐，口径一般为 800mm，其内常储有一定量的液氮。使用方法与冷冻槽相似。第三种是喷氮式冷冻仪，由冷冻室、自增压式液氮罐、控制系统三部分组成。使用时把排列有冷冻细管的冷冻架放入冷冻室内，可排列若干层。盖上盖子后，由顶部把液氮蒸气喷入，液氮的喷入速率由控制系统控制。频率大时，冷冻速率快，频率小时，冷冻速率就慢。目前，后两种设备都需要进口。我国采用较多的是大口径液氮罐，冷冻槽因其效果差，耗液氮量大几乎全部被淘汰，喷氮式冷冻仪因其价格昂贵和消耗液氮量大只为极少数单位采用。

**6. 冻精解冻**

冻精解冻是验证精液冷冻效果的必要环节，也是输精前必须的准备工作。方法有低温冰水（0～5℃）解冻、温水（30～40℃）解冻和高温（50～70℃）解冻等。实践证明，温水解冻法特别是 38～40℃解冻效果最好。

细管冻精、安瓿冻精在解冻时可直接投放在 38℃温水中，待冻精融化即可取出备用。

颗粒冻精解冻时需预先准备解冻液。牛用解冻液常用 2.9%的柠檬酸钠。解冻时取一小试管，加入 1mL 解冻液，放在盛有温水的烧杯中，当与水温相同时，取一粒冻精于小试管内，轻轻摇晃使冻精融化。

解冻后进行镜检并观察精子活力，活力在 0.3 以上才能用于输精。

### （三）冻精的储存

目前，普遍采用液氮作冷源，液氮罐做容器储存和分发冻精。

**1. 液氮及其特性**

液氮是空气中的氮气经分离、压缩形成的一种无色、无味、无毒的一种液体，沸点温度为－195.8℃。在常温下，液氮沸腾，吸收空气中的水气形成白色烟雾。液氮具有很强的挥发性，当温度升至 18℃时，其体积可膨胀 680 倍。此外，液氮又是不活泼的液体，渗透性差，无杀菌能力。

基于液氮的上述特性，使用时要注意防止冻伤、喷溅、窒息等，用氮量大时要保持空气通畅，注意保护。

**2. 液氮容器**

液氮容器包括液氮储运容器和冻精储存容器，前者为储存和运输液氮用，后者为专门保存冻精用。当前冷冻精液专门使用的液氮罐型号较多,但其结构相同(图 6-13)。

(1) 罐壁　由内外两层构成,一般由坚硬的合金制成。

(2) 夹层　指内外壳之间的空隙。为增加罐的保温性,抽成真空。真空度为 $10^{-6}$mmHg,在夹层中装有活性炭、硅胶及镀铝涤纶薄膜等,以吸收漏入夹层的空气,也增加了罐的绝热性。

(3) 罐颈　由高热阻材料制成,是连接罐体和罐壁的部分,较为坚固。

(4) 罐塞　由绝热性好的塑料制成,具有固定提筒手柄和防止液氮过度挥发的功能。

(5) 提筒　是存放冻精的装置。提筒的手柄由绝热性良好的塑料制成,既能防止温度向液氮传导,又能避免取冻精时冻伤。提筒的底部有多个小孔,以便液氮渗入其中。

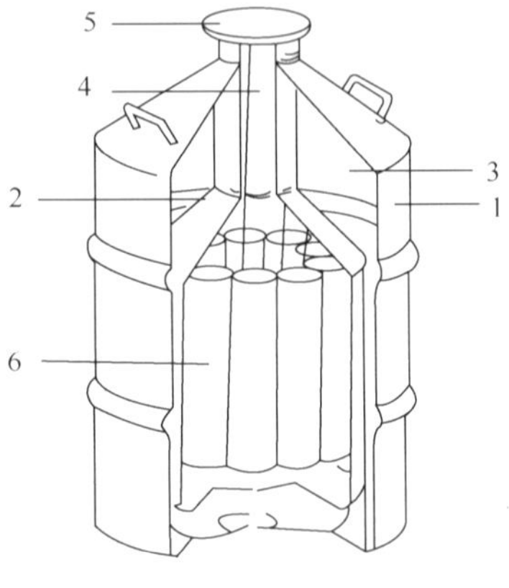

图 6-13　液氮罐结构
1. 内外壳体;2. 内槽;3. 夹层;4. 颈管;5. 罐盖塞;6. 提筒

## 四、牛、羊、猪、马、鹿精液的处理和保存

### (一) 牛精液的处理和保存

**1. 稀释液**

常见的稀释液有以下几种:①卵黄-柠檬酸盐稀释液。把新鲜的卵黄加入到柠檬酸盐缓冲液中即配制成此稀释液。用于非冷冻精液保存时,卵黄与缓冲液的比例是 1∶1;用于冷冻精液时,20%的卵黄和 80%的缓冲液效果最好。抗生素应该加入到不含甘油的那部分稀释液中。卵黄-柠檬酸盐稀释液已成为一种标准的稀释液,新开发的和改良的稀释液的效果常与其对照。②卵黄-Tris 稀释液。这种稀释液是由 20%的新鲜卵黄和 80%的 Tris 缓冲液混合均匀而成的,加入推荐剂量的抗生素。有些处理者在稀释精液之前在这种稀释液中加入 7%的甘油,但推荐的做法是仅在一半的这种稀释液中加甘油,另一半不加。这种稀释液所要求的平衡时间不必像其他稀释液那样严格。

**2. 冷冻精液生产处理程序**

精液处理程序包括稀释、微生物控制、降温、分装和冻结(冷冻)。刚采集的精液从采精场地送到实验室处理时,其温度不应降到 35℃以下。送到实验室后,采精管应放在 35℃水浴中,立即加入抗生素,3～5min 后加入稀释液,精液质量的评定(精液量、活率和浓度)同时完成。

**3. 精液稀释**

(1) 稀释方法　精液的稀释分两步进行。第一步是预稀释,稀释液的体积是精液体积的 3～4 倍,稀释液不含甘油,也在水浴中加热到 35℃。由稀释液提供的卵磷脂和脂蛋白能保护精子免受降温时低温打击的伤害,这些物质能明显防止降温过程中细胞通透性的改变。预稀释液中所含的抗生素应该与精液接触至少 2h。预稀释液的比率按稀释后精液的量是第二次稀释后精液总量的一半来计算。

（2）稀释倍数　根据原精液的活率、密度、每个输精剂量所含有的有效精子数等指标来计算。一般每个输精剂量有效精子数为 1000 万个，受精力高的公牛可减少到 700 万～800 万个，而受精力稍差的公牛可增加到 1500 万个。

一般可根据下列公式计算出精液的稀释倍数和应加入的稀释液量。

每头份稀释倍数＝采精量(mL)×每毫升精子数×活率/有效精子数×头份

应加入的稀释液量＝每毫升采精量×每头份稀释倍数

近几年来，牛的输精采用子宫深部输精方法(DIU-AI)或在宫管连接部(UTJ)输精，这样输入的精子数目大量减少，尤其是经过精子分离的性控精液的应用，使得每次授精时有效精子数少于 200 万个。

**4. 精液降温(冷却)**

把盛有预稀释后精液的容器放到装有相同温度水的较大容器中，把它们转移到 5℃的环境中降温。容器中水的量要适中，以保证在 1～4h 内从 35℃降到 5℃。大多数人采用 1.5～2h 降至 5℃，但实验数据支持稍慢些降温，即用 2～4h 把温度降至 5℃。

**5. 甘油化和平衡**

必须加入甘油来保护精子免受冷冻和解冻过程的伤害。伤害来自于精子细胞内外水的结冰。这导致其他细胞成分和细胞外溶液的浓缩。除了破坏细胞的成分外，也可能引起细胞膜通透性的改变。溶质的渗漏和非电解质 pH 的变化都与精子的受损有关。甘油与水分子结合，降低了溶液的冰点。甘油存在使该温度段结冰减少，溶质的溶度相应下降。甘油使精子细胞部分脱水，进一步减少了冰晶的形成。其他的低温保护剂与甘油做过比较。DMSO 具有缓冲盐的能力，能很快进入精子细胞内部。慢速冷冻时最为有效。乙二醇和一些糖类具有一定的低温保护剂的效果。甘油的浓度与稀释液的种类有关。已降到 5℃的预稀释后的精液，用同温的含甘油的稀释液进行第二次的 1∶1 稀释。方法是第一次加入、分次加入或滴注加入均可。稀释液的甘油浓度为 14%或 20%。最终的甘油浓度为 7%或 10%。平衡时间：平衡时间长短争议较大，一般为 2～4h，8～12h 效果更好。

**6. 精液的冷冻**

采用上述细管和颗粒两种冷冻方法。

### （二）羊精液的冷冻保存

由于羊的冷冻精液子宫颈内输精受精率低，限制了冷冻精液在人工授精中的应用。20 世纪 80 年代初利用腹腔镜进行子宫内输精方法的诞生才促进了羊冷冻精液人工授精的应用。

目前，使用效果良好的绵羊稀释液配方为：Tris 24.2g、柠檬酸 13.6g、果糖 10.0g、甘油 64.0mL、卵黄 200.0mL，加蒸馏水至 1L。采用一步稀释法稀释效果较好，即原精液在 30℃下用含甘油的稀释液一次稀释到冻前的容量(稀释倍数取决于欲采用的输精方法)，然后用 2h 降温到 5℃。0.25mL 和 0.5mL 的细管冷冻精液效果都很好。细管的标记(印字)、分装、封口及冻结与前述冷冻精液相同。绵羊精液也可在干冰上制成 0.2mL 的颗粒并在液氮中储存。

关于山羊的冷冻精液，研究者们的意见分歧很大。像绵羊的精液一样，其特点是射精量少、浓度高。一般认为，输精量少(0.25mL)，所含的有效精子数多($100\times10^6$ 个或更多)。

有充分的证据表明，山羊精清含有一种不利于精子保存的酶，并且这种酶与卵黄发生反应后可能产生一种能杀死精子的毒性物质。因此，一般不要用含有卵黄的稀释液，除非把精清彻底去除。

如果用脱脂乳做稀释液，必须加热到95℃维持10min。有一半稀释液加入7%甘油，稀释后甘油的最终浓度是3.5%。青霉素与链霉素应加入到不含甘油的那部分稀释液中，加入量分别为2000～4000IU(μg)慢速冷却(2h)。当精液到达5℃后，把等量的含甘油的稀释液(也是5℃)加入。平衡时间为4h。用0.25mL细管分装。

山羊精液的冷冻速率应比牛的慢很多。采用乙酸和干冰的冷冻速率为：5～0℃，30min；0～－5℃，10min(0.5℃/min)；－5～－10℃，5min(1℃/min)；－10～－17℃，3min(2℃/min)；－17～－79℃，16min(4℃/min)然后转移至液氮中保存。

目前山羊冷冻精液的受胎率为40%～65%。产生差异的原因部分在于精液的处理和冷冻程序，但输精方法和技术水平很值得考虑。

### (三) 猪精液的冷冻保存

Beltsville农业试验站开发了一个较好的公猪精液冷冻和处理程序。采精后精液降至20℃平衡2h，含有$6\times10^9$个精子的原精液被离心10min，转速为3000r/min，去除精清，加入5mL Beltsville $F_5$($BF_5$)稀释液(表6-10)，用2h降到5℃，加入5mL含2%甘油的$BF_5$稀释液。在干冰上滴冻成0.15～0.2mL的颗粒。随后转移到液氮中保存。Carvajal则报道了冷冻前用高转速2400r和短时间(3min)离心处理不会影响精子的复苏和质量，而且在保存方面有很好的效果。

**表6-10 Beltsville $F_5$ 稀释液成分及公猪冷冻精液解冻液**

| 成分 | 稀释液用量① | 解冻液用量② |
|---|---|---|
| Tes-N-Tris/g | 1.2 | — |
| Tris/g | 0.2 | — |
| 葡萄糖/g | 3.2 | 3.7 |
| 卵黄/mL | 20 | — |
| Orvases糊/mL | 0.5 | — |
| 柠檬酸钠·$2H_2O$/g | — | 0.6 |
| $NaHCO_3$/g | — | 0.125 |
| EDTA·Na/g | — | 0.125 |
| KCl/g | — | 0.075 |

资料来源：张嘉保和田见晖，2011

注：①加蒸馏水至100mL，在12 000r离心10min，取上清液；②各成分溶解后加蒸馏水至100mL

目前,猪的冷冻精液还不可能大规模用于生产。存在的问题主要有:①每一输精头份需大量的精子(冷冻精液 $6\times10^9$ 个,液态精液 $3\times10^9$ 个);②冷冻精液品质的实验室评估对于估测潜在的受精力价值不大;③不同的个体冷冻的成功率不同;④与液态精液相比,处理过程复杂,耗时多;⑤冷冻精液对输精时机的把握可能要求更严;⑥冷冻精液的受胎率比液态精液平均低 10%~30%,窝产仔数少一个。

### (四) 马精液的冷冻保存

马冷冻精液的基本处理程序如下。

(1) 采精　弃去胶状物,评定和记录射精量、精子活率、精子浓度。

(2) 采精后 2~5min 内用离心液按 1∶2 比例稀释精液,转移到 50mL 的离心管内。在室温(25℃)平衡 10min,然后以 1000r/min 离心 5min(有报告采用 400~1000r/min 离心 5~15min)。用抽吸器吸取上清液弃掉。用 10~40mL 冷冻稀释液(表 6-11)稀释沉淀精子。稀释液具体用量由离心沉淀物所含的精子总数决定。轻轻转动离心管,使沉淀精子全部悬浮起来。

**表 6-11　马冻精液稀释液举例**

| 离心液(Merck Ⅰ号液) | | 冷冻稀释液/mL | |
|---|---|---|---|
| D-葡萄糖/g | 60.0 | D-乳糖溶液(11%) | 50.0 |
| 柠檬酸钠($2H_2O$)/g | 3.7 | 离心液 | 25.0 |
| EDTA·2Na/g | 3.7 | 卵黄 | 20.0 |
| $NaHCO_3$/g | 1.2 | 甘油 | 5.0 |
| 双氢链霉素/g | 0.8 | Equex | 0.8 |
| 青霉素钠 G/IU | 500 000 | | |
| 双蒸水/mL | 加至 1 000 | | |

资料来源:张嘉保和田见晖,2011

(3) 重新测定上述经离心和稀释后精液的精子浓度,并进行第 3 次稀释:第 3 次稀释的根据是保证每个输精剂量(5mL)输精时含总精子数 $600\times10^6$ 个,有效精子数 $2000\times10^6$ 个。稀释后避光平衡 20min。

(4) 分装　把精液分装到标识(印字)的规格为 5mm×280mm 的聚氯乙烯细管中,每管 5mL。用玻璃珠封口并经 2h 降温到 5℃。

(5) 把细管中的气泡调整定位在细管中央　在液氮蒸汽中水平冷冻,冷冻时应准确地距液氮面 1cm,冷冻时间 20min。然后浸入液氮中在液氮罐中保存。

### (五) 鹿精液的冷冻保存

#### 1. 稀释液

当前国内用于鹿冷冻精液保藏的稀释液,主要组成是 Tris、果糖、柠檬酸及辅助成分,这种稀释液对于马鹿精液低温保存和精液冷冻保存具有良好的效果,而且生产方法简单、生产成本低,便于推广应用,表 6-12 是茸鹿精液冷冻保存的稀释液;米尼图公司的无卵黄稀释液也有好的冷冻保存效果，用时加 4 倍的双蒸水即可，十分方便。

**表 6-12　茸鹿精液冷冻保存的稀释液**

| 成分 | 柠檬酸钠、卵黄液 | 果糖、柠檬酸、卵黄液 | Tris、果糖、柠檬酸、卵黄液 |
|---|---|---|---|
| 二水柠檬酸钠/g | 2.9 | 1.4 | — |
| Tris/g | — | — | 4.8 |
| 果糖/g | — | — | 2 |
| 柠檬酸/mL | — | — | 2 |
| 葡萄糖/g | — | 3 | — |
| GSH/mg | — | — | 100 |
| 柠檬酸/g | — | — | 1.6 |
| BSA/mg | — | — | 200 |
| ATP/mg | | | 60 |
| 维生素 C/mg | | | 500 |
| 青霉素/(IU/mL) | 1000 | 1000 | 1000 |
| 链霉素/(IU/mL) | 1000 | 1000 | 1000 |
| 蒸馏水/mL | 100 | 100 | 140 |
| 冷藏稀释液 | | | |
| 基础液(容量%) | 75 | 80 | 80 |
| 卵黄(容量%) | 25 | 20 | 20 |

注：冷冻稀释液为冷藏稀释液按体积比配制加入甘油

**2. 冷冻精液生产处理程序**

精液处理程序包括稀释、微生物控制、降温、分装和冻结(冷冻)。电刺激采集的精液从采精场地送到实验室处理时，其温度不应降到 35℃以下。送到实验室后，采精管应放在 35℃水浴中，立即加入抗生素，3～5min 后加入稀释液，精液质量的评定(精液量、活率和浓度)同时完成。

**3. 精液稀释**

(1) 稀释方法　精液的稀释分两步进行。第一步倍半稀释，在 35℃水浴中与不含甘油稀释液混合，同 2×甘油稀释液 2h 降温至 0℃，然后第二次稀释。无卵黄稀释液一步完成稀释。

(2) 稀释倍数　一般每个输精剂量有效精子数为 1000 万个。

**4. 精液平衡和冷冻**

平衡好的精液的装管冷冻程序基本与牛相同。

# 第六节 输 精

## 一、输精的准备

输精是人工授精的最后一个环节，也是最重要的技术之一，及时、准确地把精液输送到母畜生殖道的适当部位，是保证受胎的关键。输精前应做好各方面的准备，确保输精的正常实施。

### （一）母畜的准备

母畜经发情鉴定后，确定已到输精时间，将其牵入保定栏内保定，外阴清洗消毒，尾巴拉向一侧。

### （二）器械的准备

输精所用的器械均应彻底洗净后严格消毒，再用稀释液冲洗后才能使用。每头家畜备一只输精管，如用同一只输精管给另一头母畜输精，需消毒处理后方能使用。

### （三）精液准备

常温保存的精液需轻轻振荡后升温至35℃，镜检精子活力不低于0.6；低温保存的精液升温后活力在0.5以上；冷冻精液解冻后活力不低于0.3。

### （四）人员准备

输精人员应穿好工作服，指甲剪短磨光，手臂挽起并用75％乙醇消毒，伸入阴道的手要涂以稀释液等润滑。

## 二、输精的基本要求

### （一）输精时间

母畜输精后是否受胎，掌握合适的输精时间至关重要。输精时间是根据母畜的排卵时间、精子在母畜生殖道内保持受精能力的时间及精子获能等时间确定的。

**1. 牛的输精时间**

一般母牛发情持续期短，输精应尽早进行。发现母牛发情后8～10h可进行第一次输精，隔8～12h进行第二次输精。生产中如果牛早上发情，当日下午或傍晚第一次输精，翌日早第二次输精；下午或晚上发情，翌日早进行输精，翌日下午或傍晚再输一次。

初配母牛发情持续期稍长，输精过早受胎率不高，通常在发情后20h左右开始输精。在第二次输精前，最好检查下卵泡，如母牛已排卵，一般不必输精。

**2. 猪的输精时间**

母猪发情外部表现特别明显，外阴长时间红肿，通过外部观察难以确定输精时间。一般母猪发情后的 20～30h 内输精两次或发情盛期过后仍出现“压背反射”时输精。

**3. 羊的输精时间**

母羊的输精时间应根据试情制度确定。每天一次试情，在发情的当天及半天后各输精一次；每天两次试情，发现母羊发情后隔半日进行第一次输精，再隔半日进行第二次输精。

**4. 马(驴)的输精**

(1) 根据母马(驴)的卵泡发育情况来判定　母马(驴)的卵泡发育可分为 6 个时期，一般按着“三期酌配、四期必输、排后灵活追补”的原则安排输精时间。所谓“酌配”根据卵泡的发育结合母马(驴)的体况以及环境的变化等进行综合判定。排卵后如黄体还没有生成，输精仍有一定的受胎率。

(2) 根据发情时间推算　可在母马(驴)发情后的 3～4d 开始输精，连日或隔日进行，输精不超过 3 次。

### (二) 输精量及有效精子数

输精量和有较精子数应根据不同家畜的生理特点、同各种家畜的不同生理状况及精液保存方式等确定(表 6-13)。一般来讲，马、猪的输精量大，牛、羊的输精量小；体型大、经产、子宫松弛的母畜输精量大些，体型小、初配母畜输精量小些；液态保存的精液输精量比冷冻精液多一些。

**表 6-13　各种家畜的输精要求**

| 项目 | 牛、水牛 | | 马、驴 | | 猪 | | 绵羊、山羊 | | 兔 | |
|---|---|---|---|---|---|---|---|---|---|---|
| | 液态 | 冷冻 | 液态 | 冷冻 | 液态 | 冷冻 | 液态 | 冷冻 | 液态 | 冷冻 |
| 输精剂量/mL | 1～2 | 0.2～1.0 | 15～30 | 30～40 | 30～40 | 20～30 | 0.05～0.1 | 0.1～0.2 | 0.2～0.5 | 0.2～0.5 |
| 有效精子数/mL | 0.3～0.5 | 0.1～0.2 | 2.5～5.0 | 1.5～3.0 | 20～50 | 10～20 | 0.5～0.7 | 0.3～0.5 | 0.15～0.3 | 0.15～0.20 |
| 输精次数 | 1～2 | | 1～2～3 | | 1～2 | | 1～2 | | 1～2 | |
| 输精时间 | 发情后 10～20h，或排卵前 10～20h | | 接近排卵时，卵泡 4～5 期，或发情第 2 天始，隔天一次至发情结束 | | 发情后 19～30h 或开始接受“压背试验”过后8～12h | | 发情后 10～36h | | 诱发排卵后2～6h | |
| 输精间隔时间/h | 8～10 | | 24～28 | | 12～18 | | 8～10 | | 8～10 | |
| 输精部位 | 子宫颈深部或子宫体内 | | 子宫内 | | 子宫内 | | 子宫颈内 | | 子宫颈内 | |

资料来源：张嘉保和田见晖，2011

附注：驴的输精要求可参照马的，其输入量和有效精子数取马的最低值

## 三、输精方法

### （一）母牛的输精

**1. 阴道开张器输精法**

操作时一手持开张器，打开母牛阴道，借助光源找到子宫颈口，另一只手握吸有精液的输精器，伸入子宫颈1～2个皱褶处（2～3cm），慢慢注入精液。此法能直接观察到输精管（输精枪）伸入子宫颈口的情况，比较好掌握。但操作时，母牛往往骚动不安，努责弓背加之输精部位浅，易引起精液倒流，受胎率低。另外，此法容易损伤母牛的阴道黏膜，输精不方便，故生产中很少采用。

**2. 直肠把握输精法**

一只手伸入直肠内把握住子宫颈，另一手持输精器，先斜上方伸入阴道内进入5～10cm后再水平插入到子宫颈口，两手协同配合，把输精器伸入到子宫颈的3～5个皱褶处或子宫体内，慢慢注入精液（图6-14）。输精过程中，输精器不要握得太紧，要随着母牛的摆动而灵活伸入。直肠内的手要把握子宫颈的后端，并保持子宫颈的水平状态。输精枪要稍用力前伸，每过一个子宫颈皱褶都有感觉，出现“咔咔”的响声。但要避免盲目用力插入，防止生殖道黏膜损伤或穿孔。通过直肠把握还可以子宫角内深部输精，可以提高精子的利用率和受精效果，该方法被用于少精且有较高遗传价值的公牛、冷冻受损的解冻精液或性别选择后精液量很少的输精。一个典型代表是由比利时根特大学研制的用于动物宫管连接部（UTJ）的输精器具，该器械是一个一次性的并能随意按子宫角形状弯曲的塑料管——由内管、外管两部分构成，可到达宫管连接部。奶牛冷冻精液的输精剂量从1200万个精子降低到400万个精子，对妊娠率没有影响；水牛低剂量（0.25亿个）的性别鉴定精液在宫管连接处输精与传统的大剂量（2亿个）未经性别分离的解冻精子在子宫体输精，其妊娠率分别为42.8%和43.4%。两者无显著差别。

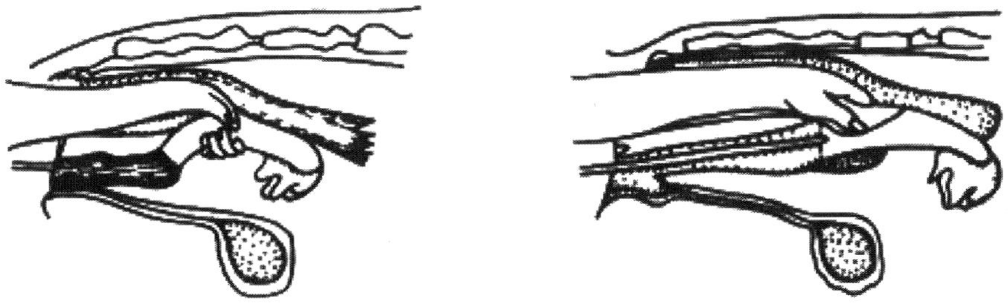

(1)　　　　(2)

图6-14　牛的输精（引自周虚等，2003）

（1）牛直肠把握法输精的错误方法；（2）牛直肠把握法输精的正确方法。

直肠把握输精法的优点是：①精液输入部位深，不易倒流，受胎率高；②母牛刺激无不良反应；③能防止给孕牛误配，造成人为流产；④用具简单，操作安全，方便。整个操作过程要求技术熟练，故此技术需经一定时间的训练才能掌握。直肠把握输精法同时也用于马鹿的人工授精，其授精的准备和技术要点基本与牛相同(图 6-15)。

图 6-15　牛、马鹿直肠把握法输精

### （二）母猪的输精

母猪的阴道部和子宫界限不明显，输精较容易插入。输精时，把输精导管涂以少量润滑剂，插入阴道内，先斜上方伸入，避开尿道口后再平直前进，边旋转边进入子宫，当遇到阻力时，将输精管稍向后拉，然后再向前伸入。胶管到达子宫后，接上吸有精液的注射器，缓缓注入精液。精液温度不要低于 25℃，否则不能刺激子宫收缩造成精液倒流。如遇到母猪不安定或来回走动，可停止注入精液，待安抚稳定后再继续输精。输精完毕后，慢慢抽出输精管，按压母猪臀部并使猪安静片刻，以防精液倒流。

### （三）母羊的输精

(1) 绵羊和山羊都采用阴道开张器法，其操作与牛相同。由于羊的体型较小，为工作方便。提高效率，可在输精架后设置一坑，或安装可升降的输精台架。在一些地区，有人采用由助手抓住羊后肢，使其倒立保定授精，也较方便(图 6-16、图 6-17)。

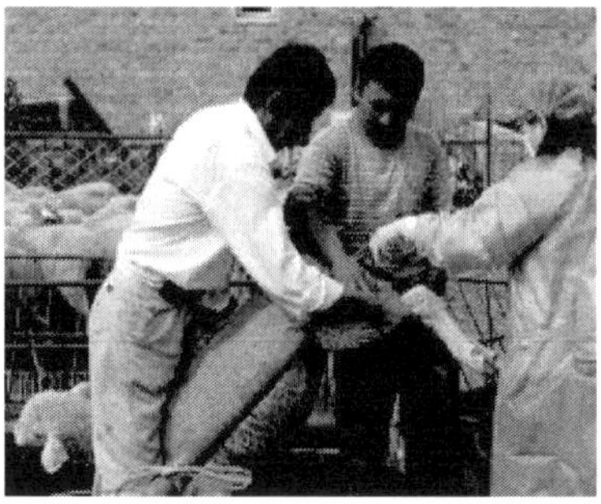

图 6-16　羊倒立保定授精

(2) 腹腔内窥镜授精　对发情羊麻醉备皮，将母羊处于臀高头低姿势保定，在乳房前 10～12cm、腹中线左侧 4～5cm 处，插入气腹针，并向腹腔打气，在乳房前 10～12cm，距腹中线右侧 3～5cm 处用带套管的三角锥穿刺腹壁约 1cm 深，穿通腹壁和腹肌，取出锥头，将内窥镜从套管中插入腹腔，借助窥视管寻找到子宫角，将装好精液的玻瑞注射器用 15cm 长的 9＃针头从窥视管附近对准子宫角方向扎入腹腔，当在视野中观察到针头时，将针头扎入一侧子宫角注入精液。腹腔内窥镜授精同时也被梅花鹿人工授精采用，其授精的准备和技术要点基本与羊相同。借助腹腔内窥镜微创手术进行绵羊子宫内输精是先进的输精方法，精液用量少，受胎率高，优秀种公羊可得到最大限度利用。腹腔镜技术还可用于绵羊胚胎移植。

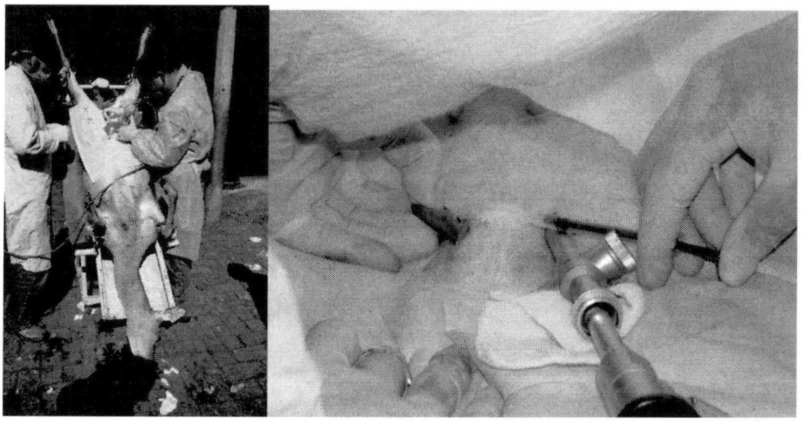

图 6-17 倒立保定腹腔内窥镜微创手术子宫内输精

### (四) 母犬的输精

一般采用子宫内输精法。将母犬放在适当高度的平台进行保定。保定人员一手握住母犬尾根部，使尾朝背前方。用 0.1%新洁尔灭对外阴部及其周围进行消毒。输精员把阴道套管插入阴道内，其前端抵达子宫颈，左手以虎口上托，以拇指、食指和中指找到阴道插管前端再以拇指、食指和中指固定子宫颈，右手持金属输精器通过阴道插管插入，左右手配合，将输精器前端轻轻插入子宫颈 1cm 左右，推动注射器，把精液注入子宫内。保定并将母犬尾部向上提起，使其头朝下，同时输精员轻轻拉出输精器，输精结束。如果输精手法得当，生殖道无畸形，输精过程中母犬表现安静。输精量为 0.7～1.0mL，精子活率为 0.7 以上，输入有效精子数为 $50\times10^6$～$150\times10^6$ 个，一般连续或隔天输精 2～3 次。

### (五) 母马(驴)的输精

母马的输精器由一条长 60cm 左右、内径 2mm 的白色橡胶管和一个注射器组成。首先在操作台上把吸有精液的注射器安装在输精管上，左手握住注射器与胶管的接合部，防止脱套，右手抓起管的尖端交于左手，使胶管尖端始终等于精液面。输精时，右手提起输精管，用食指和中指夹住尖端，使胶管尖部隐藏在掌内，伸入母马阴道内，找到子宫颈的阴道部，用食指和中指撑开子宫颈，同时左手向子宫内导入胶管，将输精管插入子宫内 10～15cm，提起注射器，并推压活塞使精液慢慢注入，然后从胶管上拔下注射器，再抽一段空气重新装在胶管上，推入，使输精管内的精液全部排尽。输精完毕后，把胶管轻轻抽出，并轻轻按压子宫颈使其合拢，防止精液倒流。

# 第七章　动物繁殖控制技术

动物繁殖控制技术是动物生产中的关键技术环节之一，在动物养殖业发展过程中具有重要作用。通过调控动物的发情、排卵、妊娠、分娩及泌乳等生殖过程，不仅可以提高动物的繁殖力，而且对增加动物的数量以及提高其质量都具有积极的意义。

## 第一节　发情控制技术

发情是雌性动物繁殖过程中的一个重要环节。通过人为的方法改变其发情活动，是提高繁殖率的一个理想途径。发情控制技术包括诱导发情和同期发情等。

### 一、诱导发情

利用外源激素，如促性腺激素、黄体溶解类激素和某些生物活性物质以及环境条件的刺激，促使不发情的雌性动物卵巢从相对静止状态转变为机能性活跃状态，以恢复其正常发情和排卵的技术称为诱导发情(induced estrus)。利用诱导发情技术可以控制雌性动物发情时间、缩短繁殖周期、增加胎次和产仔数，使其一生中繁殖较多后代，从而提高其繁殖力。

马、羊等动物是因光周期原因造成在特定季节内不出现发情，也有一些动物，如猪、黄牛和水牛则是由于哺乳的原因造成在一段时期内不发情，这些动物的不发情均属于生理性乏情。在此期间，由于下丘脑 GnRH 的分泌受到抑制，垂体 FSH 和 LH 分泌量不足以维持卵巢上的卵泡发育和排卵，因而卵巢上既无卵泡发育，也无黄体存在。如果卵巢上的周期黄体长期不消退，则称为持久黄体，持久黄体的存在抑制了雌性动物的正常发情，这种情况则属于病理性乏情。生理性乏情和病理性乏情在内分泌机理上是不同的，我们可以根据动物乏情的不同原因采取相应的诱导发情处理办法。

#### (一) 季节性乏情动物的诱导发情

**1. 生殖激素处理**

在非发情季节，对乏情期的绵羊和山羊用孕激素处理 6～9d，在停药前 48h 按每千克体重注射 PMSG 15IU，母羊同期发情率可达 95%以上，第一情期受胎率为 70%左右。应用 FSH 和氯地酚也可促使母羊发情排卵。非发情季节诱导母羊发情，可以使其 2 年产 3 胎，让奶山羊全年均衡产奶。在非发情季节，给母马每日注射雌激素 5～10mg，连续 10～15d，总剂量为 75～150mg，可以在一定程度上恢复其发情周期。

**2. 改变光照期**

母羊自然发情是由长日照过渡到短日照后开始，一般情况下，春季、夏季是母羊的非发情季节，在此期间利用人工缩短光照时间，模拟秋季的光照期，每日光照 8h，黑暗 16h，一般在处理后 7～10 周开始发情。如果 4 月末开始发情，5 月进入发情旺季，其诱导发情率为 80%左右。在非发情季节应用延长光照的办法可以使母马卵巢机能提早恢复，在马厩内悬挂 200～400W 的灯泡，从日落开始延长 5～6h 的光照时间，母马的卵巢机能可以在来年 1 月下旬至 2 月下旬提前恢复，表现出正常发情。每天用 400W 的灯光对种公马做长光照处理，也可以得到和母马类似的效果，并且精液品质正常。

**3. 雄性动物刺激**

在与雄性隔离的雌性动物群里，于发情季节到来之前，将雄性动物放入雌性动物群里，则会较好地刺激发情。这样可以诱导处于乏情期的雌性动物提早发情，缩短产仔周期，提高动物的繁殖率。

### （二）哺乳性乏情动物的诱导发情

大部分雌性动物在产后相当长的时期内，卵巢机能处于静止状态，不表现发情，因而出现产后第一次发情的时间很不一致。为了克服这种现象，可以通过人为措施，缩短产后第一次发情的间隔时间，使其及早配种受胎。母牛可在产后 2 周开始，采用孕激素预处理 10d 左右，再注射 PMSG 1000IU 进行诱导发情。或采用牛初乳 20mL，同时注射新斯的明 10mg，对发情母牛配种时再肌肉注射 LH 100μg，可以诱发 80%～90%的母牛发情并排卵。母猪哺乳期间一般不发情，只在仔猪断奶后才出现正常发情。因此，对哺乳母猪早期断奶以诱发发情的方法已成为现代养猪业中提高母猪繁殖力的重要措施。哺乳母猪在产后 28d 断奶，对仔猪进行人工哺乳，这样母猪在断奶后 1 周左右即可发情。若在断奶时注射 PMSG，则可得到更好的发情效果。如果在哺乳期内实行部分断奶，即从哺乳 21d 开始，每天哺乳 12h，3d 后再注射 PMSG，则可促使母猪在哺乳期内发情。对哺乳母猪实行早期断奶，可以使母猪从分娩到发情配种的间隔时间大为缩短。用人工合成的公猪外激素喷洒于乏情期的母猪鼻端，即可促使其在数日内发情。

### （三）病理性乏情动物的诱导发情

**1. 卵巢机能减退**

雌性动物卵巢机能如果减退并处于暂时的静止状态，则不出现发情周期。如果卵巢机能长久衰退，则会引起卵巢组织的萎缩、硬化。这种现象多发于气候寒冷、营养状况不良、使役过度的动物或高产奶牛。对这种不发情可以使用 PMSG 或 FSH 等促性腺激素诱导其发情。

**2. 持久黄体**

持久黄体是卵巢上黄体持续存在而不退化的现象。对这种不发情的动物可使用前列腺素等药物溶解持久黄体，使孕激素的分泌停止，以促使卵泡发育。

## 二、同期发情(estrus synchronization)

在自然情况下，雌性动物在繁殖季节里出现的发情是随机的、零散的。在现代动物饲养工厂化、规模化的前提下，随机发情消耗较多的人力物力，增加饲养成本。对集中饲养的动物采用同期发情处理，就可以避免这些问题。

### （一）同期发情原理

同期发情技术主要应用于家畜，是借助外源性激素直接或间接作用于卵巢，使被处理的母畜卵巢按照预定的要求发生变化，促使大群母畜卵巢的生理机能处于相同阶段，为同期发情创造一个共同的基础。促使母畜同期发情一般采用两种手段：一种是给一群母畜同时施用孕激素药物，抑制其卵巢上卵泡的生长发育及发情表现，经过一定时期后同时停药，由于卵巢摆脱了外源性孕激素的控制，此时卵巢上的发情周期黄体已经退化，于是同时出现卵泡发育，引起母畜同时发情。采用孕激素抑制母畜发情，实际上是人为地延长其黄体期，起到了延长发情周期，推迟发情期的作用，为引起下一个发情周期创造一个共同的起点。另一种方法是利用性质完全不同的前列腺素，加速功能性黄体的消退，使卵巢提前摆脱体内高水平孕激素的控制，于是群体母畜卵巢上的卵泡同时开始发育，以达到同期发情。在这种情况下，实际上是缩短了母畜的发情周期，使母畜的发情期提早出现。

上述两种方法所用的激素性质和作用虽不同，但都是将母畜的黄体期延长或缩短，使母畜摆脱内、外孕激素对卵巢的控制，因而在同一时间内引起全部母畜的卵泡发育，达到同期发情的目的。

### （二）同期发情的药物

常用于同期发情的药物，根据其性质可分为三类：抑制卵泡发育的药物（孕激素）；溶解黄体的药物（前列腺素）；促使卵泡发育成熟、排卵的药物（促性腺激素）。前两类是同期发情的基础药物，第三类是配合前两类药物使用的，是为了促使母畜同期发情有较高的准确性和同期性。

**1. 抑制卵泡发育的药物**

通过延长黄体期达到同期发情的目的，对一群雌性动物同时施用孕激素药物，抑制卵泡的生长发育和发情表现。经过一定时期后同时停药，由于卵巢上的周期黄体已退化，卵巢同时失去外源性孕激素的控制，于是卵泡同时发育，引起雌性动物发情。此类药物包括：黄体酮阴道缓释剂、氟孕酮、氯地孕酮、甲地孕酮、18-甲基炔诺酮、MGA（口服孕激素类药物）等。这些药物能够抑制垂体促卵泡素的分泌，延长黄体期，因而间接地抑制卵泡发育和成熟，使母畜不能发情。

**2. 溶解黄体的药物**

应用 $PGF_{2\alpha}$ 加速黄体退化，使卵巢提前摆脱体内孕激素的控制，于是卵泡得以同时开始发育，从而使动物同期发情。这种情况实际上是缩短雌性动物的发情周期，促使其在短时间内发情。这类药物包括前列腺烯醇等。

用前列腺素进行同期发情处理时，只有母牛处在发情周期的第 5～18d（黄体功能期）的黄体才能被前列腺素所溶解，而 5d 前的新生黄体不能被前列腺素溶解。有时为了使一群母牛有最大限度的同期发情率，对第 1 次处理后表现发情的母牛不配种，经 10d 后，再对全群牛进行第 2 次处理，这时第 1 次处理无反应和有反应的母牛的黄体均处于第 5～

18 天之内，可使第 2 次处理后母牛的同期发情率显著提高，但这种方法增加了操作次数和用药量。

前列腺素的投药方法包括子宫注入（用输精管）和肌内注射 2 种，子宫注入法用药量少，效果明显，但注入时较为困难，特别是对青年母牛难度更大，若无法注入子宫，可注入子宫颈或子宫颈外口，也能获得较好的效果。肌内注射法操作较简单，但用药量大，一般是子宫注入法的 2 倍，否则效果较差。

**3. 促使卵泡发育成熟、排卵的药物**

促使母畜同期发情的药物，如果配合使用促性腺激素可以增强发情同期化和提高发情率，促进卵泡更好地成熟、排卵。这类药物有 PMSG、hCG、FSH、LH 等。通常应用于同期发情的药物，都需要配合促性腺激素作为强化剂，以增强同期化和提高发情率。如在黄体期使用，因卵巢上有功能性黄体存在，母畜体内孕酮水平高，配种后精子和卵子的运行和受精过程会受到影响。在卵泡期使用只能使处于发情前期母畜的发情得到促进和加强，并不能达到同期化的目的。因此一般是在同时使用抑制卵泡或刺激黄体正常发育两类药物的基础上，当群体母畜卵巢处于相同生理阶段时，再应用促性腺激素，以提高其发情同期化的效果。使用孕激素作同期发情处理的母畜，其第一情期的配种受胎率较低，但第二情期的受胎率达到正常水平，这是由于孕激素能影响精子在母畜生殖道内的运行并使其生活力受到影响。在停用孕激素后于下一个发情周期到来之前，配合应用 PMSG，会促进受胎率的提高。

### （三）不同动物的同期发情

**1. 母牛的同期发情**

（1）一次前列腺素注射法　用药开始记为 0d，0～5d 检测发情配种，第 5 天注射 $PGF_{2\alpha}$并检测发情及配种至第 10 天结束。

（2）二次前列腺素注射法　在 0～14d 不做任何处理，第 14 天注射 $PGF_{2\alpha}$并检测发情及配种，到第 19 天结束。这种方法最适合于有高百分比的母畜处于发情周期。

（3）口服孕激素方法　每头每天饲喂 MGA 0.5mg，连续 14d；在注射 $PGF_{2\alpha}$之前，就会有明显的发情表现；此时不能配种。在第 14 天注射 $PGF_{2\alpha}$并检测发情配种；第 33 天注射 $PGF_{2\alpha}$并检测发情配种直到第 38 天结束。

（4）一次 GnRH 注射方法　在第 0 天注射 GnRH；第 7 天注射 $PGF_{2\alpha}$并检测发情配种，到第 12 天结束。这种方法对处于发情间期的牛效果很好。

（5）两次 GnRH 注射法　第 0 天注射 GnRH；在第 7 天注射 $PGF_{2\alpha}$并检查发情，在第 9 天注射 GnRH，然后同时配种。

（6）阴道栓塞法　第 1 天植入阴道栓（CIDR），在第 6 天注射 $PGF_{2\alpha}$，第 7 天移除阴道栓；第 7～12d 观察发情并及时配种。

**2. 母羊的同期发情**

（1）阴道栓塞法　第 0 天植入阴道栓，同时注射雌激素，9～12d 后取出阴道栓，配合注射 FSH，观测发情与配种。

在海绵栓（CIDR）上涂抹专用的润滑药膏，用海绵栓放置器将其放入母羊阴道深部，海绵栓上的尼龙牵引线在阴道外留 3～4cm 长，剪去多余的部分。9～12d 后撤出阴道海绵栓，在 2～3d 内即可发情，有效率达 90%以上。在撤除海绵栓的同时，配合注射 FSH 25～30IU，可提高同期发情效果和双羔率。

(2) 前列腺素处理法　第 1 次全部注射 $PGF_{2\alpha}$ 1.2mg，卵巢上有黄体的母羊，在注射后的 72～90h 内发情，发情后即可输精。对第 1 次注射无反应的羊，10d 后第 2 次注射。在此期间，这些母羊可能由于自然发情卵巢上形成黄体，从而对第 2 次注射产生反应。

(3) 口服法　每天将一定数量的激素药物均匀地拌入饲料内，连续饲喂 12～14d。口服法的药物用量为阴道海绵栓法的 1/10～1/5。最后一次口服药的同时，肌内注射 PMSG 400～750IU。

**3. 母猪的同期发情**

(1) $PGF_{2\alpha}$法　对发情母猪进行单圈配种 2 周，2 周后对全群注射 $PGF_{2\alpha}$及其类似物。配种未受孕超过 12d 的青年母猪都会因黄体退化而同时发情。也可以根据发情记录，在猪群中，处于发情周期第 12～17d 的母猪，同时注射氯前列烯醇 0.3～0.4mg(以发情接受爬跨为第 0d)，一般在注射氯前列烯醇后第 3～4d 母猪表现发情。

(2) 促性腺激素与 $PGF_{2\alpha}$法　在青年母猪发情前 20～40d，一次注射 200IU 的人绒毛膜促性腺激素(hCG)和 400IU 孕马血清促性腺激素，3～6d 后母猪表现发情，但发情时间差异较大。如果从注射当日开始，每天让青年母猪与试情公猪直接接触，可增强激素的使用效果。

(3) 孕激素法　青年母猪可用孕酮处理 14～18d，停药后，母猪群可同期发情。也可以用烯丙基去甲雄三烯醇酮，每天按 15～20mg 的剂量饲喂母猪，18d 后停药可以有效地促使猪群同步发情，其每窝产仔猪与正常情况下相同或略有提高。

(4) 同期断奶法　经产母猪发情同期化，最简单、最常用的方法是同期断奶。对于分娩 21～35d 的哺乳母猪，一般都会在断奶后 4～7d 内发情。

(5) 同期断奶和促性腺激素法　在仔猪断奶后 24h 内注射促性腺激素，能有效地提高同期断奶母猪的同期发情率。利用 PMSG 诱导母猪发情应在断奶后 24h 内进行，初产母猪的剂量是 1000IU，经产母猪 800IU；利用 hCG 或者 GnRH 及其类似物进行同步排卵处理时，哺乳期为 4～5 周的母猪应在 PMSG 注射后 56～58h 进行，哺乳期为 3～4 周的母猪应在 PMSG 注射后 72～78h 进行，输精应在同步排卵处理后 24～26h 和 42h，分两次进行。

**4. 马的同期发情**

(1) $PGF_{2\alpha}$法　对处于发情间期的母马按 1mL/250kg 体重注射 $PGF_{2\alpha}$，8～9d 后观察母马的发情排卵与配种。在注射 1h 内注意 $PGF_{2\alpha}$的副作用，如出汗、心跳加快、肌肉收缩减弱等。

(2) 孕激素口服法　通过在饲料中按 1mL/50kg 体重拌喂孕激素，持续 12～14d，最后一天时同时注射 $PGF_{2\alpha}$，3～4d 后出现发情。

(3) 光照延长法　对处于非发情季节的母马，延长光照时间至每天 16h，2～3 个月后，大批母马会出现同时发情。

**5. 家兔的同期发情**

(1) PMSG法　每只母兔皮下注射20～30IU的PMSG，2～3d后注射hCG，同时人工授精。

(2) FSH法　每只母兔皮下注射总量100IU FSH，按每天递减的方式分6次(3d)注射，最后一次注射FSH时，同时注射hCG，观察其发情并及时配种。

## 第二节　动物排卵控制技术

动物发情后，卵泡逐渐发育成熟，随即排卵。根据生产或科学研究的需要，可以应用激素控制动物的排卵时间和数量。排卵时间的控制是指对动物注射外源性的促排卵激素诱导卵泡成熟并排卵，以代替在体内促性腺激素影响下发生的自发排卵，可更准确地控制排卵时间。排卵数量的控制是指利用外源性激素增加卵泡发育的数量并排多个卵。控制排卵数量有两种情况：①对动物进行超数排卵处理；②适当的增加排卵数，以达到双胎或多胎的目的。

### 一、诱导排卵

垂体前叶分泌大量促黄体素(LH)促进排卵的发生，排卵前LH峰是成熟卵泡分泌雌激素对下丘脑的正反馈作用引起的。猪、牛和羊等的LH峰出现与其开始表现发情行为(接受交配)和发生排卵在时间上有密切联系。当有成熟卵泡时，注射GnRH、LH及其类似物或hCG等外源性激素稍早于内源性的LH峰的作用，达到诱导排卵和控制排卵时间的目的。注射太早，动物可能不会出现发情行为(不接受交配)、排出不成熟的卵母细胞或卵泡发生黄体化而不排卵。注射太晚，动物的排卵时间仍受体内LH峰的影响而不会提前。同期发情处理的动物可应用诱导排卵促进排卵同期化，有助于动物的配种及提高受胎率。

牛在发情结束后12h即可排卵。当出现排卵延迟或同期发情处理时，可应用诱导排卵技术。一般是在孕激素结束处理后24～48h或PG处理后48～72h或在人工授精的同时应用1000～2000IU hCG、50～100IU LH、50～100μg LHRH-$A_2$或$A_3$。羊发情处理后24～48h注射250～500IU hCG可提高受胎率。应用较低剂量的PMSG处理母猪能增加排卵数，可使窝产仔增加1～2只。对初情期前母猪用800～1000IU PMSG处理后72h，可肌注500～1000IU hCG以提高排卵率，并适用于定时输精。母猪同期发情处理后，可利用公猪或其气味、声音刺激母猪，或使母猪接受双重交配，能促进排卵。兔是交配后排卵动物，正常情况下母兔交配后都能排卵受胎。当营养水平低下、温度较低或应激等时，母兔往往不能正常发情和排卵。虽然可强制交配使之排卵，但排卵数和胎儿数较少。应用5～10IU LH或50～100IU hCG诱导排卵，可提高排卵数和胎儿数。对于母鹿应用同期发情技术可使其排卵时间较自然发情鹿提前，在撤栓后55～57h即发情后6～8h可进行定时输精，也可进行二次定时输精，以获得较高的受胎率。

## 二、诱导产双胎

通过应用遗传选择、外源性激素、胚胎移植及营养调控等，可以人工诱导牛、羊等单胎动物产双胎，肉牛双胎率达20%～70%，羊双胎率提高10%～68%，提高了牛、羊的繁殖效率，增加了后代数量，相对减少了基础牛、羊的数量，节省了饲养管理成本，增加了牛、羊的养殖经济效益。

### （一）遗传选择法

在生产实践中，引入多产性高的品种进行杂交改良，既可以获得杂种优势，又可以获得多产性高的品种。牛的双胎遗传力很低，双卵率及双犊率遗传力分别为0.07和0.03。牛繁育的世代间隔也较长，不利于应用遗传选择法提高牛的双胎率。绵羊的多胎是自然选择的结果，具有遗传性，有目的地选择多胎基因可提高群体的多胎率。在牛、羊的繁育工作中，应用基因工程方法有利于获得多产性高的后代。

### （二）促性腺激素法

利用适量的PMSG、FSH、hCG、LH等激素可诱导动物增加排卵的数量，使单胎动物产双胎。对于产单胎的绵羊经处理后，可增加双羔率。应用该方法应避免因多胎而造成妊娠困难、胚胎发育不良和死亡以及羊羔不易成活等。对于原产双羔较多的绵羊，可以诱导产三胎。诱导母羊产双胎可在预计发情到来之前4d（发情周期第12～13d）注射PMSG，或先用孕激素处理14d，再注射300～700IU PMSG以及200～300IU hCG。对于乏情的母羊可适当增加激素剂量，再辅以一些相关激素处理，增加排卵数，达到产双羔或多羔的目的。此外，肌注1500IU人绝经促性腺激素（HMG）也可适当增加排卵和产羔数，提高繁殖率。诱导产双胎需要注意激素的使用方法和剂量，排卵多少与所用激素的用量大小有直接关系，而且受多种因素的影响。上述方法虽有利于羊产双羔或三羔，但应用结果的准确性和可靠性无法预测，如何使被处理的母羊排卵数既多于一个，但又不超过适当限度（因品种而异），其中涉及的问题需要深入研究。在实践中如果能使一半以上的处理母羊产羔数有所增加，如产羔率比原来增加50%以上，即可认为取得了成功。在不同情况下（如品种、个体、大小、季节等），所用有关激素的种类、用量、应用时间以及影响效果的不同因素均需要进一步探索。

### （三）生殖激素免疫法

以生殖激素抗原主动或被动免疫动物，中和体内相应激素，使其生物活性部分或全部丧失，引起生殖内分泌动态平衡系统发生定向移动，产生预期的生理变化。在双胎诱导中常用作免疫原的有以下两类。

**1. 类固醇激素免疫**

将小分子质量的类固醇激素与大分子质量蛋白质结合成有抗原性的类固醇蛋白质复合物，再结合免疫佐剂主动或被动免疫动物。常用的类固醇激素有睾酮、雄烯二酮、雌激素、孕激素等，以睾酮常用，效果明显。类固醇激素免疫法在诱导羊的双胎及多胎中应用较多。例如，应用雄烯二酮制成的绵羊双羔苗，双羔率提高 20%～30%。

**2. 抑制素免疫**

抑制素（inhibin，IB）是由 α、β 两个亚基构成的异二聚体水溶性多肽激素。IB 主要由雌性动物卵巢颗粒细胞或雄性动物睾丸支持细胞产生。不同种属动物抑制素 α 链上的氨基酸序列有 85%相同，有很强的同源性。应用抑制素免疫动物，能够使其体内产生抗体，中和外周血液中的抑制素，减弱其对垂体的负反馈作用，引起 FSH 水平升高，促进卵泡发育，提高排卵率。抑制素免疫原纯度及免疫后抗血清滴度越高，FSH 水平和排卵率增加越显著。牛、羊用异源性抑制素产品才能产生免疫效应。抑制素免疫雌性动物可提高其卵泡发育率、排卵率和双胎率；免疫雄性动物可影响精子的生成，增加睾丸精子密度，有利于提高繁殖力。

抑制素免疫的常用方法有如下几种。①性腺组织抑制素免疫法，从卵巢卵泡液或精液中提取抑制素作为免疫原，对动物进行主动免疫。抑制素主动免疫能促进卵泡发育，提高排卵率及双胎率。应用抑制素抗血清可进行被动免疫，也可达到提高排卵率及双胎率的效果。②合成抑制素多肽免疫法，应用合成牛或猪抑制素 α 亚基片段经偶联后免疫青年母牛，发育卵泡数和排卵数增加。③重组 α 亚基免疫法，应用重组抑制素 α 亚基融合蛋白免疫动物，可提高 FSH 水平，增加排卵率及双胎率。抑制素免疫的效果有一定的差异，在免疫原、佐剂、程序、剂量和抗体产生规律等方面以及对动物的性腺机能和发情周期的影响与机制等需要深入研究，以促进抑制素免疫的应用。

### （四）胚胎移植法

利用胚胎移植技术向已输精动物的与黄体同侧或对侧的子宫或输卵管内追加 1 枚同日龄胚胎，或向发情动物的两侧子宫或输卵管内各移 1 枚或向一侧移 2 枚同期化胚胎，使动物怀双胎。对于奶牛的双胚移植，应移植同性别的胚胎，以避免出现异性孪生不孕的问题。

### （五）营养调控法

营养调控多指在动物配种前（一般一个月以前）进行短期补饲、增加维生素 E、维生素 A 和微量元素等，可提高配种前动物的体况和血液中葡萄糖、生长激素、胰岛素和 IGF-I 等的浓度，促进促性腺激素的分泌，有利于卵泡发育和成熟，并增加排卵数，促进繁殖效率的提高。例如，使母羊由产单胎增加为产双胎或使通常产双胎增加为产三胎。

## 三、超数排卵

### （一）定义

超数排卵（superovulation）是指在动物发情周期的适当时期，应用外源性促性腺激素（如 FSH、LH、PMSG 等）诱导卵巢上比在自然情况下有较多的卵泡发育并排卵的方法，简称超排。

### （二）原理

动物卵巢上卵泡的发育受到 FSH 和 LH 的影响，FSH 能促进卵泡颗粒细胞加速有丝分裂并分泌卵泡液，有利于卵泡腔的形成。LH 可使优势卵泡分泌雌二醇增加以及恢复卵母细胞减数分裂。成熟卵泡分泌 $PGF_{2\alpha}$，促进了卵泡膜细胞释放胶原酶溶解局部组织，出现排卵过程。哺乳动物在出生时，卵巢上有 $2\times10^5\sim4\times10^5$ 个卵母细胞，在其生命过程中经自然发情排卵的仅有数十个。在自然条件下，约有 99%的有腔卵泡发生闭锁、退化，仅有 1%的成为优势卵泡，能发育成熟。在卵巢上的有腔卵泡闭锁前，应用 FSH 和 LH 或 PMSG 可使大量的卵泡发育成熟并排卵。超数排卵可促进动物尤其是单胎动物有较多的卵母细胞发育成熟并排出，利用卵巢上卵母细胞资源可以进行动物繁殖技术研究和应用、发挥动物繁殖潜力、提高动物繁殖效率及加速品种改良。在畜牧生产中，肉牛、绵羊和山羊怀双胎、一些裘皮羊怀多胎、提高母猪的产仔数以及对需要高质量的卵子和实施显微操作时等均可利用超排技术。

### （三）方法

**1. 超排用激素**

在动物超排处理中所用激素主要有 FSH、LH、PMSG、hCG 和 $PGF_{2\alpha}$、GnRH 及其类似物（如 LHRH-$A_3$）。为配合动物的同期发情，也可应用孕酮及其类似物。纯品的 FSH、LH 和 GnRH 一般都是从猪、羊垂体中提取，成本高价格贵。目前常用的为 FSH 复合制剂，如 Follitropin Ⅴ。PMSG 的半衰期较长，作用时间也较长，容易出现副作用。可应用 PMSG 抗血清或单克隆抗体处理，在 PMSG 处理后约 72h（一般在 LH 峰后数小时）注射，以中和剩余的 PMSG，可消除其不良影响，提高超排效率。LHRH-$A_3$ 是一种促性腺激素释放激素类似物，在动物配种后应用，可使血中 FSH 和 LH 水平升高，促进 LH 排卵峰提前，有效增加排卵数量并能改善胚胎的质量。动物超排处理所用激素多为蛋白质性质的，使用后可能会刺激机体产生相应的抗体。在第二次使用相同激素时，可能会因动物体内含有抗体而效果降低。

**2. 几种动物的超排**

（1）牛　超排处理的时间一般在发情周期的 9～11d。如果在周期的其他时期，可应用 PG 或孕激素（注射、埋植或阴道栓等）同期发情处理，再进行超排。另外，在超排处理前数日或孕激素同期发情同时，埋植 GnRH 拮抗物，阻断下丘脑分泌 GnRH 和垂体分泌 LH，然后给予外源的 FSH，从而增强促进卵泡发育和排卵效果。为防止体内产生抗体，应减少超排次数，一般超排的间隔时间为 3～4 个月，超排 4 次应让母牛自然妊娠一次为宜。

超排主要有两种方法。一是注射 FSH，每天 2 次，间隔 12h，连续 4d 递减注射，在第 3 天早晚分别注射 $PGF_{2\alpha}$或其类似物。另外，可将 FSH 溶于聚乙烯吡咯烷酮（PVP）采用一次肌肉注射处理。二是注射 PMSG，仅需注射 1 次，而且配合使用 PMSG 抗血清或单克隆抗体可提高排卵率。在人工授精时注射 hCG 或 LHRH-$A_3$，可提高排卵同期化程度。

(2) 山羊　超排方法与牛的相似。超排前一般用孕激素(如注射或阴道栓处理)预处理 12～14d,预处理结束前两天开始超排处理。应用 FSH 间隔 12h 连续 4d 递减注射,在第 3 天上午和下午分别注射 $PGF_{2\alpha}$或其类似物。应用 PMSG 也可获得较好的超排效果。配种时注射 hCG 或 LHRH-$A_3$ 可促进卵泡成熟并排卵。

(3) 绵羊　超排可用 FSH,间隔 12h 连续 3d 递减肌肉注射。在第 3 天下午注射 $PGF_{2\alpha}$,配种时注射 hCG 或 LHRH-$A_3$。此外,在超排前用孕激素(如注射或阴道栓)预处理可获得较好的效果。

(4) 猪　猪每胎可产仔 10 只左右,除科学研究外,在生产中可对产仔数较少的母猪实施超排。猪的超排时期可在①初情期即将到来时;②母猪断奶当日或次日;③孕激素预处理停药前 2d。应用 FSH 间隔 12h 连续 4d 递减肌注或 PMSG 1 次肌注,配种时注射 hCG 或 LHRH-$A_3$ 可加速卵泡成熟和排卵。

(5) 兔　超排常用的方法是皮下注射 50～150IU PMSG,也可皮下注射 FSH 3d 6 次,每次 10～12IU 或采用递减法注射。在开始超排处理后的第 4 天上午注射 hCG 或 LH。在注射 PMSG 的同时皮下注射 FSH 10～12IU 可提高超排效果。

(6) 小鼠　控光 1 周后,一般于下午 3:00 注射 5～10IU PMSG。根据需要适时采集卵母细胞。若需获得胚胎,可在 48h 后注射 10IU hCG,然后公母鼠合笼。翌日清晨观察母鼠是否有阴道栓。若有表明已交配,根据受精卵的发育时间采集相应的胚胎。

### 四、性成熟前动物卵泡发育和成熟控制技术

各种动物有其特定的初情期和性成熟,从出生至生殖功能停止,卵巢上的卵泡不断地发育、闭锁或退化。在自然条件下,初情期前的卵巢上虽有卵泡发育但不能成熟,这可能与动物的内分泌机能发育不完善有关。因性成熟前动物卵巢上无黄体,不需考虑其发情周期,依据动物的发育阶段、体重和目的,可应用适量的 FSH、PMSG、hCG 及孕酮阴道栓等外源性激素处理性成熟前动物,使之卵泡发育、成熟和排卵。

性成熟前动物卵泡发育和成熟控制技术主要应用于如下几个方面。①世代间隔较长动物的育种,以缩短时代间隔。例如,可使牛的世代间隔从原来的 30 个月缩短至 15 个月左右。②研究性成熟前动物卵巢活动情况、卵泡发育潜能、卵巢对激素的反应、卵子发育及受精能力等。③集约化养猪生产中后备猪初情期延迟的调控。

## 第三节　分娩控制技术

在自然条件下,妊娠动物分娩的发动是在母体、胎儿、激素、神经及机械性的伸张等多种因素的相互联系、协调作用下发生的。根据动物的妊娠和分娩机理,应用外源激素(如 $PGF_{2\alpha}$及其类似物、肾上腺皮质激素、糖皮质激素、雌激素和催产素等)处理或其他方法模拟妊娠动物分娩发动,通过人为地干扰妊娠过程,终止妊娠和启动分娩,达到控制妊娠动物人工流产或分娩的目的。

## 一、定　　义

分娩控制技术也称为妊娠终止技术，可分为诱导分娩和人工流产。诱导分娩（induction of parturition，IP）也称为引产，是在动物妊娠末期的一定时间内，人为地终止妊娠，在比较确定的时间内诱发动物分娩，产出具有独立生活能力的正常幼仔。对于群体的诱导分娩可称之为同期分娩。人工流产（artificial abortion，AA）是指在妊娠的一定时期人为地诱发妊娠动物产出尚未发育成熟的胎儿的技术。

## 二、意　　义

**1. 有利于妊娠动物围产期的管理**

根据动物的配种日期和分娩前的表现，不能准确预测妊娠动物分娩开始的时间，人们也无法了解动物分娩情况，当有难产发生时可能无法及时进行助产。在生产和研究中，为了使多数的分娩发生在预定的日期或白天，可以应用诱导分娩的方法，既可避免在预产期前后日夜的观察和护理，又便于对围产期动物和新生幼仔进行集中或分批护理，减少或避免伤亡事故，提高幼仔成活率。同时也有利于合理安排产房，并在动物分娩之前能对产房进行彻底消毒，保证产房的清洁卫生以及围产期动物和幼仔的健康。

**2. 有利于动物的生产管理**

在应用同期发情技术时，动物的分娩也会出现同期化。诱导分娩可实现妊娠动物群体同期分娩，并可为其集中产仔、同时断乳、集中出栏的工厂化生产管理提供技术保障。同期分娩也可为下一个繁殖周期进行同期发情配种奠定了基础及为新生幼仔的寄养提供了更多的机会。例如，在窝产仔数太多和太少的母猪之间，可进行仔猪并窝或为孤儿仔猪寻找代养母猪等。同期分娩可使放牧羊群的泌乳高峰期与牧草的生长旺季相一致。

**3. 有利于避免妊娠异常和产科疾病发生**

胎儿在妊娠末期的生长发育速率很快，为减轻新生幼仔的初生重及降低因胎儿过大发生难产的可能性，或因动物骨盆发育不充分、妊娠期延长等可应用诱导分娩技术。动物尚未发育到适繁年龄或因工作疏忽而被劣种或近亲雄性动物配种时，可通过人工流产使动物尽早排出不需要的胎儿。当发生胎水过多、胎儿死亡以及胎儿干尸化等情况时，应及时终止妊娠。当妊娠动物受伤、产道异常或患有不宜继续妊娠等疾病，如骨盆狭窄或畸形、腹部疝气或水肿、关节炎、阴道脱、肛门脱、产前瘫痪、产前不食综合征、妊娠毒血症及骨软症等，或预期可能发生分娩并发症者（如怀双胎、胎儿过大等），可通过终止妊娠来缓解动物的病情，并避免母子双亡。在屠宰动物之前应用诱导分娩可获得成活的幼仔。奶牛在妊娠后期免疫功能下降，内脏负担加重，抗病力及耐病力减弱，容易发生妊娠后期毒血症、产前瘫痪等疾病。为了增强奶牛抗病能力，应用诱导分娩并配合其他方法治疗和预防能够保证母牛和牛犊健康。奶牛在妊娠后期，胎盘能产生较多的雌激素，使骨盆内固定阴道、肛门的肌肉和韧带组织松弛。若胎儿较大或羊水较多，可使腹内压增高，压迫阴道及努责过强会导致阴道、肛门脱出。在整个过程中容易导致阴道、直肠破裂、出血、坏死及溃疡等，严重的可致母牛死亡。通过施行诱导分娩，可使奶牛骨盆腔周围组织发生生理性改变，腹压降低，有利于整复，而且骨盆腔周围组织保持正常生理紧张度也有利于阴道和肛门的固定。因此，在生产实践中，应避免在妊娠中期和妊娠后期的前段进行人工流产，若实施人工流产越早越容易，子宫复原越快，对动物繁殖性能影响也越小。

**4. 有利于科学研究需要**

应用分娩控制技术，可以获得发育到某一时期的胎儿，以便于采集其血清或某些组织或器官进行科学研究。通过应用诱导分娩技术，可深入研究妊娠动物分娩发动的机理，探索某些因素对分娩所起的作用。

## 三、分娩控制的方法

分娩控制的方法很多，各种动物在用药种类和剂量等方面有所不同。

**1. 猪**

在猪生产实践中，进行诱导分娩有利于统一分娩和分娩监控。对母猪诱导分娩，可合理缩短妊娠期及其产程，降低死胎率，提高仔猪成活率，而且胎衣正常排出率及母猪的乳汁分泌均无异常变化。在妊娠110d，注射60～100IU ACTH，可诱导分娩，并可使产仔间隔缩短25%，提高仔猪出生存活率。在妊娠第109～111天每天注射75mg地塞米松，或在妊娠第110～111天每天注射100mg地塞米松，或在妊娠第112天注射200mg地塞米松，可获得较好的分娩效果。为了诱导母猪在白天分娩，可在母猪妊娠第110～114天的任何一天，肌注氯前列烯醇，大多数母猪可在处理后22～32h产仔。如果在注射后15～24h时再注射催产素，数小时后即可分娩，这样能较准确地控制分娩时间，而且不影响仔猪出生存活率和母猪的胎衣排出及泌乳等。

**2. 马**

马在妊娠不同阶段，体内孕酮来源有所差异。因此，在妊娠的不同阶段对$PGF_{2\alpha}$的敏感性也有差异。在妊娠30d内，分泌的孕酮来源于黄体，应用$PGF_{2\alpha}$处理后很容易使马发生流产。此后，马会出现发情，配种后能够妊娠。有少数马可怀双胎，而且所产马驹体质较弱，大多在妊娠早期有1个或2个胚胎被吸收或排出而发生流产。在妊娠40d之后流产，会出现假孕现象，并持续到子宫内膜复原之后，而且在此后2～3个月内很难恢复正常的发情周期。为避免这种情况的发生，在马妊娠两周后用B超检查胚泡，若发现存在双胎，可注射$PGF_{2\alpha}$使其流产，之后可发情配种。在马妊娠末期，可间隔12h注射$PGF_{2\alpha}$诱导分娩，直到分娩为止。在马妊娠的其他时期，对$PGF_{2\alpha}$不敏感，若控制分娩则需多次注射才能发生流产。

到妊娠末期，当子宫颈比较松软，子宫颈外口可以伸进一两个手指时，如果胎儿的前置、胎向和胎位都很正常，可注射40IU催产素，30min后可使母马分娩。为保证安全，可间隔15min注射5IU催产素，连续注射3次之后将用药量增加到每次10IU，直到分娩开始为止。当子宫颈尚未松软时，可先注射雌激素，12～24h后，待子宫颈较为松软时，再注射催产素，之后10～15min，再进行检查以保证胎位和胎势正常。从妊娠第320天起，当其乳房发育较好且能挤出乳汁时可进行诱导分娩。可连续4d，每天注射100mg地塞米松，在 3～7d 后分娩。

**3. 牛**

牛的分娩控制可应用糖皮质类激素、前列腺素及其类似物和雌激素等。糖皮质类激素有长效和短效两种，长效可在预计分娩前 1 个月左右注射，用药后 2～3 周启动分娩。短效能诱导母牛在 2～4d 内产犊。地塞米松对副交感神经有强烈的兴奋作用，可促进子宫颈松软开放，有利于引产。同时，还具有促进新陈代谢、抗炎、抗毒素等作用，有利于患病牛恢复健康。为了较好地达到控制分娩的目的，可将长效和短效药物结合应用或者配合应用催产素、雌激素和地塞米松等。牛在妊娠第 95 天之前，绒毛膜与子宫内膜之间的组织学联系不紧密。此期可结束不必要或不理想妊娠，而且流产后胎膜不破，子宫内膜不出血。在妊娠第 200 天之前，黄体分泌孕酮，此期应用 $PGF_{2\alpha}$可溶解黄体使母牛流产。妊娠 200d 后，因胎盘可以产生少量孕酮，对 $PGF_{2\alpha}$敏感性下降，应用 $PGF_{2\alpha}$后不一定会发生流产。从妊娠 265～270d 起，可使用短效糖皮质激素诱导分娩，一次性肌肉注射 20～30mg 地塞米松或 5～10mg 氟美松，在处理后 30～60h 可启动分娩。随着妊娠期的进展，牛对 $PGF_{2\alpha}$的敏感性逐渐增加。妊娠 275d 以后，应用 $PGF_{2\alpha}$后 2～3d 即可分娩。在奶牛预产期前的 1 个月内应用诱导分娩可提高犊牛出生存活率。

**4. 绵羊和山羊**

绵羊在妊娠中期胎盘产生孕酮，对 $PGF_{2\alpha}$ 敏感性下降，此期应用 $PGF_{2\alpha}$ 不能控制分娩。若增加剂量可能会引起子宫出血和急性子宫内膜炎。到妊娠 141d 后，应用 $PGF_{2\alpha}$可使母羊在 3～5d 内产羔。在妊娠 144d 时，可应用 12～16mg 地塞米松或 2mg 氟美松，能使多数羊在 40～60h 内产羔。山羊在整个妊娠期内都依赖黄体产生孕酮维持妊娠，应用 $PGF_{2\alpha}$可使羊在 1.5～3d 内流产或分娩。在妊娠后期可先用雌激素处理，再结合 $PGF_{2\alpha}$、催产素等，对羊进行诱导分娩并产出健康羔羊。

**5. 犬和猫**

目前，对犬和猫的分娩控制技术需要进一步研究。犬在妊娠 40d 之内的黄体对前列腺素及其类似物不敏感。在妊娠 40d 后可应用 $PGF_{2\alpha}$，每天 2 次，直到流产为止。在犬妊娠第 45 天之前，应用地塞米松，连续 10d，每天 2 次，每次每千克体重 0.5mg，可引起胎儿在子宫内死亡和吸收。在 45d 后应用该方法可引起流产。犬对雌激素敏感，因毒性大而禁用。$PGF_{2\alpha}$对猫黄体无作用，但在妊娠后期，当处于应激状态或事先应用 ACTH 时，再注射 $PGF_{2\alpha}$，连续 2d 可引起流产。

**6. 兔**

对妊娠 30～31d 的母兔采用拔掉乳头周围的被毛、选择已出生的仔兔吮吸母兔乳汁、按摩母兔腹部等方法可诱导母兔分娩产仔。对此期的经产母兔也可应用雌激素结合催产素进行诱导分娩。

## 四、应用分娩控制技术注意事项

诱导分娩适用于下列几种情况：动物个体较小，胎儿生长较快，为避免到妊娠足日时发生难产；在妊娠晚期，动物因病或受伤不能负担胎儿的发育；动物在被迫屠宰前，为拯救所妊娠的胎儿；经诊断患有胎液过多症，而胎儿生长正常；为获取花纹更美观的羔羊裘皮；为研究胎儿后期生长而采集标本，避免杀母取胎；群体较大，要求在白天分娩，便于助产，减少死亡率；临产时动物阵痛微弱，防止胎儿不及时产出造成胎儿死亡而进行催产；动物超过预产期，为保证母子健康；兽医防疫要求生产无特定病原畜群等。

应用治疗剂量的短效糖皮质激素可使动物在2～5d后分娩，但使用该种激素诱导分娩的副作用较大，如新生犊牛易发生死亡和胎衣不下等。若配合使用少量17-β雌二醇，可能有助于改善诱导分娩效果。禁止单独或大剂量应用雌激素，否则引起子宫和产道过分水肿而发生难产。诱导分娩时使用肾上腺皮质激素应与动物妊娠阶段相适应，过早或过晚使用效果较差。当胎儿已经死亡时应用则不能引起胎儿肾上腺皮质应答，而使诱导分娩失败。当牛或羊子宫颈没有松软开张时，禁用催产素，否则容易引起子宫破裂。$PGF_{2\alpha}$具有收缩子宫平滑肌和溶解黄体的作用，是诱导分娩应用较为方便、安全和有效的激素。在使用$PGF_{2\alpha}$类似物时，应根据实际情况适当增加或减少用量，单独使用$PGF_{2\alpha}$时难产情况较多。

在养殖生产中，应用诱导分娩技术可提前启动分娩或实现同期分娩，通常控制在妊娠期的后两周之内，处理时间应在正常预产期前数日，如猪3d，羊7d，牛、马14d，能使多数动物在处理后18～50h分娩。该技术应用中也存在一定的问题，如无法精确控制分娩时间范围、死胎率和胎衣不下比例增加、出生存活率下降、出生重减小、生活力减弱以及泌乳能力下降和生殖器官机能恢复延迟等。分娩控制技术的应用要取决于生产实践或科研的具体情况，对于该技术应用中存在的问题也应深入研究。

## 第四节　泌乳控制技术

泌乳是哺乳动物生殖活动中继分娩之后发生的正常生理现象，是新生动物在一定时期内的生长发育以及该物种得以生存和繁衍的必要条件。在畜牧生产中，经过长期的选择和培育，乳用牛、羊等动物能够分泌更多的乳汁。泌乳受到遗传、营养、环境、内分泌及神经等多种因素的影响。随着对乳腺发育、泌乳发动、泌乳维持与调节的深入认识，泌乳调控的理论与技术取得了很大的进展。泌乳调控主要分为诱导泌乳、提高泌乳性能和抑制泌乳等。

### 一、诱导泌乳

#### （一）定义

诱导泌乳(induction of lactation)是利用外源性激素或其他方法(如改变饲养管理条件、饲喂中草药等)处理雌性动物使之泌乳的技术。在生产实践中，诱导泌乳主要应用于牛、羊，可使不孕牛或青年牛未经妊娠及分娩而进行泌乳。通过应用诱导泌乳技术，能够调节未孕动物的繁殖机能，进而达到受胎的目的。

### （二）原理

雌性动物乳腺的发育和泌乳能力的产生是伴随妊娠和分娩而出现的生理现象。雌激素可促进乳腺导管系统的生长，孕酮与雌激素协同可促进乳腺腺泡发育，动物在分娩后开始泌乳，催乳素可促进泌乳。因此，雌激素、孕激素和催乳素的作用原理是实现人工诱导泌乳的理论基础。因乳腺的发育、泌乳发动及维持等受到神经-激素的调节和支配，刺激乳腺的感受器发出神经冲动传到中枢神经系统，通过下丘脑-垂体系统或直接支配乳腺的传出神经，影响乳腺的发育和功能，这一机制为诱导泌乳提供了依据。在应用上述激素基础上，配合使用地塞米松，可促进乳腺发育和泌乳，进而提高产奶量。配合使用利血平，可间接提高血液中催乳素的水平，从而提高诱导泌乳的成功率及其产奶量。应用多巴胺抑制剂可阻断多巴胺对催乳素释放的抑制而增加产奶量。生长激素激动剂能促进垂体分泌生长激素和催乳素，还能促进饲料转化，进一步提高产奶量。在诱导泌乳处理后，应用氯前列烯醇可提高和稳定产奶量。

### （三）方法

用于诱导泌乳的激素主要有雌激素、孕酮（$P_4$）、催乳素（PRL）、前列腺素（PG）、生长激素（GH）、促甲状腺素释放激素（TRH）、催乳素释放因子（PRF）和糖皮质激素等。用于诱导泌乳的神经递质有去甲肾上腺素（NA）、5-羟色胺（5-HT）、多巴胺抑制剂和生长激素激动剂等。

**1. 注射法**

对青年牛或不孕牛按每千克体重皮下注射 0.1mg 苯甲酸雌二醇（EB）、0.25mg 孕酮（$P_4$），连续处理 7d，然后肌内注射利血平 4～5mg/d，连用 4d，或用氯前列烯醇代替利血平，连用 2～4d。诱导泌乳也可在牛诱导发情后的第 4 天开始，每日早、晚按每千克体重皮下注射 0.05mg 苯甲酸雌二醇、0.125mg 孕酮，共计注射 11 次（5.5d），然后间隔 1.5d，注射利血平 3mg/d，连用 4d，再注射利血平 4mg/d，连用 3d。

羊的诱导泌乳方法与牛相似，雌二醇与孕酮的处理时间增加至 10d，利血平为 1mg。

**2. 埋植法**

对牛可采用耳部皮下埋植含雌激素和孕酮（EB∶$P_4$＝1∶2.5）的人工诱乳胶囊或片剂（可加入消炎粉）的方法，也可采用阴道内埋植阴道栓 10d，其中在第 6 天时肌注 20mg 地塞米松，或在第 6、第 8、第 10 天时肌注利血平 2.5mg。在激素处理的基础上，可配合应用王不留行、黄芪、通草等具有催乳功能的中药进行诱导泌乳。

应用上述方法进行诱导泌乳处理期间，需用 50～60℃热水对乳房进行热敷，并按摩 15～25min，然后尝试挤奶。诱导泌乳时，应用大剂量的雌激素可抑制促性腺激素和促乳素的分泌，长期应用易引起子宫内膜过度增生，导致子宫出血。利血平具有降血压作用，易引起嗜睡、食欲下降等，停药后症状可自行消失。长期、大剂量应用可出现精神抑郁、震颤麻痹综合征等。因此，在诱导泌乳时，应严格控制上述药物的应用剂量和时间。

## 二、提高泌乳性能

在生产中，为了提高乳用动物的产奶量，可应用生长激素及其释放激素、胰岛素样生长因子、环核苷酸等以及多巴胺抑制剂等神经递质。

**1. 生长激素**

生长激素（growth hormone，GH）是由垂体产生的蛋白质，是一种肽类激素，受下丘脑产生的生长激素释放激素的调节，还受性别、年龄和昼夜节律的影响。生长激素除具有促进神经组织以外的所有其他组织生长发育作用外，还具有促进机体代谢、蛋白质合成、脂肪分解及拮抗胰岛素、抑制葡萄糖利用而使血糖升高等作用。应用外源生长激素能够增加心脏血输出量和乳腺血流量，可调节乳腺机能，增加乳脂、乳糖、乳蛋白的合成，促进泌乳，提高产奶量。牛生长激素（bovine somatotropin，BST）可从脑垂体或从转生长激素基因的大肠杆菌的表达产物中提取，也可利用基因重组技术生产生长激素。在牛泌乳后期皮下或肌肉注射 5～40mg BST，可提高产奶量 20%～40%，而且低产牛处理后的奶产量提高幅度比高产牛更明显。在分娩后 3～4 个月开始应用 BST 可提高使用效率，获得更多的产奶量。

**2. 生长激素释放激素**

生长激素释放激素（growth hormone releasing hormone，GHRH）是动物体内的一种肽类物质，编码 GHRH 的基因序列保守性高，种属间限制不严格，人、猪、牛等同源性在 90%以上。GHRH 能够特异地诱导生长激素合成与分泌，可提高奶牛的产奶量。

**3. 胰岛素样生长因子**

胰岛素样生长因子（insulin-like growth factor，IGF）是一类多功能的可调控细胞增殖的多肽因子，能够促进乳腺发育。在乳腺组织中有 IGF 及其受体，可直接作用于乳腺。IGF 可通过作用于催产素、雌激素及生长激素等间接促进泌乳。此外，在乳腺组织中还有 IGF-I 的 mRNA，IGF-I 可提高血流量，增加乳腺中乳汁的前体物质，改变分泌细胞的合成能力，对乳腺的发育成熟和乳汁生成有决定作用。对新生动物的生长和发育具有重要作用的 IGF-I 在初乳中含量较高。

**4. 环核苷酸**

环核苷酸是体内广泛存在的小分子调节物质，在神经-内分泌调节过程中，通过改变蛋白激酶活性或基因调控介导激素、神经递质等调节细胞的多种功能。环核苷酸能促进乳腺合成代谢，增加乳成分的生成，促进乳汁生成，提高泌乳性能。

**5. 多巴胺抑制剂**

多巴胺抑制剂（如甲氧氯普胺）等神经递质可阻断多巴胺与其受体结合，使环核苷酸水平提高，促进促乳素分泌，增强乳汁分泌功能。

此外，在饲料中添加紫菜、花粉、蚯蚓粉等可提高母猪的泌乳性能。添加海带粉可提高猪的泌乳能力。应用黄芪、白芍、甘草、王不留行、当归、川芎等中草药配伍组成添加剂，可提高产奶量，而且还能提高机体的免疫力，显著降低乳房炎发病率。

## 三、抑制泌乳

动物分娩后由于某些疾病或某些特殊情况（如奶牛产前的干奶），需要抑制泌乳。为了缩短雌性动物产后乏情期，促进动物提前发情和排卵，从而缩短产仔间隔，可以采用早期断奶或限制泌乳措施促使动物提前恢复发情，同时辅助应用发情控制技术，可显著增加胎次，提高繁殖率。抑制泌乳可采用阻断垂体催乳素对乳腺细胞的作用，或抑制垂体催乳素的释放，应用催乳素抑制因子、抗 5-羟色胺、多巴胺、吡哆醇、内源性阿片肽等神经递质可以抑制动物的泌乳。应用溴隐亭（Bromocriptine）可直接抑制泌乳。使泌乳动物处于某种应激状态，可通过大脑活动抑制垂体分泌催乳素而影响乳汁分泌量，减少乳汁分泌。

奶牛抑制泌乳（干奶）方法有如下几种：①逐渐停奶法，在 1～2 周内使母牛停止泌乳。先停止对乳房的按摩，加强运动，逐渐减少精料、多汁饲料和饮水量，但要增加干草的喂量，减少挤奶次数，将每天 3 次挤奶改为 2 次、1 次、隔日 1 次。挤奶时每次要完全挤净，对高产牛应完全停喂精料，只喂干草，抑制泌乳活动，逐渐减少乳汁分泌，当日产奶量降至 4～5kg 时，即可停止挤奶。该法速率缓慢、耗时较长，适合于高产奶牛、停奶较难奶牛和患过乳房炎的奶牛。②快速停奶法，在 4～7d 内使母牛停止泌乳。从第 1 天开始逐渐减少精料，停喂青绿多汁饲料，挤奶 2 次，2d 后挤奶 1 次，到第 5～6 天挤完最后 1 次奶，即可停止挤奶。此法多用于低产和中产奶牛。

奶牛干奶注意事项如下。①注意观察乳房变化，若乳房出现暂时性肿胀，但局部无增温和痛感，可不作任何处理；若乳房肿胀明显，发生乳房炎时，需及时治疗，并继续挤奶，消除炎症后再进行干奶。②干奶过程中要加强乳房及其周围的卫生护理。③对于高产母牛可辅以药物促其停止泌乳，如用 250g 炒麦芽，压碎和水灌服，每日 1 剂，连用 2～3 剂，同时肌注黄体酮，每日 1 次，每次 8～10mL，连用 2～3 次。④快速停奶时，向每个乳头中注入 10mL 干乳软膏（由 40mL 植物油、20 万 IU 青霉素、100 万 IU 链霉素、适量磺胺粉和甘油配制而成），可促进乳汁吸收，并防止乳房炎发生。

（第一节：江中良，第二节至第四节：罗明久）

# 第八章　配子与胚胎生物技术

随着生命科学的发展，人们对哺乳动物配子与早期胚胎进行人为操作，体外培养至一定阶段后移植给受体而生产新生命体的研究日益活跃。这些研究不仅能够用于解释哺乳动物发育和分化机制，同时有望阐明生命科学领域难点之一的基因表达与调控的机制。配子与胚胎生物技术的研究定能促进生物学、医学、兽医学以及畜牧科学的蓬勃发展。

## 第一节　动物胚胎移植技术

动物胚胎移植技术采用借腹怀胎的方法，可以针对优秀母畜快速扩繁，在家畜育种中发挥了重要作用，胚胎移植也是各种胚胎工程和胚胎生物技术的基础。主要动物的胚胎移植都获得了成功，技术日趋成熟，牛羊的胚胎移植技术广泛应用，正向产业化迈进。

### 一、概　　述

#### （一）概念

动物胚胎移植(embryo transfer，ET)是将一头优秀母畜配种后的早期胚胎用手术或非手术的方法冲洗出来，在显微镜下检出后，移植到另一头同种并且生理状态相同的母畜体内，使之继续妊娠发育为新个体的技术，也称为借腹怀胎。提供胚胎的个体为供体(donor)，接受胚胎的个体为受体(recipient)。为了使供体母畜多排卵，通常要用促性腺激素处理，促使几个、十几个甚至更多的卵泡发育并排卵，这个处理过程称为超数排卵(superovulation)。因此国外常将常规的胚胎移植称为 MOET(multiple ovulation and embryo transfer)，即超数排卵胚胎移植或称为多排卵胚胎移植。目前科学技术的发展，用体外生产胚胎(*in vitro* production，IVP)技术或克隆(cloning)技术等方法也可生产胚胎，扩大了优质胚胎的来源，降低了胚胎移植的成本。

#### （二）胚胎移植技术的发展历史

1890 年英国剑桥大学的 Walter Heape 首先获得兔胚胎移植的成功。随后几十年中其他实验室先后取得绵羊、山羊、猪、牛、马胚胎移植的成功，但是 1950 年前并无人重视这项技术，甚至在 1977 年以前也仅有几个实验室和少数人从事这项研究。1974 年成立了国际胚胎移植协会(International Embryo Transfer Society，IETS)，每年召开研讨会，促进了胚胎移植技术的发展。1976 年牛的非手术胚胎移植技术推广，1977 年开始商业化应用，13 个国家成立了数百家商业化胚胎移植公司。仅北美洲 1978 年即获得 1 万例妊娠，1985 年达到 5 万例。进入 20 世纪 90 年代，国际牛胚胎移植数量仍呈稳步上升的发展趋势，年移植数已超过 50 万例。1998～2000 年世界各大洲的排列顺序为，北美洲的移植数量第一，约占全世界数量的40%，欧洲、南美洲、亚洲、大洋洲和非洲依次排列其后。

我国在1974年成功完成了羊的胚胎移植。20世纪70年代中期开始牛胚胎移植工作，1978年获得移植牛犊。进入80年代后，全国有十几个省（自治区）的20多个单位先后开展此项工作，由于没有解决好技术和组织工作中的若干问题，也受制于市场，几起几落，多数省（自治区）研究工作结束后就停了下来。1991～1995年，技术逐渐成熟，全国年平均超排供体牛300～500头次，移植1000余头次，但仍处在由实验室向生产应用过渡阶段，主要靠政府资金的支持。1996年后，由于国内肉牛业的兴起，纯种肉牛紧缺，用胚胎移植技术引种比进口种畜更经济和安全，促进了胚胎移植技术走向市场，移植数量成倍增加，每年移植牛5000～7000头次。从70年代后期牛胚胎移植研究开始到90代中期前的推广应用，我国牛胚胎移植工作主要是用高产荷斯坦奶牛作为供体牛，低产牛、本地牛或杂交牛作为受体，用黄牛生奶牛，低产牛产高产牛后代。“九五”期间我国肉牛业的兴起，肉用种牛及胚胎的引进，使肉牛胚胎移植数量逐渐增加并超过了奶牛数量。近两年全国乳品加工能力的快速增长和消费市场的扩大，对奶牛的需求急剧增加，奶源短缺，牛价飞涨，奶牛胚胎移植掀起了前所未有的热潮，为牛胚胎移植提供了良好的市场环境。牛胚胎移植技术成为增加奶牛数量，发展优质高产奶牛群的有效和重要途径。2002年我国实际移植牛的数量就已突破万头次。全国牛胚胎移植在肉牛稳步发展的同时，各地又纷纷将重点转向奶牛，牛胚胎移植在养牛业中的应用空前高涨，正在向产业化迈进（表8-1）。

**表8-1　我国牛胚胎移植发展情况***

| 年度 | 处理供体牛数/(头·次/年) | 移植受体牛数/(头·次/年) | 犊牛数(每头次供体牛处理) |
|---|---|---|---|
| 1978～1983 | 50～100 | 100～200 | <0.5 |
| 1984～1986 | 250～350 | 200～700 | <1.0 |
| 1987～1990 | 400 | 600～800 | ～1.0 |
| 1991～1995 | 500 | 1 000～2 000 | 1.0～2.0 |
| 1996～1999 | 500～700 | 2 000～5 000 | 2.0 |
| 2000～2001 | 2 000 | >5 000 | 2.0 |
| 2002年后 | 3 000 | >10 000 | 2.0 |

* 本表所列数据是根据全国动物胚胎移植专业委员会的统计与估计获得

其他畜种的胚胎移植推广应用工作，以山羊和绵羊较为突出。由于市场需求大，羊胚胎移植操作直观，掌握技术相对容易，近几年我国每年的移植数量都在万头次以上，在细毛羊、进口肉用绵羊、波尔山羊等品种的纯繁扩群方面发挥了重要作用。

### （三）动物胚胎移植的原理

动物胚胎从一头母畜的子宫移入另一头母畜的子宫内后可以正常受胎产仔是因为以下原因。

（1）母畜发情后数日甚至10余天内，生殖系统的变化相同。即在相同的时期，生理状态一致，子宫的内环境相同。

（2）早期胚胎处于游离状态，而且有透明带的保护，可以机械的移位而不受损害。即使少部分胚胎细胞遭受损害，此时胚胎细胞还未分化，具有全能性(totipotent)，采卵和移植操作不会影响胚胎的发育。

(3) 移植后不存在免疫排斥，由于有胎盘屏障的保护和妊娠时母体免疫机能发生的变化，胚胎可以在受体母畜子宫内存活，正常发育至分娩。

(4) 胚胎的遗传特性和性别在供体母畜体内受精时就已决定了，受体母畜只是给移入的胚胎提供了一个孕育的环境，胚胎的遗传特性不受受体母畜的影响。

### (四) 胚胎移植操作的原则

(1) 胚胎在移植前后所处的环境相同　要求供体和受体通常在分类学上种属相同，发情时间一致，生理上同期。移植的部位也应与取卵时胚胎所在的解剖部位一致。

(2) 技术操作受胚胎发育期、胚胎运行到子宫的时间和黄体寿命的限制　如牛的非手术移植的时间通常在发情后的 6～9d。

(3) 在全部操作过程中，胚胎的质量不能受到致命的影响　在操作胚胎的过程中，要控制好胚胎所接触环境的物理和化学影响因素。

### (五) 胚胎移植的用途

胚胎移植技术在畜牧业生产与科研中主要可用于以下几个方面。

(1) 用于种畜生产　如可将纯种牛的胚胎移植给黄牛受体，用黄牛产高产优质奶牛或纯种肉牛等品种，一代即可换种，可将 15～20 年的改良周期变为一年，大幅度地提高了牛改良的效率，增加了纯种牛的群体数量。

(2) 用于育种改良计划，加速遗传进展　在单胎动物的育种中使用胚胎移植技术，可缩短选择种畜的年限，如牛 MOET 育种方案比后裔测定育种方法遗传进展快，缩短了家畜的世代间隔，加速了品种改良。

(3) 移植产双胎，提高生产效率　对肉用家畜同时移植两枚胚胎或分割后的两枚半胚或在配种后第 7 天前后再移植一枚胚胎，可获得 30%以上的双犊率。在种牛和奶牛生产中，对受体牛同时移植两枚经过性别鉴定的胚胎或分割后的两枚半胚，可获得双犊，还避免了异性孪生不育。也可用于生产研究用的同卵双生牛犊。

(4) 用胚胎进出口取代活畜的引进和出口，经济、方便、安全　用胚胎移植技术引进动物资源与进口活畜和精液相比较具有独特的优点。目前在世界各地，胚胎移植技术被越来越多地用于家畜的引种。

(5) 保存品种资源，建立基因库　以胚胎的形式保存具有优良遗传特性的家畜品种或品系，保存濒临灭绝的动物。

(6) 用于难孕畜的诊断和治疗，使难孕母畜生产后代　采用胚胎移植的方法不仅可以使繁殖机能正常的母牛妊娠产犊，获得后代，还可用于治疗多种类型牛的不孕。子宫感染母牛治愈后重复超排和冲卵可从不利于妊娠的环境中挽救一些胚胎，在受体的健康子宫中发育。难孕牛如果采 3 次自然发情配种的单卵，采集到了发育期和形态都正常的胚胎，可在妊娠期用孕酮治疗或超排取卵。老龄难孕牛可能是子宫的生理机能衰退的问题，采用常规超排处理，将胚胎移入青年母牛的子宫常常很有效。患习惯性流产病的母牛不影响超排和采卵，采卵时间远在流产发生前，只要流产不是因为胎儿本身的染色体异常等遗传原因，采卵后移植给健康受体母牛可获得后代。卵巢囊肿母牛超排诱发发情用埋植孕激素比 $PGF_{2\alpha}$ 更有效。卵巢粘连的母牛超排至少增加了获卵的机会。超排结合外科法采卵或腹腔镜技术有助于诊断不孕的病因，并可获得可用胚胎。输卵管不通的母牛作为受体母牛可以获得理想的受胎效果。有时可用手术法胚胎移植技术治疗，如冲洗堵塞输卵管的碎片，也可用腹腔镜或超声波引导穿刺取卵母细胞体外受精，在实验室批量生产胚胎，然后移植。

(7) 重要的研究手段　这项技术是胚胎分割、嵌合、核移植、体外受精、转基因动物等家畜生物技术不可缺少的技术手段，也可用于生物学和医学的研究。

(8) 其他　采用动物胚胎移植生产无特定病原体的畜群，可用荷斯坦等奶牛品种繁殖优质肉用犊牛，通过移植性别鉴定后的胚胎可以生产理想性别的犊牛。

这项技术虽然用途广泛，优点很多，但与人工授精技术相比，有操作环节多、成本高、前期投资多的缺点。

### （六）开展胚胎移植工作需要的条件

(1) 胚胎来源　优秀纯种畜在我国有一定的数量，由于多种因素的限制，一些优秀引进品种供体畜用于胚胎生产的数量有限，远远满足不了市场的需要；进口胚胎价格较高，手续繁杂；目前国产良种畜用作胚胎生产的供体逐渐增多，市场胚胎的供应量在增大。开展工作时，胚胎可以从市场上购买，也可以自己组织供体畜生产。

(2) 一定数量的受体母畜　这在我国十分丰富，是一笔待开发和利用的宝贵资源。我国有繁殖母牛数千万头，绝大多数都需要改良。在牛羊生产中，用本地牛羊品种直接繁殖优秀进口纯种畜，在生产上效益显著。

(3) 技术人员和设备　我国已培养了一大批技术熟练的骨干，一位熟练的技术人员和几名助手一年即可移植数千头次。所需设备也不复杂，容易购置，尤其是鲜胚移植，仅需 2 万～3 万元的专用设备投入，专用仪器和器械还可流动使用。

综上所述，开展这项工作的技术条件比较容易满足，但是要把它推广到生产实践中去，却是个非常复杂的问题，工作的时间性很强，对组织工作要求高。从某种意义上说，组织工作比技术工作的难度更大。

## 二、牛的胚胎移植

由于牛经济价值高，属单胎动物，产仔数量少，繁殖周期长，用胚胎移植技术进行纯种扩群繁殖速率快；用于黄牛改良，一代即可换种；同时牛繁殖无季节性，又可全过程进行非手术操作，供受体牛可反复使用，因此牛的胚胎移植技术应用广泛。

### （一）供体母牛的选择

供体母牛应是遗传品质优秀的品种或个体。国外引进的优秀纯种牛，如荷斯坦、安格斯、海福特、西门塔尔、夏洛来、利木赞、比利时蓝白牛等品种牛，国内培育的优良地方品种，如中国荷斯坦、新疆褐牛等。将这些价值较高的纯种牛的胚胎移植给数量大、市场价值较低的当地土杂种牛。在同品种内进行胚胎移植时，可将同品种群内血统、体型和生产性能优秀的5%～10%个体的胚胎移植给生产性能较差或一般的个体。供体母牛必须繁殖性能良好。年龄、胎次、产后间隔、子宫环境、供体牛对FSH的敏感性及内分泌的稳定性对超排效果都有影响，在选择超排的供体母牛时应考虑。

### （二）种公牛的选择

提供精液的种公牛应认真选择，因为胚胎移植后代一半的基因来自公畜，而且一头种公牛要配许多母牛；由于有后裔测定的资料，种公牛的选择也比母牛准确，种公牛在后代的遗传进展中的作用也大于母牛。一般选择不同品种和不同个体种公牛的冷冻精液比选择供体母牛余地大，应选择遗传品质优秀、繁殖力高、精液质量好的种公牛冷冻精液。

### （三）受体母牛的选择

对受体牛的遗传品质没有要求，与供体牛的遗传和生产性能相差越大，市场价格相差越大，在牛改良上意义越大，商业价值也高。一般选择体型较大，生殖系统正常，营养良好的当地母牛做受体。如果选择荷斯坦等乳用品种母牛做受体，母牛的产奶量足以养活自己，并可有盈余。犊牛哺乳对母牛的发情和受胎影响较大。农户饲养的受体母牛应停止犊牛哺乳，采用人工哺乳的方法或定时哺乳。处理受体母牛要及时准确地观察发情，并检查卵泡侧。

### （四）超数排卵处理和人工授精

供体牛的超排方法，对供体牛在周期的任一天早晨植入CIDR（图8-1），指定为发情0d，在第9天开始肌注FSH，每日早晚各一次，间隔12h，共计4d 8次。其剂量（mg）依次为：2mg、2mg、1.5mg、1.5mg、1.5mg、0.5mg、0.5mg、0.5mg共计8次10mg。在第11天早晚分两次肌注前列腺素6mL。在第12天早晨去CIDR。发情鉴定，AI，在第12天下午开始观察发情，首次接受爬跨后12h一次输精。在发情第5天（发情日记为0d）检查卵巢，确定黄体数，第7天非手术法采卵，采卵完毕向宫内灌入青链霉液和前列腺素。而后检卵，鉴定，装管，移植或冷冻保存。

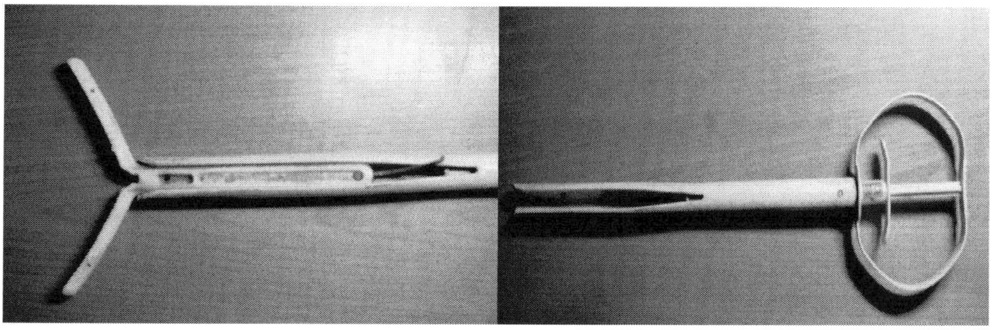

图8-1　牛同期发情CIDR与放栓器

**延展阅读:幼畜超排技术**

幼畜超排技术是根据1～2月龄犊牛和羔羊的卵巢对生殖激素敏感,卵泡发育较少发生闭锁的特殊生理特点,设计超排程序的卵泡高效利用的生物技术。幼畜超排技术是集羔羊的超数排卵、卵母细胞体外成熟、体外受精、胚胎体外培养和胚胎移植技术为一体的生物高技术体系。此技术关键是利用幼畜(4～6周龄)进行超数排卵,然后对卵母细胞进行体外成熟培养,并用优质精液进行体外受精,受精卵进一步培养发育至囊胚,进行胚胎移植或冷冻保存的技术体系。其效率是成年绵羊常规胚胎移植的20倍,是自然繁殖的60倍。

### (五) 受体牛的同期发情

同期化处理之前对受体牛进行直肠触摸,检查卵巢是否处于活动状态。处于活动状态的牛方可进行同期化发情处理。在供体计划发情配种日的前14d对受体CIDR处理,处理开始后的第9天肌注800IU的PMSG,第11天早晨和晚上肌注PG 2支,第12天早晨撤栓,第13天下午开始观察发情,第14天早晨和晚上继续观察发情,在首次接受爬跨后12h输精或详细记载。也可以采用2次PG法处理与供体同步。

### (六) 非手术冲卵

1976年以前多用外科手术法采卵和移植。腹中线手术需要全身麻醉,操作繁琐。体侧部手术,站立保定,局部麻醉,操作较简便。但由于手术冲卵法在家畜福利、手术粘连等方面的问题,20世纪70代初开始集中研究非手术冲卵法,1976年以后广泛采用非手术法冲卵。适于农场操作,高产奶牛也不会因为禁食和暴露生殖器官受影响。

(1) 采卵时间　常规冲卵多在第7天,一般在第6～8d(发情为0d),此时受精卵仍在子宫角上端。因为5d前的胚胎多在输卵管内,超排后排卵时间不一致,有些胚胎7d仍在输卵管内,而第9天部分胚胎孵出透明带不利于鉴别、分离和无菌。

(2) 常规采卵法　采卵时先检查黄体数,在第一、第二尾荐骨之间作硬膜外鞘麻醉。麻醉用普鲁卡因或利多卡因2～10mL,肌肉注射静松灵1～1.5mL。青年母牛子宫颈难通过时,可使用扩张棒等机械法或药物帮助通过子宫颈。插入冲卵管,先进入排卵较多一侧的子宫角,钢芯反复引导至大弯前,充起气球固定冲卵管(图8-2、图8-3)。依子宫大小及冲卵管在子宫内位置的深浅,注入8～20mL空气。采卵时应注意,前1～2次冲洗对卵的回收很关键,子宫角不要充得太满,以后液量逐渐增加。每次轻缓地按摩子宫角,力争彻底回收,应回收90%～100%注入子宫的液体;一侧冲洗5～6次,约500mL;冲卵时考虑到母牛发情1周后胚胎主要集中在子宫角顶端,每次冲洗液必须到达子宫角深部;一侧冲洗结束后,可将冲卵管在子宫内换侧,也可用另一根冲卵管插入对侧子宫角。在冲洗胚胎的过程中,应尽可能将对供体母牛的刺激和损伤减至最低程度。

(3) 子宫体冲卵法　子宫体冲卵速率快、方便、容易,但回收不如子宫角冲卵,子宫较小的牛可使用,老龄子宫下垂的牛,冲卵效果差。操作方法是冲卵管通过子宫颈后,充气

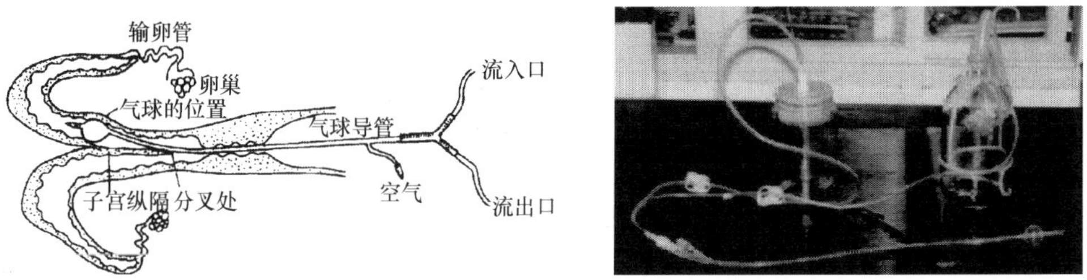


图 8-2　牛二通路冲卵管和非手术法冲卵示意图

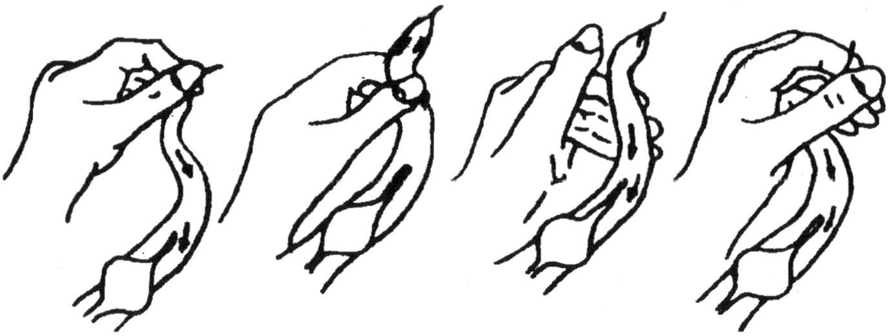

图 8-3　牛的非手术法冲卵示意图(引自郭志勤等,1998)

把冲卵管拉紧,固定在宫体内。子宫充满液体后回收,按摩子宫角前端,两角同时回收,反复 5～6 次即可。

(4) 供体母牛采卵后的处理　采卵后,为了防止供体母牛子宫感染和多胎妊娠,可往宫内注入抗生素药物或用前列腺素类药物处理。

## (七) 检卵

冲卵结束后,回收液主要有以下两种处理方法。

(1) 沉降法　用量筒或特制漏斗将冲卵液静置,这种方法耗时间、麻烦,但经济。用 500～1000mL 量筒收集冲卵液,静置 25min,让其自然沉降。用胶管虹吸抽取上清液,置另一量筒,留底部 100～150mL 倒入检卵皿内。用少量冲卵液涮洗量筒 2～3 次。

(2) 胚胎过滤杯法　20 世纪 80 年代成功地用于商业化生产。冲卵液可以通过滤网,胚胎保留在了过滤杯内。此法省时间、效率高,但成本也较高。底部过滤的漏斗状过滤杯,需倒入另一采卵皿内。日本生产的过滤式集卵杯侧壁过滤,冲卵液通过 75μm 的滤网膜过滤,冲洗后可直接检卵。

检卵操作在体视显微镜下进行,用 10～20× 连续变倍体视显微镜寻找,用 300～400μm 内径的玻璃吸管吸卵,用含 10% 血清的杜氏磷酸缓冲液(D-PBS)保存。检出后至少要清洗 3 次。

## （八）胚胎评定

**1. 胚胎的发育期(图 8-4)**

母牛正常发情后第 6～8 天非手术采集的胚胎发育期为桑葚胚至囊胚，发育期的划分和特征如下。

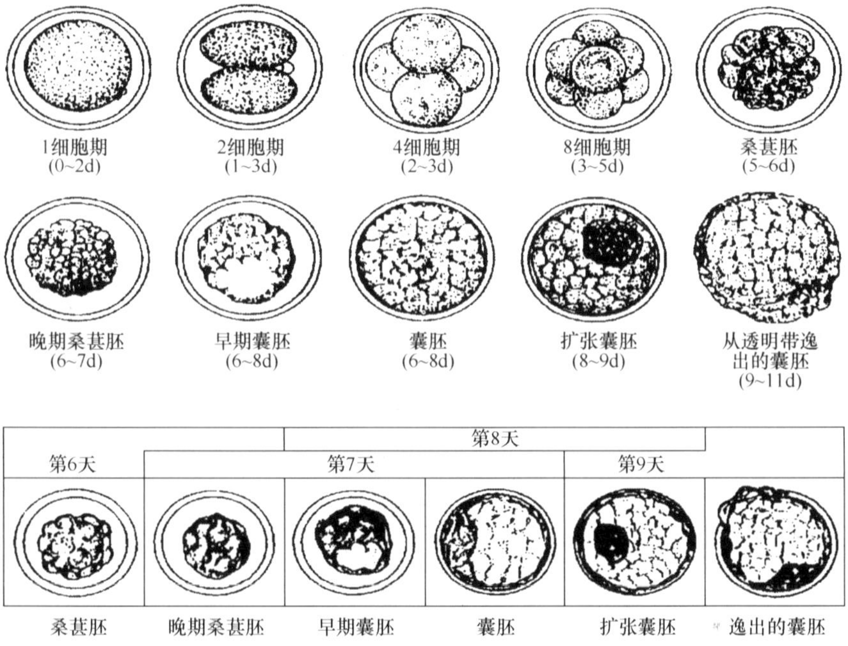


图 8-4　胚胎发育期(引自张忠诚等，2004)

(1) 桑葚胚(morula，M)　卵裂球隐约可见，细胞团的体积几乎占满卵周间隙。

(2) 致密桑葚胚(compacted morula，CM)　卵裂球进一步分裂变小，看不清卵裂球的界线，细胞团收缩至卵周间隙的 60％～70％。

(3) 早期囊胚(early blastocyst，EB)　出现透亮的囊胚腔，但难以分清内细胞团和滋养层，细胞团占 70％～80％。

(4) 囊胚(blastocyst，BL)　囊胚腔增大明显，滋养层细胞分离，细胞充满了卵周间隙。

(5) 扩张囊胚(expanded blastocyst，EXB)　囊胚腔充分扩张，体积增至 1.2～1.5 倍，透明带变薄，相当于原厚度的 1/3。

(6) 孵化胚(hatched blastocyst，HedB)　透明带破裂，内细胞团孵出透明带，有时可观察到胚胎内细胞团正在孵化过程中。

此时回收的 16 细胞以下受精卵为发育停滞卵，不能用于移植和冷冻保存。

**2. 胚胎的分级**

可用胚胎一般分为 A 级、B 级和 C 级三个等级。

(1) A级　胚胎形态完整，轮廓清晰，呈球形，分裂球大小均匀，结构紧凑，色调和透明度适中，无附着的细胞和液泡或很少，比例<10%。

(2) B级　轮廓清晰，色调及细胞密度良好，可见到一些附着的细胞和液泡，变性细胞占10%~30%。

(3) C级　轮廓不清晰，色调发暗，结构较松散，游离的细胞或液泡较多，变性细胞达30%~70%。

胚胎的等级划分还应考虑到受精卵的发育程度。发情后第7天回收的受精卵在正常发育时应处于致密桑葚胚至囊胚阶段。凡在16细胞以下的受精卵及变性细胞超过70%的胚胎均属等外，如果胚胎还有一小团致密的内细胞存活，胚胎就可能有发育的能力，但受胎率低。

**3. 胚胎质量评定**

胚胎发育阶段与胚龄相一致，与正常发育阶段比较，胚胎发育迟于24h，则质量不佳。正常透明带为圆形。未受精卵或退化的胚胎常呈椭圆形，有子宫内膜炎或其他原因造成子宫内环境不好，透明带外形可能不规则。优良胚胎总体结构好，细胞均匀一致，轮廓清晰规则。随发育阶段而不同。退化卵、未受精卵、细胞破碎大小不一致。若许多内细胞死亡，则细胞数少，受胎率也低。胚胎中若有液泡、碎细胞，也可能影响胚胎发育。胚胎的优劣与移植或冷冻后的妊娠有着直接的关系。

### (九) 非手术移植

(1) 胚胎装管(图8-5)　一般用0.25mL塑料细管，三段液体夹两段空气，中段放胚胎。胚胎的位置可稍靠近出口端，以便于推出。

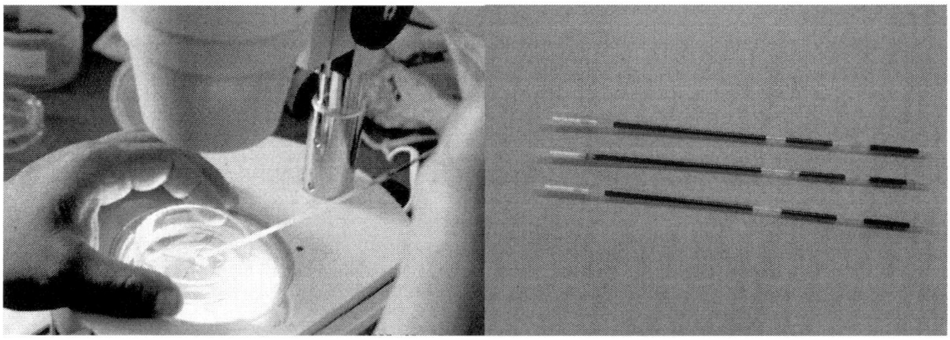

图8-5　胚胎装管和装有胚胎的细管

(2) 移植操作　移植前检查黄体，黄体的基部充实，一般最大直径处>1.5cm，受体母牛麻醉用2~5mL利多卡因硬膜外鞘注射，0.3~1mL静松灵全身镇静。移植操作时，彻底消毒外阴，扒开受体母牛阴唇，插入移植器至子宫颈外口时操作手伸入母牛直肠，顶开阴道保护鞘或保护膜，轻缓地通过子宫颈进入移植侧(黄体侧)，移植器行至大弯或更深部位时，缓慢推钢芯将胚胎注入。

**延展阅读：胚胎冷冻保存方法**

胚胎常用的冷冻保存方法有以下 3 种。①常规冷冻保存法（或称平衡冷冻保存法）：常规冷冻保存法已是一项成熟技术。大多数哺乳动物胚胎保存仍采用传统的平衡冷冻法，其基本方法为：先将胚胎放入防冻液中平衡一段时间；装管；以每分钟 0.13～0.15℃的速率降温至－7℃，植冰，缓慢降温至－35℃；平衡 10min 后，投入液氮中保存。牛胚胎最常用的防冻剂由甘油、乙二醇、丙二醇和二甲基亚砜及一些糖类等混合而成。②直接冷冻法（也称一步细管法）：直接冷冻是一种较简便的胚胎冷冻方法，它由常规的慢速冷冻法改进而来。目前直接冷冻法大多采用乙二醇作为防冻剂，在室温下用 1.5mol/L 甘油＋1.0mol/L 蔗糖溶液使胚胎预先脱水，后将胚胎装入已装有冷冻液的－30℃预冷细管，再将其置于－30℃下经 30min，然后投入液氮。该法省去了细胞外液的诱发结晶或程序降温过程，妊娠率稍低于常规冷冻法。③玻璃化冷冻法：1985 年，Rall 和 Fahy 首次报道了胚胎的玻璃化冷冻保存方法，将胚胎在玻璃化冷冻液中平衡后，直接投入液氮保存。含高浓度防冻剂的溶液在快速降温过程中，即由液态转变为玻璃化状态。这一方法不需要进行缓慢的降温过程，大大简化了胚胎冷冻程序，且不需要昂贵的胚胎冷冻仪。

## 三、羊的胚胎移植

我国羊的胚胎移植较牛的胚胎移植开展得早，操作直观，操作技术比牛的胚胎移植容易些，肉用种羊、超细型细毛羊和波儿山羊有很好的市场需求，近几年我国羊胚胎移植的数量每年都超过万例。山羊和绵羊胚胎移植操作除了在超数排卵处理的时间和用药剂量方面有些差异外，其他技术操作基本类同。

### （一）超数排卵和人工授精

供体羊应符合品种标准，具有较高生产性能和遗传育种价值。超数排卵应在每年绵羊最佳繁殖季节进行，并在供体羊自然发情或诱导发情周期的第 11～13 天开始注射处理。人工授精：供体羊应在 FSH 注射结束或 PMSG 注射 3d 后发情。发情供体羊每日上午、下午各配种一次，增加输精量，直至发情结束。

### （二）受体羊选择和同期发情处理

（1）受体羊选择　受体羊应是健康、营养良好、生殖机能正常、有发情周期的母羊。由于母羊的发情比较集中，实践中多用自然同期发情的母羊作受体。对受体羊群的自然发情进行观察，与供体羊发情前后相差 1d 内的羊，可选作受体。

（2）同期发情处理。

## （三）采卵

**1. 采卵时间**

以发情日为0d，手术法在2～3d从输卵管回收卵或在6～7.5d从子宫冲卵。

**2. 常规手术方法**

供体羊肌肉注射2%静松灵约0.5mL，用普鲁卡因2～3mL，或利多卡因2mL，在第一、第二尾椎间作硬膜外鞘麻醉。供体羊仰放在手术保定架上。常规手术法部位一般选择乳房前腹中线部（在两条乳静脉之间）或后肢股内侧鼠蹊部。术部切口长约为5cm，便于暴露母羊的子宫和卵巢。术者将食指及中指由切口伸入腹腔，触摸子宫角，摸到后用两指夹持，牵引至创口表面，循一侧子宫角至该侧输卵管和卵巢，观察卵巢表面排卵点。

**3. 腹腔镜法**

母羊仰卧保定，从母羊左侧乳房前打孔放入腹腔镜镜杆，观察好母羊排卵情况后，从母羊右侧乳房前切口3～5cm，伸入子宫牵引钳，在腹腔镜的引导下，取出子宫角，一侧冲洗好后，冲洗另一侧子宫角。冲洗结束后，切口部位缝合，腹腔镜插入部位消毒即可。

**4. 采卵方法（图8-6）**

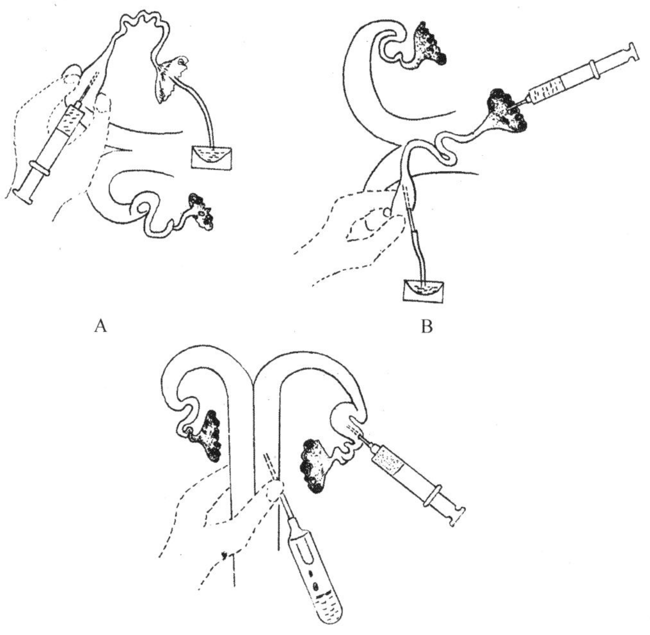

A　　B

C

图8-6　手术采集胚胎

A. 子宫向输卵管冲洗；B. 输卵管向子宫冲洗；C. 子宫冲洗

（1）输卵管法　供体羊发情后2～3d采卵用输卵管法。将冲卵管用内径为2mm的塑料导管一端由输卵管伞部的喇叭口插入，2～3cm深，另一端接集卵皿。用注射器吸取冲卵液5～10mL，在子宫角靠近输卵管的部位，将针头朝输卵管方向扎入，推注射器，冲卵液由宫管结合部流入输卵管，经输卵管流至集卵皿。输卵管法采卵回收率高，冲卵液用量少，检卵省时间。但是容易造成输卵管伞部的粘连。

(2) 子宫法　供体羊在发情后6～7.5d时采卵要从子宫冲洗。术者将母羊子宫暴露于创口外，用肠钳夹在子宫角分叉处，注射器吸入冲卵液20～30mL(一侧用液50～60mL)，用钝形针头从子宫角尖端插入，推注冲卵液，将回收卵针头从肠钳钳夹基部的上方扎入，冲卵液经硅胶管收集于集液杯内。另一侧子宫角用同样方法冲洗。子宫法对输卵管损伤甚微，但卵回收率较输卵管法低，用液较多，检卵费时。

(3) 冲卵管法　用手术法暴露取出子宫，在子宫体或子宫角大端扎孔，将冲卵管插入，用注射器注入气体5～10mL，使气球在子宫角内固定，使冲卵管尖端靠近子宫角前端，然后进行灌流，分次冲洗子宫角，每次灌注10～20mL，一侧用液50～60mL，冲完后气球放气，冲卵管插入另一侧，用同样方法冲卵。

### (四) 检卵

(1) 检卵操作　绵羊卵子直径为150～200μm。一般在10倍左右能看见卵子。卵子的特征是一个可滚动的球形体，外层是折光度特殊的透明带。

(2) 胚胎的鉴定　在20～40×体视显微镜下观察受精卵的形态、色调、分裂球的大小、均匀度、细胞的密度、与透明带的间隙以及变性情况等。发情后2～3d用输卵管法回收的卵，发育阶段为2～8细胞期。6～8d回收的正常受精卵发育情况如下所示。

发情后第5～6天回收的卵为桑葚胚；6～7d致密桑葚胚；7～8d早期囊胚、囊胚；8～9d扩张囊胚；9～11d孵化囊胚。凡在发情后第6～8天回收的16细胞以下的受精卵均应列为非正常发育卵，不能用于移植或冷冻保存。可用胚分为A、B、C三个等级(参见牛胚胎移植部分有关内容)。

### (五) 移植

用含0.3%～0.5%BSA的D-PBS液或10%血清的D-PBS液移植。受体羊肌注2%的静松灵0.3～0.5mL。发情后2～3d从输卵管冲洗的胚胎经伞部移入输卵管，在发情后6～7.5d从子宫冲洗的胚胎移入子宫角。手术方法与采卵手术类同，如果使用腹腔镜观察，开个小口用子宫牵引钳将子宫角夹持取出，移入胚胎操作更为简便，对母羊的损伤小。

### (六) 受体羊饲养管理

受体羊术后1～2情期观察返情情况，对没有返情的羊应加强饲养管理，妊娠前期应满足母羊的营养需要，防止胚胎早期死亡。在妊娠后期应保证母羊营养的全面需要，以满足胎儿的充分发育。

羊胚胎移植存在问题：①羊只个体小，胚胎采集和移植大都用手术法，供体羊采卵后，由于子宫、卵巢和输卵管易发生粘连，超排采卵和移植次数受到限制，尚不能像牛那样用非手术法多次重复超排采卵和移植；②羊为季节性发情动物，在非繁殖季节不宜做胚胎移植；③胚胎移植所需设备、药品、激素等主要依靠进口，增加了胚胎移植成本；④羊克隆、转基因等胚胎工程研究虽已获得成功，但整体效率还比较低，与发达国家尚有一定差距。

羊胚胎移植技术在我国种羊扩群和育种中发挥了重要作用,解决采卵、移植的粘连问题,提高完善幼羔超排、体外受精技术,扩大胚胎来源,降低胚胎移植成本,提高胚胎移植经济效益是今后应着重解决的问题。在胚胎工程研究中应继续深入开展克隆、胚胎干细胞、转基因及生物反应器等研究,提高整体效率,提高胚胎的利用价值。相信胚胎移植和胚胎工程技术在养羊生产中必将发挥越来越大的作用,发展前景十分广阔。

## 四、马的胚胎移植

### (一) 概况

马的胚胎移植技术的研究和应用与其他家畜相比数量较少,究其原因与养马业不景气有关,与许多国家马品种协会对种纯马胚胎移植后代不予登记有关,也与马的超排无有效的方法、反应差有关。从另一方面看,胚胎移植在养马业中也是很有商业价值和市场的,最优秀血统的种公马与母马的组合,市场价格高得惊人,马的胚胎移植技术肯定可以增加任何一个理想选配对的后代数量。对于遗传品质优秀的老龄不孕母马也可用胚胎移植技术获得大量后代,因为这些母马常常不是由于不受胎而不育,而是因为无法完成整个妊娠期。

### (二) 技术操作

(1) 超数排卵　尚无有效的马超数排卵方法,这是限制马胚胎移植技术发展的主要技术原因。马是有明显季节性的多次发情的家畜。春季、夏季和早秋是配种季节。发情持续时间个体间差异大,也受季节的影响。给有正常发情周期的母马,在发情周期的不同时期一次或多次注射脑垂体提取物或提取的促性腺激素制剂,一般也只能诱导 1～3 个卵泡发育和排卵。母马的卵巢有明显的抗外源促性腺激素的机能。

(2) 手术法采集胚胎　用外科手术法从马的输卵管和子宫角回收胚胎的方法与牛的方法类同。母马麻醉后仰卧保定,腹中线切口将子宫和卵巢暴露于腹外。由于母马的宫管结合部有一个瓣状的小突起,不能像牛和绵羊那样从子宫角挤压冲卵液至输卵管。在母马排卵后的 1～6d,将 30～50mL 冲卵液经排卵侧的输卵管伞端注入,在结扎的同侧子宫角的前 1/3 处用针头或斜口聚乙烯管刺入,收集冲卵液。这种采卵法的胚胎回收率可达 75%。

在排卵后 7～10d 冲卵时,从子宫角端注入 60mL 培养液,用肠钳夹持子宫角基部,待子宫角充起后,用经刺入子宫角基部的导管收集冲卵液。外科采卵法不适于青年母马,这些马的卵巢和输卵管难引出,而且右侧比左侧更困难。

(3) 非手术采卵法　母马在排卵后 6～8d 可用牛的非手术冲卵法采卵。体外培养和移植等操作也与牛类同。

## 五、其他动物的胚胎移植

### (一) 猪的胚胎移植

猪是多胎动物,自然繁殖较快。胚胎移植技术主要用于研究工作的技术手段、新品种的引进和无特定病原体(SPF)猪群的培育等情况。猪发情自然排卵数为10～15个。选择好供体母猪后,可利用自然发情排卵,也可在发情周期的第15～16天注射PMSG 500～2000IU,发情配种时注射hCG 500IU。猪的子宫长达数十至100cm,一般用手术法采卵。2～4细胞的胚胎可在发情后的2～3d从输卵管采集,桑葚胚和囊胚在6～7d从子宫内冲洗。手术切口在最后一对乳头和耻骨前端的中部起,沿腹中线前伸,长8～10cm。暴露子宫后,根据所需要胚胎的发育期,在子宫角用两管冲洗,每次用液30～50mL;由输卵管冲卵采用上行法向上冲洗输卵管或用下行法向下冲洗输卵管皆可。也有人用手术方法将经产母猪的子宫缩短为10cm左右,用类似牛的非手术方法冲洗。猪的胚胎移植一般用手术的方法将胚胎送回发育期的相应部位,非手术的方法成功率较低。

### (二) 鹿胚胎移植技术

为了开发优良高产鹿的遗传资源,充分发挥优良种鹿的繁殖潜力,在新疆、东北和内蒙古的一些鹿场近年开展了鹿的胚胎移植工作。鹿胚胎移植与牛羊的操作类同,个体较大的马鹿可借用牛的非手术方法,而个体较小的梅花鹿可用羊的手术方法。由于生活习性、繁殖生理和饲养管理上鹿有其特性,在胚胎移植技术操作中也有一些不同之处。

(1) 供体和受体母鹿的选择　在鹿的繁殖季节,选择3～8岁、健康、营养状况良好,繁殖机能正常,生产性能优秀的母鹿作为供体。选择3～9岁,生产性能一般的母鹿作为受体,保证正常的饲养管理。

(2) 供体母鹿超排处理　在鹿的繁殖季节,挑选的供体母鹿不论发情周期的天数放入孕激素类的埋植物,如CIDR栓或阴道海绵栓或耳部埋管,在埋栓后第10天开始注射FSH,共4d;第11.5天或第12天撤栓,在撤栓的同时肌注PG或PMSG;观察到发情时,输精1次,发情后第7天采用非手术方法采集胚胎。

(3) 胚胎的采集和鉴定　供体母鹿采取非手术采胚方法,用麻醉药物将鹿全身麻醉。将母鹿麻醉抬到手术车上左侧躺卧,头高尾低;非手术回收胚胎用带金属芯的冲卵管插入一侧子宫角,给气囊充气(8～12mL);之后抽出金属芯,采卵液用D-PBS。灌入20～30mL,回流时轻轻按摩子宫角,反复5～6次。换侧后,另一角用同样的方法冲洗。

将回收的冲卵液在体视镜下检查,找出的胚胎进行质量检查,鉴定分级,可使用含有10%犊牛血清的PBS液清洗3次后,装入细管鲜胚移植或冷冻保存。

(4) 受体母鹿的同期发情处理　选择健康营养状况良好、繁殖机能正常、无空胎史的3～9岁的塔里木马鹿,在其阴道放入CIDR或海绵栓,或用耳部埋管,第12天撤栓,同时在撤栓48～72h内注射PMSG。

鹿的同期发情可应用Sycro-mate-B+PMSG、CIDR+PMSG两种组合进行处理,Sycro-mate-B+PMSG的效果最理想,表现特别明显。同期率最高,但此药价格太高,货源有限。CIDR+PMSG同期发情率也较高。

(5) 胚胎的移植　马鹿进行麻醉处理后,使用牛的用非手术法移植器械,采用直肠把握操作技术将受精卵送至子宫角深部。梅花鹿采用手术子宫角输胚或腹腔内窥镜微创手术子宫角输胚方法。

### （三）其他牛的胚胎移植

（1）在做地方良种基因库和保种工作时，需要采集地方品种牛的胚胎。这些牛一般个体较小，对 FSH 的反应不敏感，获胚胎数较进口纯种牛低。可使用普通牛超排的方法及器具，使用的激素剂量可酌情减少，使用较细的冲卵管，如 16 号冲卵管，子宫颈不易通过时可用扩张棒探寻子宫颈路径。

（2）牦牛的胚胎移植除有与黄牛相同的问题外，牦牛性情狂野，在处理和采卵移植过程中要注意做好保定工作，要准备适当的保定栏架，以免伤害人畜，影响效果。

各种动物都可进行胚胎移植，但是胚胎移植必须在母畜的繁殖季节进行才能获得满意的效果。

### （四）种间移植

马和驴之间、马骡与驴骡胚胎移植给马或驴的相互移植早已取得了成功。笔者将荷斯坦牛的胚胎移植给牦牛也获得妊娠产犊。绵羊和山羊嵌合体胚胎的相互移植成功地获得了嵌合体后代。这对于发育生物学、家畜育种和挽救珍稀动物具有重要意义。

## 六、胚胎移植技术展望和发展前景

中国是养牛大国，目前我国奶牛存栏 1400 万头，但高产奶牛比例不足 50%，奶牛头均单产不足 4000kg，不到发达国家人均的 1/10，良种奶牛育种和高产奶牛群扩繁在今后相当长一段时间内仍是奶业发展和畜牧业结构调整的重要内容。而我国每年奶牛移植胚胎 2 万～3 万枚，生产母犊 6000 头左右，奶牛胚胎移植产业还有很大的发展空间。从我国国情和奶业战略发展角度，受制于有限的土地资源，提高奶牛产量和人均奶制品占有量，不能单纯从增加奶牛饲养量的途径来解决，通过遗传改良，提高奶牛单产才是实现奶业可持续发展的有效途径，作为快速扩繁的高效技术手段，胚胎移植具有广阔的应用前景和重要的现实意义。

随着奶牛体细胞克隆和转基因技术的成熟，优质牛奶，转基因蛋白等产品的开发使奶牛生物反应器成为一个新兴产业，奶牛胚胎移植技术不仅在畜牧生产，而且为医药产业注入强大生命力。

# 第二节 体外受精

体外受精（*in vitro* fertilization，IVF）是指哺乳动物的精子和卵子在体外人工控制的环境中完成受精过程的技术。由于它与胚胎核移植技术（embryo transfer，ET）密不可分，又简称为 IVF-ET。在生物学中，把体外受精胚胎移植到母体后获得的动物称试管动物（test-tube animal）。在医学上，由 IVF-ET 获得的婴儿，称为试管婴儿（test-tube baby）。这项技术成功于 20 世纪 90 年代，迅速发展并且日趋成熟，成为一项重要的动物繁殖生物技术。

## 一、体外受精技术的发展简史

1878 年,德国人 Scnenk 以家兔和豚鼠为材料,开始探索哺乳动物的体外受精技术,但没有获得成功。直到 1951 年,美籍华人张明觉和澳大利亚人 Austin 同时发现了哺乳动物的精子获能现象,这一领域的研究才获得突破性进展。试管小鼠(Whit-tingham,1968)、大鼠(Toyoda and Chang,1974)、婴儿(Steptoe and Edwards,1978)、牛(Brackett et al.,1982)、山羊(Hamda,1985)、绵羊(Hanada,1985)和猪(Chang et al.,1986)等相继出生。

目前,家畜体外受精技术已取得很大进展,其中牛的体外受精技术最为成熟,受精卵母细胞的卵裂率为 80%~90%,受精后第 7 天的囊胚发育率为 40%~50%,囊胚超低温冷冻后继续发育率为 80%,移植后的产犊率为 30%~40%。平均每个卵巢可获得 A 级卵母细胞 10 个左右,经体外受精可获得 3~4 个囊胚,移植后产犊为 1~2 头。绵羊和山羊的卵裂率为 80%~90%,体外受精第 5 天的囊胚发育率为 30%~40%,囊胚超低温冷冻后继续发育率为 80%,移植产羔率为 50%。猪的体外受精技术也已取得很大进展,受精后的卵裂率为 90%,囊胚发育率达 50%~60%,但产仔率仅 30%左右,胚胎冷冻保存技术也有待深入研究。

## 二、我国体外受精技术发展现状

我国哺乳动物体外受精研究起步较晚,但近年来发展很快,先后在人和各种家畜上取得成功(表 8-2)。特别是在牛的体外受精方面有重大突破。1989 年以来,旭日干等(1989)、范必勤(1989)、朱裕鼎(1989)、卢克焕等(1990)、秦鹏春(1990)、石德顺(1992)等相继获得了试管牛,标志着我国试管牛研究已接近或达到世界先进水平。

**表 8-2 我国诞生试管人和动物的首次报道**

| 动物种类 | 报道人 | 工作单位 | 年份 | 卵母细胞来源 |
|---|---|---|---|---|
| 小鼠 | 陈秀兰等 | 中国科学院遗传所 | 1986 | 卵巢卵母细胞 |
| 人 | 张丽珠等 | 北京医科大学 | 1988 | 卵巢卵母细胞 |
| 兔 | 徐 君等 | 北京农业大学 | 1989 | 输卵管卵母细胞 |
| 绵羊 | 旭日干等 | 内蒙古大学 | 1989 | 卵巢卵母细胞 |
| 牛 | 旭日干等 | 内蒙古大学 | 1989 | 卵巢卵母细胞 |
| 山羊 | 钱菊汾等 | 西北农业大学 | 1990 | 输卵管卵母细胞 |
| 猪 | 范必勤等 | 江苏省农业科学院 | 1990 | 卵巢卵母细胞 |

资料来源:http://course. cau-edu. net. cn/course/Z0377/ch08/se02/slide/slide01. html#

牛、羊的体外受精技术不仅应用于畜牧生产,同时,也成为研究其他胚胎生物技术,如克隆、转基因、胚胎干细胞分离培养和性别控制等的重要辅助手段。

## 三、体外受精技术的基本操作程序

哺乳动物体外受精的基本操作程序如图 8-7 所示，主要环节包括以下几个方面。

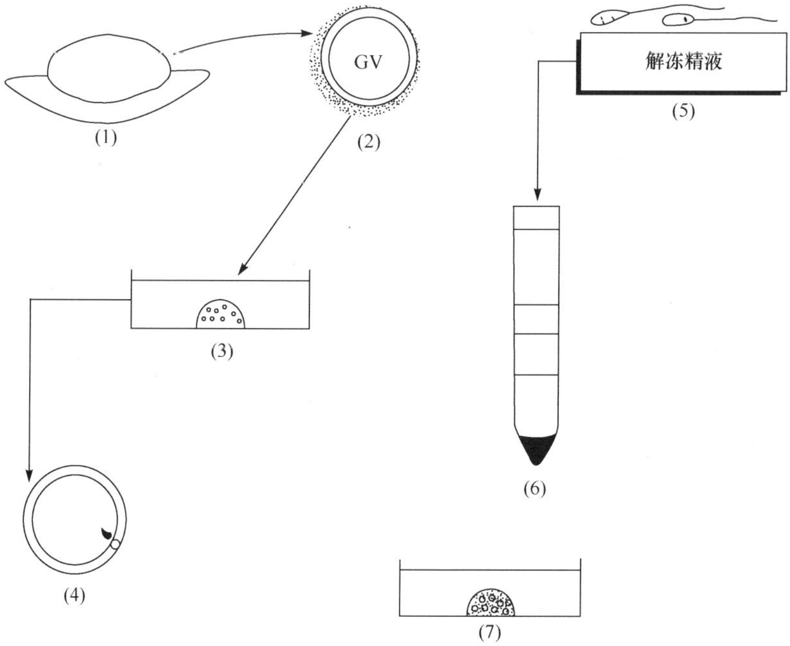


图 8-7　体外受精基本流程(引自 Hafez，2000)
(1)卵巢；(2)GV 期卵母细胞；(3)卵母细胞体外成熟；(4) MII 期卵母细胞；(5)新鲜或解冻的精液；
(6) 精子离心处理；(7)精子获能处理及体外受精培养。

### (一) 卵母细胞的采集

**1. 超数排卵**

用促性腺激素促卵泡素(FSH)、孕马血清促性腺激素(PMSG)、促黄体素(LH)和人绒毛膜促性腺激素(HCG)处理后，从输卵管中取成熟卵子可直接与获能精子受精。这种采卵方式多用于小鼠、大鼠和家兔等实验动物，也可用于山羊、绵羊和猪等小型多胎家畜。在大家畜中，由于操作程序复杂，成本较高，很少使用。这种方法的关键是掌握卵子进入输卵管和卵子在输卵管中维持受精能力的时间，一般要求在卵子具有旺盛受精力之前冲洗并取卵。

**2. 活体采卵**

在人类临床医学上的进展显示，对妇女患者用促性腺激素处理后，用 B 型超声波仪观察卵泡直径，并且借助腹腔镜吸取直径超过 2cm 卵泡中的卵母细胞。之所以这样做是因为这些卵母细胞绝大部分基本发育成熟，取出后经过适当培养可与精子受精并且进一步培养。

在家畜中，绵羊和猪等小家畜常用腹腔镜采集卵母细胞。但牛和马等大家畜常用超声波探测仪辅助采卵，具体方法是用手经过直肠进入把握卵巢，经阴道壁穿刺插入吸卵针，借助B型超声波图像，在阴道吸取大卵泡中的卵母细胞。按照目前的技术水平，一头健康母牛每周可获得5～10枚卵子。在家畜中，活体采集的卵母细胞一般要经成熟培养后才能与精子受精。这种方法对扩繁优良母畜具有重大意义，有些国家已用于商业化生产。

**3. 从屠宰后的母畜卵巢上采集卵母细胞**

从屠宰场将卵巢运送至实验室时，浸泡卵巢的生理盐水温度应保持在比较接近体温的温度，一般控制在33～38℃，但相差4℃对卵子发育不会产生显著影响。为防止污染，浸泡卵巢的生理盐水中应加入青链霉素100～200g/mL。一般来讲，应在卵巢离开母体2～4h内运送到实验室进行采卵操作。

这种方法的最大优点是材料来源丰富，成本低廉，但确定母畜的生产性能和系谱较困难。

### （二）卵母细胞的采取与选择

对于从刚屠宰母畜体内摘出卵巢，需在无菌条件下用注射器或真空泵抽吸卵巢表面一定直径卵泡中的卵母细胞（牛卵泡直径要求3～10mm，绵羊要求3～5mm，猪为3～6mm）。

在镜下观察采集所得卵丘卵母细胞（COC），卵母细胞应形态规则，细胞质均匀，不能发黑或透亮，外围有多层卵丘细胞紧密包围。在家畜体外受精研究中，常把未成熟卵母细胞分为A、B、C和D四个等级。A级卵母细胞要求有三层以上卵丘细胞紧密包围，细胞质均匀；B级要求卵母细胞质均匀，卵丘细胞层低于三层或部分包围卵母细胞；C级为没有卵丘细胞包围的裸露卵母细胞；D级是死亡或退化的卵母细胞。在体外受精实践中，一般只培养A级和B级卵母细胞。

### （三）卵母细胞的成熟培养

从卵巢中获得的卵子属于未成熟卵，需要给予一定的条件进行培养使其自然成熟，达到排卵前后的状态，才能接受精子完成受精。体内卵子的成熟必须有性腺激素的刺激才能完成，因此体外成熟培养也需添加FSH和雌激素。培养时，先将采集的卵母细胞在实体显微镜下经过挑选和洗涤后，放入成熟培养液中培养。家畜卵母细胞的成熟培养液目前普遍采用TCM199添加胎牛血清、促性腺激素、雌激素和抗生素等成分。牛、绵羊和山羊卵子的培养时间为20～24h，猪为40～44h。卵丘卵母细胞复合体经成熟培养后，卵丘细胞层扩散，靠近卵母细胞周围的卵丘细胞呈放射状排列，出现放射冠，释放第一极体并出现卵周隙。用DNA特异性染料染色后，在显微镜下进行核相观察，可见卵母细胞处于第2次成熟分裂中期。

### （四）精子体外获能

精子体外获能是体外受精技术的关键环节之一。体外获能总体包括两个步骤。

(1) 精子的洗涤　将洗涤液加入冻精或鲜精中，经一次或数次离心后除去精清、死精子、冻精的冷冻保护剂及加入的稀释液，以获得高浓度、活力旺盛的精子。目前最常用的牛精子洗涤液为BO液和改良的台氏液(m-Tyrode's，TALP)两大类。应注意，洗涤离心容易对精子造成损伤，表现为随离心时间的延长精子活力显著下降。

(2) 哺乳动物精子获能方法　啮齿动物、家兔和猪的精子通常采用培养获能法：从附睾中采集的精子，只需放入一定介质中培养即可获能；但是射出精子则需用溶液洗涤后，再培养获能，如家兔和猪精子的处理。

牛、羊的精子常用化学药物诱导获能，诱导获能的药物常用肝素和钙离子载体。在体外受精研究中，牛、羊的精子主要采用冷冻精液。获能处理时，精液在30～37℃水浴中解冻后，先用洗涤液离心洗涤两次，然后在获能液中诱导获能。牛和山羊精子获能的方法基本相同：洗涤液常用TALP或BO液，获能时在洗涤液中添加肝素或钙离子载体。肝素对精子有害影响小，可长时间处理，而钙离子载体对精子活力影响较大，处理时间要短，一般在1min左右。绵羊精子洗涤常用输卵管合成液(SOF)或TLAP，获能液由SOF添加发情绵阳血清和肝素。为促进精子运动，获能液中常添加肾上腺素、咖啡因和D-青霉胺等成分。

### (五) 体外受精

体外受精即获能精子与成熟卵子的共培养，除钙离子载体诱导获能外，精子和卵子一般在获能液中完成受精过程。受精培养时间与获能方法有关。在B2液中一般为6～8h，而用TALP×106或SOF液做受精液时可培养18～24h。精子和卵子常在小滴中共培养，受精时精子密度为$1\sim9\times10^6$个/mL，每10μL精液中放入1～2枚卵子，小滴体积一般为50～200μL。卵子受精环境中精子数(或者浓度)非常关键，精子数过少则受精率降低，精子数过多则会造成多精子浸入卵子的比例增加。多精子受精的情况下，受精卵很难发育到囊胚期，少数受精卵能够发育到囊胚期的，在胚胎移植后也在母畜体内凋亡。检查成熟卵受精的方法为将受精卵染色在荧光显微镜下观察，只有一个精子进入卵子的情况为正常受精，成熟卵子内进入2个或2个以上的精子的情况为多精受精。体外受精最容易出现的异常情况是多精受精和卵母细胞的孤雌发育。

多精受精(polyspermy)：许多动物的受精，一般是一个卵内只进入一个精子，而保持单精状态，但有时则有两个以上的精子进入一个卵内，此现象称为多精受精。

卵母细胞的孤雌发育：在自然条件下，卵子激活是由精子穿入刺激引起的。在IVF过程中，有时部分卵母细胞可被一些人工因素刺激，完成减数分裂，排出第二极体并继续发育。由于没有父方DNA的参与，在哺乳动物中孤雌激活胚胎目前没有发育分娩的报道。酸性Tyrode's液、乙醇、蛋白质合成抑制剂和钙离子载体(Calcuim Ionophore A23187，IA)均可诱导卵母细胞激活。

### (六) 培养受精卵达到可以移植阶段的囊胚期

精子和卵子受精后，受精卵需移入发育培养液中继续培养以检查受精状况和受精卵的发育潜力，质量较好的胚胎可移入受体母畜的生殖道内继续发育成熟或进行冷冻保存。

提高受精卵发育率的关键因素是选择理想的培养体系。在家畜中，胚胎培养液分为复杂的和化学成分明确的培养液两大类。复杂培养液中的成分很多，除无机盐和有机盐外，还添加维生素、氨基酸、核苷酸和嘌呤等营养成分和血清，最常用的有 TCM-199、B2 和 F-10。用它们培养胚胎时，可以采用体细胞共培养体系，即体细胞与胚胎在微滴中共同培养，利用体细胞生长过程中分泌的有益因子，促进胚胎发育，克服发育阻断。常用的体细胞有卵丘细胞、输卵管上皮细胞、子宫上皮细胞、胚胎滋养层细胞和豚鼠的肝细胞等。这一方法最先由 Gandalf 和 Moor(1987)用于绵羊体内受精卵的培养，现已广泛用于牛、羊体外受精卵的培养。

由于共培养体系成分复杂，很难确定早期胚胎发育的真正营养需要，因此，成分明确培养液的研究在近几年引起广泛重视，并取得很大进展。这类培养液一般成分简单而明确，培养胚胎时不需要添加血清和体细胞，这对研究哺乳动物早期胚胎发育机理，提高胚胎体外生产效率有重要价值。常用的成分明确培养液有 M199、SOF、CRlaa、KSOM、NCSU-23、CZB 和 mKRB 等。

受精卵的培养广泛采用微滴法，胚胎与培养液的比例为一枚胚胎用 3～10μL 培养液；一般 5～10 枚胚胎放在一个小滴中培养以利用胚胎在生长过程中分泌的活性因子，相互促进发育。胚胎培养条件与卵母细胞成熟培养条件相同。有的实验室采用 88% $N_2$、7% $O_2$ 和 5%$CO_2$ 混合气体培养，以降低培养液中氧自由基浓度，提高胚胎发育率。胚胎在培养过程中要求每 48～72h 更换一次培养液，同时观察胚胎的发育状况。当胚胎发育到一定阶段时可进行胚胎移植或冷冻保存，牛、羊受精卵通常培养到致密桑葚胚或囊胚时进行移植或冷冻保存，猪的体外受精胚胎抗冻能力差，要求在发育早期移入受体内继续发育。在临床医学上，人的体外受精胚胎一般在 2 细胞至 4 细胞阶段移入受体子宫内。小鼠和家兔等实验动物胚胎可以早期移植，也可冷冻保存。

## 四、家畜体外受精技术存在的问题

(1) 囊胚发育率低，细胞数少　体外受精卵在培养过程中普遍存在发育阻断(developmental block)，即胚胎发育到一定阶段后停止发育并发生退化的现象。牛、羊胚胎阻断发生在 8～16 细胞阶段，猪胚胎发生在 4 细胞阶段，这就导致体外受精卵的囊胚发育率远低于体内受精。此外，与体内受精囊胚相比，体外受精囊胚的细胞总数和内细胞团细胞数明显减少。

(2) 产犊率低，胎儿初生重高　家畜体外受精胚胎，特别是牛的体外受精胚胎移入受体后，产犊率比体内受精低(15%～20%)，但胎儿初生重比人工授精后代高 3～4kg，导致受体母畜难产率高。

## 五、体外受精家畜生产展望

利用屠宰场废弃的卵巢通过体外受精技术生产家畜(牛、羊、猪等大型家畜)，无论在产奶还是在产肉的生产应用方面都具有重要意义。现在，由卵子的体外培养和体外受精进行胚胎移植获得的个体发育能力方面，已经没有值得怀疑的问题。因此，通过该技术可以根据市场需求定向生产家畜。例如，屠宰延边黄牛母牛的卵巢，实验室内使用优质延边黄牛公牛冷冻精液体外受精生产延边黄牛胚胎，移植到普通地方黄牛体内而生产延边黄牛个体，收集荷斯坦奶牛的胚胎的情况也具有同样的效果。如此把屠宰场废弃的卵巢利用起来，使优质品种母畜的繁殖能力得到了最大限度发挥，而且利用高性能公畜方面，体外受精技术也能够得心应手。体外受精胚胎成本非常低，在胚胎移植时根据受体的黄体检查，实施双侧子宫角输精而使母畜产双胎，这在实际生产中能够产生更大的经济效益。

目前，从屠宰场废弃的卵巢中，每个卵巢平均可采集 10 枚左右可用卵母细胞，经体外培养成熟和受精后约可获 4 枚可用的胚胎，经过移植给受体母牛，最终可得到 1～2 头犊牛。牛的体外受精胚胎的工厂化生产已在一些发达国家开展。

## 六、辅助受精技术

辅助受精技术(techniques for assisted fertilization)是体外受精技术(IVF)的延伸，它是通过人为方法使精子和卵子完成受精过程，克服精子不能穿过透明带和卵黄膜的缺陷。这项技术起源于 20 世纪 60 年代，在 80 年代得到迅速发展，在医学上已成为治疗某些男性不育症的主要措施之一；在基础生物学中，它对研究哺乳动物受精和发育机理有很重要的价值；它还对挽救濒危动物和充分利用优良种公畜等有重要意义。目前哺乳动物的辅助受精技术有透明带修饰和精子注入两种方法。由于两种方法都需要借助显微操作仪来完成，所以又称辅助受精技术为显微授精(micro insemination)。

**1. 透明带修饰法**

它是运用物理或化学方法对卵母细胞的透明带进行打孔、部分切除或撕开缺口，为精子进入卵黄周隙打开通道，然后把卵子与一定浓度的精子共培养以完成受精过程。这种方法适用于具有一定运动能力，但顶体反应不全，无法穿过透明带的精子。它的优点是对卵子的损伤小，但对于靠透明带反应阻止多精入卵的动物易造成多精子受精，影响胚胎继续发育。目前这种方法仅在小鼠中取得成功。

**2. 精子注入法**

它是利用显微操作仪直接把精子注入卵黄周隙或卵母细胞的胞质中，前者称透明带下授精(subzonal insemination，SUZI)，后者称胞质内精子注射(intracytoplasmic sperm injection，ICSI)，见图 8-8。透明带下授精对注入的精子数有严格要求：具有活力且已发生顶体反应的精子要单个注入；没有发生顶体反应的精子，注入的数目可加大。SUZI 的优点是对卵母细胞的损伤小，已在临床医学上得到运用，但多精入卵是制约这一技术发展的主要原因。胞质内精子注射对精子活力、形态和顶体反应没有特殊要求，只需注入单个精子即可。为提高受精率，有些动物注射后卵子需要人为激活。胞质内注射精子作为治疗男性受精障碍症的方法已在许多国家得以应用，由此获得的试管婴儿数已超过 3000 例。

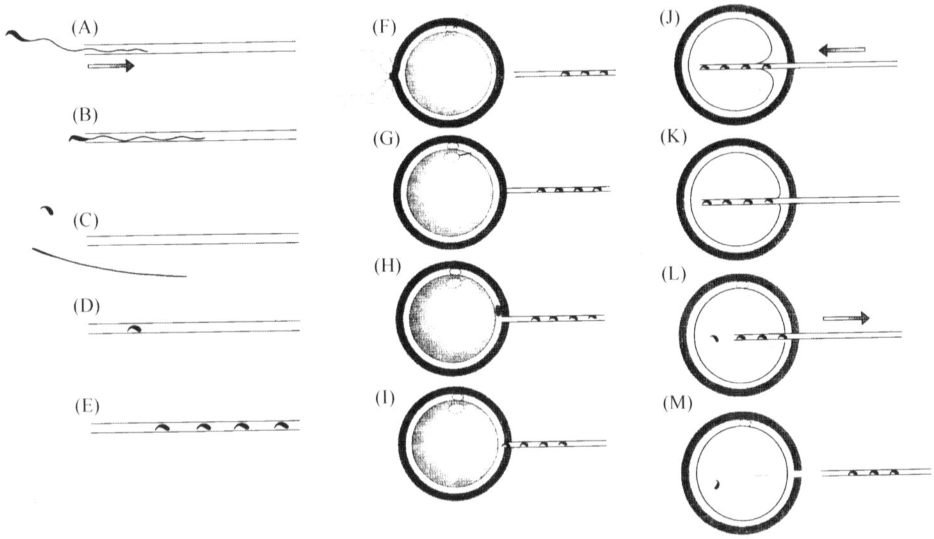


图 8-8　胞质内精子注射基本流程(引自 Andras Nagy et al.,2005)

(A)、(B)用注射针吸入精子,先吸精子尾;(C)用电压脉冲将精子头尾分离;(D)、(E)将一连串的精子头吸入注射针中;(F)将注射针和持卵针定位到卵子处;(G)、(H)用注射针将卵子透明带钻一个孔,透明带的柱状碎片被排入到卵周隙中;(I)、(J)将注射针注入卵子中;(K)借助于压电脉冲装置利用注射针在卵质膜上钻一个孔;(L)和(M)将一个精子头注入卵泡质中并马上将注射针移出

# 第三节　动物克隆技术

克隆(cloning)是英文 Clone 的音译,原意是指以幼苗或嫩枝插条,以无性繁殖或营养繁殖的方式培育植物,如扦插和嫁接。在生物学中,指生物体通过体细胞进行的无性繁殖,以及由无性繁殖形成的基因型完全相同的后代个体组成的种群。而在动物繁殖学中,它是指不通过精子和卵子的受精过程而产生遗传物质完全相同新个体的一门胚胎生物技术。随着克隆羊"多莉"的诞生,整个世界掀起了一阵克隆热,各种各样的克隆动物也随之相继诞生。

## 一、动物克隆技术内容

哺乳动物的克隆技术在广义上包括胚胎分割和细胞核移植技术,在狭义上它仅指细胞核移植技术,其中包括胚胎细胞核移植和体细胞核移植技术。

## 二、动物克隆技术研究的历史

早在 1938 年,Spermann 就通过蝾螈胚胎分割实验证明了自己的核移植设想。1981 年,Hoppes 克隆小鼠成功标志首例哺乳动物克隆成功;1996 年,美国克隆猴获得成功,这是人类首次灵长类克隆成功，并引发克隆人与伦理争论；1997 年，英国克隆绵羊“多莉”的诞生，标志体细胞克隆进入了一个新的时代；1998 年，两头由母牛细胞克隆而成的小牛在东京出生，同年，另有一个国际研究小组宣布克隆出了三代实验鼠；1999 年，华裔科学家赖良学等通过基因敲除和体细胞克隆技术相结合，成功获得基因敲除克隆猪；2000 年，曾参与克隆“多莉”羊的英国公司培育了第一批克隆猪；2001 年，一头稀有品种的克隆亚洲牛诞生，两天后死亡；2002 年，法国研究人员克隆出兔子；2003 年，美国科学家推出了一匹克隆骡，爱荷华州的研究人员称他们克隆出了一头濒临灭绝的爪哇野牛；2004 年，美国加利福尼亚州的一家公司培育出了第一只克隆猫。这只猫后来成为第一只被卖出的克隆宠物；2005 年，韩国科学家宣布他们培育出了首条克隆狗“斯纳皮”。

### （一）胚胎分割

胚胎分割(embryo splitting)是 20 世纪 80 年代发展起来的一种胚胎生物工程技术，是哺乳动物胚胎工程的重要组成部分，它是用人工方法将一个植入前胚胎分割成两个或多个部分，每一部分移植后可发育成一个正常个体，属于动物克隆技术之一。这一技术在发育遗传学、生理学及生产实践上有着多方面的应用。例如，通过胚胎分割可以得到遗传上同质的后代，以研究在遗传背景完全相同的情况下，环境因素对个体发育的影响。在家畜中，通过胚胎分割，增加可移植胚的数量，提高家畜产量，提高优良品种的推广速率等。

**1. 胚胎分割的基本原理**

早期实验胚胎学的研究发现，大多数哺乳动物的胚胎发育是调整发育，即去掉一个早期胚胎的一半，剩余的部分可以调整其发育方向，仍可以发育为一个完整的胚胎。反之，若把两个早期胚胎融合在一起，它们不是发育为两个连在一起的胚胎，而是在细胞间重新调整，仍发育为一个胚胎。但随着发育进程，其调整能力逐渐减弱，细胞的组织发育方向变得越来越固定，直到调整能力完全丧失。

**2. 胚胎分割的基本程序**

把分割用的桑葚胚或囊胚移入培养皿中，用分割针或分割刀片将其切开，吸出其中的半个胚胎，注入透明带中，或直接移植给受体。

**3. 胚胎分割技术的应用**

(1) 生产嵌合体　主要是利用显微操作技术，将同种或异种胚胎的卵裂球分离出来，装入同一个透明带中，或将同种或异种动物的半胚融合在一起，或将一枚胚胎的内细胞团注入另一胚胎的囊胚腔中，经体外培养后移植入受体。嵌合体动物的获得，对于研究胚胎的发生机制、基因表达机制、种间妊娠中母胎之间的相互作用、妊娠过程中的性别分化和免疫识别等，均具有重要意义。

(2) 提高家畜优良品种的推广速率　在家畜改良工作中，要进行特殊遗传性状的强化选择，分割优良种畜的胚胎移植，可以得到更多的后代，有利于迅速获得基因型特别杰出的个体，缩短育种周期。例如，自然出现的牛同卵双胎很少，占分娩的 0.1%～0.4%，而且，自然出现的同卵双胎没有事先经过血缘关系的选择，实用价值很小，通过胚胎分割技术可以避免以上缺点，同时可以得到遗传性状完全相同的同卵双生牛，可以创造出优秀的种公牛。

(3) 产前遗传性状鉴定　胚胎分割可按需要从一个胚胎切出一部分用作性别鉴定、生产性能鉴定、冷冻保存或遗传病诊断，视检测结果决定胚胎取舍。在转基因动物的生产中，分割植入前的胚胎获得样本细胞进行 DNA 遗传分析，只移植外源基因呈阳性的胚胎，这样就可以节约大量的受体动物饲养和管理成本。另外，对于二分胚或四分胚，只要鉴定出其中一枚分割胚的性别，其余的分割胚的性别也就确定了。

(4) 构建异源重构胚胎　对处于囊胚期的胚胎进行不对称切割可以将胚胎分成滋养层和包被滋养层细胞的内细胞团两部分。将外源内细胞团显微注射入受体囊胚腔，然后用玻璃针将受体胚胎的内细胞团切割掉，即构成外源内细胞团和受体滋养层整合而成的异源胚胎的免疫排斥作用，这对于研究异种妊娠具有重要意义。

### （二）胚胎细胞核移植

胚胎细胞核移植(embryonic cell nuclear transplantation)又称胚胎克隆，它是通过显微操作将早期胚胎细胞核移植到去核卵母细胞中构建新合子的生物技术。通常把提供细胞核的胚胎称为核供体，接受细胞核的卵子称为核受体。由于哺乳动物的遗传性状主要由细胞核的遗传物质决定，因此由同一枚胚胎作核供体通过核移植获得的后代，基因型几乎一致，称之为克隆动物。通过核移植得到的胚胎可作供体，再进行细胞核移植，称再克隆。

**1. 胚胎细胞核移植发展简介**

以哺乳动物为材料进行细胞核移植研究开展得比较晚。1981 年，Illmensee 和 Hoppe 采用把小鼠内细胞团(inner cell mass, ICM)细胞直接注入小鼠合子中，然后再去除原核的方法，得到了克隆小鼠，可惜的是这项研究未能被重复出来。1987 年，Tsunoda 等把小鼠 8 细胞胚胎的细胞核移植到去核 2 细胞期的细胞质中，获得了克隆小鼠。另外，陆长富和卢光绣也得到了克隆小鼠。1988 年，Stice 和 Robl 把兔 8 细胞胚胎卵裂球的细胞核移植到去核卵母细胞中后，得到了克隆兔。1987 年，Prather 等把牛 8～16 细胞胚胎卵裂球的细胞核移植到牛的去核卵母细胞中，得到了克隆牛。1989 年，Prather 等将猪 4 细胞胚胎卵裂球的细胞核移植入去核卵母细胞中也获得了胚胎细胞克隆猪。张涌等以及邹贤刚等报道，用山羊 32 细胞期胚胎卵裂球的细胞核作供体成功克隆山羊。通过连续核移植的方法，在 1989 年，Willadsen 获得了胚胎细胞连续核移植第二代克隆牛。1990 年，Bondioli 等获得了牛胚胎细胞连续核移植第六代克隆胚胎和第三代克隆牛。1997 年，Meng 等获得了胚胎细胞核移植的克隆猴。

**2. 胚胎细胞核移植的操作过程**

细胞核移植基本技术环节除基本显微操作技术外，主要包括卵母细胞去核、卵裂球分离、细胞融合、卵母细胞激活、胚胎培养和胚胎移植。

(1) 卵母细胞的去核　完全去除受体卵母细胞细胞核，是进行细胞核移植克隆哺乳动物胚胎的前提。克隆胚胎的发育能力受是否完全除去卵母细胞中期染色体的影响，如果去除不完全，可导致克隆胚胎染色体的非整倍性，造成卵裂异常、发育受阻和胚胎早期死亡。

常用去核方法有如下几个。①盲吸法：用微细玻璃管在第一极体下盲吸，将第一极体连同其下质膜包围的部分胞质(含中期染色体)除去。不同种动物卵母细胞通过盲吸法去核，其去核效率不尽相同。②半卵法：用微细玻璃针在透明带上做一切口后，用微细玻璃管吸去一半细胞质至另一空透明带内，即将卵母细胞分为两半，然后用 Hoechst 33342 染色确定不含染色体的一半为胞质受体。③功能性去核法：使 Hoechst 33342 与卵母细胞 DNA 结合后，用紫外线照射，使核丧失功能。该法虽然避免了对卵母细胞的机械损伤，但紫外线照射对细胞质和克隆胚胎发育能力的影响尚需研究。

(2) 卵裂球分离　胚胎细胞克隆过程中，供体核来自早期胚胎。获取较大数量的同源性供体核，是提高细胞核移植克隆胚胎效率的重要途径之一。然而，胚胎发生致密化后，胚胎细胞间发生紧密连接，形成桥粒，使卵裂球分离的技术难度增加，常导致其死亡。采用蛋白酶 K 或链蛋白酶一次消化 16～32 细胞胚的黏蛋白层及透明带，在无 $Ca^{2+}$-PBS 中轻轻吹打分离卵裂球，可获得较理想的效果。总之，卵裂球的分离方法常常导致实验的不稳定性，会成为影响细胞核移植克隆胚胎效率的一个至关重要的因素。

(3) 细胞融合　细胞融合，即融合时运用一定方法将卵裂球与去核卵子融为一体，形成单细胞结构。细胞核移植克隆哺乳动物胚胎中，最常用的方法是电融合法。电融合法的细胞融合率均高于聚乙二醇或仙台病毒介导的细胞融合率。影响细胞电融合的因素很多。首先，待融细胞间接触面与脉冲电场磁力线方向相垂直尤为重要。这可通过一次交流电脉冲排列或手工排列实现。交流脉冲排列的融合率高于手工排列。其次，不同动物所需的适宜电融合参数(包括脉冲强度、脉冲时程、脉冲次数、电融合液等)不同。

(4) 卵子的激活　在正常受精过程中，精子穿过透明带触及卵黄膜时，引起卵子内钙离子浓度升高，卵子细胞周期恢复，启动胚胎发育，这一现象称为激活。受体卵母细胞胞质的激活，是影响克隆胚胎发育的关键因素之一。克隆胚胎发育能力低可能与卵母细胞未充分激活有关。移核操作后，电诱导融合的同时，也可激活卵母细胞，但激活率不高。卵母细胞的激活率与成熟后时间密切相关，小鼠、兔、牛卵母细胞激活研究表明，稍晚期卵母细胞激活率较高。而体外成熟的牛卵母细胞随卵龄的增加，激活率降低，但以去核早龄卵母细胞为受体的克隆胚胎发育力强。然而，有人研究表明，用稍晚期卵母细胞可提高牛核移植胚体外发育能力。多次电脉冲可使卵母细胞的激活率增加，并能促进核移植胚的发育。此外，在电融合液中加入 $CaCl_2$、三磷酸肌醇可提高卵母细胞激活率；钙离子载体或锶离子载体激活小鼠卵母细胞的能力显著高于电激活等其他激活方法。

(5) 胚胎培养　克隆胚胎需经一定时间的体外培养，才可移植给受体。家兔和猪克隆胚胎在体外培养 24h 以内，即可通过手术法移植给受体；而牛和羊克隆胚胎，出于实际操作需要，所需培养时间较长，一般在其发育至桑葚胚及囊胚时移植。虽然用体细胞与胚胎共培养体系，可克服大多数哺乳动物(尤其是反刍动物)胚胎体外发育阻滞，使牛克隆胚胎发育至囊胚时的细胞数和分化程度与体外受精囊胚无差异，但是，体外培养时间延长可能影响克隆胚胎移植受体后的发育，造成胚胎和胎儿死亡增加、巨犊综合征和难产。因此，进一步改进体外培养体系，将对提高细胞核移植克隆胚胎的效率大有益处。

(6) 胚胎移植　克隆胚胎移植妊娠率和产仔率直接影响获得克隆动物的数量，是判定细胞核移植克隆动物效率的重要指标。家兔细胞核移植克隆胚胎的移植妊娠率低(4%～

10%)，可能是移植于受体时胚龄较早所致；若待克隆胚胎发育至桑葚胚及囊胚后移植，妊娠率可能提高。牛克隆胚胎发育至囊胚阶段移植给受体，妊娠率可达 53.3%。但是，如何协调胚胎体外培养时间与受体的子宫内环境，充分发挥两者的协同作用，以获得较多的克隆动物，仍需进一步研究。

**3. 胚胎克隆技术存在的问题**

(1) 供体核数量的局限性　随着胚胎的发育，细胞的分化程度增高，发育全能性降低，导致克隆效率下降。用分化细胞作为供体核是细胞核移植技术发展的必然趋势。

(2) 受体卵子质量的影响　受体卵子的遗传品质在核移植时没有特殊要求，但重组胚胎的发育能力非常重要。多胎动物，如猪、羊和家兔等可采用超排的方法，取得高质量体内成熟卵子。但是对于牛和马等大家畜来说，卵母细胞的体外成熟是经济而理想的方法。卵子的质量直接影响克隆胚胎的发育率。

(3) 核质关系的影响　人们研究发现用 $G_1$ 期细胞做核供体，MII 期卵子为受体，核移植胚胎发育率较高。但是，早期胚胎细胞大多数处于 DNA 合成期(S)期，当它们被移植到去核的 MII 期卵母细胞后，在成熟促进因子的作用下，DNA 的复制停止，染色体提前凝聚，出现畸形染色体导致胚胎发育率下降。目前研究人员对早期胚胎的发育进行调控，使胚胎细胞同期化在 $G_1$ 期，或预先激活卵母细胞使成熟促进因子浓度降低，以提高胚胎核移植效率。但是，人们现在对核质关系了解很少，无法从根本上解决问题，有待深入研究。

(4) 操作技术的影响　卵母细胞的去核主要采用吸除法，操作过程对卵母细胞的骨架损伤不可避免。此外，操作的经验、熟练程度、环境条件、融合和激活介质等都影响胚胎的发育潜力。

**4. 胚胎核移植技术的发展前景**

胚胎克隆与胚胎分割、卵裂球培养相比，大大提高了生产遗传同质动物的效率。

(1) 在研究动物个体的发生发育过程中，胚胎细胞核移植为探索细胞质与细胞核的相互作用和胚胎细胞的分化规律方面提供了很好的研究手段。

(2) 胚胎克隆技术的完善为体细胞克隆技术发展提供有益的借鉴，在体细胞克隆没有成功的动物中，胚胎克隆依然是理想的无性繁殖技术。

### (三) 体细胞核移植

体细胞核移植(somatic cell nuclear transplantation，SCNT)技术又称体细胞克隆，是利用一定的设备和技术手段，将动物的体细胞与已经去除细胞核遗传物质的卵母细胞体外重组胚胎，然后再于特定的发育时期将重组胚移植到代孕母体的子宫内，完成发育，生产与体细胞供核体遗传上同质后代的过程。

它与胚胎技术相比，有两大优点：第一，同一遗传性状供体核的数量可无限获得；第二，可通过对供体细胞的改造，加速家畜品种改良或生产转基因动物。

**1. 体细胞克隆技术研究概况**

1984 年，Czolouska 等研究表明，已分化的小鼠胎儿胸腺细胞核移植后可以发生形态重塑，形成原核样结构，推测体细胞可支持胚胎发育。Kono 等(1991)报道用小鼠胸腺细胞进行核移植得到了发育的囊胚，但移植受体后未得到后代。1997 年 Willmut 等报道得到了世界上第一只成年体细胞核移植动物——绵羊 Dolly。经过 DNA 指纹分析证明其确实来源于成年绵羊乳腺上皮细胞。从而使体细胞核移植成为研究热点。紧随 Dolly 之后，经过许多学者的努力，小鼠、绵羊、山羊、牛、猪和兔等多种动物体细胞核移植后代纷纷诞生。促使人们开始重新认识细胞分化的本质、细胞分化的理论基础以及分化细胞的全能性。

在 Dolly 诞生之前，核移植研究已积累了相当的经验。他们总结出影响核移植成功的三个因素：受体胞质生物学状态、供体细胞发育状况及核质关系。

1）受体胞质生物学状态

（1）受体类型　用去核卵母细胞作为胞质受体进行体细胞核移植效果较好。

（2）受体细胞的来源　体内成熟的卵母细胞发育的胚胎比体外成熟的卵母细胞好。

（3）胞质受体的卵龄　选择合适卵龄的成熟卵母细胞作为胞质受体，对核移植有很大的影响。一般选择成熟培养 44～48h 的卵母细胞效果较好。

（4）卵泡直径对卵母细胞体外成熟的影响　体外培养通常选择中等直径（3～6mm）卵泡内的卵母细胞，这更有利于体外成熟培养，也可使其发育成为优质的卵母细胞。

（5）GV 期卵母细胞分级　卵母细胞及其周围的卵丘细胞在体外培养时形成一个共同体（COCS），卵丘细胞质量和卵丘细胞层的厚度是卵母细胞分级的标准，卵丘细胞质量是影响卵母细胞体外成熟的重要因素之一。选取卵丘细胞较多的卵母细胞，在成熟过程中促进卵母细胞和卵丘的信息传递，可以提高卵母细胞胞质的成熟质量。

（6）体外成熟培养液　不同哺乳动物，在体外成熟阶段，所使用的培养液也不尽相同。以猪为例，使用 TCM-199 为基础液和以 NCSU-23 为培养液能获得比较理想的胚胎发育效果。

2）供体细胞发育状况

（1）供体细胞类型　到目前为止，用于体细胞核移植的主要有 4 类细胞：①来源于生殖系统的细胞，如成年乳腺上皮细胞、卵丘/颗粒细胞、输卵管/子宫上皮细胞、睾丸支持细胞等，而且以卵丘/颗粒细胞为供核得到的克隆动物最多；②来源于胎儿细胞，如胎儿成纤维细胞；③来源于成体除生殖系统以外的细胞，成体耳部成纤维细胞、肌肉组织细胞、小鼠尾尖细胞和初乳的乳腺上皮细胞；④终末分化的细胞，如 B 或 T 淋巴细胞、神经细胞等，并都有活的后代出生。其中使用较多的两种细胞是皮肤成纤维细胞和卵丘/颗粒细胞。其中，皮肤成纤维细胞是其中使用最广泛的。

（2）供体细胞周期　在体细胞核移植技术中，常用处于 MⅡ期的卵母细胞作为受体。要获得核型正常的重组胚胎，供核细胞需要处于 $G_0/G_1$ 期。如若选择核 S 期和 $G_2$ 期的供核细胞将会导致染色体的非正常性。

（3）核供体细胞的传代次数　多数使用体外培养细胞作为核供体的获得克隆动物的研究，多数使用的是原代培养或短期培养的细胞（4～6 代），研究认为这类细胞有利于核移植胚的发育。而高代细胞支持克隆胚胎发育的能力，有利于核移植技术在转基因动物研究中的运用，如基因敲除研究中需要大量来源于单个细胞克隆的细胞作为核移植的供核。

3）核质关系

核质关系对重构胚的发育影响主要表现在两个方面：一是维持重组胚染色体的正常

组型;二是诱导分化的供核去分化、重编程、恢复全能性。所以它们各自所处的细胞周期阶段以及相互之间周期的协调性对核移植胚胎的成功发育非常重要。

**2. 体细胞克隆技术关键环节——供体细胞的选择**

过去认为,已分化的体细胞是不能分化发育成胚胎的。但是,Wilmut 等用高度分化的乳腺上皮细胞克隆出"多莉"绵羊。在这里,最重要的是要使已分化的细胞脱分化成为未分化的细胞。在他们的实验中,关键的一步是使已分化的乳腺细胞(来自面部呈白色的"Finn Dorset"绵羊)在细胞培养中逸出细胞周期,使它们处于 $G_0$ 期(静息期)。方法是使培养液中的血清浓度从 1%降低到 0.5%,连续培养 5d。然后以其作供体细胞获得核,以面部呈黑色的"Scottish Blaceface"母绵羊去核卵细胞作受体细胞,通过电脉冲使上述核、质融合成融合细胞。将融合细胞先植入母羊的输卵管中 6d,使其发育成胚胎,然后将胚胎植入代理母羊的子宫内,其中有一只怀孕成功,产下"多莉"后代。

**3. 体细胞核移植技术的应用价值**

1) 体细胞克隆技术在畜牧业生产中的应用

人们已经在优秀性状个体扩繁、优质遗传资源的保护等方面进行了有益的尝试。利用体细胞克隆技术,结合胚胎移植等已经非常成熟的生物技术,人们可以节约大量生产种牛的时间和费用,同时,完成对高产、优秀奶牛的扩群。越来越多的资料表明,克隆奶牛的牛奶、克隆肉牛的肉质和自然交配生产的后代对照之间并没有什么不同,完全可以放心食用。另外,还有人利用此项技术克隆本地已经濒临灭绝的牛种,实现了对该品种一定程度的保护。应用该技术可通过对家畜体细胞基因组进行修饰或结合转基因技术生产对某些疾病具有抗性的后代。已经有人在绵羊、牛上尝试利用基因敲除技术生产抗疯牛病的羊、牛;还可以改良牛奶,减少或去除牛奶中对人不利的成分,使牛奶人乳化。在养猪生产中,饲料转化效率高、肉质好、产肉量高、生产周期短、繁殖力强而且具有一定抗病性等都是生产者始终较为关心的性状指标。体细胞克隆结合遗传修饰技术可以在传统遗传育种技术的基础上培育猪的新品种,成为扩大猪群数量的强有力的辅助工具,而逐渐受到重视。对猪的基因组进行修饰也许可以改变胴体组成,使猪肉成为更加卫生的健康食品;也可能有助于更快、更有效地生产猪肉;或者生产对特定疾病具有抗性的猪;再者减少常发生在怀孕第一个月时的胚胎死亡,有利于生产更为环保型的猪。

2) 体细胞克隆技术在医疗临床(疾病,细胞替代疗法)上的可能应用

将体细胞克隆技术和人的胚胎干细胞分离建系技术结合起来,理论上完全可以建立,保存每个人自己的胚胎干细胞系,在患者需要组织、器官移植时,可以诱导其自身的胚胎干细胞系分化成目的组织器官进行移植,可以避免免疫排斥,达到治疗疾病的目的。目前,人们已经利用体细胞克隆技术获得了小鼠-小鼠、人-兔、人-人 ES 细胞系,并已经在小鼠模式上开展了,如帕金森氏症等神经退行性疾病的治疗尝试。当前,全球等待器官移植的患者越来越多,而提供、捐献器官的人非常有限,远远无法满足医疗机构的需要。鉴于猪的器官在大小、功能上和人的比较接近,所以,人们希望能利用猪来提供人所需要的各种器官,开展异种器官移植。

3) 体细胞克隆技术对动物保护的启示

人们在尝试对家畜进行克隆的同时,也在进行着对高度濒危物种的保护性克隆研究。

由于这些濒危物种的数量有限，卵巢卵母细胞、胚胎代孕母体的数量都限制了同种克隆的应用。于是有人开始尝试利用这些濒危物种的体细胞体外培养建系，冷冻保存，用来自其他常见动物，如牛、兔的卵母细胞作为胞质受体重组胚胎的种间或亚种间克隆。

4）体细胞克隆技术在医药生产方面的价值

将体细胞克隆技术与生物反应器的生产制作技术结合，可以对体细胞进行转基因或基因组修饰后，制作生产生物反应器，利用动物的乳腺、膀胱等器官，生产人类疾病治疗、保健所需的蛋白质。许多在全球很有影响的生物技术企业尤其看重体细胞克隆技术在这些方面的应用价值，纷纷投资科研机构开展研究。实际上第一个体细胞克隆动物绵羊"多莉"的诞生就是这种动机的直接产物。

### （四）体细胞克隆技术目前存在的问题

在核移植研究中，目前还存在许多共同的缺陷。首先，克隆动物生产效率低，由于核移植的技术环节太多，每个操作环节都对最终的核移植效果产生直接的影响，而且重构胚移植后妊娠率低，流产率特别高，仅有1%～5%的重构胚能够发育到成体阶段；其次，克隆动物出生时体重偏大，造成难产率也很高。Kruip等分析克隆牛的特性，发现克隆动物在妊娠期及出生重等方面远远超过对照组，且出生后对环境的适应性差，从而造成难产和出生后死亡率的增加；再次，克隆动物出生后死亡、畸形等不良后果，使核移植的总体效率大幅度下降。以前大多数研究发现，体细胞克隆动物有半数多有严重缺陷或是畸形，包括心脏、肺脏等器官携有罕见的缺陷，其中许多未出生的就胎死腹中，或出生后不久突然死亡，还发现许多克隆动物胎盘畸形，大量脐带异常，或有严重的免疫缺陷。Hill等对13头转基因克隆小牛及胎儿进行了分析，大部分牛胎或牛仔的肺脏畸形，心脏肥大，心室壁极薄，特大的胎盘充满了过多的羊水，其中7头死亡的小牛及胎牛的尸体解剖发现有心血管疾病及胎盘异常。William认为，克隆动物产生畸胎、器官缺陷、猝死等问题可能与遗传"印迹（imprinting）作用"受到破坏有关。产前及围产期死亡率增加可能与目前的体外培养系统有关，因为在体外培养胚胎的卵裂球核移植过程中也发现有类似的现象。例如，培养基中血清的存在，导致早期胚胎基因表达发生改变，可能会导致克隆动物出生重量增加；也可能由于移植时，造成创伤，而导致克隆动物死亡；更可能是由于供体细胞DNA不完整，不具备发育的全能性，无法使克隆胚胎发育成完整的个体。

但令人欣慰的是，研究表明出生后存活的克隆动物的机能似乎与正常动物差异不大。Lanza等对他们利用非休眠处理的体细胞进行NT核移植获得的24头克隆牛的近况进行了描述。这24头克隆牛均已达到性成熟，对它们进行体检证明一切正常，没有发现有遗传缺陷、免疫缺陷、过于肥胖等现象。人工输精后，第一次便有87.5%的受孕，剩下的在第二次输精后也受孕。

目前对克隆动物出现异常的机制了解甚少。其中一种可能的机制涉及胎儿生长的基因印记扰乱。虽然现在已经克隆成功的动物数量不少，克隆技术还需进一步的优化研究，还要从分子水平和蛋白质水平研究核移植技术的机理，从而推动核移植技术的成熟。

**延展阅读:异种克隆**

异种克隆是指重构胚的供体细胞和受体卵细胞来源于不同的物种,包括异种重构胚的发育和异种妊娠,异种重构胚在早期发育阶段会出现发育阻滞现象,即使突破阻滞也会出现妊娠困难。异种克隆给保护濒危动物带来一线希望,同时也为研究基因表达调控、细胞分化、物种进化提供一个很好的模型。异种克隆问题的解决,对发育学、遗传学、细胞生物学等基础学科有一定的推动作用,对濒危动物的保护提供新的途径,对人类治疗性克隆提供新的研究方向,对畜牧业的发展产生深远影响。

# 第四节　转基因技术

哺乳动物转基因技术(transgenic technique)是指运用科学手段,从某种生物体基因组中提取所需要的目的基因或者人工合成指定序列的基因片段将其转入另一种生物中,并与另一生物的基因组进行重组,再从重组体中进行数代的人工选育,从而获得具有特定遗传性状个体的技术。通俗地讲:转基因技术就是指利用分子生物学技术,将某些生物的基因转移到其他物种中,改造生物的遗传物质,使遗传物质得到改造的生物在性状、营养和消费品质等方面向人类需要的目标转变。近年来,转基因技术已引起外界的广泛关注。

## 一、哺乳动物转基因技术的研究进展

早期的研究主要是外源 DNA 在微生物中的表达,而将外源基因转入动物体,使其在动物体中进行表达的研究近年来也方兴未艾,有着十分广阔的应用前景。经过数年的努力,科学家已经找到了转移外源基因的可靠方法,并证明了遗传的统一性,即无论是微生物来源的基因还是动植物来源的基因,它们在动植物基因组中都可以有效地表达。尽管在 20 世纪 60 年代后期整个的显微注射活细胞的过程已被描述,但是在获得真正转基因动物前还是又花费了 15 年。

1980 年以后,动物转基因技术逐渐发展壮大起来,成为新兴的生物技术之一。突破了不同种类的动物间的生殖隔离,使它们携带的某些遗传物质可以交换和重组。经历了几十年的快速发展,动物转基因技术在生物领域、医学领域及农业领域都得到了广泛的应用,并且展现出非常广阔的前景,备受各界科研工作者的关注。1974 年,诞生了世界上第一个嵌合体转基因小鼠,利用显微注射技术,Jaenisch 等在小鼠的早期囊胚腔中注入了 SV40 病毒的 DNA,成功获得了第一例嵌合体转基因小鼠;1980 年,Gordon 应用显微注射法首次成功地将重组的外源 DNA 直接注入小鼠受精卵雄原核中,获得了携带外源基因小鼠。1982 年,Palmiter 等在小鼠受精卵雄原核中注入融合了的生长激素基因和金属硫蛋白启动子基因,然后使其得以整合表达,获得了转基因"硕鼠";1997 年,英国 Wilmut 等通过体细胞核移植技术率先制作出世界上第一头转基因克隆羊 Dolly,开创了哺乳动物体细胞核移植的先河,同时也给转基因低下的效率问题提供了解决方案。

体细胞核移植法的优点在于,可先在体外筛选出整合外源基因的阳性细胞,再将阳性体细胞进行核移植，理论上应为 100%的阳性率，这大大减少了受体母畜的数量，节约了实验成本，为大量制备转基因动物铺平了道路。同年，通过该技术获得了乳腺特异表达人凝血因子的转基因克隆羊 Dolly。1998 年，利用同样的方法，Cibellic 等成功生产出 3 只转基因小牛；Keefer 等获得了表达绿色荧光蛋白——*GFP* 基因的转基因山羊；2000 年，McGreath 等首次在羊的 1 原骨胶原(COL1A1) 基因位点定点插入由乳球蛋白基因启动子调控的人 1-抗胰蛋白酶(AAT) 基因，成功得到了基因打靶的克隆羊，其中 AAT 的表达量为 650g/mL，远高于之前报道的 AAT 随机整合的转基因羊的表达量。

基因打靶的克隆动物有 100%的转基因效率，同时也能避开转录不活跃基因座，保证较高的表达量，是转基因动物的理想模型。2001 年，国内的研究人员安晓荣等也成功培育出 2 只表达新霉素抗性基因(*Neo*)的转基因绵羊。显然，经过了科研人员多年不懈的努力，动物转基因技术已经取得很多开创性的成果。但是，体细胞基因打靶技术却是一项非常艰难的工作，只是偶尔才能获得成功，原因在于体细胞能够传的代数非常有限，而且经药物筛选之后，细胞活力差，用这样的细胞来进行核移植实验，胚胎发育率低。另外，基因打靶细胞不能得以有效扩繁，鉴定工作难以在细胞水平上开展，因此在基因功能研究人类疾病模型建立等方面做出了巨大贡献的基因打靶技术，自 1985 年成功以来，基本都是在小鼠 ES 细胞中进行，至今为止，能真正建立 ES 细胞系的动物只有小鼠和大鼠，且大鼠的基因打靶工作在其 ES 细胞系建立 2 年后便成功完成。因此，如果能得到大动物的 ES 细胞系，基因打靶工作可能就变得相对容易。

2006 年日本科学家开辟了新途径，Yamanaka 通过给体细胞转染有限的因子，使小鼠的体细胞重编程为诱导多能性干细胞。3 年之后，便有多个实验室报道了猪 iPS 细胞系的建立。虽然替代 ES 细胞还有许多工作需要突破，但 iPS 细胞无疑给大动物的基因打靶提供了新的发展思路，外源基因的随机整合给动物转基因带来了许多问题，而解决这一序列问题的必要途径是将外源基因的随机整合改变为定点打靶，这还有很长的一段路要走。2009 年，生产高比例的抗原特异性人源抗体的转染色体牛的出生，是转基因动物生产药用蛋白质的有一个里程碑。相信在未来，对基因调控技术与基因表达机制的越来越了解，更加高效的转基因方法一定会被发现，动物转基因技术进一步发展，以及其他相关生物技术的发展，在提高转基因成功率及其高效表达等技术难题方面一定会有很大突破的。从而在更大程度上促进生命科学的发展，发挥其最终服务于人类实际生活的巨大作用。

## 二、转基因技术的研究方法

### (一) 目的基因的构建

基因克隆是 20 世纪 70 年代发展起来的一项具有革命性的研究技术。目标基因是准备导入受体的 DNA 序列，DNA 克隆的第一步是获得包含目的基因在内的一群 DNA 分子，这些 DNA 分子或来自于目的生物基因组 DNA 或来自目的细胞 mRNA 逆转录合成的双链 cDNA 分子。由于基因组 DNA 较大，不利于克隆，因此有必要将其处理成适合克隆的 DNA 小片段，常用的方法有机械切割和核酸限制性内切酶消化。若是基因序列已知而且比较小就可用人工化学直接合成。如果基因的两端部分序列已知,根据已知序列设计引物,从基因组 DNA 或 cDNA 中通过 PCR 技术可以获得目的基因。

体外重组即体外将目的片段和载体分子连接的过程。大多数核酸限制性内切酶能够切割 DNA 分子形成黏性末端,用同一种酶或同尾酶切割适当载体的多克隆位点便可获得相同的黏性末端,黏性末端彼此退火,通过 T4 DNA 连接酶的作用便可形成重组体,此为黏末端连接。当目的 DNA 片段为平端时,可以直接与带有平端载体相连,此为平末端连接,但连接效率比黏端相连低些。有时为了不同的克隆目的,如将平端 DNA 分子插入到带有黏末端的表达载体实现表达时,则要将平端 DNA 分子通过一些修饰,如同聚物加尾、加衔接物或人工接头、PCR 法引入酶切位点等,可以获得相应的黏末端,然后进行连接,此为修饰黏末端连接。

### (二) 导入外源目的基因

外源基因的导入方法目前主要有 8 种。

(1) 受精卵原核注入　以单细胞期受精卵为靶细胞,利用显微注射技术将构建时的载体 DNA 直接注射入受精卵的雄原核,并将注射的受精卵移入假孕母体输卵管继续发育,获得转基因动物个体。该途径获得 GOF 模型的效率较高,操作简便,实验周期短;其转基因的长度没有严格限制;适用的动物物种广泛。但由于转基因的整合是随机的,因此整合的位点、拷贝等均难以精确控制。同时随机整合也可造成较严重的插入突变,影响基因组的其他结构和功能,无法满足精确修饰的要求。此外遗传修饰的方式无法在细胞阶段得到确证,必须在得到转基因动物后才能验证。目前在普通的 GOF 转基因动物研究中,受精卵原核显微注射已作为常规方法推广应用(图 8-9)。

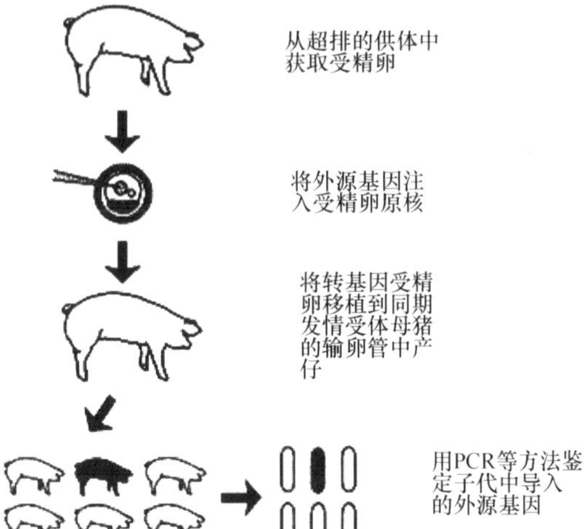


图 8-9　DNA 显微注射(引自 Hafez,2000)

(2) 逆转录病毒感染法(retrovirus-mediated gene transfer)　逆转录病毒是双链 RNA 病毒,它侵染细胞后可通过自身的逆转录酶以 RNA 为模板在寄主细胞染色体中逆转录成 DNA。在利用病毒载体转基因时,首先要对病毒基因组进行改造,将外源基因插入到病毒基因组致病区，然后用此病毒感染胚胎细胞，即可对胚胎细胞进行遗传转化。如果在第一次卵裂之前外源 DNA 整合到胚胎基因组中，可获得转基因动物，在第一次卵裂之后整合，会产生嵌合体，其第二代可能出现转基因动物。此法的最大优点是方法简单，效率高，外源 DNA 在整合时不发生重排、单位点、单拷贝整合，并且不受胚胎发育阶段的限制。缺点是携带外源基因的长度不能超过 15kb，载体病毒基因有潜在的致病性，威胁受体动物的健康安全。

(3) 胚胎干细胞法(embryonic stem cell，ES)介导的基因转移　体外培养 ES 细胞，利用电穿孔等基因转移技术将载体 DNA 转入 ES 细胞后，在体外经过适当的筛选和鉴定，首先得到符合设计要求的基因组修饰，再将所获得的 ES 细胞经过囊胚腔注射等与受体囊胚细胞混合，并移植入假孕母体子宫继续发育产生嵌合体，通过利用生殖系嵌合子代设计适当的交配育种，获得纯系。该系统能将所有上述的遗传修饰在细胞中得以实现，并由此引入到转基因动物整体，遗传修饰能力强且十分精确。基因转移操作简便，体外培养细胞阶段即可经分子鉴定来保证只有发生预设遗传修饰 ES 细胞用于囊胚腔注射，提高了效率。但目前可用于该系统的 ES 细胞系只来源于小鼠，适用物种少。此外动物育种需经过嵌合体途径，受 ES 细胞的生殖嵌合能力以及交配概率的影响，实验周期较长。

(4) 精子载体法　将精子细胞(通常是灭能后，即细胞膜被破坏后)与转基因载体 DNA 混合共浴后，将精子头部直接注射入卵细胞，经过人工受精的受精卵移入假孕母体输卵管继续发育获得转基因动物个体。该方法涉及的基因转移方法简便，效率高；育种所用的体外授精技术已经相当成熟；动物育种不经过嵌合体，实验周期短。但从目前的研究结果来看，该体系和“受精卵显微注射”途径一样具有目的基因整合的随机性和无法早期验证修饰事件等特点，成功的例子不多，还有待进一步的研究。鉴于体外受精卵技术比较成熟，该途径也可能成为较有效的 GOF 转基因动物的建立技术，也可以作为进行生殖系细胞基因治疗的实验研究途径。

(5) 细胞核移植法　以体外培养的哺乳动物体细胞为材料，通过普通的哺乳动物细胞基因转移技术，获得相应的经过遗传修饰的细胞后，直接利用核移植介导的哺乳动物体细胞克隆技术，即将该体细胞的细胞核移入去核的卵细胞中，并将所得细胞移入代孕动物，获得转基因动物克隆个体(该内容将在克隆动物的有关章节介绍)。该系统不仅具有“ES 细胞途径”的全部优点，而且物种适用面广，无需经过嵌合体育种就可直接获得纯合个体，实验周期短，效率高。但作为一个较新的技术体系，体细胞克隆技术在基础理论和实验技术上尚待进一步的完善。从目前已有的几个体细胞克隆动物的实验结果看，普遍反映出实验的成功率较低。该体系的成熟和推广应用依赖于受精卵和核移植卵发育程序的准确启动和精细调控，而这方面的基础研究较为薄弱，目前尚难在规模水平上开展。世界上首例体细胞克隆动物“多莉”羊出现早衰现象，而且只长到 6 岁就死亡，这反映出在体细胞重编程为发育全能性细胞的过程中，尚有许多基因表达精细调控的未知细节。从长远的观点来看，大力发展体细胞克隆重组技术并推广应用到转基因动物的建立，必将大大推动转基因动物技术的发展，它可以综合所有途径的优点，又可以克服它们的缺点，应该说是理想发展方向。同时 ES 细胞在体外能长期培养，又能维持正常的核型，这是其他核型正常的体细胞所不具备的，可能成为在细胞水平对基因组进行精确的遗传修饰的一个重要基础。所以 ES 细胞中完成各种遗传修饰，利用体细胞克隆技术将遗传修饰向整体动物过渡，将可能是一条非常有效的途径(图 8-10)。

(6) 生殖细胞转染法　这种方法是利用外 DNA 对精原细胞进行转化，通过筛选获得转基因阳性精原细胞。然后把阳性细胞移植到受体动物去精细管的生精上皮中，受体动物在核移植前经物理或者化学方法处理使其精原细胞无法分化出精子，这种精子与卵母细胞受精获得的后代就是转基因动物。这种转基因的方法最先由美国滨州大学的 Brister (1994)提出，目前，精原细胞的移植层未获得转基因动物，但具有广阔的发展前景。

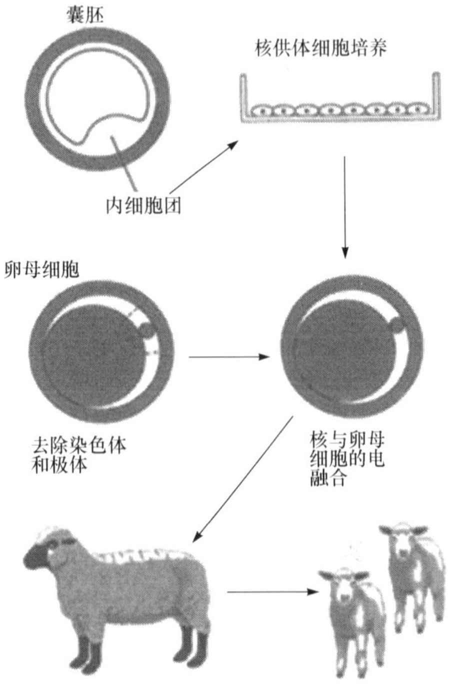

图 8-10　核移植和克隆
(引自 Hafez，2000)

(7) 人工酵母染色体法　人工酵母染色体法是近年来发展起来的新型载体，具有克隆百万碱基对级(Mb)的大片段外源 DNA 的能力，可以保证巨大基因的完整性；保证所有顺式作用因子的完整并与结构基因的位置关系不变；保证较长的外源片段在转基因动物研究中整合率的提高；鉴于基因的完整性，目的基因上下游的侧翼序列可以消除或减弱基因整合的位置效率。此法的关键技术为：ES 细胞转染 YAC 后体外筛选；阳性 ES 细胞囊胚腔注射；YAC 的原核微注射。

(8) 基因打靶法　20 世纪 90 年代出现的新的外源 DNA 导入技术即基因敲除(gene knock out)和基因楔入(gene knock in)。基因敲除类似于同源重组(homologous recombination)，是指外源 DNA 与受体细胞基因组中顺序相同或非常相近的基因发生同源重组而整合到受体细胞的基因组中。此法结合位点精确，基因转移率高，但不能产生核苷酸水平上的突变。条件性基因敲除技术则可以解决这个问题。条件性基因敲除是指在某一特定的细胞类型或细胞发育特定阶段敲除某一特定基因，常用打完就走(hit and run strategy)、标记交换(tag and exchange strategy)和 Cre-loxP 重组系统等新的基因转移策略。

在制作转基因动物时，上述几种方法比较常用。另外，人们还探索了一些其他方法，如畸胎瘤细胞介导法、受体介导法、高效微弹法、扎刺法、激光导入法、磷酸钙共沉淀法等。

## (三) 外源基因的检测

在转基因个体的检测中，通过设计外源基因两端的特异引物，采用 PCR 技术就可以使外源基因片段得以大量的扩增，然后通过琼脂糖凝胶电泳检测特异性扩增带的有无，从而判断动物基因组中是否携带外源 DNA。基因表达分为转录及翻译两阶段，转录是以 DNA 为模板生成 mRNA 的过程，翻译是以 mRNA 为模板生成蛋白质的过程，检测外源基因的表达就是检测特异 mRNA 及特异蛋白质的生成。所以基因表达检测分为两个水平,即转录水平上对特异 mRNA 的检测和翻译水平上对特异蛋白质的检测。转录水平上的检测主要方法是 Northern 杂交,它是以 DNA 或 RNA 为探针,检测 RNA 链。和 Southern 杂交相同,Northern 杂交包括斑点杂交和印迹杂交。也可用 RT-PCR(reverse transcribed PCR)方法检测外源 DNA 在动物体内的转录表达。其原理是以哺乳动物总 RNA 或 mRNA 为模板进行逆转录,然后再经 PCR 扩增。如果从细胞总 RNA 提取物中得到特异的 cDNA 扩增条带,则表明外源基因实现了转录。此法简单、快速,但对外源基因转录的最后决定,还需与 Northern 杂交的实验结果结合。外源基因的表达检测,它是检测转基因动物组织中是否含有目标基因编码的外源蛋白质,表达蛋白质的检测方法有三种。①生化反应检测法:主要通过酶反应来检测;②免疫学检测法:通过目的蛋白(抗原)与其抗体的特异性结合进行检测,具体方法有 Western 杂交、酶联免疫吸附法(ELISA)及免疫沉淀法;③生物学活性的检测。Western 杂交是将聚丙烯酰胺凝胶(SDS-PAGE)电泳分离抗原(antigen)固定在固体支持物上(如硝酸纤维素膜,NC 膜)。不同分子质量大小的蛋白质在凝胶中迁移率不同,据此可确定特定的抗原存在与否以及相对丰度,或者蛋白质是否遭到降解等。蛋白质电泳后转到 NC 膜,放在蛋白质(如牛血清蛋白 BSA)或奶粉溶液中,温育,以封闭非特异性位点,然后用含有放射性标记或酶标记的特定抗体杂交,抗原-抗体结合,再通过放射性自显影或显色观察。

## 三、转基因技术的意义与应用

应用动物转基因技术,按照人类意愿与需求改变动物的遗传性状,为生物制药、畜牧业的发展、医学疾病模型的建立等提供了可行的方法。

### (一)人类疾病动物模型的建立

人类疾病动物模型的建立,对生物医药行业的发展产生了较大影响。目前研究证实,人类疾病很多是由基因变异导致的。通过研究致病基因对机体的影响,建立动物模型,进而对疾病进行更加深入的研究,以发现有效的治疗方法。目前,已成功建立了许多种人类遗传病的转基因动物模型,如多种癌症、阿尔茨海默病、帕金森病、抑郁症和焦虑症、动脉粥样硬化、心脏病等。人类遗传病转基因动物模型的建立可以说为人类基因疾病的研究及治疗提供了强有力的依据。

### (二)畜产品肉质和产量的改良

拥有新的遗传特性的动物品系的诞生,推动了动物品种遗传特性改良的步伐,进而提高了选择的效率,促进优质的农业产品的生产,这在很大程度上推动了畜牧业发展。1986 年,Hammer 等的转基因“超级猪”诞生,成功表达了人的生长激素基因,该转基因猪的粗饲料转化率、日增重以及背膘厚度等指标均有了明显的提高;2004 年,Saeki 等成功克隆了肉质中含有更多不饱和脂肪酸的猪,其不饱和脂肪酸含量比同种普通猪要高出 20%左右,在猪肉质方面有了很大的提高。

### （三）动物生物反应器的建立

动物生物反应器，又称为活体生物反应器。主要包括动物乳腺生物反应器、动物膀胱生物反应器、动物血液系统及禽类的卵等生物反应器。动物生物反应器的制备原理：特异性的外源基因被导入不同组织的受体细胞内，进而与细胞的基因组整合，经过层层处理后可以发育成新的转基因动物体，该个体即可表达迎合人类需求的由外源基因控制的新的性状。1992年，血液中含有人血红蛋白的转基因猪在Swanson等的精心培育下诞生；1998年，尿液中含有人生长激素的转基因小鼠在Kerr等的努力下获得成功；2002年，Harvey等培育出鸡蛋中表达β-内酰氨酶基因的转基因母鸡。动物乳腺生物反应器，一直被公认为是最有效、最天然的外源蛋白的生产者，如人乳铁蛋白、凝血因子VIII、人生长激素（hGH）、人胰岛素样生长因子-1（hIGF-1）、人促红细胞生成素（hEPO）等。目前，可以生产人类所需蛋白质类药物的转基因动物等已经陆续克隆成功，这标志着动物转基因制药的生产研究已达到了一定的水平，而通过动物乳腺生物反应器生产人类所需要的蛋白质药物，是当今生物技术领域的研究热点之一。随着转基因技术的进一步成熟和转基因效率的提高，乳腺生物反应器的研究重点转移到奶牛上。奶牛的产奶量大，但是奶牛怀孕周期长，产胎儿数少，转基因难度大而且价格高，成本昂贵。但是如果能提高转基因的效率而且保证卵子供应充足，那么转基因牛生物反应器的应用前景是不可限量的。

### （四）家畜抗病新品种的培育

动物转基因技术经过逐步完善，已经比较成熟，打破了不同物种间的生殖隔离，突破了亲缘关系的限制，促进不同物种间的基因交流，生产出具有优良性状的新个体或新种群。生产实践中，以培育抗病转基因动物最受关注。1994年，Clements等获得的转基因母羊可以表达病毒性脑膜炎免疫抗体，降低了急性中枢神经系统感染性疾病在家畜中的发病率；2001年，Kerr等获得了高表达溶葡球菌酶基因的转基因小鼠，有明显的抗菌性，这在抑制奶牛乳房炎的发生率方面具有重要的实际应用价值。2006年，Golding等获得了可抑制疯牛病和羊痒病的转基因羊胎儿，2007年Richt等敲出*PRNP*基因培育出不表达该基因的转基因牛，可以有效地降低疯牛病的感染率。由此可见，动物转基因技术在提高动物抗病性方面具有重要的作用。

## 四、转基因技术存在的主要问题

转基因动物研究是人类按着自己的意愿有目的、有计划、有根据、有预见地改变动物的遗传组成，是基于现代分子生物学和动物胚胎和配子生物工程的一项富有挑战性的实验技术。它的研究成果在提高生产能力、改善畜产品质量、生产生物医药产品、研究人类疾病模型特别是在治疗人类的疑难病症方面都显示出了广阔的应用前景。然而转基因动物在研究过程中也存在着一些迫切需要解决的问题。

（1）外源基因的表达混乱　转基因在宿主基因组中的行为难以控制，在宿主基因组中的插入可能造成内源基因的破坏，还可能激活原本已关闭的基因使其进行表达导致动物出现异常。人们对外源 DNA 整合机理的研究发现外源 DNA 是随机整合到胚胎基因组中。由于外源 DNA 自身的重排、突变或受到整合位点附近基因的影响，常出现异位和异时表达或者表达水平低，有的甚至不表达。有的外源 DNA 整合到胚胎的功能基因中，影响胚胎发育或导致遗传缺陷。这些问题的出现给转基因技术的发展带来了很大障碍。此外，外源 DNA 能否稳定遗传也是转基因技术面临的严重问题。

（2）体细胞克隆技术的难题　体细胞克隆等技术环节还有待于成熟并且有些技术会对动物健康产生危害。这就需要研究者在转基因技术的基础理论研究方面进行更为深入的探索，并且在人类道德伦理上还一直存在着争论，制约了其技术的发展。

（3）转基因效率较低　目前，科研试验中最常用的转基因方法是显微注射法，可操作转基因长度范围是 250kb 以下，转基因阳性率为 10%～25%，甚至更低。在家畜转基因研究中，转基因技术支撑体系不够完善主要表现为目前转基因动物的外源基因成功率和成活率极低，这是限制转基因动物发展的主要因素。目前小鼠成活率仅为 2.6%，大鼠为 4.4%，兔为 1.5%，羊为 0.9%，猪为 0.7%，牛为 0.7%等。显微注射后的胚胎不足 1%能发育为转基因后代，小鼠和大鼠等实验动物的转基因阳性率也只有 3%左右，而且转基因阳性动物中仅 50%左右能表达外源基因。

（4）对转基因过程中的精细理论及其过程不甚清楚　如整合的拷贝数、整合的机理、宿主染色体之间的相互作用，以及相同的基因表达调控元件在不同种系的差异与其宿主的遗传背景、外源基因的结构及其各种调控因子结合位点之间的关系等都不是很清楚。

（5）社会问题　尽管转基因动物给人类带来巨大的益处但也存在一些安全性问题。例如，外源基因的插入可能造成基因污染，对生态平衡以及物种的多样性产生不良影响。转基因移植可能加大人畜共患病的传播机会，会给人类带来灾难性的危害等。

虽然目前存在种种问题，但转基因动物研究业已在农业及医药行业显示出巨大的应用潜力和发展前景，相信在不久的将来转基因动物生产将会成为生产行业中的一大景观，其产品开发将形成一种新兴的产业。

## 五、哺乳动物转基因技术的发展趋势

从目前的发展趋势可看出，转基因动物的研究和应用将是 21 世纪生物工程技术领域最活跃、最具有应用价值的项目之一。它的应用是多方面的，转基因动物的应用将给人类的医药卫生、家畜改良等领域带来革命性的变化，特别是在药物生产和供人类移植所用器官的生产等方面，其经济效益和社会效益将是难以估量的。转基因动物生物反应器将主导 21 世纪的生物制药业。据统计，人用蛋白质药物的全球市场每年可达 2000 亿美元。有这样巨大的利益驱动，各产业公司一定竞相投入巨资去开发转基因动物产业。另外，目前在人类器官移植领域，由于器官来源的限制，绝大多数患者无法实现器官移植。目前实施数量最多、效果最好的是肾移植，但仍有 98%的患者因为得不到供体而不能实施此类手术。据专家预测转基因猪器官移植给人体有可能在未来二三十年内成为现实。到那时，转基因动物就可以成为人类丰富的器官供应库，将解决器官移植供体缺乏的问题。总之,转基因动物研究是一个复杂的生物工程系统,从20世纪80年代开始开发至今已20多年,依取得的成绩来看,它已影响到与人类生活密切相关的许多领域,同时也推动了人类生活的进步。虽然转基因动物技术还有待于完善和提高,但随着时间的推移,转基因动物相关产品势必会真正形成产业化和市场化,必定会给人们带来更大的利益。

## 第五节 性别控制

哺乳动物性别控制是一项复杂的生物技术。使动物生产与人类意愿相一致性别的后代,意味着生产资料的高效利用和牧业生产效率的提高,性别控制技术也被用于挽救濒危物种,性别控制方法还可以使我们通过后代性别的选择而避免性连锁疾病的发生。性别控制技术具有非常重要的理论和现实意义。

哺乳动物性别的分化是在性染色体基因和常染色体性别相关基因的复杂作用下的最终结果,哺乳动物的胚胎在性别分化过程中雌性是默认性别,性别决定是一系列基因协调表达的结果,而*SRY*基因可能起到开关的作用。哺乳动物性别控制可以在受精前和受精后两个阶段进行。对受精后的早期胚胎,利用X-酶联法、H-Y抗原法、核型分析法、荧光原位杂交、PCR技术和LAMP(环介导恒温扩增)法性别鉴别,因受到灵敏度、准确率和对胚胎伤害等因素的限制,这些方法不能或不易被推广应用,而受精之前先分离X精子、Y精子,再采用相应性别的精子进行人工授精,得到所需要性别的后代是较理想的方法。分离X精子、Y精子的方法有过滤法、密度梯度离心法、电泳、免疫法和流式细胞仪分离等,目前流式细胞仪法的分离效果最为稳定可靠。

### 一、概 述

#### (一) 定义

性别控制(sex control)是指通过人为地干预并按人们的愿望使雌性动物繁殖出所需性别后代的一种繁殖新技术。一般来说,这种控制技术主要在两个方面进行;一是在受精之前;二是在受精之后。前者是通过体外对精子进行干预,使在受精之前便决定后代的性别。后者是通过对胚胎的性别进行鉴定,从而获得所需性别的后代。

#### (二) 意义

性别控制对人类和动物尤其是家畜的育种和生产有着深远的意义。

(1) 可使受性别限制的生产性状(如泌乳性状)和受性别影响的生产性状(如肉用、毛用性状等)通过人工性别干预获得更大的经济效益。例如,牛、奶牛场主希望从其优质、高产的核心群中繁殖出更多的小母牛来更换奶牛群。而肉用牛场主则希望繁殖出更多的小公牛,因为牛的生产速率和肉的品质与性别有关,公牛生长速率比母牛快,而且阉公牛肉质较好,价格较高。

(2) 可增强良种选种中的强度和提高育种效率,以获得最大的遗传进展。对于家畜育种者来说,根据市场需求,可利用性别控制技术以更高的效率繁殖出所需要的性别种畜。同时,对后裔测定来说,性别控制比无性别控制至少可以节省一半的时间、精力和费用。

(3) 对人类来说,通过精子性别的选择,可以避免怀孕一个与X相关隐性疾病的婴儿,而与X相关的隐性疾病至今已发现370多种。同时,性别控制对于平衡一个家庭后代的性别比例也将起到积极的作用,从而可以控制人口的增长。

## 二、性别控制的研究和发展

性别控制的研究和发展已走过了一个世纪的历程。在18世纪90年代,人们对半翅目*Pyrrochoris*的精细胞观察时发现,有一半精细胞多一段染色体,首次认识了性别决定与染色体有关。1902年McClung认为性别是由这一附加的染色体决定的。因而,性别在受精之时是由精子所决定的。因此,人们的兴趣集中在如何将决定性别的携带不同染色体的精子分开。真正从事严肃的科学的性别控制研究的最初报道始于1925年,Lush试图根据携带X染色体和Y染色体精子密度有差异的原理,用离心法分离兔子的X精子和Y精子。随后,在漫长的近半个世纪中,利用类似的方法来分离精子已有很多报道,如层析分离法、沉积分离法、自由流动电泳法、逆流传递电流法和白蛋白液柱分离法等。类似这些方法可归纳为"物理分离法"。这些方法都是以X精子和Y精子之间存在物理差异为依据,如密度、重量、形态、大小、活力和表面电荷等。

1971年,有人发现H-Y抗原在X精子和Y精子表面上的存在具有差异性,因此,也有许多人做了利用免疫法来分离精子的尝试。20世纪60年代后期流动细胞仪问世后,人们更有兴趣致力于新的、快速的单一细胞测定技术的研究。1976年Gledhill等首先利用流动细胞仪测定X精子和Y精子的DNA,1979年Moruzzi提出以DNA作为性别选择的一种潜在标志,他通过对多种动物精子染色体长度的测定,发现X精子和Y精子中的DNA含量都存在差异(平均差异为6.6%)。20世纪70年代末至80年代末整整10年中,人们仅利用流动细胞仪测定和分析各种动物精子细胞核的DNA含量和分辨非活性的X精子和Y精子,发现家畜X精子和Y精子DNA含量的差异为3.6%~4.0%。1986年Johnson和Pinkel改良了普通的流动细胞仪,使其专门适用于分离活精子。所有这些初步研究为今后最终利用改良的流式细胞检索仪分离X精子和Y精子打下了基础。直至1989年Johnson等首先报道用流动细胞分离检索仪成功地分离兔子活的X精子和Y精子,用分离的精子授精并产下后代以后,这一技术的研究才取得突破性和实质性的进展。随后,在家畜牛、猪、羊和人都相继取得成功,至今已产下了数以百计的预选性别的后代。目前认为最科学和最可靠的分离精子方法是根据X精子和Y精子的DNA含量存在差异的原理,利用改良的流动细胞检索仪分离X精子和Y精子,以达到性别控制的目的。

## 三、性别控制技术研究

### (一)受精后的性别控制研究

鉴定移植前胚胎性别是受精后对后代进行性别选择的一种方法。因为在自然条件下，公母的性比例接近 50∶50，当选择一种性别胚胎时，必然会弃掉另一半的性别胚胎。尽管鉴定移植前胚胎性别有一定的局限性，但是这种方法对控制后代的性别仍有一定的意义。性别鉴定方法包括细胞遗传学分析、H-Y 抗原、X-连接酶的测定和 Y 染色体特有探针(Bondioli et al.，1992)等，在众多性别鉴定方法中，聚合酶链反应(PCR)扩增性别特异性 DNA 序列是相对简单、快速、廉价和准确的方法。用早期胚胎单个或多个卵裂细胞球的基因组 DNA 进行性别鉴定是法医学和遗传学分析的重要工具。起初，利用 PCR 的方法对哺乳动物进行性别鉴定是对 *SRY* 基因(位于 Y 染色体上的特有序列)的扩增。然而，*SRY* 基因只显示一条带，当实验中条带没有出现时，不能判定是雌性样本还是实验过程中出现了错误。因此，需设计一对内标引物(如 ZFX/Y)作为阳性对照，但需要增加时间和材料。

目前，多采用 *SRY* 基因对山羊进行性别鉴定，采用 *AMEL* 基因的却鲜有报道。*AMEL* 基因同时存在于 X 染色体和 Y 染色体上(AMELX、AMELY)，根据其内含子长度在两条性染色体上的不同，只需设计一对引物就能扩增出不同长度的基因片段(图 8-11)。雌性基因组 DNA 的 PCR 产物经过电泳检验得到对应 X 染色体的一条非特异性条带，而雄性基因组的 PCR 产物可以得到两条条带，分别对应 X 染色体的非特异性条带和 Y 染色体的特异性条带。*AMEL* 基因进行性别鉴定是一种更加快捷、准确的山羊性别鉴定方法。

一套扩增 *AMEL* 等位基因的引物在 X 染色体和 Y 染色体上扩增出的 PCR 产物的长度存在明显的差异 (60bp)。利用 PCR 扩增 *AMEL* 基因对山羊的性别鉴定方法简单、可靠，更有利的是它能对少量的基因组 DNA 进行性别鉴定。这种方法在活体胚胎组织性别鉴定和家畜的性别控制方面有很大的发展前景。这一方法仅是选择胚胎性别，不能控制性别，操作繁琐，易损伤早期胚胎，生产上不能推广，可应用于科研。

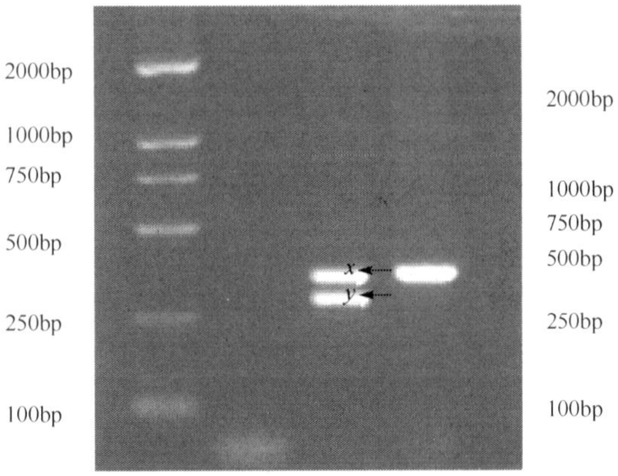


图 8-11　PCR 扩增 *AMEL* 基因鉴别山羊性别

## (二) 受精前的性别控制研究

在受精之前对精子进行有目的地选择是性别控制最理想的途径，因为通过这样的途径，在卵子受精之前就可知道它的性别。这一途径将为生产预知性别的胚胎和繁育预知性别的后代带来更好的经济效益。分离精子的方法很多，根据分离的方法，可归纳为如下几种。

**1. 物理分离法**

同卵子相比，哺乳动物精子细胞小得多，头部长度仅为 5～10μm，物理分离法是以 X 精子和 Y 精子之间存在一定的物理性差异为依据，如密度、大小、重量、形态、活力和表面电荷等。根据研究方法，物理分离法还可分为如下几种方法，即沉积分离法、自由流动电泳法、层流分离法、白蛋白液柱分离法和传递逆流电流法等。

在两种精子中，X 染色体的 DNA 含量多，这种差异因物种而不同，一般为 3%～5%；

X精子、Y精子的密度分别为1.1141g/cm$^3$和1.1134g/cm$^3$；采用芥子(quinacrine mustard,Q-M法)染料对奎丫因Y染色体染色，Y染色体长臂末端特异性的被深染，并形成强荧光小体(F小体)；Y精子能表达H-Y抗原，这种抗原主要存在于Y精子的顶体部分。根据两种精子间的这些差异有很多精子分离方法。根据X精子与Y精子物理特性上的差异沉降法、密度梯度离心法、凝胶过滤法和电泳法等各种技术分离精子进行临床实验，1925年，Lush试图利用精子的密度差异，通过离心分离精子的方法控制兔子后代的性别，结果不理想。此后，大多数分离精子的研究都通过"物理分离法"进行，以X精子和Y精子之间存在的细微物理差异(密度、电荷、运动特性等)为依据进行分离。虽然1967年Schilling等使用沉降下层的精液部分给母牛授精，得到70%雌性率；1986年，铃木达行用梯度离心法分离牛的精子，用分离的X精子层授精后得到77.8%的母犊；Cardon(1975)电泳分离兔精液时，用阳极精液授精，仔兔中有74.3%的雌性率等；但这些试验之间存在很大的差异(甚至得到相反的结果)，重复性差，不足以指导生产。

**2. 免疫学分离法**

1971年，发现精子表面存在雄性特异组织相容性抗原(即H-Y抗原)。随着高效价H-Y抗体技术的建立，人们致力于用H-Y抗体选择性结合Y精子来改变动物性比例的研究越来越多。例如，Zavos于1983年用抗H-Y抗血清处理兔阴道，抑制Y精子从而选择X精子，结果74%为雌性。然而，当用流动细胞测定技术检测用免疫法分离的X精子和Y精子时，发现X精子和Y精子与H-Y抗原的结合无差异性。这表明X精子和Y精子可能共同存在相同的表面抗原，因为它们同源于相同的睾丸内环境。目前，许多人对精子是否存在H-Y抗原的性别特异表达持怀疑态度。利用精子膜上存在的性别特异抗原制备特异抗体，然后利用特异的抗原抗体反应将两种精子分离。1987年Zavos利用X精子、Y精子在抗原方面的差异(H-Y抗原)分离精子，得到78.9%雌兔后代和74.4%母犊；Blecher等用分离性别特殊蛋白质的方法分离牛精子，得到雄性率大于90%的结果，罗承浩等用H-Y抗血清制作性别化冷冻精液结合体外授精得到雌性后代比率为60.7%，比自然出生母犊性比率提高10.7%。但这些实验准确性比较低，成本高，重复性差并没有在生产中应用。受到分离纯化技术的限制，在蛋白质水平寻找X精子、Y精子弱差异蛋白是极其困难的，性控蛋白疫苗的研究至今没有大的突破。

单倍体精子有很多性染色体特异基因表达，精子mRNA与其发生、成熟、获能、顶体反应和精卵结合相关。而利用分离的高纯度X精子、Y精子，在X精子、Y精子性别差异表达基础上，应用核酸疫苗技术，避开蛋白质水平寻找X精子、Y精子弱差异蛋白这个困难，可以成为新的开发性控疫苗的研究途径。性控疫苗的研究是控制性别最理想的方法之一，采用X精子和Y精子传统蛋白质疫苗研究是极其困难的，短期内可能不会有大的进展，而基于高纯度分离X精子、Y精子的性控DNA疫苗候选基因的筛选为这方面研究开创了新的技术路径。

**3. 母畜生殖道环境的干预分离X精子、Y精子技术**

除了进行精子分离，在授精时还可以对生殖环境进行干预，以实现受精前的性别控制。这是人类最早采用的性别控制方式。家畜发情是一种生理过程，在这个过程中，输卵管分泌物的pH发生了逐渐由酸性变成碱性的变化，而X精子、Y精子也有不同的酸碱耐受性，X精子能耐受酸性环境，而Y精子能耐受碱性环境。来自精液电泳的实验表明，X精子、Y精子表面电荷有差别，在电场中，表现出不同的泳动速率和泳动方向，这也是X精子、Y精子对酸碱耐受性不同的一个旁证。以排卵为界，排卵前输精多生母，排卵后输精多生公。在生殖道中或精液中添加一些物质以达到改变授精环境的目的。这些物质有酸性缓冲液乙酸、乳酸、精氨酸等，使生殖道的pH降低，提高了产母犊率，这些研究的生产应用效果不稳定。

以上多种精子分离方法的效果都不令人满意，有的效果较好，但又没有重复性，或只适用一种物种而不能应用于其他物种。至今还没有哪一种方法可应用于生产实际。

## 四、流式细胞分离检索法

流式细胞仪来分离X精子和Y精子是当前较准确的方法，也是控制哺乳动物性别最为可靠的主流技术。

### （一）流式细胞检索仪分离精子的基本原理

动物X精子和Y精子携带的常染色体是相同的，而性染色体的DNA含量总是有所差异，这一差异性奠定了利用流动细胞检索仪分离X精子和Y精子的理论基础（图8-12）。经过处理的精子与荧光染料（Hoechst 33342）在一定条件下共同孵育染色，让这种活细胞染料与精子DNA的AT富含区域结合，X精子、Y精子在DNA含量上的差异使其结合的荧光染料量也有差异，当它们被激光照射时，所释放出的荧光信号强弱也有差异（X精子较强），此信号通过仪器的计算机系统扩增和识别，当含有精子的液体离开激光系统时，变成含精子的微液滴并被充上正（X精子）或负（Y精子）电荷，借助偏斜板（电场）把X精子或Y精子分别引导到2个收集管中，分辨不清的精子被抛弃。准确分辨X精子和Y精子的关键在于正确定位、染色等。检索主要依靠头部染料结合后荧光信号的强弱来判断（图8-13、图8-14）。

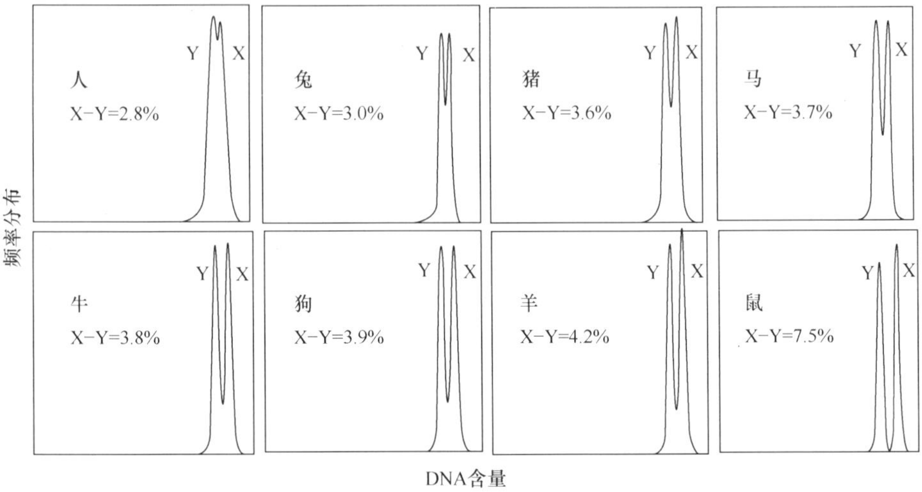


图8-12　各种动物X、Y染色体DNA含量差异

图 8-13 分选 X 精子、Y 精子流式细胞仪

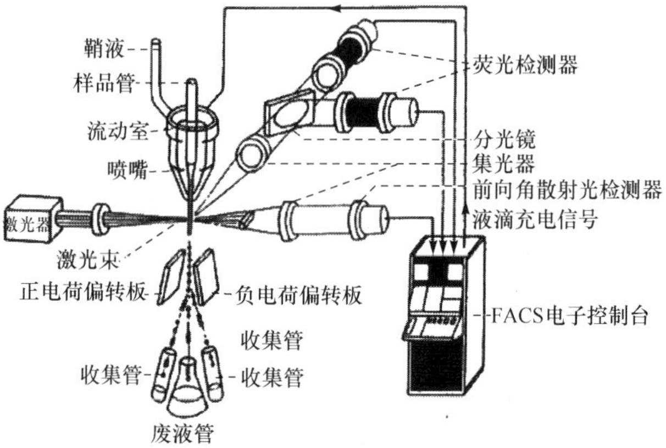


图 8-14 流式细胞仪 X 精子、Y 精子的分选原理模式图

精子与荧光染料(Hoechst 33342)在一定条件下共同孵育染色后用食物色素复染处理,活精子不被 FOODDYE 染色参加分选,着色死精子被分选仪识别为废弃精子,所以分选获得的精子均为活精子。

准确分辨 X 精子和 Y 精子的关键是精子的正确定位,这是由于放射出的荧光信号最大限度地依赖于精子的定位,而哺乳动物的精子是不对称的,尤其是反刍动物精子头部是椭圆形并呈稍扁状,还由于精子核被细胞质高度地包裹着,精子被激光束激发时从精子边缘发射出的荧光则比半透明的扁平面更光亮。如精子定位不正确,真正反映 X 精子和 Y 精子 DNA 差异的荧光则被遮蔽,因而检索系统很难分辨出本来 DNA 差异就很微小的 X 精子或 Y 精子。激光从不同角度照射所激发的荧光强度差异很大(精子的扁平面向着检测器时荧光低,边缘向着检测器时高),很容易掩盖 X 精子、Y 精子 DNA 差异带来的微弱的荧光强度差异。当精液通过检索系统时,定位正确的精子被准确分离,不正确的分辨不清的被丢弃。

不同动物精子动物 X、Y 染色体 DNA 含量差异不同,并且精子头部面积(精子扁平面的面积)也存在较大差异,X、Y 染色体 DNA 含量差异与精子头部面积的乘积——理论上的分选指数,如牛:131、猪:115、羊:112、兔:84、猫:80、狗:82、马:59、人:31、鹿:120。研究表明,精子 DNA 含量差异大且精子头部面积大的物种更好分离,如牛精子比猪的好分离,而人的精子的分选难度比牛高 4 倍。

哺乳动物精子头部扁平,通过改进喷嘴(喷嘴内部的锥形构造使定位更好,可对精子产生液压直到精子排到激光前)和改进电场的系统设计,结合系统压力的调整,提高单精子液滴的产生率、精子分离率和分离精子的产量。在精子定位理想,50Psi 压力下每秒可形成 80 000 个液滴,每秒可分离性别活精子各 10 000 个,仪器效率极大提高,即使这样在分离过程中仍有大部分精子被抛弃。要再突破则需要从分离程序上做大的变动,短时间内难以办到。而压力太高、速率太快会影响分离后精子的活力。目前,流式细胞检索仪精子性别分离速率一般可达到每小时 $1.5\times10^7$ 个,分离精子的产量基本能够满足牛、羊的低剂量输精人工授精需要,对猪等(每次需要 10 亿以上输精量)动物则需要特殊的辅助技术配合。

随着分离技术的不断改进，精子分离效率有了惊人的提高(图 8-15)。从分离速率看，与 20 世纪 90 年代初相比，2001 年分离速率已提高了 30 倍。90 年代初每小时只能分离 X 精子和 Y 精子各 36 万个，而 2001 年已达约各为 1100 万个。从分离纯度看，则保持相对的稳定(90%左右)。分离纯度的评定既可用实验室方法，也可从胎儿 B 超检查或产出后代的性别鉴定而获得。实验室方法有精子样品重分析、胚胎 PCR 和 FISH 检测。其中精子样品重分析是一种比较可靠、简单、快速的方法，即把已分离的样品放回流动细胞检索仪作重新分析可马上得知其结果，如猪和牛，其纯度为 85%～98%。产后性别鉴定无疑是最准确的，但等待时间较长。例如，牛，综合 Cran 等(1995)和 Seidel 等(1999)报道，在生下的 200 头犊牛中，用分离的 Y 精子进行人工受精(AI)或体外受精(IVF)后进行胚胎移植(ET)而产下 61 头犊牛，其中 90%为公牛。用分离的 X 精子进行 AI 或 IVF 后进行 ET 而产下 139 头犊牛，其中 83%为母牛。

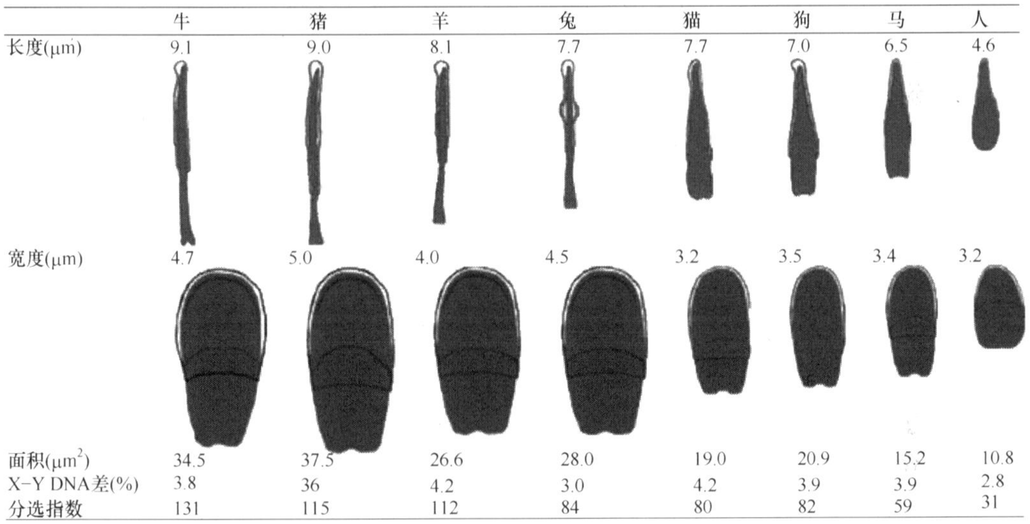


图 8-15　精子分离效率和准确率(仿自 Duane L. 2006.)

## (二) 分离精子的应用

Seidel 等采用子宫深部低剂量人工授精，利用分离的不冷冻精子、冷冻精子，使用 10 万～250 万输精量得到犊牛，经过大量试验(使用 1370 头青年母牛，22 头公牛，进行 11 个试验)，还发现：冷冻分离精子与新鲜分离精子授精后的怀孕率没有明显差异；分离冷冻精子授精剂量 100 万～150 万个与 300 万个精子怀孕率没有差异；将冷冻的分离精子输入子宫角与输入子宫体的怀孕率没有差异。卢克焕与合作者的一系列研究表明：用性别分离精子进行体外受精产生的胚胎，移植后产出表现正常的后代，而且性别决定准确率达到 90%；Paranace 等在超数排卵后利用分离精子，结合 ET 技术大批量产下了牛犊，Cran 等使用性别分离新鲜精子，结合 IVF、ET 技术第一次得到了牛犊。单精子胞质内注射(ICSI)也是 IVF 的另一种选择，此法对于充分利用由于分离数量较少以及活力可能降低的分离精子来说意义更大，用分离精子进行 ICSI 后已获得 10 头预选性别犊牛，其性别准确率为 80%的报道，Catt 等也用 ICSI 方法把一个分离的 Y 精子注射到卵子后也获得了 1 头公羔羊。

在牛的精子分离、保存和性别分离精子的使用方面已不存在技术问题。英国的 Cogent 公司于 2000 年首先开始将性别分离精子投入商业使用，为其下属牧场主提供奶牛分离精子的服务。美国等也已开始商业化生产。我国内蒙古、新疆、黑龙江、广西等省(自治区)都纷纷引进该分离仪器进行精子分离试验。广西大学于 2002 年购买了流式细胞检索仪，目前主要供科研和中试使用。2004 年，从 XY 公司购买了一些流式细胞检索仪，开始在国内用于奶牛性别分离精子商业化生产，每支含 200 万～250 万精子、活率 0.4 的 0.25mL 细管售价为 150～300 元人民币。

在其他动物，Johnson 使用性别分离精子产下兔子，用 X 精子产下的仔兔 94%是母兔，用 Y 精子产下的仔兔 81%是公兔，1996 年 Catt 等采用性别分离精子用细胞质内精子注射法(ICSI)产下羊羔，1997 年 Cran 使用 $10\times10^6$ 个非冷冻性别分离精子，通过腹腔镜子宫体授精产下羊羔，2004 年 Morton 等用解冻的非性别分离、性别分离精子进行体外胚胎生产后产出羔羊。绵羊性别分离精子或解冻精子在雌性生殖道中有受精能力的时间短，需在靠近受精地点和临近排卵时授精，才能获得好的受精效果和怀孕率。Buchanan 等报道，使用 $25\times10^6$ 性别分离的非冷冻精子马子宫角授精时，可获得 40%怀孕率。Morris 等用 $10\times10^6$ 不冷冻的性别分离精子采用子宫镜授精等方法产出了小马，Op-Brien 等(2001，2005)、Schenk(2003)做了非人类灵长类、驼鹿(elk)等方面的一些工作。

在国内，卢克焕与合作者对水牛精液分离及分离精液的人工授精、MOET(超数排卵胚胎移植)、IVF 进行了一系列研究，高庆华和魏海军 2006 年 9 月和 2007 年 9 月成功分离梅花鹿和马鹿精液，速率已能达到每秒分离 X 精子、Y 精子各 4500 个，纯度均超过 91%，并且进行了直肠把握子宫颈法(对马鹿)和内窥镜法(对梅花鹿)的低剂量冻精输精实验，罗军和高庆华 2007 年 8 月成功分离萨能奶山羊精液，速率已能达到每秒分离 X 精子、Y 精子各 4500 个，纯度均超过 93%，并且进行了内窥镜的低剂量冻精输精实验，后代的性别比与输精的 X 精子、Y 精子纯度均高度吻合。

### （三）分离精子在人临床上的应用

美国弗吉尼亚州的遗传与体外受精研究所(Genetic&IVF Institute，Virginia)已率先进行分离人精子的研究和临床应用。其目的一是防止与性别有关联的遗传疾病；二是平衡家庭中的性别比例。1998 年他们首先利用分离的 X 精子为 119 位妇女进行 IVF 或 ICSI 或子宫内授精(IUI)，结果 IVF 或 ICSI 的临床怀孕率为 21%，而 IUI 的为 11%。女婴的性别准确率为 88%。随后，该研究所又对 332 个妇女进行分离精子的 IVF、ICSI 或 IUI。其中为防止与 X 有关联遗传疾病的妇女 46 个(占 14%)，为平衡家庭性别比例的 286 个(占 86%)。要求平衡家庭性别比例的 286 对夫妇，在已检查或已产的孕妇中，女婴的性别准确率为 94.4%(37/39)，男婴的为 73%(11/15)。以上不管是分离精子 IVF 或是 IUI 的怀孕率，与非分离精子比较并没有差别。目前，该研究所已将这一技术投入商业化应用之中。

### （四）分选精子推广的成本、安全和人员培训问题

各种动物甚至同种不同个体间精子分离及处理、保存等要求差异很大，需要筛选采用合适的染色液、鞘液、收集液、保存液、分选参数和保存方式，这在实际生产中增加了分选成本。当前养牛业中性别分离精子已商业化使用，绵羊、马也开始进入了实用阶段，但性别控制精液每剂冻精的精子数量比正常精子数量低一个数量级，使用性别分离精子比非分离精子授精后怀孕率低，流式细胞检索仪精子性别分离速率已达到每小时 $15\times10^{6}$ 个精子以上，可满足牛的低剂量人工授精需要，但在养猪生产等方面的应用，还需要结合低剂量子宫深部授精、体外受精等技术才行。而昂贵的设备和高精子分离费用，对该技术的大规模推广有影响。

使用流式细胞检索仪分离精子时，在处理、分离及以后的保存、使用阶段，精子细胞都可能受到许多因素的损害：高度稀释、核染色、机械压力（通过检索仪时）、激光、离心、冷冻等，到目前为止，尚未发现流式细胞检索仪分离精子对后代遗传稳定性有明显影响，猪、牛、兔的分离精子受精后代可以正常繁殖下一代。使用流式细胞检索仪进行精子性别分离后产下的后代没有明显的表型或基因型变化。但分选过程精子的损伤，尤其是对 DNA 的损伤是否对后代的健康和遗传稳定性有影响目前尚不清楚。

分选精子人工授精推广需要一大批熟练技术人员，这些人员培训要达到输胚员的技术水准，这项技术大规模应用，还需要比较长的一段时间。

## 五、应用前景

随着科学技术的不断发展，当前，世界上畜牧业较发达的国家，无不利用高新生物技术来发展本国的畜牧业生产。在家畜繁殖方面，人工授精、胚胎移植、体外授精和性别控制仍是人们进行家畜育种和畜牧业生产所利用繁殖新技术的四大法宝。人工授精和冷冻精液技术从 20 世纪 50 年代以来已被广泛应用，从而充分发挥了种公畜的生产性能；胚胎移植技术则从 70 年代以来被得到广泛推广和应用，从而，种母畜的优良遗传性能在生产实践中也得到充分的利用；体外受精技术，自 80 年代末完全体外化“试管犊牛”诞生以来，该技术目前已趋于成熟并逐渐应用于生产。因而，人们多年来所期待的在实验室内生产大量廉价优质胚胎的愿望已变成现实。而性别控制技术，虽然人们早已研究，但进展缓慢。一直到 1989 年才取得突破性的进展，而后在 90 年代得到进一步发展。如果把人工授精、胚胎移植、体外受精和性别控制繁殖新技术的四大法宝同时结合应用于家畜育种和畜牧业生产之中，那么，对畜牧业生产的发展将起到无可估量的作用和产生极其深远的影响。

# 第六节　动物胚胎干细胞技术

胚胎干细胞（embryonic stem cell，ESC），简称 ES 或 EK 细胞。胚胎干细胞是早期胚胎（原肠胚期之前）或原始性腺中分离出来的一类细胞，它具有体外培养无限增殖、自我更

新和多向分化的特性。无论在体外还是体内环境，ES 细胞都能被诱导分化为机体几乎所有的细胞类型。

## 一、简　　介

自 1981 年 Evans 和 Kaufman 首次成功分离小鼠 ES 细胞，国内外研究人员已在仓鼠、大鼠、兔、猪、牛、绵羊、山羊、水貂、恒河猴、美洲长尾猴以及人类都分离获得了 ES 细胞，而且已经证明小鼠 ES 细胞可以分化为心肌细胞、造血细胞、卵黄囊细胞、骨髓细胞、平滑肌细胞、脂肪细胞、软骨细胞、成骨细胞、内皮细胞、黑色素细胞、神经细胞、神经胶质细胞、少突胶质细胞、淋巴细胞、胰岛细胞、滋养层细胞等。人类 ES 细胞也可以分化为滋养层细胞、神经细胞、神经胶质细胞、造血细胞、心肌细胞等(图 8-16)。ES 细胞不仅可以作为体外研究细胞分化和发育调控机制的模型，而且还可以作为一种载体，将通过同源重组产生的基因组的定点突变导入个体，更重要的是，ES 细胞将会给人类移植医学带来一场革命。

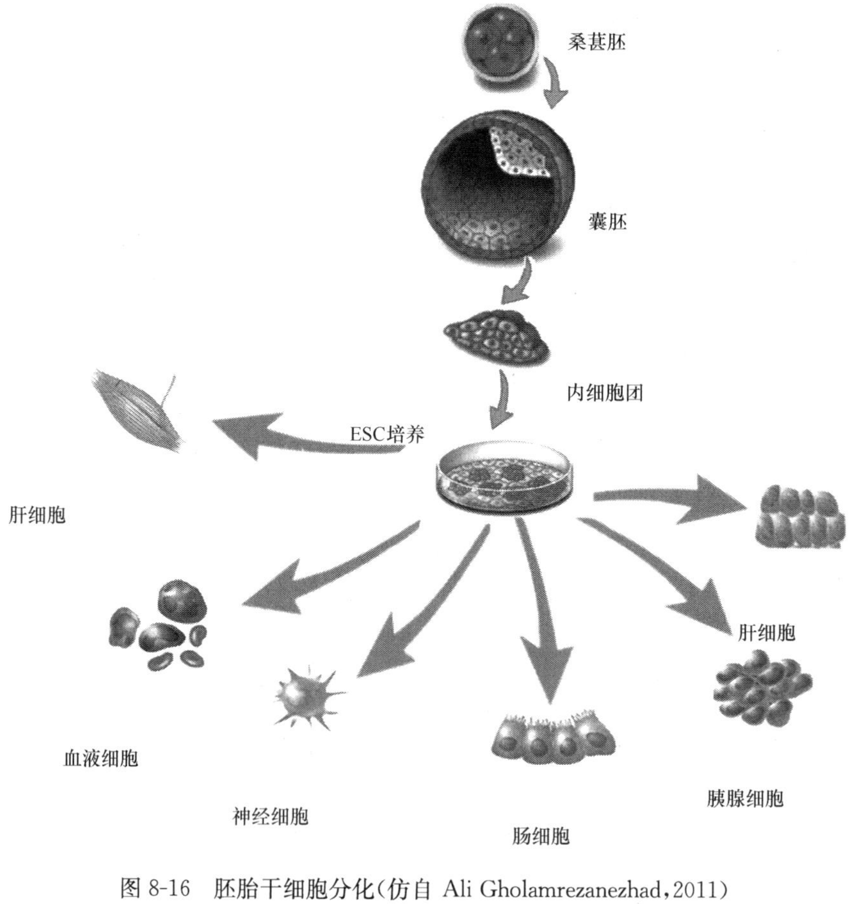


图 8-16　胚胎干细胞分化(仿自 Ali Gholamrezanezhad, 2011)

人胚胎干细胞多能性通过其分化成不同类型细胞来评价。

进一步说，胚胎干细胞(ES细胞)是一种高度未分化细胞。它具有发育的全能性，能分化出成体动物的所有组织和器官，包括生殖细胞。研究和利用ES细胞是当前生物工程领域的核心问题之一。ES细胞的研究可追溯到20世纪50年代，由于畸胎瘤干细胞(EC细胞)的发现开始了ES细胞的生物学研究历程。

## 二、生物学特性

### (一) 形态学特征

ES细胞具有与早期胚胎细胞相似的形态结构，细胞核大，有一个或几个核仁，胞核中多为常染色质，胞质少，结构简单。体外培养时，细胞排列紧密，呈集落状生长。用碱性磷酸酶染色，ES细胞呈棕红色，而周围的成纤维细胞呈淡黄色。细胞克隆和周围存在明显界限，形成的克隆细胞彼此界限不清，细胞表面有折光较强的脂状小滴。细胞克隆形态多样，多数呈岛状或巢状。小鼠ES细胞的直径为7～18μm，猪、牛、羊ES细胞的颜色较深，直径为12～18μm。

### (二) 分化

ES细胞的全能性是指ES细胞在解除分化抑制的条件下能参与包括生殖腺在内的各种组织的发育潜力，即ES细胞具有发育成完整动物体的能力，可以为细胞的遗传操作和细胞分化研究提供丰富的试验材料。ES细胞发育全能性的标志是ES细胞表面表达时相专一性胚胎抗原(stage specific embryonicant，SSEA)，而且可以检查到*Oct4*基因的表达，这两种蛋白质是发育全能性的标志。ES细胞中AKP及端粒酶活性较高，可用于ES细胞分化与否的鉴定。ES细胞的多能性是指ES细胞具有发育成多种组织的能力，参与部分组织的形成。将ES细胞培养在不含分化抑制物的培养基上，可以形成类胚体。将ES细胞在特定培养基进行培养，可以定向分化成特定组织，如ES细胞在含有白血病抑制因子(LIF)和维生素A酸(RA)的培养基上，可以分化形成全壁内胚层，将ES细胞与胚胎细胞共培养或将ES细胞注入囊胚腔中，ES细胞就会参与多种组织的发育。

### (三) 功能

胚胎干细胞具有多能性(pluripotency)，具有可以通过细胞分化(cellular differentiation)成多种组织(所有组织，包括生殖系细胞)的能力，但无法独自发育成一个个体(利用四倍体融合技术可以得到完全由所用ES细胞发育而来的个体)。它可以发育成为外胚层、中胚层及内胚层三种胚层的细胞组织。这里我们所说的多能性与我们平常所理解的多种分化潜能的细胞存在着不同，英文单词中很好区分，一个是pluripotency；另一个是multipotency。我们这里理解的多能性是可分化成三胚层的任意细胞，而多种潜能细胞则只能分化成为有限的几种细胞，如造血干细胞。在无外界提供分化的刺激之下(即可在实验环境下生长)，胚胎干细胞在经过多重细胞分裂之后，仍然能保有万能分化性(但有实验数据表明在培养过程中ES细胞也会发生变化)。成体干细胞能否保有万能分化性，直到现在仍然有争议(目前一般不采用体外传代来扩增成体干细胞)。不过，有研究已示范了多能干细胞可以从成纤维细胞等很多细胞中产生出来，这也就是目前很热的诱导性多能干细胞（induced pluripotentstem cell，iPS cell），目前越来越多的数据显示这种多能干细胞和胚胎干细胞还是存在很大差异的。

胚胎干细胞具有无限增殖的能力，能够在体外以胚胎细胞所特有的原始未分化方式进行无限增殖分化；具有种系的传递功能，其遗传特征可进入胚系，遗传给下一代。

### （四）ES细胞的鉴别

现在通行的方法是运用形态学、核型分析、碱性磷酸酶（AKP）免疫染色法和表面抗原的特异性检测等综合技术来加以鉴定。

（1）形态学　ES细胞体积相对较小，核大，核质比高。体外ES细胞呈现特有的集落式生长方式，细胞集落一般呈圆形或椭圆形，形似鸟巢，边缘光滑清楚，内部细胞排列紧密。细胞之间边界不清。

（2）碱性磷酸酶（AKP）免疫染色法　ES细胞中的AKP的活性非常高，可用免疫染色的方法来鉴别。用染色液固蓝RR或固绿B盐，萘酚AS-TR磷酸盐进行鉴定，阳性染色细胞为红色，阴性无色。

（3）表面抗原的特异性检测　ES细胞表面带有胚胎阶段特异性表面抗原（SSEA），其中小鼠ES细胞以SSEA-1为主，而人的ES细胞则表达SSEA-3、SSEA-4为主，此外人类ES细胞还带有高分子质量糖蛋白TRA-1-60、TRA-1-81标志以及M1-22-25、CMA-7等，但也存在着特异性不强的问题，寻找鉴别人类ES细胞的特异性表面标志是今后研究的重点之一。

（4）体内外分化实验　体内实验一般是将ES细胞悬浮液接种到动物皮下，形成畸胎瘤，组织切片并染色观察。体外实验是使撤去抑制因素的ES细胞自由分化。形成单胚体或类胚体后，在显微镜下观察所分化的细胞类型。

（5）制作嵌合体动物　将ES细胞与8～16细胞阶段的胚胎共培养后，植入假孕母体子宫，可发育为嵌合体动物，其遗传特征可进入胚系，遗传给下一代。这是目前公认的检验ES细胞最有说服力的方法。

（6）*Oct-4* 活性检测　POU结构域的转录因子 *Oct-4* 基因所表达的蛋白质是细胞具有全能性的标志。ES细胞中含有 *Oct-4* 基因，经 *Oct-4* 基因产物的免疫荧光检测可呈阳性。

此外，还有葡萄糖磷酸异构酶（GPI）检测法，以及检测法、体内外分化实验均可用来鉴定ES细胞。

### （五）各类分离的ES细胞

#### 1. 小鼠ES细胞

小鼠ES细胞的分离方法基本成熟，且已广泛应用于生命科学研究的各个领域。1981年Evans首次分离得到小鼠ES细胞，他以手术切除受精后2.5d小鼠卵巢并结合激素注射干扰子宫环境，从而使胚胎延迟着床，再回收胚胎，将其体外培养于STO细胞饲养层上，结果得到了小鼠ES细胞系。Martin以免疫外科法剥离小鼠囊胚滋养层细胞，得到内细胞团(ICM)并将其置于 STO 细胞饲养层上,培养基为小鼠 PSA-1ES 细胞条件培养基,结果也得到小鼠 ES 细胞。此后,Axelord 等用微滴法得到小鼠 ES 细胞系;Kaufman 等用单倍体延迟着床小鼠囊胚建立同源二倍体 ES 细胞系;Wobus 等首次用原代小鼠成纤维细胞作饲养层建立了小鼠 ES 细胞系;Smith 等首次使用大鼠肝细胞条件培养基作为分化抑制物建立了小鼠 ES 细胞系。Brook 等进一步完善了小鼠 ES 细胞的分离方法,以致从许多品系小鼠包括近交系和突变系,都可获得 ES 细胞。

分离小鼠 ES 细胞并非只能从囊胚,也并非必须依赖饲养层细胞。Dhhaise 等将 52 枚 8 细胞小鼠胚胎消化成单个分裂球并培养于小鼠原代成纤维细胞饲养层上,所用培养基为 DMEM/F12,并添加 100mL/L 的胎牛血清、100mL/L 的新生犊牛血清和 0.1mmol/L 的 2-巯基乙醇,5d 后,出现多个干细胞集落,消化传代后建立了一个 ES 细胞系 MSB1。将 MSB1 注入 SCID(severe combined immunodeficient mice)小鼠,能产生包含三胚层分化物的畸胎瘤,注入 52 枚囊胚产生了 2 个活的个体(1 雄,1 雌),但雄性个体无生殖能力。Tojo 等用同样方法从杂交小鼠(C57BL/6×DBA/2)8 细胞胚也得到了 ES 细胞。小鼠 ES 细胞具有无限增殖的自我更新能力。Suda 等将小鼠 ES 细胞传 250 代以上没有出现转化的迹象,它们仍具有正常的二倍体核型;在生殖系嵌合体中能产生正常的配子;作为核供体能重组克隆胚胎。上述结果表明小鼠 ES 细胞是永生性的。

**2. 大鼠 ES 细胞**

Iannaccone 等从大鼠 PVG 近交系分离克隆大鼠 ES 细胞系——RESC-01,该细胞系对 SSEA-1 和 AKP 呈阳性,在大鼠胎儿成纤维细胞饲养层上能很好的增殖,在体内环境能分化形成多种细胞类型。RESC-01 细胞系在体外悬浮培养时形成的胚体出现有节律的收缩运动,将其注入囊胚并移植假孕母鼠能生成嵌合体。Kawase 等也利用大鼠胎儿成纤维细胞做饲养层,从 DA 大鼠品系分离建立了 RES-DA1ES 细胞系,它与小鼠 ES 细胞形态相似,表达 AKP 和 4C9 抗原。Brenin 等也用不同的方法分离得到了 ES 细胞。Sun 等以大鼠 ES 细胞为核供体,得到了核移植后代。Vassilieva 等发现大鼠 ES 细胞表达 SSEA-1、Oct-4 和 IL-6 等细胞标记。

**3. 猪 ES 细胞**

Piedrahita 等采用 STO、猪成纤维细胞和猪子宫上皮细胞作为饲养层,以 DMEM 为基础培养液,从猪囊胚 ICM 分离 ES 细胞,发现猪囊胚 ICM 在 STO 或 PMEF 饲养层上可以附着增殖,而在猪胎儿成纤维细胞饲养层上虽可附着但增殖甚微,传不过 4 代即发生死亡。Evans 等将 6～7d 猪囊胚直接培养于 STO 饲养层上,挑出 ICM 细胞经增殖传代培养建立了猪 ES 细胞系。Strojek 等认为分离猪 ES 细胞的最适胚胎为第 10 天囊胚。研究表明,6～7 日龄胚胎在培养过程中极易发生死亡,ICM 克隆获得率极低,而第 10 天的胚胎容易培养,ICM 克隆获得率较高,但细胞易于分化。Vasil'ev 等研究了胚胎发育阶段、培养基种类、饲养层细胞等影响猪 ES 细胞分离的因素,结果表明不同发育阶段的附植前囊胚是影响猪 ES 细胞分离的限制性因素。Wheeler M B 等报道猪 ES 细胞能形成正常的嵌合体和包含三胚层分化物的囊状胚体,在维甲酸和 DMSO 的作用下,猪 ES 细胞能分化形成上皮细胞、肌肉细胞、脂肪细胞、成纤维细胞等,Miyoshi 等从体外授精囊胚分离得到猪 ES 细胞,并以类 ES 细胞为核供体,获得了核移植囊胚。

**4. 牛 ES 细胞**

Saito 等在加有 LIF 的培养基中对牛 ICM 进行培养，分离得到牛 ES 细胞并进行传代。Sims 等使用与一般 ES 细胞分离完全不同的低密度培养法，使用 BRL(buffalo rat liver)条件培养基并添加亚硒酸钠、胰岛素、运铁蛋白和 50mL/L 胎牛血清，培养 6～10d，得到 15 个 ES 细胞系，将其作为核供体进行核移植得到 659 枚重构胚，卵裂率 70%，囊胚率 24%，将其中 34 枚胚胎移植 27 头假孕母体，13 头妊娠，最后生出 4 头犊牛。而 Stice 等报道，以牛 ES 细胞为核供体建立的重组胚在移植受体后虽然会出现妊娠现象，但妊娠时间不超过 60d，主要是因为胎盘畸形发育，包括缺乏子叶以及子宫阜出血。若将重组胚与正常 8 细胞胚嵌合，则该嵌合胚可发育至 85d，胎儿同样缺乏子叶，DNA 分析证实 50% 的嵌合体胎儿组织来源于 ES 细胞。Ito 等分析比较了牛体内和体外培养的桑葚胚分裂球和囊胚 ICM 分离 ES 细胞的效果，结果仅在囊胚组获得了类 ES 细胞。Cibelli 等由 49 枚 7 日龄牛胚胎 ICM 分离到 27 个 ES 细胞系，用注射法将 β-半乳糖苷酶基因导入 ES 细胞，选择转染的 ES 细胞注入 8 细胞～16 细胞牛胚，其中 18 枚胚胎移植 7 头受体，妊娠 5 周后，得到 12 个胎儿。对胎儿进行检测，6 个胎儿分别在生殖腺或原始生殖细胞(PGC)中检测到标记基因，表明 ES 细胞参与生殖系嵌合。Cibelli 等建立应用牛胎儿成纤维细胞核移植生产转基因牛类 ES 细胞的方法，得到 6 头嵌合体。Mitalipova 等自致密桑葚胚分离牛 ES 细胞，最高一株 ES 细胞传至 150 代，且表达 SSEA-1、SSEA-3、SSEA-4 和 c-kit 受体。

**5. 羊 ES 细胞**

Handyside 等以绵羊皮肤成纤维细胞和胎儿成纤维细胞作饲养层，从 7～8 日龄绵羊囊胚分离类 ES 细胞，结果得到内胚层样细胞而无 ES 细胞出现。Tsuchiya 用免疫外科法分离 8～9d 绵羊囊胚 ICM，培养于 STO 细胞饲养层上，得到 2 个类 ES 细胞系，传至 4 代。Tillmann 等用胎牛肝成纤维细胞作饲养层分离得到传至 20 代的绵羊类 ES 细胞和 40 代的山羊类 ES 细胞。Modinski 等将绵羊 ES 细胞与囊胚嵌合得到 2 只嵌合体绵羊。Campbell 等用第 1～3 代的类 ES 细胞作核供体进行核移植，得到了 4 只绵羊。

**6. 兔 ES 细胞**

Graves 等从兔子附植前囊胚分离得到 ES 细胞，并进行了初步鉴定，证明它们具有在饲养层上保持未分化状态的增殖能力，体外传代培养 1 年以上，仍具有正常的核型，且能形成包含三胚层分化物的胚体。之后，Niemann 等以 PMEF 为饲养层，建立了 9 个兔 ES 细胞系。Schoonjans 等将兔 ES 细胞注入囊胚获得了包括生殖系在内的嵌合体兔子。陈颖等以 PMEF 为饲养层培养兔分割囊胚，结果得到传至 7 代的兔 ES 细胞，将第 2 代的兔 ES 细胞与囊胚进行嵌合，得到 1 只皮毛嵌合体仔兔，但未证实 ES 细胞是否参与了生殖系嵌合。

## 三、应用及前景

### (一) 生产克隆动物

ES 细胞从理论上讲可以无限传代和增殖而不失去其正常的二倍体基因型和表现型，

以其作为核供体进行核移植后，在短期内可获得大量基因型和表现型完全相同的个体，ES 细胞与胚胎进行嵌合克隆动物，可解决哺乳动物远缘杂交的困难问题，生产珍贵的动物新种。也可使用该项技术进行异种动物克隆，对于保护珍稀野生动物有着重要意义。

### （二）生产转基因动物

用 ES 细胞生产转基因动物，可打破物种的界限，突破亲缘关系的限制，加快动物群体遗传变异程度，可以进行定向变异和育种。利用同源重组技术对 ES 细胞进行遗传操作，通过细胞核移植生产遗传修饰性动物，有可能创造新的物种；利用 ES 细胞技术，可在细胞水平上对胚胎进行早期选择，这样可以提高选样的准确性，缩短育种时间。

### （三）用于器官组织移植

作为一种被称之为“种子细胞”的 ES 细胞，为临床的组织器官移植提供大量材料。人 ES 细胞经过免疫排斥基因剔除后，再定向诱导终末器官以避免不同个体间的移植排斥。这样就可能解决一直困扰着免疫学界及医学界的同种异型个体间的移植排斥难题。

### （四）用于细胞治疗

细胞治疗是指用遗传工程改造过的人体细胞直接移植或输入患者体内，达到治愈和控制疾病的目的。ES 细胞经遗传操作后仍能稳定地在体外增殖传代。以 ES 细胞为载体，经体外定向改造，使基因的整合数目、位点、表达程度和插入基因的稳定性及筛选工作等都在细胞水平上进行，容易获得稳定、满意的转基因 ES 细胞系，为克服目前基因治疗中导入基因的整合和表达难以控制，以及用作基因操作的细胞在体外不易稳定地被转染和增殖传代开辟了新的途径。

### （五）细胞替代治疗和基因治疗的载体

胚胎干细胞最诱人的前景和用途是生产组织和细胞，用于“细胞疗法”，为细胞移植提供无免疫原性的材料。任何涉及丧失正常细胞的疾病，都可以通过移植由胚胎干细胞分化而来的特异组织细胞来治疗。例如，用神经细胞治疗神经退行性疾病（如帕金森病、亨廷顿舞蹈症、阿尔茨海默病等），用胰岛细胞治疗糖尿病，用心肌细胞修复坏死的心肌等。

胚胎干细胞还是基因治疗最理想的靶细胞。这里的基因治疗是指用遗传改造过的人体细胞直接移植或输入患者体内，达到控制和治愈疾病的目的。这种遗传改造包括纠正患者体内存在的基因突变，或使所需基因信息传递到某些特定类型细胞。

## 四、存在的问题

在 ES 细胞的建系中，研究人员还没有找到分离获取各种动物 ES 细胞的最佳时期；也未能保证 ES 细胞高效增殖和有效抑制其分化，因此往往出现非整倍体核型。在 ES 细胞的应用研究中，目前仅仅局限于用 ES 细胞分化特定细胞以期望修复替代坏损组织细胞，而且常常存在着免疫排斥问题。此外，ES 细胞研究一直存在着悬而未决的伦理问题。

# 第七节　哺乳动物胚胎嵌合体技术

嵌合体动物(chimeras)是指由两种或两种以上具有不同遗传性的细胞系组成的聚合胚发育成的个体。早期嵌合体动物主要作为发育生物学中的一种十分有用的工具,用于研究胚胎发育过程中组织器官的发生等,1986 年建立胚胎干细胞 (embryonic stem cell, ES cell)介导的转基因的途径,可制作带有定点突变基因的动物品系。用基因打靶策略可以精确构建疾病的动物模型,在各个水平研究基因功能;用基因诱捕策略可以鉴定新基因和分析它们在生物现象中的重要性,这是其他转基因方法所不能比拟的。嵌合体动物的获得是实现"ES 细胞途径"的决定性步骤,并可用于筛选有种系传递能力的 ES 细胞,因此嵌合体动物技术得到了更广泛地应用。

## 一、嵌合体研究概况

自通过胚胎融合首次培育出嵌合体小鼠以来(Tarkowski,1961;Mintz, 1962),嵌合体动物的研究得到了极大关注。Gardner(1968)创建了囊胚注射法,即注入囊胚里的细胞与宿主内细胞团(inner cell mass,ICM)结合形成嵌合体。多种供体细胞支持小鼠嵌合体形成,包括 ICM(Gardner, 1968)、畸胎癌细胞(teratocarcinoma cell)(Mintz and Illmensee, 1975)、ESC(Bradley et al. ,1984)、胚胎生殖细胞(Matsui et al. ,1992)、体细胞核移植(SCNT)产生的多能细胞(Wakayama et al. , 2001) 以及诱导性多能干细胞(iPSC)(Okita et al. ,2007)。嵌合体动物在其他哺乳动物中也相继开展,截至 2013 年的近 30 年里,科研人员已经嵌合成功的嵌合体动物有小鼠、大鼠、兔、绵羊、山羊、猪、牛、猴等;种间嵌合体动物有大鼠-小鼠嵌合体、绵羊-山羊嵌合体、马-斑马嵌合体、黄牛-水牛嵌合体等。

## 二、嵌合体的制作

嵌合体动物的制作就是将具有全能性 (totipotental)的细胞导入受体胚胎形成聚合胚,然后将其移植到母体子宫中继续发育。全能性的细胞可以参与受体胚胎发育共同形成嵌合体动物,并可分化成三个胚层 200 多种细胞,如果嵌合到生殖细胞则可以产生与导入全能性细胞遗传背景一致的后代,这种现象称为生殖系传递(germ line transmission,GLT)。只有实现 GLT 才能使基因修饰从细胞水平向整体动物水平过渡,所以 GLT 有重要意义。

### (一) 可导入的全能性细胞

(1) 8 细胞胚、桑葚胚的卵裂球、ICM 细胞。

(2) 胚胎干细胞　ES 细胞由早期胚胎分离而来。

(3) 胚胎生殖细胞 (embryonic germ cell,EG cell)　EG 细胞是从着床后胚胎原始生殖细胞分离而来。

(4) 胚胎性癌细胞（embryonic carcinoma cell, EC cell）　EC 细胞来源于生殖细胞肿瘤。

(5) 诱导性多能干细胞 iPSC。

### （二）全能性细胞导入胚胎的途径

目前，制作嵌合体的方法主要有聚合法和囊胚显微注射法，聚合法适用于同种、发育阶段处于同步或者差距不大的胚胎。通常情况下，8 细胞期的聚合率最高。囊胚注射法难度较大，但适用面更广，可用于种内和种间嵌合，供体和受体发育阶段可同步也可不同步。对于不能去除透明带的动物，如兔等（着床前需要透明带），只有用囊胚法制作嵌合体。

**1. 囊胚显微注射法**

囊胚显微注射法（blastocyst microinjection）是最经典的嵌合体动物制作方法，方法是用显微注射仪将全能性细胞注射到囊胚腔中，培养至囊胚腔恢复后移植到假孕雌性动物的子宫中，在出生的幼仔中筛选嵌合体动物。囊胚腔注射法嵌合体获得率最高，在基因打靶研究中绝大多数研究者都是用此方法。Saburi 和 Lallemand 发现在 8 细胞和桑葚胚透明带下注射，也可获得嵌合体，而且嵌合的程度高，操作更简单，但嵌合体获得率低。

**2. 聚合法**

将脱去透明带的 8 细胞胚相互接触黏附，共同发育，至囊胚期移植假孕小鼠子宫后可有嵌合体小鼠出生。与囊胚显微注射法比较，聚合法简单，无需昂贵的仪器，技术要求相对较低，而且可同时处理多个胚胎，效率较高，可作为囊胚腔注射法的一种备择方法。

## 三、嵌合体鉴定

嵌合体鉴定也称嵌合体分析（analysis of chimera），通过分析所选择的不同细胞系的遗传标志在嵌合体中的出现，即可判定是否不同培养细胞参与了嵌合胚的发育。现在对嵌合状态主要的检测方法如下。

### （一）遗传标记

**1. 毛色（coat color）**

在构建嵌合体时选毛色与 ES 细胞来源品系毛色不同的小鼠胚胎做受体，出生一周即可从毛色上初步观察嵌合情况。早期的研究认为毛色的嵌合与内脏的嵌合成正比。随着研究的深入，Nagy 等的研究表明，即使毛色全部显示 ES 细胞来源品系特征时，内脏也不一定完全由 ES 细胞组成，毛色嵌合程度与内脏嵌合明显的相关，而与 ES 细胞的体外分化倾向有一定关系。

**2. 葡萄糖磷酸异构酶（glucose phosphate isomeras, GPI）同工酶电泳法**

该酶基因有三个共显性的等位基因，在近交系小鼠中基因纯合，嵌合体中不同遗传背景细胞系在各组织器官中的嵌合情况可通过电泳条带的类型分析。虽然它的灵敏度约为 2%，不能精确到细胞，受基因表达翻译的影响，但它快速、简便和价格适中，在嵌合体分析中是一种广泛应用的遗传标记。

**3. 原位杂交法**

Loffe 等用含标志基因的 ES 细胞制作嵌合体，标志位于细胞核中，用原位杂交的方法检测不受转录和翻译的影响，检测精确到单个细胞水平，嵌合的位置和细胞数都可统计，方法比较简单。在用 ES 细胞介导的转基因途径建立的嵌合体动物中都可使用。绝大多数 ES 细胞为 XY 型，对于用这些 ES 细胞制作的雌性嵌合体动物用 Y 染色体探针检测，可区别 ES 细胞来源的细胞。

**4. PCR 方法**

由于 PCR 法有体外扩增的作用，可以对精子、免疫细胞等含量少的组织进行检测，灵敏度高。

**5. 主要组织相容性抗原**

Lannaccone 等用 I 型主要组织相容性抗原的抗体检测聚合法制作大鼠嵌合体也获得好的效果，但需制备抗体，过程较复杂。

**6. 微卫星**

DNA 标记定量分析：在不能用生化标记和毛色显示的嵌合时可用微卫星 DNA 标记定量分析嵌合情况，灵敏度、准确性高。但操作技术要求高，不太常用。

### （二）报告基因（report gene）

报告基因是在构建报告载体或打靶载体时插入的一些可用简单的方法检测的特殊基因。

**1. 绿色荧光蛋白（green fluorescent protein，GFP）基因**

GFP 是现有唯一无损伤的哺乳动物细胞标记，不需要底物，检测很方便，用荧光显微镜、流式细胞仪或显微成像技术在活细胞和固定细胞中都可检测。它和微管结合可显示轴突和有丝分裂器等很细微的细胞结构。其主要问题是荧光弱，且不稳定，所以需要插入强启动子。1998 年 Hadjantonakis 等制作了增强型的 EGFP（enhanced GFP），并用聚合法制作了绿色荧光嵌合体小鼠。EGFP 用于嵌合体动物检测，其优点在于可在囊胚阶段筛选有 GLT 可能的胚胎进行移植；通过使用着床前激活的启动子，可以观察以前无法观察的胚胎发育阶段；可以用简单的显微镜观察突变细胞的嵌合情况；$F_1$ 代互交后代纯合子和半合子可通过荧光强度区分。

**2. 半乳糖苷酶（LacZ）基因**

来源于大肠埃希菌的乳糖操纵子，编码的酶可与 x-gal 反应，产物为蓝色，可在细胞水平观察，是最常用的报告基因之一。

**3. 氯霉素乙酰转移酶（chloramphenicol acetyltransferase，CAT）基因**

用免疫组化检测，它对小鼠的发育无害，表达与细胞的分化状况无关，比较常用。

**4. 人生长激素（human growth hormone，hGH）基因**

它属于分泌型报告分子，可以在 96 孔板用放射免疫法高通量分析，操作较简单，它的缺点是需用放射性$^{125}$I 标记，灵敏度相对较低，费用昂贵。

## 四、嵌合体制作的影响因素

胚胎与细胞嵌合体的构建是一项十分复杂的技术。影响其构建的因素很多，除了要保持ES细胞体外扩增、未分化性及全能性的特点外，受体胚胎来源、受体胚胎体内环境、注射方式的选择以及许多具体操作的技术性和非技术性因素都将对嵌合体的形成产生深刻的影响。另外，和其他细胞系一样，随着体外培养时间的延长，ES细胞的核型会发生变化，组织嵌合能力也明显下降，不易形成嵌合体。ES细胞系的数量最大，在一定的条件下传代稳定性最好，且嵌合体的获得率较高，应用也最多，这里用ES细胞制作嵌合体为例叙述嵌合体制作的影响因素。

### （一）ES细胞

**1. ES细胞的多潜能性**

ES细胞的多潜能性是嵌合体制作的必需条件，否则不能参与胚胎发育形成嵌合体。很多研究者发现随着培养代数的增加，嵌合体获得率特别是生殖系传递的嵌合体获得率降低。

**2. 制作时导入**

ES细胞数目：导入细胞数太少则嵌合率低，过多则易导致发育异常在孕中期被吸收。一般认为聚合法融合5～10个ES细胞，注射法囊胚腔注射10～15个ES细胞，8细胞胚注射1个ES细胞，既可有较高正常发育率又可有较高的嵌合体形成率。

**3. ES细胞的大小和形态**

直径小于10$\mu$m的ES细胞嵌合率较高。小圆形的ES细胞用于构建嵌合体优于不规则、胞膜易破者。

**4. ES细胞的品系**

不同品系的ES细胞在嵌合体构建中差别很大，如C56BL/6小鼠的ES细胞比129小鼠的更易失去GLT的能力。

### （二）受体胚胎

（1）受体胚胎的品系　近交系胚胎比远交系胚胎更易形成嵌合胚。

（2）受体胚胎的发育阶段　一般来说，导入的受体胚胎越早期形成的嵌合体嵌合程度越高，但嵌合体的获得率低。发生紧密化的胚胎和ES细胞黏附力更强，未紧密化的胚胎卵裂球之间未形成紧密连接，在聚合法操作过程中易散失。

### （三）制作方法

Wood等发现聚合法的生殖系传递率（3.4%，11/321）和囊胚腔显微注射法一致（3.8%，24/631），但嵌合体形成率9.9%（32/321）低于囊胚腔显微注射法（15%，195/631），8细胞胚卵周隙注射嵌合体获得率较低但出生的嵌合体可获得较高的嵌合程度。

### （四）聚合胚的培养系统

应使用适合胚胎发育的培养液，而不是ES细胞的培养液（高糖、高血清浓度、含细胞因子），否则ES细胞过度增殖，易导致嵌合胚发育异常。

## 五、嵌合体的应用前景

### （一）染色体畸变研究

在对许多遗传病的研究中，发现许多体细胞核的染色体是非整倍（aneuploid）体，其中单体和三体最常见。非整倍体$\longleftrightarrow 2n$嵌合体是研究染色体功能、基因平衡、基因定位的良好模型。在哺乳动物含有非整倍体的个体往往伴有严重的遗传障碍，一般不能存活。目前人们借助EC细胞或生化手段已经构建出含有单体或三体染色体的小鼠嵌合体。

### （二）基因突变研究

通过基因的同源重组技术可将突变基因导入ES细胞，当携带突变基因的ES细胞参与嵌合体生殖系组成后，即可在繁殖后代中研究突变基因的作用。1987年Hooper以及Kuehn分别从ES细胞中通过自发突变或诱发突变得到了HPRT的ES细胞，并通过嵌合体和嵌合体的繁育得到了HPRT缺陷型的小鼠模型。为研究人类遗传病Lesch- Nyhan综合征（是由于不能合成雌黄嘌呤转磷酸核糖激酶而引起）提供了良好的遗传研究模型。

### （三）转基因动物生产

ES细胞系的建立将体细胞转化技术和嵌合体技术结合起来，建立了转基因动物的新途径。Gosseler利用磷酸钙方法将*neo*基因导入ES细胞，并获得了能稳定传递*neo*基因的转基因小鼠，显示用ES细胞作为转基因工具与DNA原核注入法、逆转录酶病毒感染方法相比具有一定的优越性。主要是可以在细胞水平明确转入基因是否整合或表达，再由这种明确的细胞发育成个体，避免了对子代小鼠既要进行DNA水平检测筛选，又要进行RNA或蛋白质水平检测筛选，从中才能获得转基因小鼠的过程，直接就可以获得整合或表达目的基因的嵌合体小鼠，而后通过培育获得转基因小鼠，这为将来进一步探讨该技术的广泛应用奠定了基础。

### （四）胚胎种间移植

胚胎种间移植，对保存濒临灭亡的动物、克服杂交不育等方面具有重要意义，但是由于种特异性抗原的相互作用关系使胚胎种间移植受到极大限制。杂交胚胎细胞能参与正常胚胎发育，其原因可能是因为胚胎滋胚层与假孕母体属于同一种类，从而屏蔽母体的种特异性抗原对异种胚胎的ICM的免疫识别，使异种胚胎能够存活。在制作的绵山羊嵌合体中，绵羊和山羊能分别产下山羊和绵羊羔，如果这种方法在濒危动物种类上有可行性的话，有可能为挽救濒危动物开辟了一条全新的途径，可望在实际应用中不断扩大珍稀动物数量。

### （五）获取组织和器官

2010 年，日本东京大学 Nakauchi 的研究小组在 *Cell* 上发表一篇极其具有创新性的文章，他们报道用大鼠的干细胞注入胰腺发育缺陷的小鼠胚胎（apancreatic mouse embryos），这个嵌合胚胎最终在小鼠体内发育成具有大鼠胰腺的大-小鼠嵌合体。该小组 2013 年 2 月又在《美国科学院学报》（*PNAS*）上发文报道他们已成功地用一个猪种的干细胞注入胰脉发育缺陷的另一猪种的胚胎，这个嵌合胚胎最终也成功地发育成带有干细胞源胰腺的嵌合猪。这给用嵌合动物获取组织和器官提供一个全新的思路及可能实现的方法。

### （六）小结

嵌合体技术从其诞生以来，就在发育生物学界、遗传学界掀起了一股研究热，特别是 ES 细胞介导的转基因途径建立以后，又将嵌合体的研究推向了一个新的高潮。但不得不承认目前嵌合体的制作还存在诸多问题：嵌合体获得率比较低，特别是生殖系嵌合更低。目前，实现 ES 介导的转基因在许多大动物方面，建立稳定的 ES 细胞系还未成功。这些均有待于今后做进一步的研究。

（第一节、第五节：高庆华，第二节至第四节、第六节：方南洙）

# 第九章　动物繁殖力与繁殖管理

## 第一节　动物的繁殖力及其影响因素

### 一、繁殖力的概念

繁殖力(fertility)是指动物维持正常繁殖机能、生育后代的能力。种畜的繁殖力就是生产力。对于公畜而言，繁殖力取决于其所产精液的数量、质量(活力、密度、畸形率等)、性欲及其与母畜的交配能力；对于母畜而言，繁殖力取决于性成熟的迟早、发情表现的强弱、排卵的多少、发情的次数、卵子的受精能力、妊娠时间的长短、哺育仔畜的能力等。随着科学技术的发展，外部管理因素，如良好的饲养管理、准确的发情鉴定、标准的精液质量控制、适时输精、早期妊娠诊断等，已经成为保证和提高动物繁殖力的有力措施。

由于繁殖力最终必须通过母畜产仔才得以体现，因此，常用的繁殖力指标主要是针对母畜制定的，但决不能忽视精液品质等来自公畜方面的影响。

动物繁殖力的种间差异很大，一般而言，个体大的动物排卵少，妊娠期长，繁殖速率慢；而个体小的则排卵多，妊娠期短，繁殖速率快。例如，一头黑白花母牛通常一年只产犊1头，而一头太湖母猪在良好的饲养管理条件下每年可产仔30多头。可见，对动物繁殖力进行种间比较无实际意义，而对品种之间、品种内各畜群之间、品种内各个体之间作比较意义较大。

### 二、繁殖力的指标及计算方法

#### (一) 牛的繁殖力

**1. 情期受胎率**

即妊娠母牛数与配种情期数的比率。

情期受胎率(%)＝妊娠母牛数÷配种情期数×100%

生产中按年度统计，科研中也可以按特定的阶段统计，它能较快地反映出牛群的繁殖问题，同时反映出人工授精的技术水平。此指标对猪、马和羊等也适用。

**2. 第一情期受胎率(first-cycle conception rate，FCR)**

表示第1次配种就受胎的母牛数占第一情期配种母牛总数的百分率。包括青年母牛第1次配种或经产母牛产后第1次配种后的受胎率。

FCR(%)＝第一情期受胎母牛数÷第一情期配种母牛总数×100%

它可以反映出公牛精液的受精能力及母牛群的繁殖管理水平。公牛精液质量好，产后母牛子宫复旧好，产后生殖道处理干净的，FCR就高；而产后不注意生殖道处理，有慢性或隐性子宫内膜炎的牛受胎率就低。一般情况下，FCR 要比情期受胎率高。

**3. 总受胎率**

年内妊娠母牛头数占配种母牛头数的百分率，反映了牛群的受胎情况，可以衡量年度内配种计划的完成情况。

总受胎率(%)＝年受胎母牛数÷年配种母牛数×100%

统计方法：①统计日期由上年 10 月 1 日至本年 9 月 30 日；②年内受胎≥2 次的母牛(包括早产和流产后又受胎的)，受胎头数应同时计算，如受胎 2 次应计作 2 头；③配种后 2 个月以内出群的母牛，因不能确定是否妊娠，可不参加统计，配种 2 个月后出群的母牛一律参加统计；④以配种后 2～3 个月的妊娠检查确诊的受胎头数计算。

**4. 不返情率(non-return rate)**

不返情率是指配种后一定时间内(如 30d、60d 等)未再表现发情的母牛头数占配种母牛总头数的比率。

不返情率(%)＝配种后未再发情的母牛数÷总配种母牛数×100%

**5. 受胎指数(conception index)**

受胎指数又称配种指数，指每次受胎所需的配种次数。无论是自然配种还是人工授精，受胎指数超过 2.0 都意味着配种工作没做好。

受胎指数(%)＝配种总次数÷受胎头数×100%

**6. 繁殖率**

繁殖率是指本年度内实际繁殖母牛数占应该繁殖母牛数的百分率，可用于衡量牛场生产技术管理水平，是生产力的指标之一。

繁殖率(%)＝年实繁母牛数÷年应繁母牛头数×100%

统计方法：①实繁母牛头数是指自然年度内分娩的母牛头数，年内分娩 2 次的以 2 头计，产双胎的以 1 头计，妊娠 7 个月以上的早产计入繁殖头数，妊娠 7 个月以内的流产不计入繁殖头数；②应繁母牛头数是指年初在 18 个月龄以上的母牛数与年初未满 18 月龄而在年内繁殖的母牛数；③年内出群的母牛，凡产犊后出群的一律计算入内，未产犊而出群的一律不计算入内；④年内调入的母牛，在年内产犊，分子、分母各算一头，未产犊的不统计。

其他家畜繁殖率的含义不尽一致，通常是指本年度内出生仔畜数与上年度末(或本年度初)适繁母畜数的比率，即：

繁殖率(%)＝本年度内出生仔畜数÷上年度终(或本年度初)适繁母畜数×100%

**7. 平均胎间距**

平均胎间距又称产犊指数(calving index)、产犊间隔(calving interval)，为两次产犊之间相隔时间，是牛群繁殖力的综合指标。

$$\text{平均胎间距}(\%) = \sum \text{胎间距} \div n \times 100\%$$

式中，$n$ 为头数；胎间距为当胎产犊日距上胎产犊日的间隔天数；$\sum$ 胎间距为 $n$ 个胎间距的合计天数。

统计方法：①按自然年度统计；②凡在年内繁殖的母牛(除一胎牛外)均进行统计。

**8. 流产率**

流产率是指流产的母牛头数占受胎母牛头数的百分率，牛在统计流产率时应计妊娠未满 7 个月龄的死胎，凡满 7 个月龄而未足月分娩的称早产。此指标也适合于猪、马和羊等。

流产率(%)＝流产母牛数÷受胎母牛数×100%

**9. 犊牛成活率**

犊牛成活率是指出生后 3 个月时犊牛成活数占总产活犊牛数的百分率。

犊牛成活率(%)＝生后 3 个月犊牛成活数÷总产活犊牛数×100%

此外，还有空怀率、产犊到配种妊娠天数等，在一定情况下都能反映出繁殖力和生产管理技术水平。

### （二）猪的繁殖力

猪的部分繁殖力指标与牛相似，如情期受胎率、总受胎率、流产率等。

**1. 窝产仔数(litter size)**

窝产仔数是指某一品种或某一场内产仔总数(包括分娩时产出的已死仔猪)与产仔总窝数之比，可反映各品种、个体的产仔能力。窝产仔数的品种间差异很大，一般外来品种窝产仔数较少，而我国地方品种窝产仔数较多。

窝产仔数(头)＝产仔总数÷产仔窝数

**2. 产仔窝数**

产仔窝数是指一群母猪在一年内平均产仔窝数。此项指标既可以衡量母猪的繁殖力，也可衡量猪场对猪的繁殖管理水平。

产仔窝数(窝)＝年内分娩总窝数÷年内繁殖母猪数

**3. 仔猪成活率**

仔猪成活率是指断奶时活仔猪数占出生时活仔猪数的百分率，反映了母猪哺育仔猪能力、饲养员的责任心等，是考核饲养员工作好坏的标准之一。

仔猪成活率(%)＝断奶时成活仔猪数÷出生时活仔猪数×100%

### （三）羊的繁殖力

羊的繁殖力指标基本上与牛、猪相同。羊一般产单羔，也有部分产双羔、三羔，所以产羔率是羊上常用的指标。

(1) 产羔率(lambing rate)　指产活羔羊数与参加配种母羊数的比率。

产羔率(%)＝产活羔羊数÷参加配种母羊数×100%

(2) 双羔率(twinning rate)　产双羔的母羊数占产羔母羊数的百分率。

双羔率(%)＝产双羔母羊数÷产羔母羊总数×100%

(3) 成活率(survival rate)　分断奶成活率和繁殖成活率两种。

断奶成活率(%)＝断奶成活羔羊数÷产活羔头数×100%

繁殖成活率(%)＝年内成活羔羊数÷产活羔头数×100%

### （四）家兔的繁殖力

（1）受胎率　指一个发情期配种受胎母兔数占参加配种母兔数的百分率。

受胎率(%)=一个发情期配种受胎数÷参加配种母兔数×100%

（2）产仔数　指一只母兔产仔兔数(包括死胎、畸形胎)。

（3）产活仔兔数　指初生时活仔兔数,种母兔以连续3胎的平均数计算。

（4）断奶成活率　指断奶时成活仔兔数占产活仔兔数的百分率。

断奶成活率(%)=断奶仔兔数÷产活仔兔数×100%

（5）幼兔成活率　指13周龄幼兔成活数占断奶仔兔数的百分率。

幼兔成活率(%)=13周龄幼兔成活数÷断奶仔兔数×100%

（6）育成兔成活率　指育成期成活数占13周龄幼兔成活数的百分率。

育成兔成活率(%)=育成期成活数÷13周龄幼兔成活数×100%

### （五）家禽的繁殖力

（1）产蛋量　指某群家禽在一年内平均产蛋枚数。

全年平均产蛋量(枚)=全年总产蛋数÷(总饲养天数/365)

（2）受精率　第一次照蛋淘汰无精蛋后的余下受精蛋数占总入孵蛋数的百分率。

受精率(%)=受精总蛋数÷入孵蛋数×100%

（3）孵化率　分受精蛋的孵化率和入孵蛋的孵化率两种。

受精蛋孵化率(%)=出雏数÷受精蛋数×100%

入孵蛋孵化率(%)=出雏数÷入孵蛋数×100%

（4）育雏率　指育雏期末成活雏禽数占入舍雏禽数的百分率。

育雏率(%)=育雏期末雏禽数÷入舍雏禽数×100%

## 三、家畜的正常繁殖力指标

在正常的饲养管理、自然环境和繁殖机能条件下表现出的繁殖力称为正常繁殖力。它反映在受胎率、繁殖成活率等方面。各种家畜的正常繁殖力有一定的差异。

### （一）牛

由于各地饲养管理条件、繁殖管理水平和环境气候等原因,繁殖力差异很大。我国牛的繁殖力水平:成年母牛的情期受胎率为40%～60%,平均为50%;年总受胎率为75%～95%,平均为90%;年繁殖率为70%～90%,平均为85%;第一情期受胎率为55%～70%;产犊间隔12～14个月;流产率为3%～7%;双胎率为3%～4%;奶牛的繁殖年限为4个泌乳期左右。英国R. J. Esslemont等著的《乳牛繁殖管理》中提出的指标是:情期受胎率60%,平均产犊间隔365d(350～380d),分娩至首次配种50～60d,产后空怀时间83d。美国威斯康星州提出了奶牛场繁殖管理良好和需要改进的参考数据(表9-1)。

**表 9-1 美国威斯康星州奶牛繁殖管理目标**

| 项目 | 良好 | 需要改进 |
|---|---|---|
| 初情期/月 | 12 | 14 |
| 初配适龄/月 | 14～16 | ≥17 |
| 头胎牛产犊月龄/月 | 23～25 | ≥36 |
| 第一情期受胎率/% | >62 | ≤50 |
| 配种指数 | 1.65 | ≥2.0 |
| 配种 3 次或 3 次以下母牛受胎率/% | >90 | ≤85 |
| 处于 18～24d 正常发情周期的母牛/% | >80 | ≤70 |
| 分娩至第一次配种平均天数/d | 45～70 | ≥85 |
| 平均产犊间隔/月 | 12 | >13 |

资料来源:王元兴和郎介金,1997

## (二)猪

猪的正常情期受胎率一般为 75%～80%,总受胎率为 85%～90%,平均窝产仔数 8～10 头,但品种、胎次间差异很大,同一品种不同类群之间产仔数也有差异。我国地方品种母猪一般窝产仔数多,繁殖力强(表 9-2),如太湖猪年均产仔 1.8～2.2 窝,年产仔数与仔猪断奶时间密切相关,断奶早的母猪平均产仔数多,但引进的一些外来品种窝产仔数较低(表 9-3)。

**表 9-2 我国主要地方猪种窝产仔数**

| 品种 | 头胎/头 | 二胎/头 | 三胎及三胎以上/头 |
|---|---|---|---|
| 太湖猪 | 12.14±0.29 | 14.88±0.11 | 15.83±0.09 |
| 民猪 | 11.04±0.32 | 11.48±0.47 | 11.93±0.53 |
| 两头乌 | 7.7 | 8.8 | 11.29 |
| 大花白猪 | 11.89 | 12.93 | 13.81 |
| 内江猪 | 9.35±2.44 | 9.83±2.37 | 10.40±2.28 |
| 藏猪 | 4.78 | 6.03 | 6.63 |

资料来源:王元兴和郎介金,1997

**表 9-3 主要国外猪种窝产仔数**

| 品种 | 初产/头 | 经产/头 |
|---|---|---|
| 长白 | 8～9.3 | 9～12 |
| 大约克夏 | 11 | 13 |
| 汉普夏 | 7～8 | 8～9 |
| 杜洛克 | 8～9 | 10～11 |

资料来源:周虚等,2003

### （三）羊

母羊的正常繁殖力因品种、饲养管理、生态条件的不同而有差异。绵羊大多1年1产或2年3产。其中湖羊、小尾寒羊可年产2胎，双羔、三羔的比率很高，四羔也较常见。山羊一般每年产羔1～2胎，每次产羔1～3只。我国几个绵（山）羊品种的繁殖性能见表9-4。不同品种间繁殖力的差异是自然选择和人工选择的结果，通过选种能有效地提高绵羊的多胎性。

**表9-4　我国几个绵羊与山羊品种的繁殖性能**

| 品种 | 性成熟/月 | 初配月龄 | 年产羔次数 | 产羔率/% |
|---|---|---|---|---|
| 蒙古羊 | 5～8 | 18 | 1 | 103.9 |
| 乌珠穆沁羊 | 5～7 | 18 | 1 | 100.35 |
| 藏羊（草地型） | 6～8 | 18 | 1 | 103 |
| 哈萨克羊 | 6 | 18 | 1 | 101.62 |
| 阿勒泰羊 | 6 | 18 | 1 | 110.03 |
| 滩羊 | 7～8 | 17～18 | 1 | 102.13 |
| 大尾寒羊 | 4～6 | 8～12 | 2年3产或1年2产 | 177.30 |
| 小尾寒羊 | 4～6 | 8～12 | 2年3产或1年2产 | 270 |
| 湖羊 | 4～5 | 6～10 | 2 | 207.5 |
| 同羊 | 6～7 | | 2年3产 | 100 |
| 中卫山羊 | 5～6 | 18 | 1 | 104～106 |
| 海门山羊 | 3～5 | 6～10 | 2年3产 | 228.6 |
| 贵州白山羊 | 4～6 | 8～10 | 2 | 184.4 |
| 云南龙陵山羊 | 6 | 8～10 | 1 | 122 |
| 莎能奶山羊 | 4 | 8 | | 180～230 |

资料来源：王元兴和郎介金，1997

### （四）家兔

家兔性成熟早、妊娠期短、产仔数多。一年可繁殖3～5胎，繁殖年限3～4年，一胎产仔6～9只，最高可达14～15只。一年四季都可繁殖，但受胎率受季节影响很大，春季高达85%以上，7～8月只有30%～40%。

### （五）马

马的繁殖力因遗传、环境、使役不同而差异很大。一般情期受胎率为50%～60%，全年受胎率80%左右，产驹率50%左右。但繁殖管理好的马场，受胎率可达90%，产驹率达80%～85%。受胎率还取决于授精时间和次数。在发情季节一个发情期授精1次受胎率为50%，若授精2次或2次以上，则可提高到70%。

### (六) 家禽

家禽因品种的不同产蛋量差异很大。受精率与种禽的品质、健康、年龄、性比、饲料和饲养管理等因素有关，正常情况下鸡蛋的受精率为 90%左右。孵化率和种禽的体质、饲养管理、种蛋的生物学品质和孵化制度密切相关。鸡蛋的孵化率如按出雏数与入孵受精蛋的比例计算一般在 80%以上，如按出雏数与入孵种蛋数的比例计算一般在 65%以上，若干品种家禽的生产性能见表 9-5。

**表 9-5　家禽的生产性能**

| 种 | 品种 | 开产月龄 | 年产蛋量/枚 | 种 | 品种 | 开产月龄 | 年产蛋量/枚 |
|---|---|---|---|---|---|---|---|
| 鸡 | 来航鸡 | 5 | 200～250 | 鸡 | 伊莎褐 | 5 | 292 |
| | 洛岛红 | 7 | 150～180 | | 罗斯褐 | 4～5 | 292 |
| | 白洛克 | 6 | 130～150 | 鸭 | 北京鸭 | 6～7 | 100～120 |
| | 仙居鸡 | 6 | 180～200 | | 娄门鸭 | 4～5 | 100～150 |
| | 三黄鸡 | | 140～180 | | 高邮鸭 | 4.5 | 16 |
| | 浦东鸡 | 7～9 | 100 | | 绍兴麻鸭 | 3～4 | 200～250 |
| | 乌骨鸡 | 7 | 88～110 | | 康贝尔鸭 | | 200～250 |
| | 星杂 288 | 5 | 260～295 | 鹅 | 太湖鹅 | 7～8 | 50～90 |
| | 罗曼褐 | 4～5 | 292 | | 狮头鹅 | 7～8 | 25～80 |
| | 海兰褐 | 4.5 | 335 | | | | |

资料来源：王元兴和郎介金，1997

## 四、影响繁殖力的因素

动物的繁殖力受遗传、环境、营养和管理等因素的影响，做好种畜的选育、创造良好的饲养管理条件，是保证正常繁殖力的重要前提。

### (一) 遗传因素

繁殖力高是选种的重要要求，繁殖力的遗传可由品种间的杂交结果证明，特别在多胎家畜，亲本繁殖力的高低能影响其后代，近交明显引起繁殖性能的下降，而杂交能提高窝产仔数。母畜乳头数的多少和多胎家畜的繁殖力密切相关，但必须是有效乳头。母猪乳头数的增多，对繁殖育种都有利，如梅山猪的有效乳头数为 17 只，大白猪为 14.12 只，大梅杂种为 16.16 只，梅山猪第 1 胎、第 2 胎的产活仔数分别比大白猪的多 2.78 头、3.23 头。

公畜的精液质量和受精能力与其遗传性也有密切关系。精液品质和受精能力是影响受精卵数目的决定因素，一头精液品质差、受精能力低的公畜，即使与产生最大数目正常卵子的母畜配种，也可能发生不受精或受精卵数显著低于排出卵子数的现象，降低母畜繁殖力，所生后代繁殖力也低。

遗传因素对多胎动物的影响很大，如有些中国地方品种猪的繁殖性能明显高于外国品种猪，特别是太湖猪性成熟早、排卵多、产仔多，引起了很多国家的兴趣，并引种以提高其本国猪的繁殖力。遗传因素对单胎动物的影响也较明显，如牛虽为单胎动物，但双胞胎个体的后代，产双胎的可能性明显大于单胎个体的后代（表 9-6）。但乳牛业中不提倡选留双胞胎个体，因为异性孪生时常出现母犊不育。

**表 9-6　乳牛的亲代是孪生的双胎率**

| 类别 | 母牛头数 | 产犊牛头数 | 双胎率/% |
|---|---|---|---|
| 双胎母牛 | 112 | 298 | 6.0 |
| 双胎母牛的女儿 | 73 | 305 | 6.0 |
| 双胎公牛的女儿 | 69 | 281 | 3.6 |
| 生双胎的母牛的女儿（母牛本身并非孪生） | 263 | 1054 | 5.0 |

资料来源：周虚等，2003

## （二）环境因素

环境因素从群体水平上起制约作用，家畜的生活受各种环境因素的影响，环境因素会通过各种渠道单独或综合地影响家畜的机体，改变家畜与其环境之间的能量交换，从而影响家畜的行为、生长、繁殖和生产性能。

**1. 热应激**

温度对繁殖力的影响以绵羊最为敏感，高温会使绵羊的受胎率降低，胚胎死亡率增加。高温不利于卵子受精及受精卵在输卵管内的运行，即使妊娠的母羊也会受高温影响，降低羔羊初生重和生活力。其他家畜对高温虽不及绵羊那么敏感，但也容易造成母畜的安静发情、胚胎死亡率增加等。给在高温下进行交配的母畜适当降温，可提高胚胎成活率和产仔数。

(1) 热应激与种公畜繁殖　热应激明显降低公猪、公牛睾丸合成雄激素的能力，外周血中睾酮(T)浓度降低，导致性欲减退和精液品质下降。猪的精原细胞不受温度升高的影响，但精细胞在成熟分裂前期对温度极其敏感，热应激后精液中出现多核巨型细胞，是受损精细胞融合形成所致。公牛在热应激下精子发生严重受阻，高温解除 6～8 周后精液质量才能恢复正常。经过热应激的公畜与母畜交配，受胎率、胚胎成活率均明显降低。热应激还导致性成熟延迟。

高温引起睾丸温度升高是降低公畜繁殖力的主因。睾丸本身具有一定的调节温度的能力，以维持其生精机能。当气温升至一定程度时，睾丸温度会随体温升高，超出自身调节的范围。在自然环境下，体温升高 1℃，阴囊皮温和睾丸温度上升 3～4℃；若睾丸温度在 38℃以上，生殖上皮细胞变性，精细管和附睾中的精子受损，精液品质急剧下降。雄激素可刺激精子生成，延长附睾内精子寿命，而高温下睾酮水平降低，从而降低精液品质。因精子形成需要一段时间，高温影响精液品质是一渐进过程，热应激后 1～2 周开始见到精液品质下降，4～5 周达最严重程度，以后逐渐恢复，一般在热应激后 7～9 周精液品质才恢复正常。在高温、高湿的夏季进行配种，母畜的受胎率很低，即所谓的“夏季不育症”。

（2）热应激与母畜繁殖　热应激时，下丘脑-垂体-肾上腺轴活动被激活，血液中ACTH显著增加，致使卵巢发生疾患，性机能减退。其原因在于ACTH使下丘脑GnRH释放阈值上升，抑制垂体分泌LH，高温季节流产母猪血中LH和$P_4$水平均显著下降。热应激还导致母猪排卵延迟，排卵数减少。炎热潮湿的环境可使青年母猪初情期和性成熟推迟，使母牛发情周期延长，发情持续期缩短。热应激对受胎率的影响也十分明显。

热应激降低胚胎存活率。母猪配种后0～8d热应激将降低胚胎存活率，囊胚在附植阶段（配后14～20d）对热应激特别敏感。母猪的受胎率与配种时的温度、配种时的周平均温度呈负相关（$r=-0.46$，$r=-0.47$），同配种前2个月的平均温度的负相关性（$r=-0.72$）更强。

母牛配种期间，最易受热应激影响，授精时母牛的体温与受胎率呈负相关。牛、羊胚胎在输卵管阶段最易受热应激影响，配种后4～6d为临界期，胚胎在子宫附植后，整个妊娠期相当耐热。

热应激可增加死胎数，导致流产。夏季分娩的母猪，窝产仔数减少。母猪夏季配种分娩率显著低于其他季节，春季、夏季配种的母猪，其窝产仔数、活仔数明显低于秋季、冬季配种的。同时，春季、夏季配种母猪因在妊娠早期和末期遭受热应激，死胎数或木乃伊胎数增加。总之，高温对母猪的繁殖率影响十分明显，炎热地区母猪的繁殖性能比寒冷地区的低15%～20%。

**2. 光照**

光照对季节性繁殖动物的影响较大。马、驴、水貂、狐、野兔等在光照时间渐渐变长的季节发情配种，称“长日照动物”。绵羊、山羊、鹿等在光照时间渐渐变短的季节发情配种，称“短日照动物”。人工控制光照可以改变动物的繁殖季节，使季节性繁殖动物在非繁殖季节发情配种。

光照长度的改变，与季节性繁殖动物的开始发情有关。光照、温度是影响母马、母羊发情的主要环境因素。卵巢功能正常时，光照对母羊排卵数有显著的影响。绵羊随配种季节的临近，产双羔的比例逐渐增加，并在配种中期达到高峰。可能是因光照时间的缩短，对母羊垂体分泌FSH、LH的能力有逐渐增强的刺激，促使其分泌量逐增，从而促进卵巢活动，有利于卵泡的发育、排卵。随光照时间的逐渐延长，卵巢机能又逐渐变低而转入乏情期。除绵羊、山羊等在繁殖季节要求短光照外，其他家畜均需要足够的光照时间。对牛、马来说，冬季是繁殖力最低的季节。

光照不仅能影响母畜性周期，也影响公畜的生殖机能和精液品质。人工增加光照时间，特别是在光照缩短的季节，可改进种公畜的精液品质。光照对小公猪有促进性成熟的作用。用PMSG诱发母猪发情产仔的试验证明，夏天比冬天处理的产仔数显著增多。

以上情况在野生动物和某些放牧动物上尤为明显，家畜由于人类供给食物和畜舍，减弱或消除了很多外界环境的影响，经过长期培育已具有较长的配种季节。但大多数家畜繁殖季节性的丧失只是部分的，一部分原有的形式仍保留着。畜牧生产集约化程度越高，更应考虑光照对性活动的影响。

**3. 季节**

季节对繁殖的影响，包括全年各季节气候因素的直接作用，以及随季节而变化的营养和管理因素。野生动物为了使其后代在出生后有良好的生长发育条件，其繁殖活动常呈现出季节性。长期驯养后，牛、猪等的繁殖季节性已不明显；而羊、马等仍保留着季节性繁殖。

（1）季节与母畜繁殖　季节影响母畜繁殖机能。春季出生的青年母猪初情期较其他季节出生的早。高温季节卵巢机能减退，经产母猪7～10月卵泡发育障碍的占32.5%～42.0%，而其他月份仅占8.1%～20.7%。6～8月配种的母猪受胎率比11～12月的低1%。母牛的繁殖力也有季节性变化，表现为高温季节的受胎率较低。母畜繁殖机能的季节性变化与内分泌的季节变化有关。断奶后牛的性活动同样受季节的影响。中南地区高温、高湿的7～10月，母猪断奶后7d内的发情率为70.6%，而其他月份为97.7%，表明热应激延迟断奶后发情。在夏季母猪的发情活动减少，其受胎率和维持妊娠能力也下降，产仔数降低。

（2）季节与公畜繁殖。

公猪：在高温季节，公猪精液品质明显下降，表现为精子活力下降、精子数减少，头部异常、颈部有原生质滴和顶体缺损的精子所占比例显著增加。公猪繁殖障碍(如交配障碍、性欲减退、无精子症、精子活力低)发生率也以8～10月较高。季节变化最明显的性状是精子活力，7～9月最高气温超过30℃的天数越多，出现精子活力下降的公猪也越多。夏季受胎率最低，尤其是在热应激后2～4周内变化最明显。

公羊：公羊的性活动、精液品质均呈季节性变化。性活动以秋季最高，冬季最低；精液品质以秋季最高，春季、夏季下降。羊在冬季采精制作的冻精受胎率较高，夏季的受胎率最低。夏季精子数的减少与甲状腺机能的季节性变化有关(牛、羊夏季甲状腺素分泌量仅为冬季的20%～30%)。此外，夏季睾丸温度升高也降低了精子的受精能力。

公牛：水牛在暑期仍能保持其繁殖力，这与水牛在炎夏长时间的伏水、排除高温的影响有关，但仍以凉爽的季节繁殖力较高。在印度以10月至翌年1月冷凉季节受胎率最高，5～7月干热季节最低(在炎热的4月几乎不发情)，产犊高峰为8～10月，频繁的性活动是在雨季或较凉爽季节。

## （三）营养因素

**1. 营养水平**

（1）营养与生殖内分泌　适当的营养水平对维持内分泌系统的正常机能是必要的，营养水平影响内分泌腺体对激素的合成、释放。在较低营养水平下饲喂的母牛，其下丘脑GnRH的合成、储存和分泌均下降。猪用蛋白质仅3%的低营养水平或仅给碳水化合物饲料时，其垂体前叶细胞出现病变，细胞核坏死，细胞质出现空泡化。蛋白质不足可降低猪FSH、LH分泌量；限制能量可直接影响牛的LH释放，并间接影响性激素的产生。

（2）营养与性腺功能。

营养与卵巢功能：用低营养水平饲料饲喂的泌乳母牛，其卵巢机能较低，营养对卵巢活动的影响，可能通过改变下丘脑-垂体轴的内分泌活动来实现。母牛泌乳期间的营养状况，直接影响卵巢机能的恢复。泌乳能力高的奶牛，卵巢机能低，多由营养不足引起，说明母牛卵巢机能、繁殖与营养水平关系甚为密切。营养水平明显影响绵羊排卵数，成年母羊营养不良，会造成安静发情，特别是在繁殖季节开始前更为显著。

营养与睾丸功能：高营养水平能加快猪的性成熟，精液量较多，但精液品质并没有提高。营养不足，公猪的睾丸和阴茎也发育异常，恢复营养后仍延期产生精子，而且间质细胞很迟才出现。公畜如长期饲喂不足，会影响睾丸和其他生殖器官的发育，延迟性成熟，并影响睾丸的生精机能(对处在初情期前后公畜的影响尤为明显)。公畜缺乏蛋白质，会使精液量减少，精液品质下降。

(3) 营养与母畜生殖器官发育　蛋白质不足能引起生殖器官的发育受阻和机能紊乱。青年母牛常不表现发情征状，卵巢、子宫仍处于幼稚型。高能量水平饲养的青年母猪，在性成熟、体重、排卵数和窝产仔数方面均超过低能量水平，但胚胎死亡率较高。可见，对生长期的家畜，并不要求很高的营养水平。但若营养不足，生殖器官发育受阻，子宫、阴唇异常增大；即使恢复营养后，与同体重的正常饲养的仔猪比较，阴唇仍很大，到体重恢复后才见排卵。

(4) 营养过度(hyper-nutrition)　营养过度必引起肥胖，特别是蛋白质过多时，除引起代谢障碍外，还影响精液成分。过肥往往和运动不足相关，历来为种畜所忌。尤其对母畜，饲喂过度，卵巢、输卵管及子宫等部分脂肪过厚，有碍卵泡的发育、排卵和受精；同时，因输卵管和子宫外周的脂肪过多，不利于受精卵的运行，也限制妊娠子宫的扩张机能。奶牛饲喂过量蛋白质(19%)会出现繁殖力降低，饲喂高蛋白质的老龄母牛，繁殖力的下降水平较青年母牛大。尽管影响机制还不清楚，但与高蛋白质引起子宫内环境的一些变化有关，同时大量类固醇存于脂肪，引起外周血液类固醇激素水平低降，影响性功能。

公畜过肥，阴囊脂肪过厚，会破坏睾丸的温度调节机能，致使在温度较高的配种季节影响生精机能，使畸形精子增加，精液品质下降，同时性欲减退，交配困难。

(5) 营养不足(hypo-nutrition)　饲料中营养缺乏，能量和蛋白质不足，造成机体过度瘦弱，其生殖机能就会受到抑制，引起母畜不发情、卵巢静止、卵泡闭锁和排卵延迟，排卵率和受胎率降低等。即使受胎，也会引起胎儿的早期死亡、流产和围产期死亡。这在各种动物中均有发生，尤其多见于牛、羊。

绵羊在配种前，增加精料量，提高营养水平，能够提高发情率、排卵率和双羔率，这对原来营养差的母羊效果尤为明显，而对原来营养水平较高者效果较差，其机理就是营养因素影响卵巢活动，可能与改变垂体对促性腺激素的分泌、释放有密切关系。

我国山区的黄牛由于营养水平低，致使牛群发情率和受胎率低，初情期延迟。对这些营养不良的雌性动物应给予足够的精料，改善膘情，再配合促性腺激素治疗效果会更好。

**2. 维生素与矿物质**

维生素、矿物质对动物的健康、生长、繁殖都有重要作用，如维生素 A、E 可改善精液品质，降低胚胎死亡率。维生素、矿物质缺乏或过量时可影响家畜的繁殖(表 9-7)。

表 9-7　维生素、矿物质对动物繁殖机能的影响

| 维生素或矿物质异常 | 出现症状 |
| --- | --- |
| 维生素 A 缺乏 | 猪、鼠胚胎发育受阻，产仔数降低，阴道上皮角质化，胎衣不下、子宫炎；精子生成受阻，精子密度下降，异常精子增多，存活力下降 |
| 维生素 E 缺乏 | 受胎率降低，死胎、胚胎发育受阻，产蛋量、孵化率降低；精液品质下降 |
| 维生素 D 缺乏 | 母畜繁殖力降低，公畜受精力降低，严重者永久性不育 |
| 核黄素缺乏 | 鸡孵化率降低，胚胎畸形率增加 |
| 生物素缺乏 | 猪繁殖性能受影响 |
| 钙缺乏 | 子宫复原推迟，黄体小，卵巢囊肿，胎衣不下 |
| 碘缺乏 | 繁殖力降低，睾丸变性，初情期推迟，黄体小，乏情，弱胎或死胎，受胎率降低 |
| 钠缺乏 | 生殖道黏膜异常，卵巢囊肿，性周期异常，胎衣不下 |
| 锰缺乏 | 乏情，不孕，流产，卵巢变小，难产 |
| 铜缺乏 | 乏情，性欲下降，睾丸变性，繁殖力降低 |
| 钴缺乏 | 公畜性欲下降，母畜初情期推迟，卵巢静止、流产、生弱犊，胎衣不下 |
| 硒缺乏 | 胎衣不下，流产，产死犊或弱犊 |
| 锌缺乏 | 卵巢囊肿，发情异常，睾丸发育延迟或萎缩 |
| 钙过量 | 繁殖力降低，睾丸变性 |
| 碘过量 | 流产，胎儿畸形 |
| 钼过量 | 初情期推迟，乏情 |
| 镉中毒 | 精子发生受影响 |
| 钙磷比例失调 | 卵巢萎缩，性周期紊乱、乏情或屡配不孕，胚胎发育停滞、畸形、流产，子宫炎，乳房炎 |

资料来源：周虚等，2003

### 3. 植物雌激素

植物中除含各种营养物质外，还有家畜机体正常生理过程所必需的生物活性物质。雌二醇($E_2$)、雌酮和雌三醇是家畜体内的主要雌激素，而植物所含的植物雌激素是异黄酮、香豆素和萜稀等。三叶草、苜蓿、蚕豆、豌豆、玉米植株、甘蓝等含有大量植物雌激素。植物雌激素可使垂体和卵巢之间的正常激素调节发生紊乱，或者抑制垂体促性腺素的分泌。因三叶草引起的长期不孕母羊，下丘脑和垂体对生理水平的 $E_2$ 调节作用缺乏敏感性。

(1) 植物雌激素化合物　植物雌激素的有效成分因植物种类不同而异。正常情况下，紫花苜蓿不含香豆素或含量很低，在受到苜蓿假盘菌的感染发生褐斑病后，香豆素类物质(如香豆雌酚等)的含量就会剧增。三叶草中主要含异黄酮类，除受气候和地理因素的影响外，主要由遗传结构所决定。异黄酮类包括 4 种：染料木因(gonistein)、巴渥凯宁-A(biochanin-A)、福母乃丁(formonontein，7-羟-4′-甲氧异黄酮)、黄豆苷原(daidzein)。其相对活性，染料木因为 1.5，巴渥凯宁为 1.0，黄豆苷原为 0.4，福母乃丁几乎无活性。红三叶中雌激素主要是福母乃丁，被母羊采食后，经瘤胃微生物作用脱甲基变为 7,4′-二羟

异黄酮，经还原变为7,4′-二羟异黄烷（它具有类雌激素作用）。资料表明，皮下注射时染料木因的生物活性是7,4′-二羟异黄烷的4倍，但在瘤胃中染料木因、巴渥凯宁等，很快被微生物分解为无生物活性代谢物。因此，异黄酮类中以福母乃丁危害最大。香豆素主要存在于白三叶、紫花苜蓿中，香豆雌酚的活性为染料木因的30倍。由葛科植物根瘤中分析出的米雌酚（mirmestrol），具有近乎雌二醇的活性。还有一种是补骨脂丁（psoralidin），为香豆雌酚衍生物，香豆雌酚是植物雌激素中活性最强的一种成分。

（2）植物雌激素对草食家畜繁殖的影响。

牛：曾有饲喂含异黄酮的红三叶青贮和含香豆素的苜蓿，引起牛不育症的报道。地三叶雌激素是诱发牛不育症的重要原因。植物雌激素诱发的不育症类似雌激素的作用，出现乳腺发育、阴门肿胀、排出子宫颈黏液和卵巢肿大，有一些牛出现发情异常，卵巢囊肿、乏情、不能配种。撤掉雌激素饲草后几周或几个月，卵巢功能恢复，症状消失。结合对卵巢囊肿进行治疗，可加速卵巢功能的恢复。

羊：植物雌激素对羊的繁殖存在普遍的影响。在高雌激素地三叶草场放牧的羊出现产羔率很低、子宫脱出和难产，阉公羊出现尿道腺肿大、死亡。这一综合征称“三叶草病”。随着低福母乃丁地三叶栽培品种的种植，牧草产量增加，减少了严重“三叶草病”临床症状的发生，但某种程度的亚临床不育症仍广泛存在。在西澳大利亚约有400万只母羊出现永久性亚临床不育症，产羔率下降7%～10%。1年中有4～5个月受雌激素作用，易导致永久不育。

配种季节在雌激素草场放牧的母羊，排卵率和受胎率均下降或暂时不育。将母羊转移到没有雌激素的草场4～6周后，暂时不育症可痊愈。暂时不育症可能会在没有任何外部症状下发生，尤其是美利奴羊。苜蓿含25mg/kg的拟雌内酯会降低母羊排卵率，而排卵率受配种时间、体重、牧草营养价值和植物雌激素含量等诸多因素影响，所以，难以确定植物雌激素对其影响有多大。另外这些因素之间，如植物雌激素与配种时间是否有互作效应尚不清楚，因此，暂时不育症的确诊，取决于绵羊配种期间牧草中雌激素活性及含量的测定。

研究证实，配种期间植物雌激素的危害性要比其他阶段大得多。从配种期间到配种结束都放牧在红三叶草场上的母羊，与对照母羊相比，各项繁殖指标均受影响，配种后21d返情率高、产羔母羊比例降低、多胎率降低、空怀率增加。例如，放牧21～23d转移到不含植物激素的草场，放牧3周后配种，对其繁殖指标的改善收效不大；但转移草场5周后，繁殖指标明显改善，表明在红三叶草场短期放牧时，异黄酮类的影响是暂时的。

预防措施：①在紫花苜蓿等尚未达到成熟阶段（即香豆素类含量不高）时进行放牧；②喷洒杀真菌剂以防止真菌感染苜蓿，降低香豆素含量；③监测日粮雌激素水平，防止日粮雌激素水平过高；④加强放牧管理，使母羊与含香豆素类苜蓿的接触降至最低限度；⑤在配种前5周就将母羊从有苜蓿和红三叶的草场上转移。

### （四）生理因素

#### 1. 年龄因素

雄性动物精液的质量、数量和交配母畜的受胎率受年龄的影响，青年公畜随着年龄增长其精液质量逐渐提高，到了一定年龄后精液质量又逐渐下降。3～4 岁种公牛的精液受胎率最高，以后每年下降 1%。生产实践中，一般公牛可使用到 7～10 岁，随着年龄的进一步增大，公牛出现性欲减退、睾丸变性、精液质量明显下降，有些公牛出现脊椎和四肢方面疾病，以致爬跨交配困难而无法采精。

母畜的繁殖力也随年龄而变化。家兔和猪第一胎产仔数少，以后随胎次而增多。太湖猪初产平均 12.11 头，经产 15.30 头，以第 3～7 胎产仔数量多，第 8 胎后产仔数减少，同时产死胎数有所增加。

**2. 泌乳与哺乳**

母畜产后发情的出现与否和出现的早晚与泌乳期间的卵巢机能、哺乳仔畜、产乳量及挤奶次数均有直接的关系。

母牛出现伴有发情征状的排卵一般在产后 30～100d。挤奶次数增加、吮乳刺激，会使母牛卵巢机能恢复期延长。产后带犊哺乳的奶牛，产后发情出现推迟（产后 90～100d），而产后母牛、犊牛分开的，产后发情出现较早（产后 30～70d）。而每日多次挤奶又比每日挤奶 2 次者推迟。泌乳量也影响母牛产后发情及配种受胎率。泌乳量高的牛，产后发情迟、受胎率低、空怀期长。因为高产奶牛在产后 2 个月左右代谢处于严重的负平衡状态，膘情差、卵巢机能不全，发情不明显或不发情，因而降低了繁殖性能。

母猪在产后泌乳期间尽管有时出现发情，但征状既不明显也不发生排卵，配种受胎率也很低，当哺乳 5～7 周后断奶，7d 后即出现发情。仔猪提早断奶，可提早发情配种，使产仔间隔缩短，平均年产窝数提高。

### （五）管理因素

家畜繁殖主要受人类活动的控制，良好的管理工作应建立在对整个畜群或个体繁殖能力全面了解的基础上，合理的放牧、饲养、运动或调教、使役、休息、厩舍卫生设施和交配制度等管理措施，均影响家畜繁殖力。管理不善，不但会使一些家畜的繁殖力降低，也可能造成不育。

管理因素对肉牛繁殖力的影响十分重要，但又是最容易受到忽视的，管理涉及的内容较多，但对肉牛繁殖力有直接影响的是繁殖管理。

在现阶段，我国牛群的繁殖力一般都很低，营养较差、常年配种、终年产犊的云南黄牛，繁殖成活率仅 35%左右。对于母牛的管理工作，若能适当提高产前（分娩前 8 周）和配种前的饲养水平，及早进行妊娠鉴定、分群管理、采用同期发情等技术措施，可进一步发挥母牛群的繁殖潜力。

## 第二节　雄性动物的繁殖障碍

繁殖障碍（breeding difficulty），又称不育（infertility）或不孕（barrenness），是指由于动物生殖机能紊乱或生殖器官畸形等因素引起的生殖活动异常，导致暂时或永久性失去繁殖能力。繁殖障碍在畜牧业生产中危害巨大，大量种畜因繁殖障碍而淘汰。遗传、环境、饲养管理、生殖内分泌、免疫反应和某些病原微生物等因素都可能造成繁殖障碍。

雄性动物的繁殖障碍实际包含两个概念：一是指雄性动物完全不育，即雄性动物已到配种年龄，但无交配能力、无精或精液品质不良，精子不能使正常的卵子受精；二是指雄性动物生育力低下，即由于各种疾病或缺陷引起的雄性动物生育力低于正常水平。引起公畜不育的因素较多，见图 9-1。雄性动物的繁殖障碍具体包括生精机能障碍、附性腺机能障碍、性机能障碍、免疫性繁殖障碍和染色体畸变等。患繁殖障碍的雄性动物在种畜中占有一定的比例，但在生产上一直未引起足够重视。据报道，公牛各种繁殖障碍的发病率在澳大利亚为 9.3%，在欧洲为 20%。

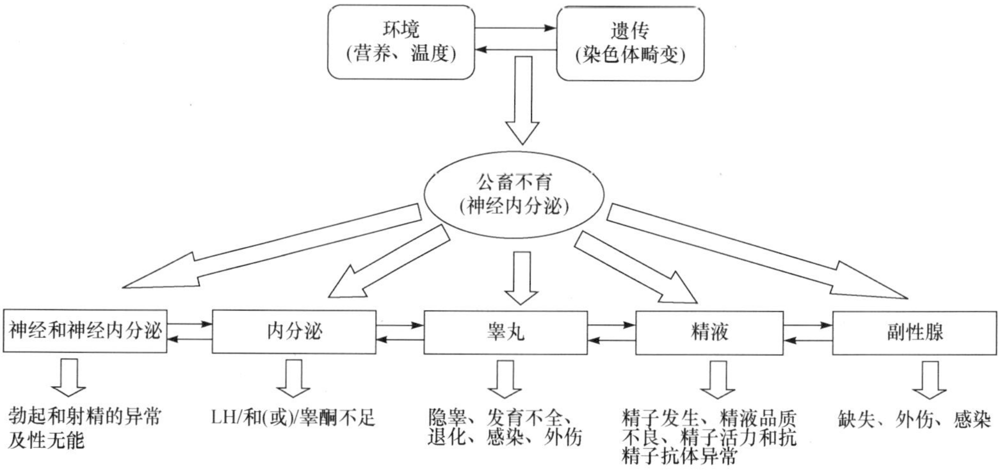


图 9-1　引起公畜不育的因素(Hafez and Hafez，2000)

# 一、生精机能障碍

## (一) 隐睾

有些雄性个体出生以后，会出现一侧或双侧睾丸未能降入阴囊，仍滞留于腹腔或腹股沟内的现象，称为隐睾(cryptochidism，图 9-2)。由于腹腔内的温度较阴囊内温度高，破坏了睾丸正常产生精子的环境，因此隐睾不能产生精子。单隐睾动物有一侧睾丸可具备正常的生精机能，但精子的产量和精子密度明显降低；双隐睾动物则完全没有生殖能力。由于睾丸的间质细胞分泌功能并未受到影响，依然可以产生雄性激素，因此，发生隐睾的雄性动物仍可维持一定的性欲和雄性特征。猪的隐睾症发生率为 1%～2%，牛为 0.7%，狗为 0.05%～0.1%。隐睾为隐性遗传病，为了防止隐睾的发生，在一个群体中，一旦发现隐睾症，就必须淘汰所有与之有亲缘关系的个体。

## (二) 睾丸发育不全

睾丸发育不全(testicular hypoplasia)是指雄性动物一侧或双侧睾丸的全部或部分精细管生精上皮发育不完全或缺失生精上皮，间质组织可能基本正常。本病多见于公牛和

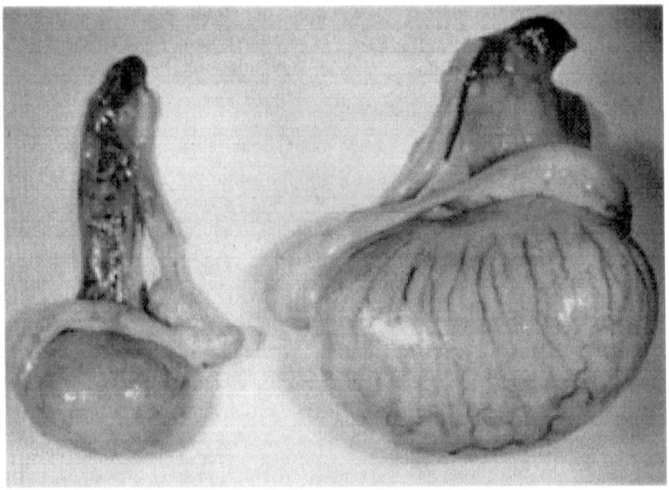

图 9-2 马正常睾丸和隐睾的对比图
左侧为隐睾，睾丸与附睾都很小，右侧为正常睾丸

公猪，一些牛群中发病率可达 25%～30%，在一些猪群中高达 60%，一些病例只有一侧睾丸发育不全，有的则为双侧睾丸发育不全。较轻的病例用手触诊往往不易判断，目前尚无一种简易、准确的检查方法。但是若对睾丸发育不全的公牛进行白细胞培养后做染色体组型分析时，可见染色体异常。

引起睾丸发育不全的因素很多，包括遗传、生殖内分泌失调和饲养管理不当等。睾丸发育不全的公畜精液量虽然不减少，但精子数量很少，甚至无精子，一些病例即使有精子也无活力，使受胎率降低。因此，睾丸发育不全的雄性动物应及早淘汰，如果是遗传因素引起的睾丸发育不全，还应淘汰其同胞甚至其父母。

## 二、副性腺机能障碍

精囊腺炎是一种常见于公牛的副性腺炎症，发病率为 0.8%～4.2%。精囊腺炎的病理变化往往波及输精管壶腹、附睾、前列腺、尿道球腺、尿道、膀胱、输尿管和肾脏，而这些器官的炎症也可能反过来引起精囊腺炎。据报道，壶腹炎在临床上不易察觉，往往在尸检时，才被发现其发病率并不低于精囊腺炎；前列腺炎在临床上也不易确诊，尸检结果表现43%患有精囊腺炎的公牛，同时患有前列腺炎；而在精囊腺炎发病率高达 49%的公牛群中，尿道球腺炎发病率为 15%。因此，精囊腺炎及其并发症合称为精囊腺炎综合征（seminal vesiculitis）。单纯性的前列腺炎或尿道球腺炎在家畜中很少见。副性腺炎症可导致精子活力及存活率降低，如慢性前列腺炎可影响精子的运动、功能及精液的理化性质等。

## 三、性机能障碍

### （一）阳痿

阳痿(impotency),是指阴茎不能勃起或虽能勃起但不能维持足够的硬度以完成交配。从未进行性交的阳痿称为原发性阳痿;原来可以正常交配,后来出现勃起障碍者为继发性阳痿。公畜中种马发生阳痿较为常见。

生殖内分泌机能失调引起的阳痿,原因可能是雄激素分泌不足或雌激素类物质采食过多(如大量饲喂含植物雌激素的豆科牧草等)。可肌肉注射雄激素、hCG或GnRH类似物进行治疗。皮下或肌肉注射雄激素(丙酸睾酮或苯乙酸睾酮)的用量为:马和牛 100～300mg,羊和猪 100mg,隔日一次,连续应用 2～3 次。口服甲基睾酮的用量为:马和牛 0.3～0.9g,猪 0.1～0.3g。肌肉注射或静注 hCG 的用量为:牛和马 5000～10 000IU,促排 2 号的用量为 100～300μg。

### （二）交配困难

交配困难主要表现在雄性动物爬跨、交配和射精等性行为发生异常。爬跨无力是老龄公牛和公猪常发生的交配障碍。蹄部腐烂、四肢外伤、后躯或脊椎发生关节炎等都可造成爬跨无力。

阴茎从包皮鞘伸出不足或阴茎下垂,都不能正常交配或采精。由先天性、外伤性和传染性引起的"包茎"(phimosis)或包皮口狭窄,以及阴茎海绵体破裂而形成的血肿等,均可妨碍阴茎的正常伸出。公牛交配时常见阴茎猛力伸向母牛会阴部,易发生挫伤,引起S状弯曲部发生血肿,并伴以包皮下垂,从而影响交配。

### （三）精液品质不良

精液品质不良(low quality of semen)是指雄性动物射出的精子达不到使卵子受精所要求的标准。主要表现为射精量少、无精、少精、死精、精子畸形和活力不强等。此外,精液中带有脓汁、血液或尿液等,也是精液品质不良的表现。

引起精液品质不良的因素包括气候因素(高温、高湿),饲养管理不善,遗传病变,生殖内分泌机能失调,感染病原微生物以及精液采集、稀释和保存过程中操作不当等。例如,动物在高温季节的精子密度和活力降低,畸形精子和顶体异常精子比例增高。另外,猪采精间隔分别为 1～6d 时,发现采精间隔时间越长,每次射精总量、精子密度、精子活力和有效精子数均增加。在采精中,当有效精子总数降低时,表明采精频率可能过于频繁。

引起精液品质不良的因素十分复杂,在生产中,当出现精液品质不良时,应首先找出发病原因,然后采取相应措施。如由于饲养管理不当所引起的,应及时改进;由于疾病原因而继发的,应针对原发病进行治疗;若属于遗传方面引发的,应及时淘汰。

## 四、免疫性繁殖障碍

现已发现，哺乳动物的精子至少含有2～3种精子特异性抗原。在病理情况下，如睾丸或附睾损伤、炎症、精子运行通道障碍等，精子抗原进入血液与免疫系统接触，便可引起自身免疫反应，即产生与精子发生免疫凝集反应的物质，引起精子的凝集，阻碍受精，使受精率降低。

## 五、染色体畸变

染色体畸变、Y染色体微缺失和基因突变等是引起不育的常见遗传疾病，可引起雄性动物无精或少精。此外，染色体嵌合、镶嵌、常染色体继发性收缩等，均可引起雄性不育。

### （一）罗伯逊易位(Robertsonian translocation)

染色体畸变引起20%的雄性不育。易位携带者若没有重要遗传物质的丢失或增加，表型一般无明显异常。但是若其生殖细胞在减数分裂时产生异常的配子，就会导致生精停滞或反复流产，尤其是染色体1号、3号、5号、6号、10号的臂间倒位可以干扰减数分裂，导致减数分裂后的精子产生减少，甚至造成无精子症。罗伯逊易位是不育者常染色体的主要异常改变，60%的罗伯逊易位发生于13号与14号近端着丝粒染色体，结果染色体数目减少，长臂数不变，但短臂数减少两条。一般认为，在哺乳动物的核型进化中，着丝粒融合是较普通的一种形式。它可能干扰精母细胞粗线期X染色体正常失活，从而导致生精障碍。

### （二）XXY综合征(XXY syndrome)

相当于人的克兰费尔特综合征(Klinefelter syndrome)。在牛(61，XXY)、羊(55，XXY)、猪(39，XXY)、犬(79，XXY)、猫(38，XXY)及人(47，XXY)均有发现。患病动物的表型为雄性，有正常的雄性生殖器官及性行为，但睾丸发育不全，组织学检查见不到精子生成过程。睾丸及附睾虽然位于阴囊中，但均很小，射出物中不含精子。

### （三）Y染色体微缺失

Y染色体含有*SRY*基因，能够启动睾丸的发生，因此决定了雄性性状。1976年，Tieplolo和Zuffardi发现无精症患者Y染色体长臂(Yq11)缺失，故称该部位为无精子因子(azoospermia factor，AZF)。Y染色体微缺失发生在Y染色体上与AZF相关的多个基因上，这些基因的微缺失将导致精子发生障碍，少精、弱精、无精直至不育。

### （四）嵌合体和镶嵌体(chimeras and mosaics)

动物体内含有一种或一种以上不同源的组型不同的染色体细胞，称为异源性嵌合体(chimera)。性染色体不同的两个合子融合则可形成XX/XY嵌合体。个体含有两种或两种以上组型，但来源相同的染色体细胞，称之为镶嵌体（mosaic），它是由单合子在减数分裂时未分离而形成。异源性镶嵌体和嵌合体虽然细胞来源不同，但其结果一样，即这种个体都含有染色体组型不同的细胞，而且是随机形成的。

异源性嵌合体和镶嵌体动物的性腺和表型性别，由细胞系所含的性染色体组成及其在性腺原基（gonadal primordium）中的分布情况而定。例如，有一细胞系含有Y染色体而另一细胞系则没有，则在同一性腺中会有卵巢及睾丸组织同时发育（真两性畸形）或性腺发育不全（dysgenetic），组织学上的特点是既有睾丸组织又有卵巢组织，且完全具备两种性腺的固有特征。真两性畸形嵌合体、异性孪生不育母犊和XX/YY睾丸发育不全均属于此类。

真两性畸形动物同时具有卵巢及睾丸两种组织，一个或两个性腺成为卵睾体（ovotestes）或一个为卵巢另一个为睾丸或上述两种组织的各种组合。常见于猪和奶山羊，牛和马次之。已发现猪的染色体核型有以下各种：（38，XX）/（38，XY）；（38，XY）/（39，XXY）；（37，XO）/（38，XX）/（38，XY）。

这类畸形动物在出生时通常被认为是雌性，其外生殖器官和生殖道与雌性动物无异，但在达到性成熟时体格一般要比正常的雌性大，头似雄性，颈部被毛竖起，乳头细小，阴茎呈杆状并且较短。至初情期时阴蒂变大，并伴有尿道下裂，患畜不育。这种畸形动物的行为个体之间差异较大，出生时比较温驯，性成熟以后则似雄性，喜欢攻击斗殴，有的可能对雌性表现雄性性行为。

性腺为卵睾体者，可见到不同发育阶段的卵泡，至成年时则往往性腺发育不全或长成性腺肿瘤。有时可在卵睾体的皮质部见到卵泡，在髓质部发现精细管，有的动物在精细管中还有精子生成。

## 第三节　雌性动物的繁殖障碍

雌性动物的繁殖障碍包括生殖器官先天性繁殖障碍、卵巢机能障碍、受精与妊娠性繁殖障碍、免疫性繁殖障碍、生殖器官疾病性繁殖障碍和传染病引起的繁殖障碍等。雌性动物的繁殖障碍是生产中普遍存在的问题。

### 一、生殖器官先天性繁殖障碍

#### （一）生殖器官发育不全和畸形

雌性动物生殖器官发育不全主要表现为卵巢和生殖道体积较小，机能较弱或无生殖机能。例如，正常牛的卵巢直径为1～2cm，而卵巢发育不全的牛卵巢直径小于1cm；正常母猪的卵巢重量可达5g，而发育不全的卵巢重量不到3g，即使有卵泡，其直径也不超过3mm。幼稚型动物的生殖器官常常发育不全，即使达到配种年龄也无发情表现，有时虽然发情，但屡配不孕。

各种动物均有可能发生不同程度的生殖器官畸形，约有50%的不孕猪为生殖器官畸形。虽然生殖道畸形动物有正常的发情周期和发情表现，但配种后不易受孕。常见的生殖器官畸形包括:输卵管伞与输卵管或输卵管与子宫连接处堵塞,子宫角缺如,单子宫角,无管腔实体子宫角,子宫颈的形状和位置异常,子宫颈闭锁,双子宫颈,以及阴瓣过度发育等。

### (二)异性孪生母犊不育症

异性孪生的母犊中约有95%患不育症,所以异性孪生母犊不能留作种用。主要表现为不发情,体型较大,阴门狭小,阴蒂较长,阴道短小,子宫角犹如细绳,卵巢极小,乳房极不发达,乳头与公牛类似,常无管腔。

出现这种现象的原因有两种:一种可能是由于两个胎儿的绒毛膜血管之间有吻合支,雄性胎儿的生殖腺发育较早,雄激素通过吻合支进入雌性胎儿体内,抑制卵巢皮质及生殖道的发育,因此,异性孪生不育母犊的生殖器官发育不全;另一种可能是雄性胎儿分泌的缪勒氏管抑制因子随血管吻合支进入雌性胎儿体内,使雌性胎儿生殖腺雄性化,所以异性孪生不育母犊的体态至成年时也介于雌雄之间,而且有时卵巢似睾丸。近年来有人根据现代免疫学和细胞遗传学的研究结果认为,异性孪生母犊不育是由于性染色体嵌合体的作用,而不是由于激素的影响。其依据是异性孪生的公畜和母畜同时具有雄性和雌性细胞,异性孪生不育母牛都有血细胞嵌合体,即在胎儿出生前,雄性和雌性胎儿之间已发生了血细胞交换;所以嵌合体的孪生(包括异性孪生)动物至成年后,都可以作为其双亲的植皮受体,这就说明在子宫内已经互相交换了组织相容性抗原。

### (三)种间杂种

种间杂交的后代往往无生殖能力,如马与驴杂交所生的后代骡子和駃騠,因卵巢中卵原细胞极少,睾丸中精细管堵塞,不能产生精子,所以均无生殖能力。细胞遗传学研究发现,骡的染色体数目为单数(63条),而且染色体在第一次成熟分裂时不能产生联会,可能是引起杂种不育的遗传基础。此外,马(64条)和驴(62条)的染色体组型在形态上差异很大,可能是导致染色体成熟分裂时不能联会的原因。

黄牛和牦牛杂交所生的后代犏牛,雌性有生殖能力,自然交配的情期受胎率可达74%(青海省大通牛场),但雄性无生殖能力或生殖能力降低。同样,双峰驼与单峰驼杂交所生的后代,雌性也有生殖能力。

## 二、卵巢机能障碍

在雌性动物性成熟后,卵泡的发育成熟到排卵,黄体的形成到消退,形成发情周期,在繁殖季节里这个循环会反复进行,这是一个正常的生殖生理现象。如果配种后妊娠,发情周期即停止,一直到分娩后的一定时间再次出现发情。如果未妊娠,也不出现发情,除部分季节性发情的动物以外,一般可能发生了卵巢机能障碍。卵巢机能障碍主要包括卵巢机能不全、卵巢囊肿、持久黄体等。

### (一)卵巢机能不全

卵巢机能不全(ovarian hypofunction)是由于卵巢的机能受到抑制,卵泡不能正常地生长、发育、成熟和排卵，发情和发情周期紊乱(表 9-8，图 9-3)。

**表 9-8 几种家畜的异常发情**

| 畜种 | 异常 | 原因 | 生理机制 |
|---|---|---|---|
| 牛 | 乏情 | 子宫积脓，木乃伊化 | 黄体持久 |
| | | 泌乳 | 吸吮刺激抑制促性腺激素释放 |
| | | 卵巢囊肿 | LH 和(或)GnRH 不足 |
| | | 卵巢发育不完全和异性孪生母犊 | 卵巢不能分泌雌激素 |
| | | 营养(主要是维生素)不足 | 垂体前叶分泌促性腺激素不足 |
| | 短促发情，安静发情 | 泌乳高峰 | 雌激素分泌不足 |
| | | 卵巢囊肿 | 内分泌失调 |
| | 慕雄狂 | | |
| 绵羊 | 乏情 | 季节，泌乳 | 光照影响促性腺激素的分泌 |
| 猪 | 乏情 | 泌乳 | 同牛 |
| 马 | 乏情 | 季节，日粮，卵巢发育不完全 | 同绵羊 |
| | 持续发情 | 繁殖季节早期 | 内分泌不足，卵泡只能发育到 2cm |
| | 断续发情 | 卵泡交替发育 | 促性腺激素分泌不足 |
| | 不发情 | 假妊娠 | 持久黄体导致妊娠早期被终止 |

资料来源：Hafez and Hafez，2000

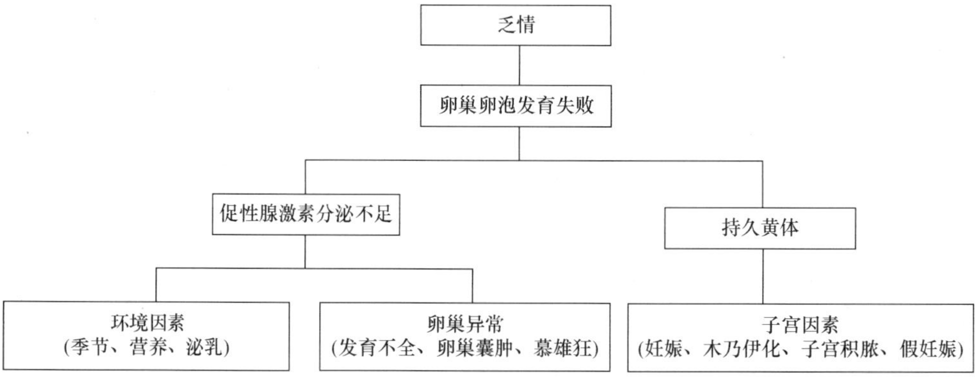


图 9-3 引起乏情的原因(Hafez and Hafez，2000)

### 1. 卵巢静止及卵巢萎缩

卵巢静止是卵巢的机能受到扰乱，卵巢上无卵泡发育，也无黄体存在，卵巢处于静止状态。雌性动物不表现发情，如果长期得不到治疗则可发展成卵巢萎缩。卵巢萎缩(ovarian atrophy)通常是指卵巢体积缩小而质地硬化，无活性，性机能减退。有时是一侧或两侧卵巢都发生萎缩及硬化，发情周期停止，长期不孕。在卵巢萎缩的过程中，性机能逐渐减退，卵巢体积逐渐缩小，发情症状不明显，卵泡发育不良，甚至发生闭锁。严重萎缩时，不但卵巢小质地硬，而且母畜长期不发情，子宫也收缩变得又细又硬。

产生卵巢静止和卵巢萎缩的主要原因：一是体质衰弱，年龄大，若又加上饲养管理不当，易使卵巢发生萎缩，变小且硬；二是卵巢疾病的后遗症，如卵巢炎、卵巢囊肿继发的后遗症。高产奶牛更容易发生卵巢萎缩。

治疗卵巢静止和卵巢萎缩首先应改善饲养管理条件，供给全价日粮，以促进雌性动物体况的恢复。为了加速恢复卵巢机能，可通过直肠按摩卵巢和子宫，每隔 3～5d 按摩一次，每次 10～15min，促进局部血液循环。

也可进行激素治疗：肌肉注射 FSH，牛 100～200IU，马 200～300IU；注射 hCG，马、牛 2000～3000IU，猪、羊 500～1000IU，必要时间隔 1～2d 重复一次；注射 PMSG，马、牛 1000～2000IU，羊 200IU，猪每千克体重 10IU。雌激素对性中枢有兴奋作用，可引起雌性动物外部发情征象，但不能引起卵泡发育和排卵。应用雌激素可使生殖器官血管增生、血液供给旺盛、机能加强，有助于正常发情的恢复，因此，在药物处理后的第一次发情可不必配种，待第二次自然发情时再行配种。

另外，可应用氦氖激光治疗仪照射阴蒂或地户穴，功率 7～8mW，照射距离 40～50cm，每次照射 10～15min，每天一次，连续照射 12d 为一个疗程。据报道，14 头奶牛经过一个疗程治疗，有 13 头发情良好，配种后有 11 头怀孕。

**2. 卵泡萎缩及交替发育**

卵泡萎缩及交替发育（atrophy and successive development of follicle）都是卵泡不能正常发育成熟到排卵的一种卵巢机能不全的疾病，多发生在泌乳量高、体质衰弱及长期饲养在寒冷地区的奶牛及黄牛，在早春发情的马、驴也常见此病。

引起本病的主要因素是气候和温度的影响。季节性发情动物由非繁殖季节到繁殖季节，性腺一时未能达到正常的生理活动状态。长期在寒冷地区饲养的奶牛及黄牛，牛舍温度低，保温条件差，气温变化大，饲料单纯，营养成分不全，运动不够等都会引起卵泡发育障碍。

对卵泡萎缩及交替发育的动物，可以利用 FSH、hCG 和 PMSG 进行治疗。也可以使用激光进行治疗，利用激光照射阴蒂及地户穴来调节生殖激素的平衡，促进卵泡发育及排卵。也可通过改善饲养管理，增加运动，对役用家畜减少使役，补饲鲜青草、麦芽可以促进发情周期的恢复。也可以利用电针疗法。此外还可以利用活血化淤的中草药方剂治疗。

**3. 排卵延迟或不排卵**

排卵延迟（delayed ovulation）是指卵泡发育成熟时间超出正常范围，其排卵的时间向后拖延。主要是由于垂体前叶分泌的促黄体素不足而致，此外气温过低、营养不良、利用过度等均可引起排卵延迟。在生产中，一旦发生排卵延迟，往往难以解决适时配种的问题，并降低种公畜的配种效率。发情但不排卵是指母畜表现正常的发情特征，卵泡有时也能发育到成熟时的大小，但不排卵。常见于猪和马。

对排卵延迟和发情但不排卵的动物可采用激素进行治疗。肌肉注射 hCG：牛 1000～

2000IU，猪、羊500IU。肌肉注射促排2号或促排3号：牛50～150μg，猪25～100μg，羊25μg。

（二）持久黄体(persistent corpus luteum)

妊娠黄体或周期黄体超过正常时间而不消失，称为持久黄体。在组织结构和对机体的生理作用方面，妊娠黄体或周期黄体没有区别。由于持久黄体分泌孕酮，抑制卵泡成熟和发情，引起乏情而不育。此病常见于母牛，约有26%的母牛发情周期发生持久黄体。母牛发生持久黄体时，黄体的一部分呈圆周状或蘑菇状凸起于卵巢表面，比卵巢实质稍硬。母马发生持久黄体时，有时伴有子宫疾病。母猪持久黄体与正常黄体相似，直径约12mm，但发生黄体囊肿时，则体积增大。

舍饲时，运动不足、饲料单纯、缺乏矿物质及维生素等均可引起持久黄体。产乳量高的母牛在冬季易发生持久黄体。此外，此病常和子宫炎症引起的前列腺素分泌减少等有关。子宫积水、积脓、子宫内有异物、干尸化等，都会使黄体不消退而成为持久黄体。

前列腺素及其合成类似物是治疗持久黄体最有效的激素，用后患畜大多在3～5d内发情，配种能受胎。例如，母牛肌肉注射氯前列烯醇0.4～0.6mg或子宫内注入0.2～0.3mg，母羊用量为0.1mg。此外，FSH、PMSG、雌激素以及GnRH类似物等也可用于治疗持久黄体。

（三）卵巢囊肿(ovarian cyst)

卵巢囊肿可分为卵泡囊肿和黄体囊肿两种。卵泡囊肿是由于发育中的卵泡上皮变性，卵泡壁结缔组织增生变厚，卵细胞死亡，卵泡液被吸收或者增多而形成。黄体囊肿是由于未排卵的卵泡壁上皮发生黄体化，或者排卵后由于某些原因而黄体化不足，在黄体内形成空腔并蓄积液体而形成。

卵泡囊肿多发生于奶牛，尤其是高产牛泌乳量最高的时期，猪、马、驴也可发生。卵泡囊肿最显著的临床表现是出现慕雄狂。母牛卵泡囊肿时，发情周期变短，发情期延长，哞叫、不安、经常爬跨其他母牛，卵泡直径可达3～5cm，有时发现卵巢上有许多小的囊肿。猪和马发生卵泡囊肿时，卵泡显著增大，马卵泡的直径可达6～10cm或更大，发情周期被破坏，发情症状明显、旺盛，甚至持续发情。

黄体囊肿的临床症状是卵巢肿大而缺乏性欲，长期乏情。直肠检查时，牛的囊肿黄体与囊肿卵泡大小相近，但壁较厚而软。马和驴的囊肿卵巢最大可达7～15cm，感觉有明显的波动，触压有轻微的疼痛表现。早春季节气温较低时，母马卵泡发育至第3～4期时出现排卵延迟，可出现持续发情现象，这种情况容易与卵泡囊肿混淆，必须认真检查才能进行鉴别。如果囊肿卵泡与正常卵泡大小相似，可隔一定时间(牛2～3d，马7～10d)再检查一次以避免误诊。

卵巢囊肿可引起患畜生殖内分泌机能紊乱，通常外周血管中孕激素水平很高，FSH、抑制素和雌激素的水平也会升高。然而生殖内分泌机能紊乱也是引起卵巢囊肿的主要原因之一。例如，母牛用大剂量PMSG处理后，易发生卵巢囊肿，严重者卵巢直径可达

8～10cm。

卵巢囊肿的治疗多采用激素疗法，常用药物有促性腺激素、前列腺素、GnRH 类似物等。

治疗卵泡囊肿，静脉注射 hCG：牛、马 15 000～20 000IU，猪 2000～3000IU。肌肉注射 GnRH 类似物(促排 2 号或促排 3 号)：牛、马 20mg/(头・次)，猪 50～100μg。此外，GnRH 类似物还有预防作用，如在母牛产后第 12～14 天，注射 GnRH 可预防卵巢囊肿的发生。

治疗黄体囊肿，氯前列烯醇是常用的药物，其作用剂量和方法同上述持久黄体的治疗方法。氯前列烯醇对卵泡囊肿无直接治疗作用，但是，在治疗卵泡囊肿时，可结合 GnRH、hCG 协同应用，提高治疗效果，缩短从治疗到第一次发情的时间间隔，即在应用 GnRH 或 hCG 处理卵泡囊肿后的第 9～13 天(牛)或第 12～15 天(猪)，注射 $PGF_{2\alpha}$ 2～3d，患畜可以发情配种。

值得注意的是，治疗卵泡囊肿和黄体囊肿所用激素完全不一样，如果激素用错，可能会加重病情，因此，要判明卵泡囊肿和黄体囊肿，合理用药，并且治疗开始越早效果越好。据报道，在患病后 6 个月内治疗时，90%的病例可望治愈，而在患病后 6～12 个月治疗时，只有 60%～70%的治愈率。如果两侧卵巢均患囊肿，治疗效果较差。囊肿的大小和症状严重程度与治愈率密切相关，部分患畜治愈后又可复发，应引起重视。例如，卵巢囊肿母牛经治愈后，在一次分娩后有 20%～30%复发。

## 三、受精与妊娠性繁殖障碍

### (一) 受精障碍

卵子或精子异常、母畜生殖道结构或机能异常、胚胎死亡等都有可能引起受精障碍。

**1. 卵子异常**

哺乳动物的正常卵子为圆形，成熟卵子的直径(透明带除外)为 120～185μm，各种家畜略有差异。但是，如果卵子呈椭圆形或扁形，其体积过大(巨形)或过小，卵黄内带有极体或有大空泡以及透明带破裂都为畸形卵。畸形卵是在卵母细胞成熟过程中出现的，形成的原因有遗传因素，也有内外环境突变等。畸形卵出现的比率存在品种、品系、年龄和个体差异。在超排过程中一般随超排后回收的卵母细胞数量的增加而比率增大。

**2. 精子异常**

受精失败主要与精子 DNA 蛋白复合体结构的破坏有关，此外，精子老化和损伤也能使受精失败。

**3. 结构障碍**

母畜生殖道结构或功能的先天或后天缺损干扰精子和(或)卵子运行到受精部位(表 9-9)。

表 9-9 造成受精失败的结构和功能因素

| 因素 | 异常 | 影响的物种 | 干扰的机理 |
|---|---|---|---|
| | | **结构障碍** | |
| 先天 | 中肾管囊肿<br>单角子宫<br>双子宫颈 | 常见于猪、羊和牛 | 精子运行 |
| 后天 | 管腔粘连<br>输卵管积水<br>子宫角封闭 | 所有物种，尤其羊和猪 | 采卵，受精<br>卵子运行 |
| | | **功能性障碍** | |
| 激素 | 卵巢囊肿<br>子宫颈和子宫分泌异常 | 牛和猪<br>牛和绵羊(含雌激素类饲草饲养) | 排卵<br>配子运行 |
| 管理 | 受精延迟<br>受精过早<br>发情鉴定错误 | 所有物种，尤其马和猪<br>牛<br>牛 | 死卵子<br>死精子<br>受精失败 |

资料来源：Hafez and Hafez，2000

**4. 受精异常**

哺乳动物正常受精是单个精子的雄原核与雌原核融合受精，但有时也发生受精异常现象，如多精子受精、含两个雌原核卵子的单精子受精都会形成多倍体的胚胎。由于染色体数目异常，使胚胎发育早期死亡。或是在受精开始是正常的，但后来由于雄核停止发育或雌核停止发育，形成雌核发育或雄核发育，结果形成单倍体的胚胎，因而胚胎也不能正常发育。

受精异常的主要原因是配子老化，所以，在实践中应作好发情鉴定，做到适时输精，这样才有利于精、卵结合，避免因配子老化而造成的早期胚胎死亡，从而提高受胎率。

**5. 植物雌激素**

植物中含有雌激素类物质，1946 年发现放牧草地上的三叶草能造成绵羊广泛的不孕。然而植物性雌激素对不同家畜繁殖性能的影响存在差异，研究表明，与绵羊在同一地区放牧的牛、马并不会因食三叶草而患病。三叶草引起的生殖系统疾病有三种表现。一是母羊不孕，用繁殖能力正常的公羊进行多次配种，都不能受孕。尸体剖检时，发现子宫内膜发生囊肿性增生。二是难产，因为子宫乏力而发生母体难产。其典型特征是，临近分娩时没有外部症状，到期的胎儿发生死亡。在有些情况下，产出死羔。更常见的是，在产前多日胎儿发生死亡，但不排出。三是子宫脱出，常发生于产羔后数月，未配种母羊常表现乳房胀大和泌乳。随着三叶草饲喂时间的延长，母羊的繁殖障碍会越来越严重。难产率可高达 40%，子宫脱出率可达 10%。

## (二) 妊娠障碍

妊娠期死亡又称生前死亡，约占所有不孕的 1/3。妊娠期死亡根据不同阶段可分为胚胎死亡和胎儿死亡两种(图 9-4)。

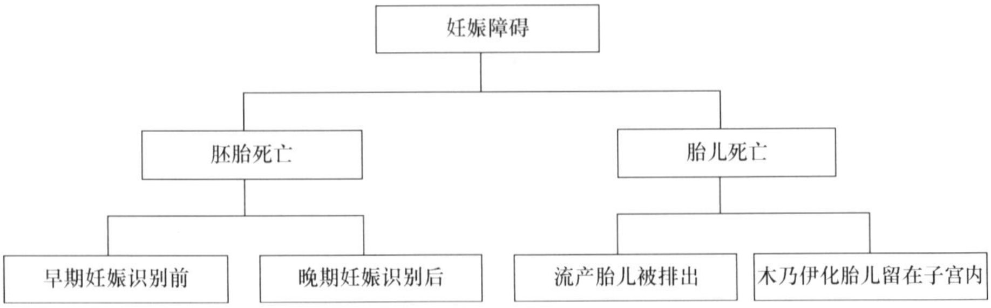


图 9-4　母畜繁殖障碍

**1. 胚胎死亡**

胚胎死亡绝大多数发生在附植前后（表 9-10），牛和猪在受精后 16～25d，羊在受精后 14～21d，马在受精后 30～60d。牛、绵羊和猪的胚胎死亡有 25%～40%发生在精子入卵到附植结束这一段时间。死亡的胚胎被吸收，以后母畜再发情。至于重新发情的时间，则与胚胎死亡的时间有关。母牛如果桑葚胚或早期囊胚在发情周期的中期以前死亡，黄体则按正常时期退化，母牛能按期发情；如果囊胚是在附植前后死亡，黄体退化延迟，则母牛延长发情周期。如果猪全部胚胎是在妊娠的第 4 天死亡，母猪能按正常周期重新发情；如果有胚胎存活 4d 以上死亡，下次发情则会延后。

**表 9-10　胚胎死亡的原因**

| 畜种 | 死亡高峰期妊娠天数/d | 发育阶段 | 原因 |
|---|---|---|---|
| 牛 | 8～16 | 囊胚孵化，开始扩大和附植结束 | 孕激素分泌量不足；近亲交配；多胎；纯合子；输精时间；染色体易位 |
| 绵羊 | 9～15 | 卵黄囊到尿囊胎盘形成 | 近亲交配；母体老化；血红蛋白型；过度饲喂；多胎；高温 |
| 猪 | 8～16 | 妊娠识别 | 近亲交配；染色体易位；拥挤；过度饲喂；高温 |
| 马 | 30～36 | 妊娠黄体退化和副黄体形成；卵黄囊到尿囊胎盘形成 | 泌乳；双胎；营养；染色体易位 |

资料来源：Hafez and Hafez，2000

胚胎死亡的原因是多方面的，如内分泌原因、营养与遗传、子宫内环境、热应激、泌乳、病原微生物感染和免疫能力差等。

**2. 流产**

流产（abortion）是由于胎儿或母体的生理过程发生紊乱或它们之间的正常关系受到破坏而使怀孕中断。它可以发生在怀孕的各个阶段，但以怀孕早期多见。在各种动物中以马属动物多见。流产不仅使胎儿夭折或发育受到影响，而且还危害母体的健康，并引起生殖器官疾病而致不育。

流产的表现形式有两种，即早产和死胎。早产（premature birth）是产出不到妊娠期满的胎儿，距分娩时间尚早，胎儿无生活力，一般不能成活。死胎（stillbirth）是妊娠动物产出死亡的胎儿，多发生在妊娠中期、后期，也是流产中常见的形式。

引起流产的因素很多，生殖内分泌机能紊乱和病原微生物感染，是引起早期流产的主要原因；管理不善，如过度拥挤、跌倒、蹴踢、外伤等，是引起后期流产的主要原因。

通常人们将流产分为三类，即普通流产(非传染性流产)、传染病性流产和寄生虫病性流产。

**3. 胎儿死亡**

胎儿死亡是指怀孕母体内形成的胎儿在生长发育过程中死亡或在围产期及分娩时产出死亡胎儿。

(1) 木乃伊胎　是指胎儿死后，组织中的水分及胎水被母体吸收，胎儿变成棕黑色，好像干尸一样，保留在子宫内未被排出体外的现象。其过程是在胎儿期，胎儿的血液供应受到干扰而死亡，胎儿脐带异常或各种病毒、细菌感染子宫而导致母体与胎儿胎盘分离，使胎儿逐渐自溶和浸溶，最后剩下骨骼。木乃伊胎的发生还与遗传因素有关，如娟姗牛和更赛牛的木乃伊胎发生率较高。牛木乃伊胎多发生在妊娠后5～7个月。羊的木乃伊胎儿有时在妊娠晚期流产，有时和另一个羔羊保持到妊娠期结束，一同排出。猪的木乃伊一般随正常仔猪一同分娩，其数量是怀仔猪越多，产生木乃伊的比率越高，而且老年母猪比青年母猪更多见。

(2) 围产期和新生期死亡　是指胎儿在围产期内或分娩过程中死亡。犊牛在出生时死亡的发生率占全部出生幼畜的5%～15%，头胎、雄性胎儿及由荷斯坦或海福特公牛配种所生的犊牛发生率高。仔猪死亡率随胎次、窝产仔数增加及早产(110d前)而升高。仔猪死亡有两种类型：一种是胎儿于产前死亡；另一种则是由于产程过长，仔猪在分娩过程中缺氧窒息而死亡。围产期胎儿死亡的原因是多方面的，如先天性缺陷、窒息、外伤和环境因素等。

## 四、免疫性繁殖障碍

### (一) 免疫性受精障碍

精子具有免疫原性，可以刺激机体产生抗精子抗体，雌性动物接受多次输精后，如果生殖道损伤或在感染情况下，精子抗原可刺激机体产生抗精子抗体，可与外来精子结合而阻碍精子与卵子结合，导致屡配不孕。

雌性动物对精子抗原既有体液免疫反应，又有细胞免疫反应，在雌性生殖道(特别是子宫)中有巨噬细胞和其他免疫细胞，可吞噬精子。此外，子宫颈腺体细胞也具有吞噬精子的作用，当精子接触到这些吞噬细胞和中性细胞时，吞噬细胞能立即辨认出并予以吞噬。

在雌性生殖道内，局部免疫反应的部分主要是子宫颈，其次是子宫体、子宫角和输卵管，阴道的作用很小。子宫颈能产生分泌免疫球蛋白的浆细胞，可分泌多种免疫球蛋白，如IgA、IgG、IgM等。生殖道如果受大肠杆菌、葡萄球菌等病原微生物的感染后，可使子宫颈浆细胞增殖，黏液中出现更多的免疫球蛋白A。此外，生殖道如果发生炎症时，抗体的产生较正常时可快1～2倍。由于生殖道内严重的炎症可造成形态和机能障碍，从而导致强烈的吞噬作用，促使精子抗体的产生，引起精子凝集。

治疗：对于由抗精子抗体而引起的屡配不孕可让母畜停止配种 1～2 个情期后，使母体内的抗体效价降低或消失后再行配种。

### （二）胎儿和新生儿溶血

红细胞和其他有核细胞一样，具有特征性表面抗原，即血型抗原。一个动物的红细胞进入另一个动物体内时，如果供体红细胞所带血型抗原与受体血型抗原相同时，就不会产生免疫应答反应。相反，如果供体红细胞带有受体没有的抗原，则由于天然同族抗体的存在，将迅速产生免疫应答反应，引起红细胞凝集或溶血而危及生命。在人类妊娠过程中，如果胎儿的父亲是 $Rh^+$ 血型，母亲 $Rh^-$ 血型，则父亲的 $Rh^+$ 基因可使胎儿成为 $Rh^+$ 血型。当胎儿的 $Rh^+$ 红细胞进入 $Rh^-$ 母体内便可刺激母体产生抗 $Rh^+$ 抗体，此抗体通过胎盘而进入胎儿血液循环，与胎儿的 $Rh^+$ 细胞结合，在补体、吞噬细胞和 K 细胞的共同作用下，将胎儿的红细胞裂解而引起胎儿死亡。

在家畜中，这种免疫性溶血主要发生于骡驹，有时也发生于马驹，在仔猪和牛犊偶尔也可发生。从血型抗原来说，母马妊娠后受到骡胎儿的一种具有父系遗传特性的抗原物质刺激，因而产生一种能够抗骡驹红细胞的抗体。这种抗体出现在妊娠末期的母体血液中，由于抗体不能通过母马胎盘，所以在妊娠期抗红细胞抗体对胎儿不产生危害。但在出生后，血中抗红细胞抗体进入初乳，骡驹吮食后经胃肠壁进入血液，引起红细胞凝集和溶解。目前已知马的红细胞表面抗原有 Aa、Qa、R、S、Dc 及 Ua 等血型因子，可能与马驹溶血病的发生有直接关系。大白猪和凹背猪（如宁乡猪、陆川猪等）杂交所产生的仔猪易发生溶血，可能与凹背猪没有大白猪所特有的某种血型有关。

根据同一原理，发生白细胞同种异型免疫时（主要是中性粒细胞），虽然不一定引起胚胎死亡或畸形，但生后可发生白细胞减少症。发生血小板同种异型免疫时，可引起胎儿血小板减少，血凝作用减弱，出生后可见胎儿全身出现流血及紫癜性血斑。同种异型血浆蛋白也可发生免疫反应。

因免疫引起的胎儿和幼畜死亡，目前尚无经济有效的治疗方法，唯一解决办法是更换与配公畜或同时使用多头公畜的精液进行配种。

### （三）胚胎早期死亡

胎儿中的一半遗传物质对于母体来说，是“异体蛋白”，均有可能刺激机体产生抗胎儿的抗体而对胎儿产生排斥反应。但在正常情况下，母体和胚胎均可以产生某些物质，如输卵管蛋白、子宫滋养层蛋白、甲胎蛋白、早孕因子等，可对胎儿和母体产生免疫耐受反应，从而维持胎儿不被排斥。相反，如果这些产生免疫耐受效应的物质分泌失常，则有可能引起胚胎早期死亡。

母体淋巴细胞对胎儿组织抗原发生过敏反应，也可引起胚胎死亡。例如，母体淋巴细胞由于某些原因（如胎盘出血或偶然透过胎盘）进入妊娠早期已具有免疫力的胎儿体内后，一旦获得增殖而不被胎儿排斥，这些淋巴细胞可将胎儿视为异物，产生免疫反应而妨碍胎儿的正常生长发育。

患有某种免疫性疾病的动物，在妊娠期间，如果胎盘受到破坏，抗体可通过胎盘进入胎儿体内，侵犯相应的组织器官，可引起胎儿发生同样的病症。胎儿和新生儿的这类疾病都是由母体的抗体引起的，而不是由胎儿产生自身抗体引起的。

由于从母体传来的抗体都有一定的半衰期，即在胎儿体内持续的时间不会太长，待这些抗体逐渐降解、排泄殆尽后，胎儿或新生儿的这类病症便会自动消失。所以这类先天性自身免疫病都是短暂的。另外，在妊娠期间母体产生的肾上腺皮质类固醇激素及雌激素、孕激素等，可抑制免疫应答反应，阻止产生抗体，所以可使母体的自身免疫性疾病在妊娠期间自然缓解。

## 五、生殖器官疾病性繁殖障碍

生殖器官疾病性繁殖障碍常因人工授精、接产、胎衣不下及全身性疾病继发感染生殖器官而造成。常见的有如下几种。

### （一）卵巢炎

卵巢炎根据病程可分急性和慢性两种。急性卵巢炎多数是由于子宫炎、输卵管炎或其他器官的炎症引起。在某些情况下，如对卵巢进行按摩、对囊肿进行穿刺时，病原微生物经血液和淋巴进入卵巢也可发生卵巢炎。

直肠检查时，患侧卵巢体积肿大（2～4 倍），呈圆形，柔软而表面光滑，触之有疼感。卵巢上无黄体和卵泡。当急性炎症转为慢性时，卵巢体积逐渐变小，质地有软有硬，表面也高低不平。触诊时有时有轻微疼痛，有时无疼痛反应。

急性期患畜表现精神沉郁，食欲减退，甚至体温升高。慢性期无全身症状，发情周期往往不正常。

治疗原则：在急性期，在应用大剂量抗生素（青霉素、链霉素）及磺胺类药物治疗的同时，加强饲养管理，以增强机体的抵抗力。在慢性炎症期，实行按摩卵巢的同时结合药物及激素疗法。

### （二）输卵管炎

由于子宫经输卵管与腹腔相通，所以子宫及腹腔有炎症时均有可能扩散到输卵管，使输卵管发生炎症，直接危害精子、卵子和受精卵，从而引起不孕。此病多见于猪，牛、马有时也有发生。

慢性输卵管炎，由于结缔组织增生，管壁增厚，触摸如绳索状。急性炎症，如果输卵管阻塞时，黏液或脓性分泌物会积存在输卵管内则呈现波动的囊泡，按压时有疼痛反应。结核性输卵管炎时则会触摸到输卵管粗细不一，并有大小不等的结节。

原发性较轻的输卵管炎经及时治疗可能会痊愈，具有生育能力。继发性的输卵管炎，特别是由于分泌物增多发生粘连而造成阻塞的难以治愈。

治疗时多数是采取 1%～2% NaCl 溶液冲洗子宫，然后注入抗生素及雌激素以促进子宫、输卵管收缩，排出炎性分泌物，使输卵管、子宫得到净化，恢复生育能力。在输卵管发生轻度粘连时，采取输卵管通气法，有时也能奏效。单侧输卵管炎的患畜可能有生育能力，双侧输卵管炎患畜往往失去生育能力，应及时淘汰。

### （三）子宫内膜炎

子宫内膜炎是子宫黏膜发生的炎症，多发生于马和牛，特别是奶牛，其次是猪和羊。子宫内膜炎在生殖器官的疾病中占的比例最大，它可直接危害精子的生存，影响受精以及胚胎的生长发育和着床，甚至引起胎儿死亡而发生流产。

**1. 病因**

子宫内膜炎病因主要是人工授精、分娩、助产的消毒不严或操作不慎，使子宫受到损伤或者感染引起的。患阴道炎、子宫颈炎、胎衣不下、子宫弛缓、布氏杆菌病等疾病时往往并发子宫内膜炎。此外，本交时，公畜生殖器官的炎症也可传染给母畜而发生子宫内膜炎。

主要病原微生物有细菌、真菌、病毒和霉形体（支原体），如大肠杆菌、葡萄球菌属、细球菌属和变形杆菌。导致牛不孕、死胎、流产和其他生殖障碍的病毒有牛传染性支气管炎（LBR）、牛病毒性腹泻（BVD）、副流感病毒 3 型（PL-3）及肠毒病毒。从患畜生殖道中分离出生殖道霉形体、莱时霉形体和 T 霉形体等。

**2. 分类**

子宫内膜炎根据炎症性质可分为隐性、黏液性、黏液性脓性和脓性 4 种。

（1）隐性子宫内膜炎　直检时无器质性变化，只是发情时分泌物较多，有时分泌物不清亮透明，略微混浊。母牛发情周期正常，但屡配不孕。主要是根据回流液的性状进行诊断，如果有蛋白样或絮状浮游物即可确诊。

（2）黏液性子宫内膜炎　通过直肠检查感到子宫角变粗，子宫壁增厚，弹性减弱，收缩反应微弱。母牛卧下或发情时从阴门流出较多的混浊或透明而含有絮状物的黏液。子宫颈口稍开张，子宫颈、阴道黏膜充血肿胀。

（3）黏液性脓性子宫内膜炎　其特征与黏液性子宫内膜炎相似，但病理变化较深。子宫黏膜肿胀、充血、有脓性浸润，上皮组织变性、坏死、脱落，甚至形成肉芽组织斑痕，子宫腺也可形成囊肿。病牛发情周期不正常，往往从阴门排出灰白色或黄褐色稀薄脓液，在尾根、阴门、大腿和飞节以上常附有脓性分泌物或形成干痂。直肠检查时子宫角增大，壁变厚，较松软，收缩无力。回流液像面汤或米汤，并夹杂有絮状物或小脓块。

（4）脓性子宫内膜炎　多由胎衣不下感染，腐败化脓引起。主要症状是从阴道内流出灰白色、黄褐色浓稠的脓性分泌物，在尾根或阴门形成干痂。直肠检查子宫肥大而软，甚至无收缩反应。回流液混浊，像面糊，带有脓液。

**3. 防治**

首先是给予全价饲料，特别是富含蛋白质及维生素的饲料，以增强机体的抵抗力，促进子宫机能的恢复。治疗子宫内膜炎一般有局部疗法和子宫内直接用药两种方法，治疗时应根据具体情况采用不同的方法治疗。

冲洗子宫是一种常用的行之有效的方法。常用的冲洗液有以下几种。

（1）无刺激性溶液　1%～2%的盐水或人工盐液，1%～2%重碳酸钠溶液，可用于隐性子宫内膜炎、轻度子宫内膜炎的治疗。温度 38～40℃，1d 1 次或隔天 1 次，将回流液导出后可即注入青霉素、链霉素，还可用于长期不发情的母畜，对子宫进行温浴，促使发情；也可以对怀疑是以上症状的母畜进行试洗，根据回流液的性状，判断炎症的性质，并制订治疗方案；有报道认为，也可用于配种前(2～5h)、配种后(2～3d)洗涤子宫，提高受胎率。

(2) 刺激性溶液　5%～10%盐水或人工盐水，1%～2%鱼石脂。用于各种子宫内膜炎的早期治疗，温度 40～45℃。

(3) 消毒性溶液　0.5%来苏尔，0.1%高锰酸钾，0.02%新洁尔灭等。适用各种子宫内膜炎，温度 38～40℃。

(4) 腐蚀性溶液　1%硫酸铜、1%碘溶液、3%尿素液等。适用于顽固性子宫内膜炎。因对母畜刺激强烈，冲洗液导入后应立即导出。

(5) 收敛性溶液　1%明矾、1%～3%鞣酸等。适用于子宫黏膜出血或子宫弛缓，温度 20～30℃。

子宫疾病治疗的原则如下。①首先确诊炎症的性质：应用无刺激性溶液冲洗子宫，根据回流液的性状结合实验室条件确诊后，拟定治疗方案。②冲洗后给药：对于黏液性脓性或脓性子宫内膜炎或子宫积液、积脓，首先用刺激性的洗液冲洗干净，然后再给药。这样才能使药物直接作用于黏膜，更好地发挥药效的作用。③给予子宫兴奋剂：如雌激素、前列腺素类似物，使子宫兴奋，腺体分泌增强，利用推陈出新的原理，改变局部的血液循环障碍，有利于子宫内膜的修复和子宫的净化，这对脓性炎症、积液、积脓及子宫弛缓的病例尤为重要。④洗涤液和洗涤的器械一定要彻底消毒，防止治疗过程中的重新感染。⑤治疗要彻底，对于较严重的病例，要适当增加治疗次数或疗程数，而且要合理安排治疗的间隔时间，保证药效持续发挥作用，方能收到满意的效果。

### (四) 子宫积水

子宫积水(hydrometra)是慢性卡他性子宫内膜炎发生后，如果子宫颈黏膜肿胀而阻塞子宫颈口，以致子宫腔内炎症产物不能排出，使子宫内积有大量棕黄色、红褐色或灰白色稀薄或稍稠的液体，称为子宫积液。此病在各种家畜都可见到，以牛较多见(图 9-5)。

患子宫积水的动物往往长期不发情，除了子宫颈完全不通时不排出分泌物外，往往不定期从阴道中排出分泌物。直肠检查触诊子宫时感到壁薄，有明显的波动感，两子宫角大小相等或者一角膨大，有时子宫角下垂，无收缩反应，也摸不到胎儿和子叶。阴道检查时有时可见子宫颈膣部轻微发炎。

图 9-5　牛的子宫积水

子宫积水与同等大小的妊娠子宫的鉴别，常常有很大困难。为了做出正确诊断，除注意子宫壁是否很薄，有无收缩反应，液体波动是否很明显外，需进行数次检查。子宫积水时，间隔 10～20d 检查，子宫不随时间增长而相应增大，有时几次检查所查出来的两个子宫角的大小不恒定。

## （五）子宫蓄脓

子宫蓄脓(pyometra)又称子宫积脓，是指子宫内积有大量脓性渗出物，子宫颈黏膜肿胀，或者黏膜粘连形成隔膜，使脓液不能排出，积蓄在子宫内。该病常见于牛，在马较少见，主要由化脓性子宫内膜炎引起。

患子宫蓄脓的家畜，黄体持续存在，所以发情周期终止，但没有明显的全身性变化。如果患畜发情或者子宫颈黏膜肿胀减轻时，则可排出脓性分泌物，可在尾根或阴门见到脓痂。阴道检查往往发现阴道和子宫颈膣部黏膜充血、肿胀，子宫颈外口可能附有少量黏稠脓液。直肠检查时，发现子宫显著增大，往往与妊娠 2～4 个月的子宫相似，在个别患畜还可能更大。两子宫角增大的程度相等时，可能误诊为妊娠，但一般两角增大的程度并不相同。子宫壁变厚，但各处厚薄及软硬程度不一。整个子宫紧张，触诊有硬的波动感或面团感。牛的卵巢上常有黄体，有的有囊肿；当子宫内聚积的液体量多时，子宫中动脉有类似妊娠的脉搏，而且两侧对称(图 9-6)。

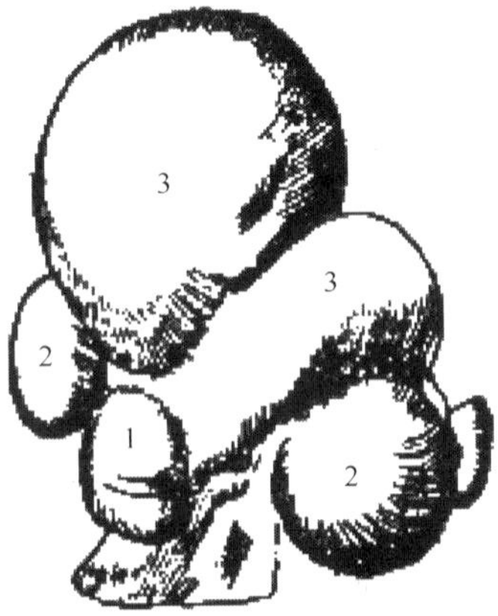


图 9-6　牛的子宫积脓

1. 子宫颈脓肿；2. 囊肿卵巢；3. 积脓的子宫角

区别子宫积脓和积水以及胎儿干尸化、木乃伊、胎儿浸溶的方法见表 9-11。胎儿浸溶是指胎儿死亡后软组织被分解，变为液体样，而骨骼留在子宫内的病理现象。

**表 9-11　牛正常妊娠三四个月的子宫与类似妊娠的病态子宫的鉴别诊断**

| 类型 | 直肠检查 | 阴道检查 | 阴道排出物 | 发情周期 | 全身症状 | 重复检查变化 |
|---|---|---|---|---|---|---|
| 正常妊娠 | 子宫壁薄而柔软，妊娠3～4个月以后可以触到子叶，两侧子宫中动脉有强度不等的妊娠脉搏，卵巢上有黄体 | 子宫颈关闭，阴道黏膜颜色比平常稍淡，分泌黏液 | 无 | 停止循环 | 全身情况良好，食欲及膘情有所增加 | 间隔 20d 以上重复检查时，子宫体积增大 |
| 子宫积水 | 子宫增大，壁很薄，触诊波动明显，整个子宫大小与妊娠 1.5～2 个月的相似，分叉清楚，两角大小多相等，卵巢有黄体，可能出现类似的脉搏，但两侧强度均等 | 有时子宫颈及阴道有发炎现象 | 不定期排出分泌物 | 紊乱 | 无 | 子宫增大，但有时反而缩小，两子宫角的大小比例可能发生改变 |
| 子宫积脓 | 子宫增大，与妊娠 2～4 个月相似，两角大小相等，子宫壁厚，但各处厚薄不均，感觉有硬的波动，卵巢有黄体，有时有囊肿，子宫中动脉有类似妊娠的脉搏，且两侧强度相等 | 子宫颈及阴道黏膜充血微肿，往往积有脓液 | 偶尔在发情或子宫颈黏膜肿胀减轻时，排出脓性分泌物 | 停止循环，患病久时，偶尔出现发情 | 一般无明显变化，有时体温升高，出现轻度消化紊乱现象 | 子宫形状、大小和质地大多无变化 |

续表

| 类型 | 直肠检查 | 阴道检查 | 阴道排出物 | 发情周期 | 全身症状 | 重复检查变化 |
| --- | --- | --- | --- | --- | --- | --- |
| 胎儿浸溶 | 子宫增大,形状不规则,各部位软硬度不一致,无波动感,卵巢上有黄体 | 子宫颈及阴道黏膜有慢性发炎的现象,子宫颈口略开张,有时可看到小骨片,阴道内有污秽液体 | 有排出黑褐色液体及小骨片的病史 | 停止循环 | 体温略微升高,反复出现轻度消化紊乱现象 | 大多无变化,有时略缩小 |
| 胎儿干尸化 | 子宫增大,形状不规则,无波动感,内容物较硬,但各部位软硬度不一致,挤压有骨片摩擦音 | 子宫颈关闭 | 无 | 停止循环 | 无 | 无变化 |

资料来源:赵兴绪,2002

子宫疾病一般采用先冲洗子宫,然后灌注抗生素的方法进行治疗。冲洗液有高渗盐水(1%~10%氯化钠溶液)、0.02%~0.05%高锰酸钾液、0.05%呋喃西林、淡复方碘溶液(每 100mL 溶液中含复方碘溶液 10~21mL)、0.01%~0.05%新洁尔灭溶液、0.5%来苏尔、0.1%雷佛诺尔等。常用的抗生素有青霉素(40 万~80 万 IU)、链霉素(0.5~1g)、氯霉素(1~2g)或四环素(1~2g)等。

值得注意的是,由于大部分冲洗液对子宫内膜有刺激性或腐蚀性作用,残留后不利于子宫恢复,所以每次冲洗时应通过直肠检查辅助方法尽量将冲洗液排出体外。

### (六) 子宫颈炎

子宫颈炎是黏膜及深层的炎症,多数是子宫炎和阴道炎的并发病,在分娩、手术助产、自然交配和人工授精的过程中感染所致。炎性分泌物直接危害精子的通过和生存,所以往往造成不孕。

直肠检查时可发现子宫颈阴道部松软、水肿、肥大呈菜花状,子宫颈变粗大、坚实。

治疗时,如果是继发子宫炎、阴道炎,应参考治疗子宫炎、阴道炎的方法。如果是单纯子宫颈炎,可用盐酸洗必泰栓(40mL×2)或宫得康栓放入子宫颈口。

### (七) 阴道炎

阴道炎是阴道黏膜、前庭及阴门的炎症。多因胎衣不下、子宫炎及子宫或阴道脱落引起。

根据炎症的性质不同,临床上可分为黏液性、脓性、蜂窝织炎性数种。发生阴道炎的母畜,黏膜充血肿胀,甚至是不同程度的糜烂或溃疡,从阴门流出浆液性或脓性分泌物,在尾部形成脓痂。个别严重的病畜往往伴有轻度的全身症状。治疗一般用收敛剂或消毒药液冲洗阴道。

## 六、传染病引起的繁殖障碍

部分传染病也可危害家畜的繁殖,包括细菌性繁殖传染病(主要有布氏杆菌病、李氏杆菌病、弧菌病及钩端螺旋体病等)、病毒性繁殖传染病(主要有牛的传染性鼻气管炎、牛病毒性腹泻、蓝舌病等)及原虫性繁殖传染病(如滴虫病、弓形虫病等)等。在一般情况下,感染是通过与病畜直接接触或通过被感染的饲草、饲料、饮水、空气及人工授精器具间接接触而感染。部分种公畜有可能是病原微生物的携带者及散布者,这是引起繁殖障碍的潜在因素。病原微生物能寄生于包皮或生殖器官而有时不引起临床症状,但病原微生物可以从被感染的包皮等生殖器官直接污染精液。在母畜发情时由于交配或人工授精病原微生物可直接感染生殖器官,另一途径是通过淋巴、血液循环到达生殖器官,使配子(精子、卵子)不能结合,或使胚胎早期死亡或胎儿死亡流产。

## 第四节　提高动物繁殖力的措施

提高繁殖力,首先应保证家畜的正常繁殖力,进而研究和采用更先进的繁殖技术,进一步发挥其繁殖力。

### 一、选择高繁殖力的公母畜做种用

选择繁殖力高的公母畜进行繁殖。对于单胎家畜的选择,应注意在正常饲养管理条件下对其性成熟的早晚、发情排卵情况、产仔间隔、受胎能力及哺乳性能等作综合考察。对母牛的选择要着重于产犊间隔、每胎犊牛数和配种指数,这对于肉牛更为重要。配种指数、产犊间隔在一定程度上反映了公牛、母牛在受精方面的遗传能力,虽然它的遗传力只有 0～12%,双胎遗传力仅 3.1%～10%,但在良好的饲养管理条件下,仍可通过选择不断提高畜群的繁殖力。

同一品种内个体之间的繁殖力有较大的差异,因此必须选择繁殖力高的公母畜作种畜。选择公畜时,应参考其祖先的生产能力,然后对其本身的生殖系统,如睾丸的外形、硬度、周径、弹性,阴茎勃起时能否伸出包皮,性反应时间,性行为序列,射精量,精子密度和活力等进行检查。经上述检查合格者,可用于试配,然后根据试配结果再做选择。

选择母畜时,应注意性成熟迟早,发情排卵情况,受胎能力大小。多胎动物应从排卵数多、产仔数多、哺育能力强的母畜后代中选留种畜。但不应过分追求某些繁殖力指标,如窝产仔数特别多的母猪,所产仔猪体重较小,其抗病力弱、生长缓慢。把初生窝重和断奶窝重作为选择多胎家畜种畜的繁殖能力指标,实际意义更大。

### 二、保证优良的精液品质

在母畜正常发情、排卵的前提下,不论采用哪种配种方式,品质优良的精液是保证成功受精和早期胚胎发育的重要条件。因此,对种公畜的选择、饲养管理和使用都要有严格的制度。在选择公畜时,除注意其遗传性能、体形外貌和一般生理状态外,还要认真了解其繁殖历史。最主要的是睾丸生精机能、精液品质的检查,对睾丸、附睾的质地和大小、输精管道、副性腺的功能都要做全面细致的检查。

检查精液品质时，不仅要注意精子的活率、密度，还要做精子形态分析，以发现某些一般的活率检查所不能发现的精子形态缺陷。同时了解和诊断公畜生殖机能方面的某些障碍。对人工授精使用的精液，要进行严格的质量检查，禁用不合格精液；精液稀释前后不宜在室温下久置，而应避光、防震，在较低温度下保存。无论是采用常温保存或冷冻精液，在为发情母畜输精前，都要检查活率，以保证精液品质。

在公母混群放牧时，每年在配种季节到来前，对参加配种的公畜都应进行繁殖力的检测。根据检查结果将公畜分级，并优先引入繁殖力高的公畜进行配种，及时处理和淘汰繁殖力低和有繁殖障碍的公畜。近年来，一些国家十分注意公畜性欲和交配力的测定。通过这种测定可保证在公母混群放牧条件下提高受胎率和增加种公畜的配种负荷。

没有推广人工授精的地方，配种季节到来前，应对种公畜进行检查，及时治疗或淘汰有繁殖障碍或精液品质差的种公畜，用性欲旺盛、精液质量好的进行配种。牛上已普及冷冻精液，所用冷冻精液应符合国家标准。

## 三、做好发情鉴定和适时配种

准确的发情鉴定是适时配种的前提和提高繁殖能力的重要环节。各种家畜有各自的发情特点，通过发情鉴定可以推测其排卵时间，以保证已获能精子与受精力强的卵子相遇、结合、受精。每种家畜在发情期内，都有一个配种效果最好的阶段。这种现象在排卵时间较晚的母畜(如母牛)特别明显。此外，马和猪的发情持续期比较长，因此适时配种对卵子的正常受精更为重要。

正常情况下，刚刚排出的卵子生活力较强，受精能力也最高。多数家畜的精子在输精后半小时内即可到达受精部位，此时，若完成获能作用的精子与受精能力强的卵子相遇，精卵受精的可能性也最大。一般说来，输精或自然交配距排卵的时间越近受胎率就越高，这就要求做到母畜发情鉴定尽可能准确。

猪发情持续时间较长，青年母猪发情开始后 40h 配种受胎效果最好。

马、牛等大家畜，通常用直肠检查法进行发情鉴定。根据卵泡的有无、大小、质地等变化，掌握卵泡发育程度和排卵时间，以决定最适输精时间。牛发情持续时间短，排卵出现在发情结束后，适时配种是提高受胎率的有力措施，根据实践经验，应抓好以下三项：一是看外观表现，黏液的透明度、黏性。二是触摸卵巢上卵泡发育的大小，卵泡壁的厚薄、紧张度、光滑性、水泡感等。三是综合判断排卵时间，然后决定配种时间。奶牛发情的变化规律如表 9-12 所示，根据表 9-12 中叙述的综合变化，选择在中期、后期配种受胎率最高。

**表 9-12　奶牛发情各阶段的表现**

| 项目 | 初期 | 中期 | 后期 |
| --- | --- | --- | --- |
| 外观表现 | 精神不安，敏感，人接近时站立，左右回顾，阴门充血水肿 | 食欲缺乏，产奶量下降<br>阴门水肿 | 阴门水肿开始减退，稍有皱纹 |
| 爬跨行为 | 追爬其他母牛，但不让其他母牛爬骑 | 被爬不动或互相爬跨 | 逃避爬跨，但有时仍追爬其他母牛 |

续表

| 项目 | 初期 | 中期 | 后期 |
| --- | --- | --- | --- |
| 黏液变化 | 透明，少而薄，不呈牵丝但不易断 | 半透明、多而薄，呈牵丝状，用食指和拇指拉缩 7～8 次不断 | 透明、少而厚，牵丝状稍差，黏度减退，用食指和拇指拉时易段 |
| 卵泡变化 | 卵泡开始发育，但小而不明显，膜厚而硬 | 卵泡大，直径可达 1～1.5cm，膜薄，紧张而且光滑 | 卵泡突出于卵巢表面，水泡感明显，卵泡膜薄而有柔软感 |
| 大概时间 | 8h | 8～18h | 18～24h |

资料来源：王元兴和郎介金，1997

一些国家对草地放牧的牛、羊采用人工授精时，使用戴有特殊标记装置的结扎输精管的公畜鉴别发情母畜。凡母畜的后躯被染上颜料印记时即为发情，应考虑及时输精。用公猪直接诱情结合压背试验，鉴别出现静立反射的母猪，此时其生殖机能旺盛，受胎率也高，产仔数相应增加，本法对初产和经产母猪都适合。所鉴别出来的发情母猪在 10h 内输精，受胎率 81.2%，在 10～25.5h 内输精，受胎率为 100%。

输精部位对受胎率有较大影响，大家畜以子宫内为宜，较小的家畜以子宫颈为宜。输精时动作不可粗暴，避免损伤母畜生殖器官，引起出血感染等进而引起配种失败。

## 四、减少胚胎死亡和流产

胚胎死亡是影响产仔数等繁殖力指标的一个重要因素。牛一次配种后的受精率约为 70%～80%，但最后产犊仅 50%，其原因是早期胚胎死亡。嘉兴黑猪的经产母猪妊娠 30d，胚胎死亡率 22.57%，而国外猪妊娠 26～40d，胚胎死亡率 34.80%。胚胎死亡有可能是精子异常、卵子异常、激素失调、子宫疾患及饲养管理不当等引起。因此，必须注意适时输入高质量的精液，加强饲养管理，以减少胚胎死亡和防止流产。

母猪的胚胎死亡率较高，在配种时以及繁殖过程的各个阶段，保持适宜的饲养水平和加强管理，对防止胚胎死亡和流产都是极为必要的。母猪死胎随胎次升高而增加，这是由于母猪年龄增大，子宫肌肉收缩能力下降，延长了分娩时间，使胎儿在分娩过程中窒息死亡。生产实践中，在分娩时应采取必要的措施缩短分娩时间，做好接产工作，减少胎儿死亡。

牛的胚胎死亡多在妊娠早期，这种死亡发生得很早，有时甚至并不影响下次发情的时间，其生理机制还不清楚，目前也无特殊性预防措施。一般认为，适当的营养水平、良好的饲养管理，可减少胚胎早期死亡。在母牛配种后 7～11d，注射 30mg 孕酮，对减少胚胎死亡有一定的效果。

母马的平均流产率在 10%左右，多发生在妊娠 5 个月前后；也有报道流产多见妊娠 100d 和 10 个月时，在这两个时期应避免突然改变饲养条件，合理的使役或运动量是有效的预防措施。还有人建议在妊娠 120d 后皮下埋植孕酮 300mg，对防止流产也可能是有效的。

对妊娠后期的母畜，要注意防止相互挤斗和滑倒，役畜要减少使役时间，防止流产。

## 五、科学的饲养管理

加强饲养管理，是保证动物正常繁殖能力的基础。母畜的发情和排卵是通过内分泌途径由生殖激素调控的，而这些激素都与蛋白质和类固醇有关，当母畜营养不良时，下丘脑和垂体的分泌活动就会受到影响，性腺机能减退。研究证明，限制能量直接影响 LH 释放，并间接作用于卵巢类固醇激素的生产，影响母畜的正常发情和排卵。我国牧区黄牛产后长时间不发情的比例相当高，主要是因冬季、春季气候严寒、营养缺乏，母牛瘦弱，造成生殖机能紊乱，常常出现安静发情、发情不排卵或不发情。在生产上，对于某些因发情生理机能失调而不能正常发情的母畜，使用相应的生殖激素处理，虽能诱发部分母畜发情、排卵，但不能从根本上改变其发情生理机能。因此，应根据种畜的品种、类型、年龄、生理状态、生产性能等饲喂充足的各种营养素。

高温季节要做好通风降温工作，严寒季节要做好防冻保暖工作。适当避开高温季节配种，可提高受胎率和窝产仔数。另外，在高温季节采出的精液一般品质较差，生产中应予注意。适量的运动对提高公畜的精液品质，维持公畜旺盛的性欲有较大的作用，应给公畜一定的运动场地。饲养管理人员对家畜的态度，也影响繁殖力，各种导致疼痛、惊恐的因素均可引起肾上腺素分泌增加，LH 分泌减少，催产素释放和转运受阻，进而影响繁殖。

在公母畜隔离饲养和完全采用人工授精的地区，在配种季节使公母畜适当接触，可使母畜发情排卵提前，发情同期化，增加排卵数。这在母羊上表现最为明显，在配种开始前 2～3 周将结扎输精管的公羊，按一定比例引入母羊群，可使母羊在配种阶段的发情提早并趋于同期化，可以增加母羊的排卵数和提高产羔率，称为公羊效应（ram effect）。采用公猪试情，结合压背试验对母猪作发情鉴定，是克服某些采用人工授精的地区长期将公母猪隔离，造成母猪发情不明显和排卵不正常的重要措施之一。

增加排卵数以保证畜群的正常繁殖力，进而发挥母畜更大的繁殖潜力，对多胎家畜十分重要。即使是单胎家畜也应保证每次发情所排卵子具有正常的受精能力。为此，在繁殖季节和配种开始前，保证母畜的营养是增加排卵和保证受精的重要前提。生产实践证明，加强饲养是提高母羊繁殖力的有效措施。全年抓膘不仅能使母羊发情整齐，也增加排卵数。配种前 2～3 周对母羊实行短期优饲，能使母羊的排卵率增加。种公羊的营养水平，也影响受胎率、产羔率、初生重和断奶重。用全价的营养物质饲喂的公羊，受胎率、产羔率都高，羔羊初生重也大。说明改善公母羊的营养状况是提高繁殖力的有效途径。

在母畜正常的发情周期中，要增加排卵数，可采用多种促性腺激素药物进行处理，如垂体前叶提取物、PMSG、HCG、FSH、LH 等。但要注意品种、个体、用药时间、药物种类和使用剂量等方面的影响。用药量过大往往造成超数排卵、排卵抑制或受精率下降等副作用，反而降低繁殖力。

## 六、推广繁殖新技术

现代化畜牧业的发展，要求人们把家畜的繁殖效率提高到与生产效率和人民的生活需要相适应的水平。随着猪、鸡工厂化生产和牛羊改良工作的开展，传统的繁殖方法已不适应我国现代化畜牧业需要。目前在母畜的性开熟、发情、配种、妊娠、分娩直到幼畜的断奶和培育等各个繁殖环节，都有相应的控制技术，如人工授精(配种控制)、同期发情(发情控制)、超数排卵(排卵控制)、胚胎移植(妊娠控制)、诱发分娩(分娩控制)等。这些技术的进一步研究和应用将大大提高家畜的繁殖效率。

(1) 推广人工授精及冷冻精液　人工授精技术大大提高了种公畜的繁殖率。牛冷冻精液——人工授精的全面推广，使牛的改良工作开展较快，优良奶牛逐渐增加，提高了奶牛生产水平。

(2) 胚胎移植技术　胚胎移植技术可以大大提高优良母畜利用率，充分发挥母畜繁殖潜力。通过移植还可以使单胎肉牛生双胞胎。我国对母畜的同期发情、胚胎移植、胚胎的冷冻保存和公畜的精液冷冻保存技术等的研究也取得了巨大进展。

(3) 生殖激素的应用　利用 GnRH、FSH、PMSG 等可以诱发不发情的母畜发情，排卵少的多排卵。利用前列腺素及类似物，可治疗持久黄体等，使繁殖障碍的母畜恢复正常的生殖机能。利用孕激素类药物可以保胎，从而保持和提高母畜繁殖能力。

任何一项繁殖技术的推广和应用都要进行必要的技术训练，否则，由于技术不熟练或操作不合理，往往造成人为的繁殖力降低或不育。例如，发情鉴定不准确会造成误配或失配；精液处理不当，冷冻精液的处理方法不合理，会使精液品质下降、受精能力降低。输精方法不当、器械消毒不严格，易引起母畜的子宫疾患而降低母畜的繁殖力。

## 七、做好繁殖组织和管理工作

提高家畜繁殖力的问题，不单纯是技术问题，必须有严密的组织措施相配合才能实现。

(1) 建立一支有事业心的队伍　从事繁殖工作的人员既要有技术，又要有责任心，认真钻研业务，才能做好工作。

(2) 定期培训　要组织有计划的业务培训，不断提高理论水平，以指导生产实践。还应组织交流经验，相互学习，推广先进技术，不断提高技术水平。

(3) 做好各种繁殖记录　对公畜的采精时间，精液质量，母畜的发情、配种、分娩、流产等情况进行记录，及时分析、整理有关资料，以便发现问题，及时解决。

为了保证动物的正常繁殖力，进一步提高优良种畜的利用率，有关部门或组织陆续制定了一些标准、规范，为生产部门提供了科学管理的根据，各有关单位应遵照执行。

(潘庆杰)

# 主要参考文献


陈大元. 2000. 受精生物学. 北京：科学出版社

程汉华，周荣家. 2007. 早期胚胎的发育选择：性别决定. 遗传，29(2)：145-149

董伟. 1990. 家畜繁殖学. 2 版. 北京：农业出版社

李青旺. 2000. 动物繁殖学. 西安：西安地图出版社

李志农. 1993. 中国养羊学. 北京：农业出版社

陆阳清，张明，卢克焕. 2005. 流式细胞仪分离精子法的研究进展. 生物技术通报，176(3)：26-30

马立人，蒋中华. 2000. 生物芯片. 北京:化学工业出版社

邱怀. 1995. 牛生产学. 北京:中国农业出版社

王锋. 2012. 动物繁殖学. 北京：中国农业大学出版社

王建辰，章孝荣. 1998. 动物生殖调控. 合肥：安徽科学技术出版社

杨利国. 2003. 动物繁殖学. 北京：中国农业出版社

杨利国. 2010. 动物繁殖学. 2 版. 北京：中国农业出版社

杨增明，孙青原，夏国良. 2005. 生殖生物学. 北京：科学出版社

张嘉保，田见晖. 2011. 动物繁殖理论与生物技术. 北京:中国农业出版社

张忠诚. 2004. 家畜繁殖学. 4 版. 北京：中国农业出版社

郑鸿培. 2005. 动物繁殖学. 四川：四川科技出版社

中国畜牧兽医学会动物繁殖学分会第十五届学术研讨会论文集. 2010. 天津

中国畜牧兽医学会动物繁殖学分会第十五届学术研讨会论文集. 2012. 哈尔滨

周虚. 2003. 动物繁殖学. 长春:吉林人民出版社

朱士恩. 2009. 家畜繁殖学. 5 版. 北京：中国农业出版社

朱士恩. 2006. 动物生殖生理学. 北京：中国农业出版社

Acrher G S, Dindot S, Friend T H, et al. 2003. Hieracrhical phenotypic and epigenetic variation in cloned swine. Biol ReProd, 69: 430-436

Amstrong D T, Holm P, Irvin B, et al. 1992. Pregnancies and live birth from in vitro fertilization of calf oocytes collected by laparoscopic follicular aspiration. Theriogenology, 38: 667-678

AndrasN, Marina G. 2005. Manipulating the Mouse Embryo A Laboratory Manual. U. S. Third Edition

Aoyagi Y, Konishi M, Wada T, et al. 1994 . Unaged bovine oocytes successfully develop to blastocysts after parthenogenic activation or nuclear tansfer. Theriogenolgy, 41: 157

Banks R E, Forbes M A, Searles J, et al. 1998. Evidence for the existence of a novel pregnancy associated soluble variant of the vascular endothelial growth factor receptor, Flt-1 Mol Hum Reprod, 4(4): 377-386

Bartolome J A, Wallace S P, delaSota R L, et al. 2012, The effect of administering equine chorionic gonadotropin (eCG) and human chorionic gonadotropin (hCG) post artificial insemination on fertility of lactating dairy cows. Theriogenology, 78: 1110-1116

Bhartiya D. 2012. The continued presence of stem cells and oogonia in the adult mammalian ovary. Human Reproduction, 27: 938-939

Bhartiya D, Kasiviswanathan S, Unni S K, et al. 2010. Newer insights into premeiotic development of germ cells in adult human testis using Oct-4 as a stem cell marker. J Histochem Cytochem, 58: 1093-1106

Bisinotto R S, Ribeiro E S, Martins L T, et al. 2010. Effect of interval between induction of ovulation and artificial insemination (AI) and supplemental progesterone for resynchronization on fertility of dairy cows subjected to a 5-d timed AI program. J. Journal of Dairy Science, 93: 5798-5808

Blasco, A. 2008. The role of genetic engineering in livestock production. Livestock Science, 113(2), 191-201

Blecher S R, Howie R, LiS, et al. 1999. A new approach to immunological sexing of sperm. Theriogenology, 52: 1309-1321

Blelloch R H, Hochedlinger K, Yamada Y, et al. 2004. Nuelear cloning of embryo nalear cinoma cells. Proc Natl Acad Sci USA101, 13985-90

Bliekstein I, Verhoever HC, Keith LG. 1999. Zygotie splitting after assisted reproduction. New EngI J Med, 340: 738-739

Blomberg L A, Telugu B P. 2012. Telugu. Twenty Years of Embryonic Stem Cell Research in Farm Animals. Reprod Dom Anim: 47 (Suppl. 4): 80-85.

Buchanan B R, Seidel GE, McCue P M, et al. 2000. Insemination of Mares with Low Numbers of Either Unsexed or Sexed Spermatozoa. Theriogenology, 53: 1309-1321

Bukovsky A, Caudle M R, Svetlikova M, Wimalasena J, et al. 2005. Oogenesis in Adult Mammals, Including Humans. Endocrine, 26: 301-316

Byskov A G, Høyer P E, Yding Andersen C, et al. 2001. No evidence for the presence of oogonia in the human ovary after their final clearance during the first two years of life. Human Reproduction, 26: 2129-2139

Catt S L, Catt JW, Gomez M C, etal. 1996. Birth of a male lamb derived from an in vitro matured oocyte fertilised by intracytoplasmic injection of a single presumptive male sperm. Vet Rec, (139): 494-495

Capecchi M R. 1989. Altering the genome by homologous recombination. Science, 244 (4910), 1288-1292

Chandler J E, Taylor T M, Canal A L, et al. 2007. Calving sex ratio as related to the predicted Y-chromosome-bearing spermatozoa ratio in bull ejaculates. Theriogenology, 67: 563-571

Cheng C Y, Mruk D D. 2012. The blood-testis barrier and its implications for male contraception. Pharmacol Rev. 64: 16-64

Cran D G, McKelvey W A C, King ME, et al. 1997. Production of lambs by low dose intrauterine insemination with flow cytometrically sorted and unsorted semen. Theriogenology, 47: 267

Cran D G, Johnson L A, Miler N G A, et al. 1993. Production of bovine calves following separation of X-and Y-chromosome bearing sperm and in vitro fertilisation. Vet Rec, (132): 40-41

Cran D G, Johnson L A, Polge C. 1995. Sex preselection in cattle: Afield trial. Vet Rec, 136: 495-496

Czolowska R, Modlinski JM and Tarkowski AK. 1984. Behavior of the oocyte nuclear in non-activated and activated mouse oocytes. J Cell Sci, 69: 19-34

De Felici M. 2010. Germ stem cells in the mammalian adult ovary: considerations by a fan of the primordial germ cells. Molecular Human Reproduction, 9: 632-636

Eric S. Surrey M D, William B, et al. 2013. Blastocyst Versus Cleavage Stage Embryo Transfer: Maximizing Success Rates. Principles of Oocyte and Embryo Donation, 129-139

Fischer-Tenhagen C, Thiele G, Heuwieser W, et al. 2010. Efficacy of a treatment with hCG 4 days after AI to reduce pregnancy losses in lactating dairy cows after synchronized ovulation. Reprod Domest Anim, 45(3): 468-472.

Garner D L. 2006. Flow cytometric sexing of mammalian sperm. Theriogenology, (65):943-957

Gelbaya T A, Tsoumpou I, Nardo LG. 2010. The likelihood of live birth and multiple birth after single versus double embryo transfer at the cleavage stage: a systematic review and meta-analysis. Fertility and Sterility, 94:936-945

Grossfed R, Kilinc P, Sieg B, et al. 2005. Production of piglets with sexed semen employing a non-surgical insemination technique. Theriogenology, 63:2269-2277

Handerson J K, Draper J S, Bcillie HS, et al. 2002. Preimplantation human embryos and embryonic stem cells show comparable expression of stage-specific embryonic antigens. Stem Cells, 20(4):329-337.

Hafez E S E, Hafez B. 2000. Reproduction in Farm animals. 7th ed. USA: Lippincott Williams Wilkins.

Hammoud S S, Nix DA, Zhang H, et al. 2009. Distinctive chromatin in human sperm packages genes for embryo development. Nature, 460: 473-478

Hines R S. 2000. Molecular analysis of implantation. Semin Reprod Med, 18(1):91-96.

Hogan B, Costantini F, Lacy E. 1994. Manipulating the mouse embryo: a laboratory manual (Vol. 34). Cold Spring Harbor, NY: Cold spring harbor laboratory.

Illmensee K, Hoppe P. 1981. Nuclear transplantation in Mus musculus: developmental potential of nuclei from preimplantation embryos. Cell, 23(1): 9-18

Johnson L A. 1991. Sex Preselection in Swine: Altered Sex Ratios in Offspring following Surgical Insemination of Flow Sorted X - and Y - Bearing Sperm. Reprod Dom Anim, 26:195-204

Johnson L A, Welch G R, Rens W. 1999. The Beltsville sperm sexing technology: high-speed sperm sorting gives improved sperm output for in vitro fertilization and AI. AnimSci, 1999, 77(suppl. 2):213-220

Johnston R C, Kovacs G T, Lording D H, et al. 1994. Correlation of semen variables and pregnancy rates for donor insemination: a 15-year retrospective. Fertil Steril, 61(2):355-359

Keefer C L. 2004. Production of bioproducts through the use of transgenic animal models. Animal Reproduction Science, 82: 5-12

Kemmer C, Fluri D A, Witschi U, et al. 2011. A designer network coordinating bovine artificial insemination by ovulation-triggered release of implanted sperms. Journal of Controlled Release, 150:23-29

Kobayashi T, Yamaguchi T, Hamanaka S, et al. 2010. Generation of rat pancreas in mouse by interspecific blastocyst injection of pluripotent stem cells. Cell, 142(5):787-99

Kono T, Kwon O Y, Ogawa M, et al. 1991, Development of mouse oocytes receiving embryonic nuclei and thymocytes. Theriogenology, 35: 227

Koopman P, Gubbay J, Vivian N, et al. Male development of chromosomally female mice transgenic for Sry. Nature, 1991, 351:117-121

Krawetz S A. 2005. Paternal contribution: new insights and future challenges. Nat Rev Genet, 6: 633-642

Kues W A, Niemann H, 2011. Advances in farm animal transgenesis. Preventive veterinary medicine, 102(2):146-156.

Lauber M C, Hemsworth P H, Barnett J L. 2009. The effect of breed, time spent with dam and late pregnancy induction of parturition on behavioural development in dairy calves. Behav Processes, 82 (3):301-311.

Maheshwari A, Griffiths S, Bhattacharya S. 2011. Global variations in the uptake of single embryo transfer. J Hum Reprod, 17 : 107-120

Mann G E. 2009. Corpus luteum size and plasma progesterone concentration in cows. Anim Reprod Sci，115(1-4):296-299

Miller D，Ostermeier G C，Krawetz S A. 2005. The controversy，potential and roles of spermatozoal RNA. Trends Mol Med，11:156-163

Morton K M，Catt S L，Hollin shead F K，et al. 2004. Production of lambs after the transfer of fresh and cryopreserved in vitro produced embryos from prepubertal lamb oocytes and unsorted and sex-sorted frozen-thawed spermatozoa. Rep rod Fertile Dev，39(6):454-61

Nagashima H，Matsui K，Sawasaki T，et al. 1984. Production of monozygotic mouse twins from microsurgically bisected morulae. J Reprod Fert，70:357-362.

Oatley J，Hunt P A. 2012. Of Mice and (wo)Men：Purified Oogonial Stem Cells from Mouse and Human Ovaries. Biology of Reproduction，86(6):196

O'Shaughnessy PJ，Monteiro A，Verhoeven G，et al. 2010. Effect of FSH on testicular morphology and spermatogenesis in gonadotrophin-deficient hypogonadal mice lacking androgen receptors. Reproduction，139:177-184.

Palmiter R D，Brinster R L，Hammer R E，et al. 1982. Dramatic growth of mice that develop from eggs microinjected with metallothionein-growth hormone fusion genes. 611-615.

Papanikolaou E G，Fatemi H，Venetis C，et al. 2010. Monozygotic twinning is not increased after single blastocyst transfer compared with single cleavage-stage embryo transfer. Fertility and Sterility，93：592-597

Pope C E，Gómez M C，Kagawa N，et al. 2012. In vivo survival of domestic cat oocytes after vitrification，intracytoplasmic sperm injection and embryo transfer. Theriogenology，77：531-538

Pinkert C A. 2002. Transgenic animal technology：a laboratory handbook (No. 3). New York. Access Online via Elsevier.

Pinkert C A. 1994. Transgenic pig models for xenotransplantation. Xeno，2:10-15

Parte S，Bhartiya D，Telang J，et al . 2011. Detection，characterization and spontaneous differentiation in vitro of very small embryonic-like putative stem cells in adult mammalian ovary. Stem Cells Development，20:1451-1464

Rawlings N，Evans ACO，Chandolia RK，Bagu ET. 2008. Sexual maturation in the Bull. Repro Dom Anim，43：295-301

Rexroad C E. 1994. Transgenic farm animals. ILAR Journal，36(1)：5-9

Robl J M ，Prather R，Eyestone W，et al. 1987. Nuclear transplantation in bovine embryos. Arim Sci，64:642-647

Robl J M. 1999. Development and application of technology for large scale cloning of cattle. Theriogenology，51(2)：499-508

Samuel S C Y，Robert B J，Robert L B. Reproductive Endocrinology，4th ed. Saunders，Harcount Asia PTE. Ltd，1999.

Seidl G E Jr，Allen C H，Johnson L A，et al. 1997. Uterine horn insemination of heifers with very low numbers of nonfrozen and sexed spermatozoa. Theriogenology，48:1255-1265

Seidel G E Jr，Schenk J L，Herickhoff L A，et al. 1999. Insemination of Heifers with Sexed Sperm. Theriogenology，(52):1407-1420

Seidel G E Jr. 2003. Economics of selecting for sex：the most important genetic trait. Theriogenology，2003，59:585-598

Senger P L. 2010. Pathways to Pregenancy and Parturition. 3rd ed. Washington: Current Conceptions, Inc

Senger P L. 2005. Pathways to pregnancy & parturition. 3rd ed. Washington: Current Conception, Inc

Siu E R, Wong E W, Mruk D D, et al. 2009. An occludin-focal adhesion kinase protein complex at the blood-testis barrier: a study using the cadmium model. Endocrinology, 150: 3336-3344

Souza A H, Ayres H, Ferreira R M, et al. 2008. A new presynchronization system (Double-Ovsynch) increases fertility at first postpartum timed AI in lactating dairy cows. Theriogenology, 70(2):208-215

Stocco C,Callegari E,Gibori G, et al. 2001. Opposite effect prolactin and prostaglandin F(2alpha)on the expression of luteal genes as revealed by rat cDNA expression arraay. Endocrinology, 142(9): 4158-4161

Tatham B G, Giliam K J, Ao T. 1996. Electrofusion parametes for nuclear transfer predicted using is fusion contours produced with bovine embryonic cells. Mol RePord Dev, 43:306-312.

Thompson I M, Tao S, Branen J, et al. 2013. Environmental regulation of pregnancy specific protein B concentrations during late pregnancy in dairy cattle. J Anim Sci. 91(1): 168-173

Tsunoda Y, Yasui T, Shioda Y, et al. 1987. Full-term development of mouse blastomere nuclei transplanted into enucleated two-cell embryos. J Exp Zool, 242: 147-151

Vogel G. 2012. Potential Egg Stem Cells Reignite Debate. Science, 335: 2-3

Walker W H. 2011. Testosterone signaling and the regulation of spermatogenesis. Spermatogenesis, 1: 116-120

Wall R J. 1996. Transgenic livestock: progress and prospects for the future. Theriogenology, 45(1): 57-68

Wheeler M B ,Walters E M. 2001. Transgenic technology and applications in swine. Theriogenology, 56(8):1345-1369

Wilmut I, Schnieke A E, McWhir J, et al. 2007. Viable offspring derived from fetal and adult mammalian cells. Cloning and stem cells, 9(1): 3-7

Wilmut I, Schnieke A E, McWhir J, et al. 1997. Viable offspring derived from fetal and adult mammalian cells. Nature, 385:810-813

Yabut O, Bernstein H S. 2011,The promise of human embryonic stem cells in aging-associated diseases. Aging, 3 (5): 494

Yang C H, Yanagimachi R, Yanagimachi H. 1989. Morphology and fertilizability of zona-free hamster eggs separated into havles and quarters by centrifugation. Biol RePord, 41:741-752

Yoshioka K, Matsuda F, Takakura K, et al. 2000. Determination of genes involved in the process of implantation: application of Gene Chip to scan 6500 genes. Biochem Biophys Res Commun, 272(2):531-538

Zhang M, Su Y Q, Sugiura K, et al. 2010. Granulosa cell ligand NPPC and its receptor NPR2 maintain meiotic arrest in mouse oocytes. Science, 6002:366-369